20세기 한중관계사 연구

20世紀韓中關係史硏究

20세기 전반기 동아시아 국제질서의 변화와 한중관계

이 저서는 2017년 대한민국 교육부와 한국연구재단의
인문사회우수학자 지원사업의 지원을 받아 수행된 연구임
(NRF-2017S1A5B1019749)

20세기 한중관계사 연구

20世紀韓中關係史硏究

20세기 전반기
동아시아
국제질서의 변화와
한중관계

배경한 지음

일조각

일러두기

1. 중국과 일본의 인명·지명 등의 고유명사 표기는 해당 국가의 원음을 국립국어원 외래어 표기법에 따라 표기하되 일부 명칭은 저자가 원음에 가깝게 표기했다. 예를 들면 陳炯明은 천중밍이 아닌 '천쭝밍', 長沙는 창사가 아닌 '창샤' 등으로 표기했다.
2. 단체명, 관직명, 건물명 등은 우리 한자음으로 표기했다.
3. 부호의 쓰임은 다음과 같다.

   『 』: 서명, 잡지명, 신문명

   「 」: 논설·기사·논문 제목

   ( ): 부연 설명

책머리에

근대적 방법론에 의한 한국 학계의 중국사 연구는 일제시대에 시작되었다. 중국사 연구의 제1세대라고 할 김상기 선생이나 그 뒤를 이은 전해종, 고병익 선생 등은 모두 일본의 각 대학에서 학부를 다니고 해방 후 한국 학계의 중국사 연구를 개척한 인물들이다. 이들은 모두 한중관계사를 기본적인 연구영역으로 설정하여 중요한 성과들을 냈다. 이들이 한중관계사를 중시한 것은, 중국 문화권 안에서 한국의 정체성을 확인하려는 민족주의적 입장을 반영한 결과이면서 동시에 조선시대 사대부들의 중국사 연구가 가지고 있던 접근방법의 영향을 받은 결과이기도 했다.

1960년대에 등장한 제2세대 연구자들의 입장은 달랐다. 은사이신 민두기 선생으로 대표되는 이들 제2세대 연구자들은 일본의 영향으로부터 벗어나서 독자적인 한국의 중국사 연구를 모색하게 되었으니 그 대표적인 주장이 "중국 그 자체"에 대한 연구였다. 특히 근대화론으로 대표되는 유럽이나 미국 학계의 중국사 연구를 비판하는 입장에서 중국사회 내면의 변화에 주목하는 연구들은 미국이나 유럽 학계로부터도 주목을 받았다. 1990년대 이후 중국이 급속한 경제성장을 이루게 되면서 비로소 중국 역사학계에서 내재적 발전론을 제기하게 되었던 것을 생각하면, 1960~70년대 한국의 중국 사학계에서 제기한 내면적 발전론을 비롯하여 "중국 그 자체"에 주목한 연구들은 놀랄 만한 시도였다. 그러나 한편으로 이러한 "중국 그 자체" 연구에 대한 강조는 종래의 한중관계사 연구를 덜 중요한 것으로 만들었다. 그 결과 1980년대 이후 등장한 제3세대 연구자들의 연구성과 가운데 본격적인 한중관계사 연구는 찾기 어렵게 되었다.

제3세대 연구자의 한 사람인 필자의 경우 박사학위 논문 주제인 "1920년대 장제스蔣介石의 군사 정치적 대두 과정"도 "중국 그 자체"에 대한 연구로 시작되었다. 비록 공부를 시작하던 1970년대와 1980년대 한국 사회를 짓누르고 있던 군사정권의 동아시아 역사에서의 기원을 밝히고 싶다는 내면적 동기는 있었지만, 당시 한국과의 관련성을 연구의 전면에 내세우기는 어려운 형편이었다. 그러나 1920년대 장제스 연구를 진행하면서 자연스럽게 만나게 되었던 쑨원, 장제스 등과 한국인들의 교류나 상호인식 등 한중관계의 문제들을 계속하여 피해 가기는 어려웠다.

어렵사리 학위논문을 마치고 1994년 2월부터 가지게 된 중국에서의 1년간의 연구년은 1910, 20년대 상하이·난징 지역에서의 한인들의 활동과 중국인들과의 관계를 천착하는 출발점이 되었다. 그 작업의 성과로 현대 중국을 대표하는 인물인 쑨원과 한국인들의 교류, 상호인식을 다룬 연구서, 『쑨원과 한국』(한울, 2007)을 내기에 이르렀다. 그러나 『쑨원과 한국』도 사실은 한국의 시각으로부터 현대 중국의 중심인물인 쑨원을 다룬다는 의도가 더 컸으니 엄격한 의미의 한중관계사 연구로서는 마음에 차지 않는 측면이 있었다. 이어서 2012년에 출판한 『왕징웨이 연구』는 다시 "중국 그 자체"에 대한 연구로 돌아간 감이 없잖아 있는 행보였다. 다만 왕징웨이 연구에서도 동아시아 역사상의 (반제)민족주의 문제를 천착하게 되면서 한중관계에 대한 관심은 이어지고 있었다.

이번에 출판하게 된 『20세기 한중관계사 연구』는 1990년대 중반부터 시작되긴 했으나 2010년대 중반 이후에 가서 본격화된, 필자의 한중관계사에 대한 관심이 직접적으로 드러난 연구들이다. 여기에는 앞에서 말한 "중국 그 자체" 연구에서 한중관계사 연구로, 돌고 돌아온 필자의 연구 역정이 깔려 있음은 물론이다. 특히 연구 시각에 있어서 중국근현대사 연구를 통하여 습득한 중국근현대사의 전체적 흐름에 대한 이해를 기본으로 삼을 수 있었을 뿐 아니라 자료 면에서도 중국근현대사 자체의 자료들을 충분히 섭렵, 이용할 수 있게 된 것이 나름 탄탄한 기초가 되었다. 거기에다 근현대 한중관계사라는 연구 영역 자체가 일국사를 뛰어넘는 시각을 요구하는 것이기 때문에 연구 과정에서 인용하거나 모색하게 된 "동아시아 시각"도 커다란 도움이 되었다. 동아시아 시각은, 역사 연구 그 가운데에서도 외국사 연구의 일차적인 목표가 외국(중국)과 연구자 자신과의 관련성을 밝히는 것이라는 점에서뿐만 아니라 제1세대 중국사 연구자들이 거론했던 "동방"이나 "동아"를 계승하게 된다는 점에서도 연구의 동력이 되어 주었다. 다만 서장에서 자세하게 언급하고 있는 대로 이번 출판을 준비하는 과정에서는 기왕의 동아시아 시각을 조금 더 넓히고 보완한다는 의미에서 "지구지역사 및 동아시아사"라는 관점으로 다시 정리하게 되었다.

주지하듯이 "20세기 한중관계사"라는 주제는 상당히 광범위한 영역을 포함한다. 관계사 자체가 교류, 외교, 이주, 교역, 상호인식 등을 포함하는 넓은 범위이기 때문이다. 이 책에서는 이 가운데 대한민국임시정부를 비롯한 재중 한인 독립운동가들과 중국 정부나 중국인들 간의 교류, 상호인식, 외교관계를 주로 다루었다. 그 가운데에서도 호법정부나 북양정부, 국민정부 등 중국 정부가 임시정부를 비롯한 한인독립운동 세력에 대하여 가졌던 인식이나 태도, 정책 등을 주된 연구 대상으로 삼았다. 또 다루는 시기로 봐서도 20세기 전체를 다루지 못하고 신해혁명으로부터 국공내전 기간까지만의 시기, 곧 1903년부터 1949년까지의 20세기 전반기를 다루는 데에 그쳤다. 이렇게 연구 영역이나 시기를 제한할 수밖에 없게 된 것은 전문적이고 집약적인 연구를 위해 불가피한 일이기도 했지만 필자의 능력이 미치지 못해서이기도 하다. 따라서 엄밀한 의미에서 말한다면『20세기 전반기 중국의 한국독립운동에 대한 인식과 정책』정도가 이 책의 제목에 적합할 것이다. 다만 같은 시기 재중 한인들의 대중對中 교류나 인식, 태도 등도 함께 다루고 있어서『20세기 한중관계사 연구』정도로 이름을 정하게 된 것이다.

20세기 한중관계사, 그중에서도 중국 측의 한국에 대한 인식, 정책을 다루려고 할 때 새로운 자료의 발굴과 이용은 필수적이다. 중국 학계의 중국사 연구와는 다른 관점에서 중국사나 중국 측 자료들을 검토해야 하고 그 속에 남아 있는 한국인들의 흔적도 찾고 이용해야 하기 때문이다. 필자는 한중 수교 2년 전인 1990년부터 올해 2024년까지 30년 정도의 기간 동안 백수십 차례 중국을 오갔다. 대개는 중국에서 열린 학술대회 참가를 위해서였지만 중국 방문 도중에 거의 예외 없이 각지의 도서관, 공문서보관소(당안관)를 드나들며 자료들을 찾았다. 그중에서도 상하이 도서관과 상하이시 당안관은 그 도시의 분위기처럼 가장 개방적이고 자료가 풍부한 곳이어서 늘 찾았던 곳이다. 상하이 도서관 근대자료열람실은 싱그러운 녹나무香樟로 둘러싸인 쾌적한 환경 속에서 언제나 새로운 자료들에 대한 기대로 설레던 곳이다. 1920년대 상하이의 여러 신문 잡지들에 실린 박은식이나 신규식을 비롯한 한인 지사들의 글을 비롯하여 새로운 자료들을 찾았을 때의 기쁨은 지금 생각해도 벅차다. 상하이 지역 자료들을 찾는 데에 여러모로 도움을 주고 만날 때마다 유쾌한 기억을 만들어준 싱지엔롱邢建榕 전 상하이시 당안관장을 비롯한 여러 친구들께 감사를 표한다.

2018년 재직하던 신라대학을 정년퇴임하기 직전에 받게 된 한국연구재단의 우수학자 지원 프로그램은 정년 이후 연구활동을 이어가는 데에 큰 도움을 주었다. 연구비 관리부서를 본의 아니게 부산대학으로 옮겨 간 것도 결과적으로 필자의 연구에 많은 도움이 되었다. 부산대학 한국민족문화연구소 측에서는 필자의 연구에 좋은 환경을 제공해 주느라 여러모로 애를 썼다. 강의나 다른 잡무의 부담 없이 오로지 연구에만 집중할 수 있었던 부산대학에서의 5년은 연구 일생 중 최고의 선물이었다. 이 자리를 빌려 한국연구재단과 김동철, 차철욱 두 분 소장을 비롯한 부산대학 한국민족문화연구소 여러분께 감사를 드린다.

여기 실린 글들이 게재되었던 학술잡지 출처들을 정리하다 보니 그때, 그때마다 읽어 주고 의견들을 준 선후배 동학들에게 큰 도움을 받았음을 새삼 확인하게 된다. 특히 필자의 한중관계사에 대한 관심이 본격화하기 시작하던 시기에 만들어진 중국근현대사학회와 학회의 선후배 동학들의 관심과 도움이 없었다면 이 책은 만들어지기 어려웠을 것이다. 학회와 선후배 동학들께 특별히 감사를 표한다.

최근의 어느 좌담회 자리에서도 언급한 일이지만 역사 연구는 정년퇴임 이후에도 혼자서 작업할 수 있는 가장 좋은 직업 중의 하나이다. 이런 직업의 길로 인도하시고 그것을 감당할 만한 재능(자기 도취적인 판단이긴 하지만)도 주신 참 좋으신 나의 하나님께 감사를 드린다. 마흔 살이 되던 1993년에야 늦깎이 크리스천이 된 이후, 주신 재능이 있다면 다른 사람들을 위해 쓸 수 있는 "섬기는 학자"의 길을 가겠노라고 나름 맹세를 한 지 어언 30여 년이 지났다. 그간에 무슨 성과가 있었는지 부끄러워지는 요즘이다. 오직 기회를 주시고 감당할 능력도 주시는 주님께 감사드릴 뿐이다. 이 책 또한 섬기는 도구가 되기를 소원해 본다. 책 읽는 일에 묻혀 사는, 재미없는 사람을 가장으로 받아주고 섬겨 준 아내 안미영과 아들 배상규, 딸 배경은에게도 감사드린다. 늘 기도 가운데 응원해 주신 이경준, 조흥래 두 목사님과 행복한제자교회 및 델리목장 여러 형제자매들께도 감사드린다.

마지막으로 나의 첫 저서인 『장개석연구』(일조각, 1995)를 낸 지 30년이 다 되어가는 시점에 다시 세 번째 책으로 이 책의 출판을 맡아주신 일조각 측에 감사를 표한다. 특히 매끄럽지 못한 문장을 세심하게 다듬어주고 인용한 인물, 사건들이나 앞뒤 사항들까지 일일이 찾아서 "학문적 전문교정"을 해 주신 한정은 이사께 감사를 표한다.

2024년 7월 25일

장마 끝난 뒤 매미 소리가 커지는, 금정산 기슭에서

배경한 씀

차례

서장

지구지역사 및 동아시아사 시각하의 20세기 전반기 동아시아 국제질서와 한중관계

— 기존 연구성과 및 연구시각 검토 —

Ⅰ. 기존연구에 대한 비판적 검토

개혁개방 이래 급속한 경제성장을 바탕으로 초강대국(G2)의 자리를 차지하게 된 중국은 안보와 외교, 국방, 경제, 문화 모든 측면에서 한국한테 가장 영향력이 큰 국가가 되었다. 이러한 중국을 제대로 이해하고 국가 정책적 측면이나 일반인의 인식 측면에서 제대로 된 대응책을 마련하기 위해서는 중국 그 자체에 대한 이해만큼, 혹은 그 이상으로 한중관계의 역사에 대한 이해가 필요하다. 역사적으로 중국이 한국에 대하여, 혹은 한국이 중국에 대하여 어떠한 관계를 형성해 왔는지, 또 한국의 중국에 대한 인식이나 태도 및 중국의 한국에 대한 인식이나 태도를 탐구하는 한중관계사는 바로 이러한 시대적 요구에 부응하는 가장 중요한 연구 분야이다.

그럼에도 불구하고 최근 한중관계사에 관한 전문적 저술은 거의 나오지 못하고 있다. 거기엔 몇 가지 이유가 있다. 첫째는 1980년대 한국 학계에서 중국사 연구 그 가운데서도 특히 중국근현대사 연구가 본격화된 이후, "중국 그 자체"에 대한 연구가 강조되면서 상대적으로 한중관계사 연구에 소홀해졌기 때문이다.[1] 둘째는 더 이상 일국사의 관점 내지는 비교사의 관점에서의 연구가 커다란 한계를 가지고 있다는 사실이 널리 받아들여지게 되었다. 그 결과로 동아시아사 내지 지구지역사 Glocal History에 대한 충분한 이해를 바탕으로 하는 한중관계사 연구나 서술은 더욱 어려운 작업이 되었기 때문이다.[2] 셋째는 기왕의 근현대

1 배경한, 「중국근현대사연구 50년의 성과와 과제」, 『동양사학연구』 133(2015.12), 296~297쪽.

2 배경한, 「20세기 동아시아 국제질서와 한중관계」, 이익주 등 저 『동아시아 국제질서 속의 한중관계사: 제언과 모색』, 동북아역사재단, 2010, 383~426쪽.

한중관계사 연구가, 일국사로서의 한국독립운동 연구에 지나치게 치중되어 왔는데 이 점이 오히려 한중관계의 객관적 모습을 그리는 데에 일정한 걸림돌이 되고 있기 때문이다. 이런 까닭에 동아시아를 포함하는 지구지역사적 내지는 동아시아사적 국제질서의 변화를 바탕으로 삼는 균형 잡힌 시각에서 한중관계를 서술하는 것은 매우 어려운 과제가 된 것이다.

이러한 사실은 그간 출간되어 나온 한중관계사 개설서의 상황을 통해서도 분명하게 확인된다. 시대사 내지 개설서의 형태를 띠고 출판된 한중관계사 관련 저술로는 1999년에 간행된 김한규 교수의 한중관계사 저술이 거의 유일하다. 김한규 교수의 한중관계사는, 전통시대 한중관계의 주요 무대가 되었던 랴오둥遼東 지역이 누구에게 귀속되었던가를 기준으로 해서 한중관계사를 서술하는, 매우 독창적인 관점을 제시하여 주목을 받았다.[3] 그러나 근대 이후의 시기를 보면 랴오둥의 귀속 문제가 한중관계의 기준이 되기 어렵기 때문에 그 책에서 근현대 시대 한중관계에 대해서는 매우 간략하게 기술할 수밖에 없었다. 그 밖에 중국에서 발간된 한중관계사(정확하게는 중한관계사) 저술을 번역한 책들이 일부 나와 있는데 이 책들의 역자들이 하나같이 지적하고 있는 대로, 중국 측 저술들이 취하고 있는 중국 중심주의, 곧 중화주의中華主義적 입장에 기본 시각을 두고 있다.[4] 그런 까닭에 중국 측 저술들은 객관적 균형을 갖춘 관점이라고 보기 어려우므로 한국 독자들에게 도저히 권할 수 없는 형편이다. 개설서 이외의 한중관계사 연구 가운데는 이재령 교

3 김한규, 『한중관계사』 Ⅰ·Ⅱ, 아르케, 1999.

4 쑹청유, 전홍석 역, 『중한관계사(현대편)』, 일조각, 2012; 장페이페이, 김승일 역, 『한중관계사』, 범우사, 2005.

수의 한중 양국 언론을 통해 나타나는 상호 인식에 관한 연구가[5] 있고 조선시대 및 19세기 말 한중관계나[6] 국경 문제 등을 다룬 자료집 및 연구서들[7], 그리고 한중 양국 학계의 연구 상황을 정리한 것이[8] 있는 정도이다. 요컨대 현재 한국에는 근현대 한중관계사에 관한 학술적 저술이 거의 없는 실정이다.

Ⅱ. 새로운 관점의 모색: 지구지역사 및 동아시아사 시각하의 20세기 전반기 동아시아 국제질서와 한중관계

전통시대 곧 서구 열강의 침략이 본격화되는 19세기 중반 이전까지, 중국과 그 주변 지역을 포함하는 동아시아의 기본적인 국제질서를 흔히 책봉조공冊封朝貢 관계라고 부른다. 중국 왕조로부터 제후 왕으로서 책봉을 받는 것과 그에 상응한 피책봉국의 조공사절 파견, 인장의 수여, 연호와 책력冊曆의 반포 등을 내용으로 하는 책봉조공 관계는 시대에 따라서 그 모양이 매우 다양했을 뿐만 아니라 실제로 책봉조공 관계에 해당한다고 보기 어려운 시대도 적지 않게 존재했다. 예컨대 5~6세기 남북조 시대의 경우 남북조의 여러 왕조와 신라, 백제, 고구려 삼국으로 대표되는 한반도의 왕조들은 서로 간에 복수의 책봉조공 관계를

5 이재령, 『현대한중관계사연구－일제 침략기 한중언론의 상호인식－』, 단국대출판부, 2020.

6 동북아역사재단 북방연구소 편, 『조선시대 한중관계사』, 동북아역사재단, 2018; 권혁수, 『근대 한중관계사의 재조명』, 혜안, 2007.

7 김형종 등 역, 『국역청계중일한관계사료』 1~5, 동북아역사재단, 2012; 이화자, 『한중국경사연구』, 혜안, 2011 ; 박정현 등 저, 『중국 근대 공문서에 나타난 한중관계－「淸季駐韓史館檔案」 해제』, 한국학술정보, 2013.

8 동북아역사재단 편, 『한중일 학계의 한중관계사 연구와 쟁점』, 동북아역사재단, 2008.

맺으면서 일방적인 종속 관계가 아니라 피책봉국의 독립성이 상당 부분 인정되는 관계 안에 있었음을 확인할 수 있다.[9] 시대를 내려와서 북방 유목민족인 거란과 여진이 북부 중국을 차지하고 있던 10~12세기의 경우를 보더라도 한족漢族 중심의 책봉조공 체제로서는 설명하기 어려운 다원적 국제질서가 대륙과 한반도 왕조들 사이에 존재했음을 볼 수 있는 것이다.[10] 마찬가지로 몽골제국이 중국에 대한 지배권을 확고하게 가지고 있던 13~14세기의 경우에도 몽골제국의 일부인 원元 왕조와 고려와의 관계는 책봉조공 관계 이외에 더 광범한 의미의 몽골 제국 자체의 국제질서로 설명할 수밖에 없는 측면들을 보여 주고 있다.[11] 또 17세기 이후의 청 왕조와 조선 왕조의 관계를 설명하는 데에 있어서도 마찬가지로 전통적 책봉조공 관계와 함께 몽골과 티베트를 포괄하는 범위로서의 청제국清帝國 질서의 일부로서 설명해야 할 측면들이 결코 적지 않다.[12] 이런 까닭에 전통 시대의 한중관계를 다룬다고 할 경우에도 책봉조공 관계로서 설명할 수 없는 다양성과 비대칭성을 설명하려면 한반도와 중국 대륙을 포함하는 보다 넓은 지역으로서 동아시아를 설정할 수밖에 없게 되는 것이다.

한편으로 1990년대 중반부터 우리 학계에서 제기되고 있는 동아시아 담론과 거기서 연관되어 나온 동아시아사 연구는, 배타적 민족주의를 기초로 하는 역사 이해를 넘어서려는 시도인 동시에 일국사의 자기중심적 역사 이해를 넘어서려는 시도로서 많은 주목을 받고 있다.[13] 그러나

9 김창석, 「6~8세기 동아시아와 한중관계」, 이익주 외, 『동아시아 국제질서 속의 한중관계사-제언과 모색-』, 동북아역사재단, 2010, 118~119쪽.

10 윤영인, 「10~12세기 동아시아의 다원적 국제질서와 한중관계」, 위 같은 책, 153~155쪽.

11 이익주, 「세계질서와 고려 몽골관계」, 위 같은 책, 207~210쪽.

12 구범진, 「동아시아 국제질서의 변동과 조선·청 관계」, 위 같은 책, 370~374쪽.

13 백영서, 「프롤로그-주변에서 동아시아를 본다는 것-」, 정문길 등 편, 『주변에서 본 동아시

동아시아담론 자체도 아시아적 가치론, 동아시아 공동체론, 민간사회 연대론 등 다양한 함의를 가지고 있다.[14] 이뿐만 아니라 역사학계에서는 이 담론에 대한 학술적 호응이 그리 많지 않았다는 점[15] 또한 의외의 일이라 할 만하다. 이를테면 세계적 혹은 전지구적 역사Global History 연구가 요구되고 있는 상황에서 왜 하필 동아사아인가라는 문제 제기에 대하여 아직까지 명확한 해답을 제시하지 못하고 있는 것이다.[16] 이런 까닭에 동아시아를 역사 연구의 범위로 삼는 한중관계사를 그리는 작업은 그리 간단치 않아 보인다.

이 책에서는 전지구적 역사 가운데에서 동아시아사, 그리고 그 가운데에서의 한중 양국의 관계사를 위치시키려는 의도에서 "동아시아사를 포함하는 지구지역사Glocal History"라는 관점을 연구시각으로 삼고자 한다. 지구지역사 시각은 한마디로 지구사Global History의 시각과 지역사Local History의 시각을 함께 아우르는 연구시각이다. 특히 유럽 열강들에 의한 식민체제를 기반으로 세계 자본주의 체제가 형성된 이후 단계인 근현대사의 경우, 구체적인 지역사에는 세계 자본주의 체제의 구성 단위로서 세계사적 요소와 영향들이 그대로 녹아들어 있을 수밖에 없다. 예컨대 1910년대, 1920년대 한국독립운동의 주요 배경이 되었던 상하이 지역은 영국, 프랑스, 독일 등 주요 유럽 및 일본의 제국주의 열강들이 모두 진출하여 활발하게 활동하는 세계 자본주의 체제의 축소판이었다. 이들의 거점인 조계租界는 정치·외교·행정·경제적으로 열강들

아』, 문학과지성사, 2004, 13~36쪽; 裴京漢, 『從韓國看的中華民國史』, 北京(社會科學文獻出版社), 2004, pp. 238~239; 백영서, 『동아시아담론의 계보와 미래』, 나남, 2022 참조.

14 장인성, 「한국의 동아시아론과 동아시아 정체성」, 『세계정치』 26-2(2005) 참조.

15 하세봉, 「동아시아 역사상, 그 구축의 방식과 윤곽」, 『21세기 역사학의 쟁점과 전망』 학술대회(역사학회, 2008년 11월) 발표논문 참조.

16 강진아, 「이주와 유통으로 본 근현대 동아시아경제사」, 『역사비평』 79호(2007) 참조.

이 지배하는 세계적 질서에 맞춰 운영되고 있던 지역이었다. 중국의 입장에서 보자면 조계는 중국의 국가적 주권이 침해당한 침략의 현장인 동시에 근대(화)와 혁명의 온상이 될 수 있었던 곳이었다. 따라서 상하이에서 전개된 한국독립운동을 서술하고자 할 때 우리는 자연스럽게 지구적, 세계적 질서와의 연관을 고려하지 않을 수 없다.

물론 이럴 경우 지구사 내지 세계사의 일부분으로서 동아시아사를 하나의 매개적 단위로 그려볼 수도 있을 것이다.[17] 동아시아사라는 범위는 한중관계사와 같은 일국사의 범위를 뛰어넘어야 하는 지역 단위를 연구 범위로 삼을 때보다 효율적인 밑그림으로서 의미를 가질 수 있을 것이기 때문이다.[18] 예컨대 이 책의 앞부분에서 다루고 있는 1910년 중국 우한武漢에서 일어난 공화혁명 곧 신해혁명의 경우, 그간 중국근현대사의 중요 사건이라는 관점에서 주로 연구가 이루어져 왔지만 사실 중국을 넘어 동아시아 내지 아시아 전역과 밀접하게 연동되어 있었다. 그런 만큼 신해혁명은 한국이나 베트남, 몽골 등 중국 주변 민족운동의 향방을 결정짓는 분기점이 되었다고 할 수 있으므로 동아시아 내지 아시아 역사, 나아가서 지구사 속에서 바라보고 그 의미를 규정할 필요가 생기게 되는 것이다.[19] 마찬가지로 1930년대 초 한중관계를 살필 때에 가장 중요한 사건인 완바오산사건萬寶山事件의 경우, 그 원인이나 전개

17 그간 동아시아담론을 제기하는 데에 앞장섰던 연구자가 지구지역사로 나아가는 매개로서의 동아시아사를 강조하면서 "지구지역적 시각과 동아시아론의 결합"을 주장하고 나선 것에 많은 시사를 받았다. 백영서, 「동아시아담론과 동아시아사의 해후-비판적 지구지역사의 길-」, 『동양사학연구』 164집(2023) 참조. 또 중국 학계의 마찬가지 시도로서 王靜, 「視野, 視角與方法: 全球地方史的三種治史徑路」, 『福建論壇(人文社會科學版)』, 2023年 第11期를 참조.

18 유용태, 「다원적 세계사와 아시아, 그리고 동아시아」, 동씨 저, 『환호 속의 경종: 동아시아 역사 인식과 역사교육의 성찰』, 휴머니스트, 2006, 478~483쪽 참조.

19 이 책의 제1장 제1절은 이런 관점에서 이루어진 것이다.

과정을 설명하려고 할 때 일본 제국주의의 입장이나 역할을 제외하고 중국과 한국의 관계만을 가지고는 설명 자체가 불가능하다는 것은 잘 알려진 사실이다. 따라서 한·중·일 삼국을 아우르는, 동시에 한·중·일로 구성되는 동아시아 전체를 범위로 한 시각 위에서만 이 사건의 올바른 해석과 의미 규정이 가능해진다. 이뿐만 아니라 1910년대에서 1940년대에 이르는 식민지 시기를 논하는 경우, 국가나 정부의 존재 방식에 있어서 상당한 차이가 존재하기 때문에 국가 혹은 정부 사이의 국제관계, 곧 외교적 관계라는 일반적 시각으로는 충분히 포괄되지 않는 영역이 존재한다는 점이 고려되어야만 할 것이다. 그런 점에서도 일국사뿐만 아니라 "대등한 형태로서의 국가 간의 역사"라는 시각도 적용하기 어렵기 때문에 보다 넓은 시각으로서의 동아시아 시각 및 지구지역사 시각이 유효한 것이다.

보다 구체적인 사례를 들어서 말할 경우 "동아시아사를 포괄하는 지구지역사 시각"의 적용은, 기왕의 연구들에 대한 이해나 해석의 각도를 많은 부분에서 교정해 줄 것으로 기대된다. 예컨대 한국 학계나 중국 학계를 막론하고 기왕의 한중관계사 연구에서 가장 많은 비중을 차지해 온 재중 한국독립운동에 대한 연구의 경우에도, 흔히 강조되어 온 "한중연대"나 "중한호조"의 해석을 좀 더 넓은 동아시아 지역 내에서의 "반제연대反帝連帶"로 이해하거나 설명할 필요가 있는 것이다. 그럴 경우 한중 양국 간의 연대뿐만 아니라 한국, 중국, 베트남, 몽골, 타이완 등지를 포괄하는 시각에서 중국 내에서 이루어졌던 이들 각 국가 민족 간의 다면적 연대를 그려내고, 그런 가운데 중국 내 한국독립운동이 가지는 역사상의 위치와 의미를 찾을 수 있을 것으로 생각된다.[20]

---

20 본 연구의 제2장과 제3장은 모두 이런 관점에서 나온 것이다.

연구의 시각을 지구사와 동아시아사로 확대한다고 할 때 반드시 지적되어야 할 또 다른 문제는 한중관계사를 구성하는 연구영역의 확대와 관련된 문제이다. 앞에서도 언급한 일이지만, 20세기 한중관계의 전체적 모습을 그리려고 할 때 현재까지의 연구 상황은 결코 만족스럽지 못하다. 예컨대 경제교류, 문화교류, 이민 내지 이주 등에 관한 연구들은 매우 한정되어 있어서 한중관계의 전체상을 그리기에는 턱없이 부족하다. 특히 1950년대 이후 시대에 관한 연구는 매우 한정되어 있을 뿐만 아니라 그것도 역사학 분야에서의 연구는 최근의 일이고 그동안 주로 사회과학 분야에서만 연구가 이루어져 왔던 것이다. 게다가 전술한 대로 1950년대 이전 시기에 관한 연구들도 독립운동사를 중심으로 하는 관계사 내지 외교사 분야에 집중되어 있어서 그 밖의 여러 방면에 관한 연구가 빠져 있다.

그럼에도 불구하고 이 책에서도 한중관계사를 포괄하는 전체적 영역을 서술의 대상으로 삼기는 사실상 어렵다. 이 점은 재중 한국독립운동과 그에 대한 국민정부의 인식과 정책이라는 측면을 중심으로 일관성 있는 서술을 하고자 하는 이 책의 기본 의도와도 관련이 있지만 그에 앞서서 각 분야, 예컨대 경제교류, 문화교류, 지식교류, 상호인식, 이민 내지 이주 등, 다루어야 할 분야가 너무나 광범해서 모두 다루기에는 역량이나 지면 모두 크게 부족하기 때문이다. 기왕에 20세기 전반기의 재중 한국독립운동에 관한 연구는 일일이 거론할 수 없을 만큼 많이 나와 있다. 그러나 그에 대한 중국 측, 곧 혁명파나 국민정부의 인식 및 정책에 관한 연구들은 상대적으로 많지 못하다. 이뿐만 아니라 필자의 입장에서 보기에 이들 한국독립운동사 학계의 성과들은 대부분 한국사라는 일국사의 범위에 치중되어 있는 경우가 많고 일부는 독립운동의 현창顯彰이라는 현실적 목적에 편향되어 있는 경우도 적지 않다. 이처럼 한중관계사의 한 쪽인 중국사의 흐름에 관한 이해가 부족하거나 편향되어 있는 경우도 많고 중국 측 자료 이용에서 어려움을 겪는 경우 또한 많다. 이 책은 앞에서 말한 바 20세기 전반기의 한중관계를 동아시아사 내지는 지구지역사라는 보다 넓은 시각에서 보고자 한다는 점, 그리고 한국 측 자료뿐만 아니라 중국의 시각이나 중국 측 자료에도 가능하면 넓게 접근하려고 했다는 점에서 좀 더 객관적이고 실증적인 연구가 될 것이라는 기대를 가지고 있다.

Ⅲ. 차례의 구성과 문제 제기

본 연구의 구성은, 서론에 해당하는 서장과 결론에 해당하는 종장을 제외하고 모두 5장, 19절(19편의 논문)로 구성되어 있다. 제1장은 "동아시아 공화혁명으로서의 신해혁명과 한국(1903~1913)"이라는 주제 아래 1903년 혁명파의 대두로부터 1913년 혁명운동의 좌절까지 4개의 절로 나누어 다루고 있다. 그 가운데 제1, 2절은 "동아시아 역사 속의 공화혁명"을 소주제로 중국에서 일어난 공화혁명 곧 신해혁명이 중국 일국의 공화혁명이 아니라, 공화제와 민주주의를 목표로 한 지구사의 큰 흐름 속에서 동아시아를 무대로 하여 동아시아 전체와 연동되어 있는 공화혁명이었음을 강조하고자 한다. 그런 한편으로 우창武昌에서의 혁명기의 성공 소식이 전해진 이후 본격화된 한국독립지사들의 중국 관내關內 지역 망명 과정과 이들이 중국혁명 곧 신해혁명을 어떻게 받아들이고 있었는지를 구체적으로 살펴보고자 하였다. 이어서 제3, 4절에서는 "한국인들의 신해혁명 지지, 참여"가 어떠한 양상을 띠고 있었는가를 구체적으로 밝히기 위하여 광둥廣東 지역 혁명운동에 직접 참여하여 상당한 역할을 했던 김규흥과 허난河南 지역 혁명운동 과정에서 적극적인 참여를 했던 김병만의 중국 망명과 혁명운동 참여 사실을 밝히는 데에 집중하였다.

제2장은 "1910년대 동아시아의 반제민족운동과 한중연대의 모색(1914~1919)"이라는 주제 아래 모두 3개의 절로 구성하였다. 제1절에서는 지구지역사라는 이 책의 기본 관점에서 출발하여, 세계사(유럽사)에서 현대사의 기점으로 받아들여지고 있는 제1차 세계대전이 같은 시기에 본격화되기 시작한 한국·중국을 비롯한 동아시아 지역의 반제국주의 민족(해방)운동에 어떻게 연결되어 있는지를 살피려고 시도하였다. 보다 구체적으로는 당시 중국 관내 지역 한국독립운동 그룹의 가장 중심적 지도자였던 신규식의 활동을 중심으로 한, 광저우廣州의 남방혁명정부와 베이징北京의 민국정부北洋政府를 대상으로 한 한국독립 청원운동과 그에 대한 중국 측의 대응을 살펴보았다. 이어서 제2절에서는 제1차 세계대전의 결과인 파리강화회의를 계기로 하여 한국과 중국을 중심으로 한 동아시아 지역에서 일어난 반제 민족운동인, 3·1운동과 5·4운동이 어떻게 같은 맥락에서 발발하게 되었는지를 역시 동아시아사 내지 지구지역사라는 맥락에서 설명하고자 하였다. 제3절에서는 1919년 4월, 상하이에서 대한민국임시정부가 만들어지게 된 것이 동아시아사 내지 지구지역사라는 관점에서 어떤 과정을 거쳤으며 또 어떤 의미를 가지고 있는지를 다루었다. 그 결과로서 임시정부의 성립이 전지구(세계)사적 맥락인 민주공화의 동아시아적 실현이며, 반제연대 혹은 한중연대라는 동아시아사상 중요한 지역연대로서의 본격적 출발점이라는 의미를 부여하고자 시도하였다.

제3장은 "1920년대 동아시아 반제연대와 한중연대의 고양(1920~1930)"이라는 주제 아래 1920년대에 전개된 대한민국임시정부와 중국과의 관

계를 한중연대 및 동아시아 반제연대라는 측면에서 다루어 보고자 하였다. 우선 임시정부의 활동을 둘러싼 한중연대의 시도를 다룬 제1절에서는 1920년 10월 임시정부 대표 신규식의 광저우廣州 호법정부護法政府 방문과 중국 혁명파 최고지도자 쑨원孫文과의 회담을 추적하는 작업을 통하여 임시정부와 중국 혁명파 사이에 전개된 워싱턴회의 참석을 둘러싼 한중연대 시도를 다루어 보았고, 이어서 제2절에서는 1920년에서 1923년 무렵까지 전개된 중한호조사中韓互助社의 조직 과정과 활동을 통하여 중한연대의 실상에 접근하고자 하였다. 제3절에서는 1920년 4~5월에 푸젠성福建省 장저우漳州에서 열린 한·중·러 삼국 사회주의자 그룹의 연대 모색 시도인 장저우회의를 살펴봄으로써 코민테른을 위시한 사회주의자 그룹 간의 국제적 반제연대 활동과 그것이 갖는 지구지역사 내지 동아시아사 안에서의 의미를 살펴보고자 하였다. 이어서 제4절에서는 반제·반봉건을 목표로 삼았던 중국 국민혁명의 와중에서 이루어진 한중연대를 살펴보고자 하는 의도에서 1926년 1월 광저우에서 열린 중국국민당이전대회二全大會에 참석하여 지지 활동을 벌였던 한국 대표 여운형과 베트남 대표 호찌민胡志明의 활동을 집중적으로 다루어 보았다. 이를 통하여 지구지역사 관점에서 1920년대 동아시아를 관통하고 있던 주제인 반제와 반제연대가 한국·중국·베트남 사이에 어떻게 나타나고 있었는지를 살펴보고자 시도하였다.

제4장은 "중일전쟁 시기의 동아시아 국제질서와 한중관계(1931~1940)"라는 주제 아래 1931년 9·18사변 이후 1940년까지 중일전쟁 시기 한중관계를 살피려 하였다. 제1절에서는 9·18사변 이듬해인 1932년 4월 말, 상하이에서 일어난 윤봉길의거, 곧 홍커우공원폭탄투척사건虹口公園爆灼事件에 대한 국민정부 및 그 지도자 장제스蔣介石의 대응을 실증적으로 밝히고자 하였다. 이를 통하여 흔히 중국 국민정부에서 한국독립운

동을 적극 지원하게 된 것이 바로 이 윤봉길의거에 대한 장제스를 비롯한 국민정부의 긍정적 내지 적극적 평가로 인한 것이라는 한국 역사학계의 그동안의 이해를 재검토하고자 시도하였다. 장제스를 비롯한 국민정부의 윤봉길의거에 대한 평가가 만약 부정적 내지 유보적인 것이었다면, 이 사건 직후, 곧 1932년 중반부터 본격적으로 시작된 국민정부의 김원봉·김구에 대한 군사적 재정적 지원의 이유를 무엇으로 봐야 할 것인가라는 것이 제1절의 기본적인 질문인 것이다. 이어서 제2절에서는 만약 장제스와 국민정부의 한국독립운동 지원의 기본적 의도가 중국의 대일항전 전략인 "장기항전"에의 "동원"에 있었다면 그것이 구체적으로 어떻게 실현되었는지를 따져보고자 하였다. 특히 이제까지의 연구들에서 부분적으로 언급되기는 했지만 집중적인 연구가 이루어지지 못했던 국민정부 휘하 군사정보기구(군사조사통계국, 흔히 軍統으로 약칭)의 역할을 구체적으로 밝힘으로써 국민정부의 한국독립운동 지원이 가지는 기본적 목표를 밝히고, 나아가 그것이 가지는 성격을 논의하였다. 제3절에서는 국제관계 내지 외교사의 측면에 중점을 두고 이 시기의 한중관계를 보고자 하였다. 첫째는 충칭重慶임시정부의 최대 목표인 독자적 군사조직 창설 및 대일항전에의 참전과 관련하여 국민정부의 한국광복군 창설과 운영을 어떻게 통제하려고 했는지를 다루고 이어서 임시정부에 대한 국제적 승인 획득 문제를 중심으로 하여 장제스 국민정부의 유보적 입장과 그 원인을 살펴보았다. 이어서 제4절에서는 한국광복군이 발행하던 잡지들의 내용을 분석하여 1941년 12월 태평양전쟁 발발 이전까지 시기에 한국독립운동 세력이 국제정세를 어떻게 바라보고 있었으며 종전 가능성과 미국 참전의 가능성을 어떻게 전망하고 있었는지를 집중적으로 논의해 보고자 하였다. 이를 통하여 중일전쟁이라는 반제(반일)전쟁의 동아시아사적 전개과정에서 나타나고 있는 중국의 한국독립운동 지원이 가지는 의미를 다루고자 하였다.

제5장은 "태평양전쟁 전후 시기 동아시아 국제질서 및 한중관계의 변동(1941~1949)"이라는 주제 아래 4개의 절을 마련하였다. 제1절에서는 종전을 전망하는 가운데, 혹은 종전을 대비하기 위하여 1943년 11월 말에 열린 카이로회담에서의 한국문제와 중국 국민정부의 한국문제에 대한 태도 및 전후戰後 동아시아 국제질서에 대한 구상을 다루어 보고자 하였다. 이어서 제2절에서는 1944년 6월, 미국 부통령 월리스의 충칭 방문을 계기로 하여 나타나고 있던 임시정부의 대미 접근 노력과 이에 대한 국민정부의 견제 내지 무마 노력이 어떻게 나타나고 있었는지, 또 어떤 의미를 가지고 있는지를 다루었다. 특히 한국광복군에 대한 직접적 통제 수단으로 만들어졌던 「한국광복군행동구개준승韓國光復軍行動九個準繩」의 개정 철폐 논의가 급진전되면서 급속하게 철폐에 이르는 이유가 임시정부의 대미 접근에 대한 국민정부 나름의 통제 완화를 통한 임시정부의 불만 무마 의도에서 나온 것이라는 점을 강조하고자 하였다. 이어서 제3절에서는 1945년 8월 태평양전쟁 종전 이전에 국민정부 외교부를 중심으로 논의되고 있던 종전 이후 동아시아 국제질서가 어떤 모습을 가졌던가를 먼저 다루고, 이후 전개된 한국임시정부 요인들의 환국을 둘러싸고 벌어진 중미 간의 협상 과정과 거기에 나타나고 있던 중국의 입장을 집중 조명해 보았다. 이어서 제4절에서는 1946년 국공내전 발발 이후 단계에 가서 임시정부의 후신으로 만들어졌던 주화대표단의 역할이나 활동과 관련하여 둥베이 한인과 한반도 정세 관련 정보가 중요해진 상황과 그에 맞추어 나타나고 있던 국민정부의 둥베이 한인 및 한반도 관련 정보 수집 노력, 그리고 이를 위한 주화대표단 "동원" 사실을 집중 조명해 보고자 하였다. 이를 통하여 태평양전쟁과 국공내전이라는 1940년대 지구지역사 내지 동아시아사상의 대전환 가운

데 나타나고 있던 한중관계의 실상에 접근하고자 하였다.

마지막으로 종장에서는 이 책 전체의 내용을 간략하게 요약한 다음, 특히 국민정부의 한국임시정부에 대한 정책이 어떤 것이었는지, 그리고 어떤 성격을 가지고 있었는지를 중심으로 논의를 전개하고자 하였다. 이를 통하여 20세기 한중관계사가 가지는 현재적 의미 내지 현재와의 연속성 문제를 집중적으로 다루어 보고자 한다.

제1장

동아시아 공화혁명으로서의 신해혁명과 한국

(1903~1913)

들어가는 말

중국사에서는 흔히 근대의 출발점으로 1840년에 일어난 제1차 중영전쟁, 곧 아편전쟁을 잡는다. 제1차 중영전쟁의 결과로 영국을 중심으로 하는 서구 제국주의 열강의 침략 아래 전통적인 중국 중심의 동아시아 국제질서인 중화제국질서가 무너졌고 1880년대에 일어난 프랑스와의 전쟁(청불전쟁)으로 베트남에 대한 중국의 종주권이 부정되기에 이르렀으며, 이어서 1890년대에 일어난 일본과의 전쟁(청일전쟁)의 결과로 조선에 대한 중국의 종주권이 부정되기에 이르렀다. 특히 이 책에서 주로 다루고자 하는, 동아시아 지역을 중심으로 하는 세계 자본주의 체제 내지 동아시아 국제질서 및 한중관계의 측면에서 볼 때 청일전쟁은 가장 결정적인 전환점이 되었다. 청일전쟁의 패배로 중국 중심의 동아시아 국제질서가 일본 중심의 동아시아 국제질서로 옮겨가게 되었을 뿐 아니라 기존의 중국 중심 동아시아 국제질서 아래에서 중국에 대한 의존과 종속 관계에 있던 한국이 일본의 제국주의적 지배를 받는 식민지가 되었기 때문이다.

청일전쟁을 계기로 확립된 일본 중심 동아시아 국제질서를 집약적으로 보여 주는 대목은 1910년 8월 일본의 한국 강제병합과 그 전후 시기부터 나타나게 되는 중국 내 한국독립운동을 들 수 있다. 한국이 일제의 식민지로 전락한 이후 전개된 한인 지사들의 해외 망명 가운데에서 가장 중심적인 망명지가 바로 한국과 인접한 중국이었으니, 구체적으로는 1905년 전후 시기부터 시작되는 한인 지사들의 중국 망명으로 주로 독립운동을 목표로 하는 정치적 동기에서 나왔다. 이어서 1910년 일제의 한국 강제병합은 1911년 말부터 한인 지사들의 중국 관내 지역 망명을 본격적으로 촉진시켰다. 당시 한인 지사들의 중국 망명을 촉진한 또 다른 이유는 마침 중국에서 일어난 공화혁명, 곧 신해혁명의 발발이었다. 동아시아 전 지역에 걸쳐 커다란 영향을 주었던 신해혁명은 망국민亡國民 한국인들에게도 하나의 새로운 희망으로 비춰졌던 것이다.[1]

오늘날 중국의 관변 역사학계에서는 신해혁명을 프랑스혁명과 마찬가지의 부르주아혁명資産階級革命으로 규정한다. 아편전쟁 이후 발생, 성장한 부르주아 계층이 주도한, 자본주의 체제 수립을 위한 혁명이라고 보는 것이다.[2] 이러한 중국 관변 역사학의 입장을 받아들이든 아니든 신해혁명이 군주제, 곧 황제 지배체제를 무너뜨리고 주권재민을 기반으로 삼는 공화체제를 수립하려는 '공화혁명'이라는 데에는 이견이 없다. 또 공화체제의 수립이 신해혁명이라는 정치적 혁명을 통하여 단번에 이루지 못하고 공화의식(주권의식)을 가진 '국민'의 형성이라는 다

1 배경한, 『쑨원과 한국-중화주의와 사대주의의 교차-』, 한울, 2007, 42~46쪽; 박찬승, 「한국의 근대국가 건설운동과 공화제」, 『역사학보』 200(2008) 참조.

2 대표적인 저작으로 胡繩武·金冲及, 『辛亥革命史稿』 第4卷, 上海(上海人民出版社), 1991, pp. 667~678을 참조할 것. 이러한 '신해부르주아혁명설'에 대한 비판적 시각도 있다. 橫山英, 「辛亥ブルジョア革命說の系譜」, 『史學研究』(廣島) 111-2(1971) 참조.

음 단계의 공화혁명, 곧 5·4운동을 기다려야 했다는 점에서 신해혁명을 '미완의 공화혁명' 혹은 '좌절된 공화혁명'이라고 부르는 데에도 대체적으로 이견이 없다.[3]

그런데 신해혁명에 대해 이렇게 성격 규정을 하는 것은 사실, 중국 일국의 역사에서 가지는 의미만을 다루는 것이다. 최근 한국의 역사학계에서 널리 받아들여지고 있는 이른바 '지구지역사 시각'이나 '동아시아사 시각'으로 우리의 관점을 넓힌다면 신해혁명이 가지는 의미는 상당히 넓고 다양한 면모를 가지게 된다. 그것은 신해혁명 이후에 중국 주변의 동아시아 지역에서도 공화혁명의 수용이 광범하게 나타나고 있을 뿐만 아니라 신해혁명이 가지는 '민족혁명'으로서의 측면, 곧 한족漢族의 만주족 지배로부터의 독립, 곧 반청혁명反清革命이라는 측면이 가지는 대내적 혹은 대외적 영향력 또한 광범했으며 그 결과로서 중국 내의 소수민족들과 주변 민족들의 중국으로부터의 '독립' 시도가 광범하게 나타나고 있음을 볼 수 있기 때문이다.[4]

이 책에서 집중적으로 다루어 보고자 하는 20세기 한중관계는 바로 이러한 동아시아 국제질서의 격변 속에서 일본의 식민지로 전락한 조선과, 마찬가지로 서구열강과 일본 제국주의의 아식민지亞植民地, semi-colony로 전락한 중국의 관계가 어떠한 구조와 성격을 가지고 있었던가를 밝히는 작업이다. 이를테면 서구 제국주의 열강의 침략 아래 식민지에 버금가는 처지에 놓이게 된 중국과, 아시아의 신흥 열강 일본의 식민지로서 국가적 독립을 최우선 과제로 삼아야 하는 한국의 관계를 논의의 대상으로 삼는 것이 "20세기 전반기 한중관계사"에 해당한다. 이

---

3 민두기, 『중국의 공화혁명』, 지식산업사, 1999, 268~269쪽.

4 배경한, 「동아시아 역사 속의 신해혁명」, 배경한 엮음, 『동아시아 역사 속의 신해혁명』, 한울, 2013, 20~50쪽 참조.

렇게 볼 때 20세기 전반기의 한중관계는 아식민지와 식민지 간의 동지적 관계를 가지는 한편으로 식민지 한국의 아식민지 중국에 대한 의존과 중국의 전통적 중화체제로의 회귀라는 다면적·비대칭적 의미를 가지게 되는 것이다. 그리고 이러한 의존성, 회귀성 및 비대칭성을 일차적으로, 그리고 가장 대표적으로 보여줄 수 있는 대목이 근대국가에 대한 모색 단계로서의 중국의 공화혁명, 곧 신해혁명과 연동하면서 전개된 중국 내 한국독립운동의 공화(민주)와 독립(자주)에 대한 지향과 이를 둘러싼 한중 간의 협력, 길항관계가 될 것이다. 이른바 중화제국체제의 와해라는 위기현상은 신해혁명의 또 다른 면모인 것이다. 본장의 서두에서, 동아시아 공화혁명으로서의 신해혁명이 어떠한 모습과 성격을 가졌는지를 다루려는 의도가 여기에 있다. 그것은 중국 일국의 공화혁명이라는 관점을 넘어서 한국, 일본, 베트남, 티베트, 몽골 등 중국 주변 국가 민족들에 대한 영향이라는 문제와 함께 전통적 중화제국질서가 와해되는 과정에서 나타나는, 이들 중국 주변 국가 민족들의 이탈이나 독립 지향이라는 문제를 포함할 것이다.

이런 관점에서 중국의 공화혁명과 한국의 관계를 다루려는 것이 본장의 다음 순서이다. 중국의 공화 혁명운동에 대한 한국인들의 반응은, 1905년 전후 시기부터 중국 망명을 택한 한인 지사들과 일부 중국 혁명파 지도자들과의 교유에서 시작되지만 본격적으로는 1911년 후베이성湖北省 우창武昌에서 일어난 혁명기의가 성공하고 혁명정부가 수립되었다는 '혁명 성공'의 소식이 전해진 1911년 말부터 나타났다. 1910년 8월 일본 제국주의日帝의 조선에 대한 강제 병합으로 국내에서의 독립운동이 불가능해지자 많은 한인 지사들이 독립운동의 새로운 희망을 찾아 중국으로의 망명에 나서기 시작했던 것이다. 그 대표적인 경우가 본장 2절에서 다루려는 신규식을 위시한 초기(1911~1913년) 상하이·난징

上海·南京 지역 한인 망명자 그룹이다. 신규식은 구한말 조선 왕조의 무관으로서 일제에 의한 군대 해산 등, 망국의 과정을 누구보다 가까이에서 목격했던 인물로 그 울분을 참지 못하고 음독하였으나 성공치 못한 채 한쪽 눈을 잃는 아픔 끝에 중국 망명의 길에 올랐던 인물이다. 이후 1920년대 초까지 상하이 한인들의 중심적인 지도자로 활동했던 신규식을 통해서, 그리고 그의 주변인물들을 통해 중국의 공화혁명, 곧 신해혁명은 그들에게 어떤 의미를 가지고 있었는지를 구체적으로 확인하고자 하는 것이다.

신규식에 대한 기왕의 연구들은 적지 않다.[5] 특히 신규식의 사위 민필호와 그의 사위 김준엽으로 이어지는 독립운동 가문의 공훈을 드러내려는 학술적 작업이 많이 이루어져 왔다.[6] 최근의 연구 경향과 성과는 그의 순국 100주년을 기념해서 열린 학술회의를 통하여 잘 드러나게 되었다.[7] 다만 쑨원을 비롯한 중국 혁명파 지도자들과 신규식의 관계를 중국 측 자료를 통하여 구체적으로 접근한 것은 본장 2절에 실은 필자의 글이 처음이라고 할 것이고[8] 그런 점에서 써진 지 상당한 시일이 지났지만 일부 내용을 손보는 선에서 수정하여 여기에 옮겨 실었다.

---

5 최근까지의 연구동향에 대해서는 이숙화, 「예관 신규식 연구 동향과 과제」, 『역사문화연구』 84, 2022를 참조할 것.

6 민필호, 『睨觀申圭植先生傳記』, 김준엽 편, 『石麟 閔弼鎬傳』, 나남, 1995, 261~362쪽; 石源華·김준엽 공편, 『申圭植·閔弼鎬와 韓中關係』, 나남, 2003; 신승하, 「예관 신규식과 중국혁명당인과의 관계-망명 초기를 중심으로-」, 『김준엽 교수 화갑 기념 중국학논총』, 1983 등 참조.

7 2022년 9월 신규식의 고향 청주에서 열린 순국 100주년 기념학술대회는 "한국독립운동과 신규식"을 주제로 박걸순 교수의 기획과 준비로 김희곤 등 5명의 발표자가 기왕의 연구들을 총괄하면서 새로운 전망을 제시하는 발표를 진행했다. "예관 신규식 선생 순국 100주년 기념 학술회의", 청주(1922. 9. 23.) 참조.

8 일부 내용을 수정하기는 했으나 원래 이 글은 1999년에 발표되었다. 배경한, 「上海·南京 지역의 초기(1911~1913) 한인 망명자들과 신해혁명」, 『동양사학연구』 67(1999) 참조.

그리고 이어지는 3절과 4절에서 다루고 있는 김규흥과 김병만은, 신해혁명 시기 광둥廣東과 허난河南 지역에서 활동하던 한인 지사들이다. 두 사람 모두 조선 왕조의 유신遺臣으로서 조선 왕조의 회복이 초기 망명 활동의 목표였지만, 망명 이후 곧바로 해당 지역 중국 혁명파 인사들과의 교유를 통하여 혁명운동에 관심을 가지게 되고 공화주의를 자신의 정치적 입장으로 수용하게 된 인물들이다. 필자는, 1913년 박은식이 홍콩에서 편찬, 출판했던 『향강잡지香江雜誌』를[9] 발굴하는 과정에서 그 잡지의 출판을 실질적으로 기획, 후원했던 인물, 곧 김범제金凡齊, 범제는 김규흥의 호)를 발견하게 되었고 이어서 그의 광둥에서의 활동들을 알게 되었다. 특히 신해혁명 직전 중국 혁명운동의 발상지라고 할 광둥 지역의 무장 혁명운동, 곧 혁명기의革命起義에 참여한 그의 공적은 천중밍陳炯明, 쩌우루鄒魯를 비롯한 주요 혁명파 지도자들에게 상당한 인정을 받았고 혁명정부 성립 이후 만들어진 광둥군정부 안에서 고위직의 지위를 부여받았음도 알게 되었다. 다만 3·1운동 직후인 1919년 말에 일시 귀국하여 조선 주둔 일본군 사령관 우쓰노미야 타로宇都宮太郎와 벌인 일련의 협상이 친일행위로 비판받으면서 독립운동과 친일의 경계에서 많은 의문을 남기고 있어서 논란이 되는 인물이기도 하다.[10] 이 절에서는 그러한 논란이 일어나기 이전 시기, 곧 망명(1908) 이후 위안스카이袁世凱의 혁명 배반 이후 홍콩으로 옮겨가기(1913) 이전

9 배경한, 「중국망명시기(1910~1925) 朴殷植의 언론활동과 중국인식–『香江雜誌』, 『國是報』, 『四民報』의 분석–」, 『동방학지』 121(2003), 234~246쪽 참조.

10 1919년 말부터 1920년 초에 걸친 김규흥의 서울 방문과 우쓰노미야 사령관과의 협상은 친일파로 비판받을 만한 측면이 다분하지만, 중국으로 돌아간 이후의 활동들과 연결하여 전체적인 평가를 내려야만 할 것인데 독립운동과 친일의 경계에 있는 일종의 정치적 모험이었다고 볼 수 있다. 배경한, 「독립운동과 친일의 경계–재중 독립운동가 金奎興의 宇都宮太郎 조선군사령관에의 접근 문제–」, 『역사학보』 244(2019) 참조.

시기 혁명파와의 협력관계를 주로 다룸으로써 그가 공화혁명에 참여하게 된 동기나 참여 활동, 그리고 그에게 있어서 공화혁명은 어떤 의미였는지를 밝혀 보고자 하였다.

김규흥에 비하여 김병만의 신해혁명 관련 활동은 허난, 산둥山東 지역 혁명파 중심인물들과의 교류 및 지지 표명 정도로 규모 면에서나 활동의 결과 면에서 훨씬 덜 중요하게 보일 수 있다. 그러나 그의 망명지였던 허난이나 활동지였던 산둥 지역의 혁명운동 자체가 광둥과 비교하여 상당히 저조하였고 위안스카이를 중심으로 하는 청조 군대에 의하여 비교적 빠른 시일 안에 진압되었던 당시 상황을 고려해 본다면 그의 활동이 가지는 상대적 소극성은 충분히 이해되기도 한다. 필자의 김병만에 대한 연구는 그의 독립운동 공훈 인정과 관련한 후손의 부탁으로 시작되었는데 지금까지도 국가보훈부의 독립운동 공훈록에 들어가지 못한 것을 보면 필자의 연구가 도움이 되지는 못한 모양이다. 중국으로의 망명이나 중국 반청 혁명운동의 중심인물들과의 교유, 중국의 혁명운동에 대한 지지 표명 등이 독립운동인가라는 물음에 대하여 긍정적인 답변만을 할 수는 없는 일이기는 하다. 다만 김병만의 경우는 혁명의 중심지였던 광둥이나 상하이·난징 등의 지역 이외의 지역에서 망명 한인 지사들의 혁명 관련 경험이나 활동이라는 점에서 필자에게는 매우 중요한 '제보'가 될 수 있었다. 그런 만큼 김병만 연구는 완전히 새로운 개척지였으며 마침 2021년 우한武漢에서 온오프라인의 형식으로 열린 신해혁명 110주년 기념 국제학술대회에서 「신해혁명과 한국-허난에서의 김병만의 활동을 중심으로-」라는 제목으로 발표하여 적지 않은 관심을 받았다. 그러나 그 이후 아직 학계에서 김병만 관련 후속 연구는 보이지 않고 있다. 여하튼 김규흥과 김병만의 신해혁명 참가 활동은 당시 한국인들에게 중국의 공화혁명이란 어떤 의미를 가진 것이었는가를 가장 확실하게 보여 주는 경우가 될 것이며 그 결과로서 신해혁명이 동아시아사 속에서 가지는 의미를 잘 보여 주게 될 것이다.

제1절
동아시아 공화혁명으로서의 신해혁명

Ⅰ. 청일전쟁 이후 중화제국체제의 와해와 한중관계의 변화

주지하듯이 아시아에 대한 서구 제국주의 열강의 침략은 1600년 영국의 동인도회사 창설 이전부터 시작된 것으로, 이후 17세기부터 19세기에 걸쳐서 영국, 프랑스, 독일, 네덜란드, 스페인, 포르투갈 등 열강들의 동남아시아를 포함한 동아시아 전역에 걸친 식민지 지배체제가 구축되기에 이르렀다.

청조淸朝 중국의 경우 1840년의 제1차 중영전쟁(아편전쟁)으로 본격화된 영국의 침략 이래 서구 열강들의 군사 경제적 침략이 계속되어 19세기 후반에는 중국이 열강들에 의하여 분할瓜分되고 결국에는 망국에 이를 것이라는 국가적 위기의식이 팽배하기에 이르렀다. 특히 1894년의 청일전쟁에서의 패배는 거의 2000년 이상 지속되어 오던 중국 중심의 동아시아 국제질서의 전면적인 와해를 가져왔으니 이후 동아시아의 주도권은 새로운 열강으로 대두한 일본으로 넘어가게 되었다.

청일전쟁의 결과로 1895년 4월 청조와 일본 사이에 체결된 시모노세키조약下關條約에서 청조는 처음으로 조선의 독립을 인정함으로써 조선에 대한 청조의 종주권을 공식 부인당하였다. 물론 시모노세키조약의 제1조에서 규정된 '조선의 독립'이라는 것은 어디까지나 청조의 종주권을 부인하고 일본의 주도권을 인정한다는 것이었지, 청조와 일본이 조선의 독립 그 자체를 공동 인정한다는 의미를 가지는 것은 전혀 아니었다. 시모노세키조약 이전까지 청조는 격변하는 국제정세 속에서 조선에 대한 전통적 종주권을 유지하기 위한 다양한 노력을 전개했지만, 결과적으로 그러한 노력들은 모두 수포로 돌아가고 말았다. 이에 따라 청조는 조선에 대한 새로운 관계를 만들 필요가 있었지만 종전의 종주권, 즉 책봉 조공관계를 청산하는 것은 그렇게 간단한 일이 아니었다.[1]

얼마간의 갈등과 교섭 끝에 1899년 9월에 맺어진 「한청통상조약韓清通商條約」은 기왕의 책봉 조공관계와는 구별되는 새로운 외교관계를 보여 주는 것이었지만 국경의 획정이나 중국 상인의 활동범위 등의 문제는 여전히 해결되지 않았다. 비록 「한청통상조약」의 내용이 기왕의 책봉 조공관계와는 구별된다는 점에는 이론의 여지가 없더라도 그 실제적인 의미와 성격에 대해서는 상당한 논의의 여지가 있다. 청조의 입장에서는 일본의 강압에 의하여 종주권을 양보하는 조처를 취하지 않을 수 없었지만, 할 수만 있다면 종주권을 회복하겠다는 것이 기본적 입장이었던 까닭에 시모노세키조약과 「한청통상조약」 체결 이후에도 기회만 있으면 책봉 조공관계의 회복을 강하게 피력했었다. 그러나 「한청통상

1 金衡鐘, 「19세기 근대 韓中關係의 變容-자주와 독립의 사이-」, 『동양사학연구』 140 (2017), 255~256쪽.

조약」 체결 이후 바로 이어서 1905년 조선(대한제국)이 일본에게 외교권을 잃어버림으로써 「한청통상조약」의 시행 역시 단명에 끝나고 말았다.

「한청통상조약」으로 상징되는 시기의 한중관계의 변화를 어떻게 규정지을 것인가는 그리 간단한 문제가 아니다. 이 문제에 대한 그간의 한국학계의 대체적인 입장은, 책봉 조공관계라는 전근대적인 관계로부터 상호 국가적 독립을 인정하고 호혜와 평등을 목표로 하는 '근대적' 조약체제로 바뀌었다는 입장에 서서 전후前後 변화의 성격을 파악하고자 했다. 다만 근대적 조약체제로의 변화를 인정하면서도 새로운 조약체제 안에 숨겨져 있는 청조의 전통적 책봉 조공관계로의 회귀 의도를 강조하는 입장에서 식민지적 성격을 가진 조약체제, 곧 '식민지적 근대植民地的近代'의 성격을 가진 조약체제로 보려는 입장도 일부에서 제기된 적이 있다.[2]

일본 제국주의의 한국에 대한 강제 병합 이후 한반도에 대한 중국의 영향력은 완전히 상실되었다. 서울에 있던 청국 공사관은 도쿄東京 주재 청국 공사관의 하부 영사관으로 변경되었으며 한반도와 관련된 외교적 문제들은 모두 일본과 청조 사이의 외교 문제로 바뀌어졌다. 이후 1945년 일본의 패망으로 한국이 다시 국권을 회복하기까지 중국과 한국 사이의 직접적인 외교관계는 완전히 단절되고 만다. 다만 한일 강제 병합을 전후하여 일본의 적극적인 한인 이주 정책과 함께 한인들의 중국 동북 지역으로의 이주가 본격적으로 이루어졌으며 이들 재중在中 한인들을 배경으로 한 독립운동이 본격화되기 시작하면서 제국주의 식민지 체제하의 한중관계는 이들 재중 한인의 문제나 그들에 의한 한국독립운동의 문제로 좁혀지기기에 이르렀다.

2 宋圭振, 「근대시기 한중관계의 변화과정」, 『역사와 담론』 68(2013).

1919년 상하이上海에서 성립된 한국임시정부를 중심으로 하는 중국 내의 한국독립운동에 대한 중국의 입장과 관련해서는, 그간 한국독립운동에 대한 중국 측의 지지와 지원, 그리고 항일을 위한 연대라는 측면이 크게 강조되어 왔다.[3] 그러나 중국 내 한국독립운동에 대한 중국 측의 태도의 이면을 들여다 보면 호혜와 상호연대라는 긍정적인 측면보다 잃어버린 '속방屬邦'을 회복하려는, 중화주의적 입장이 더 강하게 자리 잡고 있음을 보게 된다. 예컨대 20세기 초 중국의 가장 중심적인 지도자인 쑨원孫文의 경우, 한국이나 몽골, 티베트 등을 중국의 영토 내지는 속방으로 보는 중화주의적 영토관념을 그대로 가지고 있었으며 심지어는 중국이 강대국의 지위를 회복한다면 이들 지역 혹은 국가에 대한 중국의 주권(혹은 종주권)을 회복할 수 있다는 강한 희망을 가지고 있었음을 확인할 수 있다. 이와 동시에 당시 중국에서 활동하던 상당수의 한국독립운동 지사들도 지나치게 중국에 의존한다거나 중국의 지원을 둘러싸고 파벌싸움을 일삼는 등 다분히 사대주의적 인식이나 태도를 가지고 있었음도 우리가 주목해야 하는 대목이다.[4] 이를테면 일본의 한국 병합으로 드러나게 된 제국주의 식민지 지배체제하의 한중관계 속에서, 방향성은 근대적 조약관계로의 변화라고 할 수는 있었지만 중화주의에서 변화된 일종의 식민성을 그대로 가지고 있었으며, 그런 한편으로 중화주의와 사대주의라고 하는 전통적 관계의 잔재 또한 상당한 정도로 남아있었다는 점을 확인할 수 있다.

---

3 胡春惠 저, 신승하 역, 『중국 안의 한국독립운동』, 단국대학교출판부, 1978.

4 배경한, 『쑨원과 한국–중화주의와 사대주의의 교차–』, 한울, 2007, 246~250쪽.

Ⅱ. 중국 공화혁명의 전개와 청조의 멸망

주지하듯이 외세의 침략인 아편전쟁과 대규모 농민반란인 태평천국이라는 대내외적 위기는 청조를 망국의 위기 속으로 몰아넣었다. 망국의 위기에 대한 청조의 대응에 대하여 그간에 '무능한 왕조의 무능한 대응'이라는 평가가 많았지만 최근에는 광서신정光緖新政을 비롯한 청조의 대응을 긍정적으로 높게 평가하는 연구들이 다수 등장하고 있다.[5] 청조의 대응을 부정적으로 보는 입장에서는 청조에 대한 반대, 곧 반청을 주장하는 혁명파의 등장은 '무능한 정부'로서는 망국의 위기를 극복할 수 없었기 때문에 나타난 당연한 귀결로 설명되어 왔다. 이에 비하여 청조의 대응이 가지는 긍정적 측면들을 강조하는 입장에서는 당시 중국의 형세 속에서 청조의 전복을 주장하는 반청만이 합당한 해결책이었는가에 대한 의문을 제기하게 된다.[6]

망국의 위기에 대한 청조의 정치적 대응은 입헌운동과 관제개혁으로 나타났다. 청말 입헌운동은 1898년 캉유웨이康有爲를 중심으로 전개된 무술변법운동에서 본격화되었는데 이것을 철저하게 진압했던 청조의 수구파가 몇 년 뒤 신정 실시와 함께 입헌체제로의 개혁을 꾀한 것은 청조 나름의 개혁 의지를 주목하게 만든다. 청조는 1905년 말 황족 짜이쩌載澤를 중심으로 하는 해외시찰단을 파견하는 한편 1906년 말에는 입헌준비를 위한 중앙관제 개혁을 단행했다. 1909년 10월에는 각성各省 단위의 초보적 민의수렴 기구라고 할 자의국諮議局이 개설되었는데, 입

5 김형종, 『청말 新政의 연구-江蘇省의 新政과 紳士層-』, 서울대학교출판부, 2002, 3~5쪽.

6 배경한, 「신해혁명의 현재적 의미-100주년 기념 회의(武漢, 南京, 北京, 서울, 東京, 비엔나, 臺北) 참가기」, 『중국근현대사연구』 56(2012. 12).

헌개혁을 주장하던 개혁 신사층紳士層에 대한 정치적 무마를 위해 만들어졌던 자의국은 오히려 국회 개설운동의 촉진제가 되었다.[7]

이런 가운데 청조의 타도를 개혁의 일차적인 출발점으로 보는 입장을 가진, 이른바 혁명파가 대두하기 시작했으니 1895년 광저우에서 반청무장폭동反淸起義을 일으킨 것을 시작으로 반청운동에 뛰어든 쑨원의 경우가 보여 주듯이 1890년대 말 이후 해외 유학생들과 화교들을 중심으로 반청혁명의 주장이 활발하게 일어나기 시작하였다. 특히 1905년 도쿄에서 중국혁명동맹회가 결성된 것이 반청혁명의 결정적 전환점이 되었으니, 동맹회는 "오랑캐(만주족)를 몰아내고 중화를 회복하며 민국을 창립하고 지권을 평균하게 한다"는 주장을 자신들의 강령으로 내세움으로써 만주족 타도와 함께 공화국民國의 창립을 일차적 목표로 내세웠다. 이를테면 만주족 지배로부터의 한족의 해방이라는 '민족혁명'과 함께 황제 타도를 통한 공화국 건설이라는 '공화혁명'을 혁명의 기본목표로 삼고 있음을 보여 주고 있는 것이다. 이후 동맹회는 전국에 하부 조직을 만들고 이들 조직을 중심으로 1906년 말부터 1911년 중반까지 반청 무장폭동을 여러 차례 일으켰다. 특히 1909년 이후 청조의 신식 군대인 신군新軍 내부에 혁명조직을 만들고 이들을 중심으로 일으킨 무장폭동들은 비록 모두 실패하기는 했으나 청조로 하여금 상당한 위기감을 갖게 할 정도로 '혁명의 분위기'를 고조시켰다.

1910년 5월 청 정부가 열강의 은행단으로부터 차관을 얻기 위하여 철로국유화 정책을 발표하게 되자 이에 반발한 쓰촨四川, 광둥廣東, 후난湖南, 후베이湖北 등지에서 일부 개혁적인 신사층과 일반 민중을 중심으로 철로국유화령에 대한 반대 운동, 곧 보로운동保路運動이 일어나

7 민두기, 앞의『중국의 공화혁명』, 88~89쪽.

게 되었다. 보로운동은 이전까지 청조를 통한 입헌군주제 개혁을 주장해오던 개혁적 신사층, 곧 입헌파들로 하여금 청조에 등을 돌리게 만듦으로써 결과적으로 혁명파의 반청 주장에 힘을 실게 되었다.[8] 이런 점에서 장젠張謇을 비롯한 입헌파 인사들의 입헌군주제 주장에 (혁명 성공 이전부터) 공화제로의 경향이 기본적으로 있다는 평가는 적절하다고 할 것이다.[9]

이런 상황 속에서 1911년 10월 후베이성 우창武昌에서 일어난 동맹회 중부총회의 신군기의新軍起義는 혁명파의 기대를 넘어서 창장長江 중류의 중심 지역인 우한삼진武漢三鎭을 장악하는 데에 성공함으로써 이후 전개된 각성 독립이라는 전국적 혁명운동의 도화선이 되었다. 우창기의 이후 약 1개월 사이에 남부의 대부분 성省과 산둥, 산시山西, 산시陝西를 포함한 중부의 일부 성들에서 청조로부터 '독립' 선포가 이루어졌으며 이들 각성 독립을 바탕으로 전국적 혁명정부의 구성이 급물살을 타기에 이르렀다.[10]

우창기의武昌起義 발발 이후 한 달여가 지난 11월 15일, 상하이에서 각성 혁명정부都督府 대표연합회가 만들어졌고 12월 말에는 해외에서 귀국한 쑨원을 임시대총통으로 선출하였으며 1912년 1월 1일, 난징에서 중화민국임시정부, 곧 난징임시정부가 수립되었다. 우창기의 이후 다시 청조의 군사권을 장악하게 된 위안스카이袁世凱는 정예 군대인 북양군을 이끌고 혁명군 진압에 나섰지만, 동시에 남북협상南北議和을 통한 평화적 해결을 꾀하면서 자신의 권력 확대를 도모하기 시작하였다.

---

8 박구철, 「四川保路運動과 동맹회원」, 『명청사연구』 22(2004).

9 전용만, 「張謇의 공화주의 경향과 신해혁명」, 『중국근현대사연구』 12(2001. 12).

10 우창기의와 이후의 各省 독립에 대해서는 馮天瑜·賀覺非, 『辛亥武昌首義史』, 武漢大學出版社, 2006, p. 146 이하 참조.

그 결과 새로 만들어진 임시정부도 위안스카이와의 타협을 통한 군주제 타도, 곧 청 황제의 퇴위를 모색하기에 이르렀으니 일련의 협상을 통하여 위안스카이에 의한 황제 퇴위와 쑨원의 임시대총통 사임, 위안스카이의 임시대총통 선임 약속 등에 타결을 보았다.[11] 이러한 정치적 대타협의 결과로 1912년 2월 12일 청조의 마지막 황제 선통제宣統帝의 퇴위와 함께 2000년 이상 유지되어 오던 황제체제가 종말을 고하게 되었으며 국민주권을 기반으로 하는 공화국, 곧 중화민국이 수립되기에 이르렀다.

중화민국임시정부는 청조로부터 독립을 선언한 각성各省의 혁명정부, 곧 각성도독부都督府의 대표들로 구성된 각성대표회의에서 제정한 '임시정부조직대강'을 법률적 기반으로 하여 조직된 것이었다. 임시정부조직대강은 이를테면 난징임시정부를 구성하는 기본법의 역할을 한 셈인데, 국가원수이면서 행정부의 수반인 대총통(대통령)의 선출방법으로 각성의 도독부를 대표하는 1성 1표 선출방식을 채택하고 입법기구로서는 각성도독부가 독자적인 방식으로 선출하는 3인씩으로 구성되는 임시참의원을 두는 것으로 되어 있었다. 이에 따라 각성에서의 선출과정을 거쳐 1912년 1월 29일 40명의 의원으로 임시참의원을 구성하였다.[12]

임시참의원의 가장 중요한 활동목표는 민국정부의 공식적인 구성을 위한 임시헌법臨時約法의 마련에 있었다. 한 달여의 심의과정을 거쳐 3월 11일에 정식으로 공포된 임시헌법 곧 「중화민국임시약법」은 전문과

---

11 金冲及·胡繩武, 『辛亥革命史稿』 第3卷, 上海(上海人民出版社), 1991, pp. 447~494.

12 「修正中華民國臨時政府組織大綱」, 中國第二歷史檔案館 編, 『中華民國史檔案資料滙編』 第2輯, 南京(江蘇人民出版社), 1981, pp. 5~7; 李守孔, 『民初之國會』, 臺北(正中書局), 1964, pp. 14~16. 또 閔斗基, 『中國의 共和革命』, 190쪽.

7장 56조로 구성되어 있는데, 그 제1조에서 중화민국은 중화인민에 의하여 조직되고 제2조에서는 중화민국의 주권은 국민전체에 속한다고 천명함으로써, 공화국체제와 주권재민의 원칙 및 민주주의의 원칙을 분명히 하면서 선거에 의한 대총통 선출과 의회의 구성을 골자로 하는 입헌공화제 정치체제의 수립을 규정하고 있다. 이것은 임시정부조직대강의 기본적 체제를 거의 그대로 계승한 것으로 임시대총통의 선출방식으로는 임시참의원을 통한 간접선거를 규정하고 있고 국회가 정식 성립되기 이전까지의 한시적인 입법기구인 참의원은 각성이 따로 정하는 방식에 따라 선출된 각 성 5명씩(내몽고, 외몽고, 티베트 각 5인과 칭하이[青海] 1인 포함)의 의원으로 구성하도록 되어 있었다.[13] 이로써 아시아 최초의 공화국이 탄생한 것이다.

청조 황제의 퇴위를 조정한 공로로 1912년 2월 15일 임시참의원에서 새 임시대총통으로 선출된 위안스카이가 쑨원과의 약속인 난징취임을 무시하고 3월 10일 베이징에서 제2대 임시대총통에 취임하였다. 그리고 임시약법에 근거하여 제정된 국회조직법을 기반으로 구성된 국회는 중의원과 참의원으로 된 양원제로서 중의원은 인구 80만을 단위로 1명씩을 선출하는 방식으로 596명으로 구성하고 참의원은 각성의회에서 선출한 10명씩과 몽고, 티베트, 칭하이에서 선출되는 40명, 중앙의 학술단체 대표 8명, 화교 대표 6명을 합하여 274명으로 구성하게 되어 있었다.[14] 참의원의 구성방식이 각성의 대표로서 구성되는 연방제적 성격

13 그런 점에서 臨時約法의 정치체제는 共和制와 內閣制의 절충형이라고 말할 수 있다. 劉偉, 「臨時約法與民初政體」, 中華書局編輯部 編, 『辛亥革命與近代中國』 上册, 北京(中華書局), 1994, pp. 676~681; 臨時約法의 내용과 성격에 대해서는 胡繩武·金冲及, 『辛亥革命史稿』 第4卷, 上海(上海人民出版社), 1991, pp. 54~57; 張國福, 『民國憲法史』, 北京(華文出版社), 1991, pp. 57~67.

14 李守孔, 앞의 『民初之國會』, pp. 183~185; 胡繩武·金冲及, 앞의 『辛亥革命史稿』, pp.

을 강하게 띠게 된 것은, 혁명 과정에서 각성독립이 결정적 역할을 수행하였다는 사실에서 분명하게 드러나는 지방분권적 경향을 제도화하고 있다는 점에서 특히 주목된다.[15] 선거의 형식은 제한선거였으니 21세 이상의 남자로서 직접세 2위엔元 이상을 납부하는 자나 500위엔 이상의 부동산 소유자, 혹은 소학교 졸업 이상의 학력 소지자만을 선거권자로 정하고 있었는데, 1912년 말부터 1913년 초까지 각성별로 치러진 선거를 통하여 1913년 4월 8일 양원의 국회가 정식 개원하였다.[16]

이로써 청조 군주제 지배를 대체하는 새로운 국가체제로서의 공화국, 곧 중화민국이 만들어진 셈이다. 중화민국은 국민이 국가권력의 주체라고 하는 주권재민의 사상에 근거하여 이러한 원칙을 보장하는 제도적 장치로서는 민의를 대변하는 대의기구인 국회와 선거를 통한 대총통의 선출을 주요 내용으로 하고 있다. 또 기본법인 헌법의 제정과 헌법과 그에 기반하는 법률에 의한 국가권력의 행사, 곧 제헌과 법치를 공화정치의 기본적 목표로 내세우게 되었다.[17]

그러나 1913년 3월 이후 위안스카이의 국민당에 대한 탄압과 황제제 복귀 시도帝制復活運動에 따라 신생 공화국은 존립의 위기를 맞게 되고[18] 1916년 6월, 위안스카이의 갑작스러운 사망 이후에는 각지의 군권을 장

466~467.

15 이러한 중앙집권과 지방분권 간의 대립양상은 이후 중국현대사의 흐름에 있어 중요한 축의 한 가지가 되었다. 한편 참의원 구성에 나타나고 있는 이러한 지방분권적(聯邦制的) 성격은 임시정부조직대강에서도 이미 드러나고 있었다. 이에 대해서는 耿雲志 等著, 『西方民主在中國』, 北京(中國青年出版社), 2003, pp. 225~226.

16 初代 국회의 선거와 성립과정에 대해서는 徐輝琪, 「論第一屆國會選擧」, 『近代史研究』 1988-2, pp. 1~22 참조. 또 李守孔, 앞의 『民初之國會』, pp. 193~202 참조.

17 辛亥革命의 정치적 성과로서 約法을 비롯한 법률의 제정, 國會와 內閣의 성립과 함께 兩黨制度의 성립을 드는 주장도 있다. 張玉法, 「辛亥革命與中國民主制度的建立」, 앞의 『辛亥革命與近代中國』 上册, pp. 92~94.

18 윤혜영, 「袁世凱 帝制運動의 역사적 성격」, 『역사학보』 15(1980).

악한 군벌들에 의한 내분과 내전이 일어나 전국적 통일조차 어려운 대분열의 또 다른 위기를 맞기도 한다. 앞에서도 지적한 대로 신해혁명은 황제체제의 타도에는 성공하였으나 국민주권을 실현할 수 있는 '공화의식이 있는 국민'을 가지지 못한 까닭에 결국 '미완의 혁명'이 될 수밖에 없었던 것이다.

그럼에도 불구하고 중국사에서 신해혁명이 가지는 의미는 너무나 크다. 비록 많은 한계를 가지고 있다고 할지라도 국민주권을 정치적 정통성의 새로운 근거로 삼는 것이 비로소 가능하게 되었다는 점에서 말 그대로 획기적인 사건임에 틀림없었다.[19] 이뿐만 아니라 우리의 시각을 중국사라는 일국의 역사를 넘어서 동아시아로 넓힐 경우 신해혁명이 주변 지역에 미친 영향과, 그 결과 또한 획기적이라는 사실을 놓고 보면 그 의미는 더욱 크다. 아래에서는 신해혁명이 동아시아 지역에 미친 영향에 대하여 살펴보기로 하자.

Ⅲ. 공화혁명의 확산-한국과 베트남의 경우

전통적 중화제국 체제 안에서 조공국의 위치에 있으면서 정치적 독립을 유지해 왔던 한국과 베트남의 경우, 제국주의 열강의 식민지로 전락한 이후 여러 형태의 독립운동을 전개해 나가게 되는데 이 속에서 신해혁명의 직접적인 영향을 찾아보는 것은 어렵지 않다. 먼저 한국의 경우를 살펴보자면, 1911년 우창기의의 성공 소식은 국내의 한인 지사들

19 김형종, 「신해혁명 100주년을 기념하여」, 『지식의 지평』 10(2011), 296~297쪽; 배경한, 「근현대 중국의 공화정치와 국민국가의 모색」, 『역사학보』 200(2008. 12), 490쪽.

뿐만 아니라 일본과 구미에서 유학하거나 활동하고 있던 한인 지사들에게도 중국으로의 망명을 결심하는 중요한 계기가 되었는데 그것은 중국혁명에서 조국 독립의 가능성과 독립 이후 국가건설의 방향을 찾으려는 의도에서 나온 것이었다. 그리하여 우창기의 직후인 1911년 11월부터 시작된 한인 지사들의 중국 망명은 하나의 시대적 흐름이 되었던 것이다.[20]

물론 신해혁명 발발 이전부터 중국으로 망명해서 중국혁명에 적극 참여한 인물도 있었다. 1907년 말 혹은 1908년 초에 상하이로 망명해 온 김규흥金奎興이 바로 그러한 경우에 해당하는데, 망명 초기 상하이·난징 지역에서 활동하던 그는 1908년 이후 광저우廣州로 옮겨와 동맹회남방지부 중심의 반청혁명 운동에 적극 참여하고 있었다. 특히 김규흥은 1910, 1911년에 두 차례 일어난 광저우 신군기의新軍起義에도 적극 참여하여 우창기의 이후 광둥 지역에 혁명정부廣東軍政府가 세워졌을 때 그는 혁명운동 과정에서의 혁혁한 공로를 인정받아 도독부都督府 휘하 군사치안기구인 광둥수정처廣東綏靖處 및 호군사사護軍使司의 참의參議, 고문원顧問員 등 중요 직책에 임명되기도 했다.[21] 1913년 이후 제2혁명, 곧 토원운동討袁運動이 일어나자 김규흥은 홍콩으로 옮겨가 중한합작 월간잡지인 『향강잡지香江雜誌』를 창간하고 당시 상하이에서 활동하고 있던 당대 한국 최고의 언론인이며 역사학자이던 박은식을 주필로 초빙하여 '민국의 회복'을 적극 주장, 선전하기도 하였다.[22]

---

20 배경한, 「한국독립운동과 신해혁명」, 『한국근현대사연구』 75(2015. 12), 101쪽.

21 「總綏靖處職員一覽表」, 『廣東公報』 第14號(廣州, 1912. 8. 16), p. 13; 「護軍使署職員表」, 『廣東公報』 第142號(廣州, 1913. 1. 18), pp. 13~15.

22 白巖(朴殷植), 「民國之名實」, 『香江雜誌』 第1卷 第1號(香港, 1913.12.1), 24~25쪽; 배경한, 「중국 망명시기(1910-1925) 박은식의 언론활동과 중국인식」, 『동방학지』(연세대학 국학연구원) 제121집(2003. 9).

물론 1905년 을사보호조약 체결 이후 중국으로 망명한 유생 그룹 가운데에는 이승희와 김택영처럼 공화혁명에 대하여 비판적인 입장을 취한 사람들도 있었다. 이들은 전통적 군신론과 중화주의의 입장에 서서 신해혁명을 중국적 상황에 맞지 않는 서구적 체제 수립 시도로 보았다. 그러나 박은식을 비롯한 개명적 유생들은, 신해혁명을 보다 진보적인 것으로 평가하면서 혁명파와의 협력을 통한 독립운동의 추진을 당면목표로 삼고 있었다. 또 조소앙, 김규식을 비롯한 해외유학생 출신 지사들의 경우에는 보다 적극적인 의미에서 공화혁명을 받아들이고 거기에서 조국의 독립과 근대적 국가건설의 가능성을 발견하려고 하였다. 이처럼 신해혁명에 적극적인 의미를 부여하고 있던 한인 지사들의 중국 망명은 우창기의의 성공 소식을 들은 1911년 11월 이후 본격화되었으니, 말하자면 신해혁명은 많은 한인 지사들의 중국 망명의 직접적인 계기가 되었던 것이다. 이들 한인 지사들은 국내에서는 더 이상 불가능해진 독립운동을 중국혁명에 참여하거나 중국혁명을 지지하는 것을 통하여 대신하려고 하였으며, 중국혁명을 위한 자신들의 희생을 훗날 혁명 성공 이후에 중국으로부터 보상받을 수 있을 것으로 기대하였다.[23]

우창기의가 성공했다는 소식을 들은 직후인 1911년 11월 하순 서울을 떠나 12월 20일경 상하이에 도착했던 신규식을 비롯하여 1912년, 1913년 중국으로 망명해 온 김규식, 조소앙, 정원택, 이태준, 문일평 등은 모두 신해혁명, 곧 우창기의의 성공에 자극을 받고 조국 광복의 새로운 가능성을 찾고자 중국 망명을 택했던 인물들이었다.[24] 이들은 이후 모

---

23 裵京漢, 「韓人參與辛亥革命的史實」, 『近代中國』(臺北, 近代中國雜誌社) 第145期(2001. 11) 참조.

24 배경한, 「上海·南京지역의 초기(1911-1913) 한인 망명자들과 신해혁명」, 『동양사학연구』 제67집(1999. 7).

두 상하이·난징을 중심으로 하는 한국독립운동의 지도자 내지 중심인물들이 되었으며 1919년 4월 상하이에 대한민국임시정부가 수립되는 데에도 크게 기여하였다. 이뿐만 아니라 상하이 한국임시정부는 한국 역사 최초로 공화제를 정치체제로 받아들였으니 그런 의미에서 신해혁명은 한국이 공화제를 수용하는 데에 결정적인 촉발제가 되었다고 말할 수 있다.[25]

당시 중국에서 활동하던 대부분의 한인 지사들은, 중국혁명에 참여하여 혁명이 성공하는 데 힘을 보탠다면 그런 다음 중국의 지원을 받아 한국의 독립과 근대적 국가건설을 이룩해나갈 수 있을 것으로 기대하고 있었다.[26] 그러나 이러한 희생과 헌신이 그들의 기대만큼 보상받을 수는 없었다. 그것은 중국혁명 자체가 한국독립을 지원해 줄 만큼 순탄하지 못했던 때문이기도 하지만, 다른 한편에서는 중국인들이 내세웠던 전통적 중국 중심주의, 곧 중화주의적 입장이 상당히 잔존하고 있었기 때문이기도 하다. 쑨원을 비롯한 중국 혁명파 지도자들의 경우에 표면상으로는 한국의 독립을 지지하는 입장을 나타냈으나 전통적 중화주의적 영토관념과 함께 한국을 중국의 영향력 아래 두거나 완충국으로 만들려는 의도를 가지고 있었음을 알 수 있다. 마찬가지로 중국의 지원을 둘러싸고 벌어지고 있던 한인 단체들 간의 분열 대립양상과 함께 당시 일부 한인 지사들이 보였던 지나치게 중국 의존적인 태도, 곧 사대주의

---

25 김희곤, 『대한민국임시정부 연구』, 지식산업사, 2004, 387쪽; 배경한, 「대한민국임시정부의 성립과 중국」, "대한민국임시정부 수립 100주년 기념 국제학술회의"(上海, 2019. 4) 발표논문.

26 예컨대 1913년 12월 홍콩에서 한인 지사, 김규흥과 박은식을 중심으로 창간된 『香江雜誌』는 대부분의 글이 한인 지사들의 것이었지만, 그 내용은 중국혁명의 당면과제였던 토원운동(討袁運動)에 맞춰져 있었지 한국독립에 대한 주장은 전혀 들어 있지 않았다. 裴京漢, 前揭 「辛亥革命與韓國-以韓人志士金奎興在廣東的活動爲中心」 참조.

의 잔존 또한 부정할 수 없는 사실이다.[27]

다음으로 베트남 독립운동에 있어서 신해혁명의 영향을 살펴보자면, 그 구체적인 상황은 1900년을 전후하여 독립운동의 주요 지도자로 떠오른 판 보이 쩌우潘佩珠의 경우를 통하여 분명하게 확인할 수 있다. 판 보이 쩌우는 1905년 이후 일본의 메이지유신을 본받아 유신회라는 독립운동 단체를 조직하고 일본을 배우자는 목표 아래 베트남 청년들을 일본에 유학시키는 동유운동東遊運動을 전개했다. 1907년에서 1908년 사이에는 이 운동을 통해 일본에 온 베트남 유학생이 200여 명에 달해 최고조에 달했으나, 결국에는 프랑스의 외교적 압력에 굴복한 일본의 탄압으로 급속하게 쇠퇴하였고 1909년 11월 판 보이 쩌우가 일본에서 추방당함으로써 그 막을 내렸다.[28]

동유운동 시기 판 보이 쩌우와 중국 혁명파 인사들과의 교유는 적지 않았으니, 예컨대 1905년 겨울 이누카이 쓰요시犬養毅의 소개로 만나게 된 쑨원은 판 보이 쩌우에게 입헌군주제를 비판하면서 중국혁명동맹회에 가입하여 중국혁명을 도울 것을 요청하였는데, 만약 중국혁명이 성공한다면 그다음에 베트남 독립운동을 적극적으로 돕겠다고 제안했다. 판 보이 쩌우에 대한 쑨원의 이러한 제안은, 중국혁명의 진원지인 광둥廣東에서 무장폭동起義을 일으키기 위해 바로 이웃에 있는 베트남을 혁명의 전초기지로 삼으려는 쑨원의 계획에서 나온 것이었다. 쑨원의 이러한 제안에 대하여, 판 보이 쩌우는 중국혁명당이 먼저 베트남을 원조하여 베트남이 독립한다면 그때 가서 중국혁명의 근거지를 베트남에 만

27 배경한, 『쑨원과 한국』, 한울, 2007, 248~249쪽.

28 潘佩珠, 『自判』, 內海三八郎, 『潘佩珠傳』, 東京(芙蓉書房), 1999, p. 284. 동유운동에 대해서는 배양수, 「판 보이 쩌우와 동유운동의 역사적 의미」, 『외대논총』 제24집(2002. 2), 230~236쪽; 유인선, 「판 보이 쩌우(1867~1940)」, 『역사교육』 제90집(2004), 185~192쪽을 참조할 것.

들자고 제안함으로써 두 사람 사이의 협상은 결국 결렬로 끝나고 말았다.[29] 그러나 훗날 신해혁명 발발 이후 이들의 관계가 급속하게 밀접해질 수 있었던 것은 일본에서의 교류라는 경험이 있었기 때문이었다.

한편 판 보이 쩌우가 동유운동에 매진하고 있을 무렵 베트남 국내에서는 판 쭈 찐潘周楨을 중심으로 교육을 통한 민권의 창달을 목표로, 신식 학교인 동경의숙東京義塾이 만들어졌다. 판 보이 쩌우와 마찬가지로 일본의 성공을 배워야 한다는 생각에서 1906년 일본을 시찰한 판 쭈 찐은, 일본의 근대화에서 커다란 감명을 받고 일본의 근대적 인재 양성의 중심적 역할을 한 게이오대학慶應大學을 본 딴 교육기관의 개설을 추진하였다. 1907년 부유한 상인이던 르엉 반 깐梁文干을 설립자로 하고 응우엔 꾸엔阮權, 레 다이黎玳 등이 책임을 맡은 동경의숙은 바로 이렇게 만들어져 국내 유신운동의 중심이 되었다.[30]

동경의숙의 교육을 통한 유신운동은 베트남 전 지역에 커다란 영향을 미쳤다. 동경의숙에서 사용하던 교재와 출판물들이 외부에 미친 영향도 적지 않았을 뿐만 아니라 한 달에 두 차례씩 열린 강연활동도 계몽을 통한 민권과 민족의식의 고양에 커다란 영향을 미쳤다. 판 쭈 찐도 민권과 공덕公德의 고취를 목적으로 일본의 근대적 개혁을 찬양하는 강연을 여러 차례 진행하였는데, 그는 강연에서 일본이 강성해진 이유로서 민의와 공의를 따르는 정치를 들었다. 물론 판 쭈 찐의 이러한 일본 이해가 정확한 것은 아니었으니 그가 헌정과 민권의 신장을 메이지유신의 성과라고 강조한 것은, 메이지유신의 정치적 지향이 민권에 대한 통제

29 쑨원과의 첫 회담이 결렬된 것에 대하여 판 보이 쩌우는, "당시 자신도 중국의 혁명운동에 대하여 자세한 사정을 몰랐고 쑨원 또한 베트남 혁명당의 사정을 제대로 이해하지 못했기 때문이다"고 하였다. 『自判』, p. 260 참조.

30 동경의숙에 대해서는 유인선, 앞의 『새로 쓴 베트남의 역사』, 326~329쪽을 참조할 것.

를 기본으로 하는 입헌군주제에 있다는 사실을 이해하지 못한 결과였다고 할 것이다.[31]

동경의숙의 민족의식 고취와 그 영향을 우려한 프랑스 식민당국은 1908년 1월 학원 폐쇄령을 내림으로써 동경의숙을 중심으로 하는 교육 유신운동도 막을 내리게 된다. 동경의숙의 폐쇄와 동유운동의 좌절로 베트남의 민족운동은 일시 소강상태에 빠지게 되었는데 여기에 결정적인 전환점을 제공한 것은 바로 중국의 공화혁명, 곧 신해혁명의 성공이었다. 1909년 말 프랑스의 압력으로 일본에서 추방당하여 태국Siam으로 가서 활동하던 판 보이 쩌우는 1911년 10월 우창기의가 성공하고 연이어 1912년 1월 중국에 공화국, 즉 중화민국임시정부가 성립되자 거기에 크게 고무되어 활동무대를 광저우로 옮겼다. 동유운동이 막을 내린 이후 태국, 인도차이나, 중국 등지로 흩어져 있던 베트남 독립지사들 또한 판 보이 쩌우와 마찬가지로 신해혁명의 소식에 고무되어 대거 광저우로 모여들었다.[32]

1912년 초 광저우에 모인 베트남 지사들의 숫자가 100여 명에 달했다고 하는데, 이들은 동유운동 이래 베트남 독립운동의 구심점이 되었던 유신회를 공식 해산하고 새로운 독립운동 단체인 베트남광복회越南光復會를 창설했다. 베트남광복회는 판 보이 쩌우가 총리를 맡고 중국동맹회 회원이던 중국인 수샤오러우蘇少樓가 부총리를 맡았으며 '프랑스를 쫓아내고 베트남을 회복하며 베트남공화국을 건설한다'는 것을 강령으로 내세워 민주공화제 국가의 건설을 분명한 목표로 제시하였다.[33]

---

31 노영순, 「러일전쟁과 베트남 민족주의자들의 유신운동-동유운동과 동경의숙을 중심으로-」, 『역사교육』 90(2004), 146~147쪽.

32 楊萬秀·周成華, 「孫中山與越南」, 林家有·李明 主編, 『孫中山與世界』, 長春(吉林人民出版社), 2004, p. 559.

33 유인선, 『새로 쓴 베트남의 역사』, 이산, 2002, 329쪽; 潘佩珠, 『自判』, pp. 290~291.

이를테면 신해혁명 발발 직후인 1912년 초에 가서 판 보이 쩌우와 그를 중심으로 하는 베트남 독립지사들이 공화제를 베트남의 정치체제로서 받아들였음을 공식화한 셈이다.

요컨대 신해혁명 발발 직후 한국과 베트남의 독립운동가들이 보여 주고 있었던 적극적인 지지와 수용의 태도는 중국 주변 지역 내지 동아시아 지역에서의 신해혁명의 영향력을 나타내는 것으로 공화혁명의 확산을 잘 보여 주고 있다고 할 것이다.

Ⅳ. 변방의 이탈-티베트와 몽골의 경우

전술한 대로 신해혁명은 기본적으로 공화체제의 건설을 목표로 하는 공화혁명이지만, 그 실제 과정에서는 이민족異民族인 만주족의 한족 지배를 종식시키려는 민족주의 혁명으로서의 성격을 강하게 띠고 있었다. 황제체제를 청산하고 공화국을 세우는 공화혁명 자체만큼 혹은 그 이상으로, 만주족의 한족 지배를 청산하고 한족의 민족적 독립을 이루는 민족혁명이 혁명의 진전에 커다란 영향력을 행사했던 것이다.

그런 한편으로 공화혁명의 과정과 결과로서 초래된 청 제국질서의 붕괴는 한족의 독립뿐만 아니라 티베트, 몽골, 위구르를 비롯한 주변 민족들의 독립 요구를 불러왔다. 중국의 중앙 권력이 약화되면 분열이 가속화되고 주변 민족들의 독립성이 더 강해지는 오랜 역사적 경험이 청조의 약화와 몰락을 계기로 다시 나타났던 것이다. 물론 주변 민족들의 독립 요구 뒤에는 러시아, 영국 등의 외세 곧 제국주의 열강들의 간섭과 '책동'이 있었으니 중국의 입장에서 보자면, 혁명의 과정에서 가장 큰 걸림돌로 예상되어 온 '과분瓜分의 위기'가 현실로 나타나고 있었던

셈이다.[34]

18세기 말 인도에 대한 식민지 지배체제를 구축하는 데 성공한 영국은 19세기 중엽 이후 인도 북부에 있는 네팔, 부탄 등에 대한 진출 시도와 함께 티베트 진출을 시도하였는데, 그러한 영국의 티베트 진출 의도가 가장 적극적으로 드러난 것은 1888년과 1903, 4년 두 차례에 걸친 영국군의 티베트 출병이었다.[35] 출병의 결과로 영국, 인도, 중국(청조) 사이에 맺어진 중영티베트인도조약(1890)과 중영티베트인도통상장정(1908) 등은, 티베트 주요 도시의 개방(개항)과 영국 영사의 영사재판권을 명시하여 영국의 권익을 보호하는 것으로 되어 있었지만, 한편으로 중국의 티베트에 대한 종주권은 그대로 인정하고 있었다.[36] 영국의 당면목표는 영국의 인도 지배를 보장하기 위한 주변 지역 티베트의 완충지대화였던 것이다.[37]

영국의 티베트 진출로 생긴 변방의 위기에 대응하여 청조 측에서는 1901년 이래 내지에서 시작된 신정을 티베트로 확대하는 방안을 추진하여 '장사선후판법藏事善後判法'이라는 개혁안을 실행에 옮겼다. 그 내용은 정교분리를 실행하여 달라이라마에게 있던 통치권을 부정하고, 그 대신 티베트 왕의 지위를 되살리며 주장대신駐藏大臣을 위시한 한인관료들을 파견하여 내정, 군사, 외교를 감독하며 최정예 중앙군인 북양

---

34 김형종, 「辛亥革命에서의 反帝問題의 인식과 실천-革命瓜分論과 혁명파의 대응」, 『동양사학연구』 제30집(1989. 5) 참조.

35 영국군의 두 차례 티베트 침략에 대해서는 王家偉·尼馬堅贊, 『中國西藏的歷史地位』, 北京(五洲傳播出版社), 2000, pp. 67~78에 자세히 실려 있다.

36 중국의 종주권에 대한 티베트 측의 이해는, 청 황제와 달라이 라마 간의 정신적 종교적 관계(檀越關係)일 뿐, 정치적 예속 관계는 없었다는 것이었다. Dalai Lama XⅣ, *My Land and My People,* NY: Potala Corp., 1977, 김현도 역, 『나의 조국 티베트』, 예지각, 1987, 80~81쪽.

37 Melvyn C. Goldstein, *A History of Modern Tibet, 1913-1951,* Berkeley(Univ. of California Press), 1991, p. 68.

신군北洋新軍을 티베트에 파견 주둔케 한다는 것이었다. 그러나 티베트에서의 신정 개혁은 내지에서와 마찬가지로 성공적이지 못했으며[38] 오히려 티베트 지배계층의 저항만을 불러왔으니 1911년 10월 우창기의 성공 직후 티베트에서 청조로부터의 독립 주장이 제기된 것은 청조의 신정에 대한 그간의 저항을 그 배경으로 삼고 있었던 것이다.[39]

영국, 러시아, 중국 사이에서 줄타기를 해야 했던 티베트의 최고지도자 달라이 라마Dalai Lama 13세는 1904년 러시아의 호위를 받으며 몽골의 이흐후레(현재의 울란바토르)로 옮겨 갔다가 1909년 4월 라싸로 돌아왔으나, 1910년 2월 청조가 다시 쓰촨四川 지역 신군을 파견하며 적극적인 개입정책을 쓰게 되자 이번에는 영국군의 보호 아래 인도로 탈출하였다. 그러나 신해혁명 직후 중앙정부의 통제력이 없어지고 티베트에 주둔하고 있던 쓰촨 신군에 대한 보급이 끊어지면서 중국군 내부에서 분열과 저항이 일어나자, 달라이 라마는 영국인 (인도) 총독의 지원 아래 1912년 4월 주장대신 롄위聯豫[40]를 비롯한 한인 관료들과 중국 군대를 축출하였고 이어서 1912년 12월에는 라싸로 귀환하여 티베트의 독립을 선포하기에 이르렀던 것이다.[41]

이후 티베트문제는 영국의 실제적인 분할점령과 중화민국 정부의 고토 회복 노력 가운데 소강상태에 있다가 1913년 10월 중순 중국, 영국,

---

38 티베트에서의 신정에 대한 평가는 다양하다. 성공적이며 애국주의적 성격을 가지고 있다는 주장(顧祖成, 『明淸治藏史要』, 拉薩(西藏人民出版社), 1999, pp. 304~311)이 있는 한편 긍정적인 부분과 부정적인 부분이 공존한다는 양면적 평가(王貴 等著, 『西藏歷史地位辨』, 北京(民族出版社), 1995, pp. 206~211)도 있다.

39 김한규, 『티베트와 중국』, 소나무출판사, 2000, 196~204쪽.

40 청조의 마지막 주장대신 聯豫는 1906년 12월부터 1912년 2월까지 재임했는데 재임기간 동안 관제개혁, 근대적 교육제도 설치, 신식 군대 편련 등 개혁정책을 폈다. 趙志忠, 『淸王朝與西藏』, 北京(華文出版社), 2007, p. 84.

41 박장배, 「19세기 말-20세기 초 티베트 군주론의 변용」, 『동북아문화연구』 제19집(2009), 82~84쪽.

티베트 대표 사이에 심라Shimla회의가 열렸다.[42] 이 회의에서 영국 측은 티베트가 중국 측의 (주권이 아닌) 종주권 주장을 받아들이도록 설득하는 한편으로 중국 측에게는 티베트의 자치권을 인정하도록 설득했다. 그러나 심라회의의 결과 맺어진 협약에는 티베트와 영국만 조인했을 뿐, 중국 측은 조인을 거부함으로써 삼자회담은 결렬되고 말았다.[43] 이어서 영국은 일방적으로 맥마혼라인을 선포하여 외티베트, 즉 동남부 티베트를 자신들의 지배영역으로 삼았다.[44] 1928년 난징국민정부의 성립으로 중국에 다시 중앙집권적 체제가 갖추어지게 되자 티베트에 대한 전통적 지배를 회복하려는 노력이 재개되어 국민정부 휘하에 설치된 몽장위원회蒙藏委員會를 중심으로 티베트에 대한 지배권 확보를 꾀하였으나, 1930년에 발발한 제3차 캄Kham(동부 티베트)전쟁이 보여 주듯이 티베트에 대한 중화민국의 지배는 제대로 실현되지 못했다.[45]

요컨대 신해혁명의 발발과 함께 대두한 티베트의 독립은, 청조의 신정 확대 실시에 대한 티베트인들의 불만을 배경으로 영국, 러시아라는 제국주의 열강의 개입과 지원 아래 청조로부터의 독립을 선언하는 것으로 나타났다. 결과적으로 만주족 지배에 반대하며 등장한 신해혁명이, 청조 지배 아래 있는 다른 약소민족인 티베트의 독립을 촉발하는 계기가 되었던 것이다.

---

42 영국은 심라회의 개최 직전인 1913년 10월 6일 袁世凱의 중화민국 정부를 정식 승인하였는데 이것은 중화민국 정부가 심라회의에 응해 주는 대가였다. 王家偉·尼馬堅贊, 前揭『中國西藏的歷史地位』, p. 101.

43 Dalai Lama XIV, *My Land and My People*, pp. 82~83; Melvyn C. Goldstein, *A History of Modern Tibet, 1913-1951*, pp. 69~75; 王家偉·尼馬堅贊, 『中國西藏的歷史地位』, pp. 101~107.

44 Warren W. Smith, Jr., *Tibetan Nation: A History of Tibetan Nationalism and Sino-Tibetan Relations*, Boulder: Westview Press, 1996, pp. 199~204.

45 王貴 等著, 『西藏歷史地位辨』, 北京(民族出版社), 1995, pp. 298~300.

한편 티베트와 마찬가지로 청초 강희제와 건륭제의 원정으로 청조의 직접적인 지배 아래 들어가 오랫동안 청조의 지배를 받아왔던 몽골의 경우에도 신해혁명은 민족 독립의 좋은 기회로 받아들여졌다. 몽골이 청조의 지배로부터 벗어나는 시도를 하게 된 것은 열강 러시아의 지원을 받게 되면서부터이다. 러시아는 1860년 중러베이징조약에서 몽골에서의 통상활동과 이흐후레Ikh Khuree(현재의 울란바토르)에 영사관 설치 권한을 받아낸 이래로 몽골에 대한 진출 의도를 노골화하고 있었는데, 특히 1905년 러일전쟁 패배 이후 전통적으로 추구해 오던 남하정책을 몽골 진출을 통하여 실현하고자 했다.[46] 러시아의 몽골 진출에 대한 청조의 대응은 티베트의 경우와 마찬가지로 신정개혁의 실시로 나타났다. 1910년 3월 판사대신辦事大臣 산둬三多의 파견으로부터 시작된 몽골 지역의 신정은 변경지역에 대한 한인들의 이민 장려移民實邊와 목초지 개간, 한몽 간의 통혼 장려, 상무와 실업의 장려, 근대적 교육 진흥 등 각종 개혁정책으로 나타났는데 이러한 신정 개혁은 오히려 몽골인들의 커다란 불만을 샀다.[47] 그 가운데서도 특히 개간 장려 정책은 몽골의 전통적인 목축경제의 뿌리를 뒤흔드는 것으로 받아들여졌고, 특히 지배계층인 왕공들에게는 자신들의 기득권에 대한 위협으로 받아들여지면서 이들의 커다란 반발을 불러일으켰다. 이를테면 러시아의 영향력과 청조의 신정개혁에 대한 반발이 몽골인들, 특히 왕공과 라마와 같은 몽골 지배층들로 하여금 청조로부터의 독립을 주장하게 만드는 직접적인 계기가 되었던 것이다.[48]

---

46 札奇斯欽, 『外蒙古的'獨立''自治'和'撤治'』, 吳相湘 主編, 『中國現代史叢刊』 第4册, 臺北(正中書局), 1962, p. 52 참조.

47 張啓雄, 『外蒙主權歸屬交涉(1911－1916)』, 臺北(中央研究院近代史研究所), 1995, pp. 21~24; 高博彥, 『蒙古與中國』, 臺北(金蘭文化出版社), 1977, pp. 106~107.

48 李平來, 「20세기 초 Ar(북) 몽골 王公들의 政局認識과 獨立構想」, 『한국민족학연구』 제3

우창기의 발발 직전인 1911년 7월, 이흐후레에서 개최된 왕공 연맹 회의에서 친왕 한드도르지Chin Van Khanddorj를 중심으로 하는 일부 왕공들 사이에 러시아의 지원을 얻어 독립을 선언하자는 주장이 제기되었고 논란 끝에 독립을 선포하기에 이르렀던 것은 바로 이러한 맥락에서 일어난 사건이었다. 이어서 한드도르지를 대표로 하는 몽골 대표단이 상트페테르부르크로 가서 러시아 황제의 보호와 지원을 요청했으나 이에 대한 러시아 측의 대응은 미온적이었다. 그러나 곧이어 발발한 신해혁명은 몽골의 독립을 기정사실로 만드는 데 결정적인 역할을 하였다. 우창기의 발발 직후인 11월 중순 러시아에서 귀환한 한드도르지 일파는 11월 30일, 몽골 라마교 최고지도자인 젭춘담바 호탁트Jebtsundamba Khutagt를 내세워 청조의 판사대신 산둬와 청조 관료, 군인들에게 철수를 명령하고 12월 중순, 독립국 대몽골국의 성립을 선포하였다.[49] 또 1912년 초에 서몽골의 울리아스타이Uliastai 지역과 어브르몽골Öbür Mongghul(현재의 내몽고) 지역에서도 독립 선포가 잇따랐고 같은 해 8월에는 서몽골의 호브드Khobdo(현재의 허브드) 지역에서도 독립을 선포하기에 이르렀다.[50]

러시아는 가장 먼저 신생 몽골을 정식 승인하고 1912년 11월 초 「러몽협약」과 「러몽상무협정」을 체결하였다. 이 협약들에서 러시아는 중국 군대와 중국 관리의 몽골 진입을 불허하고 몽골 군대의 양성을 러시

집(1995), 113~119쪽 참조.

49 1911년 11월 30일, 大蒙古國 皇帝 젭춘담바(보고트 칸)의 명의로 발표된 詔勅에서는 "今內地各省, 旣皆相繼獨立, 脫離滿洲, 我蒙古爲保護土地宗教起見, 亦應宣布獨立, 以期萬全"이라고 하여 武昌起義 이후 各省에서 일어나고 있던 독립선포에 호응하여 몽골도 독립을 선포한다는 형식을 취하고 있다. 陳崇祖, 『外蒙近世史』 第1篇, 臺北(文海出版社), 1965, p. 11.

50 이평래, 앞의 「20세기 초 Ar(북) 몽골 王公들의 政局認識과 獨立構想」 참조.

아가 지원하며 몽골 내에서의 러시아의 배타적 이권을 명시하는 등, 몽골 진출 의도를 관철시켰다. 이러한 러시아의 지원을 배경으로 하여 이루어진 몽골의 중국으로부터의 독립은 그러나 분명한 한계를 가질 수밖에 없었다. 중국 내의 이권 문제와 관련하여 중화민국 정부(베이징정부)와의 타협이 필요해진 러시아는 베이징정부와 몽골문제에 대한 협상을 재개하여 1913년 11월 초, 「중러공동성명」을 채택하고 그것에 기초하여 1915년 6월에 「중러몽삼국호브드조약中俄蒙三國協約」을 체결하였다.[51] 이 협약에서 러시아는 몽골에서의 자신들의 기득권 인정과 몽골의 자치권 인정을 전제조건으로 하여 중국의 몽골에 대한 전통적 종주권을 인정함으로써 몽골은 다시 중국의 영토로 귀속되었다.[52]

결국 몽골의 독립은 1920년 러시아혁명의 영향 아래 만들어진 몽골인민혁명당이 휘하의 혁명군과 러시아 적군의 지원 아래 공산주의 정권을 세우고 중국군과 러시아 백군을 몰아냄으로써 비로소 성취된다. 그리고 이 혁명정부가 1924년 군주제를 타도하고 공화국, 몽골인민공화국을 만들게 되었다.

51 札奇斯欽, 앞의 『外蒙古的'獨立''自治'和'撤治'』, pp. 70~76 참조.

52 中俄蒙協約의 내용은 張啓雄, 앞의 『外蒙主權歸屬交涉(1911-1916)』, pp. 261~267을 참조할 것.

제2절

신해혁명과 한국독립운동의 본격화

—상하이·난징上海·南京 지역의 초기(1911~1913)
한인 망명자들과 신해혁명—

Ⅰ. '중국혁명'과 초기 한인 망명자들

한국독립운동가들의 중국으로의 망명은, 국내 애국계몽운동의 중심이 되었던 신민회新民會 인사들에 대한 일제의 탄압이 본격화되던 1909년부터였고 그것은 두만강과 압록강 건너에 위치한 간도 지역으로의 진출로 시작되었다. 그러던 것이 1910년 8월의 한일합병과 또 1911년 10월 중국혁명, 곧 우창기의의 성공 소식은 국내 독립운동가들로 하여금 베이징, 상하이, 난징 등 관내關內 지역으로의 망명을 자극하여 1911년 말부터는 이들 지역으로의 망명이 본격적으로 나타나기에 이르렀다. 간도 지역으로의 진출이 지역적 인접성을 고려한 망명이고 따라서 독립운동의 전략에 있어서도 본국으로부터의 지원과 함께 본국에 대한 영향력을 계산한 것이었다고 한다면 관내 지역으로의 망명은 그보다는 장기적이고 체계적인 안목을 필요로 하는 것이었을 것이다. 따라서 중국의 정치적 상황에 대한 기대와 함께 중국(혁명)과의 연대를 염두에 두는 경우가 많았을 것은 쉽게 짐작이 가는 일이다.

실제로 이 시기 관내 지역으로 진출한 한인 망명자들은 거의 예외 없이 중국의 공화혁명, 즉 우창기의의 성공 소식에 고무되어 망명을 결심한 것으로 확인된다. 예컨대 우창기의 직후부터 토원운동討袁運動 시기에 상하이·난징 지역에서 활동했던 한인 망명자들의 중심인물인 신규식의 경우, 관립한어학교 출신으로 중국어에 능통하고 중국 상황에 대하여 남다른 관심을 가지고 있던[1] 그가 유동열柳東說[2], 조카 신형호申衡浩와 함께 우창기의의 성공 소식이 알려진 직후인 1911년 11월 하순 서울에서 출발하여 압록강을 건너고 선양瀋陽을 거쳐[3] 같은 해 12월 10일 전후 시기에 베이징에 도착하는데, 당시 신민회의 베이징 주재 연락책의

---

1 중국 망명 이전 시기의 신규식의 활동에 대해서는 강영심, 「신규식의 생애와 독립운동」, 『한국독립운동사연구』 1집(1989), 228~230쪽 참조.

2 유동열은 압록강을 건너기 전에 日警에 체포당했다고 하는데 [「曺成煥이 安昌浩에게 보낸 편지」(1911. 12. 11), 독립기념관 한국독립운동사연구소 편, 『島山安昌浩資料集』 제2권, 천안, 1990, 55쪽 참조. 이하 『安昌浩資料集』으로 약칭함. 여기에서 인용한 편지 자료들의 날짜는 필자가 모두 양력으로 환산한 것이다. 『安昌浩資料集』의 목차에 붙어 있는 편지 자료들의 날짜는 일부 착오가 있어서 그대로 이용하기 어렵다.] 유동열은 신민회 사건으로 1909년 말 일제에 의해 구금당했다가 1910년 2월 말 석방된 다음 베이징으로 망명했다. 이후 5월에 칭다오(青島)에서 안창호, 이갑 등과 독립운동방략을 논의한 다음 다시 입국하였다가(유순선, 「1910년 '청도회의'와 독립운동가들의 青島 활동 장소에 대한 연구」, 『한국독립운동사연구』 77집(2022), 7~11쪽 참조) 1911년 11월 신규식과 다시 중국으로 가던 도중 일본 경찰에 체포된 것 같다.

3 출발 시기와 경유지에 관해서는 망명 당시에 써진 신규식 자신의 漢詩에서 잘 드러나고 있다. 즉 망명 결심 초기의 날짜나 상황을 보여 주는 것으로 '속장(束裝)', '배퇴천궁(拜退天宮)', '유감(有感)'의 제목이 붙은 시들이 있는데, 개천절에 대종교의 사당인 천궁에 예배한 뒤 양친을 뵙지도 못하고 떠난다고 한 것으로 보아 서울 출발이 1911년 음력 10월 3일(양력 11월 23일) 직후였음을 알 수 있고 압록강을 건너 안둥(安東)현과 펑톈(奉天, 곧 瀋陽), 산하이관(山海關)을 지나 베이징에 도착하였음은 '한성을 출발하여 압록강에 도착하다(發漢城到鴨綠江)', '안둥현 유성 1번지에 도착하여(到安東縣留誠一號)', '산하이관에 도착하여(到山海關)' 등의 시를 통하여 짐작할 수 있다. 閔石麟 著, 『中韓外交史話』, 重慶(東方出版公司), 1942 속에 들어 있는 申圭植의 漢詩集, 『兒目淚』, 21~22쪽 참조.

역할을 맡고 베이징에서 활동하고 있던 조성환曺成煥이[4] 안창호에게 보낸 편지에서는 "신규식과 몇 사람이 내지(한국)에서 이번 중국사변의 소식을 듣고 중국으로 오게 되었다"고 적고 있다.[5] 신규식 본인도 베이징 도착 직후 조성환과의 만남을 소재로 쓴 한시에서 '중국(혁명)의 소식이 아마도 사실인가 보다中華消息倘其眞'라고 했다.[6]

중국혁명의 소식을 듣고 중국으로의 망명을 결심하게 되는 경우는 1913년 초에 상하이·난징으로 망명해 갔던 정원택한테서도 확인되고 있다. 정원택은 1912년 초에 대종교 쪽과 연줄이 닿아 간도 지역으로 망명했다가 그곳에서 1년을 지낸 뒤 1913년 초에 다시 상하이·난징 쪽으로 유학을 갔던 것인데, 그의 중국 망명 결심은 당시 한 선비로부터 '중국에서 쑨원과 황싱黃興을 중심으로 한 혁명운동이 한창이고 뜻있는 한국의 청년들도 다수 참가하고 있다'는 소식을 듣고 이루어졌다고 말하고 있다.[7] 또 1912년 초에 난징에 망명하여 기독교병원에서 일하며 그곳의 정치지도자들과 교류를 하고 있던 이태준李泰俊도 1911년 말 친구인 김필순金弼淳과 함께 망명을 모의하게 된 것이 "일제의 폭압으로 불만이 쌓여가던 중에 마침 이웃 대륙에서 혁명군의 소식이 천하에 진

4 당시 조성환은 신민회 계통의 소개로 중국으로 건너오는 한국 청년들에게 중국어 습득이나 중국 학교 입학을 알선하는 일과 연락책(통신기관)의 일을 주된 임무로 베이징에서 활동하라는 안창호의 지시와 그에 따는 활동자금을 지원받고 있었다. 이를 위하여 그는 특히 남방 여러 성(省)의 교육계 인사들과의 교류를 통하여 학비 없이 한국 학생들을 받아들이도록 하는 일에 힘쓰고 있었다. 이런 사정에 대해서는 1911년 9월 3일, 11월 20일, 11월 22일, 1912년 5월 17일자의 「曺成煥이 安昌浩에게 보낸 편지」, 『安昌浩資料集』, 13, 45~46, 50, 52, 60쪽 등에 잘 드러나 있다.

5 「曺成煥이 安昌浩에게 보낸 편지」(1911. 12. 11), 『安昌浩資料集』, 55쪽 참조. 조성환은 이 편지에서 '신규식 등이 베이징으로 왔는데, 내일 함께 남방으로 출발하려 한다'고 하였다.

6 「베이징에 도착하여 조성환을 방문함(到燕京訪晴簑)」, 『兒目淚』, 23쪽 참조.

7 정원택 저, 홍순옥 편, 『지산외유일지』, 탐구당, 1983, 18~20쪽 참조.

동하자 이에 감격되어 길을 떠나게 되었다"고 말하고 있었다.[8] 그리고 1913년 4월경에 상하이로 망명해 간 김규식金奎植의 경우에도 신해혁명(우창기의)의 성공이 주된 요인이 되었다고 한다.[9]

우창기의의 성공 소식에 고무되어 중국 망명을 결행하게 된 신규식이나 정원택, 이태준, 김규식의 경우와는 달리 우창기의가 일어나기 이전에 이미 중국에 와서 활동하고 있던 독립지사들에게도 우창기의의 소식은 신선한 충격을 안겨 주기에 충분한 것이었다. 예컨대 앞서 말한 조성환 같은 경우에는 당시 미국에 있던 안창호에게 '중국정변'의 소식을 일일이 보고하면서[10] 자신도 혁명의 현장을 직접 보기 위하여 남방으로 가보기를 고대하고 있었는데, 마침 신규식 일행이 난징으로 가기 위하여 베이징에 들리게 되었으니 그 편에 함께 난징으로 향하게 되었다고[11] 말하였다. 이러한 사실들로 미루어 보건대 당시 한일합병 이후 새로운 길을 모색하고 있던 한국의 청년들에게 있어서 중국혁명의 소식은 하나의 신선한 충격으로 받아들여졌고 중국혁명으로부터 조국 독립의 가능성을 발견하려는 동기를 가진 중국으로의 망명이 이 시기 하나의 추세로 존재하였음을 볼 수 있다.

그러면 이렇게 중국으로의 망명길에 나선 한인들이 구체적으로 중국혁명을 어떻게 받아들이고 있었던가? 초기 한인 망명자들의 중국혁명

8 「李泰俊이 安昌浩에게 보낸 편지」(1912. 8. 28), 『安昌浩資料集』, 125~126쪽 참조.

9 이명화, 『김규식의 생애와 민족운동』, 독립기념관, 1992, 40쪽 참조.

10 조성환이 우창기의(중국정변)의 소식을 안창호에게 처음 전한 것은 1911년 10월 22일자의 편지부터인데 이후 신규식 일행과 함께 난징으로 떠나던 12월 12일 이전까지 6차례의 편지를 보고 형식으로 연달아 보내고 있고 후술할 바대로 상하이에 도착한 12월 20일경 이후에도 보고 편지를 계속하여 보내고 있다. 『安昌浩資料集』, 27~55쪽 참조.

11 「曺成煥이 安昌浩에게 보낸 편지」(1911. 12. 11), 『安昌浩資料集』, 55쪽 참조. 조성환 자신은 '남방'이라고 하였으나 조성환과 함께 베이징에서 활동하고 있던 손정도가 안창호에게 보낸 편지에서는 조성환이 다른 세 사람과 함께 '난징'을 향하여 떠났다고 하고 있다. 「孫貞道가 安昌浩에게 보낸 편지」(1911. 12. 25), 『安昌浩資料集』, 117쪽 참조.

곧 우창기의에 대한 입장은 앞서 말한 조성환의 보고 편지에서 비교적 생생하게 확인할 수가 있다. 전술한 바대로 조성환이 안창호에게 우창 기의의 소식을 처음 전한 것은 10월 22일자의 편지부터인데, 이 편지에서 조성환은 후난湖南과 쓰촨四川성에서의 철로분규를 비교적 자세하게 언급하고 난 후 이런 와중에서 광둥廣東 혁명당의 수령 황싱黃興이 후베이湖北로 몰래 들어와서[潛路] 거사를 일으켜 일거에 우창, 한커우漢口, 한양漢陽을 점령하였다고 하였다. 이어서 조성환은 "이번의 내란은 그간의 '청국내란淸國內亂' 가운데 가장 주목할 만한(모범이 될 만한) 것으로 실로 큰 희망이 있는데, 우리는 언제나 이러한 (혁명의) 날이 있겠는가" 라고 하여 우창기의의 성공에 대한 기대감 속에 한국독립이나 한국혁명에 대한 희망을 적극적으로 표현하고 있다. 조성환은 또 혁명군의 승리는 동치同治 연간 이후 50여 년의 학정虐政에다가 무리한 철로국유화정책이 기름을 들이부은 결과이기 때문에 전국이 이에 호응하게 된 것이라고 말하면서, 민심의 호응은 한 가지로 일치하여 지지하는 형세이고[一氣同勢] 열강(외국)의 입장도 혁명을 지지하는 것으로, 즉 중국혁명은 절호의 기회를 만난 것[得其幾得其時]이라고 말하였다.[12]

물론 이러한 혁명에 대한 기대는 얼마간의 우려를 동반하고 있는 것이기도 하였다. 조성환은 베이징 쪽에서 보고 듣게 된 혁명 진압을 위한 청군(관군)의 파견 소식과 각성 군대의 동정에도 주목하면서 결국 혁명파[革黨]와 입헌파[憲黨], 청조 측[政府黨] 간의 대립 갈등 국면이 평화적 방법으로는 해결될 수 없기 때문에 머지않아 베이징에도 소요사태가 일어날 것이며, 혁명의 장래는 잘 되면 이백육십여 년(이민족 지배)의 한을 풀 것이요, 그렇지 못하면 (열강들에 의한) 분할[瓜分]의 기회가 될 것이라

12 이상, 『安昌浩資料集』, 24~29쪽 참조.

고[13] 하며 기대와 함께 우려의 입장을 동시에 표하고 있었던 것이다.

그런 한편으로 조성환이, 소문이나 신문상의 보도만 봐서는 그 진실을 확인할 수 없으니 안타깝다고 하면서 직접 현장에 가서 사실을 확인할 필요가 있음을 지적하고, 한국인으로서 이러한 중국혁명에 대하여 어떤 식으로든 지지 의사(동정)를 표시해야 한다는 점을 여러 차례 강조하고 있었다는 점은 특히 주목해야 할 대목이다. 조성환은 이들의 보고 편지 속에서, 개인이 아닌 전체(한국인)의 이름으로 (혁명에 대한) 지지를 표명할 수 있는 (독립운동) 단체가 없고 또 충분한 지지의사를 표현할 만한 방법이나 경비도 없어 안타깝다는 견해를 누누이 적고 있었다. 이 단계에서 조성환과 신규식이 그나마 가능한 대로 중국혁명 지지의 방안으로 염두에 두고 있었던 것은, 자신들의 군인으로서의 경력을 살려 직접 혁명군에 참여하여 돕는 것이었으니[14] 당시 베이징에서 활동하던 또 다른 독립운동가인 손정도孫貞道는 이들의 난징행을 안창호에게 전하면서 "시세時勢를 보아서 생명이라도 중국[淸國]에 주어 동정을 표하기로 하고 떠났다"고 적었다.

중국혁명에 대한 적극적인 지지를 주장하는 조성환의 이러한 입장은 안창호에게 (중국혁명 지지 표현에 대한) 적절한 대처방안과 자금을 마련해 주도록 요구하는 의도에서 나온 것으로 이해할 수 있겠다. 그러나 한편으로는 혁명파 인사들과의 교류에서 한국독립문제에 대한 호응을 얻어내려는 의도로부터 나온, 달리 말하자면 중국혁명과의 연대를 위한 하나의 방안 모색이었다고도 볼 수 있을 것이다. 즉 당시 중국혁명

13 『安昌浩資料集』, 32~41쪽의 이곳저곳 참조.

14 조성환과 신규식은 무관학교 동기생으로 한말 무관을 지냈다. 특히 조성환은 이 경력을 살려 우창기의 이후 각성독립(各省獨立) 과정에서 산둥성(山東省) 혁명군의 군사훈련을 도우려 계획한 적이 있었다. 「曺成煥이 安昌浩에게 보낸 편지」(1911. 11. 20), 『安昌浩資料集』, 46쪽 참조.

에 고무되어 중국으로 망명해 온 한인 지사들은 한국의 독립이나 혁명을 위하여, 성공할 가능성이 있어 보이는 중국혁명과의 연대를 이미 염두에 두었던 것이다.

Ⅱ. 우창기의와 위안스카이 토벌전쟁[討袁運動]에의 참여

1. 우창기의 직후 한인 유학생들의 학생군 참여

앞에서 언급한 신규식에 대한 전기와 그의 망명 초기 활동에 대한 기왕의 연구들에 따르면 '신규식은 1911년 3, 4월경 상하이로 망명해 와서 혁명파 인사들과 교류를 시작하면서 같은 해 7월 말에 상하이에서 성립된 동맹회同盟會 중부총회中部總會에 가담하고 10월의 우창기의(신해혁명)에도 참여하여 우창기의에 참여한 최초의 한국인이 되었다'고 한다.[15]

그러나 앞에서도 이미 밝힌 대로 신규식이 서울을 떠나 베이징에 도착한 것은 1911년 12월 초였고, 톈진天津과 지난濟南을 통과하여 칭다오靑島에서 배를 타고 상하이에 도착한 것은 우창기의와 상하이에서의 혁명기의가 모두 종결된 12월 20일경이었으며,[16] 다시 기차로 난징에

15 민필호, 앞의 『睨觀申圭植傳記』, 72~73쪽; 남파(南坡) 박찬익전기간행위원회 편, 『남파 박찬익전기』, 을유문화사, 1989, 137쪽; 신승하, 앞의 논문, 602~604쪽; 김희곤, 앞의 『中國關內韓國獨立運動團體硏究』, 42쪽 참조. 이러한 견해는 중국 쪽 연구서들에도 그대로 인용되어 받아들여지고 있다. 楊昭全 等編, 『關內地區朝鮮人反日獨立運動資料滙編』, 瀋陽, 1987, 120쪽; 楊昭全, 『中國에 있어서의 韓國獨立運動史』, 한국정신문화연구원, 1996, 74쪽; 徐萬民, 『中韓關係史』(近代卷), 北京, 1996, 174~175쪽 참조.

16 경유지와 날짜에 대해서는 「톈진에 도착하여(到天津)」, 「산둥성에 도착하여(到山東)」, 「칭다오에 도착하여(到靑島)」, 「자오저우(膠州)만을 출발하여 상하이로 향하다(發膠州灣

도착한 것은 1912년 초였다.[17] 따라서 신규식이 성립단계의 동맹회 중부총회에 가담했다거나 우창으로 가서 우창기의에 직접 참여하였으며 천치메이陳其美 중심의 상하이 혁명기의에도 참여한, 신해혁명에 참여한 최초의 한국인이라는 주장은 전혀 사실이 아니다.[18]

그러나, 전술한 바와 같이 신규식과 조성환 일행은 베이징을 떠날 때 "목숨이라도 중국혁명에 바쳐 지지의사를 표하고자" 했고, 난징에 도착해서는 군사비의 기부나 전투 참가, 정탐이나 암살활동 참가 등 중국혁명에의 실제적인 기여 방안을 놓고 그 가능성을 모색하고 있었다.[19] 이런 점에서 본다면 당시 한국인 망명자들이 어떤 형태로든 중국혁명, 곧 우창기의에 참여했을 가능성은 적지 않아 보인다. 다행히 우리는 당시 한국인들의 중국혁명에의 지지 혹은 참여의 실례를 몇 가지 확인해 볼 수 있다.[20]

우선 1911년 10월 우창기의 이전에 난징에서 유학하고 있던 일부 한

向上海)」 등의 한시를 참조할 것. 이상 『兒目淚』, 23~24쪽 참조.

17 「조성환이 안창호에게 보낸 편지(1912년 2월)」, 『安昌浩資料集』, 84쪽 참조.

18 그럼에도 불구하고 나의 이 글이 발표된 지 6년 뒤인, 2002년 9월 상하이 푸단대학에서 열린 '신규식 서거 80주년 기념 학술대회'에서 발표된 모든 논문에서 여전히, 신규식이 중국에 망명하여 상하이에 도착한 것이 1911년 3~4월이라고 하면서 상하이 도착 직후 동맹회에 가입하였고 이어서 우창기의에 직접 참여하였으며 1911년 11월 천치메이 중심의 상하이독립에도 참여하였고 쑨원을 면담한 것도 1912년 1월이라고 쓰고 있는 것은 매우 이해하기 어려운 노릇이다. 이 학술대회의 목적이 신규식, 민필호, 김준엽 선생의 공로를 되새기는 데에 있었다는 점을 감안한다고 하더라도 참석 학자들 가운데 어느 누구도, 신규식이 신해혁명(우창기의)에 참여한 사실이 없다는 점을 언급하고 있지 않다는 점은 매우 안타까운 일이다. 이 학술대회에서 발표된 글 가운데 기존의 잘못된 주장을 되풀이하고 있는 것으로는, 신승하, 「예관 신규식선생연보(2003년 1월 작성)」; 石源華, 「'한국혼': 신규식선생 서거 80주기를 추모하며」; 孫科志, 「중국의 신규식에 관한 연구개요」, 각각 石源華·김준엽 공편, 『신규식, 민필호와 한중관계』, 나남, 2003, 800쪽; 43~44쪽; 170쪽을 참조할 것.

19 『安昌浩資料集』, 82쪽 참조.

20 상하이, 난징, 베이징 지역 이외에 광둥, 허난(河南) 지역에서의 한인 지사들의 신해혁명 지지 및 참여 활동에 관해서는 이 책 제1장 제3절과 제4절에서 따로 다루고 있다.

국 유학생들이 우창기의 직후 만들어졌던 학생군에 가담하여 직접 전투(혁명운동)에 참가한 경우로서 1912년 초에 난징으로 망명해 간 이태준이 안창호에게 보낸 편지에서 확인해 볼 수가 있다. 이태준의 보고에 따르면 당시 난징에 와 있던 한국 유학생은 모두 6명인데, 그 가운데 유학 온 지 3, 4년이 된 3명의 한국 유학생들이 우창기의 발발 직후 학생군에 들어가 혁명군의 북벌에 참여하였으며 1912년 초에는 이들이 학생군에서 나와 육군학당陸軍學堂에 들어가 각종 군사기술을 연습하고 있었다는 것이다.[21]

우창기의 시기의 군사 활동에 대한 직접적인 참여를 확인할 수 있는 다른 한 가지의 사례는, 신규식이 중국으로 망명할 때 데리고 갔던 조카 신형호의 경우로서, 조성환의 편지에서는 함께 상하이에 도착한 직후 곧 1911년 12월 말이나 1912년 초에 당시 우창기의를 지지하기 위하여 상하이에서 조직되었던 중화학생군단中華學生軍團에 자원하여 들어가 한 달가량 서무庶務로 일했다는 것이다.[22]

이와 아울러 우창기의에 대한 지지 표명으로 혁명군의 군비를 확충하기 위한 기부금 모집에 참여한 경우도 있었다. 앞에서 언급한 대로

---

21 이태준은 이들 3명의 한국인이 이규극(金奎極), 권탁(權鐸), 홍윤명(洪允明)이라고 밝히고 있다.「李泰俊이 安昌浩에게 보낸 편지」(1912. 8. 28),『安昌浩資料集』, 127~128쪽 참조. 우창기의 직후 조직된 학생군 조직으로 '학생군', '학생북벌단', '학생북벌대' 등이 있었다고 알려져 있는데 (章開沅 主編,『辛亥革命辭典』, 武漢, 1991, pp. 280~281) 이것들은 모두 1911년 11월 상하이에서 발기 조직된 것으로 이들 한인 유학생들이 이 가운데 어떤 학생군에 참여한 것인지는 분명하지 않다. 이태준의 이 편지에 대한 자세한 분석은 반병률,「서한을 통해 본 이태준의 독립운동」,『연세의사학』22-2(2019), 15~18쪽을 참조할 것.

22 신형호는 1달여 만에 학생군단 본부가 해산되는 바람에 학생군단에서 나오게 되었고 그 직후 미국으로 유학을 떠나게 되었던 것 같다. 신형호의 미국 유학과 관련하여 신규식은 안창호에게 조성환, 신형호와 함께 찍은 사진을 보내면서 신형호의 유학 알선을 부탁하고 있었다.「曺成煥이 安昌浩에게 보낸 편지」(1912. 2. 20)와「申圭植이 安昌浩에게 보낸 편지」(날짜 미상),『安昌浩資料集』, 77, 83, 208쪽 참조.

1912년 초 난징에 도착한 신규식과 조성환은, 당시 막 출범한 중화민국 임시정부를 방문하고 '중요인물'을 면담하였다고 하는데, 이 자리에서 신규식 등은 황싱에게 보내는 편지 형식으로 중국혁명에 대한 한국인들의 지지를 표명하고 신규식의 여비 가운데 수백 위엔元을 떼어 군사비용[軍餉]에 쓰도록 기부하였다고 한다.[23] 조성환이 베이징을 떠나기 직전 안창호에게 보낸 편지에서는 '단 천 위엔이라도 군비로 보조할 생각인데 신규식이 가져온 돈이 그 정도 여유는 있다'고 한 것으로[24] 본다면 난징에서 기부한 '수백 위엔'이 500위엔은 넘을 것으로 짐작된다. 그런데 당시 상하이 재계의 중심인물 가운데 한 사람인 위챠칭虞洽卿이 혁명군 군비 기부금으로 500위엔을 내고 있음을[25] 볼 때 조성환과 신규식이 냈다고 하는 '수백 위엔'은 개인의 기부금, 특히 망명객의 기부금으로서는 상당히 큰 금액이었을 것으로 생각된다.

2. 국민모금운동[國民捐運動]과 위안스카이 토벌전쟁에 대한 지지

기부금의 형식으로 중국혁명을 지지한 또 다른 경우로는, 1912년 5월, 위안스카이의 무리한 차관 도입에 반대하여 쑨원, 황싱 등을 중심으로 국민모금[國民捐]운동이 전개되자[26] 당시 적지 않은 한인 유학생이나 망명자들이 여기에 참여했을 가능성이 있다. 예컨대 베이징 지역에

---

23 「曺成煥이 安昌浩에게 보낸 편지」(1912년 2월?), 『安昌浩資料集』, 80~84쪽 참조.

24 「曺成煥이 安昌浩에게 보낸 편지」(1911. 12. 11), 『安昌浩資料集』, 56쪽 참조.

25 "特別捐助餉", 『民立報』 1912. 1. 3., p. 6 참조.

26 국민모금운동은 대외채무의 감소를 위한 방편으로 1912년 4월 말 황싱에 의하여 제창 추진되었으나 거의 성과를 거두지 못하고 말았다. 毛注青 편, 『黃興年譜長編』, 北京, 1991, pp. 298~299; p.306.; 行嚴, 「論黃留守提倡國民捐事」, 『民立報』 1912. 5. 3., p. 2; 민두기, 『신해혁명사』, 260쪽 참조.

서 조직된 국민모금대회에서 연설회를 열었는데 거기에서 윤영준尹永俊이라는 한국인은 100위엔을 기부하여 큰 환영을 받았고, 한국인 유학생 백영엽白永燁(燁자 불분명)은 중국혁명의 급박함과 국민모금운동의 중요성을 역설하는 연설에 나서서 한국의 멸망 역시 재정의 파탄에 있었음을 강조하고 50위엔을 기부하여 참석자들의 큰 호응을 받았다고 한다.

또 베이징의 국민모금운동 연설회에 대한 사실을 안창호에게 보고하고 있던 조성환도, (한국인 전체를 대표해서 기부할 수 있으면 좋겠으나 불가능하다면) 개인의 자격으로라도 100~200위엔 정도는 기부[捐助]하는 것이 좋겠다고[27] 말하고 있었다. 국민모금운동에 대한 한인 망명자들의 이러한 입장들로 짐작해 보건대 상하이·난징 지역에 있던 신규식 등도 어떤 형식으로든 이 국민모금운동에 참여했다고 보이지만,[28] 구체적인 사실을 확인할 수는 없다.

이러한 일부 한인들의 중국혁명에의 참여와 기대에도 불구하고 위안스카이에 의한 쑹자오런宋教仁 암살과 일부 혁명파 도독에 대한 해임을 계기로 하여 공화혁명의 가능성이 없어지자 토원운동, 곧 2차혁명이 일어나게 된 것은 주지의 사실이다. 1913년 7월 리리에쥔李烈鈞의 거병을 시작으로 토원운동이 본격화되자 이에 대한 일부 한인 망명자들의 직접적인 참여와 기부금 형식의 간접적인 지지도 있었다.

예컨대 김진용金晉庸, 혹은 金聖道이라는 한인 망명자는 장시江西 도독 리리에쥔이 후커우湖口에서 토원군을 일으키자 함께 가담하여 총사령부의 고등고문관장으로 임명받고 활동하였다. 이뿐만 아니라 김진용은 토원군이 재정적 어려움으로 위기에 봉착하자 당시 상하이에서 활

---

27 「曺成煥이 安昌浩에게 보낸 편지」(1912. 7. 29), 『安昌浩資料集』, 86~87쪽 참조.

28 당시 『민립보』나 『민권보』 등에는 수많은 모금운동 참여자 명단이 연재되고 있는데 그 가운데에서 신규식 등의 이름은 확인되지 않고 있다.

동하던 한인들과 그들의 재정적 후원자이던 안창호에게[29] 토원군에 대한 재정지원을 해 주도록 요청하고 있었다. 김진용의 말에 의하면 그는 중국 유학을 끝내고 귀국하였나 일본 경찰에 의하여 구속 수감되었고, 1913년 봄에 풀려난 다음에야 다시 중국으로 왔고 위안스카이에 의하여 중국혁명의 전망이 어둡게 되자 4월부터 쑨원, 황싱, 천치메이, 리리에쥔 등과 함께 위안스카이 토벌을 모의하다가 장시성江西省 후커우湖口의 토원군 총사령부의 고등고문관장으로 토원전쟁에 참여하게 되었다고 한다. 김진용은 토원전이 전제專制와 공화 간의 전쟁이고 자유와 압제의 전쟁이며 정의로운 편[正]과 사악[奸]한 편 간의 결투요, 국민 전체와 위안스카이 개인의 전쟁이기 때문에 토원군[南軍]이 절대적으로 승리할 것이라고 보았다. 그는 중국혁명 참여에 대한 자신의 입장을, 중국을 먼저 도와 강대국이 되게 한 다음 (그런) 중국의 지원을 받아 한국의 독립을 얻어내고 그것을 바탕으로 동아3국의 평화를 유지하며 황인종의 연합을 이루어 서세동점西勢東漸에 대처하면서 더 나아가 세계 평화에 이를 수 있다고 설명하고 있었다.[30] 자신의 중국혁명 참여를 공화제와 민주제로 나아가는 지구지역사의 맥락 속에서 파악하고 있었다는 점에서 특히 주목할 만한 대목이다.

그 밖에 토원운동에 대한 한인들의 직접적인 참여의 예로서는 1912년 가을 이후 난징에 와 있던 김규식의 의료구호 활동을 들 수 있다. 김규식은 1913년 7월 19일 황싱이 난징으로 와서 반원독립反袁獨立을 선포하고 토원에 참여한 직후 중국인 의사 마오다웨이毛大衛와 함께 의료

---

29 당시 안창호가 중국에 와 있던 한인들의 재정적인 후원자였음은 조성환, 이태준, 김영일, 김진용 등이 안창호에게 보낸 편지에 활동을 위한 자금을 보내주도록 자주 요청하는 걸로 보아 분명하게 알 수 있다. 『安昌浩資料集』, 88, 128, 139, 181, 186쪽 등 참조.

30 「金晉庸이 金永一 閔忠植에게 보낸 편지」(1913. 8. 5), 『安昌浩資料集』, 130~141쪽 참조.

구호대(적십자대)를 조직하고, 안후이성安徽省 린화이관臨淮關 지역으로 출동하였는데 여기에 김정기金正璂, 계선桂宣 등의 한인 학생들도 함께 참여했다고 한다.[31]

그러나 토원운동 시기의 한인 망명자들의 태도가 반위안스카이의 입장으로만 나타나고 있었던 것은 아니었다는 점에도 주목할 필요가 있다. 예컨대 앞서 말한 김진용의 토원운동 지원 요청에 대하여 당시 상하이의 한인들 가운데에서 적지 않은 논란이 있었던 모양으로 김진용의 재정지원 요청을 거들고 나섰던 김영일金永一은 안창호에게 보낸 편지에서 당시 상하이에서 활동하고 있던 한인들의 중심인물인 신규식, 김규식, 문일평文一平 등에 대한 비난을 공공연하게 제기하고 있었다.

김영일은 신규식과 김규식이 중국인과의 교류를 독점하면서 배타적인 태도를 취하고 있다거나 자신에 대하여 일방적으로 무례하게 대했다는 등을 일일이 지적하면서 심지어는 "저 사람들이 하는 대로 그냥 두면 상하이는 아무것도 되지 않을 것"이라고 까지 말했다.[32] 김영일은 특히 문일평이 친위안스카이의 정치적 입장을 표명하고 있던 『대공화일보大共和日報』사에서 기숙하며 일하고 있음을 들어 반동적인 행동이라고 정면으로 공박하기에 이르렀다.[33]

---

31 『지산외유일지』, 73쪽 참조.

32 「金永一이 安昌浩에게 보낸 편지」(1913. 9. 9), 『安昌浩資料集』, 182쪽.

33 「金永一이 安昌浩에게 보낸 편지」(1913. 9. 9), 『安昌浩資料集』, 175~182쪽 참조. 문일평은 1935년 『조선일보』에 연재한 회고담 속에서 '신규식의 주선으로 상하이 쓰마루(四馬路)에 있던 대공화일보사에서 일문 번역 일을 하고 있었'음을 확인하고 있는데, 이 회고담 속에서도 『大共和日報』의 정치적 경향이 친위안스카이였다는 점에 대해서는 언급하지 않고 있다. 문일평, 「나의 半生」, 『湖岩全集』 제3권, 조광사, 1978, 497쪽 참조. 『大共和日報』는 中華民國聯合會(뒤에 共和黨, 進步黨으로 개편)의 기관지로 1912년 1월 4일에 창간되었는데 중화민국연합회 회장이던 장타이옌(章太炎)의 영향 아래 쑨원, 황싱 및 동맹회, 난징임시정부에 대한 비판을 주요한 논조로 하면서 위안스카이에 대한 지지 입장을 나타내고 있었다. 方漢奇, 『中國近代報刊史』, 太原, 1995, pp. 699~700; 王檜林·朱漢

신규식 등에 대한 김영일의 비난이 사실에 근거한 것인지에 대해서는 정확한 판단이 어렵고 또 신규식 등이 김진용을 믿지 못할 상황이 실제로 있었던 것인지도 분명하게 알 수 없지만,[34] 주목해야 할 것은 당시 상하이의 한인 사회에서 토원운동에 대한 지지 문제를 둘러싸고 의견이 통일된 것만은 아니었으며 상당수의 한인들은 토원운동에 대하여 적극적인 지지를 유보하는, 보다 신중한 입장을 표명하고 있었다는 사실이다.

이 점은 토원운동 발발 직후 난징 지역에 있던 한인들 가운데, 앞서 말한 김규식의 경우처럼 직접적으로 참여한 경우도 있기는 하지만 나머지 대부분의 한인들은 전쟁을 피하여 상하이의 조계 지역으로 철수하고 있었다는 사실로서도 어느 정도 짐작해 볼 수 있다. 황싱의 거병으로 난징에서 토원운동이 일어나자 당시 난징에 있던 십수 명의 한인 가운데 민국대학民國大學에 재학하고 있던 2명을[35] 제외한 나머지 인원이 모두 상하이로 피신하고 있었던 것이다.[36] 그러나 이들이 상하이로 피신

國 主編,『中國報刊辭典(1815−1949)』, 北京, 1992, p. 52 참조.

34 예컨대 김진용은 자신이 리리에쥔의 고등고문관장이 되어 각국 정부와 전국에 반포하는 글을 직접 기초하였다고 하였는데(『安昌浩資料集』, 135쪽) 당시 리리에쥔 측에서 발표했던 「江西討袁軍總司令檄文」, 「江西討袁軍對外通電」 등의 문건은 쟝시(江西)성 의회 의원이던 양정성(楊賡笙)이 쓴 것으로 [「自傳」,『李烈鈞先生文集』, 臺北, 1981, pp. 19~24; 「二次革命湖口討袁軍紀略」, 앞의 같은 책, pp. 493~494; 洪喜美,『李烈鈞評傳』, 臺北(國史館), 1994, p. 48 참조] 되어 있어 김진용의 말이 사실과 부합하지 않는 면이 있다. 따라서 김진용의 토원군 내에서의 지위나 활동에 대하여 신규식 등이 일단의 의문을 제기했을 가능성도 있다.

35 당시 민국대학에 재학하고 있던 두 사람은 이광(李光), 김덕(金德)이다. (『志山外遊日誌』, 75쪽) 신규식은 민국대학 교장이던 팡촨(方瓚)과 친하여 그를 통하여 한인 학생들을 알선 입학시켰다고 하는데, 이에 대하여 김영일은 신규식이 (자기 혼자만의 공로를 삼기 위하여) 팡촨에게 다른 한국인은 상대하지 말라고 했다며 비난하고 있다. 「金永一이 安昌浩에게 보낸 편지」(1913. 9. 9),『安昌浩資料集』, 178~179쪽 참조.

36 『지산외유일지』, 72~76쪽; 文一平, 「나의 반생」, 498쪽 참조.

해 온 이후에도 상하이에 거주하고 있던 '조선인유지朝鮮人有志'들의 이름으로 상하이 토원군 총사령이던 천치메이를 지지 격려하는 글을 보냈다고 한 것으로[37] 본다면, 당시 한인 망명자들의 전체적인 분위기는 그래도 토원운동에 대한 지지 입장이었음을 부인할 수는 없겠다.

Ⅲ. 쑨원·혁명파 인사들과의 교류

1. 쑨원·황싱과의 관계

우창기의가 일어났을 당시 미국에 머물고 있던 쑨원이 유럽, 홍콩을 거쳐 상하이에 도착, 귀국한 것은 우창기의 발발 후 두 달 반이 지난 1911년 12월 25일이었다.[38] 앞에서 밝힌 대로 신규식 일행이 상하이에 도착한 것이 12월 20일경이었고 이어서 난징으로 간 것이 1912년 1월 초였으니 얼마간의 시차는 있겠으나 말하자면 이들의 난징행은 쑨원의 난징행과 임시대총통 취임에 맞추어 이루어진 것으로 볼 수도 있다. 따라서 이들에게 있어서 쑨원과의 면담은, 우창기의에 대한 한국인들의 지지를 표현하려고 할 경우 가장 좋은 방안으로 모색되었을 것이다.

그러나 난징을 방문한 신규식 일행이 곧바로 쑨원을 만나기는 어려웠던 모양이다. 조성환이 안창호에게 보낸 보고 편지에 의하면, 전술한 대로 임시정부 측의 중요인물을 만나 수백 위엔을 기부하고 '한국 민족

---

37 이 글은 정인보가 썼다고 하나 그 내용을 알 수는 없다. 문일평, 「나의 반생」, 498쪽 참조.

38 『孫中山年譜長編』, 595쪽; 쑨원의 귀국 전후의 사정에 대해서는 Michael Vincent Metallo, *The United States and Sun Yat-sen, 1911-1925* (New York University Ph. D. Thesis, 1974), p. 23을 참조할 것.

의 정신을 담은 (우창기의의 성공을 지지하는) 글'을 써서 황싱에게 보냈다고만 했다. 이때 황싱에게 보낸 글의 내용이 무엇인지 분명하게 확인하기는 어렵다. 그러나 신규식의 한시 문집 가운데 1912년 초에 쓴 것으로 보이는, 황싱과 쑨원에게 바치는 형식의 한시가 5수 들어 있는 것으로 본다면 이 한시들이 당시 써서 보냈다는 글이 아닌가 하는 추측을 해 볼 수도 있겠다.

이 한시들의 내용은 한마디로 새 공화국의 성립과 새 세상의 도래를 축하하며 쑨원, 황싱 두 인물의 활약과 공덕을 기리는 것으로 되어 있었다.[39] 이에 대하여 황싱은 '한국인들(의 독립요구)을 영원히 돕고 속히 성공케 하여 자유 복락을 함께 누리자'고 하여 신규식 등의 기대보다 더욱 우호적이고 정성스러운 환영과 지지를 표하였다고 한다. 황싱의 이 서면 답장을 보고 신규식 등이 다시 편지로 작별을 고하고 면담을 요청하지는 않았다고 하였으니[40] 1912년 초 난징을 처음 방문했을 당시 신규식, 조성환 등과 쑨원, 황싱과의 교류는 이러한 서면을 통한 간접적인 형태로 이루어졌음을 알 수 있겠다.

신규식 등이 쑨원을 직접 대면한 것은 그로부터 2달여 뒤인 1912년 4월 중순, 상하이에서였다. 후술하듯이 상하이에서 신규식은 다이지타오戴季陶가 중심적인 역할을 하고 있던 『민권보』사와 밀접한 관계를 맺게 되었는데, 그 『민권보』의 1912년 4월 18일자에 필자를 '한인 아무개

---

39 예컨대 쑨원에게 바친 시에서는 "공화의 새 세월이여, 옛 천하를 새로 열었구나, 사해(四海)의 뭍 백성들이 즐거워하니, 중산(中山) 선생이여 만세 동안 존귀하소서(共和新日月, 重闢舊乾坤, 四海群生樂, 中山萬歲尊)"라고 하고 있고 황싱에게 바친 시에서는 "산하(山河)가 다시 만들어지고, 일월이 다시 새로워졌구나, 공을 이루고도 공을 취하지 아니하니, 천추에 한 분 위인이시라(山河逢再造, 日月見重新, 成功功不取, 千秋一偉人)"라고 쓰고 있다. 『兒目淚』, 26~27쪽 참조.

40 「曺成煥이 安昌浩에게 보낸 편지」(1912. 2~3월로 추정), 『安昌浩資料集』, 83~84쪽 참조.

呇韓人□□撰'이라고만 밝힌 투고 형식의 쑨원 면담기(「拜謁孫中山記」)가 실려 있는 바 그 내용이나 전후 사정으로 보아서 이것이 한인 예관睨觀, 즉 신규식의 글이었다고 생각되기 때문이다.[41] 이 쑨원 면담기의 전체적인 내용을 소개해 보면 다음과 같다.

"쑨원 선생이 상하이로 돌아왔다가 다시 광둥으로 간다는 소식을 듣고 만나기를 갈망하여 어제저녁 회중여관匯中旅館에 갔다가 마침 선생과 후한민胡漢民이 밖에서 돌아오는 것을 마주쳤다. 후한민의 소개로 선생을 뵈었는데 후한민의 간절한 청에 의하여 함께 승강기를 타고 선생의 방으로 가게 되었다. (쑨원) 선생이 앉으라고 했으나 나는 일어선 채로 먼저 '중화민국만세, 아세아의 첫 번째 대총통 만세'를 외쳤다. 선생은 공사公事가 바쁜 가운데에도 내게 부드럽게 말씀을 해주시니 영광이 더 할 수 없었다. … (선생이 이렇게 하신 것은) 어찌 나 같은 일개 망국민에 대한 사사로운 입장이겠는가. (그것이 아니라) 동포에 대한 박애의 지극한 뜻과 이웃나라가 망한 것에 대한 애통함에서 나온 것일 것이다. 나는 선생의 세상을 구하고 백성을 구하는[救世救民] 위대한 업적[偉業]을 칭송한다."[42]

이 면담기에서 나타나고 있는 쑨원에 대한 신규식의 태도는, 만나자마자 면전에서 만세를 불렀다는 점으로 보아서 평소에 쑨원에 대한 존경과 흠모가 매우 컸으며 '아세아의 첫 번째 대총통'에서 보이는 것처럼 중국 공화혁명의 성공에 대한 평가 또한 흠모 이상의 것이었음을 짐작케 한다. 특히 신규식 일행이 나라 잃은 망명객이었다는 사실을 감안한다면 존경 이상의 부러움을 품고 있었다는 것을 짐작할 수 있다.

---

41 신규식과 『민권보』, 다이지타오와의 관계에 대해서는 아래에서 상론할 것이다.

42 「拜謁孫中山記」, 『民權報』 1912. 4. 18, p. 11 참조.

그러나 신규식이 자신에 대한 쑨원의 친절한 태도를 '동포'에 대한 박애로 보고 있다거나 만나자마자 (황제 알현을 생각나게 만드는) "만세"를 불렀다는 대목은, 비록 이 면담기가 중국 신문에 실린 것이라는 점을 감안하더라도 지나친 점이 없지 않다. 이뿐만 아니라 중국혁명 내지 혁명파 인사들에 대한 지나친 흠모와 기대는 신규식과 함께 상하이·난징을 방문했던 조성환에게서도 마찬가지로 확인되고 있다. 즉 조성환은 중국 혁명지도자들의 환대를 말하면서 그들이 '우리 모두 황제의 자손[同是黃帝子孫]'이라고 말했음을 거의 아무런 거부감 없이 말하고 있었던 것이다.[43]

신규식과 조성환의 중국 내지 중국혁명에 대한 지나칠 정도의 호의적 입장이나 환상적인 기대는, 뒤에 다른 독립운동가들로부터 비판의 대상이 되고 있었음을 볼 수 있다. 예컨대 신규식은 그의 일생에서 마지막이자 가장 중요한 활동이었던, 임시정부 대표로서 1920년 광저우 호법정부를 방문하고 상하이로 돌아온 얼마 뒤 신경쇠약이 악화되어 죽게 되는데, 그의 사후 그의 저서인『한국혼』에 서문을 썼던 당대 중국 최고의 언론인인 국문통신사國聞通訊社 사장 후정즈胡政之가 "신규식이 광저우에서 돌아온 후 나와 만났을 때 신규식 자신이 중국에 대한 희망이 지나쳐서 도리어 본국(한국) 사람들의 불만을 사게 되었다는 말을 했다"고 쓰고 있었던 것이다.[44] 당시 본국 사람들의 신규식에 대한 비판을 구체적으로 확인할 수 없으나, 중국에 대한 희망이 지나쳤기 때문이라는 설명으로 보아서 비판적인 관점에서 볼 경우 중국과 중국혁명에 대한 신규식과 조성환의 이러한 태도가 지나치게 중국 의존적인 혹은 사대주

43『安昌浩資料集』, 84쪽 참조.

44 앞의『한국의 얼』, 4쪽 참조.

의적인 것으로 비추어졌을 가능성도 없지 않다고 생각된다.

한편으로 이 면담기에서 한국 혹은 한국독립에 대한 쑨원의 입장을 확인하기는 어렵다. 추측컨대 이는 그럴 만큼 충분한 시간을 가지고 만난 것이 아니었고 예정에도 없이 잠시 만난 것이었기 때문에 구체적인 이야기가 오고 갈 수 없었던 것이 아닌가 하는 생각이 든다. 다만 비슷한 시기에 쑨원이 베트남의 민족운동 지도자인 판 보이 쩌우潘佩珠를 면담하면서 베트남의 독립운동에 대한 지원을 약속하였고 그 후에 판 보이 쩌우는 황싱, 천치메이 등과의 협의를 거쳐 일부 군사비의 지원을 얻었다고 한 것으로[45] 본다면, 한국의 독립운동에 대한 쑨원의 입장도 비슷한 것이 아니었을까 하는 짐작은 해 볼 수 있다.

여하튼 이 면담 이후 신규식 등과 쑨원의 관계는 더 밀접해진 것으로 보인다. 그것은 그로부터 몇 달 뒤인 1912년 8월 초, 베이징 경찰청에서 8명의 한인을 체포하여 톈진天津 주재 일본 영사관에 넘겨주는 사건이 일어나자 신규식이 나서서 이들의 구명운동을 벌이는 과정에서도 나타나고 있다. 당시 톈진 주재 일본 영사가 베이징 경찰청에 이들 한인의 체포를 요구한 것은 이들이 러시아를 방문하고 돌아가던 일본 수상 가쓰라 다로桂太郎를 암살하려는 음모와 관련이 있다는 이유에서였다.[46] 특히 이들 한인 가운데에 조성환이 포함되어 있었기 때문에 신규식은 중국 내에서 이들이 석방될 수 있도록 백방의 노력을 기울였는데 그것은 주로 여론에 호소하는 방법과 난징이나 상하이 쪽의 남방혁명파 인사들을 통한 정치적 압력을 행사하는 것을 통해서였다.[47]

---

45 陳錫祺 主編, 『孫中山年譜長編』 上册, 北京, 1991, pp. 668~669; 王耿雄, 『孫中山史事詳錄(1911-1913)』, 天津, 1986, pp. 206~207 참조.

46 漢遺, 「哀韓人」, 『民權報』 1912. 8. 10, p. 2 참조.

47 「移寓金陵聞晴簑及諸學生均解往漢城監獄」, 『兒目淚』, 42쪽.

예컨대『민권보』에서는 연이틀에 걸쳐 상당한 비중의 논설을 싣고 주로 이 사건이 중국의 법률적 주권(법권)을 침해하는 일이며 국제법상으로도 있을 수 없는 일이기 때문에 용납될 수 없다는 주장을 하고 있는데,[48] 이러한『민권보』의 주장은 신규식의 요청과 무관하지 않았을 것으로 생각되는 것이다. 또 신규식은 자유당自由黨과 쑨원, 황싱黃興 등을 통하여 중앙 곧 베이징정부 측에 강력하게 항의하도록 요청하였는데, 당시 위안스카이의 요청을 받아들여 북상北上을 준비하고 있던 쑨원과 황싱은 신규식의 이러한 요청에 대하여 따뜻하고 정성스럽게 대해 주었다는 것이다.[49]

비록 이들을 석방시키려는 노력은 성공하지 못하여 결국 조성환 등은 서울로 압송되고 말았고, 또 이 일로 인하여 신규식은 중국혁명에 대한 커다란 좌절감을 맛보기도 하지만,[50] 이 사건을 계기로 하여 신규식 등의 한인 망명자들과 쑨원이나 황싱과의 더욱 밀접해진 관계를 확인해 볼 수 있다.

2. 언론계·정치단체와의 교류

한편으로 신규식 등 한인들은 쑨원과 황싱 이외에 어떠한 인물들과 어떠한 교류를 했는가? 이에 대해서는 이 시기 난징과 상하이에서의 신

48 漢遺,「哀韓人」,『民權報』1912. 8. 10, p. 2; 天仇,「捕獲韓人事件與國際法」,『民權報』1912. 8. 11, p. 2 참조. 그로부터 석 달 뒤『민립보』에 실린 한 한인의 글에서는 가쓰라 다로 암살음모는 일제가 완전히 날조한 것이라고 주장하고 있었다.「來論: 一韓人之言」,『民立報』, 1912. 11. 13, p. 2 참조.

49「移寓金陵聞晴簑及諸學生均解往漢城監獄」,『兒目淚』, 42쪽.

50 당시 신규식은 "오늘날 공법은 어디에 있고 공리는 어디에 있느냐(公法今何在, 公理今何在)"고 개탄하고 있었다. 앞의 같은 글「移寓金陵聞晴簑及諸學生均解往漢城監獄」참조.

규식 등의 활동을 통해서 이들의 교류 범위를 대충 짐작해 볼 수 있다. 신규식 일행이 난징을 거쳐 다시 상하이로 온 것은 아마도 1912년 2월 초경이었을 것으로 짐작되는데 훗날 신규식 자신은 이때 처음 사귄 인물로 혁명파 신문인 『민립보民立報』의 기자로 있던 쉬시에얼徐血兒을[51] 들고 있다. 또 당시 창간 준비 중이었을 자유당의 기관지 『민권보』에도 관여하고 있어서[52] 이를 통하여 특히 『민권보』의 중심인물이던 다이지타오와도 가까워졌던 것으로 생각된다.

특히 『민권보』 창간(1912년 3월 28일) 직후에 신규식이 다이지타오에게 바치는 한시를 한 수 써서 보내자 다이지타오가 이것에 해설을 붙여 『민권보』에 실은 것은 이들 간의 밀접한 관계를 보여 주고 있다. 이 한시에서 신규식은 자신의 신세를 "저무는 날에 백조를 한스럽게 바라보는" 것으로 비유하면서 자신의 "앞날이 천파만학千波萬壑과 같다"고 한탄하고 있는데, 이에 대하여 다이지타오는 "이 시의 필자는 나라가 망하고 집안이 깨져버린 삼한三韓의 지사로 중국에 건너와서 나랏일(독립 도모)로 분주한 사람인데 그 시를 읽어보면 모두가 눈물만 흐른다"라고 한 다음 "삼한의 전철을 이을 자는 머지않아 우리가 될 것이라"고 개탄하

51 신규식은 쉬시에얼(徐血兒)이 "신해년에 고도(古都, 곧 난징)에서부터 상하이로 건너와서 그 이튿날 처음 사귄 인물이었다(血兒者, 余往在辛亥之年, 由古都遁身渡海上, 翌日訂交之第一人也)"라고 쓰고 있다. (「悼故友血兒君」, 『兒目淚』, 58쪽 참조) 따라서 그가 쉬시에얼을 만난 것은 처음 상하이에 도착했던 시기(1911년 12월 20일경)가 아니라 난징에서 다시 상하이로 온 직후라고 해야 할 것이다. 그런데 그것이 신해년이었다고 했으므로 임자(壬子)년 정월 초하루인 양력 1912년 2월 18일 이전인 2월 초 무렵이었을 것이다.

52 조성환도 『민권보』가 곧 창간된다는 소식을 안창호에게 전하고 있었다. (『安昌浩資料集』, 84쪽 참조) 또 신규식이 『민권보』의 창간자금으로 망명 시 한국에서 가지고 갔던 1만여 위엔의 거금을 냈다는 주장이 있지만(『南坡朴贊翊傳記』, 137쪽 참조) 액면 그대로 받아들이기에는 무리가 있다. 다만 난징임시정부 측에 수백 위엔의 군자금을 기부한 것과 같은 정도의 희사를 하였을 가능성은 없지 않다.

였다.[53]

아마도 이러한 두 사람의 관계로 인하여, 뒤에 신규식은 『민권보』사에 경리로 취직하였고[54] 그 후 민권보사가 상하이 한인 유학생들의 연락처가 되었던 것으로[55] 보이는데, 이러한 사실들로 미루어서 신규식과 다이지타오와의 관계가 매우 밀접한 것이었음을 짐작할 수 있다. 요컨대 신규식은 쉬시에얼과 다이지타오로 대표되는 상하이의 언론계 인물들과 매우 가까운 관계였음을 확인할 수가 있는데, 이는 언론을 통하여 한국독립에의 지지를 얻어내려는 의도에서 나온 것이었다고 생각된다.

다음으로 당시 상하이 지역의 대표적인 혁명파 지도자였던 천치메이나 쑹자오런宋教仁과의 교류도 확인되고 있다. 신규식이 천치메이를 만난 것도 상하이로 와서 활동하기 시작하던 1912년 2월 초 무렵부터였는데, 천치메이는 특히 한국뿐만 아니라 베트남과 인도 등 식민지가 된 아시아의 약소민족들에 대하여 커다란 관심을 나타내고 있어서 이들 약소민족들의 독립운동에 대한 실제적인 원조에 앞장선 것으로 알려져 있다.[56] 신규식의 경우에도 천치메이로부터 여러 가지 지원을 받았다고 하지만[57] 그 실제적인 상황을 구체적으로 확인할 만한 충분한 증거는 아

53 睨觀, 「贈天仇」, 『民權報』 1912. 4. 10, p. 11 참조. 이 시는 『兒目淚』, 41쪽에도 들어 있다.

54 「金永一이 安昌浩에게 보낸 편지」(1913. 9. 9), 『安昌浩資料集』, 178쪽 참조.

55 예컨대 1913년 1월에 간도로부터 상하이로 온 정원택의 경우, 간도의 박찬익 등으로부터 신규식에게 보내는 소개서를 가지고 상하이에 도착한 직후 곧바로 민권보사를 찾아가 한인 유학생들을 만나고 이어서 신규식과 연락이 되었다고 하였다. 『志山外遊日誌』, 63~64쪽 참조.

56 천치메이의 조카인 천궈푸(陳果夫)의 회고에 의하면, 천치메이는 1912년 말 위안스카이로부터 회유자금으로 받은 4만 위엔 가운데 8천 위엔가량을 한국, 베트남, 인도의 혁명당인들을 도와주고 중국에 와 있던 한인 유학생들의 학비를 보조하는 데 사용하였다고 한다. 陳果夫, 「陳英士先生之革命事蹟」, 『陳果夫先生政治思想遺著選輯』, 臺北(陳果夫先生獎學基金管理委員會), 1972, p. 18.

57 천치메이는 신규식에게, 한국독립을 선전할 만한 역사책이나 전기물, 잡지를 발간하도록

직 없다.

쑹자오런과의 밀접한 교류에 대해서는 1913년 3월 20일 쑹자오런이 암살당한 직후 치러진 장례에 많은 한인들이 참여했던 점으로도 짐작이 된다. 특히 신규식은 자신이 쓴 만장輓章을 들고 참석하여 눈길을 끌었으며[58] 그 얼마 뒤인 5월 초에 난징에서 열린 쑹자오런 추도회에도 한인 학생들이 단체로 참석하고 있었던[59] 것이다.

한편으로 신규식 등은 1912년 2월 초 상하이로 온 직후 상하이에서 만들어지고 있던 자유당이라는 정당에도 관여하고 있었다.[60] 자유당은 리화이솽李懷霜, 저우하오周浩, 다이지타오 등을 중심으로 하여 '자유와 행복을 보호하고 공화의 장애를 일소한다'는 것을 목표[宗旨]로 1912년 2월 3일 상하이에서 성립된 급진적 정당이었는데,[61] 신규식 등이 여기에 가입한 뒤 자유당은 난징이나 상하이의 한인들에게 가장 중요한 활동거점의 하나가 되었던 것 같다. 예컨대 1913년 3월 난징 지역에서는 자유당 본부에 강습소를 만들고 자유당 측 인사의 도움으로 한인 학생들이 중국어를 배우며 대학 입학을 준비하고 있었고,[62] 전술한 바대로 1913년 8월에 베이징 톈진 지역의 한인들이 톈진의 일본 공사관에

인쇄기계들을 대여해 주겠다는 제의를 한 적이 있고(「碧浪湖畔恨人談」, 『兒目淚』, 60쪽 참조. 이 글은 천치메이가 피살된 지 일 년 뒤인 1917년 5월 18일, 천치메이의 묘소가 있는 우싱성(吳興城) 밖의 벽랑호반(碧浪湖畔)을 찾은 신규식이 천치메이를 추모하여 지은 것이다) 뒤에 신규식의 사위가 된 민필호의 주장에 따르면 신규식이 경제적으로 어려움에 처해 있을 때 천치메이가 금전적인 도움을 준 적도 있다고 한다.(閔弼鎬, 「申公逸話二三事」, 金俊燁 編, 『石麟閔弼鎬傳』, 나남, 1995, 333~334쪽 참조.)

58 「湖南會館之悲風」, 『民立報』 1913. 3. 24; 徐天復(徐血兒), 「漁父先生被害後十日記」, 徐天復 等著, 『宋漁父』, 上海, 1924 (『中國學術叢書』 第3編, 84卷), p. 11 참조.

59 『志山外遊日誌』, 70쪽 참조.

60 「曺成煥이 安昌浩에게 보낸 편지(1912. 2. 20)」, 『安昌浩資料集』, 76쪽 참조.

61 민두기, 『신해혁명사』, 18쪽의 주 4; 『辛亥革命辭典』, p. 142 참조.

62 『志山外遊日誌』, 66쪽 참조.

체포되는 사건이 일어났을 때도 신규식은 자유당을 통하여 중앙(베이징)에 석방운동을 하고 있었음을 볼 수 있다.

그런 한편으로 신규식 등이 상하이·난징 지역의 정치단체나 인물 가운데 혁명파와는 거리가 있는 입헌파나 심지어는 친위안스카이의 입장이었던 쪽과도 관계가 있었음에 주목할 필요가 있다. 예컨대 신규식 등은 공화헌정회共和憲政會라는 정치단체에도 가입했다고 하는데,[63] 공화헌정회는 청말의 입헌단체인 헌정예비회憲政豫備會가 개편된 것으로 리핑슈李平書, 쩡윈공鄭允恭, 우팅팡伍廷芳 등을 중심으로 1911년 12월 말 상하이에서 성립된, 헌법제정을 통한 공화체제의 확립을 정강으로 하는 비교적 온건한 정치단체였던 것이다.[64]

또 전술한 바처럼 신규식이 문일평에게 친위안스카이의 입장을 내걸고 있던 『대공화일보大共和日報』사에 일자리를 소개한 적이 있었다. 이런 까닭에 조성환은, 난징정부 측 인사들이 자신들이 베이징 쪽에서 왔다는 사실, 그래서 위안스카이 등과 같은 군벌들과 교류하던 사람이라는 사실을 알면서도 홀대하지 않고 극진하게 대접해주는 것에 감동하였다는 말까지[65] 했던 것이다.

신규식 등이 당시 상하이·난징 지역에서 활동하고 있던 이러한 여러 정치인사나 정치단체와 교류하면서 얻은 중국 측 인사들의 반응은 "한

63 『安昌浩資料集』, 76쪽 참조.

64 「共和憲政會之擴張」, 『民立報』, 1912. 2. 29, 12쪽; 『辛亥革命辭典』, p. 57 참조.

65 조성환은 난징 측 인사들과 만난 뒤 안창호에게 보낸 보고 편지에서 '제가 베이징에 있은 지[在北] 삼 년인 데다 위안스카이가 우리나라에 대하여 특별한 감정이 있는 것은 사람들이 모두 아는 바라. 그런데 북방에서 왔으므로 저 스스로의 생각으로도 결격되는 점이 없지 않은데 (난징 측) 당국자의 (생각이) 어떠할 것도 짐작할 바라. 그러나 저희를 대우하는데 별로 구별하는 기색[辭色]이 보이지 아니하니 진정으로 대접함은 이에 가지(可知)오'라고 하여 스스로 위안스카이와 더 가까웠음을 고백하는 투의 자격지심을 내비치고 있었다. 『安昌浩資料集』, 81쪽 참조.

결같이 환영함은 물론이요, 자기 동지와 같은 전폭적인 신뢰를 표하는 것"이었다고 한다. 더 나아가서 이들 중국 측 인사들은 "(중한 양국은) 영원히 고락[休戚]을 같이 할 관계이니 중국 내 각 지방에 한인 단체를 만들고 또 각 지방에 와 있는 한인 동지들과 급히 연락하여 서로 보호하고 돕자"는[66] 적극적인 제안까지 하고 있었다는 점도 주목해야 할 것이다.

이러한 제안에 대하여 신규식 등은 상하이·난징 지역에 '연락기관'을 세우기 위한 시도를 곧바로 하고 있었으니[67] 이런 사실은 뒤에서 언급할 동제사나 신아동제사의 창립과 상당한 관련이 있다고 보이고, 그런 점에서 한중 양 국민 사이의 정치적 연대(한중연대)를 모색하는 하나의 출발점이 되었다고 생각되기 때문이다.

요컨대 이 시기에 신규식 등의 중국인들과의 교류는 기본적으로는 쑨원과 황싱, 다이지타오, 쑹자오런, 천치메이 등 혁명파의 주요 지도자들에게 맞추어져 있었던 것이라고 하겠으나 그런 한편으로 다양한 성격을 가진 신문사와 정당, 정치단체들을 중심으로 비교적 폭넓게 이루어지고 있었다고 할 수 있으니 그 가운데에는 입헌파 쪽의 인물이나 심지어 친위안스카이의 입장에 서 있던 인물들도 포함되어 있었다. 당시 한인들의 이러한 입장은 기본적으로는 중국혁명의 성공 곧 공화혁명의 성공을 바라고 그것을 통하여 한국의 독립 내지는 한국혁명에 대한 원조를 얻어내려는 의도와 관련되어 나온 것이지만, 그러면서도 중국혁명운동에 대한 실망과 좌절을 체험하면서 그러한 비관적인 상황 속에서도 계속하여 한국의 독립을 도모해야만 하는 현실적 요구와 그로 인한 고

66 『安昌浩資料集』, 84쪽 참조.

67 「曺成煥이 安昌浩에게 보낸 편지」, 『安昌浩資料集』, 84쪽 참조. 1912년 2월이나 3월에 상하이나 난징에서 쓴 것으로 보이는 이 편지에서 조성환은 '2주 이상 이곳에 더 머물며 연락기관이 확실하게 성립되거든 신(규식)형은 아예 이곳에 있고 저는 北京으로 가서 추후 형편을 따라 활동하고자 한다'고 하고 있다.

뇌가 반영된 결과였다고 할 것이다.

3. 동제사·신아동제사의 조직과 성격

사위 민필호가 쓴 장인 신규식의 전기에는, 신규식이 중국 망명 후 점증하고 있던 한인들을 규합하여 동제사라는 독립운동 단체를 조직하였는데 그 회원이 많을 때는 300여 명에 달했다고 하며, 그 중심인물로 박은식, 김규식, 신채호申采浩, 문일평, 박찬익朴贊翊, 신건식申健植 등 15명을 들고 있다. 또 이와는 별개로 한국과 중국 양측의 혁명지사들을 연결하고 우의를 증진시키기 위하여 신아동제사라는 조직을 만들었고, 여기에는 당시 국민당(혁명파)의 주요 인사들이 대거 참여하고 있었으니, 쑹자오런, 천치메이, 후한민, 다이지타오, 랴오중카이廖仲愷, 쩌우루鄒魯, 쉬첸徐謙, 장지張繼 등이 여기에 속한다고 하여[68] 동제사와 신아동제사가 이 시기 한인 독립운동의 핵심조직이었음을 말하고 있다.

민필호의 이러한 언급을 바탕으로, 그간에 특히 한국독립운동사 연구자들에 의한 동제사와 신아동제사에 대한 연구들이 진행되어 왔고 그 결과로 이 시기 상하이 지역 한인 독립운동의 중심세력이 동제사와 신아동제사의 두 단체였으며, 또 이 두 단체 중심의 독립운동이 나중에 신한청년당新韓青年黨의 결성에 영향을 미치고 나아가서는 상하이에 임

68 동제사의 중심인물로는 이외에 정환범(鄭桓範), 김용준(金容俊), 민충식(閔忠植), 윤보선(尹潽善), 이찬영(李贊永), 이광(李光), 신석우(申錫雨), 변영만(卞榮晩), 민필호를, 그리고 신아동제사에 참여한 중국 측 주요 인사로는 그 밖에 취잉광(屈映光), 우테청(吳鐵城), 인루리(殷汝驪), 장지완(張季鸞), 후린(胡霖), 바이원웨이(柏文蔚), 뤼톈민(呂天民), 탕샤오이(唐紹儀), 탕루위엔(唐露園), 황지에민(黃介民), 양춘스(楊春時), 천궈푸(陳果夫), 장징장(張靜江)을 들고 있다. 閔弼鎬,「申圭植先生傳記」, 앞에 나온『石麟閔弼鎬傳』, 301~302쪽 참조.

시정부가 수립되는 기초를 마련하는 등 매우 중요한 역할을 했다는 평가를 받고 있다.[69]

그러나 실제의 자료들에서 동제사나 신아동제사의 조직과 활동상, 참여인물들을 구체적으로 밝혀내는 것은 그리 쉽지 않다. 먼저 동제사의 경우, 앞에서 언급했던 정원택의 일지기록에 1913년 음력 5월 20일에 난징에서 동제사 창립 1주년 기념식을 거행했다고 한 것을[70] 가지고 본다면 그보다 일 년 전인 1912년 음력 5월 20일, 즉 양력 7월 4일에 창립된 것을 확인할 수 있다.[71] 신규식 일행이 난징과 상하이를 중심으로 본격적인 활동을 전개하기 시작한 것이 전술한 대로 1912년 2월 초였던 것에 비추어 본다면, 동제사의 창립 시기는 그 후 5개월 정도의 시간이 경과한 시점이 된다.

이 시기에 상하이나 난징 지역에 와있던 한인들의 숫자는 정확하지 않지만, 1910년 4월에 상하이 일본 영사관에 보고된 상하이 주재 한인들의 숫자가 50명 정도였고 그보다 몇 년 뒤인 1913년 8월경에 상하이 지역에 거주하고 있던 한인들이 70여 명이었다는 기록이 있는[72] 점으로 보아서 1912, 13년 시기의 한인의 숫자는 대체로 100여 명 안쪽이 아니었을까 추측된다. 여기에다 1913년 9월에 신규식 등이 상하이 바오창루寶昌路에 집을 마련하여 20여 명의 학생들과 같이 기숙하면서 동제사라는 이름을 내걸었다는[73] 보고가 있었던 것으로 본다면, 동제사가 창립되던 시기의 회원 수는 10명 정도의 소수였을 것으로 짐작된다.[74]

---

69 김희곤, 『中國關內韓國獨立運動團體研究』, 69~71쪽 참조.

70 『志山外遊日誌』, 72쪽 참조.

71 김희곤, 앞의 책, 42쪽.

72 「金永一이 安昌浩에게 보낸 편지」(1913. 8. 11), 『安昌浩資料集』, 169쪽 참조.

73 「金永一이 安昌浩에게 보낸 편지」(1913. 9. 9), 『安昌浩資料集』, 177쪽 참조.

74 또 민필호가 동제사의 주요 인물들로 거론하고 있는 사람들의 상당수가 창립시기인 1912

동제사의 설립목적에 대해서도 확실한 자료가 없어서 단정할 수는 없지만, 동제사의 '동제同濟'가 '동주공제同舟共濟'에서 나온 것이라는 명칭의 의미만을[75] 가지고 말한다면, 단순한 상호부조의 조직에서 출발했을 가능성도 없지 않다. 실제로 정원택의 일지에 나타나는, 당시 신규식을 중심으로 하는 한인 유학생들의 생활상은 상하이와 난징 지역의 유학생들이 함께 집을 얻어 기숙하면서 생활비도 절약하고 또 같이 중국어도 익히며 여러 가지 정보도 나누는 등, 일종의 공동생활 형태를 띠고 있었다.

예컨대 1913년 2월에서 7월까지의 시기에 난징에서는 자유당사自由黨舍의 안집에 박은식, 신상무申相武, 신성모申性模, 이찬영李瓚榮, 이병진李秉鎭, 김열金烈, 정원택, 김덕진金德鎭, 김필한金弼漢, 김정기金正琪, 신건식申楗植, 홍명희洪命喜, 정인보鄭寅普 등 십수 명의 한인들이 함께 살면서 자유당 총무로 있던 류징劉靖으로부터 중국어를 배우는 등 대학 입학을 위한 준비를 하고 있었고[76] 신규식, 박은식, 김규식 등 일부 연장자들은 이들 한인 학생들을 돌보는 일을 하고 있었다.[77] 또 비슷한 시기 상하이에서도 바오창루에 공동숙소를 마련하고 20여 명의 학생들이 함께 기숙하고 있어서 이것이 한인들에게 알려져 있었고 상하이

년 7월 이후에 상하이·난징 지역으로 왔다는 점도 고려되어야 한다. 주요 인물들의 망명 시기에 대해서는 김희곤, 앞의 책, 45~46쪽을 참조하되, 이들 대부분이 만주 지역이나 화베이(華北, 곧 베이징) 지역으로 망명해왔다가 1~2년 뒤에 가서 상하이·난징 지역으로 옮겨 왔음에 주의할 필요가 있다.

75 '동주공제(同舟共濟)'는 당시 '상호부조' 정도의 의미로 흔하게 쓰이고 있던 말이다. 일례로 천치메이는 1915년 봄에 일본인 야마다 준자부로(山田純三郎)에게 '동주공제'라는 글씨를 써 주었다. 앞의 『民國陳英士先生其美年譜』, p. 18 참조.

76 7월 말에 가서 신가항(申家港)의 리훙장(李鴻章)의 옛집으로 이사했다가 곧이어 토원전쟁이 일어나자 다시 상하이로 옮겨 갔다. 이상, 『志山外遊日誌』, 65~75쪽 참조.

77 신규식, 김규식, 박은식 등은 당시 거의 정기적으로 난징과 상하이를 오가며 한인 학생들의 지도를 맡았던 것 같다. 『志山外遊日誌』, 64~103쪽의 이곳저곳 참조.

주재 일본 영사관이나 일본 경찰 측의 정탐대상이 되기도 하였다.[78]

그러던 것이 1913년 11월 중순에는 신규식이 상하이 프랑스 조계 지역의 밍더리明德里로 이주하면서 그곳에도 일단의 학생들이 집단으로 거주하고 있었던 것으로 보이고[79] 일종의 한인학교로 뒤이어 만들어졌던 박달학원博達學院도 이런 이유로 해서 밍더리 신규식의 집에서 열리게 되었던 것이다.[80] 말하자면 당시 난징과 상하이 지역에서는 신규식의 주도와 박은식, 김규식 등의 협력 아래 한인 유학생들의 공동생활이 이루어지고 있었고 그것이 동제사라는 이름을 걸고 있었던 것이 아닌가 추측되는 것이다.

그렇다고 해서 동제사의 독립운동 단체로서의 성격이 없었다거나 적었다고 주장할 수는 없다. 그것은 앞에서도 이미 지적한 대로, 이들 한인 망명자들의 대부분이 중국 망명을 결정하는 단계에서부터 조국의 광복에 대한 가능성을 중국의 혁명에서부터 찾으려는 의도가 있었다는 그 한 가지 사실로만 본다고 하더라도, 동제사의 궁극적인 목표가 한국독립의 도모였을 것은 쉽게 짐작 가는 일이기 때문이다. 또 당시의 여러 가지 정황으로 보아서 난징이나 상하이 지역에서 실제로 가능했을 법한 '독립운동'이라는 것이 망명한 한인 청년들을 돌보고 유학을 알선하며 장차 해외에서의 독립운동의 기반을 만드는 일이었을 것임을 생각한다면, 앞에서 말한 한인 망명자들끼리의 상부상조와 상호 연락망 구축, 그리고 이를 위한 단체 조직 그 자체가 가장 중요한 '독립운동'이었을 것이다.

---

78 『志山外遊日誌』, 78, 81쪽 참조.

79 『志山外遊日誌』, 81쪽 이하의 여러 곳과 특히 86쪽 참조.

80 1914년 1월 12일에 문을 연 박달학원은 당시 상하이에 와 있던 수십 명의 한인 학생들이 중국의 대학이나 유럽, 미국으로의 유학 준비를 위하여 1년 반 과정으로 만들어졌다. 『志山外遊日誌』, 83쪽.

이런 점에서 동제사가 표면적으로 한인 학생들의 상부상조를 내걸고 있었다고 하더라도 다수 한인 학생들의 집단적인 거주 자체가 일본 영사관 측의 주목을 받기에 족했던 것이다.[81] 또 동제사를 중심으로 하는 상하이·난징 지역의 한인 망명자들의 활동 가운데 한국이나 해외 다른 지역 독립운동세력과의 연계 노력이 자주 보이고 있었으니[82] 이것도 망국 직후 해외에서의 독립운동 기반을 마련하는 일에 매달려야 했던 당시의 한인 망명자들에게는 가장 중요한 '독립운동'이 되었을 것이다.[83]

다음으로 민필호가 말하고 있는 신아동제사의 실체를 밝히는 일인데, 사실 신아동제사에 관한 직접적인 자료는 거의 없다고 해야 할 형편이다. 보다 정확하게 말한다면 지금까지 신아동제사의 존재나 주요 참여 인물에 대한 자료는 앞에서 언급한 민필호의 신규식에 관한 전기뿐이다. 일부 중국 측 인사들의 회고에서 신아동제사와 관련한 언급이 있다고 하는 것도 따지고 보면 신아동제사에 직접 참여했던 인물의 것이 아니라 그로부터 전해 들었다거나 혹은 민필호의 회고에 근거한 주장인 것이다.

81 1912년 8월에 조성환 등이 베이징에서 체포되는 사건이 일어나자 신규식 등은 난징에서 "열흘 동안 일곱 번이나 이사를 하다가(十天七易所)" 천치메이의 권유로 상하이 조계 지역으로 피신하였다고 하였다. 「移寓金陵聞晴簑及諸學生均解往漢城監獄」, 『兒目淚』, 42쪽 참조. 또 『志山外遊日誌』, 78쪽과 103쪽에는 일본 정탐을 피하여 급하게 숙소를 옮기거나 흩어져 살게 되었던 사정을 말하고 있다.

82 『志山外遊日誌』에는 당시 상하이·난징 지역의 한인 망명자들과 간도 지역의 한인 망명자들과의 긴밀한 연락관계가 비교적 자주 언급되고 있고 『安昌浩資料集』 속의 여러 편지에서는 이들과 노령(블라디보스토크), 혹은 미주 지역 한인들과의 연락 관계가 자주 언급되고 있다.

83 그 밖에 동제사의 공식적인 활동과 관련하여 독립운동단체로서의 성격이 어느 정도 드러나는 사례를 들어 본다면, 1913년 8월 말 이후 상하이에서 몇 차례 연속하여 열린 동제사 총회의 경우 국치, 곧 일본에 의하여 합병당한 날짜를 따로 기념했다거나 합병 당시 순국한 홍범식(洪範植)에 대한 추도회를 열었다는 것 등을 들 수 있을 것이다. 『志山外遊日誌』, 76~77쪽 참조.

예컨대 천치메이가 신아동제사의 조직에 관여했다고 하는 주장은 천치메이 자신의 회고에서 나온 것이 아니라 그의 조카인 천궈푸陳果夫의 천치메이에 관한 회고에서 언급된 것이며,[84] 우톄청吳鐵城과 신아동제사의 관계에 관한 주장도 우톄청 자신의 회고가 아니라 우톄청에 대한 민필호의 회고를 근거로 한 주장인 것이다.[85] 따라서 민필호의 회고를 제외한다면 현재로서는 신아동제사의 존재나 실체를 밝힐 만한 근거가 없는 셈이다.

그러나 민필호나 천궈푸의 말대로 신아동제사가 일종의 비밀결사로 조직되었을 가능성이 크고 또 신규식에 관한 민필호의 기술들이 얼마간의 착오는 있다고 하더라도 전체적으로는 신빙성을 갖추고 있다는 점을 인정한다고 한다면[86], 민필호의 언급 이외에 다른 증거가 없다고 해서 신아동제사의 존재 자체를 부정할 수는 없을 것이다. 다만 신규식에 관한 민필호의 기술이 가지는 착오의 가능성을 상정해 볼 경우, 신아동제사에 참여했다고 하는 중국 측 인물들에 관한 민필호의 언급도 얼마간의 착오가 있을 수 있음을 고려해 보아야 할 것이다. 그런 점에서 예컨대 민필호가 언급한 중국 측 참여자 가운데 쑹자오런이 들어 있다고 해서 신아동제사의 창립시기를 동제사의 창립시기인 1912년 7월 5일 이

84 천궈푸는 "이 해(1912년)에 상하이에서 조선인 모모 등과 함께 비밀결사 조직인 '신아동제사'를 만들었는데 전적으로 조선의 독립을 도모하기 위한 것이었다"고 하였다. 陳果夫, 「陳英士先生之革命事蹟」, 徐詠平 編, 『民國陳英士先生其美年譜』, 臺北, 1980, pp. 302~303; 中國國民黨中央黨史會, 「陳其美傳」, 國民黨黨史會 編, 『陳英士先生文集』, 臺北(中央文物供應社), 1976, p. 235 참조.

85 閔石麟, 「敬悼鐵公」, 『吳鐵城回憶錄』, 臺北, 1981, p. 194 참조.

86 예컨대 1921년 9월에서 10월 사이에 신규식과 함께 광저우의 호법정부를 방문한 민필호는 이때의 신규식의 활동상을 「中國護法政府承認韓國臨時政府始末記」(앞에 든 『韓中外交史話』와 『石麟閔弼鎬傳』 안에 들어 있다)라는 회고록 형식의 글로 쓴 적이 있는데, 이 글의 내용은 날짜에 있어서 얼마간의 착오가 있기는 하지만 전체적으로는 사료로서의 문제가 없다. 이 문제에 대해서는 이 책의 제3장 제1절을 참조할 것.

후부터 쑹자오런의 피살 시점인 1913년 3월 20일 이전까지의 어느 시점으로 잡아야 한다는 식의 논의는[87] 위험할 수 있다는 이야기가 된다.

다만 여기에서 한 가지 신아동제사의 존재나 성격과 관련하여 주목해 보고자 하는 것은 앞에서도 언급한 대로 신규식, 조성환 등 한인 망명자들이 1912년 1월에서 3월에 이르는 시기에 상하이·난징 지역에서 쑨원, 황싱 등 혁명파 인사들을 비롯한 여러 인물, 단체들과 교류하면서 중국 측 인사들이 양 국민의 상호보호, 상호협력을 위한 조직을 만들기를 요구하였고 이에 응하여 신규식 등도 한인들의 '연락기관'을 만드는 데 적극적으로 나서고 있었다는 사실이다.[88] 현재로서는 더 이상 구체적인 증거를 댈 수는 없지만, 이때 이렇게 모색된 한인 연락기관이 동제사이고 동제사를 한쪽으로 하는 한중 간의 연대조직이 신아동제사였을 가능성이 적지 않다고 생각된다. 만약 이러한 추론이 가능하다고 한다면, 신아동제사는 그 후부터 1940년대까지 다양하게 나타나고 있던 한중 연대조직의[89] 출발점이라는 중요한 의미를 가질 수 있을 것이다.

요컨대 동제사는 이 시기, 즉 1912년에서 1913년에 이르는 시기에 한정해서 말할 경우, 상하이·난징 지역의 초기 한인 망명자들 가운데 지도적 위치에 있었던 신규식, 김규식, 박은식 등의 지도 아래 공동생활을 하고 있던 일부 한인 유학생들의 조직이었고 실제로는 유학의 알선이나 편의 제공, 어학 공부 등을 목표로 하고 있었으며, 그런 가운데 중국에서의 독립운동의 기반을 만드는 일을 하고 있었다고 생각된다.

신아동제사는 이러한 한인들의 활동을 보호하기 위한 일종의 외위조

87 신승하, 앞의 논문, 617쪽 참조.

88 앞의 주 67 참조.

89 특히 1920년대에는 다양한 한중 연대조직이 출현하고 있는데, 이에 대해서는 孫安石, 「1920年代上海の中朝連帶組織」, 『現代中國』(東京), 70號(1996. 7); 李炫熙, 「1920年代 한중연합 항일운동」, 『국사관논총』 1 (1989) 등을 참조할 것.

직外衛組織으로서 당시 신규식 등이 교류하고 있던 상하이·난징 지역의 혁명파를 위시한 주요 정치인사들이 참여한 일종의 비밀조직으로서 그 후 1940년대까지 다양한 형태로 출현하게 되는 한중연대 조직의 출발점이 된 것이었다고 볼 수 있겠다.

제3절

신해혁명에 참여한 한국인들 1

―김규흥의 광동廣東에서의 활동―

Ⅰ. 중국 망명 이전의 교육구국운동

김규흥은 1872년 6월 충청북도 옥천에서 태어났다. 어려서 향리에서 한학을 수학하였으며 한때 경기도 구리의 현종릉崇陵을 관리하는 참봉에 임명되었다는 것으로[1] 보아 그는 향반으로서 지방 유지 출신이었을 것으로 짐작된다. 다만 그의 후손들의 주장이나 당시 일부 일간지에 게재된 가옥 담보 사실들로[2] 보아 한때 부유했던 경제적 형편이 김규흥 대에 와서 크게 쇠락해졌던 것으로 여겨지고, 그런 점에서 김규흥은 쇠락한 향반, 유림 출신이었다고 생각된다. 이러한 김규흥이 1905년 을사보호조약의 체결을 전후하여 국권회복을 위한 자강운동 내지 애국계

1 「敍任及辭令」, 『皇城新聞』 1905년 4월 13일, 1쪽.

2 1901년 11월 말 『皇城新聞』에 실린 광고에 의하면 기와 85간, 초가 12간에 이르던 옥천읍 김규흥의 집이 담보로 잡혀 있었다고 하는데(「廣告」, 『皇城新聞』 1901년 11월 23, 25, 26일, 3쪽), 후손들의 말대로 이 시기부터 가세가 기울고 옥천과 서울에서의 씀씀이는 헤퍼서 가산을 저당 잡히게 되었던 것으로 보인다.

몽운동에 나서게 되었던 것은, 당시 조선왕조의 몰락과정을 바라보게 된 수많은 전 현직 관리들과 지역 유림들이 망국의 위기 속에서 교육운동을 비롯한 애국계몽운동에 나서게 되었던 것과 궤를 같이하는 것이었다.[3]

김규흥의 구국을 위한 첫 번째 노력은 교육을 통한 자강운동으로 나타났다. 잘 알려져 있듯이 1905년 을사보호조약 체결 이후 망국의 위기가 현실로 다가오자 각지의 유림과 유지들을 중심으로 다양한 국권회복운동이 전개되었다. 그 가운데서도 가장 괄목할 만한 국권회복운동은 교육운동으로 나타났던 것이니 1910년 일본의 강제병합 이전까지 전국 각지에 수천 개의 사립학교가 설립되기에 이르렀던 것이다.[4] 김규흥의 사립학교 창립 운동 또한 이러한 교육구국운동의 하나였는데, 그가 창립을 발기한 창명학교彰明學校는 1906년 초, 고향 옥천에 세워졌다.[5] 물론 창명학교 창설 이전인 1905년 8월, 같은 옥천에 세워졌던 진명학교進明學校 창설 때 김규흥이 상당한 금액을 기부한 점을[6] 본다면 그의 교육에 대한 관심은 창명학교 설립 이전부터 있었다고 할 수 있다. 또 진명학교의 교장을 맡았던 민형식閔衡植이 창명학교 설립 이후 창명학교의 교장을 맡고 있었다는 점은[7] (무슨 이유에서인지) 진명학교가 문을 닫고 그 뒤를 이어 창명학교가 설립된 것으로 보인다. 따라서 김규흥이 창명학교 창립을 주도한 것도 진명학교에 대한 관심의 연속으로 이루어

3 변승웅, 「한말 사립학교의 설립동향과 애국계몽운동」, 『국사관논총』 18집(1990), 35~38쪽; 김형목, 「한말 충북지방의 사립학교설립운동」, 『한국근현대사연구』 23집(2002), 52쪽.

4 최기영, 『애국계몽운동Ⅱ－문화운동』(한국독립운동의 역사 제13권), 독립기념관 한국독립운동사연구소, 2009, 28쪽.

5 「雜報: 彰校近況」, 『皇城新聞』 1906년 7월 12일, 1쪽.

6 『皇城新聞』 1905년 8월 18~21일, 1쪽.

7 『皇城新聞』 1905년 8월 18~21일, 1쪽.

졌을 것으로 생각되고, 그런 점에서도 김규흥의 교육에 대한 관심은 창명학교 설립 이전부터 있었을 것으로 생각된다.[8]

창명학교의 설립 취지는 당시 창립된 많은 사립학교들과 마찬가지로 교육을 통한 민지民智의 계발과 이를 통한 국권의 회복, 국가적 독립의 달성에 있었다. 특히 "인방隣邦(일본)에 의한 국권의 찬탈이라는 수치를 더 이상 당할 수 없다"고 하는 충정이 학교 설립의 동기가 되었음을[9] 분명하게 볼 수 있다. 창명학교의 이러한 설립 취지는 당시 전국 각지에 세워졌던 수천 개 사립학교가 문명개화와 그를 통한 애국계몽과 국권회복을 기본적인 설립 취지로 삼고 있었던 것과 같은 것이었다. 창명학교의 교과과정에 대해서는 관련 자료의 부족으로 자세하게 확인할 수는 없지만, 당시 많은 사립학교들이 전통적 한학漢學과 함께 영어, 일어를 비롯한 외국어와 법학, 경제학 등 서양의 신학문을 혼용하여 가르치고 있었다는 점을 감안한다면[10], 창명학교 또한 이들 사립학교들의 사정과 크게 다르지 않았을 것으로 짐작된다.

또 사실상 창명학교의 전신이라고 할 진명학교의 교과과정이 국한문國漢文, 독서讀書, 작문, 습자, 일어, 산술, 지리地誌, 역사, 법률, 체

---

8 김규흥의 후손들의 주장에 따르면 이 시기 김규흥이 서울에 머물면서 閔泳煥과 가까이 교유하였다고 하는데 (金漢永, 『凡齋와 독립운동』, 서울정판사, 2002, 20쪽) 잘 알려져 있는 대로 민영환은 이 시기 애국계몽운동의 가장 중심적인 인물이었고 그 자신 가장 이른 시기에 세워진 사립학교 중의 하나인 흥화학교(興化學校)의 설립자였다. 을사늑약의 체결 직후인 1905년 11월 말 늑약의 부당성에 항의하여 민영환이 자결한 것은 김규흥에게 커다란 충격을 주었음에 틀림없을 텐데, 김규흥이 창립을 발기한 창명학교는 민영환의 순국 직후인 1906년 초, 고향 옥천에 세워졌으니, 그런 점에서 김규흥의 창명학교 설립은 민영환의 순국에서 나타난 유지를 이으려는 시도에서 나온 것이었을 가능성도 없지 않다.

9 「洪承老寄書」, 『皇城新聞』 1906년 4월 14일, 3쪽. 교장 민형식은 1891년 병과에 급제한 후 평안도 관찰사를 역임하였고 1904년에는 법부 협판을 지낸 관료 출신으로 신민회와 기호흥학회 등 애국계몽운동 단체에 적극 가담하는 한편으로 교육 운동에 앞장선 인물이다. 김형목, 앞의 「한말 충북지방의 사립학교 설립운동」, 52쪽 참조.

10 최기영, 앞의 『애국계몽운동 Ⅱ -문화운동』, 38~45쪽.

조 등으로 짜인 것으로[11] 미루어 창명학교의 교과과정도 크게 다르지 않았을 것으로 짐작해 볼 수 있다. 창명학교의 이러한 교육과정은, 같은 시기 김규흥이 전통적인 유학과 함께 신학문을 겸하고 있었는데 그 가운데에서도 특히 중국의 개혁가 량치차오梁啓超의 『음빙실문집飮氷室文集』이나 매켄지R. Mackenzie의 『태서신사泰西新史』 등에서 커다란 영향을 받아서 후학들에게 그 점을 강조하고 있었다는[12] 사실과도 상통한다고 하겠다.

창명학교는 그러나 설립 당초부터 심각한 운영상의 어려움에 빠지게 되었다. 당시 많은 사립학교와 마찬가지로 창명학교에 부닥친 어려움이란 재정난과 교사 부족 문제였다.[13] 창립 몇 달 뒤인 1906년 4월 중순, 창명학교 학생 홍승로洪承老가 『황성신문皇城新聞』에 보낸 투고寄書에 의하면, 교사 한 명이 갑자기 재정적 어려움을 이유로 다른 학교로 자리를 옮겨가서 70여 명의 학생들이 폐학의 위기에 빠졌으나 교장 민형식이 매달 40원씩을 기부하기로 하고 다른 유지들도 협조하는 등 새로운 기부금이 생겨 교사도 새로 초빙하게 되었고 학교를 계속 운영하게 되었다고 한다.[14] 그 결과로 6월에는 생도들에 대한 시험을 치러 보통과 1, 2기에 6명의 학생들이 진급하였고 전문과는 4명이 졸업하게 되었다는 보도가 12월 중순에 있었으니[15] 이러한 사정으로 미루어 학교가

---

11 『皇城新聞』 1905년 8월 18~21일, 1쪽.

12 *The Writings of Henry Cu Kim* (Edited and Translated with an Introduction by Dae-Sook Suh), University of Hawaii Pr., 1987, p. 75. 이 회고록의 저자 金鉉九(1889~1967)는 김규흥의 이종사촌으로, 뒤에 하와이 大韓人國民會의 실질적인 지도자가 되었는데 어린 시절부터 김규흥한테서 많은 영향을 받았다고 한다.

13 최기영, 앞의 『애국계몽운동 II-문화운동』, 30~33쪽.

14 「洪承老寄書」, 『皇城新聞』 1906년 4월 14일, 3쪽.

15 「雜報: 彰校近況」, 『皇城新聞』 1906년 7월 12일, 1쪽.

12월 초 무렵까지는 그런대로 유지될 수 있었던 것 같다.[16]

그러나 창명학교의 당초부터 어려웠던 재정상황은 이러한 개인적 기부금을 통하여 해결되지는 못했기 때문에, 1907년 초에 가면 1907년 2월에 창명학교 졸업생 홍승로와 일본인 교사 츠츠미 히로기치堤廣吉가 상경하여 각급 관청에 보조금을 요청하고 다니기에 이르렀다. 이들은 서울의 주요 관청 관리들을 상대로 기부금 지원을 호소했는데, 일부 대신들이 10~20원씩 기부하였으나 재정부度支部 대신과 교육부學部 대신은 만나주지도 않았을 만큼 그 성과는 미미하였다. 특히 학부대신 이완용李完用은 창명학교의 지원 요청을 처음부터 거절한 채 면담 요청조차 받아들이지 않았던 사실이 알려지면서 당시 많은 언론으로부터 학교에 대한 지원을 맡고 있는 최고관리로서 그 책임을 다하지 못했다는 질책을 받았다.[17] 재정적 어려움 속에서 창명학교가 언제 문을 닫았는지 현재로서 분명하게 확인할 수는 없다. 그러나 1907년 3월 이후 각 일간지에서 창명학교 관련 기사가 일체 나타나고 있지 않다는 점으로 미루어서 아마도 이 시기를 전후하여 폐교된 것이 아닌가 추측된다.

한편으로 김규흥의 구국운동으로서 눈에 띄는 것은, 창명학교 창설과 거의 같은 시기에 한말 대표적인 애국계몽운동 단체였던 대한자강회의 회원으로 가입했다는 점이다.[18] 주지하듯이 대한자강회는 1906년 4월,

---

16 「彰校日彰」, 『萬歲報』 1906년 12월 15일, 3쪽.

17 「上京請助」, 『萬歲報』 1907년 2월 24일, 2쪽; 「大臣慳助」, 『皇城新聞』 1907년 2월 27일, 2쪽; 「兩相無意助校」, 『萬歲報』 1907년 3월 6일, 2쪽; 「紙上雲煙」, 『大韓每日申報』 1907년 3월 7일, 2쪽 참조. 당시 學部 大臣 李完用에 대한 이들 비판 속에는 그의 親日態度에 대한 비판이 내포되어 있었던 것은 물론이다.

18 「會員名簿」, 『大韓自强會月報』 제2호(1906년 8월 25일), 72쪽. 이 회원명부 가운데는 뒷날 독립운동의 주요 지도자들이 된 朴殷植, 梁起鐸, 文一平 등이 눈에 띈다. 앞에서 언급한 金鉉九(1889~1967)의 회고록에서는 김규흥이 독립협회에서도 활동했다고 하였으나 (op. cit., *The Writings of Henry Cu Kim*, pp. 76~77) 현재까지 밝혀져 있는 독립협회 회원 명단에서 김규흥의 이름을 확인할 수는 없다. 신용하, 『독립협회연구』, 일조각,

윤효정尹孝定, 장지연張志淵, 윤치호尹致昊 등 한말 애국계몽운동 지도자들을 중심으로 만들어진 최초의 전국 규모 단체였다. 대한자강회는 1905년 5월, 입헌군주제 건설을 목표로 하여 만들어졌던 헌정연구회의 후속 단체로 자강을 통한 국권의 회복을 그 목표로 삼고 있었던 바, 특히 학부의 교과서 편찬 문제, 사범학교 설립 문제, 사립학교의 연대(연락) 문제, 의무교육의 실시 문제 등에 대한 건의문을 제출하는 등 교육을 통한 자강 구국에 많은 힘을 쏟고 있었다.[19] 이뿐만 아니라 대항자강회의 일부 지회들은 학교 설립에도 적극 나서서 직접 사립학교들을 운영하였으며 대한자강회 본부에서는 시찰위원을 파견하여 학교 설립을 독려하고 학무를 지도하기도 했다.[20] 따라서 김규흥의 대한자강회 참여는 그 자체가 애국계몽운동의 연장이었을 테지만, 다른 한편으로는 창명학교의 창립과 함께 꿈꿨던 교육구국을 실천하는 구체적인 한 가지 방안이 대한자강회 참여로 나타났을 것으로 짐작된다. 창명학교의 운영 과정에서 가장 중요한 어려움으로 떠올랐던 재정 곤란과 교사의 구득난은 바로 대한자강회가 대정부 건의문에서 지적한 문제들이었던 것이다.

요컨대, 한말의 몰락한 향반 출신으로 전직 관리이면서 지역유지였던 김규흥은 1905년 을사보호조약 체결 전후 시기부터 구국의 방편으로 애국계몽운동에 적극 나서게 되었는데, 그 모습은 고향인 옥천에 사립학교 창명학교를 창설하는 것과 대한자강회에의 참여를 통하여 교육 구국과 애국계몽운동에 적극 참여하는 것으로 나타났다.

1981, 81~104쪽 참조.

19 박찬승, 『한국근대정치사상사연구』, 역사비평사, 1993, 32~34쪽.

20 신용하, 『한국 근대의 민족운동과 사회운동』, 문학과지성사, 2001, 122~123쪽.

Ⅱ. 중국 망명과 상하이·난징上海·南京에서의 활동

후손들의 주장에 의하면 김규흥은 창명학교의 설립 이전부터 이미 일본을 드나들며 선진문물을 접하고 있었다고 하는데[21] 이것이 사실인지 혹은 일본에서 어떠한 활동을 했는지 등에 관한 다른 자료는 아직 볼 수 없었다. 다만 1905년에서 1906년 사이에 김규흥이 한지韓紙나 인삼을 파는 상인으로 가장하여 중국을 드나들기 시작하였다는[22] 측근의 주장이 사실이라고 가정한다면, 이 점은 그가 일찍부터 국제적 안목을 가지고 있었으며 그것이 후일 그가 중국으로 망명하게 되는 직접적인 계기가 되었을 것이라는 점에서 주목된다. 이런 가운데 가장 괄목할 만한 대목은, 그가 1906년 고종高宗 황제의 특명을 받고 상하이 아청은행俄淸銀行에 맡겨둔 왕실의 비밀자금을 처리하기 위해 상하이행을 꾀하다가 일경에 체포 구금되어 6개월간 가택 연금을 당하였는데, 그 후 일경의 감시가 소홀한 틈을 타서 상하이로 망명했다는 주장이다.[23]

김규흥이 고종으로부터 그 처리를 위임받았다고 하는, 상하이 아청은행의 왕실 비자금의 실존 여부를 비롯하여 출처나 그 후의 행방에 대해서는 현재까지도 많은 추측이 난무하고 있다.[24] 그러나 김규흥의 중국 망명과 관련하여 주목되는 것은, 그가 이 비자금의 처리를 위하여

---

21 김한영 편저, 『凡齋와 獨立運動』, 서울정판사, 2000, 21쪽 참조.

22 op. cit., *The Writings of Henry Cu Kim*, p. 80.

23 김규흥이 고종의 밀명을 받은 것은, 김규흥의 외가 쪽 친척으로 판서 이경식(李庚植)의 부인이었던 연일 정씨의 주선으로 이루어진 것이었다고 한다. op. cit., *The Writings of Henry Cu Kim*, pp. 81~82; 「김규흥사건」, 『國民報』(하와이) 1951년 5월 23일, 2쪽.

24 알려져 있기로는 당시 고종이 왕실경비(內帑金)로 마련하여 해외에 맡겨둔 비자금은 상하이의 독일계 은행인 德華銀行과 러시아계 은행인 俄淸銀行의 두 군데였던 것 같은데, 최근 덕화은행의 비자금 문제를 중심으로 SBS TV에서 특집(2010년 8월 28일자, 「그것이 알고 싶다」)을 마련한 적도 있다.

상하이행을 계획했었다는 것과 그 돈을 가지고 중국에서 한인 무관 양성을 도모하려 했다는 것이 망명의 동기였다는 사실이다.[25] 일제의 간섭으로 결국 아청은행의 비자금을 찾지 못하여 중국에서의 무관 양성 계획은 실현되지 못했으나 당시 김규흥은 천중밍陳炯明, 탕샤오이唐紹儀 등 중국 측 인물들의 한인 무관 양성에 대한 지원을 약속받기도 했다고 한다.[26]

김규흥의 중국 망명이 어느 해에 이루어졌는지를 명확하게 밝히기는 어려운데, 1906년 고종의 밀명을 받았으나 6개월간 연금되어 있다가 상하이로 망명해 갔다는 점에서 본다면 그의 망명 시기는 1906년 말이나 1907년 초가 될 것이다. 그런데 뒤에 김규흥이 광둥으로 옮겨가서 활동하던 1911년 3월에 샌프란시스코 미주한인회에 보낸 편지에서 "광둥으로 온 지가 수년이 되었다"고 하는 점으로 본다면 늦어도 1907년 말, 혹은 1908년 초까지는 광둥에 왔다고 보아야 할 것이다. 따라서 김규흥이 상하이·난징으로 온 것은 1907년 말이나 1908년 초라고 추측해 볼 수 있겠는데[27] 이 시기는 창명학교가 운영의 위기에 처해 있던 바로 그 시기이다. 이를테면 김규흥은 창명학교 운영과 동시에 고종에게 접근하여 비밀자금 처리를 위한 상하이행을 계획했던 것으로 보이며, 창명학교의 운영이 어려워 폐교한 이후 단계인 1907년 말 혹은 1908년 초 무렵에 상하이로 갔을 것으로 추측된다.

---

25 1909년 5월 말 상하이 주재 일본 총영사가 "上海秘密事件" 혐의자로 金奎衍의 중국 내 동정을 조선통감부 측에 보고한 자료가 있는데 그 속에서 金奎衍이 金奎興을 칭하고 있다고 한 것으로 보아서 실제로는 김규흥이 상하이비밀사건 혐의자로 일본 측의 추적을 받고 있었음이 확실하다고 보인다. 「上海秘密事件嫌疑者金奎衍ニ關スル件(1909年 5月 26日)」, 『통감부문서 1권』(국사편찬위원회 한국사데이터베이스 http://db.history.go.kr).

26 「김규흥사건」, 『國民報』(하와이), 1951년 5월 30일, 3쪽.

27 국가보훈처 편, 『독립유공자공훈록』 제14권, 서울, 2000, 96쪽에서는 1908년 상하이로 망명했다고 하였다.

김규흥이 중국으로 망명한 1907년 말이나 1908년 초 이전부터 한인들의 중국 이주 내지 망명은 계속되었다. 주지하듯이 한인들의 중국 이주의 시발은 1860년대 이래 함경도 출신의 빈농들이 개간을 목적으로 두만강 건너편의 간도 지역으로 이주한 것이었으며 1905년 을사보호조약 체결 이후부터는 간도 지역의 한인 사회를 배경으로 한 한인 지도자들의 정치적 망명이 줄을 잇기 시작하였다. 먼저는 일제의 한반도 지배가 시작되면서 활동 무대를 잃어버린 많은 항일의병들이 간도나 연해주 지역으로 옮겨왔고 1906년 이후에는 국내에서 활동하던 애국계몽운동 지도자들도 간도로 옮겨와 그곳을 독립운동의 기지로 만드는 일에 나서게 되었던 것이다.[28]

이런 가운데 중국 관내關內 지역으로의 망명도 나타났으니 예컨대 1905년 중국 난퉁南通으로 망명한 김택영金澤榮은 관내로의 최초의 망명 지사였으니 그는 유신파 거두인 장젠張謇 막하에 들어가서 역사저술과 조선 문장가들의 저술을 출판하는 일을 주로 하고 있었다. 김택영의 중국 내 활동은 그 자체가 중한연대를 통한 조국 광복을 목표로 하는 것이기는 하지만, 기본적으로 문학, 역사 편찬 등 문화학술적인 데에 치중되어 있었다.[29] 또 김택영은 신해혁명 발발 직후 중화민국의 성립을 지지하는 시를 짓는 등 민국의 성립을 적극 환영하였으나 그것은 어디까지나 혁명이 만주족 지배를 종식시키고 한족의 천하를 회복했다고 생각했기 때문이지, 군주체제의 타도 자체를 환영하고 받아들였기 때문은 전혀 아니었다.[30] 이에 비하여 아래에서 상술할 것처럼 김규흥

---

28 윤병석, 『1910년대 국외항일운동 I -만주, 러시아』(한국독립운동의 역사 제16권), 독립기념관 한국독립운동사연구소, 2009, 14~15쪽.

29 최혜주, 「한국에서의 김택영연구 현황」, 『사학연구』 제55, 56합집(1998), 691~704쪽 참조.

30 金月星, 「滄江 金澤榮의 사회관과 작품세계의 一端」, 『어문연구』 제38권 제2호(한국어문교육연구회, 2010) 403~408쪽.

의 망명 후 활동은 기본적으로 정치적 활동에 초점이 맞추어져 있었을 뿐 아니라 공화혁명 자체를 받아들이고 그것을 적극 지지했다는 점에서 김택영과는 구분될 수 있을 것 같다. 이런 점에서 1907년 말, 1908년 초에 이루어진 김규흥의 상하이 망명은 공화혁명에 대한 지지와 혁명파와의 협력을 바탕으로 한 정치운동, 곧 독립운동을 일차적인 목표로 하는 한인 지사들의 관내 지역 망명의 실제적인 시발점으로서 주목되는 것이다.

김규흥은 망명 초기, 상하이와 난징을 중심으로 활동을 했던 것 같다.[31] 비록 김규흥의 상하이와 난징에서의 활동상을 자세하게 알려 주는 구체적인 자료는 없지만, 앞에서 말한 대로 김규흥의 상하이행이 고종의 밀명에 따라 비자금을 찾아서 군관을 양성하는 것이었다면 이 일을 위한 중국 측 인사들과의 교섭이나 준비가 그의 활동 범위였을 것이다. 전술한 바 천종밍과 탕샤오이 같은 중국 정객들이 한인 군관 양성을 지원하기로 약속했다는 것이 망명 직후의 일인지 아니면 그 이후의 일인지 알 수는 없지만, 이것 또한 망명 직후 김규흥의 활동이 한인 군관 양성에 집중되어 있었음을 보여 준다고 하겠다.[32] 다만 이 시기 김규흥의 활동은 그의 망명 동기에서 이미 밝힌 대로 어디까지나 조선왕조의 회복을 위한 것이었음을 지적해야만 할 것이다. 왕실 비자금의 처리를 통한 군관 양성이라는 그의 망명 목적은 처음부터 고종의 밀명에 의한 것이었고 따라서 이 시기 그의 활동은 기본적으로 근왕적勤王的 성격을 띨 수밖에 없었을 것이다. 김규흥은 망명과 함께 자신의 이름을 김복金復으로 고치고 이후 중국에서는 거의 예외 없이 김복이라는 이름을

31 「夫人에게 보낸 답장(日期不明)」, 『凡齋와 독립운동』 자료 부분, 61~63쪽.

32 「김규흥사건」, 『國民報』(하와이) 1951년 5월 30일, 3쪽.

사용하였는데, 이것은 당시 김규흥이 망해버린 조선의 국권 회복을 최고의 목표로 삼고 있었음을 잘 보여 준다.

그러나 상하이 망명 직후부터 김규흥은 공화혁명을 주장하는 혁명파와 급속하게 가까워지면서 군주제 자체를 부정하고 공화제를 지지하는 것으로 입장을 바꾼 것으로 보인다. 이것은 얼마 뒤 광둥에 가서 활동하던 시절 김규흥이 상하이 지역 혁명파의 중심적인 지도자 천치메이와 친밀한 관계에 있음을 밝히고 광둥 지역 혁명파 지도자 가운데 한 사람인 쩌우루鄒魯에게 천치메이를 소개해 주는 역할까지 했다는[33] 사실을 통해서도 짐작할 수 있다. 김규흥의 정치적 입장의 이러한 변화의 배후에는 곧이어 전개된 조선왕조의 몰락과 그에 대한 실망이 내포되어 있음은 물론이다.

Ⅲ. 신해혁명과 광둥군정부廣東軍政府에의 참여

앞에서도 지적한 대로 김규흥은 상하이·난징에서 활동한 지 오래지 않아 바로 광둥廣東으로 활동무대를 옮긴 것으로 보인다. 대체로 1909년 초 이전에는 김규흥이 광둥에 왔을 것으로 추측되는데 이것은 전술한 대로 1911년 3월 미주한인회에 보낸 편지에서 "광둥에 온 지 이미 수년이 되었다"고 한 부분에서 추측할 수 있다. 광둥에서의 김규흥의 활동은, 당시 홍콩과 광저우廣州를 중심으로 하여 혁명당인 곧 동맹회 회원들을 주축으로 진행되고 있던 반청 무장폭동起義에 참여하는 일에 초

33 鄒魯,「祝朝鮮復國的回顧」,『中央日報(重慶)』 1945년 10월 25일, p. 3; 鄒魯,『回顧錄』(一), 臺北(三民書局), 1974, p. 52.

점이 맞춰져 있었다. 이 점은 동맹회 회원으로서 광저우 지역 혁명활동의 중심인물 가운데 한 명이었던 쩌우루의 증언으로 확인할 수 있다. 쩌우루에 의하면 그가 광둥에서 혁명운동에 종사하던 초기에 김범재, 곧 김규흥이라는 조선인이 함께 활동했는데 김규흥이 워낙 성실忠實했기 때문에 비밀문건을 보관하거나 전달하는 것을 모두 그를 통해서 할 정도였다고 한다. 쩌우루는 당시 김규흥이 전통적인 한복韓服을 입고 갓을 쓰고 있었기 때문에 아무도 그를 (혁명당으로) 의심하는 자가 없었으며, 이런 까닭에 그러한 비밀공작을 하기에 안성맞춤이었다고 회고하였다.[34]

잘 알려져 있듯이, 광둥 지역은 1895년 3월에 설립된 홍콩 흥중회興中會를 중심으로 시도된 광저우기의로부터 시작하여 여러 차례의 무장봉기가 집중적으로 일어나면서 명실상부하게 혁명의 진원지가 되어 있었다. 특히 김규흥이 광둥으로 옮겨온 1908년경 이후에는 동맹회남방지부와 홍콩분회香港分會를 중심으로 신식 군대新軍와 기존 방위군防營을 중심으로 한 군대 안에서 혁명을 선전하고 동맹회 조직을 확대하면서 이들을 중심 세력으로 하는 무장폭동이 본격적으로 계획되고 있었다.[35] 당시 광저우 법정학당의 학생이었던 쩌우루는 같은 학교 동학이었던 천죵밍과, 교사였던 주즈신朱執信과 함께 혁명운동의 중심에서 활동하고 있었는데, 쩌우루가 맡고 있던 방영 소속의 군인들에 대한 선전, 연락, 조직 작업은 매우 순조로워 동맹회 측에서 배포한 회원증票布을 가진 자가 전체 군인의 70~80%에 이를 정도였다고 한다.[36] 이런

---

34 위와 같음.

35 민두기, 『중국의 공화혁명』, 지식산업사, 1999, 145~146쪽; 中國國民黨黨史會 編, 『革命文獻』 第66輯(中國同盟會革命史料(二))(臺北, 中央文物供應社, 1974), 10~16쪽.

36 鄒魯, 앞의 『回顧錄』, pp. 26~30.

선전, 준비 작업의 결과로서 광저우 지역 신군의 무장폭동起義은 1910년 2월 12일과 1911년 4월 27일黃花崗起義의 두 차례에 걸쳐 일어날 수 있었다. 이들 기의가 비록 엉성한 조직과 느슨한 준비로 인하여 많은 희생자를 내고 실패하고 말았지만, 그럼에도 불구하고 광둥 지역에서 일어난 이 두 차례의 신군기의는 공화혁명이 거스를 수 없는 시대적 대세임을 확인시켜 주는 결정적인 계기가 되었다.[37]

광둥에서의 김규흥의 활동은 바로 이러한 신군을 대상으로 하는 혁명 선전, 조직운동에 참여하는 것이었다고 여겨진다. 쩌우루가 말한 대로 혁명운동 과정에서 비밀문건을 보관하거나 전달하는 것이 김규흥의 임무였다고 한다면 그것은 주로 혁명 선전전단이나 동맹회의 회원증票布, 기의를 위한 연락사항 등을 보관하거나 전달하는 것이었을 것이다. 김규흥의 이러한 활동은 매우 위험한 것이었을 뿐만 아니라 그만큼 중요한 것이었음은 충분히 짐작할 수 있다. 따라서 혁명 주동세력 내에서의 김규흥에 대한 신임이나 평가도 매우 높았을 것은 당연한 일이다. 혁명이 성공하여 광둥 지역에 혁명정부, 곧 광둥도독부廣東都督府가 성립한 이후인 1912년 8월에 설치된 광둥총수정처廣東總綏靖處의 참의參議 자리에 김규흥이 임명된 것과[38] 이어서 1913년 초에 가서는 중앙(베이징)정부의 명령에 따라 다시 만들어진 광둥호군사서廣東護軍使署의 고문원으로 임명된 것은[39] 바로 이러한 공로를 인정받은 결과였다고 생각된다.

---

37 민두기, 앞의 같은 책, 148~149쪽.

38 「總綏靖處職員一覽表」, 『廣東公報』 第14號(廣州, 1912. 8. 16), 13쪽; 汕尾市人物研究史料編纂委員會 編, 『汕尾市人物研究史料(陳炯明與粵軍研究史料)』 第3册, 汕尾, 1993, pp. 86~87.

39 「護軍使署職員表」, 『廣東公報』 第142號(廣州, 1913. 1. 18), 13~15쪽; 汕尾市人物研究史料編纂委員會 編, 앞의『汕尾市人物研究史料(陳炯明與粵軍研究史料)』 第3册, p. 105.

광둥총수정처는 군정부 치하의 광둥 지역의 군사와 치안을 담당하기 위하여 1912년 5월에 설치되었는데 도독부 산하의 군대를 경위군警衛軍으로 편성하고 각처에 수정분처를 설치 운영하였으며 천쫑밍陳炯明과 룽지광龍濟光이 각각 정, 부경략經略을 맡았다.[40] 또 총수정처에는 김규흥을 포함하여 모두 6명의 참의가 임명되었는데 그 가운데 경력을 확인할 수 있는 인물로는 예쥐葉擧, 훙자오린洪兆麟, 쩌우루가 있다. 예쥐는 당시 광둥육군 제일여第一旅 여장으로 군부의 핵심인물이면서 총수정처 경략 천쫑밍의 측근이었고[41] 훙자오린은 혜주惠州 군무독판軍務督辦으로 역시 군부의 핵심이면서 천쫑밍의 측근인물이었다.[42] 쩌우루는 앞에서 언급한 대로 법정학당 시기부터 천쫑밍의 절친한 동학이면서 동맹회의 핵심인물이었다. 이렇게 볼 때 총수정처 참의 진용은 혁명운동 과정이나 광둥군정부 성립 이후 광둥군부의 핵심인물이면서 천쫑밍의 최측근 인물들로 구성되어 있었다고 할 수 있다. 광둥호군사서 또한 도독부 아래 설치된 것으로 천쫑밍과 룽지광이 각각 호군사護軍使와 호군부사護軍副使를 맡고 있던 최고 군사기구였으며 특별직으로 고문원을 임명하도록 되어 있었는데 김규흥이 바로 그 고문원에 임명되었던 것이다.[43] 호군사서의 직제상 고문원은 호군사上將와 부호군사中將의 바로 아래에 있는 참모장少將과 같은 소장계급이었으며 핵심 부서인 군무처장, 경리처장, 군법처장보다 높은 지위에 해당하는 고위직에

40 周興樑,「論辛亥革命時期的廣東軍政府」, 華中師範大學中國近代史研究所 編,『辛亥革命與20世紀中國』, 武漢(湖北人民出版社), 2001, p. 347 참조.

41 廣東省中山圖書館 等編,『廣東近現代人物詞典』, 廣州(廣東科技出版社), 1992, pp. 52~53.

42 앞의『廣東近現代人物詞典』, p. 391.

43「護軍使署職員表」,『廣東公報』第142號(廣州, 1913. 1. 18), pp. 13~15.

해당한다.[44] 이를테면 김규흥은, 혁명운동의 과정이나 혁명 후 성립된 군정부 조직에서 군부의 가장 핵심적인 지위를 차지한 것이다.

광둥에서 활동하던 시기에 김규흥이 동맹회에 가입했을 가능성은 매우 크다고 생각된다. 그의 활동 자체가 동맹회 회원들을 중심으로 이루어졌을 뿐만 아니라 동맹회의 회원증을 전달한다든가 하는 그의 활동 자체가 본래 동맹회 회원의 일이었던 때문이다. 이뿐만 아니라 군정부 성립 이후 산하의 주요한 관직들이 원칙적으로 동맹회 회원들로 구성되었다고 하는 점에서[45] 보더라도 총수정처 참의와 호군사서 고문원에 임명된 김규흥이 동맹회 회원이 아니었을 가능성은 낮다고 생각된다.[46]

그런 한편으로 광둥에서 활동하던 시기 김규흥에게 있어서 최대의 목표는 여전히 조국의 광복을 도모하는 일이었음을 확인할 수 있다. 당시 김규흥의 독립운동이 어떠한 내용을 담고 있었던가를 보여 주는 유일한, 그리고 가장 핵심적인 자료는, 황화강기의黃花崗起義가 일어나기 직전인 1911년 3월 7일자로 김규흥이 미주한인회에 보낸 한 통의 편지이다. 1911년 5월 11일 샌프란시스코 도착 소인이 찍힌 이 편지에서 김규흥은, "왜적의 침략으로 조국의 주권이 유린되고 있는 상황에서 어쩔

---

44 「廣東護軍使署簡章」, 『廣東公報』 第142號(廣州, 1913. 1. 18), pp. 17~23.

45 周興樑, 앞의 「論辛亥革命時期的廣東軍政府」, pp. 347~348.

46 다만, 1912년 11월에 창간된 國民黨粵支部의 기관지 『民誼』 第1號~第6號(1912.11~1913.4) 속에 실린 「會員題名錄」 속에서 金奎興(金復)의 이름을 발견할 수는 없다. 그런 한편으로 김규흥이 廣東에서 활동하던 시기에 孫文을 만났거나 그와 함께 활동했을 가능성도 충분히 있다고 생각된다. 예컨대 孫文이 1912년 2월 臨時大總統직을 사임한 이후 全國鐵路總辦의 자격으로 전국을 순회하면서 4월 말, 廣州에 들렀는데 이때 광둥 지역 軍界指導者들을 면담하는 자리에 김규흥이 참여했을 가능성은 크다고 생각되는 것이다. 이때 쑨원이 광둥 지역 軍界指導者들과 함께 찍은 사진이 남아 있지만,(「孫中山在廣州出席陸軍司令部歡迎會時與歡迎者合影(1912. 4. 26)」, 孫中山故居紀念館 編, 『中國民主革命的偉大先驅孫中山』, 北京(中國大百科全書出版社), 2001, p. 93 참조) 워낙 많은 사람들이 함께 찍은 것이라 그 가운데에서 김규흥의 얼굴을 판별하기는 어렵다.

수 없이 중국에 망명해 왔고 그 가운데서도 광둥은 가장 개화가 빠른 지역이고 왜적에 대한 증오도 깊은 지역이라 독립운동을 도모하기에 가장 좋은 곳으로 판단되어 광둥으로 와 수년째 활동하고 있다"고 자신의 망명 경위와 목적을 밝히고 있다. 김규흥은 "현재의 (세계) 정세는, 일본이 러시아와 연합하여 중국을 나누어 차지瓜分하려는 시점에 있기 때문에 (한국인들이) 중국인들과 연합하여 일본에 저항하기에 가장 좋은 기회가 되고 있다"고 하면서 "오대주 가운데 한국과 이해관계가 일치하는 곳으로 중국만 한 나라가 없다"고[47] 주장하였다.

구체적인 독립운동의 방안으로 김규흥은, 한국의 독립주장을 알리기 위한 신문사(언론기관)의 창설과 만몽滿蒙 지역에 대한 개간을 위한 개간회사開墾公司의 창설이라는 두 가지 방안을 주장하였다. 김규흥이 미주한인회에 이 편지를 보낸 직접적인 이유가 신문사 창설을 위한 인쇄기 지원 요청에 있었던 만큼, 신문사 창설은 그가 제기한 두 가지 독립운동 가운데에서도 가장 중요한 방안이었다. 편지에서 김규흥은 신문사업에 필요한 재정은 중국 인사들이 약속하였고 인쇄기만 자신이 마련하면 된다고 하였으며 인쇄기를 마련하기 위하여 노력하는 과정에서 베이징의 일부 한인들에게 사기를 당한 이야기까지 자세하게 언급하였다.[48]

한편으로 김규흥은 개간회사의 설립을 통하여 만주 지역에 와 있는 한인들로 하여금 만몽의 황무지를 개간하여 정착하도록 하는 방안을 이야기하면서, 개간이란 명분에 불과하고 사실은 독립을 위한 둔전병을 양성하는 것이 목표라고 말하였다. 김규흥은 개간회사 설립을 추진하기

47 앞의 「金復이 美洲韓人會에 보낸 편지(1911. 3. 7)」, 570~571쪽 참조.
48 「金復이 美洲韓人會에 보낸 편지(1911. 3. 7)」, 573~574쪽.

위하여 광둥의 중국인 동지의 한 사람인 우한츠伍漢持가[49] 동북 현지에 직접 가서 그곳 한인들의 상황을 조사했다고 하여[50] 이 사업이 이미 진행 중임도 내비쳤다. 만몽 지역의 개간을 통한 둔전병의 양성이라는 이 방안은 그러나 곧바로 시행되지는 못했던 것 같다. 왜냐하면 김규흥은 1920년대에 이르기까지 계속하여 개간을 통한 둔전병 양성을 독립운동의 주요 방안으로 주장하고 있었던 것을 볼 수 있기 때문이다.[51]

이뿐만 아니라 김규흥은 이 두 가지 독립운동 방안이, 자신의 의견일 뿐만 아니라 광둥 지역 중국 동지들과 상의하여 의견일치를 본 것이라는 점을 강조하면서 편지의 말미에 중국 측 발기인 명단을 밝히고 있다. 김규흥이 들고 있는 중국 측 발기인에는 추펑지아邱逢甲, 천쭝밍, 쩌우루, 쩡판曾辦, 훙쯔이洪子義의 5명이 있는데, 추펑지아, 천쭝밍, 쩌우루 세 사람은 모두 널리 알려진 광둥 지역 혁명운동의 중심인물들이었으니 김규흥은 “이들이 모두 (혁명)지사이면서 영향력을 가진 사람들이며 (여기 쓰지 않은) 나머지 사람들도 모두 얻기 어려운 사람들이다”

---

49 伍漢持는 동맹회 南方支部의 중심적인 멤버 중 한 사람으로 醫師이며 諮議局 의원이었다. 馮自由, 「香港同盟會分會及南方支部史要」, 前揭 『革命文獻』 第66輯(中國同盟會革命史料(二)), p. 3; 『莫紀彭先生訪問紀錄』, 臺北(中央研究院 近代史研究所), 1997, pp. 5~6 참조.

50 「金復이 美洲韓人會에 보낸 편지(1911. 3. 7)」, 571~572쪽.

51 예컨대 1919년 가을 김규흥이 소련 대표 포타포프(波達波夫, Potapoff)와 함께 당시 福建省 漳州에 있던 陳炯明을 방문했을 때(「김규흥이 포타포프, 陳炯明, 呂運亨과 함께 찍은 사진」 앞의 『범재와 독립운동』, 37쪽 참조) 포타포프와 陳炯明에게 韓人 屯田에 대한 지원을 요청하고 있었고 이들의 지원 약속을 바탕으로 해서 1920년 7월 上海에서 한인 지도자 安昌浩를 면담했을 때도 같은 주장을 제기하고 있었다.(島山安昌浩先生全集編纂委員會 編, 『島山安昌浩全集』 제4권(日記篇), 서울, 2000, 652~665쪽) 그리고 1921년 베이징에서 朴容萬, 謝遠函 등과 함께 興國銀行을 창설할 때도 표면상으로는 은행의 설립을 내세우고 있었지만 실제로는 군자금의 모집을 통한 屯田兵 양성을 목표로 하고 있었다고 김규흥은 말하였다.(『범재와 독립운동』, 46~47쪽 참조)

라고[52] 하였다. 이를테면 김규흥은 당시 광동 지역의 지도적인 혁명파 인사들과 연대하여 함께 한국의 독립을 도모하는 일에 나서고 있었던 것이니, 이러한 시도는 신해혁명 발발 이후 본격화되는 한인 지사들의 관내 지역 망명과 중한호조 노력의 본격적인 첫 시도였던 셈이다.

일반적으로 중국 망명 한인들의 생활은 매우 어려운 것이었는데[53], 도독부 참여 시기 김규흥의 생활 또한 그러한 어려운 형편을 벗어날 수 없었다. 자신의 망명 이후 파산에 이르게 된 집안을 돌보기 위하여 김규흥은 도독부 참여 직후 가족을 광저우로 데려오려고 시도하였으나 이루어지지 못했고,[54] 그 후 얼마간의 돈이라도 보내려고 노력하였으나 그마저도 여의치 못했다. 매월 200위엔씩 받는 봉급 가운데에서 그동안 얻어 쓴 빚을 갚고 휘하 사람들을 돌보는 데 쓰고 나면 수중에 남는 것은 한 푼도 없다고 김규흥은 어머니께 보낸 편지에서 하소연했다.[55] 또 쩌우루의 회고에 의하면 김규흥은 여러 차례 자신에게 돈을 빌려갔는데, 번번이 갚지 못하자 한번은 한국에 있는 인삼밭參田의 등기문서契紙를 주면서 "돈을 갚더라도 어차피 받지 않을 듯하여 이 등기문서를 대신 주고 매년 그 밭에서 생산된 인삼을 (밭 주인인 쩌우루에게) 주겠다"는[56] 말까지 했다는 것이다.

---

52 「金復이 美洲韓人會에 보낸 편지(1911. 3. 7)」, 574쪽. 김규흥은 발기인 명단에서 추평지아를 廣東諮議局 議長, 천종밍을 諮議局 議員 겸 법률과장, 쩌우루는 諮議局 書記長으로, 曾辦은 南洋巨商 , 洪子義는 兩廣輪船公司 總辦이라고 밝히고 있다.

53 裴京漢, 앞의『從韓國看的中華民國史』, pp. 194~196 참조.

54 「어머니에게 보낸 편지(1912. 7. 15)」,『범재와 독립운동』, 64~66쪽.

55 「어머니에게 보낸 편지(日期不明)」,『범재와 독립운동』, 67~69쪽.

56 鄒魯,「祝朝鮮復國的回顧」,『中央日報(重慶)』1945년 10월 25일, p. 3. 쩌우루에 의하면 실제로 김규흥은 매년 인삼을 자신에게 보냈다고 한다.

Ⅳ. 토원운동과『향강잡지』의 창간

김규흥이 신해혁명 직전에 제기한 독립운동 방안은 전술한 대로 두 가지인데, 그 가운데 개간을 통한 둔전병의 양성 계획은 실현되지 못했지만, 신문사의 창설 계획은 그 후 일부 실현된 것을 확인할 수 있다. 1913년 12월 홍콩에서 간행된 월간잡지인『향강잡지』가 김규흥이 중국 측 인사들의 재정지원을 받아 만든 바로 그 "언론기관"이었던 것이다. 앞에서 언급한 바이지만, 2003년에 필자는 19세기 말 20세기 초 한국을 대표할 만한 역사학자이면서 언론가요 독립운동가인 박은식의 중국 망명 시기 언론활동을 살펴보는 글을 쓰면서, 박은식의 중국 망명 이후 최초의 언론활동으로 알려져 왔던『향강잡지』를 새로 발굴하고 그 창간 경위와 내용에 대하여 자세하게 추적한 적이 있었다.[57] 여기서는 그 글을 기초로 하여 신해혁명이 좌절된 이후 김규흥의 행적과『향강잡지』의 간행 의미를 살펴보기로 한다.

주지하듯이 우창기의의 성공과 그에 이은 각성독립의 결과로 1912년 1월 1일 난징에 세워진 중화민국임시정부는 아시아 최초의 공화국 정부로서의 빛나는 성과를 드러낸 것이었다. 그러나 이어진 위안스카이와의 협상과 위안스카이의 임시대총통 취임, 그리고 혁명에 대한 위안스카이의 배반은 공화의식 곧 시민의식을 가진 시민이 없는 공화혁명의 한계를 분명하게 보여주었다. 결국 1913년 3월 쑹자오런宋教仁 암살로 나타난 위안스카이와 국민당 사이의 대립관계는, 같은 해 6월 급기야 위안스카이가 리리에쥔李烈鈞(江西), 후한민胡漢民(廣東), 바이원웨이栢

57 배경한,「중국망명시기(1910-1925) 朴殷植의 언론활동과 중국인식」,『동방학지』제121집(2003), 227~334쪽 참조.

文蔚(安徽) 등 국민당 측 도독들을 해임하는 조치를 취하자 7월, 위안스카이에 반대하는 남방 각성이 연합하여 위안스카이에 저항하는 제2혁명, 곧 토원운동으로 이어졌다. 그러나 토원운동은 위안스카이의 군사적 우위에 눌려 불과 한 달도 버티지 못하고 실패하였고 쑨원을 비롯한 혁명파 지도자들은 다시 일본을 비롯한 해외로 망명을 떠나지 않을 수 없었다.

이러한 혁명의 좌절 가운데에서 김규흥도 광둥 지역 혁명파 지도자들과 함께 홍콩으로 옮겨갔다. 홍콩에서 김규흥은 당면한 목표인 토원운동에 나서는 한편으로 조국의 독립을 위한 활동을 계속해 나갔으니, 이 두 가지 활동이 결합되어 나타난 것이 『향강잡지』의 창간이었다. 전술한 대로 원래 일간지의 창간으로 계획되었던 언론기관 창설은 1913년 봄이나 여름경부터, 다시 말하면 위안스카이에 의한 혁명의 배반이 본격화되던 무렵부터 월간잡지의 창간 계획으로 구체화되었던 것 같다. 당시 상하이에서 활동하고 있던 당대 한국 최고의 언론인이자 역사학자였던 박은식을 새로 만들어질 잡지의 주필로 초빙하기 위한 협의가 이미 1913년 봄이나 여름에 진행되었기 때문이다. 결국 10월 7일, 박은식이 상하이에서 홍콩으로 떠났고 두 달 정도의 작업 끝에 12월 1일, 『향강잡지』의 창간호가 발행되기에 이르렀다.[58] 현재 『향강잡지』의 창간호는 상하이 푸단대학上海 復旦大學 도서관, 베이징의 사회과학원 근대사연구소 도서관, 그리고 홍콩의 홍콩대학 도서관에서 각각 소장하고 있는데, 추후 알려진 바로 『향강잡지』는 3호 내지 4호까지 발행되다가 위안스카이를 비판했다는 이유로 홍콩당국으로부터 발행금지 조치를 당

58 배경한, 「중국망명시기(1910-1925) 朴殷植의 언론활동과 중국인식」, 235~236쪽.

하여 폐간되고 말았다고 한다.[59]

『향강잡지』의 창간은 중한합동으로 인하여 가능했다. 이 잡지의 창간 축사에서 김규흥은, 공명정대하고 객관적인 언론기관의 역할과 자립의 중요성을 반복하여 강조하면서도 잡지 창간의 실제적 배경에 대해서는 일체 언급하지 않았다.[60] 그러나 주필 박은식이 얼마 후 미국의 안창호에게 보낸 편지에서 "『향강잡지』가 한인 단독이 아니라 중한합동으로 운영되는 기관이었는데 그것은 당시의 상황으로 보아서 불가피한 일이었다"고 말한 것에서[61] 중국인들의 재정적 지원 사실을 분명하게 확인할 수 있다. 또 김규흥이 1911년 3월, 미주한인회에 보낸 편지에서 말한 그대로, 광둥 지역 혁명파 지도자들의 재정적 지원 아래 언론기관으로서 『향강잡지』의 창간이 이루어졌던 것이었으니 박은식은 이것을 가리켜 "중한합동"이라고 말한 것이다. 다만 이 잡지의 내용과 편집 그 자체에는 중국 측의 관여가 전혀 없이 전적으로 김규흥과 박은식에게 맡겨졌으니 이 점은 창간호의 내용을 통하여 쉽게 짐작할 수 있다.

『향강잡지』 창간호는 표지와 목차, 축사 등을 제외하고 전체 152면으로 이루어졌는데, 본론의 내용은 주로 시사적인 쟁점을 다룬 「논설」과 중앙北京의 정세를 전하는 「베이징대사기」, 세계의 주요 뉴스를 소개하는 「세계요문世界要聞」, 시사촌평인 「시평」, 흥미로운 읽을거리인 「총담」, 시 수필 등을 싣는 「예림」 등으로 구성되어 있다. 창간호의 내용 가운데 가장 핵심을 이루고 있는 것은 14편에 달하는 논설들인데, 이 가운데 절반인 7편 이상을 주필인 박은식 혼자서 썼고 나머지도 조소

59 朴殷植과 함께 『香江雜誌』의 편집에 참가했던 鄭寅普의 주장이다. 鄭寅普, 「介潔無垢의 朴殷植先生」, 『開闢』 62호(서울, 1925. 8) 참조.

60 金凡齋, 「香江雜誌祝詞」, 『香江雜誌』 창간호(1913. 12. 1), 1쪽 참조.

61 「島山安昌浩에게 보낸 편지(1914. 2. 1)」, 박은식전집편찬위원회 편, 『白巖朴殷植全集』 제5권, 동방미디어, 2002, 148쪽.

앙, 신채호 등의 한인 지사들이 쓴 것이며 「총담」이나 「예림」도 거의 모두 한인 지사들의 것으로 채워져 있었다. 말하자면 『향강잡지』 창간호는 거의 대부분의 글을 한인 지사들이 썼던 것이다.

『향강잡지』의 가장 중요한 부분인 14편의 논설들의 핵심주장은, 새로 건설된 공화국, 곧 민국의 체제를 옹호하는 것으로서 당시 민국의 존립 자체를 크게 위협하고 있던 위안스카이의 반공화주의적 언동과 정치적 독단에 대한 비판에 그 초점이 맞춰져 있었다. 특히 논설의 과반수를 쓴 박은식은 「제2차혁명후감언第二次革命後感言」, 「민국헌법초안취송지평의民國憲法草案聚訟之評議」, 「민국지명실民國之名實」, 「민기民氣」, 「민덕民德」 등의 논설을 통해 공화혁명의 좌절과 그 원인을 예리하게 파헤치고 있었으며, 그는 당시의 상황을 한마디로 "민국의 실종"으로 규정하고 있다. 박은식은 "민국이란 국민이 주인인 나라인데 현재 중국에는 국민의 주권이 없으므로 장엄한 국호인 중화민국을 만들어 세계에 공포는 하였으나 민국은 결국 하나의 허명에 불과하게 되었다"고 썼다. 그리고 위안스카이의 전제專制가 "민국 실종"의 이유가 아닌 것은 아니지만, 그보다 더 근본적인 원인은 "주권을 행사하지 못하고 있는 국민", 곧 "국민의 부재不在"에 있다고 지적하고 있었던 것이다.[62]

전술한 대로 『향강잡지』의 거의 대부분을 한인 지사들이 집필하고 있었음에 비추어, 그 내용 가운데에서 한국문제 혹은 한국독립의 주장을

62 『香江雜誌』 창간호 발간 직후 안창호에게 보낸 편지에서 박은식은, 袁世凱에 대하여 "세상에 보기 드문 인물"이라고 하면서 "영민한 수단으로 新政에 힘쓰고 있으니 수년 내에 혼란한 상황이 정돈될 것이다"라고 매우 긍정적인 평가를 내린 적이 있다. 이 점은 『香江雜誌』의 기본논조와 모순되는 것인데, 그 배경에는 박은식의 혁명파(民黨)에 대한 실망, 袁世凱와의 관계 유지를 통한 한국독립운동에 대한 지원 기대 등 현실적 이유가 있었던 것으로 이해된다. 배경한, 앞의 「중국망명시기(1910-1925) 朴殷植의 언론활동과 중국인식」, 244~246쪽.

찾기가 어렵다는 점은 매우 특이한 일이라고 하겠다. 당시 상하이와 난징을 중심으로 활동하고 있던 한인 지사들의 대부분은 신해혁명의 소식을 들은 이후, 곧 1911년 말부터 1913년에 걸쳐서 관내 지역으로 망명해 온 사람들이었고 이들에게 있어서 중국에서의 모든 활동은 기본적으로 조국 광복의 도모에 중심을 두었다.[63] 이런 점을 고려해 본다면 한인 지사들이 모처럼 갖게 된 언론기관인 『향강잡지』에서 부분적으로라도 한국독립 주장을 언급했을 법한데 그렇게 하지 않은 것을 과연 어떻게 이해할 수 있겠는가?

여기에는 『향강잡지』의 편집에 관여한 박은식, 김규흥을 비롯한 한인 지사들의 깊은 고민이 있었다고 봐야 할 것 같다. 즉, 당시 중국혁명 곧 공화혁명이 좌절되어 가고 있던 위기 속에서 한인 지사들은 자신들의 주장 곧 한국독립 주장보다 먼저 중국 공화혁명의 성공을 돕는 것, 곧 토원운동에 치중하는 것이 우선되어야 한다는 생각을 한 것으로 보인다. 이것은 어려운 형편 속에서도 출판을 위한 자금을 지원한 중국 혁명파 지도자들의 입장을 먼저 고려해야 한다는 현실적인 판단에서 나온 것일 가능성도 없지 않을 터이지만, 그보다는 더 큰, 장기적인 협력을 위해서는 중국혁명이 먼저 성공한 다음, 성공한 중국의 도움을 받아 한국의 독립과 혁명이 가능할 것이라고 하는 판단에서 토원운동을 앞세웠을 가능성이 크다고 생각된다. 이를테면 중국혁명이라는 대아大我를 위한 한국독립 주장이라는 소아小我의 희생이 아니었을까?

앞에서도 몇 차례 인용한 바 있는 미주한인회에 보낸 편지 속에서 김규흥이, "신문사를 만드는 것이 중국과 한국의 인심을 고취하고 연락기

63 배경한, 『쑨원과 한국』, 한울, 2007, 42~66쪽 참조.

관으로 삼으려는 데에 있다"고[64] 한 것이나 『향강잡지』의 편집을 하고 있을 무렵 박은식이 미국의 안창호에게 보낸 편지 속에서 "현재 중국이 어려운 상황에 있지만 그나마 한국으로서 기댈 수 있는 나라는 중국밖에 없기 때문에 지금 중국을 위하여 헌신하는 것이 반드시 남의 밭을 매는 것이라고 할 수만은 없다"고[65] 한 것은 바로 그러한 심경을 말한 것이라고 하겠다.

64 「金復이 美洲韓人會에 보낸 편지(1911. 3. 7)」, 571쪽.
65 앞에 인용한, 「島山安昌浩에게 보낸 편지(1914. 2. 1)」, 『白巖朴殷植全集』 제5권, 148쪽.

제4절

신해혁명에 참여한 한국인들 2

—김병만의 허난河南에서의 활동—

Ⅰ. 중국 망명 이전 애국계몽운동과 『민권자치제』 번역

김병만金秉萬은 1872년 강릉(강릉군 강릉읍 교동리)에서 태어났다. 그의 집안 족보에 의하면 임신년壬申年(1872년) 4월에 태어나 경자년庚子年(1900년)에 8품 주사가 되어 궁내부宮內府 기사로 발령이 났으며, 갑진년甲辰年(1904년)에 정삼품 비서감승祕書監丞으로 승진하고 병오년丙午年(1906년)에 비서감승에 임명되었다고 되어 있다.[1] 이러한 관직 임명 사실은 『승정원일기承政院日記』에서도 그대로 확인되는데 1900년에 임명된 주사가 통신사通信司 전화과電話課 주사였던 것으로 확인되고 있다.[2] 이런 내용으로 보아서 전기나 기술계통의 교육을 받은 것이 아닌가 짐작되는데 그의 학력에 대한 구체적인 자료는 현재로서는 찾을

1 『江陵金氏大同譜』 제2권(강릉, 2005), 1019쪽.

2 『承政院日記』 고종 37년 윤8월 14일; 고종 43년 3월 5일.

수 없다.[3]

하지만 1906년 국왕의 조칙을 출납하는 지위인 비서감승에 임명된 이후 1907년 일제의 통감부 설치와 함께 비서감 관제 자체가 폐지됨으로써 김병만의 비서감승 지위는 오래 유지되지 못했던 것으로 보인다. 1916년에 일제가 만든 중국 망명 한인들에 대한 정보 자료에 의하면 "(김병만은) 궁내부 비서감승을 역임했지만 (강제)병합과 동시에 관직을 잃어버리게 된 데에 불만을 품고 중국으로 망명했다"고 되어 있다.[4] 이 자료대로라면 김병만은 비서감승에 임명된 뒤 얼마 지나지 않아서 통감부 설치와 함께 진행된 강제 직제개편으로 관직에서 물러났고, 그것이 중국 망명의 일차적인 배경이 되었던 것으로 해석된다.

본인에게는 강제 해직으로 귀결되었던 "망국의 위기" 속에서 김병만은 다른 해직 관료들이나 유학자들과 마찬가지로 국권 회복을 위한 방안으로 애국계몽운동에 커다란 관심을 가지게 되었다. 현재 확인할 수 있는 자료의 범위 안에서 말한다면, 김병만은 일본 유학생 단체로서 대표적인 애국계몽 단체였던 태극학회太極學會의 후원자로서 이름을 올렸고[5] 대동학회大東學會와 대한협회大韓協會의 회원으로 이름을 올렸음이 확인된다.[6] 주지하듯이 대동학회는 신구 학문의 융합을 목표로 내세우고 만들어진 유교단체로서 이완용 등이 통감 이토 히로부미伊藤博文의 지원을 받아 만든 친일어용 단체였다. 또 대한협회는 통감부에 의하여

---

3 뒤에 상술할 것처럼 1909년에 일본어 책을 번역하여 출판했던 것으로 본다면 일본 유학 가능성도 없지 않다.

4 「在支那朝鮮人陰謀事件に關する件 1(조선총독부정무총감→ 외무차관, 1916년 9월 11일)」, 『國外抗日運動資料(日本外務省資料)』, 국사편찬위원회 한국사데이터베이스, 6~7쪽.

5 「雜報: 京城有志人社會에서 贊成金 모집」, 『太極學報』 11호(1907년 6월 24일).

6 「會員錄」, 『大東學會月報』 제3호(1908년 4월 25일); 「本會會員」, 『大韓協會會報』 제12호(1909년 3월 25일).

대한자강회가 해산당한 다음 일제 측과의 사전 조율이라는 형식으로 남궁억南宮檍, 오세창吳世昌 등을 중심으로 만들어진 애국계몽단체였지만 일부 친일 인사들의 활동무대가 되기도 했던 단체였다. 특히 대한협회는 그 정치적 주장으로 천부적 인권으로서의 민권 실현을 내세우고 있었지만, "조선의 상황"에 비추어서는 입헌군주제가 바람직하다고 하는 등 절충적 입장에 있던 단체였다.[7] 이렇게 본다면 김병만이 관직을 잃는 과정에서 관여했던 애국계몽운동은 대체로 국민에 대한 계도와 교육을 통한 국권의 회복을 목표로 하고 있었다는 점에서 "애국적"인 것이었으나 기본적인 성격만 따지고 본다면 조선왕조의 존립과 입헌군주제로의 개혁, 그리고 부분적으로는 일제와의 협력도 불가피한 것으로 받아들이는 비교적 온건하고 절충적 성격의 애국운동이었다고 말할 수 있을 것이다.

이 시기 김병만의 정치적 입장을 보다 구체적으로 확인할 수 있게 해주는 것으로, 김병만이 번역하여 융희隆熙 3년 9월 30일(양력 1909년 11월 12일)자로 출간한 『민권자치제民權自治制』라는 책이 있다. 『민권자치제』는 1888년 4월 일본에서 제정된 지방자치 관련 법률인 "시정촌제市町村制"를 우리말로 번역하면서 김병만이 따로 붙인 이름이다. 앞머리에 붙어 있는 번역자 자서에서 말하고 있는 대로 김병만은, "지방자치는 인권을 대표하는 제도로 공권公權을 민民이 함께 나누어 가지는 것이며 국정을 민이 함께 관여하는 통로이다. 지방자치는 원래 그리스와 로마 등 서구에서 나온 것이지만 일본은 이것을 받아들여 국가적 부흥을 가져왔는데 따지자면 우리 고구려의 육부분치六部分治 제도와 신라

7 성주현, 「대한협회의 민권 인식과 근대 민권운동」, 『한국민족운동사연구』 90(한국민족운동사학회, 2017), 50~60쪽.

의 군종등제軍幢等制(幢主制度)도 그리스 로마의 지방자치와 맥락을 같이 하는 것이다. 따라서 이제 일본이 서구에서 받아들인 지방자치제도를 우리가 다시 받아들이는 것은 (일본을 따라가는 것이 아니라) 우리의 고유 제도를 다시 부흥시키는 것이다"라고 하고 있다.[8] 이를테면 김병만은 지방자치야말로 민권을 실현할 수 있는 실제적 방안이라고 보고 지방자치의 실현을 통해서 국가적 부흥을 가져올 수 있다고 보았던 것이다. 김병만이 "시정촌제"나 "일본의 지방자치제도"가 아니라 "민권자치제"라는 서명을 붙인 것은 바로 그런 이유 때문이었다고 생각된다. 이 점은 서문을 쓴 남궁억도 강조하고 있었으니 그는 "국가의 부강이 군사력의 강함이나 공상업의 발전에 있다고 하는 사람들이 많지만 이것은 근본을 모르는 때문에 하는 말로 나라가 나라답게 되려면 무엇보다 (제대로 된) 국민이 있어야 할 것이다. 국민이란 자치력을 가진 인민을 부르는 이름이다"라고 말했다.[9]

주지하듯이 메이지 유신 이후 일련의 과정을 거쳐 제정된 일본의 지방자치제, 곧 시정촌제는 사실 지방민들의 자치와 그를 통한 국가적 분권체제 수립이라는 분권적 측면과 함께 지방에 대한 중앙정부의 통제와 관리라는 집권적 측면이 적당히 조정, 융합되어 만들어졌다. 그런 까닭에 이른바 서구적 공화체제의 근간이 되었던 민주체제의 기반으로서의 지방자치제도와는 일정한 거리를 두는 것이었다.[10] 이뿐만 아니라 한국의 경우 통감부 설치 이후 지방행정제도 개선을 명분으로 시작된 지방자치제 논의는 곧 일제의 지방 장악을 목표로 시작된 것으로, 민권이

---

8 金秉萬, 「譯述者自序」, 『民權自治制』, 京城(敎育月報社), 隆熙 3년(1909년) 9월, 3쪽. 여기에서는 서울시립대학 도서관 소장본을 이용하였다.

9 南宮檍, 「序言」, 위의 『民權自治制』, 1쪽.

10 강광수, 「일본 지방제도의 형성과정에 관한 연구–중앙 지방 간 융합관계를 중심으로–」, 『한국지방자치연구』 16–4(대한지방자치학회, 2015), 61~84쪽.

나 자치와는 근본적으로 거리가 멀었다. 따라서 통감부의 논의를 기점으로 애국계몽운동 내부에서 지방자치제 논의가 활발해지고 일본의 근대 지방자치제도가 한말 한국의 지방자치제도 모색 논의와 관련해서 적지 않은 영향을 미친 것은 사실이다. 그러나 한편으로 애국계몽운동 쪽에서는 참정의식과 참정권 확대를 목표로 민권 신장에 초점을 두고 지방자치 논의를 전개하고 있었던 것 또한 사실이다.[11] 이런 점에서 볼 때 김병만이 책의 제목으로 내세우고 있는 "민권자치제"는 당시 대한자강회나 대한협회로 대표되는 애국계몽운동 계열의 민지계발民智啓發, 민권신장 주장과[12] 궤를 같이하고 있는 것이었다고 말할 수 있겠다.

『민권자치제』의 출판이 교육월보사에서 이루어진 것도 주목할 만한 점이다. 『교육월보』는 1908년 6월에 창간호가 발행된 뒤 약 10개월 동안 발간된 국문잡지로서, 식자층을 대상으로 발행되었던 다른 애국계몽 계열의 국한문혼용 잡지들과는 달리 하층민과 부녀자들을 주된 대상으로 한 일종의 통신강의록이었다. 물론 그 주된 내용은, 새로운 학문의 소개와 함께 풍습의 개량을 위한 실제적 지식 등을 소개하는 것으로서 애국심의 고취와 교육을 통한 자주독립과 국권회복을 목표로 삼고 있는 것이었다.[13] 이 잡지의 편집 및 발행인을 맡았던 남궁억은 교육월보의 창간취지서에서 "나라의 흥망은 그 안에 사는 인민의 지식 유무에 달려 있는데 지식의 유무는 교육의 발달 여부에 달려 있다. 그런 즉 교육이란 나라를 문명케 하고 부강케 하는 요인이다"라고 말하였다.[14] 이

11 곽정, 「애국계몽운동가들의 지방자치론과 그 운동」, 『숭실사학』 11(숭실대학교사학회, 1998), 95~99쪽.

12 김태웅, 「근대 중국 일본의 지방자치론과 한말의 지방자치 문제」, 『역사교육』 64(역사교육연구회, 1997), 56~59쪽.

13 최기영, 「구한말 교육월보에 관한 일고찰」, 『서지학보』 제3호(한국서지학회, 1990), 2~27쪽.

14 「교육월보취지서」, 『교육월보』 창간호(1908년 6월).

를테면 망국의 위기를 해결하고 자주를 회복하는 길은 (요원하더라도) 교육과 같은 인민의 지식을 계발하는 데에서부터 출발해야 한다는 주장이다. 바로 이 남궁억이 『민권자치제』의 서문을 썼으니, 김병만의 『민권자치제』 번역 출간에는 『교육월보』의 주장이라고 할 교육과 계몽을 통한 실력 양성론이 기본이 되고 있음을 볼 수 있는 것이다. 요컨대 중국 망명 이전까지의 김병만의 기본적인 입장은 남궁억의 주장과 기본적인 궤를 같이하는, "민지계발, 실력 양성을 통한 국권 회복"에 있었음을 확인할 수 있는 것이다.

Ⅱ. 중국 망명과 허난행

족보에 의하면 김병만은 임자년壬子年(1912년)에 관직을 버리고 중국으로 건너갔다掛冠渡華고 기록하고 있다. 그러나 해외독립운동 기지 건설 및 무관학교 설립을 목적으로 신민회의 파견을 받아 1909년 2월에 베이징에 파견되었던 조성환曺成煥이[15] 1911년 11월 22일자로 미국의 안창호에게 보낸 편지 가운데 김병만을 만난 이야기를 자세하게 하고 있었던 점으로만[16] 보더라도 적어도 이 시점 이전에 중국으로 건너간 것이 확인된다. 그런 한편으로 앞에서도 인용한 1916년 9월 중순에 작성된 일제 측 정보 자료 속에서 "(강제)병합과 동시에 직을 잃은 데 대한 불평의 결과 메이지明治 44년(1911년)에 상하이로 왔고 이어서 후난湖南으로

15 梁台錫, 「晴簑 曺成煥(1875-1948)의 항일독립운동」, 『한국근현대사연구』 53(한국근현대사학회, 2010), 10~11쪽.

16 「조성환이 안창호에게 보낸 편지[1911년 10월 2일(양력 11월 22일)]」, 도산안창호선생전집편찬위원회 편, 『島山安昌浩全集』 제2권(서한Ⅱ)(도산안창호선생기념사업회, 2000), 613~614쪽.

갔으며 현재는 베이징에 거주하고 있다"고 한 점으로 보더라도 족보의 기록인 1912년보다는 더 이른 시기에 망명길에 올랐음을 알 수 있다.[17]

김병만의 중국 망명 일자를 보다 구체적으로 알 수 있게 해 주는 것은 중국 측 자료들을 통해서이다. 우선 허난성 뤄양洛陽 근교의 구산緱山에 있는 "승선태자비升仙太子碑"의 뒷면에 새겨져 있는 김병만의 칠언율시七言律詩 한 수를 들 수 있다. "승선태자비"는 7세기 말 당唐의 측천무후則天武后가 뤄양 부근 도교의 명승지인 숭산嵩山에 왔던 길에 근처 구산의 승선태자묘升仙太子廟에 유숙했다가 고대 동주東周의 태자였다가 구산에서 학을 타고 신선이 되었다는 전설 속 인물인 태자 희진姬晉을 기리는 비문을 짓고 직접 글씨를 써서 비석으로 만들도록 했다고 알려진 비석이다. 이 비석의 뒷면 한쪽에 김병만의 낙관이 찍힌 칠언율시가 한 수 새겨져 있는데 그 연유는, 후술할 것처럼 뤄양 근교 옌스현偃師縣(현재의 洛陽市 偃師區) 사람으로 신해혁명 시기 허난 혁명파의 중심적 인물로 활동하던 양위엔마오楊源懋(자는 勉齊)의 도움을 받아 이루어진 일인 것으로 판단된다.

"승선태자비" 뒷면에 새겨져 있는 김병만의 시는 "황하가 숭산을 굽어 도는데 그 가운데 있는 구산에 멀리서 나그네가 왔네. (신선이 되었다는) 태자는 돌아오지 않고 피리 소리도 끊어지고 학도 보이지 않네. 석양에 (얼어붙은) 붓을 입김으로 불며 황량한 묘대廟臺를 내려오네黃河嵩岳抱縈廻, 中有緱山遠客來, 王子不還笙鶴斷, 夕陽呵筆下荒臺"라는 내용이다. "승선태자비"에 얽힌 태자(왕자) 희진에 얽힌 고사와 함께 이국을

17 다만 뒤에서 자세하게 언급하게 될 것처럼, 이 정보 자료에서 김병만이 湖南으로 갔다고 했는데 湖南이 아니라 河南의 오기라고 봐야 한다. 이 자료에서 "湖南省 의회 의장을 지낸 楊勉齊의 소개로 (중국인으로) 귀화하여 偃師縣에 入籍하였다"고 하였는데 楊勉齊는 본명이 楊源懋로 신해혁명 시기 허난성의 대표적인 혁명파 지도자로서 신해혁명 직후 만들어진 허난성 (臨時)議會 議長이었고 偃師縣 사람이었다.

떠도는 망국인으로서의 자신의 처량한 처지를, 이제는 들리지 않는 (태자의) 피리 소리와 보이지 않는 학, 그리고 석양에 비유하며 나타내고 있다. 그런데 이 시의 끝에 "선통원년 국월, 한인 정삼품 통정대부 내각전비서감승 김병만宣統元年 菊月, 韓人 正三品 通政大夫 內閣前祕書監丞 金秉萬"이라는 낙관이 함께 새겨져 있다.[18] 선통 원년은 1909년이고 국월은 음력 9월이니 작시나 비각 시기가 1909년 양력 11월경이었음을 분명하게 알려 주는 것이다. 이때 김병만이 처음 이곳에 왔는지 아니면 이전에 왔다가 다시 온 것인지는 확실히 알 수 없지만, 1909년 11월 이전에 허난 뤄양 지역에 왔다는 것은 분명하다.

이런 가운데 신해혁명 시기 허난성 혁명파의 대표적인 인물인 양위엔마오에 관한 일부 자료에서 김병만에 대해 언급한 것이 주목을 끈다. 양위엔마오는 1907년 19세의 젊은 나이에 진사進士에 급제하여[19] 법부法部 주사로 임명받았지만 부패한 관계에 실망하여 귀향한 다음 구산廟祠에 순경학교巡警學校를 개설하여 인재를 육성하는 등, 옌스, 뤄양, 카이펑開封 등지에 여러 개의 학당을 개설하고 교육을 통한 계몽운동에 힘을 쏟고 있었다. 그러다가 양위엔마오는 학당을 개설하던 시기보다 조금 앞선 1905년 일본 도쿄에서 쑨원과 중국 유학생들을 중심으로 만들어진 반청 혁명단체인 중국혁명동맹회의 영향을 받게 되면서 동맹회에 가입하고 자신이 경영하고 있던 학당을 중심으로 혁명운동을 전개하게 되었다. 그런데 이때 조선 지사 김병만이 양위엔마오의 도움을 받으

18 『偃師縣志人物志』; 『陽勉齊紀念碑』, 모두 아래 인터넷 사이트에서 재인용하였다. https://baike.baidu.com/item/%E5%8D%87%E4%BB%99%E5%A4%AA%E5%AD%90%E7%A2%91/4286399?fr=aladdin (2021년 7월 20일 검색).

19 중국의 과거제에서 進士는 과거 2次試인 會試를 통과한 최고 학위로서 주로 중앙 관직에 임명된다.

며 구산 기슭緱陽의 학교에 기숙하였다고 언급되어 있다.[20] 이 기록을 통해서 본다면 김병만이 1909년 11월경에 양위엔마오가 만든 순경학교, 곧 구양학교緱阳學校에 와서 머물고 있다가 바로 그곳에 있던 "승선태자비"에 시를 새겨 넣었던 것을 알 수 있다. 이것으로 김병만이 허난 뤄양에 온 것은 1909년 11월 이전인 것을 확인할 수 있게 되었다.

여기에다 앞에서 살핀 대로 김병만이 『민주자체제』를 번역 출간한 것이 1909년 9월 말(양력 11월 중순)이었다는 점과, 1911년 11월 말 조성환의 편지 가운데 김병만을 언급하면서 "지방자치에 대한 책을 낸 사람인데 이번에 도강渡江하면서 그 책을 가지고 왔다"고[21] 한 점으로 미루어 본다면 "민주자치제" 출간 직후 허난을 방문하였다가 1910년이나 1911년경에는 베이징으로 와서, 혹은 허난에서 베이징을 오가면서 조성환을 만나고 있었던 것으로 볼 수 있을 것이다.[22]

Ⅲ. 허난·산둥山東 지역 혁명파 인사들과의 교유

1. 허난 지역 혁명파 인사들과의 교유

김병만이 상하이나 베이징이 아니라 허난으로 가게 된 것과 관련해서 후손들에게 전해지고 있는 이야기로는 (이전부터 교류가 있던) 위안스카이의 지원을 받기 위하여 그의 고향인 허난성 샹청項城으로 갔다는 이

20 http://big5.huaxia.com/ytsc/zywh/hzhn/2011/09/2604464.html (2021년 7월 20일 검색).

21 앞의 「조성환이 안창호에게 보낸 편지[1911년 10월 2일(양력 11월 22일)]」, 614쪽.

22 같은 편지에서 조성환은 김병만을 이전부터 알고 있던 인물로 표현하고 있지는 않다. 두 사람의 관계에 대해서는 향후 더욱 자세한 연구가 필요할 것이다.

야기가 있다.[23] 또 1916년 12월에 작성된 일제 측 정보 자료에는 "김병만이 허난성 (북부) 웨이후이부衛輝府에 살고 있는데 조남승趙南升과 함께 원가袁家에 의존하여 살고 있다"고[24] 되어 있는데, 이때의 원가는 위안스카이 집안을 말하는 것으로 보이기 때문에 후손들의 이야기가 일면 타당성을 가지고 있는 것으로 보인다. 물론 위안스카이나 그 가족들이 한국독립을 지지하거나 한인 지사들의 활동을 지원했다고 볼 수 없다는 주장이 있지만[25], 당시 중국으로 망명한 상당수 한인 지사들이 위안스카이의 지원을 기대하거나 위안스카이와 관계가 있었던 것은 이미 밝혀진 대로이다. 예컨대 수구적 유학자였던 이승희李承熙 같은 경우는 위안스카이와 밀접한 관계를 유지하고 있었고,[26] 개혁적 유학자라고 할 박은식의 경우에도 기본적으로 공화혁명을 지지하면서도 위안스카이와의 관계를 유지해야 한다는 입장이었으며,[27] 보다 진보적 입장이었던 것으로 볼 수 있는 이회영李會榮의 경우에도 한인 정착을 위한 간도 지역 지방 관리들과의 협상에 도움을 받기 위해 위안스카이를 만난 적이 있다.[28] 요컨대 김병만이 위안스카이와의 관계로, 혹은 위안스카이의 지원을 기대하고 중국, 그것도 허난으로 망명했다는 것은 충분히 있

23 김병만의 증손 김검재의 2021년 7월 16일자 증언.

24 「在支那特命全權公使→ 外務大臣(1916. 12. 18.)」, 『日本外務省資料(한국사데이터베이스)』, 5쪽.

25 정치적 외교적 입장에서 볼 때 1910년대 袁世凱는 기본적으로 친일적인 입장이었으며 한국독립운동에 대하여 무관심하였다. 신승하, 「민국 초 군벌과 한국독립운동」, 국사편찬위원회 편, 『한민족독립운동사』 6권(열강과 한국독립운동), 국사편찬위원회, 1989.

26 王元周, 「1910년대 전반기 韓溪 李承熙의 중화사상과 민족인식-辛亥革命에 대한 중국인 李文治와의 논쟁을 중심으로-」, 『역사교육』 103(2007), 217~220쪽.

27 배경한, 「중국 망명시기(1910-1925) 박은식의 언론활동과 중국인식」, 『동방학지』 121(연세대학교 국학연구원, 2003), 240~247쪽.

28 李恩淑, 『西間島始終記—우당 이회영의 아내 이은숙 회고록』, 일조각, 2017, 77~79쪽; 서중석, 『신흥무관학교와 망명자들』, 역사비평사, 1988, 69~70쪽.

을 법한 일이다.

그러나 중국 망명 이후 특히 허난 지역에서 김병만이 주로 교유한 인물들은 앞에서 언급한 양위엔마오를 비롯한 반청 혁명파 인물들이었다. 김병만이 이들과 교유하게 된 계기가 무엇이었던가를 밝힐 만한 직접적인 자료는 보지 못했지만, 김병만보다 몇 달 앞서 베이징에 와서 중국 측 인사들과의 교유를 모색하고 있던 조성환이 김병만에 대한 언급을 포함한 안창호에게 보낸 편지에서 "(제가) 1910년 겨울 이전까지는 언어가 부족하여 (중국 인사들과의) 교제가 넓지 못했는데 올해(1911년)부터는 각성各省에서 주동력이 있는 자들과 밀접한 교제를 가지기 시작했습니다… 중국淸國에 대한 우리의 희망으로 말하자면 당초부터 민당民黨에 있지 정부에 있는 것이 아닙니다"라고 말하고 있었으니[29] 이를테면 조성환, 김병만 등 당시 망명 한인 지사들의 기본적 관심이 민당, 곧 혁명파 인사들과의 교유에 집중되었음을 알 수 있다.

김병만이 어떻게 허난성 혁명파 인사들과 교유를 시작하게 되었는지에 대해서도 알려진 바가 없다. 그러나 신해혁명武昌起義 직전 허난성에서의 혁명운동과 혁명파의 상황을 살펴본다면 그 단초를 찾아볼 수 있다. 1905년 도쿄에서 반청 공화혁명을 목표로 하는 혁명단체인 중국혁명동맹회가 만들어진 이후에 10여 명의 허난성 출신 일본 유학생들이 동맹회에 가입하게 되었는데, 그 가운데 일부 동맹회 회원들이 귀향하여 1906년 동맹회 허난지부를 조직하게 되었다.[30] 이 가운데 특히 신차이현新蔡縣 출신 유학생 리우지쉬에劉積學의 활동이 활발하였으니 리우

29 앞의 「조성환이 안창호에게 보낸 편지[1911년 10월 2일(양력 11월 22일)]」, 614쪽.

30 袁蓬, 「河南仁人志士在辛亥革命中」, 中國人民政治協商會議全國委員會 文史資料委員會 編, 『辛亥革命在各地』, 北京(中國文史出版社), 1991, pp. 380~383; 楊曉軍, 「豫籍留日學生群體與河南辛亥革命芻議」, 『河南理工大學學報』 12-3(鄭州, 河南理工大學, 2011), pp. 356~360.

지쉬에는 1907년 혁명파 잡지인 『허난』을 창간하고[31] 카이펑開封에 개설한 신식학당 중주공학中州公學을 중심으로 혁명조직과 선전에 적극적으로 나서고 있었다. 또 리우지쉬에의 형인 거인擧人(과거 시험 중 향시 합격자) 출신 리우지쉰劉積勛 또한 동맹회에 가입한 다음 사숙私塾을 고쳐 신식 학당으로 만들고 이들 학당을 기반으로 한 교육활동을 통하여 혁명을 고취하는 데에 적극적으로 나서고 있었다. 그 결과 신차이현이 전체 허난성 혁명운동의 중심이 되기에 이르렀으니 1908년에 신차이현의 동맹회 회원 수가 30여 명에 이르렀고, 1909년에는 100여 명에 이르렀다.[32] 바로 이 리우지쉰 관련 기록 가운데 "신해혁명 직전 시기에 허베이성河北省의 샹전商震, 산둥성의 리우관산劉冠三, 조선인 김병만이 혁명 참여를 이유로 청 정부의 수배령이 내려지자 이를 피해 신차이현으로 와서 리우지쉰의 집에 머물렀다"고[33] 되어 있다.

리우지쉰의 고향인 신차이현은 위안스카이의 고향 샹청과 바로 붙어 있는 지역이니, 추론하자면 위안스카이의 지원을 받을 목적으로 샹청으로 왔던 김병만이 곧이어 인근 신차이현 지역에서 활발하게 전개되고 있던 학당 중심의 혁명운동에 관심을 가지게 되고, 리우지쉰 등을 중심으로 하는 혁명파 인사들과 교류하게 되었으며 뒤이어 뤄양과 그 인근 옌스현偃師縣의 혁명파 지도자 양위엔마오와 교유를 가지게 되면서 구

31 劉積學과 함께 『河南』 잡지 창간을 주도했던 河南 許州 출신의 張鍾瑞와 『河南』 잡지의 내용에 대해서는 曹辰波, 「生爲共和, 死爲共和-河南辛亥革命領袖張鍾瑞與 "河南" 雜誌革命思想述略」, 『商丘職業技術學院學報』 18-4(河南商丘, 商丘職業技術學院, 2019), pp. 21~24 참조,

32 趙榮霞, 崔英杰, 「辛亥革命在駐馬店」, 『協商論壇』 2010-12(駐馬店, 駐馬店市政協, 2010), pp. 56~58; 王武, 「辛亥革命中的豫籍革命黨」, 『蘭台世界』 2013-8(瀋陽, 遼寧省檔案館, 2013), pp. 37~38.

33 「新菜劉氏兄弟劉積學, 劉積勛」, http://www.huaxia.com/ytsc/zywh/hzhn/2011/09/2583620.html (2021년 7월 25일 검색).

산과 구양학교로 가서 머물게 된 것이 아닌가 생각된다. 앞에서 살펴본 구산에 있는 "승선태자비"의 뒷면에 김병만이 한시를 새겨 넣었던 것은 바로 이런 과정에서 구양학교 창시자이면서 교장이었던 양위엔마오의 도움을 받아 이루어진 일일 것이다.

김병만과 허난 혁명파 인사들과의 교유 상황을 조금 더 구체적으로 알 수 있는 것은, 1912년 6월 카이펑에서 양위엔마오가 병으로 죽었을 때 김병만이 썼다고 하는 만련挽聯(추도의 글)을 통해서이다. 만련의 내용은 대체로 양위엔마오의 재능과 인격을 칭송하면서 혁명운동에서의 혁혁한 공로와 함께 김병만 자신에 대한 우의와 후한 접대, 그리고 고인에 대한 그리움 등을 절절하게 그리고 있다.[34] 그 가운데 특히 주목할 만한 내용은 양위엔마오의 학계에서의 인재 육성, 혁명전쟁에서의 혁혁한 공적[35], 그리고 혁명 후 만들어진 허난성 임시의회에서의 의장으로서의 적극적인 활동(발언)을 하나하나 묘사하며 칭송하고 있는 대목과, 먼 나라에서 온 망국민인 자신을 정성껏 도와준 것을 제齊나라 포숙

34 挽聯의 전문은 "公眞由嵩岳鍾毓而生, 雅望重當時, 亦俊秀, 亦光明, 爲學界則樂育才, 爲戰事則思流血, 爲議會則倡發言, 何期大局粗乎, 振衣看民國成功, 一笑乘風遽歸別, 我倍增秋水蒼茫之感, 私交在平日, 無主賓, 無畛域, 論疏財似齊鮑叔, 論救難似漢孔褒, 論詩文似唐杜甫, 竟致中途長別, 伏枕疑故人入夢, 五更日落太凄涼"이다. https://baike.baidu.com/item/%E5%8D%87%E4%BB%99%E5%A4%AA%E5%AD%90%E7%A2%91/4286399?fr=aladdin (2021년 7월 27일 검색).

35 여기서 말하는 혁명전쟁은 武昌起義 발발 직후 河南 출신으로 陝西에서 활동하던 동맹회원 張鈁이 西安에서 新軍起義에 성공한 이후 東征軍을 만들어 河南 서부 지역으로 진격해 淸軍의 남하를 막으려고 시도하자 河南 동맹회원 楊源懋, 劉粹軒 등이 농촌 지역의 농민무장 세력을 동원하여 東征軍에 가담했던 것을 말하는데, 당시 楊源懋는 東征軍 祕書長을 맡았다고 한다. 張鈁, 「河南辛亥革命的回憶」, 中國人民政治協商會議全國委員會 文史資料委員會 編, 『辛亥革命親歷記』, 北京(中國文史出版社), 2001, pp. 616~617; 張華騰, 「辛亥革命前後的張鈁」, 『洛陽師範學院學報』 39-3(洛陽, 洛陽師範學院, 2020), pp. 35~43; 石東, 「辛亥革命時期河南的武裝鬪爭」, 『協商論壇』 2011-9(鄭州, 政協河南省委, 2011), p. 50; 「楊勉齊」, http://big5.huaxia.com/ytsc/zywh/hzhn/2011/09/2604464.html (2021년 7월 27일 검색).

鮑叔과 한漢나라 공포孔褒에 비유하고 있는 대목이다. 아쉽게도 만련의 내용 가운데 김병만 자신의 활동을 직접 알려 주는 대목은 없다. 그러나 양위엔마오의 혁명 활동에 대한 기록과 칭송 가운데에서, 중국의 공화혁명과 혁명파의 혁명운동에 대한 김병만의 깊은 이해와 적극적인 지지 사실을 확인하는 것은 어렵지 않다.

이렇게 볼 때 망명 이후 김병만의 혁명파 인사들과의 교류는 자연스럽게 김병만의 사상적 변화로 연결되었을 것으로 짐작된다. 앞에서 살핀 대로, 적어도 망명 이전 시기까지는 일본식 지방자치와 국민적 정치 참여의식 고양을 통한 입헌국가(입헌군주제) 실현, 그리고 이를 통한 국권의 회복을 목표로 삼고 있었던 김병만이 중국 허난으로 망명한 이후 직접 목도하게 된 공화혁명의 영향으로 일거에 공화혁명 지지 입장에 서게 된 것이 아닌가 짐작되는 것이다. 사실 이러한 사상적 전변轉變은 거의 같은 시기에 중국으로 망명한 한인 지사들이 겪었던 급격한 이념적 변화와 궤를 같이하는 것으로 볼 수 있다. 예컨대 1908년 말이나 1908년 초 고종으로부터 한인군관 양성이라는 밀명을 받고 상하이로 왔던 김규흥의 경우 도착 직후 상하이 지역 혁명파의 중심 지도자 천치메이陳其美와의 교류를 통하여 근왕주의를 버리고 공화주의로 돌아서게 되고 이어서 혁명의 중심지 광둥 지역으로 옮겨가 혁명파의 무장 폭동에 직접 가담하게 되었으니 말 그대로 급격한 사상적 전변을 경험하고 있었다고 볼 수 있다.[36]

다소 결이 다른 대목이 포함된 이야기이긴 하지만 망명 이후 김병만의 변화에 대하여 같은 시기 베이징에서 활동하던 조성환은, "정치상

36 배경한, 「신해혁명과 한국-金奎興의 廣東에서의 활동을 중심으로-」, 『역사학보』 212 (2011).

식견識見과 외교에 능력이 많아 국내內地에서 드문 인격이라 장래 좋은 결과가 이 양반此人 신상에 많을 듯합니다. 이 양반이 처음 왔을 때初渡時는 낙심에 빠진 사람落心派에 불과하여 개인적 영욕榮辱을 추구하고자 하는 생각도 없지 않았지만 저와 함께 활동合同한 이후로는 단체적 행동이 날로 증진하고 있습니다"라고[37] 말하고 있다. 편지에서 조성환은 낙심파란 김병만이 관직에서 쫓겨나 망명하게 된 상황을 이른 것 같은데, 그런 김병만이 망명 후 변화하여 단체(국가)를 위해 행동하고 헌신하고자 하는 태도가 커졌다는 것이다. 김병만의 이러한 변화는 조성환을 비롯한 망명 지사들의 애국적 헌신의 영향을 받은 결과라고 말할 수도 있겠으나 앞에서 살핀 바, 중국 혁명운동의 분위기를 직접 목도하고 경험하면서 얻게 된 변화라고 볼 수도 있을 것이다.

한편으로 김병만의 허난 혁명파 인사들과의 교류는, 거꾸로 조성환에게도 적지 않은 영향을 미친 것으로 보인다. 앞에서 언급한 대로 1909년 2월경 신민회의 파견을 받고 베이징에 와 있던 조성환은 중국 현지의 정세를 살피는 것과 동시에 한인 학생들에 대한 유학을 알선하기 위해 각성의 학계 인사들과 교유를 모색하고 있었다. 이런 조성환에게 김병만의 허난 인사들과의 교유 소식은 좋은 돌파구로 받아들여졌을 것으로 짐작되는 것이다. 우창기의 발발 직전인 1911년 9월 3일 안창호에게 보낸 편지에서 조성환은 "베이징은 원래 학생 양성할 곳은 못 되니 학생들로 하여금 우선 베이징에서 2~3년간 말(언어) 준비를 하고 인정人情 풍속風俗을 익힌 후에 교통이 편리한 남방 각성 학계(학교)에 보내어 모범적 행동으로 수업을 받게 하는 것이 좋겠는데… 그간 허난성 학계

37 앞의 「조성환이 안창호에게 보낸 편지[1911년 10월 2일(양력 11월 22일)]」, 614쪽. 조성환이 김병만을 가리켜 "낙심파"라고 한 것은 망국과 그로 인한 강제 퇴직에 낙심한 채 그것을 만회하는 데(개인적 영욕)에만 관심이 있는 사람이라는 정도의 표현인 것 같다.

유력자와 교제하여 동정을 많이 얻었으니 허난성부터 시작하여 볼까 합니다"라고[38] 말하고 있었다. 이어서 11월 20일 편지와 11월 22일자 편지에서는 "금년(1911년)부터는 각성에 주동력이 있는 자들과 밀접한 교제가 있고 이번 여름부터는 허난 학계에서 허난성 학무學務를 도와 달라 간청하는 것을 베이징을 비울 수 없어서 허락하지 못하고 급하지 않은 일이니 내년에 다시 말하자고 하였습니다"라고[39] 하고 있다. 이를테면 조성환은 (김병만을 통하여) 1910년 내지 1911년 전반기에 허난성의 혁명파 지도자들과 밀접한 교류를 가지게 되었고, 그 결과로 허난성에서 학무 곧 학당 관련 일을 도와달라는 요청을 받았다는 내용이다. 여기서 말하는 허난성 학무가 구체적으로 어떤 일인지는 확인할 수 없지만 김병만이 교류하고 있던 허난성 혁명파 인사들이 주도하고 있던 여러 학당에서 강의를 맡아 교육에 기여하는 일이 아니었을까 추론해 볼 수 있을 것이다.

실제로 1905년 과거제 폐지 이후 청조에서 개혁정치新政의 일환으로 신식 학당의 개설을 적극적으로 장려한 이후 각 지역마다 수많은 신식 학당이 등장하게 되었고[40] 이들 신식 학당이 혁명파의 이념을 선전하고 조직을 확장하는 가장 중요한 통로가 되었다.[41] 허난성의 경우에도 마찬가지였으니 지역 혁명파 인사들의 주된 활동무대가 학당을 통한 교

38 「조성환이 안창호에게 보낸 편지[1911년 7월 22일(양력 9월 14일)]」, 앞의 『島山安昌浩全集』 제2권(서한Ⅱ), 573쪽.

39 「조성환이 안창호에게 보낸 편지[1911년 9월 晦日(양력 11월 20일)]」, 앞의 『島山安昌浩全集』 제2권(서한Ⅱ), 605쪽; 앞의 「조성환이 안창호에게 보낸 편지[1911년 10월 2일(양력 11월 22일)]」, 613쪽.

40 1905년 6,200여 개 정도였던 전국의 新式小學堂의 숫자가 1909년에 50만 개 이상으로 폭증했다. 左松濤, 『近代中國的私塾與學堂之爭』, 北京(三聯書店), 2017, pp. 254~255.

41 桑兵, 『晚清學堂: 學生與社會變遷』, 上海(學林出版社), 1995, pp. 354~370.

육 사업이었던 것을[42] 감안해 볼 때 허난성 학계에서 조성환에게 학무에 관한 도움을 요청했다는 것은 학당에서의 실질적인 수업을 담당하거나 학생에 대한 관리를 부탁한 것일 수도 있고, 나아가 혁명이념의 선전에 참여해 달라는 부탁일 수도 있을 것이다.

2. 산둥山東 지역 혁명파 인사들과의 교유

허난성 인사들로부터 학무를 도와달라는 간청을 받았다는 조성환은 1911년 11월 20일자 편지에서 산둥성 혁명파와 관련하여 "혁명革亂 발생 이후에 산둥성의 주동력을 가진 몇 사람이 기어이 같이 가서 군사훈련練兵을 도와 달라 간청하는데 허락지 못한 것은 그럴 만한 이유가 있습니다… 만일 가서 일이 낭패하여도 산둥 한 성에 그치는 것이니 다른 성의 신당新黨에게 다대한 동정을 얻을 수 있고 전패戰敗하여 저 한 몸 희생하더라도(馬革에 싸이더라도) 우리나라 전체에 대하여 영원한 도움을 (위한 씨앗을) 심는 것이니 다른 사람 없으면 저라도 가는 것이 좋고 또 각성 신당의 실지형편을 정탐하고 군사상 실지경험을 많이 하는 것도 뒷날 도움이 될 것이라는 개인적인 욕심이 있습니다만… 과연 그들의 정도와 실력이 도와줄 만한 일인지 확실하게 알 필요가 있고 정부의 행동을 보아 그 정략이 어디로 낙착될 것인가를 알아야 하겠기에 경거망동할 수 없어서… 인형仁兄(안창호)의 말씀 없이는 움직이기 어려우니 속히 답장하여 주시기 바랍니다"고 하고 있다.[43] 이 내용으로 보자면 혁명전쟁에 가담하여 생명을 버릴 각오까지 하면서 산둥 지역 혁명파의

42 何洛, 「辛亥革命前後的洛陽」, 『協商論壇』 2011-10(鄭州, 政協河南省委, 2011), p. 17.
43 앞의 「조성환이 안창호에게 보낸 편지[1911년 9월 晦日(양력 11월 20일)]」, 604~606쪽.

도움 요청에 응할 생각을 하고 있지만, 현재 상황을 좀 더 확인한 다음 행동에 옮길 생각임을 알 수 있는 것이다.

이어서 이틀 뒤인 11월 22일에 쓴 편지에서는 "(혁명으로) 각성이 일어나 독립한 뒤에 산둥성에서 군사훈련練兵事務을 도와 달라는 간청을 받았습니다. 일전에 먼저 김병만 씨가 (산둥성으로) 갔는데 이 형이 가서 형편을 자세히 알아보고 난 다음에 편지하겠다는 약속이 있으니 이 형의 통기를 듣고 거취를 정하고자 합니다"고[44] 말하고 있다. 이틀 사이에 김병만과 산둥성 혁명파 인사들의 군사훈련 참여 요청에 대한 상의를 하고 현지 실정을 파악하기 위해 김병만이 먼저 떠났다는 것이다.

조성환이 대한제국 무관학교 출신이었다는 점을 고려한다면 조성환에게 다른 일이 아닌 군사훈련을 도와달라고 한 것은 충분히 있을 만한 일이지만 산둥의 누구와, 또 어떤 내용의 연락이 있었는지를 이 편지로는 알 수가 없다. 다만 허난성에 비하여 혁명파의 활동이 훨씬 활발했다고 할 수 있는 산둥성에서도[45] 1906년 이후 혁명파 인물들을 중심으로 만들어진 여러 신식학당들을 통하여 혁명사상이 전파되고 혁명조직이 만들어지고 있었다는 상황에 주목할 필요가 있을 것이다. 특히 김병만이나 조성환과 관련해서는 산둥 혁명파의 중심인물인 리우관산에 주목할 필요가 있다. 앞에서 인용한 허난 신차이현 리우지쉰에 관한 기록 가운데 김병만과 함께 허베이의 샹전商震과 산둥의 리우관산이 마찬가지로 청조의 수배를 피해 리우지쉰의 집에 머물렀다고 말하고 있기 때

44 앞의 「조성환이 안창호에게 보낸 편지[1911년 10월 2일(양력 11월 22일)]」, 613쪽.

45 후술할 것처럼 산둥성에서는 비록 10여 일(11월 12일부터 24일까지)에 불과하지만 淸朝로부터 독립을 선포하여 유지된 적이 있는데, 허난성에서는 혁명파 인사들에 의한 여러 곳에서의 혁명기의 시도에도 불구하고 성공하지 못하였고 청조로부터 독립을 성취하지도 못했다.

문이다.[46]

리우관산은 신해혁명 시기 산둥성을 대표하는 혁명파 지도자였다. 산둥성 가오미현高密縣 출신으로 지난濟南에 있는 신식학당 산둥사범학당山東師範學堂(山東大學堂 師範館)에서 신식 학문을 익힌 리우관산은 1905년 동맹회에 가입하고 1906년 봄, 청조의 과거제 폐지에 이은 사립학교 설립 허용에 따라 지난에 산좌공학山左公學이라는 학당을 개설하고 혁명운동을 위한 선전과 조직에 앞장섬으로써 산둥 혁명파의 중심인물이 된 사람이다. 1907년 겨울 청 정부의 감시와 압박을 피해 산좌공학을 떠난 리우관산은 1908년 2월 독일의 조차지로 청조의 직접적인 감시를 피할 수 있었던 칭다오青島로 옮겨 다시 진단공학震旦公學이라는 학당을 개설하고 혁명 활동을 이어갔다. 청조가 독일 총독에게 압력을 넣어 1908년 겨울 진단공학마저 문을 닫게 되자[47] 1909년 봄부터 리우관산은 허난, 안후이, 산시, 산시陝西 등 여러 지역을 도보로 돌며 각지의 혁명파 인사들과 교유하는 등 혁명의 확산에 나섰다. 이런 중에 특히 리우관산은 허난 카이펑의 중주공학에서 강연을 하여 많은 학생들에게 감동을 주었다고 한다.[48] 리우관산의 이러한 행적에 비추어 봤을 때 1909년 11월 혹은 그 이전에 신차이현과 뤄양에 머물면서 리우지쉰, 양위엔마오 등과 교유하고 있던 김병만이 리우관산을 만나거나 교유했을 가능성은 충분히 있었을 것으로 판단된다. 그리고 김병만, 혹은 김병만과 연

---

46 앞의 「新棻劉氏兄弟劉積學, 劉積勛」, http://www.huaxia.com/ytsc/zywh/hzhn/2011/09/2583620.html (2021년 7월 25일 검색).

47 鍾春翔, 「簡析清末同盟會在山東的教育活動」, 『山東教育學院學報』 78(濟南, 山東教育學院, 2000), pp. 50~51; 劉永輝, 「辛亥革命前後青島革命黨人的革命活動和擧義」, 『春秋』 2011-4(濟南, 山東省政協文史資料委員會, 2011).

48 이상 신해혁명 시기 劉冠三의 행적에 대해서는 劉漪·文明曉, 「辛亥革命中的劉冠三先生」, 『春秋』 2001-6(濟南, 山東省政協文史資料委員會, 2001) 참조.

결되어 있었던 조성환이 리우관산을 통하여 산둥 지역 혁명파 인사들과의 연락이나 교유가 있었을 가능성 또한 충분하다고 여겨진다.

다시 시기를 조성환과 김병만이 산둥행을 논의했던 1911년 11월 초순경으로 돌아가 본다면 당시 산둥성의 상황은 극적이라고 할 만큼 급격한 변화 가운데 있었다. 우창기의 발발 이후 만들어진 최초의 혁명정부인 후난군정부湖南軍政府에서는 산둥의 (청 정부로부터의) 독립을 이끌어 내기 위하여 11월 4일 도독 리위엔홍黎元洪 명의로 "격산둥문檄山東文"을 발표하고 반청혁명을 이끌어내기 위해 산둥에 대표를 파견하기에 이르렀다. 여기에 맞추어 쉬징신徐鏡心, 리우관산 등 산둥의 동맹회 회원들은 "산둥독립대강山東獨立大綱"을 만들어 산둥순무山東巡撫 쑨바오치孫寶琦에게 청조에 제출해 줄 것을 요청했으나 받아들여지지 않았다. 그러자 11월 12일 동맹회원 이종야오奕鐘堯 등이 옌타이煙台 지역에서 기의를 일으키고 혁명정부軍政府 성립을 선포하기에 이르렀다. 이런 상황 속에서 동맹회 회원들과 지난 지역 신상학계紳商學界 인사들이 독립을 논의하고 이것을 쑨바오치가 받아들임으로써 11월 13일 독립을 선포하기에 이르렀으며, 쑨바오치가 혁명정부 도독에 취임하였다. 그러나 영국 등 일부 열강이 영사관 보호를 명목으로 군대를 동원하고 혁명 발발 직후 내각총리에 임명된 위안스카이가 11월 초 자신의 측근으로 산둥 지역 군대지휘관五鎮代理統制인 우딩위엔吳鼎元으로 하여금 산둥전체유지회山東全體維持會라는 반혁명 단체를 만들게 하고 이것을 기반으로 쑨바오치에게 독립을 취소하도록 요청하여 급기야 11월 24일 독립이 취소되는 사태에 이르렀다. 산둥의 독립은 겨우 12일 만에 수포로 돌아가고 말았던 것이다.[49]

---

49 山東의 독립 및 독립취소에 관해서는 劉大可·劉曉煥·杜慶余,「辛亥革命在山東的歷程」,

산둥성의 이러한 상황에 비추어 본다면 조성환이 말하고 있었던 1911년 11월 22일을 전후한 시기에, 산둥성 혁명파로부터 받았다는 군사훈련 요청은 매우 긴박할 뿐 아니라 절실한 일이었음을 짐작할 수 있다. 조성환에 의하여 현지의 상황을 보다 자세하게 파악하기 위한 목적을 띠고 산둥으로 갔던 김병만이 구체적으로 어떤 인물을 만났는지, 또 어떤 일을 했는지는 알 길이 없다. 그러나 그 후 조성환이 쓴 다른 편지들에서 이 일에 대한 아무런 보고나 언급이 없었던 점으로 본다면 독립에 이어 곧바로 독립취소로 이어지며 급변하고 있던 상황 속에서 산둥 혁명파를 돕는 일이 여의치 못했든지, 혹은 다른 이유로 성사되지 못한 것으로 추측된다. 조성환은 곧이어, 우창기의 성공 소식을 듣고 11월 하순 서울을 출발하여 12월 10일경 베이징에 도착한 신규식 일행과 함께 베이징을 떠나 혁명의 중심지 상하이·난징으로 갔던 것이다.[50]

Ⅳ. 신해혁명 이후 허난에서의 활동

우창기의 직후 베이징, 허난, 산둥 지역을 오가며 혁명파 지도자들과 교유하면서 혁명에 대한 지지 활동을 하던 김병만은 신해혁명 이후에도 주로 허난성을 중심으로 활동을 이어갔던 것으로 확인된다. 1916년 9월에 만들어진 일제 측 정보 보고서에 의하면 김병만은 "허난성 의

『春秋』 2011年 1期(濟南, 山東省政協文史資料委員會, 2011); 馬庚存, 「山東辛亥革命大事記(1905-1913)」, 『春秋』 2011年 5期(濟南, 山東省政協文史資料委員會, 2011) 참조.

50 이후 조성환이 신규식 등과 함께 上海·南京을 방문하고 黃興 등 혁명파 지도자들과 회담하고 기부금을 전달하는 등 혁명 지지 활동을 전개하였다. 이에 대하여는, 배경한, 「上海·南京 지역의 초기(1911-1913) 한인 망명자들과 신해혁명」, 『동양사학연구』 67(동양사학회, 1999)을 참조할 것.

회 의장을 지낸 양미엔지楊勉齊, 곧 양위엔마오의 소개로 (중국인으로) 귀화하여 옌스현에 입적하였다"고 하였다.[51] 김병만이 중국인으로 귀화한 정확한 시기는 알 수 없으나 양위엔마오가 소개하였다는 것으로 본다면 그가 생존해 있던 1912년 6월 이전일 것이므로 비교적 이른 시기에 귀화한 것을 알 수 있다. 같은 시기 조성환의 편지에도 언급되어 있다시피, 간도를 비롯한 둥베이 지역으로 이민 온 한인들의 권익 보호를 위하여 중국 귀화가 적극 모색 추진되었던 점으로 본다면[52] 김병만의 귀화 또한 중국에서의 활동을 위한 불가피한 방편으로 받아들여졌을 것으로 보인다.

1916년 12월에 만들어진 일제 측 정보 자료에서는 김병만이 "허난성 북부 웨이후이부衛輝府에 거주하고 있는데 조남승과 함께 원가袁家에 의존하여 살아가고 있다"고 하였다. 앞에서 말한 대로 허난성에 망명하던 시기부터 위안스카이 측의 도움을 기대하고 있었던 점이나 망명 이후 얼마 동안 위안스카이 측의 지원을 받았음을 말하고 있는데, 특히 고종의 생질 조남승과 함께라는 사실을 고려한다면 얼마간이라도 위안스카이 측의 지원을 받았을 가능성이 있지 않았을까 짐작이 된다.[53] 다만 위안스카이가 1916년 6월에 사망하였고 사망 이후 한인들의 위안스카이에 대한 입장 자체가 바뀌었다는 정황 등으로 본다면 이 정보 보고

51 앞의 「在支那朝鮮人陰謀事件に關する件 1(朝鮮總督府政務總監→ 外務次官, 1916년 9월 11일)」, pp. 6~7.

52 「조성환이 안창호에게 보낸 편지[1912년 5월 7일(양력 1912년 6월 21일)]」, 앞의 『島山安昌浩全集』 제2권(서한Ⅱ), 652쪽. 특히 間島 지역의 한인 이주자들은 정착을 위한 방편으로 '入籍'을 적극 추진하였으며 이를 위하여 중국인으로의 '變裝運動'을 추진하였다. 서중석, 앞의 『신흥무관학교와 망명자들』, 67~78쪽.

53 고종의 생질인 조남승이, 김병만과 마찬가지로 통감부 설치로 직제 개편이 이루어지기 직전인 1905년 10월에 비서감승에 임명된 것(『고종실록』 48권 22면; 『承政院日記』 고종 42년 10월 21일)으로 본다면 일찍부터 김병만과 조남승이 절친한 관계에 있었을 것으로 짐작된다.

서가 써졌던 시기, 혹은 그 후에 위안스카이 측의 지원을 받기가 어려워졌을 것으로 짐작된다.

한편으로 김병만과 관련된 일제 측 정보 자료 가운데 한 가지 주목되는 것은 3·1운동 발발 직전, 곧 1919년 2월 이광수 등을 중심으로 도쿄에서 있었던 파리강화회의 청원서 작성 및 독립선언과 관련해서 베이징 지역 한인 지사들의 동정을 보고한 자료이다. 이 보고서는 앞부분에서 윌슨 미국 대통령에게 보내는 청원서를 작성했던 이광수가 상하이로 갔다는 일본 신문들의 보도를 언급하고, 이와 관련하여 중국 내 조선인들의 동향을 엄히 감시할 필요가 있다고 하면서 뒷부분에 정보 경찰 하타노 가메타로波多野龜太郎 경부警部의 3월 1일자 보고서를 첨부하고 있다. 이 속에서는 "얼마 전에 『북경익세보北京益世報』 상에 윌슨 미국 대통령에게 보내는 청원서가 게재된 적이 있었는데… 현재 하남성河南城(원문대로-필자)에 거주하고 있는 이대왕李大王(고종-필자)의 생질 조남승과 김병만 등 배일자排日者들의 손으로 만들어졌다는 말이 있다"라고 하고 있다.[54]

하타노 경부가 언급한, 『익세보』에 실린 윌슨 대통령에게 보내는 청원서란 1919년 2월 18일과 19일자 제3면에 실린 "오호망국인지흥멸몽: 도화조선인상미정부서嗚呼亡國人之興滅夢: 逃華朝鮮人上美政府書"라는 제목의 문건을 가리킨다.[55] 이 청원서의 내용은 지금까지 학계에서 밝

54 「在支那特命全權公使→ 外務大臣(1919년 3월 5일)」, 『日本外務省資料』 한국사데이터베이스, 6~7쪽.

55 「嗚呼亡國人之興滅夢: 逃華朝鮮人上美政府書」, 『(北京)益世報』 1919년 2월 18일, p. 3. 『益世報』는 1915년 10월 天津에서 창간된 천주교 계통의 일간지였는데 1916년부터 北京에서도 발간되었으며 톈진 측과 따로 경영, 편집되었다. 『益世報』는 성균관대학 동아시아 학술원 존경각 소장의 마이크로필름 자료를 이용하였다. 이하 『익세보』에 실린 청원서와 관련한 내용은 이 책 제2장 제1절의 내용을 일부 옮겨 온 것이다.

혀진 대로, 2월 중순 어떤 한인에 의해 베이징 주재 미국 공사관에 전해진 다음 미국 공사관 측에서 영역하여 2월 16일자로 워싱턴 국무성에 보고한 자료와 일치하는 것으로 미국 외교 자료에도 실려 있다.[56] 베이징 주재 미국 공사 라인쉬Paul S. Reinsch의 보고서에 실린 청원서가 영역본이었다는 점으로 본다면『익세보』에 실린 중문본 청원서가 원본이라고 할 수 있는데, 미국 공사관에서 국무성에 보낸 보고서에 함께 첨부되었다고 하는 "독립프로그램에 관한 메모"와 "절차개요"가『익세보』의 기사에서는 보이지 않으므로 청원서 원본에는 붙어 있던 것이『익세보』의 기사에서 제외된 것인지 분명치 않다. 다만 2월 19일자『익세보』에 실린 "망국인지흥멸몽보유亡國人之興滅夢補遺"가 말 그대로 전날의 기사를 보충한 내용인데 이 보유補遺 기사의 앞부분에서 "다른 쪽을 통해서 얻은從某方而得, 베이징 주재 미국 공사 라인쉬에게 보내진 것과 비교해 보니 빠진 부분이 있어서 여기에 보충한다"고 한 것으로 본다면『익세보』에 전해진 청원서에 일부 내용이 빠져 있든가 일부 내용이 달랐던 것을 알 수 있다. 또 청원서가 미국 공사관과『익세보』측에 따로 따로 전해졌던 사실도 확인된다.[57]

청원서의 내용은, "중국에 망명해 와 떠돌이로 살고 있는 조선 인민들은 대미국정부大美國政府 각 대신 각하에게 눈물로 간청한다. 조선은 일본에게 병탄당한 다음 거의 멸종의 위기에 처해 있다. 귀국 대통령께

---

56 정병준,「1919년, 파리로 가는 김규식」,『한국독립운동사연구』60(한국독립운동사연구소, 2017), 88~103쪽. 정병준은 청원서 맨 끝에 붙어 있는 서명이 1919년 1월이라고 해서 베이징 주재 미국 공사에게 전달된 것도 1월이라고 보았는데, 라인쉬의 국무성 보고 시기(2월 16일)와『益世報』보도 날짜 등을 고려할 때 양측에 전달된 시기를 2월 중순(2월 13일 전후)이라고 봐야 한다.

57 여기에다 *The North China Herald* 2월 22일자의, 2월 13일자 北京 로이터사발 기사를 인용한 보도("Independence of Korea: Serious Allegations against Japanese Government and Its Administration")를 참고한다면 청원서가 배포된 시기는 2월 13일 전후였다고 추측된다.

서 이번에 민족자결주의를 선언하고 인도人道를 지키려고 함에 감격한다. 이번 평화회의에서 우리 민족의 원을 풀 수 있도록 해 줄 것을 간청한다"는 서론을 시작으로 한국이 일본의 식민지로 전락하게 된 과정을 9단계로 나누어 설명한 "한국약사韓國略史", 기독교 박해로부터 척식회사 설립을 통한 토지와 재산의 갈취 및 가혹한 세금제도와 같은 경제적 약탈, 매음과 아편의 조장을 비롯한 일제의 부도덕한 통치, 교육 차별과 언론 통제 등을 6항목으로 나누어 서술한 "병합 이후의 악정"에 이어서 "세계대전의 종말로 강권强權이 꺾였고 윌슨 대통령의 민족자결 주장이 선언되었으니 이제 한국독립의 청원을 평화회의에 제출하고 국권회복을 기원한다"는 내용의 결론 부분으로 구성되어 있다. 내용으로 봤을 때 1918년 11월 말 여운형이 서명하여 윌슨 대통령 앞으로 보냈던 청원서와[58] 그 맥락을 같이하고 있다고 보이는데, 단지 청원의 상대를 윌슨 대통령이 아니라 미국 정부의 각 장관(대신)으로 잡고 있다는 것이 새롭다.

이 청원서의 끝에는 "조선 인민 대표 선우복, 길천보 등, 구주강세 일천구백십구년 일월朝鮮人民代表 鮮于復, 吉天輔等, 救主降世 一千九百十九年一月"이라는 서명과 작성 날짜가 붙어 있다. 다른 연구자들도 지적한 대로 선우복과 길천보는 가명인 것 같다.[59] 그렇다면 이 청원서의 작성자와 베이징 주재 미국 공사관과 베이징 지역 언론기관에 전달한 사람은 누구였을까? 이와 관련하여 재일 사학자 강덕상은, 여운형에 관

58 정병준, 「3.1운동의 기폭제-여운형이 크레인에게 보낸 편지 및 청원서」, 『역사비평』 119(역사비평사, 2017), 246~249쪽.

59 다만 이 청원서의 서론 속에서 언급한 바, "이제 평화회의가 이 민족으로 하여금 억울함을 풀고 다시 하늘의 해를 바라볼 수 있는 입지를 얻을 수 있게 해 준다(平和會義使此民族俾得伸寃而復見天日之地)"라는 표현을 염두에 두고 본다면 "鮮于復"은 "조선의 復國"을, "吉天輔"는 "하늘의 도움"을 표현해 지은 가명이라고 볼 수도 있다.

한 그의 탁월한 연구 속에서 2월 1일, 김규식을 파리로 보낸 다음 강화회의 파견대표에 대한 여론의 지원과 재정적 후원을 얻기 위하여 장덕상을 일본으로, 선우혁 등을 국내로 파견하는 것과 함께 여운형 본인도 연해주 지역 방문을 위해 상하이를 출발했는데, 북상하던 여운형이 도중에 베이징에 들러 미국 공사관과 각 언론기관에 청원서를 배포한 것으로 보고 있다.[60] 이에 비하여 김규식의 파리강화회의 참석 과정을 집중적으로 연구한 정병준은 미국 공사에게 제출한 서류 가운데 실린 "독립프로그램에 관한 메모"와 "절차개요"가 김규식이 파리에 가서 행하려고 계획했던, 그리고 나중에 실제로 행했던 활동내용을 그대로 담고 있다는 것과 또 상하이 출발 전후 시기부터 김규식이 신한청년당에 대한 언급을 전혀 하고 있지 않다는 점을 주된 근거로 하여 김규식을 청원서 작성자로 보고 그 전달자도 여운형이나 신한청년당과 상관없는 세력, 곧 김규식이나 신규식과 연결된 베이징 지역 한인이나 동제사 쪽 인사였을 것으로 보고 있다.[61] 이 문제와 관련해서는 당시 여러 인물들에 대한 보다 자세한 연구가 이루어져야 할 것이나,[62] 일단 필자는 작성자나

60 강덕상 저, 김광열 역, 『여운형 평전 1: 중국 일본에서 펼친 독립운동』, 역사비평사, 2007, 178~183쪽. 강덕상은 여운형과 친밀한 관계를 맺었던 徐謙이 天津『益世報』 편집인이었다는 점을 들어『益世報』에 청원서를 전달한 것이 여운형의 활동이었다고 주장하였는데 徐謙이 天津『益世報』의 편집인이 된 시기는, 徐謙이 孫文의 남방정부 대표 가운데 한 명으로 파리평화회의에 참석했다가 돌아온 이후의 일이므로 적어도 1919년 3, 4월 이후라고 보이고 또 이 청원서가 실린 것이 天津『益世報』가 아니라 北京『益世報』였다는 점, 그리고 미국 공사관, 로이터 통신 베이징 지부, 北京『益世報』 등 北京 지역 언론기관에 동시에 배포된 것 등으로 본다면 徐謙과의 관계를 통한 활동으로 보기는 어렵다.

61 정병준, 앞의「1919년, 파리로 가는 김규식」, 101~103쪽.

62 필자가 보기에 이 시기 신규식의 기본적인 관심은 중국 정부 측(쑨원의 남방정부와 베이징정부를 포함)를 대상으로 한 도움 요청과 선전활동에 초점이 있었다고 생각된다. 이 점과 관련해서는 신규식,「國際間의 新運動: 중국 정부에 올리는 청원서」,『震旦週報』 6호(1920년 11월 14일)를 참조할 것. 이 청원서는 1920년 11월『震旦週報』에 실린 것이지만 내용으로 보아서 파리평화회의와 관련하여 同濟社 명의로 신규식이 남방정부에 보낸 것

전달자를 김규식과 동제사 인물들로 보는 정병준의 주장이 보다 설득력이 있다고 본다. 이와 관련해서는 이 책의 제2장 제1절에서 다루게 될 '신규식의 파리강화회의 관련 중국 내 청원운동'에서 자세하게 다루게 될 것이다.[63]

『익세보』에 실린 청원서가 워낙 흥미롭고 중요하여 논의가 길어졌지만 이제 다시 우리의 논의를 김병만으로 돌려보자면, 청원서가 허난에서 활동하고 있던 조남승과 김병만에 의하여 만들어졌을 것이라는 베이징 지역 한인들 사이에서의 소문이 사실일 가능성을 완전히 배제할 수는 없다. 조남승과 김병만이 이 청원서의 전달 배포에 관련되어 있었다면 그것은 두 사람과 신규식, 김규식을 중심으로 하는 동제사 측 인사들과의 관련이 전제되어야 할 것이다. 물론 신해혁명 시기부터 김병만이 조성환과 밀접한 관계를 맺었고 조성환이 신규식과 절친한 관계였다는 점을 염두에 둔다면 김병만이 신규식과 연결되어 활동하고 있었을 것이라는 추측이 얼마든지 가능하다. 그러나 1919년 2월 전후 시기에 조성환은 베이징에 있지 않았고[64] 당시 청원서 배포와 관련해서 조성환이 관련되었다고 볼 만한 어떤 증거도 보이지 않는다.

따라서 현재로서는 조남승, 김병만이 청원서를 작성하거나 전달했을 가능성은 적다고 해야 할 것 같다. 일제 측 보고서를 작성했던 하타노 경부 또한 "그 소문의 사실 여부는 확인할 수 없다"는 점을 덧붙이고 있기도 하다. 그러나 무엇보다도 1919년 초를 전후한 시기에 조남승이

이 분명하며 그 말미에 베이징정부에도 同濟社 명의의 청원서를 보낼 예정인데 韓興, 李光이 제출할 것으로 비슷한 내용이라 따로 기록하지 않는다는 언급을 하고 있다.

63 배경한, 「신규식 동제사 그룹과 파리강화회의-중국 내 청원운동을 중심으로-」, 『역사학보』 256(2022), 328~331쪽과 이 책 제2장 제1절 참조.

64 梁台錫, 「晴簑 曺成煥(1875-1948)의 항일독립운동」, 『한국근현대사연구』 53 (2010), 19~21쪽.

나 김병만이 동제사나 신한청년당 등 상하이 지역 한인 조직들과 직접적인 관련이 있다는 증거가 보이지 않는다. 또 조남승, 김병만 두 사람이 평화회의와 관련하여 외교적으로, 그것도 미국 공사관이나 로이터 통신을 비롯한 국제언론기관, 그리고『익세보』를 비롯한 중국 언론기관과 접촉하는 것과 같은 식의 활동을 했을 만한 앞뒤 정황도 보이지 않는다. 다만『익세보』의 청원서와 관련하여 조남승, 김병만이 거론될 정도로 당시 베이징 지역 한인사회에서 두 사람이 가지는 무게가 상당했다는 점과 일본 정보기관 쪽에서도 계속하여 불령선인不逞鮮人으로 주목하고 있었다는 점은 반드시 지적할 필요가 있을 것이다. 베이징과 어느 정도 거리가 있는 허난 지역에 거주하는 인물이면서도 베이징 지역 한인 지사들 사이에서나, 아니면 베이징 지역 일본 정보경찰이 집중적으로 감시하고 있었다는 점은 같은 시기 김병만의 중요성을 분명하게 드러내는 대목이라 할 것이다.

현재까지 확인되는 한도 안에서 말하자면 김병만의 허난에서의 활동은 1925년 10월경 이후까지 지속되었던 것으로 보인다.[65] 김병만이 58세였던 1925년 10월에 조선총독부 경무국에서 만든 고등경찰의 정보 보고서에 의하면 당시 허난성 카이펑부에서 중국 측 무관으로 채용된 조선인이 약 20명에 달한다고 되어 있다. 그중 이름이 확인되는 사람으로 신익희申翼熙, 이광李光, 성준용成俊用과 함께 김병만이 거론되고 있는데 김병만에 대해서는 "성장공서省長公署에 근무하면서 월급을 80위엔 받았었는데 현재는 무직으로 곤란하게 살고 있다"고 말하고 있다.[66]

---

65 가족들의 증언으로는 김병만은 1932년 6월에 開封에서 사망했다고 하며 족보에는 허난성 궁현(鞏縣, 현재의 鞏義市) 邙山에 묘지가 있다고 되어 있다.

66 朝鮮總督府警務局長, 「河南省ニ在ル鮮人武官ニ關スル件(1925年 10月 5日)」, 『日本外務省資料(한국사데이터베이스)』, 1~2쪽.

김병만 이외에 구체적으로 이름을 거론하고 있는 세 사람은 모두 잘 알려진 독립운동가들이다. 우선 신익희는 3·1운동 직후에 상하이로 망명하여 4월 임시정부 수립 과정에서 임시의정원 의원으로서 중요한 역할을 수행하고 1919년 8월 통합임시정부 성립 시기에는 내무차장, 법무총장을 맡아 임시정부의 헌법초안을 만드는 등 중요한 역할을 수행하였다. 그러나 1922년 이후 임정 안에서 내분이 격화되고 재정적 어려움이 겹치면서 임시정부를 떠났으며 그 직전 만들어진 한국노병회 활동을 위하여 산시陝西 지역 군벌 후징이胡景翼을 찾아 협력방안을 모색하게 되었다.[67] 1924년 10월 안후이 출신 서북군벌 펑위샹馮玉祥이 군사정변을 통하여 베이징을 장악하게 되자 펑위샹의 편에 섰던 후징이가 허난성 카이펑으로 옮겨 가게 되었고[68] 이에 따라 신익희도 카이펑에서 활동하게 되었다. 그러다가 1925년 5월 후징이가 갑자기 병사하자 신익희는 다시 허난을 떠나 베이징으로 옮겨갔다.[69] 앞에서 언급한 일제 측 정보 보고서에서 "(신익희가) 현재 허난성 독판공서督辦公署의 교제처원交際處員으로 월급 80위엔을 받고 있다"고 하고 있다. 이광은 신민회 회

67 신익희 자신의 회고 속에서는 임시정부의 활로를 찾는 방안으로 한중합작 유격대인 奮勇隊를 만들어 한중 국경 지역의 日軍을 공격하는 방안을 마련하기 위해 東京 유학 시절부터 안면이 있던 胡景翼과 합작하게 되었다고 하였다. 신익희, 「口述海公自敍傳」, 신창현, 『海公 申翼熙』(海公申翼熙先生紀念會, 1992), 68~70쪽.

68 直系 군벌인 吳佩孚와 馮玉祥 사이의 대립과 馮玉祥의 北京政變과 胡景翼의 馮玉祥 지지 과정에 대해서는 來新夏 等著, 『北洋軍閥史』 下册, 天津(南開大學出版社), 2000, pp. 799~819 참조.

69 신익희의 陝西·河南에서의 활동에 대해서는 장석흥, 「해공 신익희의 망명과 중국에서의 독립운동」, 『한국학논총』 37(국민대학교 한국학연구소, 2012), 494~500쪽; 한시준, 「海公 申翼熙와 대한민국임시정부」, 『한국근현대사연구』 41(2007), 106~107쪽 참조. 한편으로 1923년 5월 6일, 上海에서 열린 한국노병회 제9회 이사회에서 여운형을 河南 洛陽에 있던 군벌 吳佩孚와의 협력을 모색하기 위해 파견하였다고 하는데 [양성숙, 「한국노병회의 조직과 광복활동」, 『민족사상』 3-2 (한국민족사상학회, 2009), 221쪽] 중국 측 자료에서 구체적으로 확인되지는 않는다.

원 출신으로 1910년 강제병합 이후 만주 지역으로 망명했다가 상하이·난징 지역으로 옮겨 가서 동제사 회원, 임시의정원 의원을 거쳐 1921년 이후 임정 외무부의 베이징 주재원으로 활동했던 인물이었다.[70] 이광은 같은 정보 보고서에서 "베이징에서 활동하던 불령단不逞團 관계자로 허난성 독판공서 비서처원祕書處員으로 월급 60위엔을 받고 있다"고 되어 있다. 그리고 성준용은 1919년 만주 류허현柳河縣에 만들어진 신흥무관학교 1기생으로 나중에 무관학교 교관이 되었던 인물이었다.[71] 성준용에 대하여 같은 일제 측 정보 보고서에서는 "베이징 불령단 관계자로 현재 허난성 독판 웨웨이준岳維峻의 위병 수총대手銃隊(권총부대)의 연장連長(중대장)으로 근무하고 있다"고 하고 있다.[72] 이렇게 볼 때 김병만을 제외한 나머지 3명은 한국노병회 회원으로 그 활동의 일환으로 허난에 와서 후징이, 펑위샹 등 북방 군벌들과의 협력을 통하여 한인 군관 배양을 위해 노력하고 있던 인물들이었을 것으로 짐작된다. 이들 세 명과 달리 김병만이 현직에 있지 않고 무직 상태로 어려운 형편에 있었다고 한 것 또한 김병만이 한국노병회와는 일정한 거리가 있었을 가능성을 보여 주고 있다고 생각된다. 다만 일제 측에서 허난 지역 한인 지사들을 망라하면서 김병만을 함께 거론하고 있었던 만큼, 김병만을 허난성 거주 한인들의 중심인물 가운데 한 사람으로 보고 있었다는 사실은 분명하게 확인된다.

70 국가보훈처, 『독립유공자공적조서』 34.
71 서중석, 앞의 『신흥무관학교와 망명자들』, 119쪽.
72 岳維峻은 胡景翼을 이어서 1925년 4월부터 1926년 3월까지 허난성 督辦으로 있었던 군벌이다.

나오는 말

동아시아 역사의 관점에서 신해혁명은 크게 두 가지 중요한 작용을 했다. 첫째는 공화주의 혹은 공화제의 확산이라는 측면으로 중국에서 2000년 이상 지속되어 오던 황제체제가 타도되고 새로운 정치제도인 공화체제를 가져온 동시에 동아시아 지역으로 공화혁명의 확산을 가져왔다. 두 번째는 공화혁명의 결과로 청조가 멸망함으로써 중앙 권력이 일시 정지되거나 약화되면서 주변 약소민족들의 독립요구가 나타나 중화제국 질서가 와해되고 새로운 아시아 국제질서가 모색되기에 이르렀다.

신해혁명 발발 직전인 1910년 8월 국권을 상실하고 일본의 식민지로 전락한 한국인들에게 있어서 중국의 공화혁명, 곧 신해혁명의 성공은 하나의 복음으로 받아들여졌다. 1908년 이래로 광동에서 활동하던 김규흥처럼 우창기의 이전 시기부터 중국의 혁명운동에 직접 참여하고 있던 한인 지사도 있었지만, 1910년대에 상하이·난징 지역을 중심으로 활동하던 대부분의 한인 지사들의 경우에는 우창기의의 성공 소식을 들은 이후인 1911년 11월 이후에 국내에서는 더 이상 불가능해진 독립운동을 위하여 중국, 특히 관내 지역으로 망명해 온 인물들이었다. 이들 한인 지사들은 쑨원을 비롯한 중국 혁명파 인사들과의 교유를 통하여 공화주의를 자신의 정치적 이념으로 받아들였으며 일부 한인 유학생들의 학생군 참여와 국민연운동國民捐運動에의 참여 등 다양한 방법을 통하여 중국혁명에 참여하거나 지지를 표명하였다. 이들은 자신들이 중국혁명을 위하여 헌신하고 희생하여 중국혁명이 성공한다면 그런 연후에 성공한 중국의 도움을 받아 한국의 독립과 근대적 국가건설이 가능할 것으로 기대하고 있었다. 실제로 이 한인 지사들은 1919년 4월 한국의 망명정부인 임시정부가 상하이에 만들어지는 데에 결정적인 기반이 되었을 뿐만 아니라 그 임시정부가 공화제 체제를 갖추도록 만드는 데에도 결정적인 역할을 하였다.

신해혁명이 베트남 독립운동에 미친 영향은, 20세기 초 베트남 독립운동의 대표적 지도자인 판 보이 쩌우와 판 쭈 찐에 대한 영향을 검토함으로써 분명하게 확인할 수 있었다. 판 보이 쩌우를 중심으로 하여 1905년 무렵부터 시작된 동유운동, 곧 선진 일본을 배우기 위한 유학생 파견운동은 량치차오梁啓超를 비롯한 유신파의 영향을 강하게 받아서 시작되었지만, 그 진행과정에서 판 보이 쩌우를 비롯한 베트남 지사들은 일본에 와 있던 중국 혁명파 인사들과의 교유를 통하여 점차 공화주의로 기울어지게 되었다.

또 판 쭈 찐이 주도하여 창설한 동경의숙은 1907년 하노이에 만들어진 근대식 교육기관이었는데, 동경의숙은 서구의 사상과 과학기술, 그리고 민주주의를 배우는 것이 베트남의 근대화와 독립을 가져올 것이라는 입장에서 출발한 교육 계몽운동의 중심지였다. 민족주의적 저항의 진원지가 될 것을 우려한 프랑스 식민당국의 폐교 결정에 의하여 불과 1년밖에 유지되지 못했지만 동경의숙은 훗날 베트남 민족운동에 커다란 영향을 미쳤다.

동유운동과 동경의숙이 폐쇄당하면서 일시 소강상태에 들어갔던 베트남 독립운동에 새로운 계기를 제공한 것이 1911년 10월의 신해혁명이었으니 중국에서 공화혁명의 성공을 본 많은 베트남 지사들은 중국혁명에서 새로운 가능성을 찾고자 그 활동무대를 중국으로 옮겨왔다. 1912년 7월, 광저우廣州에서 만들어진 새로운 독립운동 단체인 베트남광복회越南光復會는 중국의 공화혁명을 본받아 공화체제를 새로운 방향으로 제시하고 있었으니 말하자면 신해혁명은 베트남 독립운동에 새로운 전환점이 된 계기였다.

한편 1912년 12월 당시 인도에서 돌아온 달라이 라마가 티베트에 주둔하고 있던 중국 군대와 관료들을 몰아내고 티베트의 독립을 선포한 것과 1911년 11월 러시아로부터 귀환한 한드도르지를 중심으로 하는 일부 왕공들의 몽골 독립 선언은, 모두 신해혁명으로 인하여 생긴 중앙권력의 공백 속에서 주변 약소민족들의 중국으로부터의 독립을 요구하게 된 것이었다. 이들의 독립 요구 뒤에는 1901년 전후부터 시작된 청조의 신정개혁에 대한 반발과 함께 영국과 러시아라는 새로운 열강들의 간섭과 지원이 존재했다. 결국 만주족의 지배에 대한 한족의 저항이라고 하는 민족주의 혁명이 주변 약소민족들의 중국 지배로부터의 독립과 이탈이라고 하는 새로운 민족주의 혁명을 야기했던 것이니 이런 점에서 신해혁명은 아시아 약소민족들이 민족적 독립을 내세우게 만든 중요한 계기가 된 것이다.

민족혁명으로서의 신해혁명의 영향은 비록 민족 독립의 방향성에 있어서 차이가 있지만 한국에도 어느 정도 있었다고 할 수 있다. 일본 제국주의로부터의 해방을 독립의 일차적인 목표였지만, 국가적 독립이라는 일반적 목표에 비추어 볼 때 전통적 중화체제로부터의 독립 또한 독립운동이 포괄했어야 했기 때문이다. 물론 초기 한인 지사들 가운데 상당수가 전통적 사대주의적 경향을 가지고 있었다는 점에서 볼 때 국가적 독립이라는 목표 안에 중화체제로부터의 독립을 포함하기 어려운 경우도 있었다. 이런 점에서 중국 내 한국독립운동의 경우 일정한 한계를 가지고 있었다고 할 수 있다. 그러나 신해혁명 이후 단계인 3·1운동과 5·4운동 단계를 거치게 되면서 한중 상호 간의 인식에도 상당한 변화가 생기게 된다는 점을 고려한다면 중화체제로부터의 독립을 포괄하는 국가적 독립이 모색되었다고 볼 수 있고, 그런 점에서 한국도 신해혁명의 민족혁명으로서의 영향을 받았다고 볼 수 있는 것이다.

보다 구체적으로는, 1911년 10월의 이른바 신해혁명(우창기의) 직후부터 한인들의 중국으로의 망명이 본격화되기 시작하였는데, 이것은 일본의 한국 강점 이후 조국의 광복을 최고의 목표로 가지게 된 한인들이 중국혁명의 성공에서 한국독립과 한국혁명의 가능성을 찾으려는 의도를 가지고 중국으로 망명하게 되었기 때문이었다. 이들은 중국혁명으로 중국이 강성해지면, 또 그 혁명을 한인들이 지지하여 중국 쪽과 협력 관계를 유지해 간다면, 그 중국의 힘을 빌려 장차 한국의 독립과 혁명을 이루어낼 수 있을 것이라는 희망을 가지고 중국 망명의 길에 올랐던 것이다.

중국혁명에 대한 한인들의 이러한 기대와 지지는 우선 우창기의와 뒤이은 토원운동에 대한 참여와 지지로 나타나고 있었다. 우창기의에 대한 한인들의 지지와 참여는, 난징에 유학 왔던 일부 한인 학생들과 1912년 초에 난징에 도착한 신규식과 조성환 등의 한인 망명자들의 활동에서 잘 나타난다. 또 1913년 7월 이후 전개된 토원운동에도 일부 한인들이 직접 군사행동에 나서거나 군비 지원을 하는 등의 활동을 한 것을 볼 수 있다. 이와 아울러 신규식 등의 한인 망명자들은 쑨원, 황싱,

쑹자오런, 천치메이, 다이지타오 등의 혁명파 인사들과의 교류에도 적극적이었으니 이들 혁명파 인사들과의 교류는 상호보호와 상호협조를 기반으로 하는 매우 우호적인 것이었다. 특히 중국 측 인사들은 보다 체계적인 연대활동을 위하여 중국 내 한인들의 단체 결성과 이를 기반으로 한중 간의 연대조직을 만들 것을 권하기도 하였고 이에 호응하여 신규식 등 한인 지도자들은 중국에 와 있던 한인들의 '연락기구'를 만드는 일에 적극적으로 나서고 있었음도 확인된다. 이것이 1912년 5월 이후 만들어진 한인들의 단체인 동제사와 또 최초의 한중연대조직으로 만들어졌던 비밀결사 신아동제사가 창설되는 배경이 되었다. 다만 이 시기 한인들의 교류 대상에는 혁명파 이외의 인사들, 예컨대 비교적 온건한 입장의 입헌파 인사들이나 심지어는 친위안스카이와 같은 보수적 입장을 취한 인사들도 있었음을 주목할 필요가 있다. 이는 중국혁명의 좌절이라는 현실 속에서 그래도 조국 독립의 성취를 위하여 중국 내에서 활동을 계속해야 하는 당시 한인 망명자들의 고뇌 어린 입장의 표현이었다고 해야 할 것이다.

한인 망명자들이 신해혁명을 어떻게 인식하고 또 신해혁명에 대하여 어떠한 기대와 평가를 하고 있었던가를 잘 보여 주는 보다 구체적인 사례로 김규흥과 김병만의 경우를 들 수 있다. 1908년 상하이로 망명해 간 김규흥의 망명 동기나 망명 직후의 활동은, 처음에는 조선왕조의 회복을 꾀하는 근왕적인 것이었으나 망명 직후 천치메이를 중심으로 하는 혁명파 인사와의 교류를 통하여 급속하게 공화주의적 입장을 수용하게 되었다. 곧이어 광저우로 활동 무대를 옮긴 김규흥은 혁명파의 중심인물 중 한 사람인 쩌우루의 생생한 증언대로, 동맹회남방지부를 중심으로 급속하게 전개되던 혁명운동에 적극 참여하였는데 김규흥의 이러한 활동에 대한 혁명파 지도자들의 신임이나 평가 또한 매우 높았다. 김규흥이 광둥도독부 성립 이후 새로운 군사치안 기구로 설치된 광둥총수정처의 참의에 임명된 것과 뒤이어 만들어진 호군사사의 고문원에 임명된 것은 바로 그러한 신임의 결과였다.

광둥에서 활동하던 시기 김규흥이 추진했던 다른 한 가지 일은 조국의 독립을 도모하는 것이었다. 당시 김규흥이 생각했던 독립운동의 방안은, 신문사를 만들어 독립의 당위성을 선전하는 것과 만몽 지역에 개간회사를 만들어 둥베이 지역의 한인들을 정착시켜 둔전병을 양성하려는 두 가지였다. 이 가운데에서 언론기관을 만드는 일은 1913년 7월 이후 본격화된 제2혁명, 곧 토원운동의 와중에서 홍콩에서 부분적으로나마 실현될 수 있었으니, 1913년 12월에 창간호가 발간된 『향강잡지』의 출판이 그것이었다. 『향강잡지』는 혁명파 인사들의 재정적 지원 아래 당시 상하이를 중심으로 활동하고 있던 당대 한국 최고의 언론인, 역사학자, 독립운동가라고 할 박은식을 주필로 초빙하여 만들어졌으니 말 그대로 중한합작의 결과였다.

『향강잡지』의 주요 문장은 대부분 박은식을 비롯한 한인 지사들의 글로 채워졌는데 그 핵심적인 주장은, 실종되어 버린 공화국 곧 중화민국의 회복에 있었다. 특히 박은식은 전체 14편의 논설 가운데 과반수 이상을 혼자 집필하면서, 민국이 결국 허명에 그치고 말았다고 통박하고 민국 실종의 원인이 위안스카이의 혁명 배반과 독단 정치에 있는 것이라기보다는 “주권을 가진 국민”이 없다고 하는 데에서 찾아야 한다고 주장하였다. 박은식의 이러한 주장은 당시 중국에서 활동하던 한인 지사들이 중국혁명의 상황에 지지와 성원을 보내는 한편 다른 한편으로는 보다 객관적인 입장에서 보고 있었음을 잘 나타낸다.

쑨원을 비롯한 대부분의 중국 혁명파 지도자들이, 이민족인 만주족의 지배에서 벗어나기 위해서 “민족 간의 평등과 호혜”를 기반으로 하는 민족주의와 대아시아주의를 내세우고 있었지만 그러면서도 여전히 중국 중심의 세계관, 곧 중화주의적 세계관의 한계 속에서 주변 민족들에 대한 중국의 전통적 영향력을 유지하려는 입장이었다는 것을 보면, 한국의 완전한 독립에 대한 중국의 지지를 기대한다는 것은 그렇게 간단한 일이 아니었다. 이런 점에서 볼 때, "한국의 독립을 위해서는 중국의 원조를 얻는 외에 다른 방도가 없지만, 만일 중국이 강성해진다면 교만해질 것이며 야심을 가지게 될 테니, (그때 가서) 중국의 동정을 얻는 일은 기대할 수 없을지도 모른다"는 박은식의 말(1914년 2월 1일자로 안창호에게 보낸 편지)은 이런 점에서 새겨둘 만한 말이 될 것이다.

대한제국에서 비서감승이라는 비교적 고위 직위에 보임되었던 김병만은, 1907년 일제의 통감부 설치로 직제가 개편되면서 강제 퇴임한 다음 1909년 가을 무렵 중국 허난성 지역으로 갔는데 그것은 허난성 샹청項城이 고향인 위안스카이의 지원을 기대해서 이루어진 것으로 보인다. 그러나 망명 직후부터 김병만은 샹청 인근 신차이현과 뤄양 등을 중심으로 전개되고 있던 혁명파의 반청 공화혁명 사상 확산과 혁명단체의 조직에 관심을 가지게 되었으며 이들과 적극적인 교유에 나서게 되었다. 특히 허난성 혁명파의 중심인물들인 신차이현의 리우지쉰과 뤄양 인근 옌스현의 양위엔마오 두 사람과 밀접한 교유를 가지고 있었던 것으로 확인된다. 1909년 9월에 김병만은 양위엔마오의 주선으로 뤄양 근교 구산에 있는 고대 역사유적 "승선태자비"의 뒷면에 자신의 한시를 새겨 넣기도 하였는데 그 한시와 양위엔마오 사망 이후 쓴 만련의 내용을 통하여 김병만의 신해혁명에 대한 지지와 지원을 분명하게 알 수 있다.

당시 신민회의 파견을 받아 베이징에서 활동하던 조성환의 편지 자료 속에는 신해혁명 직전 시기 김병만과의 협력 관계를 보여 주는 내용들이 적지 않다. 이를 통하여 김병만이 산둥성 혁명파 지도자들과 밀접한 교유가 있었으며 산둥 지역 혁명군 양성에 일조를 하려고 계획했던 사실도 확인된다. 신해혁명 이후에 가서도 허난성을 중심으로 활동하던 김병만은 허난성 성장공서省長公署의 관직을 얻어 활동하였고 1916년에서 1925년 사이에 베이징의 불령선인 명단에도 계속하여 등재되는 등 독립운동가로서의 명망을 이어갔던 것으로 보인다.

신해혁명 전후 시기 허난성과 산둥성, 베이징 지역을 중심으로 이루어졌던 김병만의 이러한 활동은, 같은 시기 광둥에서 활동하던 김규흥이나 베이징에서 활동하던 조성환의 경우에서 확인되는 것처럼 중국혁명에 대한 지지와 지원, 그리고 혁명을 위한 자신의 희생을 통하여 중국의 신임을 얻고 그 결과로서 훗날 조국의 독립에 대한 중국의 지원을 얻겠다는, 1910년대 중국 망명 한인 지사들의 공통된 활동 목표를 다시 한번 확인하게 한다. 중국의 공화혁명, 곧 우창기의의 성공 소식이 한인 지사들의 중국 망명이 본격화되는 직접적인 계기가 되었고 그 결과로 중국혁명의 중심지인 상하이·난징 지역에, 작은 규모이지만 하나의 한인사회가 만들어졌으며 그것을 기반으로 1919년 대한민국임시정부가 만들어질 수 있었다는 기존의 연구들에 비추어 볼 때 김규식이나 김병만의 이러한 활동은 신해혁명에 대한 한인들의 대응으로서 또 한 가지 측면을 보여 준다. 특히 김병만의 활동상은 혁명의 중심지는 아니지만 허난성, 산둥성과 같은 각성 단위의 혁명운동 속에서도 한인 지사들의 혁명 지지, 지원활동과 한중협력을 위한 노력들이 치열하게 전개되고 있었다는 사실을 보여 준다는 점에서 주목해야 할 것이다. 이를테면 광둥과 허난, 산둥에서의 김규흥과 김병만의 활동을 통하여 신해혁명의 한국 및 동아시아에 대한 보다 광범한 영향을 확인할 수 있고 그런 점에서 신해혁명은 중국 일국의 혁명이 아니라 지구지역사의 무대로서의 동아시아의 공화혁명이었다는 사실을 보다 분명하게 확인할 수 있다.

제2장

1910년대 동아시아의 반제민족운동과 한중연대의 모색

(1914~1919)

들어가는 말

1919년 3월 한국에서 일어난 거국적인 반일운동인 3·1운동과 그로부터 2달 뒤에 중국에서 일어난 거국적인 반일운동인 5·4운동은 모두 한국사와 중국사에서 현대사의 출발점으로 인식되고 있다. 이 두 사건은 모두 일본 제국주의의 침략에 저항하여 민족적 혹은 국가적 독립을 지키려는 민족운동인데 일어난 배경이나 과정, 그리고 결과에 있어서 두 사건은 긴밀하게 연결되어 있어서 지구사(세계사) 혹은 동아시아 역사 속에서 동일한 맥락의 역사적 사건이라고 말할 수 있다.[1]

3·1운동의 발발과 관련해서, 1918년 11월 말 여운형과 장덕수를 중심으로 만들어진 신한청년당과 그들에 의한 김규식의 강화회의 대표 파견을 하나의 기폭제로 보는 주장이 설득력을 얻고 있다.[2] 비록 급조되기는 했으나 신한청년당의 창당과 그 멤버들의 활동을 통하여 강화회

1 백영서, 『중국현대사를 만든 세 가지 사건』, 창비, 2021, 53~54쪽.

2 정병준, 「1919년, 파리로 가는 김규식」, 『한국독립운동사연구』 60(2017), 79~126쪽.

의에 대표 파견이 이루어졌고, 그 대표로 파견된 김규식의 활동과 대표성, 그리고 한국독립의 정당성을 확보하기 위해 펼친 일련의 후속 활동들, 곧 각지 한인들 사이의 연대 모색과 국제적 지지를 얻어내기 위한 선전 활동은 중국, 일본, 러시아, 미주 및 국내의 반일운동들을 긴밀하게 연결시켜 주었으며 그 결과 국내에서 거국적 반일시위운동, 곧 3·1운동이 일어나게 되었다고 보는 것이다. 그런 점에서 여운형을 비롯한 신한청년당의 파리강화회의 대표 파견 활동이 갖는 중요성은 충분히 강조될 만하다.[3]

그러나 김규식의 대표 파견을 전후하여 전개된 상하이上海 일대 한인 지사들의 활동을 보다 자세하게 추적해 보면 신한청년당의 활동에 못지않게, 혹은 경우에 따라서는 더 활발하게 파리강화회의 대표 파견 이후 후속 지원 활동이 이루어진 것은, 신한청년당의 등장 이전부터 상하이·난징南京 지역을 비롯한 중국 내 한인 지사들의 구심점 역할을 하고 있던 신규식, 김규식을 중심으로 하는 동제사同濟社 그룹에 의한 것이었다는 사실을 발견하게 된다. 물론 기왕의 연구들에 의하면 신한청년당의 멤버들 중 상당수가 동제사 멤버를 겸하고 있었던 것으로 알려져 있기 때문에[4] 이 두 그룹을 분명하게 구분 짓기 어렵다거나 두 그룹의 활동을 대립적인 것으로 그리는 것에는 일부 문제가 있다는 반론이 있을 수 있다. 거기에다 최근의 한 연구는 1917년 말 이후 동제사가 신아동제사로 바뀌었다는 주장까지 제기하고 있어서 동제사 그룹의 정체성과 범위에 대하여 새로운 논의가 필요할 수도 있을지 모른다.[5] 그러나 뒤

3 정병준, 「3·1운동의 기폭제-여운형이 크레인에게 보낸 편지와 청원서」, 『역사비평』 119(2017).

4 동제사와 신한청년당 멤버들 사이의 관계에 대해서는 정병준, 「중국 관내 신한청년당과 3·1운동」, 『한국독립운동사연구』 65(2019), 12~17쪽에 자세한 내용이 실려 있다.

5 조덕천, 『중한호조사와 한중연대』, 2021, 역사공간, 65~98쪽. 조덕천은 중국인 黃介民

에서 상술할 것처럼 신규식이 파리강화회의와 관련하여 중국 내 청원운동에 동원한 인물들은 모두 동제사 멤버들이고 청원활동 또한 동제사라는 명의를 내세운 채 진행되었다는 점에서 동제사 그룹의 활동으로 보아서 무리가 없다고 생각되기 때문에 신규식과 동제사 그룹을 청원활동의 주체로 설정하였다.

신규식과 동제사 그룹의 파리강화회의 관련 활동의 구제적인 실상은, 이제까지 거의 다루어지지 못한 1917년에서 1919년에 이르는 시기의 신규식의 행적에 대한 자세한 추적을 통하여 밝혀질 수 있을 것으로 기대된다. 특히 파리강화회의와 3·1운동이 일단 마무리되고 난 뒤, 신규식이 국제질서의 변화를 종합적으로 바라보면서 독립운동의 방향을 새롭게 모색하기 위하여 발간한『진단주보震壇週報』잡지의 내용 및 그것과 관련된 중국 측 관련 자료들에 대한 세밀한 분석 작업은 파리강화회의 관련 신규식의 행적을 밝혀주는 데에 핵심적인 자료가 될 수 있을 것이다. 강화회의가 종료되고 1년여 정도 뒤에 만들어진『진단주보』잡지에는 파리강화회의와 그 뒤를 이어 일어난 3·1운동의 전반적 과정에 대

의 회고록[黃志良 整理,「三十七年遊戲夢-黃介民回憶錄」,『近代史資料』122(2010)]과 신규식이 주도 발간한『震壇週報』등을 주요한 근거로 하여 1917년 12월에 동제사가 신아동제사로 명칭을 바꾸고 한인 단체에서 한중연대 단체로 조직을 확대했다고 주장하고 있다. 특히 한중 유학생들을 중심으로 1916년 東京에서 만들어진 한중연대 조직인 新亞同盟黨이 중국 국내로 옮겨오는 과정에서 신규식을 비롯한 동제사 멤버들과 밀접한 접촉을 가지면서 상당한 영향을 끼쳤다는 사실과『진단주보』에 나타나는 동제사 관련 표기 가운데 1917년 말을 전후로 동제사와 신아동제사로 표기가 갈리고 있다는 사실에 주목하고 있다. 이러한 주장에 일리가 없지 않다고 보지만, 그러나 黃介民의 회고록 가운데 신아동제사와 관련한 언급이 전혀 없고『진단주보』자체가 중국인들의 재정적 조직적 협력 아래 한중연대를 목적으로 간행되고 있었기 때문에 의도적으로 동제사가 아니라 신아동제사를 내세워 표기했을 수 있으며 1917년 말 이후 동제사에 가입했던 인물들, 예컨대 장덕수 같은 경우 그 자신 신아동맹당의 핵심 멤버이면서도 신아동제사의 존재에 대하여 아무런 언급도 하지 않았다는 점에서 동제사의 신아동제사로의 변경과 확대 개편 주장은 지나친 "추론"의 결과라고 보인다.

한 정리와 반성, 그리고 강화회의 이후 새롭게 등장하고 있던 국제연맹 체제 및 이후에 있을 새로운 국제회의(워싱턴회의)에 대한 대응을 모색하는 내용이 집중적으로 실렸다.

이런 관점에서 첫 번째 절에서는, 제1차 세계대전의 종결이 예견되던 1917년경부터 김규식이 파리에 도착하기 직전인 1919년 2월 말까지의 기간 동안 신규식과 동제사 그룹의 파리강화회의에 대한 준비 활동과 김규식 파견 이후 전개한 일련의 지원 활동, 그리고 중국 남방정부廣東軍政府, 북방정부北京政府 및 베이징 주재 미국 공사관에 청원서를 제출하는 과정을 자세하게 추적해 보고자 한다. 이를 통하여 3·1운동의 직접적인 도화선이 된 파리강화회의 대표 파견과 그 후원 활동 가운데에서 신규식과 동제사 그룹이 어떠한 역할을 했는지, 그리고 이런 활동의 실제적 기반으로 상정되었을 "한중연대"의 실제적 모습은 어떠했던지 등을 집중적으로 논의해 보고자 한다. 이와 동시에 파리강화회의와 3·1운동 종결 이후 신규식의 가장 대표적인 활동이라고 할 『진단주보』의 출간이 어떠한 맥락에서 이뤄졌는지를 따져 봄으로써 『진단주보』 출간이 갖는 역사적 의미에도 접근해 보고자 한다.

그간 3·1운동과 5·4운동의 관계에 대해서는 많은 논의들이 있어 왔고 특히 한국 학계에서는 시기적 선후관계를 강조하여 3·1운동의 5·4운동에 대한 영향을 강조해 왔지만, 지구지역사 내지 전체 동아시아 역사의 맥락이라는 관점에서 바라볼 때 일제의 침략에 대한 저항이라는 공동의 목표를 가진 동시적 사건으로 이해하는 것이 보다 설득력을 가진다고 여겨진다.[6]

---

6 임형택, 「1919년 동아시아, 3·1운동과 5·4운동」, 『대동문화연구』 66(2009); 백영서, 「역동하는 동아시아의 1919-혁명의 기점으로서의 3·1운동과 5·4운동-」, 『개념과 소통』 23(2019).

이러한 관점은 3·1운동이 일어난 지 1달 반 정도가 지난 뒤 중국 상하이에서 만들어진 대한민국임시정부가 3·1운동을 겪으면서 나타난 중국인들의 한국 혹은 한국독립에 대한 동지 의식 내지 연대 의식이라고 하는 상당한 인식 변화를 기반으로 삼았다는 점이 보다 분명하게 드러난다고 생각된다. 두 번째 절에서는 이러한 시각에서 3·1운동과 5·4운동의 동시성을 지적한 다음 "3·1운동의 직접적인 결과"로 일컬어지고 있는 대한민국임시정부의 성립이 한국에 대한 중국인들의 인식 변화와 어떻게 연관되어 있었던가를 구체적으로 살펴보고자 한다.

한편으로 3·1운동은 뒤이어 일어난 중국의 5·4운동과 마찬가지로, 일본 제국주의의 침략에 저항하는 반제운동反帝運動으로 출발했지만 동시에 일반 민중들의 정치적 참여가 본격적으로 이루어지는 출발점으로서 진정한 의미의 민주주의가 시작되는 운동이었다.[7] 나아가 3·1운동과 5·4운동은 한국이나 중국, 어느 한 나라의 역사적 사건이 아니라 중국, 한국, 베트남, 필리핀, 인도 등 동아시아 약소민족 내지 식민지 국

7 3·1운동과 5·4운동을 비교사적 관심에서 다룬 연구들은 한국과 중국 학계에서 그간 많이 나왔다. 다만 한국 학계에서는 시기적 전후 관계라는 입장에 서서 3·1운동의 5·4운동에 대한 영향을 더 강조해 왔다. 대표적인 연구로서 한국 학계에서는 정세현, 「학생운동으로 본 3·1운동과 5·4운동」, 『3·1운동 50주년 기념 논문집』, 1969; 민두기, 「5·4운동의 역사적 성격」, 『동양사학연구』 4집(1970); 이성근, 「중국의 근대 내셔널리즘 형성에 미친 한국의 역할 1, 2」, 『명대논문집』 7, 8집(1974, 1975); 장세윤, 「3·1운동이 중국의 5·4운동에 미친 영향」, 『순국』 1998-3; 김희곤, 「3·1운동과 대한민국임시정부의 세계사적 의의」, 동북아역사재단 편, 『3·1운동과 1919년의 세계사적 의의』, 동북아역사재단, 2010 등이 있고, 중국 학계의 연구로는 張德旺, 「五四運動的國際背景硏究兩題」, 『求是學刊』 1992年 5期; 崔志鷹, 「朝鮮三一運動和我國五四運動的比較硏究」, 『史林』 1995-4期; 曾業英, 「中國人民對三一運動的支持和聲援」, 『當代韓國』 1998年 夏季號; 辛虎雄 林能士, 「略論韓國三一運動對中國五四運動的影響」, 『歷史教學問題』 1999-2期; 白基龍, 『中國五四運動與韓國三一運動的比較』, 2007年度 湖南師範大學 碩士學位論文; 張小梅, 『朝鮮三一運動與中國五四運動之比較』 2007年度 延邊大學 碩士學位論文; 孫科志, 「近代中國人對三一運動的認識」, 『東北亞文化硏究』 13(한국 동북아시아문화학회, 2007) 등이 있다.

가들의 반제운동과 동일한 역사적 맥락 안에 있었다는 의미에서 동아시아 역사상의 획기적인 사건이었다고 할 수 있다.[8] 당시 서구열강들의 식민지로 전락했던 동아시아의 여러 약소민족들은 공통적으로 국가적 독립을 목표로 하는 '반제反帝'와, 독립 이후의 새로운 국가체제로서 민주공화국 수립을 목표로 내세우고 있었다. 이를테면 당시 동아시아는 하나의 서구 제국주의 열강의 식민지라는, 지구지역사 속에서 동일한 위치에 놓여 있었고 그 결과 '반제'와 '민주'의 실현을 위한 공동의 보조, 곧 반제연대와 민주연대를 공통의 시대적 과제로 받아들이고 있었던 것이다. 이런 의미에서 1919년 시점에 중국 상하이에 만들어진 대한민국임시정부는 이러한 지구지역사로서의 동아시아 반제, 민주공화 운동의 의미를 가지는 중요한 출발점이라고 말할 수 있다.

세 번째 절에서는 지구지역사 혹은 동아시아사라는 보다 넓은 시각에서 상하이 대한민국임시정부 수립 과정과[9] 그것이 가지는 역사적 의미를 살펴보고자 한다. 그런 다음 대한민국임시정부의 성립과 함께 출현하게 되는 동아시아 지역 반제 연대의 의미를 다루어 보고, 이어서 중국의 공화혁명 곧 신해혁명辛亥革命의 영향 아래 임시정부가 새로운 국가 체제로서 민주공화국의 수립을 목표로 제시하게 되는 과정과 그 의미를 다루어 보고자 한다. 이를 통하여 대한민국임시정부가 중국에서

8 배경한, 「3·1운동과 5·4운동–동아시아 반제연대의 출발점–」, "기미독립선언서와 조선광문회" 학술대회(서울, 2019년 2월 22일) 발표논문 참조.

9 대한민국임시정부의 수립 과정에 대한 그간의 연구는 일일이 거론하기 어려울 만큼 많다. 그러나 지구지역사 내지 동아시아사와의 연계 속에서 다룬 연구는 의외로 많지 않다. 김희곤, 「동아시아 독립운동 주도 조직의 성격과 대한민국임시정부」, 『한국독립운동사연구』 26(2006); 배경한, 「대한민국임시정부의 성립과 중국–동아시아에서의 반제연대와 민주공화의 본격적 출발점–」, 『한국독립운동사연구』 68(2019); 김현철 편, 『3·1운동과 대한민국임시정부의 재조명 2–공화주의의 세계사적 의미와 동아시아 독립운동의 전개』, 동북아역사재단, 2020; 김희곤 등, 『3·1운동과 1919년의 세계사적 의의』, 동북아역사재단, 2010 등을 들 수 있다.

만들어지게 된 과정과 의미, 그리고 그것이 가지는 지구지역사 내지 동아시아사상의 의미를 차례로 논의해 보고자 한다.

제1절

제1차 세계대전, 파리강화회의와 동아시아 반제민족운동의 고양

—신규식 동제사그룹의 중국 내 청원운동과 한중연대의 모색—

Ⅰ. 1917년, 종전終戰에의 전망과 강화회의 참여 준비

1914년 7월 사라예보에서 일어난, 세르비아 청년에 의한 오스트리아 황태자 부부 암살 사건은 곧이어 오스트리아·헝가리 제국과 독일 및 터키를 주축으로 하는 동맹국Allies과 영국·프랑스·러시아를 중심으로 하는 협상국Entente Powers 사이의 유럽 전쟁으로 확대되었고, 이들 유럽 열강들이 전 세계에 보유한 식민지로까지 전쟁이 확대되어 전 세계를 무대로 하는 이른바 세계대전으로 이어졌다. 전쟁 발발의 원인은 사라예보 암살 사건에서 잘 드러나듯이 유럽 내 소수민족들의 독립을 둘러싼 열강들 간의 갈등에 있었으나,[1] 보다 근본적으로는 세계 각 지역에서 벌어지고 있던 유럽 열강들 간의 식민지 경쟁이라는 제국주의적 이

1 김지영, 「오스트리아-헝가리 제국의 해체 이후 동유럽 민족국가의 성립」, 『세계역사와 문화연구』 52(2019), 140~144쪽.

해 충돌에 있었다. 그런 의미에서 제1차 세계대전은 자본주의 체제의 모순으로서 제국주의 질서의 예고된 파국이었다.[2]

잘 알려진 대로 전쟁은 초기에 동맹국의 승리로 이어졌으나 1917년 5월 미국의 참전을 계기로 하여 전세가 크게 달라져 점차 협상국의 우위로 바뀌어 갔다. 1917년 10월 러시아의 혁명으로 러시아가 전선에서 떨어져 나가면서 한때 동맹국이 다시 우위를 차지하는 일도 있었으나, 결국 독일의 전시 경제체제가 붕괴되고 황제체제가 무너지면서 바이마르 공화국이 만들어지는 공화혁명까지 겹쳐 결국 1918년 11월 독일의 항복으로 종전을 맞게 되었다.

제1차 세계대전이 발발하자 중국(베이징정부)은 당초 대외 중립을 내세우면서 관망적 입장을 취하였다. 그러나 뒤이어 1914년 8월 일본이 영일동맹을 이유로 대독선전對獨宣戰을 하고 협상국에 가담, 참전을 선언하면서 중국의 입장도 변화하게 된다. 일본의 기본적 의도는 유럽 파병과 같은 본격적인 참전에 있었던 것이 아니라 독일이 중국에서 가지고 있던 이권을 차지하는 데에 있었으니 곧이어 11월에 산둥성 칭다오青島 일대에 주둔하고 있던 독일군을 공격하여 칭다오를 비롯한 산둥山東 일대를 장악하였다.[3] 결국 중국은 종전이 전망되던 1917년 8월, 종전 이후 열리게 될 강화회의를 통하여 독일의 산둥 이권을 회수하겠다는 목표 아래 협상국 측에 가담하여 대독 선전을 단행하였다.[4] 물론 중

---

2 1917년에 출판된 레닌의 저서 『제국주의: 자본주의의 최고단계로서』의 기본 관점이다. 이런 관점에 대해서는 오늘날 많은 논란이 있다. 박상철, 「레닌 제국주의: 자본주의의 최고단계로서」, 『내일을 여는 역사』 73(2018) 참조.

3 青島戰鬪에 대해서는 김춘식, 「칭다오 전투와 제1차 세계대전」, 『독일연구』 26(2013)을 참조.

4 중국의 참전 결정에는 미국의 영향력이 적지 않았다. 張小路, 「中國參戰與美國－第一次世界大戰時期的中美關係」, 『民國檔案』 1994－2; 郭寧, 「中國參加一戰的美國因素－以駐華公使芮恩施爲中心的考察」, 『民國檔案』 2014－1.

국은 실제 전쟁을 치르지는 않았으나 대규모 노동자를 유럽 전선에 파견하는 등 간접 참전한 것이라는 주장을 내세웠다.[5]

제1차 세계대전의 이러한 진전과정 속에서 중국에서 활동하고 있던 한인 독립운동가들의 대응 또한 일단의 변화 양상을 보여 주고 있었다. 예컨대 1908년 상하이로 망명했다가 중국혁명의 중심지 광둥으로 가서 광둥 지역의 공화혁명, 곧 신해혁명에 직접 참가하여 혁명정부로부터 상당한 공훈을 인정받았던 김규흥의 경우[6] 1916년 9, 10월경 일부 독일인들과 공모하여 시베리아철로 폭파를 계획한 적이 있었다.[7] 김규흥의 이런 활동의 배후에는 독일의 적국이었던 러시아와 일본에게 타격을 주어 독일의 승리를 도우려는 의도가 있었으니, 이를테면 독일의 승리를 예견하고 종전終戰 이후 독일의 도움을 받아 반일 독립을 추진하겠다는, 1차 대전에 대한 나름의 전망이 있었던 것이다. 마찬가지로 1915년 3월 상하이에서 신한혁명당新韓革命黨을 만들고 그 활동을 주도하였던 이상설李相卨과 성낙형成樂馨 등 근왕파 한인 지사들 또한, 세계대전에서의 독일의 승리를 예상하고 독일의 도움을 받아 고종을 중심으로 한 망명정부 수립을 목표로 삼고 있었다.[8] 물론 독일의 패망으로 이들의 예상은 빗나가 당초의 계획이 물거품이 되고 말았지만, 당시 중국에서 활동하던 한인 지사들의 중심적 지도자라고 할 수 있는 신규식이나 박은식조차 신한혁명당 활동에 가담했던 것을 본다면 독일의 승리를 전

5 侯中軍, 「一戰爆發後中國的中立問題-以日本對德宣戰前爲主的考察」, 『近代史研究』 2015-4; 楊雨青, 「中國參加“一戰”問題之探究」, 『學術界』 2018-9; 張華騰, 「從中立到參戰: 第一次世界大戰中的中國政府」, 『南開學報(哲學社會科學版)』 2020-2 등 참조.

6 배경한, 「신해혁명과 한국-김규흥의 廣東에서의 활동을 중심으로-」, 『역사학보』 212(2011). 이 책 제1장 제3절 참조.

7 「朝鮮人ト獨逸人トノ陰謀ニ關スル件(上海總領事→外務大臣, 1916.10.10.)」, 『日本外務省文書: 不逞團關係雜件-朝鮮人ノ部-在支那各地1』, 한국사데이터베이스 소수 문건.

8 강영심, 「신한혁명당의 결성과 활동」, 『한국독립운동사연구』 2(1988).

제로 하는 이러한 구상은 당시 많은 한인 지사들 사이에 상당한 공감대를 가지고 있었음을 알 수 있다.

사실 1차 대전의 승패에 대한 이러한 예상 착오는 한인 지사들에게만 있었던 것은 아니었다. 중국의 참전 문제를 둘러싸고 벌어진 중국 정계 내의 논란 속에서 안후이 군벌安徽軍閥 돤치루이段祺瑞를 중심으로 한 베이징정부의 참전 주장에[9] 대하여 남방정부, 곧 광둥군정부廣東軍政府를 이끌던 혁명파 지도자 쑨원孫文은 격렬한 반대 입장을 표명하며 대립했었는데, 당시 쑨원의 참전 반대 주장의 이면에는 독일의 지원을 얻어 중국혁명을 추진하겠다는 나름의 이유가 있었다.[10] 이뿐만 아니라 쑨원의 독일과의 연대 주장은 종전 이후 단계까지 이어져 중국·독일·러시아 삼국연대의 추진으로까지 확대되었으니,[11] 이를테면 독일의 승전에 대한 예상은 당시 중국 내에서 적지 않은 호응을 얻고 있었던 것이다. 이런 점에서 볼 때 앞에서 언급한 김규흥의 독일인들과의 공모 활동이나 신규식이 가담했던 신한혁명당의 독일과의 연합 모색은, 충분히 있음직한 일이었다.

뒤에서 자세하게 논의하겠지만, 김규식의 강화회의 파견이 결정된 이

---

9 北京政府의 참전 결정과정에서 독일은 재정지원을 앞세워 段祺瑞政府의 협상국 측 참전 결정을 무마하려고 애썼는데 결국 미국, 일본을 비롯한 협상국 측의 지원 약속을 받아들인 段政府가 1918년 3월, 對獨絕交를 선언하며 협상국 측에 가담, 참전을 선언하였다. 李國祈, 「德國檔案中有關中國參加第一次世界大戰的幾項記載」, 同氏 著, 『民國史論集』, 臺北(南天書局), 1990, pp. 314~320.

10 孫文의 독일과의 협력 모색은 남방정부 성립과정에서 상당한 재정적 지원을 받은 사실뿐만 아니라 세계대전 終戰 이후에 가서도 자신의 대표로, 曹亞伯을 독일에 파견하여 지원을 요청하는 등, 終戰 이후까지 계속되었다. 이러한 孫文의 입장에 대하여 당시뿐 아니라 오늘날까지도 많은 논란이 있다. 李吉奎, 「孫中山聯德外交始末」, 『中山大學學報(社會科學版)』 51卷(2011); 楊天石, 「孫中山與第一次世界大戰」, 『江蘇師範大學學報(哲學社會科學版)』 44-5(2018) 등 참조.

11 楊天石, 위의 「孫中山與第一次世界大戰」, pp. 7~9.

후 단계인 1918년 12월에 가서 신규식은 중국 남방정부 측에 강화회의에서의 한국독립을 지지해 달라는 청원서를 제출하는[12] 한편으로 쑨원에게도 청원서를 첨부한 편지를 보내 지원을 호소하였다.[13] 그런데 쑨원에게 보낸 이 편지 가운데에서 신규식은 그 전해 곧 1917년, 쑨원이 군정부 대원수大元帥직에 있을 때에도 편지를 보냈던 사실을 언급하고 있다. 신규식은 1917년에 보냈던 편지를 비밀서한秘函이라고 칭하면서 그 주된 내용이 "열강들의 강화회의에 어떻게 대응할지 준비하는 일과 동삼성東三省문제에 관한 것(預籌運用列强和議及關於東三省者)"이었다고 말하고 있다.[14]

1917년에 신규식이 편지를 보낸 정확한 날짜를 알 수 없기 때문에 그 편지에서 언급했다고 하는 "열강들의 강화회의에 대한 준비"가 어떠한 내용인지 확실히 알 수는 없다. 다만 신규식이 "쑨원이 대원수직에 있을 때"라고 했는데 쑨원이 북방 군벌정부北洋政府에 대항하여 민국의 정통성護法을 내걸고 광저우廣州에 비상국회非常國會를 소집하고 그 결정에 따라 군정부를 조직한 다음, 그 최고 지도자 대원수직에 취임한

12 뒤에서 논의할 것처럼 이 청원서의 머리에는 "民國七年 10月"에 제출했다고 되어 있는데 앞뒤 사정을 충분히 감안한다면 제출날짜가 김규식의 파견이 결정된 11월 말 이후인 12월 경이라고 해야 할 것이다.「上中國政府請願書」,『震壇週報』6호(1920.11.14.), 4쪽.

13「上孫中山總裁書」,『震壇週報』6호(1920.11.14.), 4쪽.

14 이 편지에서 언급한 東三省문제란, 동북(만주)에 진출한 일본의 압박으로 동북 군벌 張作霖이 東北三省 지역에 살고 있던 韓人들과 대종교 조직에 대한 대대적인 탄압을 자행하였는데 이것을 막아달라는 요청을 孫文과 남방정부 측에 제기했던 것을 지칭한 것으로 보인다. 閔弼鎬가 쓴 신규식의 생전 逸話 가운데 한 편인 "因公逆志"는 바로 이와 관련된 내용으로 대략 "동북 군벌 張作霖이 동북 지역 한인들과 대종교를 탄압하는 사태가 일어나자 申公은 노심초사 各方에 청원하셨다. 마침 北洋政府 사법총장이던 張耀曾[민필호는 張耀曾이 베이징정부(段祺瑞政府)의 국무총리였다고 했으나 사법총장이 맞다]이 上海를 방문했다는 소문을 듣고 어렵게 연락한 끝에 만나 韓僑를 보호해 주도록 간곡히 요청하자 張耀曾이 동북에 전보를 보내 모든 문제가 해결되었다"는 내용이다.「申公逸話二三事」, 민필호,『睨觀申圭植先生傳記』,『申圭植全集』1권, 341쪽.

것이 9월 10일이었던 점을[15] 고려한다면 편지를 보낸 것은 이 날짜 이후의 일이라고 해야 한다.

바로 이 시기, 곧 1917년 9월 이후가 되면 독일의 패전이 점차 분명해지고 있었다. 또 상하이·베이징 지역의 한인 독립운동 상황을 보더라도 1917년 3월 이상설이 사망한 이후 신한혁명당의 활동 또한 거의 잦아들었을 뿐 아니라, 1917년 7월 조소앙趙素昂의 기초로 상하이·베이징 지역의 한인 지사들이 대거 참여하여 발표한 「대동단결선언大同團結宣言」에서 근왕주의를 근본적으로 부정하고 국민주권을 기반으로 하는 연합大同 임시정부 수립을 제기하였고 신규식도 이 「대동단결선언」에 참여하고 있었다.[16] 이런 사실들을 종합해 볼 때 1917년 9월 이후, 신규식이 쑨원에게 보낸 편지에서 상의했다고 하는 강화회의에 대한 준비는 협상국의 승전을 전제로 한 강화회의였을 가능성이 크다. 물론 앞에서 언급한 대로 쑨원 자신은 1917년 9월 군정부 대원수 취임을 가능하게 해준 해군의 지지가 독일의 재정적 지원을 기반으로 해서 이루어졌으며, 그런 까닭에 여전히 중국의 협상국 측 참전을 반대하고 있었던 점을[17] 생각한다면, 쑨원의 그러한 입장을 알고 있었을 신규식이 쑨원에게 어떠한 입장에서 강화회의 문제를 상의하고 있었는지, 그리고 신규식의 상의에 대한 쑨원의 대응이 어떠했는지는 짐작하기 쉽지 않다. 그러나 분명한 사실은, 1917년 종전을 예견하는 단계에서부터 신규식은 종전 이후 열릴 강화회의에 대한 준비 작업을 구체적으로 시작하고 있었을 뿐만 아니라 그것을 가지고 중국혁명의 최고 지도자 쑨원에게 상의를 하는 데에까지 적극적으로 나서고 있었다는 점이다.

---

15 陳錫祺 主編, 『孫中山年譜長編』 上册, 北京(中華書局), 1991, p. 1057.

16 장규식, 「3·1운동 이전 민주공화제의 수용과 확산」, 『한국사학사학보』 38(2018), 60~61쪽.

17 李吉奎, 「孫中山聯德外交始末」, 『中山大學學報(社會科學版)』 51卷(2011), pp. 81~82.

Ⅱ. 1918년 12월~1919년 1월, 광둥군정부 방문과 청원서 제출

신규식은 1920년 11월 중순에 발간된 『진단주보震壇週報』 제6호에 실은 「중국 정부에 보낸 청원서上中國政府請願書」의 앞머리에서 청원서를 제출한 전후사정을 설명하고 있다. 여기에서 신규식은 "(독립을 위한) 국제적 운동이 틈을 탈 만한 기회가 없어서 안타까워하던 참에 마침 유럽전쟁이 끝나고 강화회의가 열리게 되니 각계 인사들이 천재일우千載一遇의 기회로 여겨 각국으로 뛰어다니면서 활동을 도모籌劃하는 자가 자못 적지 않았다. 민국 7년(1918년) 10월에 한국 대표가 갑자기 중국정부에 나타나 먼저 정부당국 및 중의원, 참의원 두 국회兩國會와 교섭한 다음 정식 공문으로 '한국독립에 대한 원조와 한국독립 승인 요청안'을 제출하였다"고 하였다.[18] 이 청원서 본문의 서두에 제출자를, "□□同濟社 總代表 申□□"이라고 쓰고 있었던 것으로 보아서 청원제출의 주체는 신아동제사였으며 신규식 자신이 제출자였을 것이고, 따라서 중화민국정부에 갑자기 나타난 한국 대표도 신규식이었을 것이다.[19]

신규식이 청원서를 제출하기 위하여 광저우를 방문한 시기가 민국 7년 10월, 곧 1918년 10월이라면 여운형이 상하이에서 윌슨 대통령의 특사 크레인Charles R. Crane을 만난 다음 장덕수와 함께 윌슨에게 보내는

18 「上中國政府請願書」, 『震壇週報』 6호(1920.11.14.), 4쪽.

19 신아동제사를 □□同濟社로, 신규식을 申□□으로 표기한 것은, 뒤에서 상술할 것처럼 廣東軍政府 정무회의에서 이 청원을 받아들여 한국독립을 승인, 지원하기로 결정하면서도 (당시까지만 해도) 일본의 협력 아래 산둥 이권의 중국 반환을 기대하고 있던 군정부 측의 외교적 입장을 고려하여 한국독립 승인, 지원 의결에 참여한 인사들의 실명을 밝히는 것에 반대하던 상황을 반영한 결과였다고 보인다. 「上中國政府請願書」, 『震壇週報』 6호(1920.11.14.), 4쪽.

청원서를 작성, 전달했다는 11월 말보다 신규식의 강화회의 관련 움직임이 빨랐다는 이야기가 된다. 그러나 민필호가 쓴 신규식에 관한 일화 가운데 "(강화회의 개최 소식이 들리자) 이때야말로 한국이 독립할 천재일우의 기회라고 생각하고 비밀서신을 수십 통 써서 청년 동지 방효성方孝成과 곽경郭儆에게 부탁하여 국내로 잠입하여 여러 동지들에게 연락하도록 하였다. 그 비밀서신의 내용은 '저는 이미 김규식, 조소앙 두 형들에게 상하이로부터 파리로 가서 평화회의에서 호소할 것을 부탁했다'는 것이었다. 동시에 미국에서 독립운동을 지도하고 계신 이승만 박사에게도 프랑스로 가서 호소해 줄 것을 부탁하였다"고[20] 한 것으로 본다면 적어도 강화회의의 개최 일자와 장소가 정해진 다음, 그리고 김규식의 파리 파견이 결정된 다음에 광저우를 방문했다고 보는 것이 보다 합리적이기 때문에 12월 정도로 보는 것이 합당할 것 같다. 이 점은 1922년 9월 신규식이 서거한 직후 국내의 한 잡지에 실린 엄항섭嚴恒燮의 추도문에 나타나 있는 신규식의 동정과도 일치한다. 즉 1919년 3·1운동 직후 국내로부터 상하이로 망명한 엄항섭은 자신이 신규식을 처음 만난 것이 "(돌아가시기) 3년 전 3월이었는데 (당시) 선생님은 지독한 병마로 위태위태하셨는데도 불구하고 시운의 급속한 전환急轉을 보시고 일생의 기도企圖를 성공할까 하여 병세가 있음微恙에도 불구하고 광동 가서 모든 주선을 하시다가 약한 몸弱軀을 엿보던 병마의 심한 공격을 입어 비명을 지르실 정도로 힘든 일叫苦을 마다하지 아니하시면서 향항香港(홍콩)으로 와서 상하이로부터 파리로 향하시는 김 선생을 느낌 많은(?) 중에 희망과 축복으로 보내시고 인하여 병상에 누워 병세가 나날이 심해감病勢日篤에도 조리를 못하고 상하이로 급급히 오신 그때였습니

20 「申公逸話二三事」, 『睨觀申圭植傳記』, 『申圭植全集』 2권, 339쪽.

다"라고 말하고 있는 것이다.[21]

엄항섭의 이 추도문에는 비록 자세한 날짜는 나와 있지 않지만, 적어도 몇 가지 중요한 행적과 그 순서를 확인하게 해 준다. 첫째 시운이 급변한 시기 곧, 강화회의가 개최될 예정이라는 소식을 들은 다음 바로 광둥으로 갔다는 점, 둘째 1919년 2월 1일 상하이를 떠나 파리로 가던 김규식을 배웅하기 위하여 (광둥에서) 홍콩으로 갔다는 점, 그리고 셋째 이런 행보 중에서 계속 병을 앓고 있었고 점차 악화되어 갔으며 3월에는 요양을 포기하고 상하이로 왔다는 점을 짐작케 해 주는 것이다.

신규식의 광저우 방문 시기를 보다 잘 보여 주는 자료는 김홍일의 회고록이다. 김홍일은 1918년 9월 상하이로 망명해 갔는데 11월 종전 이후 황제민黃介民의 소개로 구이저우貴州 육군강무학교에 입학하기 위하여 가던 중 광둥에 들렀는데 "(광저우에서) 제1차 세계대전이 종말을 고하자 파리강화회의에 한국 대표 파견을 준비하느라 분망하던" 신규식을 만났다고 회고하였다. 당시 신규식은 "전승 연합제국에 한국독립을 제창해 주도록 호소하기 위해 우선 해외 각지에 산재해 있는 한국인과 그 단체를 하나로 묶으려고 사방에 연락을 취하던 중"이었는데 김홍일은 동행했던 진대균과 함께 미주, 러시아, 일본, 중국 각지에 보내는 연락문서를 3일간 필사하는 일을 했다고 한다. 김홍일에 의하면 당시 필사한 연락문서의 내용은 "민족의 대동단결과 함께 국제정세의 호기好機를 잡는 것이 정말 중요한데 이번에 파리강화회의라는 호기를 맞아 광둥정부와 면밀히 협력한 결과 한국독립 안건이 강화회의에 상정된다면 광둥정부 대표로 파리에 파견된 왕정팅王正廷을 비롯한 중국대표단

21 一波(嚴恒燮), 「申先生의 訃音을 接하고」, 『東明』 제6호(1922.10.8.), 3쪽.

이 적극 지지해 주기로 결정되었다"는 것이었다고 한다.[22] 김홍일의 이러한 회고에 의하면 신규식은 제1차 세계대전 종전 직후, 즉 1918년 12월경 광둥정부의 지원을 받기 위해 광저우를 방문하였고 거기에서 여러 지역의 한인들과 한인 단체들에게, 파리강화회의에 대표를 파견하는 일과 강화회의에 한국독립 안건 상정을 지원하기 위한 대동단결을 촉구하는[23] 연락을 취하고 있었던 것이다.

1918년 12월 신규식의 광저우행을 보여 주는 다른 한 가지 증언은, 여운형과 함께 윌슨 대통령에게 보내는 청원서를 작성하여 크레인에게 전달했던 장덕수가 일본을 거쳐 국내에 잠입했다가 1919년 2월 하순에 체포된 다음 경찰의 심문에서 언급한 이야기 속에 등장한다. 장덕수는 자신이 상하이를 떠나 도쿄로 출발한 것이 1월 27, 28일경이었다고 하면서 "당시 광둥에 여행 중이던 신규식으로부터 편지를 한 통 받았는데 거기에 '이번 강화회의는 약소민족, 그 가운데에서도 조선민족에게 권리와 정의의 주장을 세계 공론에 호소할 수 있는 절호의 기회이니 그대는 일본인으로 가장하여 도쿄와 서울로 들어가 운동 상황을 상하이 『중화신보中華新報』 기자 조동호趙東祜에게 통신하고 또 도쿄에 파견한 조용운趙鏞雲(곧 조소앙)을 만날 것'을 지시했다"고 말하였다.[24] 장덕수가 받았다는 신규식의 편지는 위에서 언급한 김홍일이 필사했다고 하는 바로

22 김홍일, 『대륙의 분노-노병의 회상기-』, 문조사, 1972, 54~57쪽.

23 1919년 2월 9일 上海에서 하와이 『국민보』에 발송된 신규식(S. Shin) 명의의 편지(정병준, 「1919년, 파리로 가는 김규식」, 『한국독립운동사연구』 60(1917), 109~116쪽)도 당시 廣州에 있던 신규식에 의하여 작성 송부된 것으로 보아야 할 것이다. 이 편지의 내용 가운데 국내외 한인 단체들의 대동단결과 그것을 통한 파리강화회의 대표에 대한 지지라는 것에 모아져 있으며 그런 점에서 1917년 「대동단결선언」과 같은 맥락을 가지고 있다는 지적(정병준, 같은 논문, 113~115쪽)은 신규식과 동제사 그룹의 일관된 입장을 보여 준다는 점에서 주목해야 한다.

24 「騷擾事件ト在外排日鮮人トノ關係」(高警 10719號), 1919.4.11., 『不逞團關係雜件 朝鮮人ノ部 在內地(四)』, 한국사데이터베이스 자료.

그 연락문서로 보인다. 다만 장덕수가 이렇게 말한 것은, 신한청년당을 비호하기 위해 창당 이전부터 상하이 지역 독립운동의 주도세력이었던 신규식과 동제회 쪽의 요청으로 자신의 도쿄행, 국내행이 이루어졌다고 둘러댔을 가능성이 없지 않기 때문에 사실이 아닐 수도 있지만[25], 당시 신규식이 광둥에 여행하고 있었다는 점은 일부러 꾸밀 이유가 없다는 점에서 엄연한 사실이었다고 해야 할 것이다. 또 뒤에서 살펴볼 것처럼 신규식과 동제사 그룹에서 김규식 파견 이후 매우 광범위한 지원 활동을 벌이고 있었다는 점으로 볼 때 장덕수의 일본행, 국내행이 동제사 멤버로서의 활동이었을 가능성이 크다고 보아서 무리가 없을 것이다.

이와 함께 1918년 무렵부터 신규식의 건강이 나빠지기 시작하였다는 다른 기록들을 참조할 경우, 광저우를 방문한 1918년 12월경에 신규식이 상하이에 있지 않고 요양차 항저우杭州에 머물렀을 가능성이 크다고 보인다. 예컨대 여운형의 측근이었던 이만규가 쓴 여운형 전기 가운데에서는 임시정부의 조직과 관련하여 1919년 4월 초 각지로부터 지사들이 상하이로 모여들었다는 대목을 서술하며 "항저우로부터 신규식이 왔다"고[26] 하였고 조금 뒤인 1919년 6월이나 10월의 신규식의 행방을 언급한 일제 측의 자료 속에서도 "신규식이 병으로 항저우로 나가 있다"거나[27] "항저우에 우거寓居하고 있는 신규식이 (워싱턴회의 참석을 위해) 곧 도미渡美할 예정"이라는[28] 이야기가 실려 있다. 이러한 사정은 신규식 서거 직후 국내의 한 잡지에 실린 추도기사 가운데에서도 확인할 수 있는데 "최근 (서거하기 전) 4년 동안 선생은 가장 다사다난했으니 가

25 정병준, 「중국 관내 신한청년당과 3·1운동」, 『한국독립운동사연구』 65(2019), 40~41쪽.
26 이만규, 『呂運亨鬪爭史』, 민주문화사, 1946, 『몽양여운형전집』 제2권, 261쪽.
27 「전협신문조서(1919년 11월 26일)」, 『대동단사건1』, 『한민족독립운동사자료집』 5권.
28 朝鮮軍參謀部, 「上海ノ狀況(1919.10.17), 朝特報 第62號」, 한국사데이터베이스 소장자료, 3쪽.

증可憎할 병마病魔는 사업의 크기에 정비례했다"고[29] 쓰고 있으니, 이를테면 1918년 무렵부터 발병하여 번잡한 상하이를 떠나 요양을 위해 주로 항저우에 머물고 있었다는 이야기가 된다.[30]

이렇게 본다면 1918년 12월, 항저우에서 요양하고 있던 신규식은 김규식의 파견 결정 소식을 듣고 남방군정부의 외교적 지원을 얻기 위하여 곧바로 항저우에서 광저우로 향하였던 것으로 짐작된다. 이런 일정은 앞에서 언급한 대로 2월 1일 상하이를 출발하여 파리로 향한 김규식을 배웅하기 위해 신규식이 광저우에서 바로 홍콩으로 갔다는 것과도 대체로 맞아떨어지며, 이것이 사실일 경우 신규식은 광저우에서 약 2개월가량 머문 것이 된다.[31] 이런 일정을 감안한다면 김규식이 상하이를

---

29 「今焉亡矣! 至誠一貫의人, 滬上에서 永歸하신睨觀申先生」, 『東明』 제5호(1922.10.1.), 4쪽. 1918년경부터 시작된 신규식의 病은 1919년 4월 임시정부 성립 이후 한때 임정의 활동에 직접 참여하지 못하거나 간헐적으로 참여하게 만드는 직접적인 원인이었다고 보인다. 김희곤, 「대한민국임시정부와 신규식」, 동씨 저, 『대한민국임시정부 연구』, 지식산업사, 2004, 310~312쪽.

30 신규식이 1918년경 杭州에 머물렀던 것은 1917년부터 杭州 浙江省立醫藥專門學校에 유학하고 있던 동생 신건식(申健植)과 관련이 있을 가능성이 크다. 아울러 주목되는 것은 1917년 신건식이 杭州 西湖 주변에 있는 高麗寺를 여러 차례 답사 끝에 발견하였는데 그 후 신규식이 직접 방문하여 고려사라는 편액을 새로 붙이는 등 부분적인 補修에 나섰던 사실이다.(一波, 「高麗寺! 1, 2, 3」, 『東明』 제2권 제20, 21, 22호(1923.5.13., 20., 27.), 각각 7쪽. 1919년부터 杭州 之江大學에 유학하고 있던 엄항섭은 이 글에서 신건식, 신규식 형제의 고려사 발견 과정을 자세하게 언급하는 한편으로 신규식의 고려사 관련 漢詩 한 수를 유작으로 소개하고 있다. 「高麗寺題感」이라는 제목의 이 한시의 내용은 "赤山射日訪沙門, 玄會西林似陝郵, 石像千年瞻佛祖, 萍踵萬里泣王孫, 四時香火群生福, 一片淨乾故國魂, 最是難堪同道處, 可憐古廟數間存"이다.) 고려사의 본격적인 重修는 엄항섭의 고려사 소개 글이 『동명』에 실린 이후 몇 년 뒤인 1927년, 上海 지역 한인 玉觀彬에 의해 이루어졌다. 玉觀彬은 3000元의 거금을 시주하였다. 「西湖高麗寺重建發願文」, 『佛教』 제31호(1927). 고려사의 재발견과 중수과정에 대해서는 曺永祿, 「일제 강점기 杭州 高麗寺의 재발견과 重建籌備會」, 『한국근현대사연구』 53(2010)을 참조할 것.

31 신규식이 워싱턴회의에 대한 지원을 위해 1921년 9월 말 廣州를 방문했을 때에도 1921년 11월 말까지 약 2달을 머물렀다. 배경한, 「孫文과 上海韓國臨時政府-申圭植의 廣州 방문(1921.9~10월)과 廣東護法政府의 한국임시정부 승인 문제를 중심으로-」, 『동양사학연구』 56(1996).

떠나기 직전인 1월 25일 신규식과 함께 작성했다가 파리 도착 이후 미국 대표단에 전달했다고 하는 청원서는[32] 김규식이 단독으로 만들고 서명한 다음, 신규식과 함께 제출하는 것으로 양해받았을 가능성이 크다고 봐야 하겠다. 물론 김규식이 파리 도착 직후 곧바로 미국 대표단에 제출한 청원서가 신한청년당의 명의가 아니라 신규식(총재)과 김규식(사무총장)을 대표로 하는 한국공화혁명당 명의라고 하는 것도 결국 동제사의 중심 멤버로서의 두 사람의 관계를 앞세운 것으로, 그런 점에서 김규식의 파리에서의 초기 활동 자체도 동제사 그룹 활동의 연장선상에 있었다는 사실을 주목해야 할 것이다.

그러나 신규식이 기대를 걸고 방문한 남방군정부의 당시 사정은 앞에서 쑨원의 중국 참전 반대 및 독일의 지원 모색과 관련하여 언급한 것처럼 그렇게 간단치 않았다. 독자적 군사 기반이 없었던 쑨원은 독일의 재정적 지원을 기반으로 해군의 지지를 받아 군정부를 구성하고 최고지도자인 대원수의 지위에 올랐으나 군정부에 가담한 남방 각성 군벌들의 이합집산에 의하여 존립 자체가 위협받는 상황이었다. 결국 쑨원은 1918년 5월 21일, 광저우를 떠나 상하이로 와서 저술활동에 전념하겠다는 입장을 발표하였으며[33] 7월 초 군정부는 7명의 총재에 의한 집단지도체제로 변경되기에 이르렀다. 이후 쑨원은 총재직 취임을 미룬 채 쉬첸徐謙을 자신의 대리인으로 지명하였고[34] 쉬첸이 쑨원을 대리

32 1919년 1월 25일, 上海에서 작성한 것으로 되어 있는 이 청원서의 말미에는 김규식과 신규식의 영문 서명(박정규 편저, 『도록 예관 신규식』, 예관편찬위원회, 2019, 61쪽)이 붙어 있는데 필체로 보아서 김규식 한 사람이 작성한 것 같다. 이 청원서의 내용에 대해서는 정병준, 「1919년, 파리로 가는 김규식」, 『한국독립운동사연구』 60(2017), 103~109쪽을 참조할 것.

33 『孫中山年譜長編』 上册, p. 1123; p. 1127.

34 「軍政府進行紀要: 歡迎孫總裁代表徐謙」, 『(上海)民國日報』 1918.10.6., 1-3.

한다는 명분으로 군정부 정무회의政務會議에 참석했지만, 쉬첸 역시 군벌 세력들의 많은 견제와 저항을 받게 되면서 주도적 역할을 하기는 어려웠다.[35]

이런 상황 속에서 이루어진 신규식의 남방군정부 방문은 그렇게 순조롭지만은 않았던 듯하다. 당시 군정부 비상국회를 구성하고 있던 참의원과 중의원의 양원兩院, 그리고 실제 행정을 총괄하고 있던 정무회의의 안건과 결의사항을 비롯한 제반 활동상을 비교적 자세하게 보도하고 있던 『상해민국일보上海民國日報』에서 신규식의 방문과 관련된 내용을 찾을 수는 없다. 이 점은 신규식이 제출한 청원서를, 2년여 뒤인 1920년 11월 14일자 『진단주보』에 옮겨 실으면서 "(당시) 한국독립에 대한 지원 요청과 한국독립승인안이 정무회의에서 통과되었고 또 최근(日者: 3·1운동 이후를 뜻하는 듯)에 와서는 한국독립이 세계적 문제가 되어 공연히(공개적으로) 찬성하는 입장이 많아서 피하거나 숨길 이유가 (전혀) 없어졌음에도 불구하고 여전히 신중해야 한다는 입장이었다. 그래서 자세한 당시 경과와 찬성한 분들의 이름은 여기서 발표할 수 없고 시기를 기다려야 할 것 같다. 당시 제출한 문건書刊만 아래에 수록한다"고[36] 한 것과 관련이 있어 보인다. 즉 군정부 양원과 정무회의에서 신규식으로부터 청원서를 접수하고 한국독립에 대한 "지원"과 "승인"을 의결했지만 그 사실을 공개적으로 밝히기는 어려워해서 (아직도) 밝힐 수 없다는 것으로 이른바 군정부 측의 지원과 승인은, "비공개적인 혹은 비공식적인" 것이었을 가능성이 크다는 사실을 보여 준다.

신규식이 제출한 청원서의 내용과 당시 파리강화회의 참석을 둘러싼

---

35 徐謙은 몇 차례 대표직을 사임하려고 했지만 孫文은 계속 사임을 만류하며 廣州에 머물도록 하였다. 『孫中山年譜長編』 下册, p. 1148; p. 1151.

36 「上中國政府請願書」, 『震壇週報』 6호(1920.11.14.), 4쪽.

군정부의 입장을 보다 자세하게 검토해 보면 저간의 사정을 보다 잘 이해할 수 있다. 청원서의 내용은 크게 보아서 세 부분으로 요약될 수 있다. "첫째는 1차 대전의 종결로 평화회의를 앞두고 있는 지금, 전쟁의 도화선이 되었던 발칸반도 문제에서 보는 바와 같이 약소국의 독립 문제가 해결되어야 할 가장 중요한 문제인데 이번 평화회의를 통하여 약소국의 해방이 선포될 수 있기를 간절히 고대한다. 둘째 유럽이 아닌 동아시아에서도 약소국의 독립은 중요한 문제인데 그 가운데에서도 동아의 발칸에 해당하는 한국의 독립이 무엇보다 중요하다. 셋째 한국의 독립은 중국에게도 피할 수 없는 문제이니 임진왜란을 비롯하여 과거 중국이 한국을 지켜준 것에 비추어 보거나 아니면 갑오년甲午年 중일전쟁(청일전쟁)의 수치를 만회하기 위해서라도 중국이 먼저 한국의 독립을 승인하고 평화회의에 참석할 중국 대표에게도 연락하여 회의에서 한국독립을 지원하도록 요청해 달라"는 것이 그 주요 내용이다.[37]

그런데 당시 남방군정부 내에서는 강화회의 참여 내지 대표 파견 문제를 둘러싸고 적지 않은 논란이 일어나고 있었다. 당시 논란은 중국의 대표 파견 여부 문제에서부터 남·북 두 정부 사이의 공동대표단 구성 문제, 그리고 대표단의 역할 문제 등 그 내용이 복잡했다. 특히 국제적으로 중국을 대표하는 정부는 베이징정부로 되어 있었고 남방군정부는 정식 정부로서 인정을 받지 못하고 있었던 까닭에 강화회의에 대한 공식 대표 파견 자체가 불투명한 상황이었던 것이다.[38] 1918년 12월 초 남방군정부 참의원에서는 남방정부의 대표를 파리에 파견해야 한다는 건의안을 정무회의에 제출하였고 그 연장선상으로 정무회의에서는 쑨원,

37 「上中國政府請願書」, 『震壇週報』 6호(1920.11.14.), 4쪽.

38 「軍政府與赴歐專使」, 『民國日報』 1918.11·28., 1-3; 「國際法上廣東護法政府之地位」, 『民國日報』 1918.12.21., 1-3.

왕징웨이汪精衛, 우팅팡伍廷芳, 왕정팅王正廷, 우차오슈伍朝樞 5명을 남방정부의 공식대표專使로 파리에 파견하기로 결정했지만[39] 실제적인 파견은 이루어지지 못한 채 시간만 끌고 있었다. 이뿐만 아니라 쑨원의 경우에는 강화회의에서 공식적인 발언권도 얻지 못할 상황 속에서 대표로 갈 수 없다는 입장을 표명하며 대표직을 고사하였다.[40] 물론 쑨원의 대표직 고사의 이면에는 앞에서 언급한 대로 독일과의 합작 계획도 있었으며, 남북 정부에 대한 미국의 조정과 권유에도 불구하고[41] 남방군정부의 강화회의 참여는 난항을 거듭하고 있었다.[42]

이뿐만 아니라 앞에서 언급한 대로 전쟁 발발 직후 일본이 참전선언을 하고 독일의 지배 아래 있던 칭다오 일대를 장악하게 된 이후에 나온 중국의 대독 절교와 참전선언은, 강화회의를 통해 일본이 차지하고 있던 산둥 지역 이권을 회수할 수 있을 것이라는 기대 속에서 나온 것이었다. 그런 까닭에 강화회의 초기, 즉 1919년 2월 중순 일본의 산둥 이권 승계를 베이징(쉬스창, 徐世昌)정부가 동의한다는 내용의 중일밀약이 공개되기 전까지만[43] 하더라도 중국인들은 일본이 자진해서 산둥반도를 반환해 줄 것을 기대하고 있었다.[44] 따라서 강화회의에서 일본이 산

39 「國會提議遣使赴歐事」, 『民國日報』 1918.12.10., 2-6.

40 『孫中山年譜長編』 下册, p. 1151.

41 郭寧, 「中國參加一戰的美國因素-以駐華公使芮恩施爲中心的考察」, 『民國檔案』 2014-1.

42 「軍政府遣使赴歐與北庭」, 『民國日報』 1918. 12. 25. 1-3. 뒤에 北京政府에서는 1919년 1월 22일자로 陸徵祥(외교총장), 魏宸組(주벨기에공사), 施肇基(주영공사), 高維鈞(주미공사)에다 남방정부 측의 인사로 王正廷을 공식 대표로 임명하였는데 당시 護法의 정당성을 주장하기 위해 미국에 파견되어 있던 王正廷이 남방정부 측과 상의 없이 취임을 승낙하면서 일대 풍파가 일었다. 남방정부 측에서는 王正廷 이외에 吳朝樞를 추가 임명하여 파리로 파견하였으나 王正廷과 吳朝樞 사이에 갈등이 계속되는 등 난항을 거듭하였다. 張金超, 「南方政府與巴黎和會-以代表問題爲中心的探討」, 『澳門理工學報(人文社會科學版)』 2014-9期 참조.

43 「中日間密約宣布事件」, 『民國日報』 1919.2.12., 1-2.

44 「歐戰和平與我國」, 『民國日報』 1918.11.15., 1-3; 「歐戰議和與中日」, 『民國日報』 1918.

동반도 이권 승계 주장을 공식화하기 전까지는, 비록 남방정부라고 하더라도 일본의 지배 아래 있는 한국의 독립을 승인한다거나 한국의 독립운동을 지원한다는 입장을 공개적으로 내세우기가 쉽지 않았을 것이다. 이런 점들로 보았을 때 신규식이 청원서를 제출한 1918년 12월 단계에서 남방군정부 정무회의나 참·중의원 양원이 공개적으로 한국독립을 지지, 승인하기는 어려웠을 것은 쉽게 짐작할 수 있다. 더구나 중화민국의 정통성을 둘러싸고 대립관계에 있었을 뿐 아니라 강화회의 대표 구성을 둘러싸고도 첨예한 대립을 이어가고 있던 베이징정부[45] 측 파견 대표에게 강화회의에서 한국독립 안건을 제출하거나 한국독립에 대한 지지 입장을 표명해 달라고 요청한다는 것은 기대하기 어려운 일이었다. 그리하여 쉬첸과 같은, 한국의 독립 문제에 적극적인 지지 입장에 있던 인물이[46] 정무회의에 참가하고 있어서 신규식의 청원 요청에 대하여 호의적인 태도를 보여 지지와 승인을 의결하였다고 하더라도[47] 어디까지나 비공식적인 혹은 비공개적인 독립 승인, 독립 지원을 의결하는 데에 그쳤을 것으로 짐작된다.

11.29., 1-3;「日本將如何歸還靑島于中國乎」,『民國日報』1919.1.5., 2-6.

45 당시 남방정부 측에서는 자신들을 민국 헌법을 수호하는 護法政府로, 반대로 북방정부를 헌법을 부정하는 불법정부(非法政府)라고 불렀다.「停頓非法內閣」,『民國日報』1918.10.17., 1-3;「非法政府之命令」,『民國日報』1918.11.11., 1-2.

46 徐謙은 혁명파 인사들 가운데 대표적인 기독교인으로 적극적인 反帝를 주장하고 있었으며 신규식·김규식·여운형 등 한인 지도자들과 밀접한 관계를 가지고 있었던 인물로 알려져 있다. 1920년 10월 신규식이 上海에서 주도 창간한『震壇週報』창간호에 徐謙의 창간사도 실렸다. 佐治徐謙,「本報創刊辭三」,『震壇週報』創刊號(1920.10.10.), 4쪽. 徐謙의 정치적 활동과 사상적 경향에 대해서는 閔斗基,「徐謙-政客과 革命家의 사이-」, 동씨 저,『중국초기혁명운동의 연구』, 서울대학출판부, 1997; 葉靑,「徐謙傳略」,『民國檔案』1987-2 를 참조할 것.

47 정무회의의 결의 관련 문건이 臺灣 國民黨黨史會에 소장되어 있다고 하는데 (「中韓關係專檔」(23), 臺北國民黨黨史會所藏檔案, 楊天石,「中韓愛國志士的早期聯系」,『史學月刊』2007-3, p. 58) 黨史會 목록에서 찾을 수 없었다.

Ⅲ. 1919년 1월~2월, 베이징정부와 미국 공사관에의 청원서 제출

신규식 서거 직후 국내의 『동명東明』 잡지에 실린 부고 기사는 비교적 자세하게 신규식의 일생을 소개하면서 당대 중국정계 지도자들을 비롯한 중국인들과 가장 밀접한 관계를 맺어온 최고의 "중국통中國通"이라는 평가를 해서 주목된다. 무기명으로 실린 이 부고기사는 아마도 당시 한국 언론계에서 가장 수준 높은 중국 전문 논설을 쓰고 있던 안재홍安在鴻의 저술로 보이는데[48] 신규식이 쑨원을 비롯한 혁명당 지도자들과의 교류뿐만 아니라 뤼위엔훙黎元洪, 장쭤린張作霖, 멍언위엔孟恩遠 등 베이징정부 및 베이양北洋군벌 지도자들과도 광범하게 교유하고 있었음을 언급하고 있어서 더욱 흥미를 끈다. 이 기사에서는 베이징정부 총통이던 뤼위엔훙을 신규식의 "마음을 나누는 친구心友"라고 표현하면서 베이징의 집무실公署로 사람을 시켜 대신 방문委訪토록 한 적이 있다고 하였고 그때의 방문을 통하여 "헤이룽장黑龍江 일대 사람과 물자에 대한 대집중大集中 방안을 마련하였다"고 말하고 있다.[49]

뤼위엔훙은 신해혁명 시기 우창기의를 주도한 혁명군 지도자 출신으로 최초의 혁명정부인 후베이군정부湖北軍政府의 최고지도자都督가 되어 이름을 얻었던 인물인데, 1916년 6월 위안스카이 사후 그의 뒤를 이

48 1920, 30년대 국내의 대표적인 중국 전문 논설가로서 『동명』 잡지에 주요 필진으로 참여하고 있던 安在鴻은 일본 유학 도중인 1913년 여름 중국 여행 중 上海에서 신규식을 만났으며 同濟社에 가입한 적이 있어서(정윤재, 『안재홍평전』, 민음사, 2018, 40쪽; 박찬승, 「안재홍-민족운동과 신민족주의의 이론가-」, 한영우 선생 정년 기념 논총 간행위원회 엮음, 『한국사인물열전』 3, 돌베개, 2003, 312쪽) 신규식의 생애에 대해서는 누구보다 잘 알고 있었을 것이다.

49 「今焉亡矣! 至誠一貫의人, 滬上에서 永歸하신睨觀申先生」, 『東明』 제5호(1922.10.1.), 4쪽.

어 중화민국(베이징정부) 대총통으로 취임하였다가 1917년 7월 군벌 장쉰張勳의 복벽復辟 시도로 밀려나게 된 인물이었다. 그러니 신규식이 헤이룽장 일대의 한인 문제를 교섭한 시기는 뤼위엔훙이 총통직에 있던 1916, 17년경이 될 터인데 헤이룽장 일대의 인적 물적 집중책이 무엇을 말하는지는 불분명하다. 다만 앞뒤 맥락으로 볼 때 훈춘琿春을 비롯한 헤이룽장성 일대 한인들의 집단적 이주와 정착을 위한 중국 정부의 보호책 마련이 아니었을까 짐작이 된다. 나아가 신규식의 동북 한인 보호책 마련은 간도를 비롯한 지린성吉林省 지역도 포함하고 있었으니, 이 점은 같은 부고기사에서 신규식이 지린성 도독 멍언위엔과도 밀접한 관계를 맺고 있었다고 쓰고 있는 데에서도 확인된다. 부고 기사에서는 "(신규식이) 좌수左手로는 광둥의 쑨원을 끼고 우수右手로는 지린의 멍언위엔을 붙들고 마적을 부린다, 만주황족을 업는다 하여 전무후무한 일대 활극을 펼쳤다"고[50] 말했다.

이뿐만 아니라 뤼위엔훙이나 멍언위엔과의 교류는, 앞에서 언급한 1917년 신규식이 쑨원에게 보냈다고 하는 편지 가운데 요청한 두 가지 문제, 곧 강화회의에 대한 준비와 동북 한인들에 대한 보호책 마련 가운데 한 가지였던 것이니 동북 한인에 대한 보호책 마련은 신규식이 쑨원에게뿐만 아니라 베이징정부 지도자들에게도 적극 도움을 요청했던 문제임을 알 수 있다. 또 앞에서 인용한 대로, 민필호閔弼鎬가 언급한 신규식에 관한 일화 가운데 베이징정부 사법총장 장야오쩡張耀曾이 상하이에 왔을 때 면담을 가진 목적이 동삼성東三省 한인들에 대한 보호책 마련을 위한 것이었다는 사실[51] 또한 신규식이 동북 한인 보호 방안

50 위와 같음.
51 앞의 각주 15 참조.

을 얼마나 적극적으로 추진하고 있었는지, 그리고 그것을 위해 가능한 한 여러 인맥을 통해 베이징정부 측과 어떠한 교류를 가지고 있었는지를 잘 보여 준다.

다시 시간을 신규식이 광둥군정부를 방문하고 강화회의 관련 청원서를 제출했던 1918년 12월로 돌이켜보자. 당시 신규식이 제출한 청원서 말미에 “또 베이징정부에 대해서도 동제사의 명의로 청원서를 제출하였는데 한흥韓興과 이광李光을 대표로 하여 제출하도록 하였고 그 내용이 (남방군정부에 제출한 청원서와) 거의 같아서 (여기 『震壇週報』에는) 일부러 싣지는 않았다”고 덧붙이고 있는데 이는 신규식의 강화회의 관련 활동과 관련하여 매우 주목되는 대목이다. 한흥과 이광은 모두 당시 베이징에서 활동하던 동제사 회원으로서 신규식과 마찬가지로 대종교인이었으니, 이 두 사람에게 강화회의 관련 청원서를 베이징정부에 제출하도록 했다는 것으로 보아 신규식이 신임하는 측근들이었음이 틀림없다.[52]

한흥과 이광이 베이징정부 측에 제출했다고 하는 동제사 명의의 청원서의 내용은 확인되지 않는다. 다만 신규식이 남방군정부에 제출한 청원서의 말미에서 “내용이 거의 같아서 일부러 싣지는 않는다”고 한 것으로 본다면 앞에서 요약해서 실은, 남방군정부에 보낸 청원서로 그 내용을 짐작하는 것은 어렵지 않다. 즉 강화회의에서의 약소민족 독립 문제의 중요성, 동아시아에서의 한국독립이 갖는 중요성, 중국이 먼저 한국의 독립을 승인 지원해 줄 것 등이 그 핵심 내용일 것이다.

한흥과 이광 두 사람의 베이징정부에 대한 청원서 제출과 관련하여

52 신운용, 「‘대한독립선언서’의 발표시기와 서명자에 대한 분석」, 『국학연구』 22집(2018), 60~68쪽.

함께 살펴야 할 것은, 이들의 청원서 제출에 바로 뒤이어 추진된 만주 지역 한인 지사들의 파리강화회의 지지를 위한 「대한독립선언」과의 연관성 문제이다.[53] 잘 알려져 있는 대로 1919년 1월 26일 펑톈奉天(곧 瀋陽)에 있던 동제사 회원 정원택鄭元澤은 상하이의 신규식으로부터 비밀 편지를 한 통 받았는데, 그 내용이 "이제 막 유럽전쟁이 종식되고 미국 대통령 윌슨이 민족자결을 제창하며 파리에서 평화회의를 개최하게 되니 약소국 궐기의 시기라. 상하이에 머물고 있는 동지들이 미주의 동지 및 국내 유지들과 연락하여 독립운동을 적극 추진하며 일면으로 파리에 특사를 발송(파송) 중인데 서간도와 북간도에 이 기밀을 알리지 못했으니 그대가 지린에 속히 가서 남파南坡(곧 박찬익)와 상의하고 서북간도 동지들에게 연락, 각 방면으로 주선하여 줄 것을 부탁한다"는 것이었다.[54] 앞에서 살펴본 신규식의 일정으로 본다면 1월 광저우에 있었을 신규식이 정원택에게 편지를 보낸 것이 맞을 텐데, 굳이 "상하이의 신규식"이라고 한 것은 여행 중이라 회신을 받을 주소를 상하이로 했든지 아니면 관례적인 표현으로 쓴 것일 수 있을 것이다.[55] 여하튼 신규식의 이 편지를 시작점으로 간도 지역 지사들을 중심으로 2월 중에 만들어진 것이 대한독립선언이고 여기에 한흥과 이광이 모두 참여, 서명하였다. 여기서 주목하고자 하는 것은 대한독립선언이 신규식의 강화회의 지원책 모색의 일단으로 나온 것이고 정원택, 박찬익 등 동제사 멤버들을 동원한 활동이었다는 바로 그 점이다.

---

53 기왕의 연구들에서는 대한독립선언과 3.1독립선언과의 관련성이나 대종교 조직과의 관련성이 주로 강조되어 왔다. 박종현, 「대한독립선언서 연구」, 『교회사학』 15-1(2020); 이숙화, 「대한독립 선언, 쟁점의 재론과 대종교와의 관련성」, 『단군학연구』 41(2019) 등 참조.

54 鄭元澤 著, 洪淳鈺 編, 『志山外遊日誌』, 탐구당, 1983, 172~173쪽.

55 정원택은 1월 28일자로 吉林의 상황을 편지로 써서 "上海에 보고"하였다고 하였다. 『志山外遊日誌』, 175쪽.

한편으로 김규식이 상하이를 떠나기 직전인 1월에 작성된 다음 약 2주 정도 뒤인 2월 13일 전후시기에 베이징의 미국 공사관에 전달되고, 거의 동시에 베이징의 주요 일간지 『익세보益世報』에 실린 「미국 정부에 보내는 청원서」 또한 신규식의 강화회의 대표 파견에 대한 지원활동의 일환이었을 가능성이 있어서 주목된다.[56] 이 청원서의 내용은 지금까지 학계에서 밝혀진 대로, 2월 중순 어떤 한인에 의해 베이징 주재 미국 공사관에 전해진 다음 미국 공사관 측에서 영역하여 2월 16일자로 워싱턴 국무성에 보고한 자료와 일치하는 것으로 미국 외교 자료에도 실려 있다.[57] 베이징 주재 미국 공사 라인쉬Paul S. Reinsch의 보고서에 실린 청원서가 영역본이었다는 점으로 본다면 『익세보』에 실린 중문본 청원서가 원본이라고 할 수 있는데, 미국 공사관에서 국무성에 보낸 보고서에 함께 들어 있다고 하는 "독립프로그램에 관한 메모"와 "절차개요"가 『익세보』의 기사에서는 보이지 않으므로 청원서 원본에는 붙어 있던 것이 『익세보』의 기사 작성과정에서 제외된 것인지, 아니면 『익세보』에 전해진 청원서에는 원래 빠져 있었던지 분명치 않다. 다만 2월 19일자 『익세보』에 실린 「망국인지흥멸몽보유亡國人之興滅夢補遺」가 말 그대로 전날의 기사를 보충한 내용인데 이 보유補遺 기사의 앞부분에서 "다른 쪽을 통해서 얻은從某方而得, 베이징 주재 미국 공사 라인쉬에게 보내진 것과 비교해 보니 빠진 부분이 있어서 여기에 보충한다"고 한 것

56 이하 「미국 정부에 보낸 청원서」와 관련된 내용은 배경한, 「신해혁명과 한국-한인지사 김병만의 河南에서의 활동을 중심으로-」, 『역사학보』 252집(2021), 344~347쪽에서 옮겨왔다.

57 정병준, 「1919년, 파리로 가는 김규식」, 『한국독립운동사연구』 60(2017), 88~103쪽. 정병준은 청원서 맨 끝에 붙어 있는 서명이 1919년 1월이라고 해서 北京 주재 미국 공사에게 전달된 것도 1월이라고 보았는데, 라인쉬의 국무성 보고 시기(2월 16일)와 『益世報』 보도 날짜 등을 고려할 때 양측에 전달된 시기를 2월 중순(2월 13일 전후)이라고 봐야 한다.

으로 본다면『익세보』에 전해진 청원서에 일부 내용이 빠져 있든가 달랐던 것을 알 수 있으며 미국 공사관과『익세보』측에 따로따로 전달되었다는 사실도 확인된다.[58]

이 청원서의 내용은, "중국에 망명해 와 떠돌이로 살고 있는 조선 인민들은 대미국 정부 각 대신 각하에게 눈물로 간청한다. 조선은 일본에게 병탄당한 다음 거의 멸종의 위기에 처해 있다. 귀국 대통령께서 이번에 민족자결주의를 선언하고 인도人道를 지키려고 함에 감격한다. 이번 평화회의에서 우리 민족의 원을 풀 수 있도록 해 줄 것을 간청한다"는 서론을 시작으로 한국이 일본의 식민지로 전락하게 된 과정을 9단계로 나누어 설명한 "한국약사韓國略史", 기독교 박해로부터 척식회사 설립을 통한 토지와 재산의 갈취 및 가혹한 세금제도와 같은 경제적 약탈, 매음과 아편의 조장을 비롯한 일제의 부도덕한 통치, 교육 차별과 언론 통제 등을 6항목으로 나누어 서술한 "병합 이후의 악정"에 이어서 "세계대전의 종말로 강권強權이 꺾였고 윌슨 대통령의 민족자결주장이 선언되었으니 이제 한국독립의 청원을 평화회의에 제출하고 국권 회복을 기원한다"는 내용의 결론 부분으로 구성되어 있다. 내용으로 봤을 때 1918년 11월 말 여운형이 서명하여 윌슨 대통령 앞으로 보냈던 청원서와[59] 그 맥락을 같이 하고 있다고 보이는데 단지 청원의 상대를 윌슨 대통령이 아니라 미국 정부의 각 장관(대신)으로 잡고 있다는 것이 새롭다.

---

58 여기에다 *The North China Herald* 2월 22일자의, 2월 13일자 北京 로이터사발 기사를 인용한 보도("Independence of Korea: Serious Allegations against Japanese Government and Its Administration")를 참고한다면 청원서가 배포된 시기는 2월 13일 전후였다고 추측된다.

59 정병준, 「3·1운동의 기폭제-여운형이 크레인에게 보낸 편지 및 청원서-」, 『역사비평』 119(역사비평사, 2017), 246~249쪽.

이 청원서의 끝에는 "조선인민대표 선우복, 길천보 등, 구주강세 일천구백십구년 일월朝鮮人民代表 鮮于復, 吉天輔等, 救主降世 一千九百十九年一月"이라는 서명과 작성날짜가 붙어 있다. 다른 연구자들도 지적한 대로 선우복과 길천보는 가명인 것 같다.[60] 그렇다면 이 청원서의 작성자와 베이징 주재 미국 공사관과『익세보』등 베이징 지역 언론기관에 전달한 사람은 누구였을까? 이와 관련하여 재일 사학자 강덕상은, 여운형에 관한 그의 탁월한 연구에서 2월 1일, 김규식을 파리로 보낸 다음 강화회의 파견대표에 대한 여론의 지원과 재정적 후원을 얻기 위하여 장덕수를 일본으로, 선우혁 등을 국내로 파견하는 것과 함께 여운형 본인도 연해주 지역 방문을 위해 상하이를 출발했는데, 북상하던 여운형이 도중에 베이징에 들러 미국 공사관과 각 언론기관에 청원서를 배포한 것으로 보고 있다.[61] 이에 비하여 김규식의 파리 강화회의 참석 과정을 집중적으로 연구한 정병준은 미국 공사에게 제출한 서류 가운데 "독립프로그램에 관한 메모"와 "절차개요"가 김규식이 파리에 가서 행하려고 계획했던, 그리고 나중에 실제로 행했던 활동내용을 그대로 담고 있다는 것, 또 상하이 출발 전후 시기부터 김규식이 신한청년당에

---

60 다만 이 청원서의 서론 속에서 언급한 바, "이제 평화회의가 이 민족으로 하여금 억울함을 풀고 다시 하늘의 해를 바라볼 수 있는 입지를 얻을 수 있게 해준다(平和會義使此民族俾得伸寃而復見天日之地)"라는 표현을 염두에 두고 본다면 "선우복(鮮于復)"은 "조선의 復國"을, "길천보(吉天輔)"는 "하늘의 도움"을 표현해 지은 가명이라고 볼 수도 있다.

61 강덕상 저, 김광열 역,『여운형평전 1: 중국 일본에서 펼친 독립운동』, 역사비평사, 2007, 178~183쪽. 강덕상은 여운형과 친밀한 관계를 가지고 있던 徐謙이 天津『益世報』편집인이었다는 점을 들어『益世報』에 청원서를 전달한 것이 여운형이었다고 주장하였는데 徐謙이 天津『益世報』의 편집인이 된 시기는, 徐謙이 孫文의 남방정부 대표 가운데 한 명으로 파리평화회의에 참석했다가 돌아온 이후의 일이므로 적어도 1919년 3, 4월 이후라고 보이고 또 이 청원서가 실린 것이 天津『益世報』가 아니라 北京『益世報』였다는 점, 그리고 미국 공사관, 로이터 통신 베이징 지부, 北京『益世報』등 北京 지역 언론기관에 동시에 배포된 것 등으로 본다면 徐謙과의 관계를 통한 활동으로 보기는 어렵다.

대한 언급을 전혀 하고 있지 않다는 점을 주된 근거로 하여 김규식을 청원서 작성자로 보고 있으며, 그 내용의 전달자도 여운형이나 신한청년당과 상관없는 세력, 곧 김규식이나 신규식과 연결된 베이징 지역 한인이나 동제사 쪽 인사였을 것으로 보고 있다.[62] 이 문제와 관련해서는 당시 여러 인물들에 대한 보다 자세한 연구가 이루어져야 할 것이나[63] 만약 동제사 측 인사였다면 베이징정부 측에 동제사 명의의 청원서를 제출했다고 신규식이 언급한 한흥과 이광, 두 사람에 의한 것일 가능성이 크다.[64]

아울러 이 시기 신규식의 베이징정부 측과의 교류와 관련하여 살펴볼 것은, 신규식이 중심이 되어 1919년 3월 20일과 24일, 베이징정부와 둥베이삼성東北三省 당국에 보낸 항의 서한이다. 국내에서 3·1운동이 일어난 직후인 3월 13일, 간도間島 일대에서 일어난 만세시위운동에 대하여 일제의 요구에 굴복한 장쭤린 휘하의 동북군벌군대가 대대적인 진압에 나서게 되면서 많은 한인들이 살상당하는 사태間島慘變가 일어나자[65], 그 이전부터 동북 한인의 보호를 위한 대책 마련을 위해 베이징정부 측과 교류해 온 신규식은 즉각 이에 대한 강력한 항의 서한

62 정병준, 앞의 「1919년, 파리로 가는 김규식」, 101~103쪽.

63 일제 측의 정보자료에는 "(당시) 河南에서 활동하고 있던 趙南升과 金秉萬에 의해 이 청원서가 만들어졌다는 소문이 北京 지역 한인들 사이에 있다"고 하였는데 이들이 신규식이나 동제사 조직과 연계되어 있을 경우 작성자 및 전달자일 가능성이 없지 않다. 배경한, 앞의 「신해혁명과 한국-한인지사 김병만의 河南에서의 활동을 중심으로-」, 『역사학보』 252집(2021), 348쪽.

64 미국 대사관과 『益世報』 등에 전해진 청원서 원본이 영문이 아니라 중문이라는 점 또한 여운형 쪽보다는 동제사 쪽에서 작성했을 가능성을 높여 준다.

65 延吉과 琿春 일대의 독립시위운동과 일본군의 간도 출병 및 시위대에 대한 무력 진압에 대해서는 김병기·반병률, 『국외의 3·1운동』, 한국독립운동사연구소, 2009, 49~127쪽; 황묘희, 「북간도 천도교청년회의 만세운동과 일제의 중국재류금지조치」, 『동학학보』 25(2012)를 참조할 것.

을 만들어 동삼성, 베이징, 상하이 거주 한인 대표 12명의 이름으로[66] 중화민국 (베이징정부) 대총통과 동삼성 순열사 장쭤린東三省 巡閱使 張作霖, 지린성 도독 멍언위엔吉林省 督軍 孟恩遠에게 각각 보냈다.

이 서한에서 신규식은 "이번 유럽 전쟁이 끝난 것으로 公理가 승리하고 무력強權이 말로를 맞았습니다. 여기에 맞추어 세계 우방들은 한국의 독립을 지지해야 할 것인데 특히 같은 혈통과 문화同種同文를 가진 중국은 앞장 서서 한국의 독립을 도와야 합니다. 그런데 최근 지린성 옌지延吉의 중국 군경軍警이 독립을 주장하는 한인 시위대에 총을 난사하여 많은 사상자가 발생하는 어처구니없는 일이 일어났습니다. 이런 사태를 매우 유감스럽게 생각하며 하루 속히 범법자를 처벌하고 보상금을 지급할 뿐 아니라 한인들의 독립을 도와주어 중국이 겪게 될 위협을 미리 막도록 해야 합니다"라고[67] 주장하였다. 이는 앞에서 살펴 본 바, 동삼성 한인 보호책 마련을 위한 신규식과 동제사의 일련의 활동들과 맥이 닿아 있는 것일 뿐 아니라 신규식이 베이징정부 측과의 교류에도 계속하여 힘쓰고 있었다는 사실을 잘 보여 주었다.

이러한 한인들의 강화회의 관련 지원 요청 청원에 대하여 베이징정부 혹은 그 지도자들이 어떤 입장이었는지를 분명하게 확인하기는 어렵다. 다만 앞서 살펴본 뤼위엔훙의 정치적 부침에서 보듯이 베이징정부의 정치적 혼란이 잦았다는 점과 함께 같은 시기 베이징정부의 실세였던 국무총리 돤치루이와 같은 경우, 강화회의와 관련해서든 아니면 산둥문제를 비롯한 대일본 정책에 있어서든 강한 친일적 경향을 나타내고

---

66 上海 임시정부 성립 이전에 보낸 이 편지의 서명자는 申樫(申圭植), 申獻民, 趙永晉, 呂運亨, 鄭大鎬, 趙東珍, 李光, 呂準, 朴純(朴贊翊), 趙素昂(趙鏞殷), 金東三이다. 향후 이 명단의 구성에 대한 보다 자세한 연구가 필요하다.

67 北京 總統府에 보낸 날짜는 3월 20일, 張作霖과 孟恩遠에게 보낸 날짜는 3월 24일이다. 「韓人對我國的呼籲」, 『民國日報』 1919.4.5., 2-6.

있었다는 점을 전제로 할 때 신규식을 비롯한 한인들의 한국독립 지지 요청에 대한 베이징정부의 기본적인 태도는 상당히 부정적인 것이었을 것으로 짐작된다. 이런 상황은 당시 베이징에서 발간되던 한 일간지에서 한인들의 편지上書와 관련하여 "베이징정부는 이 편지를 접수한 뒤 중일외교가 돈독한 시기라 언급하기 불편해 하며 무시하고 있다"고 보도한 것으로도[68] 어느 정도 알 수가 있다.

Ⅳ. 강화회의 관련 청원에 대한 중국인들의 호응

전술한 대로 중국 남·북정부로부터 강화회의에 대한 외교적 지원을 얻는 것을 목표로 하는 신규식과 동제사 측의 일련의 활동들에 대한 남·북정부의 대응은, 그러나 신규식이나 동제사 측의 기대와 같지 못하였다. 기대를 건 남방정부의 경우에도 양원 국회와 정무회의에서 한국독립을 승인하고 지원한다는 결의를 했다고 하지만 그것은 어디까지나 비공식적인, 그리고 비공개적인 것에 그친 것이었으며, 북방정부의 경우에는 일본과의 관계를 고려한다는 외교적 입장에서 소극적이거나 부정적인 입장을 고수하기 일쑤였다. 남·북정부의 이러한 소극적 내지 부정적 대응에는, 여러 가지 이유가 근저에 깔려 있었다. 둘 다 기본적으로 당시 남·북정부 모두 정치적으로 매우 불안정한 가운데 자신의 활로를 찾기에 바빴으며, 특히 강화회의와 관련해서는 남북 통합 대표단을 구성하는 문제를 비롯하여 강화회의에서 중국의 발언권을 확보하는 문제, 그리고 열강들의 견제 속에서 산둥의 회수를 비롯한 중국의 주장들

68 「韓民上書北政府」, 『國民公報』, 1919.4.11., p. 3.

을 관철해 내는 것 자체가 결코 쉽지 않았던 현실적 상황이 문제였다.

다만 최근 밝혀진 김규식의 파리에서의 활동 가운데, 당시 중국의 널리 알려진 무정부주의자로 프랑스유학운동勤工儉學運動을 주도하며 파리에 머물고 있던 리스쯩李石曾과 매우 가깝게 지냈다는 대목이 있고[69] 또 남방정부의 대표 자격으로 중국대표단의 공식 대표로 활동하던 왕정팅, 그리고 비공식 남방정부 대표로 중국 유학생들을 중심으로 강화회의 지원 운동을 주도하고 있던 왕징웨이와도 왕래가 있었다는 대목이 있어서[70] 눈길을 끈다. 여기에다 남방군정부에서 쑨원의 대표 자격으로 활동하던 쉬첸이 1919년 3월 이후 중국 기독교계의 대표 자격으로 파리에 갔는데[71] 쉬첸의 경우에도 김규식의 활동과 연계하거나 지원했을 가능성이 적지 않다고 생각된다.[72] 이런 점들은 중국에서 진행되고 있던 신규식의 지원 활동과 얼마간 연결되어 있었을 가능성이 있다는 점에서 주목되는 것이다.

---

69 이장규, 「1919년 대한민국임시정부 '파리한국대표부'의 외교활동-김규식의 활동을 중심으로-」, 『한국독립운동사연구』 20(2020), 53~54쪽. 李石曾은 무정부주위자이지만 동맹회에 가입하였고 신해혁명에도 참여했으며 孫文을 비롯한 혁명파(후일에 국민당)와도 밀접한 관계를 가지고 있었다. 公孫訇, 「李石曾與留法勤工儉學運動」, 『近代史研究』 1992-4; 葉雋, 「李石曾留法教育活動的文化政治意義」, 『法國研究』 2010-1; 陳三井, 「孫中山與近代法國」, 『近代史研究』 1997-2.

70 이장규 같은 논문, 74쪽. 汪精衛는 5월 초, 파리에 도착하여 중국 유학생들과 함께 山東 이권의 일본 승계와 베이징정부의 외교적 실패를 비판하는 연설회를 개최하는 등의 선전 활동을 전개하였다. 배경한, 『왕징웨이연구-현대 중국민족주의의 굴절-』, 일조각, 2012, 59~62쪽.

71 閔斗基, 앞의 논문 「徐謙-政客과 革命家의 사이-」, 176~177쪽. 徐謙은 1월부터 파리 파견을 孫文에게 요청하였다. 「徐謙致孫中山函(1919.1.10.)」, 桑兵 主編, 『各方致孫中山函電匯編』 第4卷, 北京(社會科學文獻出版社), 2012, p. 27.

72 徐謙은 五四運動 발발 이후 파리에서 귀국하였는데 廣東이나 上海로 가지 않고 天津으로 가서 당시 전국적 영향력을 가지고 있던 『(天津)益世報』의 主編이 되었다. 파리에서 베트남의 호찌민(胡志明)과 교유하던 김규식이 호찌민의 글을 『益世報』에 실리도록 주선했다고 하는데(이장규, 「프랑스 국립해외문서보관소 소장 '호치민과 한국독립운동 자료'」, 『한국독립운동사연구』 66(2019), 207쪽) 아마도 徐謙을 통해 이루어진 일인 것 같다.

아울러 강화회의를 둘러싼 신규식과 동맹회의 남·북정부에 대한 접근이나 파리에서 있었던 김규식과 중국인들과의 교류 관계와는 별개로 강화회의와 한국독립 지원을 둘러싸고 일반 중국인들의 긍정적인 반응이 없지 않았음 또한 확인된다. 예컨대 1919년 4월 1일자로 발표된, 캉지야오康寄遙를 비롯한 331명의 중국 인사들에 의한 성명서通電 발표는 전국 각성의 성의회, 교육회, 상회商會, 농회農會, 각 단체, 각 신문사報館에 한국독립을 지원해 줄 것을 호소하고 있는데, 그 내용이나 발표 시점으로 보아서 3·1운동에 대한 지지 표명임과 동시에 신규식과 동맹회 측이 강화회의 한국 대표 파견과 관련하여 남·북정부에 지원을 요청한 것에 대한 호응이라고 생각된다.[73] 331명의 서명자 중 이름을 밝힌 15명 가운데 그 신분이 확인되는 캉지야오, 리젠눙李劍農, 장모츠張墨池 등은 모두 신해혁명에 참여했거나 진보적 사상을 가진 지식층으로 『국민잡지國民雜誌』, 『중화신보中華新報』 등 주로 언론기관에서 일하고 있던 인물들로 확인된다.[74] 이들은 장문의 성명전보聲明電報에서 "유럽전쟁의 종결은 공리公理의 승리이며 소수민족들의 독립은 대세가 되었음을 보여 주고 있다. 이런 시점에서 한국의 독립운동은 세계를 감동시

---

73 「對朝鮮獨立之同情」, 『民國日報』 1919.4.3., 1-3.

74 康奇遙(1880~1968)는 陝西 臨潼 사람으로 신해혁명 참가 이후 西北大學 교수, 『國民雜誌』 주편 등을 지냈고 1921년 이후에는 불교에 심취하여 佛化社라는 불교단체를 만들고 개혁적 불교운동에 매진한 인물이다. https://baike.baidu.com/item/%E5%BA%B7%E5%AF%84%E9%81%A5/10751507?fr=aladdin. 『震壇週報』 제15호(1921.1.16.), 5쪽에는 康寄遙의 축하 題詞, "震旦晨鐘"이 실려 있다. 李劍農(1880-1963)은 湖南 邵陽 사람으로 1906년 동맹회에 가입하고 일본으로 유학했다가 돌아와 신해혁명에 참가했으며 上海와 漢口 등지에서 『國民報』, 『漢口民國日報』, 『太平洋』 잡지의 편집인을 맡았고 이후 武漢大學 史學系 교수로 일하면서 역사학자로서 이름을 알렸다. 『民國人物大辭典』, p. 316. 張墨池는 기독교도로서 사회주의와 무정부주의에 심취하여 초기 공산주의 운동에서 독특한 역할을 한 것으로 잘 알려진 인물이다. 李丹陽·劉建一, 「"兵丁貧民共産團"及其首領張墨池」, 『中共創建史研究』 2019-1 참조.

킨 일로서 평화회의에서도 의안으로 상정될 것이라는 말도 들린다. 그럼에도 중국인들은 아직 아무런 동정을 표시하지 않고 있어서 여간 안타까운 일이 아니다. 한국의 독립은 마관조약馬關條約 등 그간의 조약으로 보나, 세계 평화의 입장에서 보나, 일본의 압제가 가지는 부당함으로 보나, 그리고 중국과의 이해관계로 보나, 단순한 배일排日의 문제가 아니라 동아시아 및 전 세계의 문제이므로 이제 중국인들은 정의와 인도人道의 입장에서 한국독립에 대한 동정을 표시해야 한다. 이에 (우리는) 남방정부 중의원에 먼저 청원을 드리고 파리평화회의 중국대표인 구웨이쥔顧維鈞과 왕정팅에게도 같은 내용의 편지를 보냈다. 중국 사회의 각 민간단체들도 동정 표시에 함께 참여해 주기를 바란다"고[75] 주장하였다. 이들의 성명에서 특히 주목되는 것은 남방 중의원을 비롯한 정치계에 대한 권고 이외에 교육단체, 상인단체, 농민단체 등 시민단체(민간단체)에 호소하고 있다는 점이다.

또 1919년 8월 상하이에서 창간된, 쑨원 중심의 혁명파 인사들의 사상적 모색 통로가 되었던 『건설建設』 잡지에[76] 1919년 4월 김규식이 강화회의에 제출한 청원서의 전문을 옮겨 싣고[77] 거기에 상당 분량의 해설

---

75 「對朝鮮獨立之同情」, 『民國日報』 1919.4.3., 1-3. 이 通電은 (워싱턴회의 제출을 염두에 두고) 1919년 9월 임시정부 산하 임시사료편찬회에서 간행한 『韓日關係史料集』에 「中國廣東省國民議會에서 韓國獨立請願」이라는 제목으로 실렸는데(『대한민국임시정부자료집』 제7권, 한국사데이터베이스) 「廣東省 國民議會에서 베이징정부에 권고한다」는 제목부터 요약되어 실린 내용까지 원래의 通電과 상당한 차이를 보여 주고 있어서 주의를 요한다. 아마도 이러한 차이는 康寄遙 등의 聲明電文이 『大陸報(*The China Press*)』에 영문으로 실리고 그것을 다시 한국어로 번역하여 실으면서 생긴 일인 것 같다. 『新韓靑年』(창간호, 1919.12, 85~86쪽)에서도 『大陸報』 기사에서 따온 것임을 밝히면서도 『韓日關係史料集』에 있는 것과 같은 내용의 글을 그대로 싣고 있다. 또 朴殷植이 1920년 上海에서 출판한 『韓國獨立運動之血史』(維新社, 1920, 102~103쪽)에도 『韓日關係史料集』에 실린 것을 그대로 옮기는 실수를 범하였다.

76 白永瑞, 「"建設"誌와 朱執信의 역할」, 『동양사학연구』 19집(1984).

77 民意(朱執信), 「朝鮮代表在和會之請願」, 『建設』 제1권 제4호(1919.11.), pp. 1~22.

을 덧붙인 논설문이 두 차례에 걸쳐 실린 것도 신규식 중심의 강화회의 지원 관련 활동에 대한 중국인들의 반향이라는 점에서 특히 주목해 볼 대목이다. 쑨원의 측근이면서 『건설』 잡지의 주편을 맡았던 주즈신朱執信의 이름으로 번역되고 해설이 붙여져 있는 이 논설문은, 당시 상하이에서 발행되던 일본 측 언론들에 실린 "한국독립 불가론"에 대한 비판과[78] 함께 한국독립 주장에 대한 적극적인 지지 표명을 하고 있다. 그런 한편으로 이 논설문에서는 일제 측 입장에 대한 비판과 독립 지지 표명을 넘어서서 한국독립의 문제가 동아시아 내지 세계 속에서 어떠한 의미를 가지는지를 집중적으로 다루면서 나아가 제국주의의 침략과 침탈이라는 문제를 자본의 노동자에 대한 약탈이라는 사회주의적 시각에서 접근하고 있다는 점에서 특히 주목된다. 이런 관점에서 주즈신은 한국독립의 성패 여부는 계급투쟁을 기반으로 하는 국제적 연대에 달려 있다는 결론을 제시하고 있었으니[79] 이러한 시각은 신규식과 김규식 중심의 강화회의 참석과 그에 대한 지원 모색이라는 일련의 활동이 외교라는 범위를 넘어서서 보다 광범한 영향을 미치고 있었음을 확인하게 해준다.

일반적으로 중국인들은 3·1운동과 같은 맥락의 반일운동이자 3·1운동의 직접적인 영향을 받았던 5·4운동을 겪으면서 한국독립 문제 내지 한국에 대한 인식이 크게 바뀌었고, 이후 종래의 중화주의적 인식으로부터 벗어나서 반제연대를 목표로 하는 동지적 연대의식을 가지게 되었다고 본다.[80] 물론 중국인들의 한국독립에 대한 이러한 입장 변화가

78 朱執信은 이 논설문에서 당시 上海에서 발간되던 일본계 언론인 『中外公論』, 『東方時論』 등에 실린 일본인들의 주장(朝鮮獨立不可論)에 대하여 일일이 인용, 검토, 비판하고 있다.

79 民意(朱執信), 「朝鮮代表在和會之請願(續)」, 『建設』 제2권 제2호(1920.3.), pp. 23~38.

80 배경한, 「동아시아 역사 속의 5·4운동–반제운동으로서의 5·4운동 연구의 검토와 제언–」, 『중국근현대사연구』 83(2019).

3·1운동에 대한 반향이라는 데에는 이론의 여지가 없지만, 여기에서 특별히 강조하고자 하는 것은 강화회의를 둘러싸고 진행된, 신규식과 동제사 그룹의 일련의 청원운동과 이에 대한 중국인들의 호응에서부터 이러한 인식 변화와 연대의 모색이 비롯되었다는 점이다. 다만 이러한 중국인들의 호응과 인식변화에도 불구하고 파리강화회의를 통한 독립의 모색이라는, 신규식과 동제사 그룹의 활동 목표에 비추어 보면 중국인들의 그에 대한 지원의 실상, 곧 "한중연대"의 실상은, 남·북정부의 입장에서 드러나고 있듯이 많은 한계를 드러내고 있었던 것 또한 엄연한 사실이다.

제2절

동아시아 반제민족운동으로서의 3·1운동과 5·4운동

Ⅰ. 3·1운동과 5·4운동의 동시성

일본에게 있어 1914년 7월에 발발한, 유럽 제국주의 열강들 간의 전쟁 곧 제1차 세계대전은, 대외 침략을 확대하는 또 하나의 중요한 기회가 되었다. 주지하듯이 1914년 7월에 사라예보 사건에 대한 오스트리아의 선전포고에서 시작된 제1차 세계대전은 영국·프랑스·러시아로 구성된 협상국Entente Powers과 독일·오스트리아·헝가리를 중심으로 하는 동맹국Alliance Powers 간의 제국주의적 팽창과 주도권 장악을 위한 경쟁과 대립의 산물이었다. 다만 전쟁에 참여한 열강들이 세계 곳곳에 보유하고 있던 식민지로까지 전쟁이 확대되었기 때문에 세계대전으로서의 성격을 띠기에 이르렀다.[1]

일본은 전쟁 발발 직후인 1914년 8월 23일 협상국의 주축인 영국과의

1 臧運祜, 「20世紀前期中國與東亞國際關係」, 『南開學報(哲社版)』 2010年 6期, p. 34.

동맹(영일동맹)을 명분으로 하여 독일에 대한 선전포고를 감행하고 참전을 선언하였다. 잘 알려져 있듯이 1894년 발발한 청일전쟁에서 일본이 승리한 이후 독일은 러시아, 프랑스와 함께 일본의 랴오둥반도遼東半島 장악 시도를 좌절시키는 이른바 삼국간섭을 추진한 적이 있을 만큼 일본의 대륙 침략에 대하여 견제 입장을 고수하고 있었다.[2] 이런 배경을 고려할 때 제1차 세계대전 발발 이후 일본의 독일에 대한 선전포고는 충분히 예고된 것이었다. 실제적인 일본의 대독對獨 전쟁은, 9월 중순 칭다오靑島를 중심으로 한 자오저우만膠州灣 일대에서 일본 해군이 독일 해군을 공격, 격퇴시키는 이른바 칭다오전투로 나타났으며, 11월 초 칭다오를 점령하는 데에 성공함으로써 독일을 비롯한 열강들의 견제를 넘어서서 중국 침략을 본격화할 수 있는 중요한 교두보를 마련할 수 있었다.[3] 이어서 1915년 1월 일본은 위안스카이袁世凱의 베이징北京정부에 대하여 '21개조요구'를 제기하였는데 이 21개조요구의 내용은 사실상 중국을 식민지화하려는 의도를 노골적으로 드러내고 있는 것이었다.[4] 이렇게 19세기 말 이후 시작된 일본 제국주의의 대외 침략은 한국

---

2 청일전쟁 이후의 삼국간섭에 대해서는 김원수, 「청일전쟁 및 삼국간섭과 러시아의 조선정책」, 『한국정치외교사논총』 36-2(2015); 조명철, 「청일전쟁기 열강과 일본의 중국 침탈」, 『일본연구』 13(2010) 등을 참조할 것.

3 김춘식, 「칭다오 전투와 제1차 세계대전」, 『독일연구』 26(2013).

4 일본이 위안스카이(袁世凱) 정부에 비밀조약 형태로 요구한 21개조요구의 주요 내용은, 산둥성에서의 독일 이권 양도를 포함하여 남만주와 내몽고 지역에 있어서 일본의 특수이권 승인, 漢冶萍鐵廠(漢陽제철소)의 이권 이양, 중앙정부에 일본인 고문 파견, 중일 공동경찰 운영 등 중국의 내정, 외교, 경제 주권을 심각하게 훼손하는 것이었다. 일부 내용의 수정을 거치기는 했으나 1915년 5월 9일, 위안스카이 정부의 승인으로 체결, 조인되었으며 후술할 바처럼 21개조요구에 대한 국민적 비판이 5·4운동 발발의 직접적인 계기가 되었다. 21개조요구의 협상과정과 위안스카이의 입장에 대해서는 張忠紱 編著, 『中華民國外交史』, 北京(華文出版社), 2011, pp. 130~149; 管書合, 「袁世凱對日外交述論」, 『史學集刊』 2007-1期; 尙小明, 「二十一條交涉的另一條管道-總統府相關活動透視」, 『安徽史學』 2017年 2期 참조.

을 거쳐 중국으로 확대되고 있었으니 이를테면 한국과 중국에 대한 일본 제국주의의 침략은 처음부터 동일한 연속적 맥락 안에 들어 있었던 것이다.

제1차 세계대전 발발 직후 중국(베이징) 정부는 러일전쟁 시기 청조 정부의 외교정책을 본받아 '중립'정책을 선언하였으나 곧이어 일본이 참전을 선언하고 산둥山東을 점령하면서 중국 정부에 21개조요구를 제기하고 나서자 '중립'은 지켜지기 어렵게 되었다. 결국 중국은 1917년 8월 14일 협상국에 가담하여 독일에 대한 선전 포고를 하게 되었다.[5] 참전 선언 후 중국은 실제로 전쟁을 수행하지는 않았는데 그럼에도 불구하고 참전을 선언하게 된 배경에는 종전 이후 개최될 강화회의에서 승전국으로서 참가하기 위한 포석이 깔려 있었다.[6] 특히 중국 정부는 일본이 칭다오 일대를 점령하면서 독일이 산둥반도에서 가지고 있던 이권을 일본이 차지하려고 한다는 것을 알고 그것을 막기 위한 방안으로 참전에 나서게 되었던 것이다.

1917년 11월(러시아력 10월) 러시아에서 일어난 공산주의 혁명은 자본주의 체제에 대한 도전으로 나타난 것이었지만 다른 한편으로 제1차 세계대전의 종식을 가져오는 결정적 계기가 되었다. 혁명 직후 러시아는 국제평화를 선언하고 독일과 단독으로 정전협상(브레스트 리토프스크 Brest Litovsk 조약)을 맺고 전선에서 이탈해갔다. 이어서 러시아는 국내의 각 민족에 대한 평등을 규정하는 한편으로 대외적으로도 각 민족 간의 평등과 약소민족의 독립을 강조함으로써, 특히 제국주의 열강의 식

5 중국의 참전 결정 과정에 대해서는 張忠紱 編著, 앞의 『中華民國外交史』, pp. 208~217; 臧運祜, 앞의 같은 논문, pp. 34~35.

6 중국 측의 참전 선언에는, 일본을 견제하려는 미국의 참전 독려가 개입되었다. 전상숙, 「파리강화회의와 약소민족의 독립문제」, 『한국근현대사연구』 50집(2009), 15~16쪽.

민지로 전락한 약소민족들로부터 커다란 기대를 받기에 이르렀다.[7] 특히 볼셰비키 정부는 1919년 7월, 제정러시아가 중국에 대하여 가지고 있던 각종 이권을 포기한다고 하는 이른바 카라한L. M. Kalakhan 선언을 발표하여 중국의 진보적 지식인들로 하여금 러시아혁명과 마르크스 레닌주의에 대한 적극적인 관심을 가지도록 만드는 중요한 계기를 제공하기도 했다.[8]

1918년 10월에는 독일 군부 내의 항명 사태와 더불어 황제체제가 붕괴됨으로써 11월 패전을 승인하여 전쟁이 종결되기에 이르렀다. 이어 1919년 1월 18일부터 종전을 위한 강화협상이 파리 근교의 베르사이유에서 열렸다. 파리강화회의로 알려진 이 회의의 주도권은 1차 대전 참전을 통하여 최강의 열강으로 떠오른 미국에게 있었다. 특히 미국의 윌슨T. W. Wilson 대통령은 파리강화회의가 열리기 1년 전인 1918년 1월의 연두교서 방송 연설을 통하여 이른바 14개조의 전쟁 종결을 위한 원칙을 제시하였는데, 그 가운데 특히 제5조는 식민지 주권 문제 결정과 관련하여 주민들의 이익을 중요한 고려사항으로 삼아야 한다는 내용을 담고 있었다.[9] 이를테면 윌슨은 제1차 세계대전의 해결 방안 가운데 한 가지로 약소민족의 자결권을 인정하자는 주장을 제기했던 것이니 그것은 혁명 러시아의 민족자결 주장에 대항하는 의미도 가진 것이었다.

윌슨의 민족자결 원칙은 기본적으로 제1차 세계대전 발발의 직접적인 원인이 되었던 유럽 내 소수민족의 자결권을 의미하는 것이었지만,

---

7 전상숙, 「파리강화회의와 약소민족의 독립문제」, 18쪽.

8 한정숙, 「세계사 속의 러시아혁명」, 『한중관계연구』 4-1(2018, 원광대학교 한중관계연구원); 차태근, 「5·4운동 시기 문명전환론과 사회주의」, 『중국현대문학』 53(2010); 趙文亮, 「加拉罕的對華外交活動」, 『史學月刊』 1998-5期; 薛衡天, 「十月革命與蘇俄對華人民外交」, 『俄羅斯學刊』 2018-3期.

9 미국사연구회, 「윌슨의 14개조」, 『사료로 읽는 미국사』, 궁리, 2006, 285쪽.

아시아나 아프리카 등 다른 지역의 약소민족들에게 커다란 희망을 안겨 준 것 또한 사실이다.[10] 특히 중국 내에서의 일본의 주도권 확보에 반대 의사를 비치던 미국이[11] 중국의 참전을 독려하였을 뿐 아니라 종전 이후에는 강화회의 참가를 적극 권유하고 나섬으로써, 결과적으로 파리강화회의를 통하여 일본의 산둥반도 이권 승계 주장을 막을 수 있을 것이라는 희망을 중국 정부와 중국 국민들이 가지도록 하였다.[12] 이러한 상황은 일본의 식민지인 한국의 경우도 마찬가지였으니 특히 해외에 있는 한인 지사들에게는 파리강화회의가 민족의 독립 주장에 중요한 기회가 될 것이라는 기대를 품기에 충분했던 것이다.[13]

파리강화회의 개최 직전인 1918년 11월 중국을 방문한 윌슨 대통령의 측근 크레인Charles R. Crane은 일본의 중국 이권 독점을 방지하려는 윌슨의 의도에 따라 중국의 강화회의 참가를 적극 권유하는 활동을 전개하였다. 11월 11일 종전이 알려지자 중국의 각 도시에서도 대대적인 전승 축하대회가 개최되었는데 특히 국제도시 상하이에서는 11월 20일경부터 각국 조계租界 당국과 영사관이 공동 참여하는 축하대회가 성대하게 개최되어 전 도시가 축제 분위기였다.[14] 크레인은 11월 중순 베이징에 왔는데 그의 임무는 윌슨의 전후戰後 동아시아 정책 입안을 위한 중

---

10 전상숙, 「제1차 세계대전 이후 국제질서의 재편과 민족지도자들의 대외인식」, 『한국정치외교사논총』 26-1(2004), 318쪽.

11 미국은 중국의 독립 보전이 자신들의 국익에 도움이 된다고 판단하였기 때문에 이른바 문호개방주의를 일관되게 주장하였고 그만큼 21개조요구에도 가장 적극적으로 반대하는 입장이었다. Roy W. Curry, *Woodrow Wilson and Far Eastern Policy 1918-1921*, New York(Bookman Associates), 1957, pp. 114~115.

12 張德旺, 「五四運動的國際背景研究兩題」, 『求是學刊』 1992年 5期, pp. 108~109.

13 전상숙, 앞의 「제1차 세계대전 이후 국제질서의 재편과 민족지도자들의 대외인식」, 320~324쪽.

14 「本埠新聞: 共同祝勝第一日盛況」, 『申報』 1918.11.22., p. 10.

국 상황 조사에 있다고 알려졌다.[15] 크레인이 상하이에 도착한 것은 승전 축하 분위기가 한창 고조되었던 11월 21일경이었고 곧바로 항저우杭州를 방문하여 성의회省議會에서 개최하는 환영회 등에 참석하였다가[16] 11월 26일 상하이로 돌아왔다.

11월 26일부터 28일까지 상하이에 체류한 크레인은 여러 차례의 강연회와 담화회, 환영연회에 참석하는 등 빽빽한 일정을 보냈다. 그 가운데서도 27일 점심 상하이 닝뽀루寧波路 칼튼 호텔 카페Calton Cafe에서 열린 미국유학생회留美學生會, 상하이청년회YMCA, 강소교육회江蘇教育會 등 일곱 단체의 공동 주최로 열린 환영회를 겸한 강연회와, 28일 점심에 얼마루二馬路 성삼일당聖三一堂에서 열린 추수감사절 예배를 겸한 강연회, 그리고 같은 날 저녁에 있었던 상하이총상회上海總商會 주최의 환영회 겸 강연회에는 많은 인사들이 참여하여 큰 성황을 이루었다.[17] 크레인은 연설을 통하여, 먼저 참전 이후 미국의 국제적 정책 변화를 설명하는 한편으로 혁명 이후 러시아의 상황이 새로운 도전이기는 하지만 오로지 '물질주의'에 기반하고 있다고 비판적인 입장을 개진하면서 (이에 비하여) 미국의 입장은 인도주의와 정의에 기반하고 있다고 주장하였다. 그런 한편으로 크레인은 종전과 함께 열리게 될 평화회의가

---

15 「美總統密使來華: 調査中國情形」, 『(上海)民國日報』 1918. 11. 23., 第2張 第7版.(이하 2-7 형식으로 표기) 크레인은 北京에 도착하기 전 하와이, 필리핀, 일본, 한국을 거치는 여정을 가졌는데 한국의 서울에서는 YMCA 인사들과 만찬 모임을 가졌다고 한다. 정병준, 「3·1운동의 기폭제-여운형이 크레인에게 보낸 편지 및 청원서」, 『역사비평』 119(2017), 226~227쪽.

16 「要聞2: 歡迎柯蘭博士」, 『民國日報』 1918. 11. 25., 2-7; 「要聞2: 柯蘭博士遊杭續誌」, 『民國日報』 1918. 11. 26, 2-7.

17 「克蘭氏臨行之紀載: 克蘭氏昨日之日程, 在總商會之大演說」, 『申報』 1918. 11. 29., p. 10. 크레인의 비망록에는 상하이총상회의 환영회 겸 연설회가 27일 저녁에 있었다고 하였으나 중국 측 보도기사에 의하면 28일 저녁에 있었다. 크레인의 비망록 기록이 주최자, 참가인수, 날짜 등에 얼마간의 착오가 있다고 보인다.

중국에게는 하나의 중요한 기회가 될 것이라며 중국은 모든 인재를 총망라해서 가장 능력 있는 (남북)통합 대표단을 파견해야 한다는 점을 강조하였다.[18]

크레인의 방문과 강연에 대한 중국인들의 관심은 폭발적이었으니 11월 27일 점심에 열린 칼튼 카페에서의 강연회에는 300여 명의 청중이 운집하였고[19] 11월 28일 점심에 열린 추수감사절 행사를 겸한 강연회에는 쑨원孫文, 탕샤오이唐紹儀, 쿵샹시孔祥熙 등 당대 중국 최고의 정치 지도자들이 대거 참여한 것으로 알려져 있다.[20] 또 28일 밤에 열린 총상회 주최 환영회에도 미국을 비롯한 각국 영사와 리우바이썬劉栢森 총상회 회장을 비롯한 중국 측 주요 공상인들이 대거 참석하였다.[21] 크레인의 이러한 동정에 대한 당시 상하이 지역 언론들의 관심 또한 뜨겁고 적극적이었음은 물론이다.

11월 27일 칼튼 카페 환영회에 참석했던 상하이 한인 사회의 대표적 지도자 여운형呂運亨은[22] 저명한 중국 외교가 왕정팅王正廷의 소개를 통하여 크레인을 만나고[23] 파리강화회의에 한국 대표가 참가하여 독립을

18 「柯蘭博士之歡迎會及其名言」, 『民國日報』 1918. 11. 28., 3-10.

19 위와 같음.

20 정병준, 앞의 「3·1운동의 기폭제-여운형이 크레인에게 보낸 편지 및 청원서」, 226~228쪽. 중국 측 보도기사에는 이들 참석자 명단이 보이지 않는다. 다만 總商會 환영회 직전에 孫文의 집을 방문하여 담화를 나눴다는 내용이 보도되었다. 「克蘭氏臨行之紀載: 克蘭氏昨日之日程, 在總商會之大演說」, 『申報』 1918. 11. 29., p. 10.

21 「柯蘭博士之忠告」, 『民國日報』 1918. 11. 30., 3-10.

22 이정식은 「여운형신문조사서」의 기술을 기반으로 칼튼 카페에서의 환영회가 上海 外交官協會, 汎太平洋協會上海支部가 공동주최한 것이라고 했으나(이정식, 『여운형: 시대와 사상을 초월한 융화주의자』, 서울대학교출판부, 2008, 152~153쪽) 상술한 대로 미국유학생회(留美學生會), 上海青年會(YMCA), 江蘇教育會 등 일곱 단체의 공동주최로 개최되었다. 이정식이 인용한 여운형의 기술 자체가 착오라고 보인다.

23 여운형에게 크레인을 소개해 준 王正廷은 일찍이 미국에 유학하여 예일대학에서 학위를 받은 뒤 귀국하여 외교가가 된 인물인데 上海 YMCA(基督教青年會)의 총간사를 맡는 등

청원하는 문제를 상의하였다. 여운형의 회고에 의하면 당시 크레인은 강화회의에 참여할 수 있는지는 확신할 수 없지만 자신과 미국은 한국의 참여를 적극 돕겠다고 대답하였다고 한다.[24] 파리강화회의와 윌슨의 민족자결주의에 대한 여운형의 이러한 기대가 중국인들의 기대와 동일한 맥락이었음은 물론이다.

잘 알려져 있는 대로 크레인 면담 뒤 여운형은 곧바로 한국 대표단을 파견하기 위한 단체로서 신한청년당을 조직하기에 이르렀고 당시 톈진天津에 있던 김규식을 한국대표단의 대표로 선임하였으며, 신한청년당의 멤버들을 일본과 한국에 파견하여 필요한 경비를 모집하는 한편으로 대표단에 대한 민중적 지지를 이끌어 내기 위한 행동을 개시하였다. 신한청년당에서는 크레인을 통해 독립청원서를 윌슨 대통령에게 제출했으며 파리강화회의 대표 김규식과 상하이 한인 지사들의 지도자 신규식은 광저우로 가 남방정부에 지지를 요청하는 청원서를 제출하는 한편으로 국내와 미주, 서북간도, 연해주, 일본의 한인 지도자들에게도 독립청원에 대한 지지를 요청했다.[25] 도쿄東京의 한국 유학생들을 중심으로

널리 알려진 기독교인이었다. 이런 점에서 볼 때 한인교회 전도사였던 여운형과의 교유가 기독교를 배경으로 이루어졌을 가능성이 크다. 王正廷은 뒤에 남방정부(孫文 중심의 護法政府)의 대표로 강화회의의 중국대표단에 가담하였다. 호법정부 측에서는 12월 12일에 孫文, 伍廷芳, 汪精衛, 伍朝樞와 함께 王正廷을 남방정부의 강화회의의 대표로 파견하기로 정했었는데 국제적인 승인을 받지 못한 남방정부의 독자적 대표 파견은 처음부터 어려운 일이었다. 陳錫祺 主編, 『孫中山年譜長編』(上册), 北京(中華書局), 1991, p. 1137; 王踐, 「王正廷與巴黎和會」, 『檔案與史學』 1997-2期; 周建超, 「顧維鈞與巴黎和會」, 『民國檔案』 1997-1期 참조. 王正廷과 여운형의 이러한 관계로 보아서 파리에 파견된 한국대표단과 王正廷 사이에 면담이나 협력이 시도되었을 법하지만 아직 밝혀진 것은 없다. 향후 보다 자세한 검토가 필요하다.

24 「피의자신문조서(제1회)」(1929. 7. 8.); 「(공판조서) 피고인신문조서(제1회)」(1930. 2. 22.); 몽양여운형선생전집발간위원회 편, 『몽양여운형전집』 제1권, 한울, 1991, 409쪽, 560쪽.

25 정병준, 「1919년, 파리로 가는 김규식」, 『한국독립운동사연구』 60(2017), 109쪽 이하 및

일어난 2·8독립선언과 이어서 국내에서 전국적 규모로 전개된 3·1운동은 이러한 연결선상에서 나온 것이었다.

한편으로 중국 측에서는 크레인의 상하이 방문 이전부터 파리강화회의에 참가하기 위한 준비를 진행하였고 베이징정부 외교부장 루정샹陸徵祥은 1918년 12월 미국을 경유하여 파리로 출발하였다.[26] 루정샹이 파리로 출발하기 이전부터 중국 측에서는 주영공사(시자오지施肇基), 주불공사(후웨이더胡惟德), 주미공사(구웨이쥔顧維鈞)을 파리로 파견하여 회의에 대비하였는데 특히 산둥문제와 관련한 일본의 요구를 막아내기 위하여 미국과의 협력을 회의에 임하는 기본 정책으로 정하고 있었음이 눈에 띈다. 이 점은 윌슨의 14개조 주장과 크레인의 상하이 방문에서 드러나고 있던 대로 일본을 견제할 수 있는 유일한 '우방'이 미국이라는 인식에서 나온 중국 측의 외교적 전략이었다. 그러나 중국 측의 이러한 노력에도 불구하고 파리강화회의에서 중국 측의 자오저우만을 비롯한 산둥 지역의 독일 이권 회수 주장은 받아들여지지 못했으며, 일본의 요구를 열강들이 수용함으로 인하여 결국 일본이 산둥 이권을 승계하도록 결정되고 말았다.[27] 특히 중국이 유일하게 기대했던 미국도 타협을 통하여 일본 측의 손을 들어주게 되자 중국인들의 실망은 최고조에 달할 수밖에 없었다.[28]

이 책의 제2장 제1절 참조.

26 唐啓華,「陸征祥的美國行」, 第4屆近代中外關係國際硏討會(2018年 10月, 武漢) 발표논문 참조.

27 山東 이권의 일본 승계를 막지 못했다는 점에서 일반적으로 중국의 파리강화회의 외교는 실패한 것으로 일컬어진다. 그러나 臺灣의 대표적인 外交史 연구자인 唐啓華 교수는 일본의 각본 앞에 중국이 무력할 수밖에 없었을 뿐이고 어쩔 수 없는 상황에서도 중국 대표들이 최선을 다했고 최종 서명을 거부했다는 점에서 파리강화회의에서의 중국외교는 실패한 것이 아니었다고 주장한다. 唐啓華,「巴黎和會與中國外交」,『騰迅文化』2014. 8. 6.

28 林偉,「奢望與失望: 巴黎和會前後留美中國學生的期待與抗議」,『理論月刊』2017年 第5期. 파리강화회의에서의 미국과 일본의 타협에 대해서는 俞辛焞,「巴黎和會與五四運

파리강화회의와 미국에 대한 중국인들의 실망과 분노가[29] 결국 베이징정부 내의 친일관료에 대한 사퇴 요구와 겹치면서 전국적 시위운동으로 번진 것이 바로 5·4운동이다. 1919년 1월 파리강화회의의 개최 이후부터 산둥문제에 모든 촉각을 곤두세우고 있던 중국 언론들의 논조는, 4월 말 이후 강화회의에서 칭다오에 대한 국제공동관리 주장이 제기된 것에 이어 독일 이권의 일본 승계 주장이 받아들여지는 단계로 나아가자 국민적 저항을 촉구하는 쪽으로 폭발하고 말았다.[30] 당시 대표적인 진보 언론인 상하이의『민국일보民國日報』에서는 연일 '국민적 경보警報'를 발하면서[31] '국민적 각성覺醒'과 '궐기蹶起'를 요구하고 있었으니 5월 4일 베이징에서의 학생시위에서부터 시작되어 6월 초까지 전국적 시위운동으로 확대된 중국의 반일운동, 곧 5·4운동은 한국의 3·1운동과 동일한 역사적 맥락에서 나왔음을 확인할 수 있는 것이다.

Ⅱ. 한국문제에 대한 중국인들의 인식 전환

망국의 과정에서 일본의 침략에 대한 한국의 민족적 저항은 동학농민전쟁과 의병운동으로 이어졌지만 보다 본격적인 독립운동은 강제병합 직후인 1911년 중국에서 일어난 공화혁명, 곧 신해혁명의 자극을 받은

動」,『歷史硏究』1979年 5期 所收 논문을 참조할 것.

29 5·4운동의 주요 지도자 가운데 한 사람인 李大釗는 5·4운동 직후 쓴 한 논평에서 윌슨의 평화 주장이 "强盜의 世界"로 전락했다고 맹비난하고 있다. 李大釗,「秘密外交與强盜世界」,『每週評論』22號(1919. 5. 18), 中國李大釗硏究會 編注,『李大釗文集』2卷, 北京(人民出版社), 1999, pp. 320~321.

30 葉楚傖,「社論: 我之日德密約破露觀」,『(上海)民國日報』1919. 4. 20., 1-2; 湘君,「五國共管靑島說」,『(上海)民國日報』1919. 5. 2., 1-2.

31 「(要聞)山東問題大警報」,『民國日報』5.3., 1-2 등.

독립지사들이 대거 중국으로 망명해 가면서 시작되었다. 이들 망명 한인 독립지사들의 기본적인 목표는 '혁명 중국'의 도움을 받아 한국의 독립을 달성하려는 것과 함께 독립 이후 새로 건설해야 할 국가의 체제를 중국의 혁명에서 배우고자 하는 것이었다.[32] 물론 이들 초기 중국 망명 한인韓人 지사들 가운데에는 한국의 독립을 달성하는 데에 지나치게 중국의 도움에 의존하려는 사대주의적 입장도 일부 나타나고 있었으며, 1차 대전 발발 직후에는 급변하는 국제 상황 속에서 독일의 승전과 일본의 패망을 전망하여 독일을 지지하는 입장을 표명하는 등 일부 혼란도 나타나고 있었다.[33]

이에 비하여 여운형을 중심으로 하는 신한청년당의 결성과 파리강화회의 대표 파견, 그리고 독립 청원에 대한 민중적 지지를 이끌어 내려는 일련의 움직임은 상하이 지역의 한인 지사들의 세대교체를 의미하는 것이었다.[34] 그러나 이보다 더 주목해야 할 것은 이들의 활동과 연동되어 일어난 3·1운동은 각성한 민중이 주도하는 전민족적 독립운동이라는 완전히 새로운 상황을 연출하였으니 말 그대로 역사의 대전환을 가져왔던 것이다. 3·1운동의 이러한 의미는, 동병상련의 중국인들에게도 동일하게 받아들여졌다는 사실을 통해서 더욱 분명하게 드러난다. 3·1운동에 대한 중국 내의 보도는 3·1운동 발발 3일 뒤인 3월 4일, 상하이의 중미합작中美合作 영문 일간지 『대륙보大陸報 *China Press*』에 실린 것

32 이 책의 제1장 제2절 참조.

33 1915년 3월 李相卨, 李東輝, 朴殷植, 成樂馨, 柳東說 등을 중심으로 上海에서 만들어진 신한혁명당(혹은 신한혁명단)은 독일의 승리를 예상하고 독일의 보증하에 袁世凱 北京政府와 군사동맹조약(中韓誼邦條約)을 체결하고 對日 군사작전을 감행하려는 계획을 추진하였다. 강영심, 「신한혁명당의 결성과 활동」, 『한국독립운동사연구』 2(1988); 박걸순, 「이상설의 민족운동과 後人論纂」, 『중원문화연구』 10(2006), 16~17쪽.

34 정병준, 「1919년, 파리로 가는 김규식」, 121~125쪽.

이 처음인데 이것은 일본 신문들의 보도를 인용한 것이었다.[35] 마찬가지로 일본에서의 보도를 인용한 기사가 3월 6일, 톈진天津의 『대공보大公報』에 실렸고[36] 3월 9일에는 상하이의 국민당 계통 일간지 『민국일보』에 실렸으며[37] 이후 여러 신문에 연속적으로 보도되기 시작했다.[38]

5·4운동 발발 전후까지 계속된 3·1운동에 대한 중국 언론의 보도를 통해서 확인할 수 있는 것은, 3·1운동의 반일 독립 주장과 산둥문제를 둘러싼 중국인들의 반일 주장을 하나의 맥락에서 다루고 있다는 점이다. 예컨대 3·1운동 직후인 3월 14일자 『대공보』 제1면에는 중요기사로 「강화회의에 대한 로이터통신路透社의 보도」를 다루고 있는 동시에 베이징의 영자지 『*Peking and Tientsin Times* 京津泰晤士報』의 보도를 인용하여 「한인독립운동의 추가 소식餘聞」을 보도하고 있었던 것이니[39] 바로 옆에 붙은 이 기사들을 보는 경우 독자들은 자연스럽게 중국의 산둥문제와 한국의 독립문제가 모두 일본의 침략에 의한 것이라는 강한 인상을 받게 마련이다. 『대공보』의 경우, 3·1운동 내지 한국독립운동과 파

---

35 독립선언서 초안의 필사본을 휴대하고 2월 말 玄楯과 崔昌植이 上海에 도착하여 申圭植, 李光洙, 鮮于爀 등과 협의하여 독립선언서를 중문과 영문으로 번역하였고 3월 4일자 『(英文)大陸報』에 봉기 소식이 실리자 곧바로 파리강화회의에 참석한 각국 대표단과 중국 내각 신문사에 독립선언서를 발송했다고 한다. 현순, *My Autobiography by the reverend Soon Hyun 1878-1968: with Historical Documents, Photographs and Analysis*, Institute for Modern Korean Studies, Yonsei University Press, 2003, pp. 292~293; 李光洙, 「上海의 二年間」, 『李光洙全集』 14, 三中堂, 1962, 346~347쪽.

36 「高麗亂事之西訊」, 『大公報』 1919. 3. 6, p. 1.

37 「朝鮮之革命運動」; 「朝鮮人之獨立宣言」; 「西報對於朝鮮之論調」, 모두 『民國日報』 1919. 3. 9., 1-3.

38 중국 언론들의 3·1운동 보도에 대해서는 장세윤, 「20세기 初半 주요 중국 언론의 한국 독립운동 인식-홍콩 華字日報, 天津 大公報, 上海時報, 申報를 중심으로-」, 『한국민족운동사연구』 75(2014); 김주용, 「중국언론에 비친 3·1운동의 전개와 영향-長沙 大公報의 記事를 중심으로-」, 『사학연구』 97(2010); 姜秀玉, 「近代中國人對朝鮮三一運動的認識與五四運動」, 『朝鮮韓國歷史研究』 17(2016)을 참고.

39 「緊要紀事: 和議沈寂中之西訊」; 「韓人運動獨立之餘聞」, 『大公報』 1919. 3. 14, p. 1.

리강화회의 내지 산동문제를 병렬하는 이러한 보도는 그 후에도 연이어 나타나고 있었으니 3월 26일자, 28일자, 29일, 4월 13일자, 14일자 등을 예로 들 수 있다. 이를테면 5·4운동이 발발하기 직전 시기 중국인들에게 3·1운동은 "일본의 침략에 저항하여 산둥반도를 회수해야 한다"는 국민적 요구를 드러내는 또 하나의 창구였던 것이다.

3·1운동에 대한 중국인들의 이러한 관심은 한국 내지 한국독립운동에 대한 인식이나 태도를 크게 바꾸어 놓았다. 3·1운동 이전까지 중국인들은 한국의 망국에 대하여 동정과 연민을 표하고는 있었지만 어디까지나 "멸망할 수밖에 없는 한국의 무능"을 비판하는 입장과 한국의 망국을 중국이 뒤따르지는 말아야 한다는, 타산지석他山之石으로 삼으려는 입장이었다고 할 수 있다. 물론 이러한 인식의 배후에는 한국을 중국의 일개 성省이나 속국으로 보는 멸시적 태도가 깔려 있었으니 당대 중국 최고의 지식인 량치차오梁啓超가 1910년에 쓴 「일본탄병조선기日本呑并朝鮮記」에서는 조선을 전통적인 중국의 속국이라고 썼다.[40] 또 5·4운동의 정신적 지도자인 천두슈陳獨秀 같은 경우에도 3·1운동 이전에 쓴 한 평론에서 한국을 "국민은 게으르고 남의 나라 속국이면서도 군신君臣들은 탐욕스럽기가 세상에 둘도 없는 나라인데 일본에 합병된 이후 오히려 나라가 흥하고 도적도 사라졌으며 송사訟事가 없어졌다"고[41] 썼다.

그러나 3·1운동 이후 이러한 인식은 크게 바뀌었으니 3·1운동 직후 천두슈는 "조선의 독립운동은 위대하고 절실하며 민의民意에 의거하고 무력武力에 의거하지 않음으로써 세계 혁명사의 신기원新紀元을 마련

40 梁啓超, 「日本呑併朝鮮記」, 『飲氷室全集』 21卷, 臺北(文化圖書公司), 1976, p. 1.

41 陳獨秀, 「愛國心與自覺心」, 『甲寅雜誌』 1-4(1914. 11. 10.), 『陳獨秀著作選』 第1卷, 上海(上海人民出版社), 1993, p. 115.

했다"고[42] 높게 평가하고 있다. 베이징대학 시위운동의 주요 지도자 가운데 한 사람이었던 푸쓰녠傅斯年은 "조선의 이번 혁명은 비폭력 혁명이고 불가능한 것을 알고도 실행한 혁명이며 순수한 학생혁명이다. (이런 관점에서) 오늘날 중국의 현실을 바라보자면 그야말로 탄식을 금할 수 없다"라고[43] 하면서 중국 학생들이 본받아야 할 대상으로 조선의 학생운동, 곧 3·1운동을 꼽았다. 이를테면 3·1운동을 겪으면서 중국인들은 일본 제국주의의 동일한 피해자라는 동지적 입장에서 한국과 한국독립운동을 바라보기 시작했던 것인데 이러한 관점의 변화는 비록 표면적이고 부분적이라고 하더라도 종래의 중화주의적 시각을 바꾸는 중요한 전환점을 가져다 주었던 것이다.[44] 3·1운동을 경과하면서 나타나게 된 상당수 중국인들의 한국 내지 한국독립문제에 대한 이러한 태도 변화는, 이후 1919년에 가서 대한민국임시정부가 중국에 만들어지게 되는 데에 일차적으로 요구되는 조건이었음은 물론이다.

---

42 陳獨秀, 「這回朝鮮的獨立運動」, 『每週評論』 14號(1919. 3. 23.), 앞의 같은 『陳獨秀著作選』, pp. 509~510.

43 傅斯年, 「朝鮮獨立運動中之新教訓」, 『新潮』 第1卷 第4號(1919.4. 1.), 上海(上海書店合訂影印本), 1986, pp. 687~689.

44 김경석, 「3·1운동 이후 중국의 조선 인식-傅斯年의 〈朝鮮獨立運動中之新教訓〉을 중심으로」, 『中國人文科學』 42(2009), 297~298쪽.

제3절

대한민국임시정부의 성립과 지구지역사상의 의미

—동아시아 지역 민주공화, 반제연대의 출발점—

Ⅰ. 근대적 국제도시 상하이 지역의 한인사회 형성과 대한민국임시정부의 성립

널리 알려져 있는 대로 20세기 초 상하이는 이미 세계적 수준의 근대적 국제도시였다. 당시 상하이의 근대 서구적 풍경은, 뒷날 한국을 대표하는 언론인이면서 역사학자가 된 문일평文一平이 5년여의 일본 유학 생활을 끝낸 다음인 1912년에 상하이로 망명해 갔을 때 상하이에 대해 받은 인상을 통해서도 어느 정도 짐작해 볼 수 있다. 문일평은 훗날 망명 당시의 일을 적은 회고의 글에서 "처음 상하이 부두에 내려 본, 즉 장려壯麗하고도 정제整齊하게 만들어진 시가의 규모가 듣던 바와 같이 과연 동양의 런던임을 수긍케 하는 바이었다"고[1] 상하이 도착 소감을 쓰고 있다. 문일평의 말대로 20세기 초의 상하이를 당시 사람들이 동양

1 文一平, 「나의 半生」, 『湖岩全集』 제3권(朝光社, 1978), 495쪽.

의 런던, 혹은 동양의 파리라고 불렀다고 하는 것은 서국적 근대 국제 도시로서의 상하이의 면모를 함축적으로 나타낸 것이라고 하겠다.[2]

대한민국임시정부가 중국, 그것도 상하이에 세워지게 된 것은, 임시정부 수립에 주동적인 역할을 맡았던 관내 지역 망명 한인 지사들이 "국내에서 가까우면서도 국제적 교통이나 연락이 가장 편리한 상하이"를 독립운동을 위한 망명지, 근거지로 선택했기 때문이었다.[3] 이뿐만 아니라 제1장에서 살펴본 대로 독립 이후 국가 건설의 모범으로 삼을 만한 "공화혁명"이 해당 지역, 곧 상하이·난징 지역에서 일어났다는 소식은 뜻있는 한인 지사들에게 새로운 희망으로 받아들여지면서 이 지역으로의 망명에 불을 붙였던 것이다. 망명이 본격화된 이후 10년이 채 못 된 1919년 4월에 해외 독립운동의 중심으로 대한민국임시정부가 상하이에 세워지게 된 것은, 이를테면 신해혁명 이후 본격적으로 이루어진 한인 지사들의 상하이·난징 지역으로의 망명으로 생겨난 상하이 중심의 한인사회가 존재했기 때문이다. 1911년 10월, 우창기의武昌起義 발발 이전 시기 상하이에 거주하고 있는 한인의 숫자는 대개 50여 명으로 알려져 있는데 그들 상당수가 인삼, 의류, 약품상이었고 일부는 유학생들이 있었다. 그러던 것이 우창기의 발발 이후, 중국혁명의 영향을 받은 일단의 한인 지사들의 정치적 망명이 이어지면서 한인의 숫자도 크게 증가하였다.[4]

구체적으로 우창기의 발발 직후 중국으로 망명한 신규식, 이태준, 김규식, 조소앙을 비롯한 일단의 한인 지사들의 경우, 망명 초기에는 혁

2 20세기 초 상하이의 근대적 도시로서의 여러 면모에 대해서는 배경한 편, 『20세기 초 상해인의 생활과 근대성』, 지식산업사, 2006을 참조할 것.

3 이 책의 제1장 제2절 참조.

4 孫科志, 『上海韓人社會史(1910-1945)』, 한울, 2001, 38~41쪽.

명으로 만들어진 새로운 중화민국 (임시)정부의 수도 난징에 모여 활동하다가 1913년 토원운동討袁運動 실패 이후 상하이로 옮겨 살게 되었는데, 그 결과 상하이의 한인 숫자는 1917년에 300여 명, 1919년 3월에는 345명 정도에 이르렀다.[5] 상하이 지역 한인 숫자가 다시 한번 증가하는 결정적 계기는 3·1운동이었다. 3·1운동 이후 청년층을 중심으로 한 한인 지사들의 중국 망명이 줄을 이었으니 그 가운데 상당수는 상하이·난징 지역으로 온 한인 유학생들이었다. 그 결과 1922년 말 상하이와 난징 지역 한인 유학생의 숫자가 100여 명에 이르게 되었고, 1923년 6월경에는 170여 명으로 늘어났으며[6] 상하이 지역의 경우 1920년 4월에 전체 한인의 수가 530여 명, 1921년에는 700 내지 800명으로 불어났다.[7]

한편으로 상하이를 중심으로 한 한인사회의 급속한 성장이 가능했던 배경에는 상하이라는 도시가 가진 국제성, 개방성 및 비교적 자유로운 정치 환경 등을 들어야 할 것이다.[8] 상하이는 개항 이후 제국주의 열강들이 중국을 침략하는 문호가 되었지만 다른 한편으로 서구 문명과 혁명 사조가 밀려들어 올 수 있는 개방의 문호가 되기도 했으니, 특히 상하이의 주요 지역을 차지한 서구 열강들의 조계租界는 이러한 개방과 혁명의 상징이 되었던 것이다.[9] 대한민국임시정부가 상하이의 프랑스 조계에서 만들어지게 되었던 것 또한 조계가 가지는 '보호막'을 이용한

5 裴京漢, 「20世紀初上海的韓人社會」, 裴京漢 著, 『從韓國看的中華民國史』, 北京(社會科學文獻出版社), 2004, pp. 191~193.
6 裴京漢, 「20世紀初上海的韓人社會」, p. 193.
7 朝鮮總督府警務局 編, 「國外在住朝鮮人口分布一覽表(1921年 4月)」, 『日本外務省文書』 SP-141의 附件文書 참조.
8 김명섭, 「대한민국임시정부는 왜 上海 프랑스 조계에 수립되었나?」, 『국제정치논총』 58-4(2018).
9 熊月之, 「上海租界與文化融合」, 馬長林 主編, 『租界里的上海』, 上海(上海社會科學院出版社), 2003, pp. 41~54.

것이었으니, 특히 프랑스 조계 당국은 한국독립운동에 대하여 일부 호의적인 입장이었기에 임시정부의 수립과 활동에 나름의 이점이 되어 주었다.[10]

대한민국임시정부가 중국 안에 만들어졌던 까닭에 중국에서 활동하던 독립운동가들뿐 아니라 한국독립운동 전반에 있어 중국인들과의 교류나 협조는 일차적 조건으로 우선시되었다. 중국인들의 입장에서도 당시 한국 독립운동가들과의 교류와 연대가 필요했으니 전술한 대로 1910년 일본의 한국 강제병합 이후 차츰 본격화되고 있던 일본의 중국 침략은 중국인들로 하여금 한국의 독립운동에 동정적 관심을 가지도록 하였을 뿐 아니라 일제의 침략에 대한 공동의 대응(연대)이 크게 요구되도록 하였다. 널리 알려진 대로 한국 독립운동가들과 중국인들과의 교류나 연대는 1919년 상하이에 임시정부가 수립되기 이전부터 이미 활발하게 진행되고 있었다. 가장 대표적인 예로는 1912년 전후 시기 상하이·난징 지역에서 신규식 등을 중심으로 만들어졌던 신아동제사의 조직과 활동을 들 수 있다.[11] 그러나 이 단계에서의 한중 연대라는 것은 한국 측의 의존적 태도와 중국인들의 동정적 태도를 기반으로 했을 가능성이 크다고 보인다. 이에 비하여 3·1운동과 5·4운동을 겪으면서 중국인들의 한국에 대한 인식은 크게 바뀌었으니, 중국과 한국이 일본 제국주의의 침략 아래 동지적 관계에 놓여 있다는 인식이 생기면서 중국인들은 한국을 연대해야 할 동지로서 인식하기 시작했다. 그리고 이러한 중국인들의 인식 변화가 임시정부가 중국에 만들어지는 일차적인 조

---

10 김희곤, 「한국 독립운동사에서 上海가 가지는 역사적 의미」, 『한국근현대사연구』 75(2015), 157~165쪽; 한시준, 「대한민국임시정부와 프랑스」, 『한국근현대사연구』 77(2016), 129~138쪽.

11 배경한, 『쑨원과 한국』, 한울, 2007, 61~66쪽; 이현희, 「1920年代 韓中聯合抗日運動」, 『국사관논총』 1 (1989), 230~231쪽.

건이었음을 앞 절에서 지적하였다. 이를테면 당시 상하이는 지리적으로나 문화적으로, 그리고 상호인식이라는 정신적 측면 모두 한국독립운동의 중심지 내지 근거지로 받아들여질 수 있었고 그 결과로 상하이에 대한민국임시정부가 성립한 것이었다.

Ⅱ. 상하이 한국임시정부 성립의 동아시아 역사상 의의

1. 동아시아 역사상 민주공화 혁명의 출발점

한국 역사 속에서 근대적 민주주의가 소개되기 시작한 것은 개항 이후부터였는데 그 초기 형태는 1884년 갑신정변에서 제기되었던 '인민평등人民平等의 권權'에서 처음 보였고 1894년에 일어난 동학농민전쟁에서 제기되었던 '신분상의 차별 철폐' 주장으로 이어졌다. 그에 이어 1896년 7월에 만들어진 서재필徐載弼 중심의 독립협회에서 제창한 '민권民權의 신장'과 이를 위한 '의회개설' 주장은 보다 본격적인 의미의 민주주의의 수용 주장이었다. 그러나 갑신정변에서부터 독립협회에 이르는 모든 초기 민주주의 주장들은 왕권과 그것에 의존하고 있던 보수적 관료(사대부)계층에 대한 비판으로 받아들여졌고, 그 결과 배척과 탄압의 대상이 되었다.[12]

오히려 보다 본격적인 민주주의의 수용은 동아시아 최초의 공화혁명으로 불리는 중국 신해혁명의 영향을 받으면서부터라고 하겠다. 잘 알려져 있듯이 한인 지사들의 중국으로의 망명은, 강제 병합 직후 중국에

12 李光麟, 「한국에 있어서 民主主義 수용」, 『東亞研究』 12(1987), 14~22쪽.

서 일어난 신해혁명의 직접적인 영향을 받으면서 본격화되었다. 예컨대 1910년대 중국 망명 한인들의 가장 중심적인 지도자였던 신규식의 경우 우창기의의 성공으로 아시아 최초의 공화정부인 후난군정부湖南軍政府가 성립된 직후인 1911년 12월, 중국혁명의 성공 소식을 듣고 서울을 출발하여 1912년 1월 혁명정부(중화민국임시정부)의 소재지 난징에 도착하였다. 신규식을 비롯한 초기 한인 지사들이 공화혁명에 커다란 관심을 가지고 지지를 표시한 것은 사실이지만[13] 이후 얼마간의 혼돈을 겪었던 것 또한 사실이다. 예컨대 1910년대 중국 내 한인 지사들의 또 다른 중심적인 지도자였던 박은식의 경우 흔히 제2혁명으로 알려진 토원운동 실패 직후인 1913년 12월 홍콩에서 『향강잡지香江雜誌』를 편집, 출판했는데, 여기에 실은 여러 편의 논설들 속에서 신생 공화국, 곧 중화민국의 회복을 강력하게 제기하는 한편으로 '민국民國'을 억압하고 있는 위안스카이를 강하게 비판하고 있었다. 그러나 같은 시기 박은식은 이병헌李秉憲에게 보낸 편지에서나 캉유웨이康有爲와의 면담 등에서 위안스카이의 새로운 정치와 역할에 대한 긍정적 평가를 제기하기도 하고, 혁명파 인사들의 파괴적이고 지리멸렬한 모습에 대한 실망을 언급한 적도 있다.[14]

공화제 내지 혁명파에 대한 한인 지사들의 인식이 가지는 복잡한 면모는 1914년 말에 만들어진 신한혁명당新韓革命黨의 경우에도 확인된다. 이상설을 중심으로 하는, 조선왕조의 회복을 독립운동의 목표로 삼고 있는 일단의 근왕파勤王派 인사들의 주도로 만들어진 이 단체에 중화

13 신규식은 중국 혁명파 지도자 황싱(黃興)과의 서신 교류를 통하여 쑨원과 황싱 등 중국혁명 지도자들과 신생 중화민국에 대하여 적극적인 지지를 표현하였다. 배경한, 앞의 『쑨원과 한국』, 52~56쪽.

14 배경한, 앞의 「중국망명 시기(1910-1925) 朴殷植의 언론활동과 중국인식-『香江雜誌』, 『國是報』, 『四民報』의 분석-」 참조.

민국 신생 정부에 적극적인 지지 입장을 보였던 신규식 등 동제사의 주요 멤버들이 참여한 것은 일견 이해하기 어려운 일이다. 특히 신한혁명당이 일본의 대독 선전포고를 보고 유럽 전쟁에서의 독일의 승리와 중국, 독일 연합군의 일본 공격을 예상하고 독일과 중국 두 나라가 모두 군주제 국가이므로 한국의 독립운동 방향 역시 군주제의 회복에 초점을 맞추고 국내의 광무황제(고종)와 연락하여 그를 당수로 옹립한 다음 독립운동의 중심으로 삼아야 한다고 주장한 것은, 당시 중국에서 활동하던 한인 지사들의 복잡한 입장들을 잘 보여 주고 있다. 이 신한혁명당에 신규식, 박은식, 조성환 등 동제사 멤버들이 대거 가담한 것은 조국의 독립을 일차적 목표로 삼고 있던 한인 지사들의 현실적 고뇌를 보여 주고 있는 것이지만, 한편으로 이들의 공화제에 대한 인식이 철저하지 못했다는 사실을 보여 준다고 할 수 있다. 그런 의미에서 당시 중국혁명의 좌절 속에서 한인 지사들이 얼마나 많은 '혼선'을 겪고 있었는지로 이해할 수 있다.[15] 이를테면 당시 한인 지사들에게 최고 목표였던 조국의 독립을 위해서는 공화파, 황제파를 가리지 않고 연대할 필요가 있었고 그런 가능성을 보고 동제사 멤버들이 신한혁명당에 가담했다고 볼 수 있다.

그러나 이러한 '전략적 선택'과 그로 인한 일단의 혼돈에도 불구하고, 장기적인 안목에서 볼 때 한인 지사들의 전반적 지향은 공화제 수용으로 귀착되고 있었음을 확인할 수 있으니 이 점은 1917년 7월, 신규식 등 14명의 한인 지사들의 이름으로 발표된 「대동단결선언」에서 분명하게 나타난다. 조소앙이 기초한 것으로 알려진 이 선언문은, "경술년庚

15 김희곤, 「신해혁명과 한국독립운동」, 배경한 편, 『동아시아 역사 속의 신해혁명』, 한울, 2013, 164~168쪽. 이 논문은 김희곤, 『임시정부 시기의 대한민국 연구』, 지식산업사, 2015 에도 실려 있다.

戊年(곧 1910년) 융희황제隆熙皇帝(곧 純宗)의 주권 포기는 우리 국민동지에 대한 묵시적 권한 이양禪位이니 우리 동지들은 당연히 삼보三寶(곧 토지, 국민과 정치)를 계승하여 통치할 특권이 있고 대통을 상속할 의무가 있다"고 적시함으로써 국민주권을 행사하기 위한 정부의 수립, 곧 민주공화정체 수립을 독립운동의 당면 목표로 분명하게 제시한다.[16] 이 선언 참가 인사 14명 가운데 신규식, 조소앙, 신석우, 박은식, 홍명희 등 동제사 멤버들이 8명이나 포함되어 있었던 사실과 관련해서도 이들이 앞서 말한 신한혁명당 시기의 군주제 주장에서 다시 공화제 주장으로 표변했다고 보기보다는, 신한혁명당 이전 단계에서부터 그들의 기본적 지향은 공화제 수용이었지만 중국혁명 정세의 변화와 독립운동의 침체로 인하여 일시 혼선을 겪다가 위안스카이의 사망과 유럽 전쟁의 정세 변화로 근왕론의 모순이 분명해지자 비로소 공화제 수용 입장을 확고히 한 것으로 봐야 할 것이다.[17]

그리고 공화제 수용에 대한 이러한 지향은, 최대의 국민적 민족운동인 3·1운동을 겪으면서, 그리고 3·1운동의 결과로 상하이에 대한민국 임시정부가 만들어지고 임시정부의 정치체제가 민주공화제로 확정되면서 그 모습이 더욱 분명해졌다. 「대동단결선언」에서 이미 지적한 대로 조선왕조의 멸망으로 군권君權의 존립 자체가 불가능해진 망국의 상황 속에서 국민 스스로가 국가적 독립을 주장하게 된 것이 바로 3·1운동이었으니, 3·1운동은 제국주의 침략에 대한 전민족적 저항일 뿐 아니라 국민주권의 정당성을 스스로 천명하는 민중적 정치변혁이었다. 이런 입장에서 3·1운동 직후인 1919년 4월 각지에 만들어진 임시정부를 통

---

16 「大同團結宣言」, 『島山安昌浩全集』, 島山安昌浩先生記念事業會, 2000, 682쪽.
17 신용하, 「조소앙의 사회사상과 삼균주의」, 『한국학보』 104(2001), 10~12쪽; 김희곤, 「신해혁명과 한국독립운동」, 168~170쪽.

합하는 형태로서 상하이에 수립된 대한민국임시정부가 3·1운동에서 발현된 국민주권을 대변하게 된 것은 당연한 일이라 하겠다.[18]

잘 알려진 대로 임시정부의 헌법인 「대한민국임시헌장」은 1919년 4월 11일의 임시의정원 회의에서 통과되었는데, 그 제1조는 "대한민국은 민주공화국으로 함"이라고 천명하여 국호를 "대한민국"으로 한다는 점과 국체를 "민주공화제"로 한다는 점을 분명히 하였다. 대동단결선언과 마찬가지로 조소앙이 기초했다는 주장이 유력한 임시헌장은, 조선 왕조의 멸망 이래 혼돈 한가운데에 있던 국가 체제를 둘러싼 논의를, 전제왕조 국가로부터 민주공화국으로 전환시키는 것으로 마감하는 혁명적 의미를 담고 있다.[19] 이뿐만 아니라 반전제反專制의 의미를 가진 "민주"와 국민적 평등을 강조하는 "공화共和"라는 두 개념을 통합하여 "민주공화제"라는 새로운 국체를 제시하고 있다는 점도 세계 헌정사에서 주목받을 만한 역사적 의미를 갖는다.[20] 물론 앞에서도 언급한 대로 이러한 임시헌장의 내용이 나올 수 있었던 결정적 배경은 3·1운동이

18 서희경, 「대한민국 건국헌법의 역사적 기원(1898-1919)-만민공동회, 3·1운동, 대한민국임시정부헌법의 '민주공화' 정체 인식을 중심으로-」, 『한국정치학회보』 5(2006), 153~156쪽. 이에 반하여 3·1운동 이후 단계에 가서도 일부 근왕파 인사들을 중심으로 복벽운동이 전개된 것도 사실이며 그런 점에서 3·1운동을 復辟主義의 극복과 공화주의의 확립으로만 이해할 수 없다는 지적도 있다. 박현모, 「일제시대 공화주의와 복벽주의의 대립-3·1운동 전후의 왕정복고 운동을 중심으로-」, 『정신문화연구』 30-1(2007), 72~73쪽 참조.

19 한인호, 「대한민국은 민주공화제로 함-대한민국임시헌장(1919. 4. 11) 제정의 역사적 의의」, 『서울대학교 법학』 50-3(2009. 9), 174~181쪽.

20 근대 일본이나 중국에서 Democracy의 번역어인 '民主'와 Republic의 번역어인 '共和'가 君主制 반대와 국민주권이라는 의미에서 혼용되고 있었는데 "군주제를 배격하되 귀족제나 과두제가 아니라 국민주권을 바탕으로 하는 민주정체의 지향을 표방한 의미"로서 민주공화제를 제시한 것은 당시 서구의 헌법에서도 찾아볼 수 없는 독창적인 사례라는 점에서 특히 주목할 만하다. 이영록, 「한국에서의 '민주공화국'의 개념사-특히 '공화' 개념을 중심으로-」, 『법사학연구』 42 (2010), 52~59쪽 참조.

라는 민중적 정치변혁의 경험에 있다고 할 것이나, 다른 한편으로는 신해혁명 발발 이후부터 한인 지사들이 중국혁명에 참가하거나 혹은 중국혁명의 부침을 목도하면서 가지게 된 정치적 의식과 이해가 새로운 국가 건설의 방향 설정에 미친 영향이 있었다는 점을 또한 인정해야 할 것이다.[21] 국호로 정해진 "대한민국大韓民國"이 구한말 독자적 황제국으로 명명된 "대한제국大韓帝國"의 "대한大韓"과 중국 공화혁명 곧 신해혁명의 결과로 만들어진 국민주권 국가를 의미하는 "중화민국中華民國"의 "민국民國"을 합친 것이라는 사실은, 망명 한인 지사들이 배우고자 했던 중국혁명의 지향, 곧 공화제를 받아들인 결과였던 것이다. 이런 점에서 대한민국임시정부의 성립은 신해혁명의 직접적 영향을 그대로 나타낸다.

한편으로 임시정부의 성립과 함께 분명해진 새로운 국가 체제에 대한 지향은 당시 동아시아 지역 전체의 신해혁명에 대한 대응과 그에 이은 새로운 혁명의 방향 설정과 궤를 같이했다. 예컨대 베트남의 경우 입헌군주제 개혁을 목표로 삼고 있던 대표적 독립운동가 판 보이 쩌우潘佩珠 중심의 동유운동東遊運動과, 공화혁명을 목표로 삼고 있던 대표적 지도자 판 쭈 찐潘周楨이 주도한 동경의숙東京義塾 중심의 교육 유신운동이 일본과 프랑스 제국주의의 탄압으로 1908~9년에 모두 막을 내리면서 베트남의 민족운동은 일시 소강상태에 빠지게 되었는데, 여기에 결정적인 전환점을 제공한 것이 바로 중국의 공화혁명, 곧 신해혁명이었다. 1909년 말 프랑스의 압력으로 일본에서 추방당하여 태국Siam으로 가서 활동하던 판 보이 쩌우는 1911년 10월 우창기의가 성공하고 연이어 1912년 1월 중화민국임시정부가 성립되자, 거기에 크게 고무되어 활동

21 김희곤, 앞의 「신해혁명과 한국독립운동」, 174~177쪽.

무대를 중국혁명의 본거지이면서 베트남과 가까운 광저우廣州로 옮겼다. 판 보이 쩌우와 함께 1912년 초 광저우에 모인 베트남 지사들의 숫자가 100여 명에 달했다고 하는데, 이들은 동유운동 이래 베트남 독립운동의 구심점이 되었던 유신회維新會를 공식 해산하고 새로운 독립운동 단체인 베트남광복회를 창설했다. 판 보이 쩌우가 총리를 맡은 베트남광복회는 "프랑스를 쫓아내고 베트남을 회복하며 베트남공화국을 건설한다"는 것을 강령으로 내세워 독립 이후 지향할 국가체제로서 (민주)공화제 국가의 건설을 분명한 목표로 제시하였다.[22] 이를테면 신해혁명의 직접적인 영향을 받은 베트남 독립운동 세력은 1912년 초에 가서 신해혁명의 목표이자 성과였던 공화제를 베트남의 새로운 정치체제로서 받아들였던 것이다.[23] 요컨대 한인 독립지사들이 대한민국임시정부의 수립과 함께 새로운 국가 건설의 방향을 민주공화국이라는 것으로 확정한 것은, 신해혁명으로부터 시작된 동아시아 공화혁명의 맥락 위에서 이루어진 것임과 동시에 동아시아 민주공화 혁명의 구체적 확산을 가져온 역사적 사건으로 주목된다.

2. 동아시아 반제연대反帝連帶의 본격화

1919년 4월 11일 상하이에서 만들어진 대한민국임시정부는 한국독립운동의 역사에서 새로운 출발점이 되기에 충분하다. 임시정부는 당시 여러 지역에서 다양한 세력들에 의하여 추진되고 있던 독립운동을 하나

---

22 유인선, 『새로 쓴 베트남의 역사』, 이산, 2002, 329쪽; 潘佩珠, 『自判』[內海三八郎 著, 千島英一 櫻井良樹 編, 『潘佩珠傳』, 東京(芙蓉書房), 1999의 附錄 漢文本], pp. 290~291.

23 胡春惠, 「孫中山與亞洲新興國家的民族振興」, 林家有 主編, 『孫中山與世界』, 長春(吉林人民出版社), 2004, pp. 17~19.

로 통합하는 중요한 결과를 가져왔을 뿐만 아니라 이후 한국독립운동의 정신적 실제적 지주가 되었다.[24] 대한민국임시정부의 수립과 관련하여 앞서 언급한 "민주공화제"의 수립과 확산 이외에 덧붙여 주목하고자 하는 점은 임시정부가 동아시아 약소민족들의 독립운동에 하나의 모범이 되었으며 동아시아 지역 반제 민족운동이 서로 연대하는 중요한 출발점이 되었다는 사실이다.

앞에서도 지적한 대로 대한민국임시정부가 중국 안에 만들어질 수 있었던 데에는 중국인들의 한국에 대한 인식 변화가 가장 중요한 전제 가운데 하나였다. 그것은 한인 독립운동가들의 존립이나 활동 자체가 중국인들과의 교류나 협조를 일차적 조건으로 요구하고 있었기 때문이다. 그런 까닭에, 앞서 지적한 대로 1919년 3·1운동과 5·4운동을 겪으면서 중국인들이 가지게 된, 한국에 대한 동지적 연대의식과 그 표현으로서의 한중연대 활동들은 중국 내 한국독립운동, 곧 대한민국임시정부의 가장 중요한 근거가 되었던 것이다.

널리 알려져 있는 대로 한국 독립운동가들과 중국인들과의 교류나 연대는 상하이에 임시정부가 수립되기 이전부터 이미 활발하게 진행되고 있었다. 가장 대표적인 예로는 1912년 전후 시기 상하이·난징 지역에서 신규식 등을 중심으로 만들어졌던 신아동제사의 조직과 활동을 들 수 있다.[25] 다만 이 단계에서의 한중 연대라는 것은 한국 측의 의존적 태도와 중국인들의 동정적 태도를 기반으로 했을 가능성이 크다고 보인다.

그러나 대한민국임시정부 수립 이후 전개된 한중 간의 연대는 이전과

24 신용하, 「上海 대한민국임시정부의 성립과정」, "상하이임시정부와 윤보선" 학술대회 (서울, 2018.11.23.) 발표원고, 9~23쪽.

25 배경한, 『쑨원과 한국』, 한울, 2007, 61~66쪽; 이현희, 「1920年代 韓中聯合抗日運動」, 『국사관논총』 1 (1989), 230~231쪽.

는 상당히 다른 모습을 가지고 있었다. 임시정부 측에서도 중국 측과의 외교적 교섭을 기본적인 외교 시책의 하나로 추진하면서 적어도 형식상으로는 국가와 국가, 혹은 정부와 정부 간의 보다 대등한 외교관계를 수립하려고 노력했다. 예컨대 수립 직후 임시정부에서 발표한 '시정방침施政方針'에서는 외교의 5개 기본정책 가운데 하나로서 대중국對中國 선전 외교활동을 들면서 '한중친목회'의 조직을 내세우고 있었으며, 그 구체적인 외교방안을 밝힌 '각국과의 교섭사무' 가운데에도 첫째로 대중국외교단의 편성이 있었다.[26] 1920년 3월에는 '임시외교원제'를 공포하고 해외 각지에 임시선전원을 파견하게 되었는데 그 정책의 하나로 중국의 경우에는 1920년 겨울 이후 남방 각 성省에 임시선전원들을 파견하여 일제 침략의 죄상과 식민지 한국의 참상을 알리는 한편으로 한국독립에 대한 중국인들의 지지를 불러일으키는 활동을 전개하였다.[27] 임시정부의 이러한 정책은 전술한 대로 3·1운동 이후 한국 내지 한국독립운동에 대한 달라진 중국인들의 인식이 있었기 때문에 가능한 일이었음을 물론이다.

대한민국임시정부의 대중 외교의 결과로 주목할 만한 것은 1920년 10월, 국민당 지도자 우산吳山(1876~1936), 쉬첸徐謙(1871~1940)과 임시정부 요인들의 만남에서 그 조직이 논의된 이후 1921년 봄부터 전국적인 조직으로 발전해 나간 중한호조사中韓互助社가 있다. 임시정부 측에서 외무부 소속의 임시선전원으로 황영희黃永熙를 임명하고 쓰촨四川, 윈난雲南, 구이저우貴州 등지에 출장을 명한 것이 1921년 3월 중순이었

---

26 이 밖에 중국의 南北政府 및 各省 省長, 督軍에 대한 교섭과 각 지방에서의 한국독립운동에 대한 便宜 획득, 그리고 한국 청년들의 中國士官學校에의 입학 주선 등이 (외교)교섭의 방안으로 실려 있다. 金正明, 『朝鮮獨立運動』Ⅱ, 東京(原書房), 1967, pp. 117~118 참조.

27 李永春, 「長沙中韓互助社述論」, 『湖南師範大學社會科學學報』 2007-6, p. 134.

고, 마찬가지로 조중구趙重九를 임시선전원으로 임명하고 후베이湖北로 출장 보낸 것은 3월 하순이었다. 이들이 후난湖南에서 활동한 것이 3월 말로 보고되는데[28] 이들의 활동 결과로 같은 시기(3, 4월) 후난湖南(長沙), 안후이安徽(安慶), 후베이湖北(漢口) 등지에서 중한호조사가 만들어졌다.[29] 그리고 5월에 가서는 이들 각지의 중한호조사 조직을 연결, 총괄하는 전국적 조직인 중한호조총사가 상하이에 만들어졌다.[30] 또 같은 해 9월에는 신규식의 광저우호법정부廣州護法政府 방문을 계기로 하여 광저우廣州에 중한협회中韓協會가 만들어졌는데 이 중한협회 또한 중한호조사와 같은 한중연대조직이었다.[31] 이밖에 성립 시기를 확인할 수는 없지만 쓰촨성 충칭四川省 重慶에도 중한호조사(지사)가 만들어졌음이 확인되고 있고 하얼빈 등 둥베이東三省 지역에도 중한호조사가 만들어졌을 가능성이 적지 않다.[32]

---

28 「朝鮮民族運動年鑑」, 『大韓民國臨時政府資料集』 別冊 2, 果川(國史編纂委員會), 2009, 106~107쪽.

29 이하 中韓互助社의 성립과 활동에 대해서는 배경한, 『쑨원과 한국』, 76~83쪽; 조덕천, 『중한호조사와 한중연대』, 역사공간, 2021을 참조.

30 『東亞日報』의 1922년 10월 30일자 보도에 의하면 1921년 봄 上海에서 中韓互助社가 中韓 양측 인사들에 의하여 공동 발기되었고 (발기 당초부터) 上海에 總社를 두고 중국 주요도시에 支社를 두도록 계획되었다고 하였다. (「內容을 擴張한 互助社」, 『東亞日報』 1922. 10. 30.) 그리고 中韓互助總社의 정확한 成立日을 알 수는 없으나 『獨立新聞』의 中韓互助總社 제2회 대회(1922년 9월에 5일)에 관한 보도 가운데서 '昨年 5월에 上海에서 조직되었다'고 한 것을 통하여 1921년 5월에 조직되었다는 사실을 확인할 수 있다. 「中韓互助社大會」, 『獨立新聞』 1922. 9. 11, 2쪽.

31 「廣東における中韓協會發會の件」, 『朝鮮獨立運動』, p. 474 참조. 당시 上海에서 발행되고 있던 『四民報』는 廣州 지역의 여러 團體를 紹介하는 가운데 中韓協會를 일곱 번째로 들면서 "(이제) 成立한 지 두 주일밖에 되지 않았다"고 하고 있다. 「廣州社會之裏面觀(續)」, 『四民報』 1921. 10. 15, 2-8 참조. 『四民報』의 발간 경위와 한국 독립운동 支持 입장에 대해서는 배경한, 「중국망명시기(1910-1925) 朴殷植의 언론활동과 중국인식-『香江雜誌』, 『國是報』, 『四民報』의 분석」, 『동방학지』 121(2003) 참조.

32 1922년 10월 중순의 『獨立新聞』 보도에서는 "中韓互助社 重慶支社에서는 社報를 여러 차례 발행하고 있다"고 하면서 "韓人이 많이 거주하는 東三省 지역에 中韓互助社를 만들

각지의 중한호조사가 표방한 목표는 중한 양국 국민 간의 연대를 통한 공동의 이익 추구라는 일반적 범주의 것이었지만, 실제로는 중국 내 한인들에 대한 중국인들의 지원을 일차적인 목표로 삼고 있었다.[33] 예컨대 상하이 중한호조(총)사에서는 한인 유학생들을 위한 한어강습소漢語講習所를 열기도 하였고, 그 기금 마련을 위하여 제법 규모 있는 예술 공연회를 마련하기도 했다.[34] 그러나 이러한 활동에서 보다 중점을 둔 것은 일제의 침략에 대한 공동 대응이었고, 이를 위하여 상황의 변화나 시기적 요청에 따라 구체적인 대응책이 마련되는 식이었다. 즉 각지 중한호조사의 성립대회 자체가 일제의 한국 침략과 식민지배의 부당성을 알리고 이에 저항하기 위한 한중 간의 연대를 강조하는 모임의 성격을 가지고 있었으며, 이와 아울러 열린 강연회나 간담회茶話會 등도 모두 일제의 만행을 규탄하고 한국독립을 지지 내지 지원하는 모임의 성격을 가진 것이었다. 이를테면 중한호조사의 활동은 중국인들의 한국독립운동 지원이라는 기본적인 성격을 가진 것이었지만 다른 한편으로는 중국인들의 당면 목표인 '항일', 곧 '반제'를 위한 공동연대에 모여 있었던 것이다. 중한호조사에서 개설했던 한어강습소가 한국인만을 대상으로 하지 않고 중국인도 함께 참여하는 노동야학平民講習所의 형태를 띠고 있었던 점도[35] 중한호조사의 기본 성격이 일방적인 것이 아니라 상호 연대를 모색하는 쌍방적 형태를 띠고 있었음을 보여 주고 있다.

기 위해 중국인 汪劍農(중한호조총사 중국 측 멤버)에게 이 일을 부탁하였다"고 하고 있다. 「中韓互助社消息」, 『獨立新聞』 1922년 10월 12일, 2쪽.

33 中韓互助總社의 제2회 대회에서 결정된 (보다 강화된) 새로운 사업으로는, 점차 증가하는 한국 留學生들에 대한 指導와 중한 양국 간의 무역 진흥책 마련 등이 있었다. 「內容을 擴張한 互助社」, 『東亞日報』 1922. 10. 30, 3쪽 참조.

34 「中韓互助社語學講習所經過情況紀略」, 『中韓語學講習所遊藝大會特刊』(1923. 3. 2), 4쪽.

35 周霽光, 「平民語學講習所之希望」, 『中韓語學講習所遊藝大會特刊』(1923. 3. 2), 1쪽.

이렇게 시작된 한중 간의 반제연대는 1920년대 중국의 국민혁명, 곧 북벌 과정에 수많은 한국 청년들이 참여하여 적지 않은 희생을 낸 것, 1931년 9·18사변 이후 14년간 지속된 중국의 항일전쟁에 마찬가지로 수많은 한국인들이 참여한 것, 그리고 이 과정에서 중국 정부와 민간인들이 임시정부를 비롯한 중국 내 한국독립운동 단체에 제공한 경제적, 군사적, 정신적 지원들로 이어졌다는 것은 주지의 사실이다. 물론 이런 가운데에서도 일제의 간섭이나 한중 양측에서 연대를 깨뜨리는 부정적 면모들 또한 종종 나타나고 있었으나 반제연대의 커다란 물줄기를 거스를 수는 없었다.

이뿐만 아니라 이러한 반제연대는 한중의 범위를 넘어서서 동아시아 전 지역을 포괄하는 것으로 확대되고 있었으니 주로 국제공산당(코민테른)의 지원과 관련된 것이기는 하지만 국민혁명 과정에서 만들어졌던 여러 형태의 아시아인연합에는 베트남인을 비롯하여 필리핀, 인도네시아, 인도인 등이 광범하게 참여하고 있었다. 예컨대 1925년 7월 광저우에서 만들어진 피압박민족연합회에는 중국, 인도, 한국, 베트남의 혁명가들이 참여하였는데,[36] 여기에 주도적으로 참여했던 여운형의 주장에 의하면 이 조직은 기왕의 중한호조사를 확대하기 위한 것이었다고 한다.[37] 또 1926년 1월 광저우에서 열린 중국국민당이전대회中國國民黨二全大會에 참석한 여운형이 베트남 대표(호찌민胡志明), 인도 대표와 반제연대를 강조하는 연설을 행하였고 연이어 진행된 북벌 과정에서 국민혁명군을 지원하는 연대 활동을 한 것 등도 3·1운동, 그리고 대한민

36 「被壓迫民族宣言」, 『工人之路』 1925. 7. 9. [廣東革命歷史博物館 編, 『胡志明與粵港』, 北京(世界知識出版社), 2010, 44쪽에서 再引]. 『工人之路』는 省港罷工委員會의 기관지(週刊)였다.

37 여운형, 「치안유지법위반혐의자에 관한 보고」, 『몽양여운형전집』 제1권, 한울, 1991, 404쪽.

국임시정부 수립과 연이은 5·4운동으로부터 시작된 아시아 반제연대의 연장선상에서 나온 것이다.[38]

요컨대 1919년 4월 상하이임시정부의 성립은, 이후 한국이나 중국, 일국의 반제운동을 넘어서서 동아시아 내지 아시아 전역의 반제운동을 자극하고 나아가 이들 아시아 각국의 반제운동이 하나의 연대를 형성하는 데에 하나의 출발점이 되었음을 보여 준다.

---

38 배경한, 「여운형과 국민혁명-國民黨 二全大會 참석과 반제연대 활동-」, 『중국근현대사연구』 64(2014) 및 이 책 제3장 제4절 참조.

나오는 말

신규식은 제1차 세계대전의 종결이 예견되던 1917년 무렵부터 강화회의 참여를 통한 독립의 모색을 가장 중요한 목표로 삼고 준비 작업에 나서는 한편으로 중국 남방군정부를 주도하고 있던 쑨원에게 상의하는 등, 구체적인 활동에 나섰다. 그리고 실제로 전쟁이 종결되고 강화회의 개최가 구체화되면서 신한청년당에 의하여 김규식을 강화회의 대표로 파견하기로 결정한 1918년 12월에 직접 광저우를 방문하고, 남방군정부 정무회의와 참·중 양의원에 한국독립 승인과 강화회의에서 한국독립을 지원해 달라는 청원서를 전달하였다. 그러나 당시 남방정부가 처한 복잡한 내외 상황으로 인하여 "승인과 지원"은 비공식적, 비공개적인 것에 그쳤다. 이와 동시에 신규식은 광저우에서 국내외 한인 지사들이나 한인 단체들에게 수십 통의 연락문서를 만들어 보내 파리강화회의를 통한 한국독립 주장에 힘을 모아줄 것을 주장하였는데, 이 과정에서 동제회 멤버들이 대거 참여하였다. 2·8독립운동 직전에 도쿄를 방문했던 장덕수의 경우에도 신규식의 연락 편지를 받고 동제회 회원으로서 활동을 벌였으며, 또 베이징에서 활동하던 동제사 회원, 한흥과 이광은 신규식의 명령을 받고 신규식이 광둥군정부에 제출했던 청원서와 같은 내용의 청원서를 베이징정부에 제출하였다. 이뿐만 아니라 이들 베이징 지역 동제사 멤버들은, 김규식이 출국 이전에 작성했다고 보이는 장문의 청원서를 베이징 주재 미국 공사관에 제출하였으며 같은 내용의 청원서를『익세보益世報』등 베이징 지역 주요 언론기관에도 배포하였다.

그러나 신규식과 동제사 그룹의 청원에 대하여 북방정부 측에서는 일본과의 외교적 입장을 고려한다는 이유로 무시하는 태도로 일관하였다. 전반적인 국제 형세로 볼 때 파리강화회의를 통하여 독립을 얻겠다는 신규식과 동제사 그룹의 이러한 일련의 활동은, 여운형의 말대로 "무엇을 한다는 것이 평화회의에 나가서 국제도의에 호소나 하여보려고"[1] 한 일로 처음부터 이루기 어려운 일이었다고 봐야 할 것이다. 비록 일부 중국인들의 민간 차원의 지지가 있었지만, 그럼에도 불구하고 신규식과 동제사 그룹의 중국 내 청원활동이 기반으로 삼고자 했던 "한중연대"의 실상은 신규식과 동제사 그룹이 기대했던 것보다 훨씬 낮은 수준의 것이었음이 드러났다.

파리강화회의의 상황 또한 기대 이하였으니 전승국인 일본의 식민지인 한국에게 강화회의 대표 참석권과 발언권이 주어지리라는 생각은 어디까지나 비현실적인 것이었다. 따라서 김규식이 당초에 세운 목표처럼, 강화회의를 통하여 한국독립의 문제를 국제사회에 제기하고 일본의 잔학한 통치가 가지는 문제를 널리 알리며 그에 대한 국제사회의 지지를 얻는 것이 현실적인 목표였다고[2] 봐야 할 것이다. 이를테면 김규

1 「呂運亨氏의 演說－우리 獨立運動의 過去現在及將來」,『獨立新聞』1921.5.14., 3쪽.

2 김규식이 파리로 출발하기 직전에 결혼한 김순애의 회고에 의하면 김규식은 당초부터 "나는 발언권이 없는 방청인에 불과할 테니 일제의 학정을 폭로하고 선전하는 일을 하겠

식 파송과 강화회의의 진행을 전후하여 신규식과 동제사 그룹이 전개한 일련의 청원운동들은 강화회의에 대한 이들의 기대가 얼마나 컸는지를 보여 주고, 동시에 그 기대가 사실은 얼마나 실현되기 어려운 것이었는지를 적나라하게 보여 준다. 강화회의에서 한국독립 문제는 다루어지지도 못한 채 묻혀 버렸고 도움을 기대했던 중국은 자신의 문제도 해결하지 못한 채 허둥대는 모습만 보여 주었으며, 또 다른 기대를 걸었던 미국은 새로운 열강 일본의 심기를 거스르지 않기 위하여 소극적인 자세로 일관했다.

1920년 10월 10일, 중국의 국경일(신해혁명 발발일)에 맞추어 발간된 『진단주보』 창간호에 실린 신규식 기명의 창간사[3]는 강화회의의 성과와 향후의 국제정세에 대한 신규식의 입장을 잘 드러내 주고 있다. 이 창간사에서 신규식은, 국제적 연대의 중요성을 강조하며 우방 가운데에서도 특히 공존관계에 있는 중국과 미국 두 우방과의 연대가 가장 중요하다는 입장을 보여 주고 있다. 신규식이 미국의 민족자결, 인도주의 주장과[4] 중국의 인도적 지원(이웃에 대한 지원)에 대한 기대를 여전히 유지하고 있다는 점은 특히 주목할 내용으로 당시 신규식의 국제정세에 대한 인식은 상당한 한계를 노출하고 있다는 점을 보여 준다.

사실 강화회의에 대한 이러한 불철저한 인식은, 동시대의 중국 지식계 내지 정치지도자들에게도 광범하게 나타나고 있었으니 신규식에게

다"고 하여 선전에 목표를 두고 있었다고 한다. 李庭植, 『金奎植의 生涯』, 청구문화사, 1974, 53쪽.

3 『震壇週報』 창간호에는 모두 3편의 창간사가 실렸다. 편집진 전체(本社同人)의 이름으로 된 「本報創刊辭一」과 신규식(申睨觀)의 이름으로 된 「本報創刊辭二」, 그리고 쉬첸(佐治徐謙)의 축하 형식의 「本報創刊辭三」의 3편이다.

4 "민족자결"에 대한 강조는 『震壇週報』 10호에 실린 신규식의 기명 논설[「民族自決與韓國獨立」, 『震壇週報』 第10號(1920.12.12.)]에서 더욱 잘 드러나고 있다.

만 해당하는 한계는 아니라고 할 수 있다. 예컨대 당시 중국혁명의 최고 지도자 쑨원의 가장 가까운 측근으로 꼽히던 왕징웨이의 경우에도, 남방군정부의 파견으로 파리에 가서 강화회의에 대한 비판 활동을 적극 펼치기까지 했지만, 그럼에도 불구하고 미국과 영국을 중심으로 하는 협상국 측 열강들의 담합을 "전쟁의 피폐에서 벗어나려는 일시적인 국익우선주의"로 이해하면서, 직접적인 비판을 피한 채 "국제연맹에 의한 새로운 공리의 실현"에 새로운 기대를 표하고 있었다.[5] 이런 점에서 보자면 신규식의 국제 인식은 동시대의 중국인들이나 동아시아인들과 동일한 맥락 선상에 있었던 것이다.

일반적으로 3·1운동의 출발점으로 인식되어 온 파리강화회의에의 대표 파견과 그에 대한 국내외 지원활동은 여운형을 중심으로 하는 신한청년당에 초점을 맞추어 왔다. 실제로 여운형과 신한청년당의 활동은 크레인과의 접촉 이후 윌슨에게 보내는 청원서 작성과 전달, 그리고 파견대표로 김규식 선정과 파견, 대표 파견 이후 전개한 국내외 독립운동 세력 간의 단합(대동) 노력 등으로 이는 3·1운동의 촉발제로서 결정적 역할을 수행했다고 말할 수 있다. 그러나 첫 번째 절에서 상세하게 밝힌 대로 김규식의 파리 파견과 파견 이후 신규식과 동제사 그룹이 보여준 일련의 활동들 또한 커다란 역할을 하였음 또한 사실이다. 특히 신규식과 동제사 그룹의 남·북 중국 정부와 베이징 주재 미국 대사관에 대한 청원운동은, 비록 중국 남·북정부의 내부적 상황으로 인하여 실제적 효과를 보지는 못했다고 하더라도 한국독립에 대한 국제적 지지 여론과 일반 중국인들의 지지 여론을 만드는 데에는 결정적인 역할을 했다는 사실은 충분히 강조되어야만 한다.

5 배경한, 앞의『왕징웨이연구』, 62~67쪽.

두 번째 절에서 다루고자 한 문제는 1919년 2달가량의 시차를 두고 일어난 3·1운동과 5·4운동의 관계 문제이다. 잘 알려져 있는 대로 1914년부터 1918년까지 이어진 제1차 세계대전은 동아시아에서의 일본의 주도권을 더욱 확고하게 만드는 또 하나의 계기가 되었다. 일본은 전쟁 발발 직후 독일에 대한 선전포고를 감행하고 산둥성 칭다오 일대에서 독일 해군과 전투를 벌여 이 지역을 장악하고 독일이 가지고 있던 자오저우만 일대의 이권을 차지하고자 시도하였다. 또 위안스카이의 베이징정부에 대한 군사 차관 제공을 빌미로, 상당한 정도의 주권을 침해하는 내용의 21개조요구를 얻어내기도 했다. 종전 직후 파리에서 열린 강화회의는 이러한 일본이 승전국의 위치에서 다른 열강들과의 타협을 통하여 산둥 지역의 독일이권을 승계받을 수 있는 절호의 기회였다. 다만 제1차 세계대전 참전을 통하여 세계 최강의 열강으로 발돋움한 미국이 중국에서의 일본의 독주를 견제하기 위하여 중국의 강화회의 참석을 독려하고 회의에서의 상호협력을 시도하기까지 했으나, 결국에는 타협을 통하여 일본의 독일이권 승계에 동의함으로써 중국의 산둥 이권 회수 노력은 실패로 끝나게 되었다.

파리강화회의 개최 이전에 미국의 윌슨 대통령이 내세운 14개조 주장 가운데 들어있는 약소민족의 자결권 조항은, 전쟁의 직접적인 원인이 되었던 유럽 내의 약소민족 문제를 해결하기 위한 방안으로 제시된 것이었으나, 아시아나 아프리카 등 유럽 이외 지역의 약소민족들에게도 커다란 희망의 메시지로 받아들여졌다. 특히 중국에서의 일본의 독주를 막고자 하는 미국의 외교적 노력으로서 윌슨의 측근인 크레인이 중국 상하이를 방문하고 중국의 강화회의 참석을 독려하게 되자, 중국뿐만 아니라 상하이에 망명하고 있던 한국인들도 강화회의에 참석하여 독립을 주장하려는 노력에 나서게 되었다. 비록 파리강화회의에서 약소국 독립 문제는 아예 논의조차 되지 못하고 오히려 일본의 요구대로 산둥반도의 독일 이권이 일본에게 승계된다는 결정을 내리게 되지만, 이 과정에서 한국과 중국에서는 대대적인 국민적 저항운동이 일어나게 되었으니 3·1운동과 5·4운동이 그것이다. 이런 면에서 보자면 한국의 3·1운동과 중국의 5·4운동은 일제의 연쇄적인 대외 침략이 가져온 동일한 맥락의 사건이었으며 반일, 곧 반제라는 동일한 목표를 가진 사건이었다.

파리강화회의를 통하여 국권의 회복을 기대하고 있던 중국인들에게 3·1운동은 동병상련의 대상이었으니 이런 점에서 3·1운동에 대한 중국인들의 인식은 특별할 수밖에 없었다. 3·1운동을 통하여 드러나고 있던 일제의 만행은 중국인들에게 자신들이 겪고 있는 일과 동일한 것이었으니 3·1운동에 대한 중국인들의 동지적 지지는 그런 까닭에 자연스러운 결과였다. 특히 3·1운동 이전까지 중국인들은 한국에 대하여 '멸망할 수밖에 없는 무능한 민족' 내지는 '자신들의 오랜 속국'이라는 인식을 가지고 있었다는 사실에 비추어 볼 때 3·1운동 이후 자신들과 함께해야 할 동지라는 인식이 나타났다는 것은 실로 큰 변화였다. 3·1운동 이후 상하이에 대한민국임시정부가 만들어지고 임시정부를 중심으로 반제反帝를 위한 한중 간의 연대가 활발하게 나타나게 된 것은 바로 이러한 인식의 변화가 있었기에 가능한 일이었다.

세 번째 절에서 다룬 문제는 3·1운동의 결과로 1919년 4월, 대한민국임시정부가 상하이에 만들어진 역사적 맥락을 동아시아적 시각에서 어떻게 볼 것인가의 문제이다. 잘 알려져 있는 대로 임시정부의 성립은, 3·1운동과 5·4운동을 거치면서 중국인들이 가지게 된 반제, 곧 반일연대 의식이 있어서 가능했던 일이었다. 그런 만큼 한국임시정부가 상하이에서 만들어진 일은 그 자체로서 지구지역사적인, 그리고 동아시아사적인 사건이었다. 마찬가지로 대한민국임시정부가 당시 "동양의 런던"으로 불리던 근대적 국제도시 상하이에서 만들어졌던 것 또한 지구지역사적 사건으로서의 의미를 가진다. 상하이라는 도시 자체가 서구를 따라잡으려는 근대화의 현장이었고 서구 열강의 침략을 직접적으로 받고 있던 아식민지적亞植民地的 공간이었으며, 특히 상하이임시정부가 만들어졌던 프랑스 조계를 비롯하여 열강들이 장악하고 있던 조계 지역은 침략의 상징인 동시에 반제 혁명의 온상이었다.

이런 시간과 공간을 기반으로 삼은 상하이에 만들어진 대한민국임시정부가 수립과 동시에 선포한 '민주공화국'이라는 새로운 국체는, 신해혁명으로부터 시작된 동아시아 공화혁명 내지 민주주의 혁명의 직접적인 영향을 보여 주는 것이었다. 이뿐만 아니라 마찬가지로 신해혁명의 영향 아래 반제 독립과 함께 공화혁명을 목표로 삼게 된 베트남의 경우에서 확인되는 대로 민주공화국의 수립은 같은 시대 동아시아 전 지역의 공통의 혁명적 목표였음을 알 수 있다. 이런 점에서 대한민국임시정부의 민주공화국 수립 선언은 동아시아 지역에서의 공화혁명이 분명하게 진전된다는, 즉 하나의 새로운 출발점이라는 사실 또한 확인할 수 있다.

그런 한편으로 3·1운동, 5·4운동이라는 동일한 맥락의 반제운동을 경험하면서 가지게 된 한중 간의 반제 혹은 반일을 공동의 목표로 하는 한중연대는 대한민국임시정부를 성립하게 했을 뿐만 아니라 임시정부를 중심으로 반제反帝를 위한 한중 간의 연대가 활발하게 나타나게 된 것처럼, 동아시아 반제운동의 본격적 시발점으로서의 의미를 가진다. 1919년 4월 대한민국임시정부 수립 이후 임시정부에서 중국 각지에 파견한 인사들과 중국 주요 지역의 혁명파 인사들을 중심으로 주요 도시에 만들어진 중한호조사 조직은 바로 그러한 반제 연대의 일차적 결과물이었다. 한인들의 1920년대의 국민혁명, 1930~40년대의 항일전쟁에의 적극적인 참여와 희생, 그리고 이런 과정에서 중국정부와 중국인들이 대한민국임시정부와 한인 지사들에게 제공한 정신적·물적 지원은 바로 그러한 한중연대의 연장선상에서 나온 것들이었다.[6] 이뿐만 아니라 한중 간의 이러한 반제연대는 베트남, 필리핀, 인도 등 동아시아 여타 약소민족들로도 확대되었으니 1920년대 이후 중국 각지에서 만들어졌던 피압박민족연합 등의 조직은 바로 동아시아 단위의 반제연대가 등장했다는 표현이었다. 그런 의미에서 상하이임시정부의 수립은 동아시아 반제연대가 본격적으로 시작되는 하나의 출발점이라고 할 수 있을 것이다.

6 1930~40년대 중국 측의 한국독립운동 지원에는 한국독립운동세력을 항일전쟁에 '동원'하려는 목적이 들어 있었다. 이 점에 관해서는 이 책 제4, 5장에서 자세하게 다룰 것이다.

제3장

1920년대 동아시아 반제연대와 한중연대의 고양

(1920~1930)

들어가는 말

1921년 10월 상하이上海의 한국임시정부 국무총리 겸 법무총장이던 신규식申圭植은 임시정부 대표의 자격으로 광저우廣州의 호법정부護法政府로 가서 쑨원孫文을 만났다. 신규식은 자신의 사위이자 당시 상하이 교통부 전보국 직원이던 민필호閔弼鎬를 수행비서로 대동하였다. 민필호는 그로부터 20여 년이 지난 1942년 충칭重慶에서 당시의 사실을 정리하여 『중한외교사화中韓外交史話』라는 제목의 회고록 형식의 책을 간행하였다.[1]

민필호는 이 책에서 신규식의 광저우 방문 일정을 비교적 자세하게 서술하면서, 광저우 관인산觀音山의 총통부에서의[2] 신규식과 쑨원 사이

1 (韓) 閔石麟 編著, 『中韓外交史話』, 重慶(東方出版公司), 1942. 여기에서 이용한 것은 난징도서관에 소장되어 있는 1942년 간행본이다. 국내에서는 이 책이 1955년에 번역 출판되었고 최근에는 『石麟 閔弼鎬傳』 안에 원문(중문)과 번역문이 함께 수록, 출판되었다. 민석린 편저, 『한국의 얼』, 공보실, 1955; 김준엽 편, 『石麟閔弼鎬傳』, 나남, 1995 참조.

2 당시 쑨원이 집무하던 "비상총통부"는 현재 위에슈산(越秀山) 기슭에 있는 중산기념당 자리에 있었다. 관인산은 위에슈산의 다른 이름이다.

의 회담과 광저우 둥자오창東較場에서 열렸다는 북벌출사北伐出師 행사에서의 임시정부의 국서봉정國書奉呈 의식, 그리고 광저우에서의 여러 활동들을 기록하고 있다. 그 후 오늘날까지 민필호의 이 책은 한국과 중국 양측에 의하여 상하이 한국임시정부의 외교활동을 비롯하여 광저우 호법정부 및 쑨원의 상하이임시정부에 대한 지지와 원조에 대한 거의 유일한 증거로 인용되어 오고 있다.[3]

그러나 민필호의 이 책은 사료로서의 신빙성에 대하여 여러 가지 문제가 제기된다. 특히 이 책에서 기록하고 있는 날짜들이 당시의 다른 사정들과 합치하지 않는 데에서 그 사실성 자체가 의심받을 소지가 있다. 예컨대 신규식이 쑨원을 만났다는 날짜인 1921년 11월 3일에는 쑨원이 광저우에 있지 않았으며, 신규식 일행이 광저우를 떠나 상하이로 돌아왔다는 12월 말경보다 여러 날 앞선 12월 14일에 이미 신규식이 상하이에서 활동하고 있었음이 밝혀지는 등, 일정에 관한 전반적인 기록이 주변의 사정들과 맞지 않는다.[4] 이런 까닭에 신규식의 호법정부 방문에 관한 보다 실증적인 연구가 필요한 실정인데, 이와 동시에 당시 워싱턴회의의 소집과 진전을 둘러싸고 나타나고 있던 복잡한 국제적 질

---

3 국내의 임시정부 관계 자료집이나 연구서들에는 거의 예외 없이 민필호의 이 책이 옮겨져 있거나 혹은 인용되어 있고 타이완에서는 호법정부의 한국임시정부에 대한 지원의 근거로서 이 책의 내용 중 일부를 『革命文獻』 제7집에 옮겨 놓고 있으며 중국 쪽에서도 『孫中山年譜長編』 등에서 이 책을 그대로 인용하고 있다. 다만 타이완이나 중국 쪽의 자료들에서는 신규식과 쑨원의 회담이 있었던 날짜가 사실과 부합하지 않기 때문에 11월 3일이 아닌 10월 3일로 고쳐 놓았다. 閔石麟, 「中國護法政府承認韓國臨時政府始末紀」, 羅家倫 主編, 『革命文獻』 第7輯, 臺北, 1978(合訂影印本), pp. 983~992; 陳錫祺 主編, 『孫中山年譜長編』(上·下), 北京(中華書局), 1991, pp. 1382~1383 참조.

4 이 점에 대해서는 일본의 하자마 나오키(狹間直樹) 교수가 일단의 의문을 제기한 뒤(狹間直樹, 「孫文と韓國獨立運動」, 『季刊青丘』 4 (1990.5), pp. 17~19) 모리 에쓰코(森悅子) 씨가 비교적 자세한 연구를 발표하여 방문 일자 등을 밝히는 데 얼마간의 성과를 거두었다. 森悅子, 「中國護法政府の大韓民國臨時政府正式承認問題について」, 『史林』 76-4 (1993) pp. 69~86 참조.

서 가운데에서 신규식의 광저우 방문으로 드러난 쑨원이나 호법정부, 그리고 한국임시정부 사이의 외교적 관계를 어떻게 이해할 것이며 그 속에서 신규식 측이나 쑨원 측의 입장 차이가 어떻게 존재하였는지, 그리고 그것은 무엇을 의미하고 있었는지 등에 관한 자세한 천착이 필요하다.

신규식이 광저우를 방문하던 시기에 광저우 지역에서 만들어진 중한협회中韓協會는 그보다 몇 달 전부터 한커우漢口, 창샤長沙, 상하이上海 등 전국의 주요 도시에서 만들어졌던 중한호조사中韓互助社와 같은 맥락, 같은 목적으로 만들어진 한중연대 조직이다. 이 중한호조사 조직의 설립 배경에는, 1910년 8월 망국 이후 중국으로 망명해 온 한국독립운동 지사들이 추진했던 중국인들과의 교류나 협력 노력이 있었다. 널리 알려져 있는 대로 한국 독립운동가들과 중국인들과의 교류나 연대는 1919년 상하이에 임시정부가 수립되기 이전부터 이미 매우 활발하게 진행되고 있었다. 가장 대표적인 예로는 1912년 전후 시기 상하이·난징 지역에서 신규식 등을 중심으로 만들어졌던 신아동제사의 조직과 활동을 들 수 있다.[5]

같은 맥락에서 1919년 4월에 수립된 상하이임시정부에서도 중국 측과의 외교적 교섭이나 중국인들과의 교류 협력, 중국인들의 지지 확보를 주요 정책으로 채택하고 그 실현을 위하여 노력하고 있었다. 성립 직후 임시정부에서 발표한 '시정방침施政方針'에는 외교의 5개 기본정책 가운데 하나로서 대중국 선전 외교활동을 들면서 '한중친목회韓中親睦會'의 조직을 내세우고 있었으며, 보다 구체적인 외교방안을 밝힌 "각

5 배경한, 『쑨원과 한국』, 한울, 2007, 61~66쪽; 李炫熙, 「1920年代 韓中聯合抗日運動」, 『國史館論叢』 1 (1989), 230~31쪽 참조.

국과의 교섭사무交涉事務" 가운데에도 첫째로 대중국외교단對中國外交團의 편성이 들어 있었다.[6] 1920년 3월 임시정부에서는 '임시외교원제臨時外交員制'를 공포하고 해외 각지에 임시선전원臨時宣傳員을 파견하게 되었는데, 특히 중국의 경우에는 1920년 겨울 이후 남방 각성各省에 임시선전원들을 파견하여 일제 침략의 죄상과 식민지 한국의 참상을 알리는 한편으로 한국 독립에 대한 중국인들의 지지를 불러일으키는 활동을 전개하였다.

제2절에서 자세하게 서술할 것처럼 임시정부의 이러한 노력의 연장선상에서, 그리고 유생 출신의 한인 지사 김창숙의 광둥 방문을 시발점으로 하여 1921년 초부터 각지에서 중한호조사中韓互助社라는 연대조직이 생겨나게 된다. 중한호조사가 내세우고 있던 목표인 "중한호조"는 앞에서 말한 바 일본 제국주의의 침략에 맞서기 위한 공동연대를 뜻하는 것으로 1910년대에서 1940년대에 걸쳐 진행된 중한간 반제항일연대反帝抗日連帶의 본격적인 출발을 의미한다. 그런 의미에서 중한호조사를 중심으로 펼쳐진 "중한호조"는 20세기 전반기 중한관계의 기본적 성격을 규정해 주는 것이라 볼 수 있을 것이다.

그간에 중한호조사의 성립과 활동에 대해서는 중국과 한국 학계에서 몇몇 연구들이 나왔고[7] 최근에는 중한호조사만을 집중적으로 다룬 연구서가 출간되기도 했다.[8] 그러나 그간의 연구들에서 김창숙의 광저우 방문과 관련하여 그 출발을 다루는 데에는 적극적이지 못했고 임시정

6 金正明, 『朝鮮獨立運動』Ⅱ, 東京(原書房), 1967, 117~118쪽 참조.

7 이현희, 앞의 「1920年代 韓中聯合抗日運動」; 康基柱, 「中韓互助社硏究」, 『亞細亞文化硏究』(暻園大學 亞細亞文化硏究所) 2輯(首爾, 1997); 李永春, 「長沙中韓互助社成立時間和社址考」, 『近代史硏究』 2005年 第3期; 李永春, 「長沙中韓互助社述論」, 『湖南師範大學社會科學學報』 2007-6 등을 참조.

8 조덕천, 『중한호조사와 한중연대』, 역사공간, 2021.

부의 워싱턴회의(태평양회의) 참여를 위한 외교적 노력과의 연결 문제, 그리고 동아시아사라는 보다 넓은 관점으로부터 중한호조사가 가지는 의미를 규정하는 데에도 일단의 문제가 있다는 것이 필자의 생각이다. 이 장의 제2절에서는 바로 이런 문제의식에서 1921년에서 1923년에 걸쳐 중국 각지에서 등장했던 중한호조사의 성립배경과 조직과정 및 관련 활동들을 가능한 구체적으로 밝힘으로써 20세기 초 중한관계의 상징이라고 할 "중한호조"의 실상을 밝히고, 나아가 그 의미를 되새겨 보고자 한다.

1910~20년대 재중 한인 지사들 가운데 한중연대 활동에 두각을 드러낸 인물로 여운형을 들 수 있다. 여운형呂運亨은 1914년 9월 유학을 위해 중국으로 건너간 이후 1929년 7월 상하이에서 일본 경찰에 체포되어 본국으로 압송되기까지 꼬박 15년을 중국에서 활동했다. 여운형 자신의 말로는 1919년 이후에 가서야 독립운동에 관여하기 시작했다고 하지만[9], 진링대학[金陵大學, 현재의 난징대학南京大學]을 졸업한 직후인 1917년 봄 상하이로 와 한인 학교인 인성학교를 만들고 거류민단 조직에 관여했던 것을 보면[10] 일찍부터 독립운동에 투신했으며, 그런 가운데 상하이 지역 독립운동의 중심적 지도자 가운데 한 사람이 되었음을 알 수 있다.

주지하듯이 같은 시기 중국은 신해혁명과 5·4운동, 국민혁명을 겪으며 청조 멸망 이후 중국인들의 최대 목표라고 할 독립, 부강한 민주국가, 곧 국민국가를 만들어 가는 힘겨운 과정을 걷고 있었다. 신해혁명 발발 직후 많은 한인 지사들이 중국, 그 가운데서도 상하이·난징을 중

9 『몽양여운형전집』 제1권, 한울, 1991, 467쪽.

10 인성학교 설립과정과 거류민단의 조직에 관해서는 김광재, 「일제시기 상하이 인성학교의 설립과 운영」, 『동국사학』 50(2011)이 자세하다.

심으로 하는 관내關內 지역으로 망명해 온 것은 바로 이러한 중국의 혁명에서 조국의 독립과 혁명의 전망을 찾고자 했던 것이니[11], 여운형의 경우에도 중국 망명 내지 중국에서의 활동이 중국혁명과 밀접한 관계를 가지고 있음을 주목해야 한다.

여운형의 중국에서의 활동이나 중국혁명과의 관련성을 다룬 연구는 그간 일부 이루어지기는 했으나[12] 아직 많은 문제들이 보다 구체적인 연구들을 기다리고 있는 실정이다. 여운형의 중국혁명과의 관련 문제 가운데 그간에 가장 많은 관심을 받아 온 것은 쑨원孫文이나 왕징웨이汪精衛, 장제스蔣介石 등 국민당 측 지도자들과의 교류 문제, 중국공산당 창당 과정에서의 역할 및 제1차 국공합작 성립과 진전과정에서의 역할 문제, 1926년 1월 국민당이전대회二全大會 참석과 국민혁명北伐 지원활동 문제, 1928년 장제스 정부 성립 이후의 국민당 측과의 관계 문제 등이 있지만 이 가운데 어느 하나 충분한 연구가 이루어지지 못하고 있는 것이 현실이다.

제3절에서 다루어 보고자 하는 1920년 4~5월 여운형의 장저우漳州 방문과 천중밍陳烱明, 포타포프A. S. Potapov와의 회의 문제는 코민테른의 '동방정책'이 본격화되기 직전 단계에 전개된 러시아, 중국, 한국의 사회주의 세력들 간의 연대 모색 움직임으로서 같은 시기 여운형의 정

11 김규흥(金奎興)의 경우처럼 신해혁명 발발 이전에 중국으로 망명하여 신해혁명에 직접 참가한 경우도 있지만(배경한, 「신해혁명과 한국」, 『역사학보』 212집(2011.12) 참조), 신규식(申圭植)을 비롯한 대부분의 한인 지사들은 신해혁명 발발 소식을 접한 후 중국으로 망명했다. 배경한, 「상하이·난징 지역의 초기(1911-1913) 한인 망명자들과 신해혁명」, 『동양사학연구』 67집(1999); 이 책 제1장 제2절 참조.

12 중국 체류 시기의 여운형이나 여운형과 중국혁명의 관계를 다룬 국내의 연구로는 박찬승, 「1910년대 말-1920년대의 여운형의 민족해방운동론」, 『역사와 현실』 6(1991); 구인규, 『몽양 여운형연구-중국에서의 독립운동을 중심으로-』 성신여대 석사학위논문(2001); 조덕천, 「재중 시기 여운형의 중국관련 활동과 그 자료 탐색」, 『사학지』 63(2023) 정도가 있다.

치사상이나 활동을 이해하는 데에는 물론이고 한국임시정부를 중심으로 한 독립운동의 방향 설정 및 이와 관련한 임시정부의 외교활동, 중국 공산당 성립 이전 단계 중국 사회주의운동의 실상, 소비에트러시아 혹은 코민테른 측의 초기 동방정책 등을 이해하는 데에 결정적인 문제이다. 이런 까닭에 일찍부터 한국 학계[13]뿐만 아니라 중국[14], 일본 학계[15]에서도 주목해 온 문제이며 그 결과로 그간 주목할 만한 몇몇 연구들이 나오기도 했다.

그러나 기존 연구들에서 분명하게 드러나는 문제점은, 장저우회의의 내용이나 성격을 한국 학계에서는 한국독립운동과 관련된 한 가지 사건

13 국내 학계에서 장저우회의만 단독으로 다룬 연구는 아직 없고 상하이임시정부와 관련하여 장저우회의를 부분적으로 다룬 연구로는 이애숙, 「상하이임시정부 참여세력의 對蘇 교섭-이동휘 국무총리 시기(1919.11~1920.1)를 중심으로」, 『역사와 현실』 32집(1999); 반병률, 「러시아(소련)의 대한민국임시정부 인식」, 『역사문화연구』 35집(2010) 등이 있다. 그 밖에 1920년 전후 시기 상하이를 중심으로 한 동아시아 사회주의자 그룹의 동향을 그리는 가운데 포타포프와 한인 지사들과의 관계를 다룬 연구로 김수영, 「보이틴스키와 초기 동아시아 공산주의운동」, 『중국근현대사연구』 36집(2007)이 있다.

14 영국에서 활동하고 있는 중국학자 리단양(李丹陽)은 주로 런던공문서보관소(Public Record office)의 자료를 이용하여 장저우회의를 비롯한 중공 성립 이전 단계의 중국 사회주의 그룹과 소비에트러시아 내지 코민테른 측과의 교류에 대한 주목할 만한 연구 성과를 내고 있다. 李丹陽, 「朝鮮人“巴克京春”來華組黨述論」, 『近代史研究』 1992-4; 李丹陽·劉建一, 「早期來華的蘇俄重要密使稿」, 『中共黨史研究』 1998-5; 李丹陽·劉建一, 「英國檔案所見蘇俄與孫中山及國民黨的連繫」, 『近代中國史研究通訊』 31輯(臺北, 2001); 李丹陽, 「AB合作在中國個案研究-眞(理)社兼及其他」, 『近代史研究』 2002-1; 李丹陽, 「紅色俄僑李澤洛維奇與中國初期共產主義運動」, 『中山大學學報』 2002-6; 李丹陽·劉建一, 「上海俄文生活報與布爾什維克早期在華活動」. 『近代史研究』 2003-2 참조. 그 밖에 포타포프와 쑨원, 천종밍의 교류에 주목하고 있는 연구로는 邱捷, 「“路博將軍”及其同孫中山陳炯明的會見」, 同氏 著, 『孫中山領導的革命運動與清末民初的廣東』, 廣東人民出版社, 1996; 李玉貞, 『馬林傳』, 北京(中央編譯出版社), 2002; 李玉貞, 『國民黨與共產國際』, 北京(人民出版社), 2012 등이 있다.

15 중국공산당 성립 과정에 관한 괄목할 만한 연구인 石川禎浩, 『中國共産黨成立史』, 東京(岩波書店), 2001 에서도 장저우회의를 주목해서 다루고 있고 재일 사학자 姜德相은 여운형에 대한 평전 저작 속에서 장저우회의를 중요한 대목의 하나로 다루고 있다(姜德相, 『呂運亨評傳 2-上海臨時政府-』, 東京(新幹社), 2005, pp. 131~155).

으로 이해하는 데에 그치고 있는 반면에 중국과 일본 학계에서는 중국의 초기 사회주의 운동이나 중국공산당 성립과정과 관련된 한 가지 사건으로만 다루고 있다는 점이다. 이러한 문제는 특히 뒤에서 상술할 것처럼 장저우회의에서 다루어진 두 가지 의제, 곧 소비에트러시아의 중국 혁명 지원에 관한 합의와 소비에트러시아와 중국 남방혁명세력의 한국독립운동 지원에 대한 합의 가운데 어느 하나만을 강조하는 것으로 결과적으로 장저우회의의 전모를 밝히는 데에 상당한 한계가 있음을 보여 준다. 물론 기존 연구들의 이러한 문제는 한국 학자들과 중국이나 일본 학자들 간에 서로의 연구 상황에 대한 이해나 관련 자료 이용이 이루어지지 못한 데서 기인한 점이 많을 뿐만 아니라, 더 근본적으로는 장저우회의를 다루는 시각이 중국사나 한국사라는 일국사에 한정되어 있다는 점에서 기인한다.

여기서는 장저우회의에 대한 기존 연구가 가지는 이러한 문제점을 극복하려는 의도에서부터 연구시각을 일국사가 아닌 동아시아사 내지 지구지역사 전체로 확대하면서 그간 장저우회의 관련 자료로 주목받지 못했던『안창호일기』와『독립신문』,『여운형공판기록』을 비롯한 한국독립운동사 관련 자료들과, 천중밍陳炯明 관련 자료를 비롯한 중국 측 자료들, 코민테른을 비롯한 러시아 측 자료들 및 일본과 영국 측의 정보보고 자료들을 자세하게 비교 검토함으로써 장저우회의의 전모를 밝혀 보고자 한다. 이런 가운데 그간 중국이나 일본학계에서 강조되어 온 중국공산주의 운동의 한 대목으로서의 장저우회의뿐 아니라 한국독립운동이나 초기 사회주의운동에서 장저우회의가 가지는 의미를 함께 밝힘으로써 한·중·러 삼국 사회주의자 세력들 간의 연대모색으로 표현될 수 있는, 1920년 전후 시기 동아시아 역사 속에서 장저우회의가 가지는 의미에 접근해 보고자 한다. 이러한 작업은 여운형의 중국에서의 활동 및 중국혁명과의 관련성에 초점을 두고 서술될 것이며 그 결과로서 여운형의 초기 정치사상이나 정치적 스타일에도 접근하게 될 것이다.

한편 지금으로부터 100년 전인 1924년 1월 광저우廣州에서 열린 국민당일전대회國民黨一全大會는 제1차 국공합작과 국민혁명의 출발점이었다. 잘 알려진 대로 국민혁명의 목표는 반제反帝와 반봉건(반군벌)이었다. 1월 23일에 발표된 「국민당일전대회선언」은 당시 중국이 처한 상황에 대하여 '제국주의 열강의 침략으로 중국은 국가적 독립을 상실하고 반식민지의 상태에 빠졌으며, 국내적으로는 이들 제국주의 열강의 비호를 받는 군벌들에 의하여 인민들이 도탄에 빠져 있다'고 하면서 '제국주의 열강과 봉건군벌의 타도'가 국민당의 일차적인 임무임을 분명히 밝히고 있다.[16]

주지하듯이 이러한 '반제' 구호는 신해혁명辛亥革命 단계에서부터 (국민당의 전신인) 혁명파 내에서 본격 제기되기 시작한 것이었지만, 제국주의에 대한 명확한 이해를 기반으로 하는 진정한 의미의 반제 인식과 반제 주장은 5·4운동을 거치면서, 그리고 5·4운동 직후 성립된 중국공산당의 영향을 강하게 받으면서 나타나게 된 것이었다.[17] 물론 국민당이 반제를 자신들의 목표로 받아들이고 그것을 추진해 가는 과정에서 공산당이나 코민테른 측과 적지 않는 갈등과 마찰을 빚게 되었으니, 결국 이러한 갈등과 마찰이 제1차 국공합작이 파산에 이르는 중요한 원인의 하나가 되었음은 주지의 사실이다.

그런데 국민혁명이 내세웠던 '반제'는 중국혁명만의 과제가 아니었

---

16 「中國國民黨第一次全國代表大會宣言(1924年 1月 23日)」, 中國第二歷史檔案館 編, 『中國國民黨第一二次全國代表大會會議史料』(上), 南京(江蘇古籍出版社), 1986, pp. 81~82.

17 徐義君, 「中國共産黨對廣州武漢時期國民政府反帝外交的影響與幇助」, 『北方論叢』 1994-6; 王建偉, 「20世紀20年代國民黨'反帝'口號評析」, 『安徽史學』 2010-2 참조.

다. 당시 아시아의 대부분 국가들이 서구열강과 일본 제국주의의 침략 아래 식민지로 전락하고 있었으니 이런 까닭에 '반제'는 아시아 혹은 동아시아 약소민족 약소국가들의 공통의 목표였다. 국민당일전대회 개최 직전인 1월 6일, 쑨원이 세계제국주의 열강의 침탈에 맞서 '세계 약소민족의 연합전선' 건설을 촉구하는 선언을[18] 발표한 것은, 일차적으로는 광둥 지역 관세關稅 잉여분에 대한 처리 문제廣東關餘稅款를 둘러싸고 전개되고 있던 열강들과의 대립 속에서 열강들에 대한 항의의 내용을 담고 있는 것이지만, 근본적으로는 국민혁명이 주장하는 반제가 결코 중국만의 '반제'가 아님을 분명히 밝힌 것이었다.

한국이나 베트남과 같은 중국 주변의 식민지 약소국가들의 입장에서 볼 때 반제를 내세운 중국의 국민혁명은 하나의 새로운 희망이었을 것이다. 한국이나 베트남을 식민지로 전락시킨 일본이나 프랑스와 같은 제국주의 열강들에 대한 공동대항 주장, 곧 국민혁명의 '반제연대', '반제연합전선' 주장은 그 나라 혁명가들에게 든든한 우군으로 받아들여졌을 것이 분명하기 때문이다. 실제로 1920년대 전반 한국 언론은 쑨원에 대한 집중적인 관심을 가지고 있었고, 이런 현상은 '반제'의 지도자로서의 쑨원에 대한 관심이 나타난 것으로 당시 한국인들은 한국 국내에서는 표현할 수 없었던 '반제'주장, 곧 '반일'주장을 표현하는 방법으로서 쑨원의 혁명운동에 대한 관심과 지지를 나타냈다.[19] 마찬가지로 당시 한국인들은, 국민혁명 가운데 대표적인 반제운동이라고 할 5·30운동에 대한 전폭적인 기대와 지지를 나타내고 있었으니 이는 반제운동인 5·30운동이 중국만의 반제운동이 아니라 한국의 반제운동, 곧 한국의 독립

18 陳錫祺 主編,『孫中山年譜長編』(下), 北京(中華書局), 1991, pp. 1786~1787.

19 배경한,『쑨원과 한국』, 한울, 2007, 192~211쪽 참조.

운동에도 긴밀하게 연결되어 있다는 이해에서 나온 것이었다.[20]

이러한 중국 국민혁명에 적극 참여한 대표적인 한인 지사 여운형은, 전술한 대로 1914년 중국으로 망명하여 1929년 일제 경찰에 의하여 체포, 강제 귀국당할 때까지 중국 내 한국독립운동의 가장 중심적인 지도자 가운데 한 사람이었고 귀국 이후에는 언론활동을 비롯한 국내 독립운동의 중심이 되었던 인물이다. 특히 그는 일본의 패망 직전인 1944년부터 독립 이후의 새로운 국가건설을 위한 전국적 조직인 건국동맹을 조직하였고 일본 패망과 동시에 건국동맹을 건국준비위원회로 확대 개편함으로써, 이른바 일본 패망 직후의 '해방정국'에서 가장 촉망받는 정치지도자가 되었다. 1947년 7월 우파의 테러에 의하여 암살당함으로써 그토록 열망했던 '통일건국'에 대한 꿈은 좌절되고 말았지만, 좌우합작을 기본으로 하는 그의 중도통합적 정치노선은 남북대립이 지속되고 있는 오늘날의 한국에서도 광범한 지지를 받고 있다.

그러나 여운형의 이러한 좌우합작, 중도통합의 정치노선이 사실은 그의 중국에서의 경험, 곧 국공 간의 연합전선을 기반으로 하는 국민혁명에의 참여 경험을 통하여 이루어졌다는 사실은 놀랍게도 그리 알려져 있지 않다. 이는 여운형의 중국에서의 활동상이나 국민혁명에의 참여 등에 관한 연구가 상당 부분 미진한 상태로 남아 있기 때문이다.[21] 제4

---

20 5·30운동에 대한 支持를 표하기 위하여 당시 한국에서는 孫文逝去 100日을 기념하는 추도회를 계획하였다가 日帝 경찰의 탄압으로 무산된 적이 있다. 배경한, 앞의『쑨원과 한국』, 205~210쪽.

21 여운형과 국민혁명의 관계에 대해서는 일본의 한국근현대사 연구자인 미즈노 나오키(水野直樹)의 선구적인 연구가 있다. 미즈노는 이 글에서도 자세하게 다루게 될, 여운형의 國民黨二全大會 참석경위와 二全大會에서의 연설을 '반제연대'의 중요한 史實로 소개하는 논문을 발표한 적이 있다. 그러나 미즈노는 주로 呂運亨과 孫文의 관계에 초점을 두고 설명하고 있어서 이 글에서 본격 논의하고자 하는 여운형과 코민테른의 관계나 코민테른 관련 활동의 일환으로서의 '반제연대'에 대해서는 다루고 있지 않다. 水野直樹, 「呂運亨と中國國民革命-中國國民黨二全大會における演説をめぐって-」, 『朝鮮民族運動史研

절에서는 1925년 이후 단계인 국민혁명에의 참여 사실을 자세하게 추적해 보려고 한다. 이 작업의 목표는, 일차적으로는 여운형의 중국에서의 활동을 사실대로 복원하기 위한 것이지만, 다른 한편으로는 국민혁명 시기 아시아 제민족諸民族 간의 '반제연대'의 실상과 의미를 되새겨 봄으로써 1920년대 동아시아 전체의 역사 속에서 국민혁명이 가지는 의미를 찾아보려는 것이다. 이를테면 여운형의 국민혁명 참여에서 드러나고 있는 '반제연대'의 실상 속에서 1920년대 중반 동아시아 역사의 일체성에 접근해 보고자 하는 것이 이 절의 또 다른 목표이다.

究』 18 (1992), pp. 35~63 참조.

제1절

임시정부의 워싱턴회의 참석 외교와 한중연대

—신규식의 광저우廣州 호법정부護法政府 방문과 쑨원孫文—

Ⅰ. 신규식 광저우 방문의 배경과 일정

1. 워싱턴회의와 임시정부의 대응

1919년 4월 한국임시정부가 정식으로 출범하기 이전부터 상하이에서 활동하고 있던 한국독립운동가들은 외교적인 노력을 통한 독립운동에 상당한 비중을 두고 있었다. 임시정부 수립 이전 시기의 외교활동 가운데 가장 대표적인 것으로는 제2차 세계대전의 종결과 함께 시작된 파리강화회의에서의 활동이었다. 1918년 8월 여운형 등의 주도로 조직된 신한청년당은 「독립에 관한 청원서」를 작성하여, 동년 11월 미국 대통령 윌슨의 특사로 중국에 파견되어 왔던 크레인Charles R. Crane과 중국대표단의 고문으로 파리강화회의에 참석하게 된 밀라드Thomas Millard에게 전달하게 하였다. 또 한편으로 신한청년당의 대표로서 김규식을 직접 파리에 파견하여 강화회의에 참석한 각국 대표들을 상대로 한국독립의 승인과 한국문제의 강화회의에의 상정을 위하여 외교적 노력을 경주했고[1] 임시정부 수립 이후에 가서는 김규식이 임시정부의 정식대표로 추인되어 공식적인 활동을 하기에 이르렀다.[2] 이와 함께 당시 상하이·난징 지역에서 활동하던 신규식과 동제사 그룹의 남북 중국 정부를 대상으로 한, 파리강화회의에서의 한국문제 상정을 위한 청원운동도 추진되었다.[3]

신한청년당과 초기 임시정부를 중심으로 한 한국독립운동가들의 이러한 외교적 노력은 3.1운동이라는 전국민적 반일운동을 이끌어내는 데 큰 역할을 하는 등 상당한 결과를 가져왔지만, 외교적 측면에서는 아무런 성과도 내지 못한 채 실패하고 말았다. 파리강화회의는 한국을 비롯한 약소국들이 기대하던 공리와 평화를 추구하는 회담이 아니라 전승국들 사이의 새로운 이권 배분에만 관심이 모인, 강권이 지배하는 회담에 불과하다는 사실이 분명하게 드러나고 말았던 것이다.

파리강화회담에 대한 커다란 실망과 좌절은 임시정부를 중심으로 한 한국독립운동가들로 하여금 독립운동의 한 가지 중요한 방안으로서의 외교노선 자체에 대한 심각한 회의를 가져왔으며, 독립운동세력 내부에서 노선 간의 갈등과 대립을 오히려 가속화시켰다. 그리하여 1921년 초에 가서는 무장투쟁노선과 외교노선, 사회주의 좌익 노선과 민족주의 우익 노선 사이의 갈등이 점차로 증폭되어 갔고 이에 따라 임시정부는 심각한 내분의 위기를 맞게 되었다. 특히 1920년 12월 초, 임시대통

1 파리강화회의에서의 김규식을 중심으로 한 외교활동에 대해서는 강만길·심지연 저, 『우사 김규식의 생애와 사상 1: 항일독립투쟁과 좌우합작』, 한울, 2000, 55~67쪽을 참조할 것.

2 신한청년당의 조직과 활동에 대한 자세한 연구로는 신용하, 「신한청년당의 독립운동」, 『한국학보』 44(1986), 94~142쪽; 김희곤, 『중국관내 한국독립운동단체연구』, 지식산업사, 1995, 74~113쪽 참조.

3 이 책의 제2장 제1절 참조.

령 이승만李承晩의 상하이 도착은 그때까지 임시정부를 주도하고 있던 국무총리 이동휘와 노동총판 안창호와의 노선 및 주도권 갈등을 격화시키는 결정적 계기가 되었으니 결국 이동휘의 사퇴와 안창호 중심의 임시정부 개조론으로 연결되었다.[4]

임시대통령 이승만이 결국 이러한 갈등을 수습하지 못한 채 상하이를 떠나 미국으로 돌아간[5] 직후인 1921년 7월, 미국 대통령 하딩Warren G. Harding에 의하여 발의된 워싱턴회의, 곧 태평양회의는 그러나 임시정부와 한국독립운동가들에게 다시 한번 외교적 활동에 대한 희망을 불러 일으켰다. 제1차 세계대전의 종전 이후에도 계속되고 있던 열강들 간의 군비경쟁을 조정하고 군비경쟁에 따른 각국의 경제적 부담을 축소하자는 공동의 목표가 워싱턴회의의 소집을 가능케 한 것이지만,[6] 중국을 비롯한 태평양 주변 지역에서의 열강들 간의 이권을 둘러싼 외교적 협상이 불가결한 것으로 대두하게 됨으로써 중국과 한국 등 태평양 주변의 약소국가들로 하여금 독립과 민족적 자주권의 회복에 대한 일말의 희망을 가지게 만들었던 것이다.[7] 특히 영일동맹의 존속에 대한 우려에서 나온 미국의 일본에 대한 견제 요구가 워싱턴회의의 소집의 이면에 깔려 있었다는 점은 임시정부를 비롯한 한국독립운동가들로 하여금 이 회의에서 일본의 한국지배에 대한 이의異議가 어떤 형태로든 제기될 수

---

4 오영섭, 「이승만의 상해 체류 활동」, 『한국민족운동사연구』 91(2017); 김희곤, 「태평양회의와 신규식」, 『동양학』 87(2022), 57~59쪽.

5 이승만은 사직한다는 성명서[教書]를 남기고 5월 20일 상하이를 떠나 미국으로 갔다. 「大統領의 教書」; 「大統領離滬」, 『독립신문』 1921. 5. 31., 1, 2쪽. 당시 임시정부 내외의 분열상과 이승만 하야의 상관성에 대해서는 김희곤, 『대한민국임시정부연구』, 지식산업사, 2004, 351~355쪽 참조.

6 워싱턴회의의 소집 과정과 회의의 실제 경과에 대해서는 鹿島守之助, 『日本外交史』 13(ワシントン會議及移民問題), 東京(鹿島研究所出版會), 1971, pp. 23~257 참조.

7 성황용, 『근대동양외교사』, 명지사, 1992, 390~393쪽 참조.

있을 것이라는 기대를 갖게 만들었을 것이다.

워싱턴회의의 소집 소식이 알려지자 가장 먼저 호응한 쪽은, 임시정부 휘하 구미위원부 임시위원장이던 서재필徐載弼이었다. 서재필은 7월 14일, 임시정부 재무총장 이시영에게 편지를 보내 "이 회의에서 한국문제가 다루어질 가능성이 크고 한국인들에게 매우 중요한 결과를 가져올 것이므로 적극적인 지원을 요청한다"고 하였다.[8] 워싱턴회의의 소집 소식이 알려지자 임시정부 측에서는, 이 회의가 내분의 위기 속에서 침체하고 있던 임시정부에 새로운 활력을 불어넣어 줄 것이라는 기대 가운데 참여방안을 적극 모색하게 되었다.[9] 7월 18일 임시정부 측에서는 국무총리 대리 겸 외무총장 신규식의 주재로 국무회의를 개최하고 태평양회의 관한 일체의 준비를 외무부에 일임하고 이승만 대통령 및 구미위원부와 협의 진행하기로 결정했다.[10] 이어서 7월 25일에 가서는, 워싱턴회의에 대한 대응방안을 논의하였고[11] 워싱턴회의의 공식소집 통지가 발표된 직후인 8월 13일에는 워싱턴회의 참가를 위한 후원과 선전을 목표로 태평양외교후원회를 구성하고 9월 17일에 열린 조직총회에서 홍진洪鎭을 간사장으로 선출하였으며[12] 이후 여러 차례의 간사회의를 개최하여 자금모집, 강연회 개최 등 구체적인 후원 선전방안을 마련하고

---

8 「구미위원부장서재필답복(1921. 7. 14.)」, 『신한민보』 1921. 7. 28.

9 「韓人要求入太平洋會」, 『上海民國日報』 1921. 8. 22., 第3張 第10版 (이하 『上海民國日報』는 『民國日報』로, 이하 페이지 수는 "3-10"으로 표기함); 「太平洋會議に對する獨立運動者の運動報告の件」(1921. 8. 20), 金正明 編, 『朝鮮獨立運動 Ⅱ』(明治百年叢書), 東京(原書房), 1967, 164쪽 참조. 이하 이 책은 『朝鮮獨立運動』으로 약칭함.

10 『대한민국임시정부공보』 28호(1921. 7. 20.), 『대한민국임시정부자료집』 1집(헌법·공보).

11 上海日本總領事館 編, 『朝鮮民族運動年鑑』(上海, 1932) (앞의 『朝鮮獨立運動』, 소수 문건), 279쪽 참조. 이하 이 자료는 『年鑑』으로 약칭함. 태평양외교후원회의 구성과 활동에 대해서는 이현희, 『대한민국임시정부사』, 한국학술정보, 2002, 172~181쪽 참조.

12 「太平洋會議에 對한 外交後援會」, 『독립신문』 1921. 10. 5., 3쪽; 김용달, 「태평양회의와 홍진」, 『동양학』 87(2022), 42~44쪽 참조.

있었다.[13] 또 8월 30일에는 워싱턴회의에 제출하는 요구서를 작성, 국무회의에서 통과시켰으며 이승만의 정보 지시에 의하여 임시대통령 포고문 제2호를 공포하였다.[14] 이어서 9월 29일에는 임시의정원 회의에서 이승만과 서재필을 한국임시정부의 공식대표로서 파견한다는 결정을 내렸다.[15] 태평양외교후원회에서는 10월 말부터 기관지로서 월간 『선전』을 발행하여 워싱턴회의와 관련한 후원활동을 지원하고 있었다.[16]

그러나 앞서 말한 임시정부 내부의 심각한 내분에 비추어 임시정부의 워싱턴회의에 대한 입장이 일사불란한 것만은 아니었다. 단적으로 같은 해 10월 5일자의 『독립신문』의 사설은, 워싱턴회의에서 미국이 정의와 인도를 실현한다고 믿기 어렵다고 하면서 미국이 일본과 개전할 각오가 없는 한 (기껏해야) 일본의 한국 통치를 개량하도록 요구하는 데 그칠 것이라고 하고 독립운동이 취해야 할 근본적인 길은 실력의 양성과 총칼(무력의 양성)에 있으므로 외교는 단지 독립운동의 일부분일 뿐이며, 따라서 워싱턴회의에서의 활동도 독립운동의 한 단계일 뿐이라는 점을 분명히 하고 있었다.[17]

---

13 「太平洋會議에 대한 外交後援會」, 『독립신문』 1921. 10. 5., 3쪽; 「韓人要求入太平洋會」, 『民國日報』 1921. 8. 22, 3-10 참조.

14 「國務院呈文」 제26호, 『대한민국임시정부자료집』 8, 145쪽.

15 이상 「臨時議政院의 決定事項」, 『독립신문』 1921. 10. 5., 3쪽; 『年鑑』, 280~283쪽 참조. 5월 말 상하이를 떠난 이승만은 필리핀과 하와이를 거쳐 8월 27일 워싱턴에 도착하여 한국대표단 활동을 개시하였다. 워싱턴회의에 대한 이승만의 관심과 기대는 이 기간 동안 그가 수집한 방대한 양의 신문스크랩을 통해서 짐작할 수 있다. 김명섭·김정민, 「워싱턴회의 시기 이승만의 외교활동과 신문스크랩, 1921-1922」, 『한국정치학회보』 51-2(2017) 참조.

16 『宣傳』 창간호는 10월 29일에 발행되었다. 창간호의 내용은 그 목차를 통하여 대강 짐작해 볼 수 있는데 워싱턴회의에 대한 소개, 한국대표단의 활동, 외교후원회의 활동 등이 주요한 내용이다. 「大韓民國臨時政府'宣傳'發行の件」(1921. 11. 21.), 『朝鮮獨立運動』, pp. 169~170 참조.

17 「우리 獨立運動의 一部分一階梯인 太平洋會議」, 『독립신문』 1921. 10. 5., 1쪽 참조.

『독립신문』의 이러한 입장은 무장투쟁을 강조하는 입장에 서서 외교론에 대한 비판을 제기하는 것인 동시에 당시 코민테른의 주도로 워싱턴회의에 대항하는 원동피압박민족대표자대회(원동민족근로자대회)의 준비 작업이 진행되고 있었던 점으로[18] 보아, 외교노선 내부에서도 좌우익 간의 대립이 노골적으로 드러나고 있었다는 점을 반영한 것이라고 생각된다. 실제로 이 사설이 발표된 며칠 후 『독립신문』이 기왕의 입장에서 약간 후퇴하여 워싱턴회의도 하나의 좋은 기회임에는 틀림없으므로 힘(실력)이 미치는 한에서는 최선을 다해야 할 것이라고[19] 한 것은, 『독립신문』의 워싱턴회의에 관한 부정적 입장에 반론들이 만만치 않게 제기되고 있었음을 보여 주는 것으로 워싱턴회의 참여를 둘러싼 논란의 일면을 엿보게 한다.

9월 3일에 있었던 태평양외교후원회 연설회의 연사였던 안창호安昌浩는 외교의 후원에 앞서 독립운동세력의 통일이 선행되어야 한다는 점을 강조하면서 임시의정원을 대신할 새로운 대의기구로서 국민대표회의의 소집을 내세우고 있었으니,[20] 이 또한 워싱턴회의에서의 외교적 노력에 대한 일단의 회의와 함께 이를 둘러싸고 벌어졌던 임시정부 안팎의 내분의 실상을 보여 주는 대목이다.

이러한 상황에서 임시정부의 대표로서 워싱턴에 파견된 대통령 이승

---

18 원동피압박민족대표자대회에서 지노비에프, 장궈타오(張國燾) 등과 함께 5인의 주석단에 선출되었던 여운형은 상하이에서 회의에 참석하러 가는 각국 대표들의 여권을 마련해 준 뒤 자신은 가장 늦게 11월 초에 톈진(天津), 장자커우(張家口), 몽골을 거쳐 12월 중순경(?) 이르쿠츠크에 도착했다가 다시 개최지가 변경되어 1922년 1월 7일 모스크바에 도착하였다고 하고 있다. (여운형, 「나의 회상기」, 『몽양 여운형전집』 제1권, 한울, 1991, 44~72쪽 참조) 따라서 상하이 지역에서 원동피압박민족대표자대회에 대한 준비 작업은 9월과 10월경에 이미 이루어지고 있었다고 생각된다.

19 「社說 : 太平洋會議 好機會? 非機會?」, 『독립신문』 1921. 10. 14., 1쪽 참조.

20 안창호, 「太平洋會議 外交後援에 대하여」, 주요한 편, 『안도산전서』, 삼중당, 1963, 604쪽.

만과, 이승만이 미국으로 떠난 뒤 국무총리를 맡음으로써 실질적으로 임시정부의 운영을 책임지게 된 신규식[21], 그리고 임시의정원의 의장이면서 태평양외교후원회의 대표(간사장)를 맡고 있던 홍진 등을 중심으로 하는 임시정부 측 인사들은 임시정부 체제의 수호를 위한 가장 중요한 방안으로서 워싱턴회의에 대한 외교적 노력에 힘을 경주하게 되었다. 말하자면 워싱턴회의는 임시정부를 중심으로 독립운동세력을 새롭게 통합할 수 있을 하나의 기회로 받아들여졌던 것이고, 그런 점에서 워싱턴회의에서의 성과 여부는 당시 임시정부 체제의 계속적인 유지에 대한 하나의 시금석이었던 셈이다. 국민대표회의의 소집 작업이 워싱턴회의 기간 동안 일시 소강상태에 있었던 것은 바로 임시정부 안팎의 독립운동세력 가운데에서도 워싱턴회의에 대한 기대와 관망이라는 분위기가 존재하였음을 반영한다.[22]

신규식의 광저우행도 임시정부의 이러한 외교적 노력의 일환으로서 이루어졌을 것은 이로써 짐작이 가는 일이다. 광저우로 가는 도중 홍콩에 들른 신규식 일행이 당시 홍콩에 칩거하고 있던 탕지야오唐繼堯를 방문하고 한국독립운동의 상황과 그 지원방안에 대하여 논의하였는데, 이때 탕지야오는 광둥정부 외교부장 우팅팡伍廷芳에게 보내는 소개서를 써서 신규식에게 주었다. 이 소개서에는 '한국 국무총리 겸 외교부장(?) 신규식이 우국충성으로 분주한데 이번에 워싱턴회의의 준비에 도움

---

21 신규식이 이승만과 의형제를 맺었고 (윤보선, 「南坡 朴贊翊 傳記의 發行에 즈음하여」, 南坡 朴贊翊 傳記 刊行委員會, 『南坡 朴贊翊 傳記』, 을유문화사, 1989, 소수 문장 참조), 이승만이 떠난 뒤 신규식이 국무총리로서 임정의 체제 유지에 진력하였다는 점 등으로 보아서 신규식의 이승만에 대한 지지는 절대적이었다고 보인다. 태평양회의 참가를 둘러싸고 진행된 이승만과 신규식의 협조관계에 대해서는 김희곤, 「태평양회의와 신규식」, 『동양학』 87(2022), 59~61쪽 참조.

22 양영석, 「大韓民國 臨時議政院 研究(1919-1925)」, 『韓國獨立運動史研究』 1(1987), 218~219쪽.

을 청하고 있으니 부디 도와 주라'고 부탁하고 있었으니,[23] 이것은 바로 신규식의 광저우행이 워싱턴회의에 대한 지원을 얻기 위한 것이었음을 분명하게 보여 준다.[24] 또 태평양외교후원회의 기관지『선전宣傳』의 창간호 내용 가운데 신규식의 광저우행에 관한 보고가 실려 있었던 점도[25] 신규식의 광저우행이 워싱턴회의와 관련한 활동의 일환이었음을 보여 준다.

2. 광저우 '중한협회'의 조직과 활동

한국이 일본의 식민지로 전락한 이후 많은 한국의 독립운동가들이 중국으로 망명하여 감으로써 중국이 한국독립운동의 가장 중요한 기지가 되었음은 주지의 일이다. 한국의 임시정부가 상하이에 세워진 것도 바로 그러한 상황의 반영이었으니 상하이는 국제적인 교통의 중심이었을 뿐 아니라 한국독립운동가들의 중요한 거점이 되었던 것이다.

상하이 공공조계公共租界 당국의 보고에 의하면 임시정부가 수립되기 직전인 1919년 3월에는 300여 명에 불과하던 한국인 숫자가 임시정부 수립 시기인 4월 무렵에는 약 700여 명으로 급속하게 늘어났고, 이들 가운데 상당수가 한국으로부터 망명해 온 독립운동가들이었다는 사

23 「伍廷芳에게 보낸 唐繼堯의 便紙」(n. d.), 최종건 편,『(대한민국)臨時政府文書集覽』, 知人社, 1976, 297~298쪽 참조.

24 또 '한국대표'의 쑨원 방문을 보도한『民國日報』의 기사에도 '파리강화회담에서 실망한 한국인들이 다시 워싱턴회의를 기회로 뜻을 펴 보려고 하고 있다'라고 하였는데 이 '한국대표'가 신규식이라면 (이 점에 대해서는 제2장 3절에서 상술하겠음) 이 기사도 신규식의 광저우행의 기본적 목표가 워싱턴회의에 대한 지원을 얻는 것이었음을 보여 주는 것이 된다.「廣州特約通信」,『民國日報』1921. 10. 3., 1-3 참조.

25 「大韓民國臨時政府'宣傳'發行の件」(1921. 11. 21),『朝鮮獨立運動』, p. 170 참조.

실은 바로 이러한 상황을 반영한다.[26]

이런 까닭에 중국에서 활동하던 독립운동가들뿐 아니라 독립운동 전반에 있어 중국인들과의 교류나 협조가 절대적으로 요구되고 있었다. 이 점은 중국인들에게도 마찬가지였으니, 1910년 일본의 한국 병합 이후 차츰 본격화되고 있던 일본의 중국 침략은 중국인들로 하여금 한국의 독립운동에 동정적 관심을 가지도록 하였고 한국독립운동 세력과의 교류나 연합을 요구하고 있었던 것이다. 한국 독립운동가들과 중국인들과의 교류나 연대는 임시정부 수립 이전부터 이미 매우 활발하게 진행되고 있었는데, 그 가운데 가장 대표적인 예로는 상하이에서 신규식을 중심으로 만들어졌던 신아동제사의 조직과 활동을 들 수 있다.[27]

이런 맥락에서 1919년 4월에 수립된 임시정부에서도 중국 측과의 외교적 교섭이나 중국인들과의 교류나 협력을 중요한 정책으로 채택하고 그 실현을 위하여 노력하고 있었다. 임시정부에서 발표한 시정방침에서는 외교의 5개 기본정책 가운데 하나로서 대중국 선전 외교활동을 들면서 한중친목회韓中親睦會의 조직을 내세우고 있었으며 그 구체적인 외교방안을 밝힌 각국과의 교섭사무 가운데에도 첫째로 대중국외교단의 편성이 있었다.[28]

임시정부의 이러한 대중국 외교 활동과 함께 중국 내 한인 지사들의

---

26 Shanghai Municipal Council, *Shanghai Municipal Report for the Year 1919 and Budget for the Year 1920*, Shanghai, 1920, p. 66a (上海檔案館 所藏 公共租界檔案資料) 참조. 조선총독부 경무국의 자료에서는 700여 명 가운데 200여 명이 불령도배(독립운동세력)들이라고 하였다. 朝鮮總督府警務局 編, 「朝鮮治安狀況(大正11年)」, 독립운동사편찬위원회 편, 『독립운동사자료집 제9집(임시정부자료집)』, 독립유공자사업기금운영위원회, 1970, 621쪽 참조(이하 이 자료는 『臨政資料』로 약칭함).

27 조덕천, 『중한호조사와 한중연대』, 역사공간, 2021, 80~98쪽 참조.

28 이 밖에 중국의 남북정부 및 각성 성장, 독군(督軍)에 대한 교섭과 각 지방에서의 한국독립운동에 대한 편의 획득, 그리고 한국 청년들의 중국사관학교에의 입학 주선 등이 (외교) 교섭의 방안으로 들어 있다. 『朝鮮獨立運動』, pp. 117~118 참조.

다양한 대중국 외교 활동도 전개되었다. 그 가운데 3·1운동 직후 이른바 파리장서를 전달하기 위해 상하이로 온 김창숙이 1919년 7월 쑨원의 권고에 따라 1919년 8월부터 1920년 3월까지 광저우를 방문 체류하면서 광저우 지역 혁명파 인사들의 지원을 얻기 위해 벌인 일련의 활동들은 이후 중한호조사의 조직과 연결되기에 이르러서 특히 주목된다.[29] 당시 김창숙이 접촉했던 광둥 호법정부 쪽 인사들의 한국독립운동에 대한 지원은 모금과 한국 유학생들에 대한 지원 활동을 중심으로 진행되었는데 곧이어 광둥 호법정부의 상황이 어려워지면서 중단되고 말았다. 그러나 1920년 10월 광둥 호법정부 사법부 차장이던 우산吳山이 상하이로 옮겨와 김창숙을 비롯한 임시정부 인사들과 연결되면서 다시 활성화되기 시작하였고 그것이 중한연대를 위한 단체, 곧 중한호조사의 조직으로 이어지기 시작했던 것이다. 그 결과로 1921년 초부터 각지에서 중한호조사中韓互助社라는 이름의 연대조직이 생겨나게 되었으니 3월에는 창샤長沙와 안후이安徽 안칭安慶에, 4월에는 한커우漢口와 상하이에 중한호조사가 만들어졌고,[30] 5월에 구이저우성貴州省 구이양貴陽에 중한호조사가 만들어졌다. 이어서 5월에 가서는 이들 각지의 중한호조사 조직을 전국적으로 연결하는 조직인 중한호조총사中韓互助總社가 상하이에 만들어졌다.[31] 또 7월에는 쓰촨성四川省 충칭重慶에서도 중한

29 김창숙의 광저우 방문과 활동에 대해서는 이 책 제3장 제2절에서 상론할 것이다.

30 이현희, 앞의 논문, 244쪽; 조덕천, 앞의 『중한호조사와 한중연대』 참조.

31 『동아일보』의 1922년 10월 30일자 보도는 1921년 봄 상하이에서 중한호조사가 중한 양측 인사들에 의하여 공동 발기되었고 (발기 당초부터) 상하이에 총사를 두고 중국 주요 도시에 지사를 두도록 계획되었다고 하였다. (「內容을 擴張한 互助社」, 『동아일보』 1922. 10. 30., 3쪽 참조) 그리고 중한호조총사의 정확한 성립일을 알 수는 없으나 『독립신문』의 중한호조총사 제2회 대회(1922년 9월에 5일)에 관한 보도 가운데서 '작년 5월에 상하이에서 조직되었다'고 한 것을 통하여 1921년 5월에 조직되었다는 사실을 확인할 수 있다. 「中韓互助社大會」, 『독립신문』 1922. 9. 11., 2쪽 참조.

호조사가 결성되었으며[32] 11월에 가서는 윈난성雲南省에도 중한호조사가 만들어진 것으로 알려졌다.[33]

이들 각지의 중한호조사 성립 과정이나 참여 인물들에 대해서는 다음 절에서 상론하기로 하고 여기서는 신규식의 광저우 방문과 관련하여 중한호조사의 활동 가운데 워싱턴회의와 관련된 부분과 광저우 지역에 만들어졌던 호조 단체인 광저우 중한협회에 관해 집중적으로 검토해 보고자 한다. 창샤 중한호조사와 상하이 중한호조총사의 경우에서 확인해 볼 수 있듯이 각지의 중한호조사들의 회원 구성이나 그 성향에는 일정한 정도 편차가 존재하였다고 하겠으나, 대체로 그들이 표방한 목표는 중한 양국 국민 간의 연대를 통한 공동의 이익 추구라는 일반적 범주의 것으로 보인다.[34] 그러나 실제적으로는 일제의 침략에 대한 공동의 대응이라는 것에 집중되어 있었고 상황의 변화나 시기적 요청에 따라 구체적인 대응책이 마련되는 식이었다고 생각된다. 특히 워싱턴회의의 소집이 알려진 1921년 후반기 이후에 가서는 워싱턴회의에 대한 공동 대응이 가장 중요한 사업으로 되었으니, 1921년 8월 15일에는 중한호조총사의 명의로 워싱턴회의에 대한 선언을 발표하였고[35] 9월 중순에는 다화회茶話會를 개최하여 워싱턴회의에 대한 대응책을 모색하였으며[36] 12월 2일에는 워싱턴회의에 대한 선언서를 전보로 발송하였다.[37]

9월 중순의 다화회에서 특별연사로 참여한 쉬첸徐謙이 워싱턴회의의

32 「中國重慶에 中韓民國互助社」, 『조선일보』 1921. 7. 15., 3쪽.
33 「雲南中韓互助社」, 『光明』 창간호(1921. 12. 1.), 17쪽.
34 중한호조총사의 제2회 대회에서 결정된 (보다 강화된) 새로운 사업으로는, 증가하는 한국 유학생들에 대한 지도와 중한 양국 간의 무역 진흥책의 마련 등이 있었다. 「內容을 擴張한 互助社」, 『동아일보』 1922. 10. 30., 3쪽 참조.
35 「中韓國民互助社宣言」, 『民國日報』 1921. 8. 29., 3-10 참조.
36 「中韓互助社之茶話會」, 『民國日報』 1921. 9. 18., 3-10 참조.
37 「中韓互助社致太會電」, 『民國日報』 1921. 12. 4., 3-10 참조.

결과에 대한 부정적인 의견을 발표하고 이에 대한 논란이 있었다는 점으로[38] 보아 중한호조총사 내부에서도 워싱턴회의에 대한 전망이 엇갈리고 있었으며, 그 결과에 대한 기대가 긍정적인 것만은 아니었다고 하겠다. 그러나 중한호조총사에서 워싱턴회의에 발송한 선언이나 전보의 내용은 한국독립 문제에 대한 워싱턴회의의 공정한 논의를 요구하고 기대하는 내용의 것이었다. 즉 8월 15일자의 '선언'과 12월 2일자 '전보'는 한국의 절대 독립 및 을사보호조약(1905년)과 한일합병조약(1910년)의 취소, 한국에 있는 일본의 정치·군사·경제상의 모든 시설의 철거, 한국대표의 워싱턴회의에의 출석, 영일동맹(속맹)의 취소, 그리고 한국독립 문제의 워싱턴회의에서의 표결을 주장하고 있었다. 아울러 '선언'은 중국문제와 관련하여 21개조요구를 위시한 중일 간의 모든 불평등조약의 철폐, 자오저우만膠州灣 등 산둥山東에서의 일본 이권의 회수, 만몽滿蒙과 푸젠福建에서의 일본 이권의 회수, 타이완臺灣 회수, 영사재판권과 우정권郵政權의 회수, 각국 조계의 회수, 중국에 주둔하고 있는 각국 군대의 철수 등을 요구조건으로 제시하고 있었다. 말하자면 일본의 한국과 중국에 대한 침략의 부당성을 지적하고 국제적인 여론에 호소하여 그것을 바로잡자는 것이 주요한 주장이었다.[39]

이러한 분위기 속에서 신규식의 광저우행이 이루어졌는데, 신규식의 광저우행 일정에 대해서는 뒤에서 상술하겠지만, 신규식의 광저우 방문 직전에 광저우 지역에서도 중한 양측 인사들에 의한 연대조직이 모

38 茶話會에서 당시 광둥 군정부 사법부장이던 쉬첸(徐謙)은 파리강화회의의 경우를 들어 워싱턴회의의 결과도 전혀 기대할 것이 없으며 워싱턴회의에 대한 중국인들의 기대가 허구라는 사실이 곧 드러나게 될 것이라고 단언하였다. 쉬첸의 연설에 이어서 중한호조의 필요를 강조하는 몇 사람의 발언이 있었다. 앞의 「中韓互助社之茶話會」 기사 참조.

39 「中韓國民互助社宣言」, 『民國日報』 1921. 8. 29., 3-10; 「中韓互助社致太會電」, 『民國日報』 1921. 12. 4., 3-10 참조.

색되고 있었다. 그러나 광저우 지역에 만들어진 연대조직은 중한호조사라는 이름이 아니라 중한협회라는 이름을 가진 것이었고, 1921년 9월 23일에 광저우도서관에서 발기인대회를 열고[40] 9월 27일에 준비회의를 거쳐[41] 10월 4일 공식 성립대회를 열었다.[42]

광저우 지역의 중한연대 단체가 중한호조사가 아니라 중한협회라는 명칭을 달게 된 이유는 분명치 않다. 신규식의 광저우 도착 이전에 광저우 지역에서는 두 방향에서 중한연대 단체 결성이 시도되고 있었던 것 같다. 하나는 이우민李愚珉 등을 중심으로 하는 임시정부 외교선전원들로서 창샤와 한커우에서 중한호조사를 조직하는 데에 주도적인 역할을 했던 인물들이었으며 이들이 추진했던 단체의 이름은 마찬가지로 (광저우) 중한호조사였던 것으로 알려져 있다.[43] 다른 하나는 김단정金檀庭, 곧 김진용金晉庸을 중심으로 하는 인사들로, 이들이 추진한 단체는 중한호조사가 아니라 중한협회라는 명칭을 쓰고 있었다.[44] 중한호조사

---

40 「協助韓人之中韓協會」, 『民國日報』 1921. 10. 1., 2-6 참조.

41 「廣東における中韓協會發會の件」, 『朝鮮獨立運動』, p. 474 참조.

42 광저우 중한협회가 11월 19일 이전에 이승만과 임시정부 앞으로 보낸 보고 전문(快郵代電)에는 "세 차례의 籌備會議를 거쳐 10월 4일에 정식 성립대회를 개최했다"고 하고 있다. 「快郵代電(1921. 9. 19. 이전)」, 『雩南李承晚文書: 東文篇』 8, 중앙일보사, 1998, 407쪽; 조덕천, 『중한호조사와 한중연대』, 역사공간, 2021, 292~293쪽 참조. 또 상하이에서 발행되고 있던 『사민보(四民報)』는 광저우 지역의 여러 단체를 소개하는 가운데 중한협회를 일곱 번째로 들면서 '(이제) 성립한 지 두 주일밖에' 되지 않았다고 하고 있다. 「廣州社會之裏面觀(續)」, 『四民報』 1921. 10. 15., 2-8 참조. 『四民報』는 광둥의 부호인 린저펑(林澤豊)이 경영하던 신문으로 일찍이 박은식과 친교가 있었던 그는 박은식을 이 신문의 주필로 초빙하였으며, 그 밖에도 박시창(朴始昌, 朴殷植의 長子), 박경산(朴景山), 박태하(朴泰河), 황훈(黃勳), 김문세(金文世), 이영운(李英雲) 등 많은 한국인들이 참여하면서 특히 배일적(排日的)인 논조를 표방함으로써 일본 고등경찰 측의 주의 대상이 되었다. 「上海における漢字新聞の排日宣傳等報告の件」(1921. 11. 7.), 『朝鮮獨立運動』, p. 479 참조.

43 「廣州中韓國民互助社」, 『光明』 1-1(1921. 12. 1.), 17쪽.

44 「孫文氏에게 面談要請-중한협회를 설립하고저」, 『조선일보』 1921. 9. 23., 3쪽.

를 집중적으로 다룬 최근의 한 연구에서는 김단정이 이승만의 직접 지시를 받고 있었던 인물이었고 그런 점에서 이우민 등 임시정부의 파견원들과 구별되는 입장에 있었으며 더 주도적 역할을 하게 되었다고 주장하고 있다.[45] 그러나 이우민 등이 천두슈陳獨秀 등 공산당 내지 좌익 세력과의 연대를 추진하고 있던 것에[46] 반발한 임시정부 측 인사들이 좌익 인사들 중심의 중한호조사 조직에 반대하고 독자적인 중한연대 조직을 꾸리기 위해 나서면서 경쟁적 관계가 만들어졌고, 결과적으로 중한호조사 조직 작업을 중단하고 중한협회라는 새 이름의 단체를 만드는 것으로 낙착된 것이 아닌가 생각된다.[47]

광저우 중한협회의 발기에 참여한 주요 인물로는 중국 측의 주녠주朱念祖, 셰잉보謝英伯, 가오전샤오高振霄, 장치룽張啓榮, 왕징웨이汪精衛, 딩샹첸丁象謙, 차이투링蔡突靈 등과 한국 측의 김단정金檀庭, 김희작金熙綽, 박화우朴化祐, 손사민孫士敏 등이 있고 성립대회에 참여한 주요 인물로는 중국 측의 예샤성葉夏聲, 딩샹첸, 둥위칭董餘慶, 셰잉보, 저우즈전周之貞, 장치룽張啓榮, 황비훈黃璧魂 등과 한국 측의 김기제金奇濟, 김단정, 이우민李愚珉, 임근林勤, 손사민, 김희작, 박화우 등이

45 조던천, 앞의 『중한호조사와 한중연대』, 289~296쪽 참조.

46 이우민은 1930년에 귀국하였다가 체포된 다음 작성한 경찰신문조서(1930년 7월)에서 1920년 5월 후난(湖南)에 살고 있던 동향인 조중구의 소개로 임시정부 선전부원으로 활동하기 시작하여 임정으로부터 받은 인쇄물을 가지고 중국인들에게 한국 독립에 대한 지원을 받는 역할을 하던 중 1921년 봄에 광둥에 가서 중국공산당 수령 천두슈를 알게 되어 중국공산당에 가입하였고 그 기관지 『신청년』을 선전 판매하는 일을 하였다고 하였다. 「李愚民訊問調書(1930. 7. 15)」, 『한국독립운동사자료집』 30(의열투쟁) 한국사데이터베이스 참조. 이우민의 좌익적 경향은 그가 중심적인 역할을 한 『光明』 잡지의 성격으로도 확인된다. 『광명』 잡지의 내용에 관해서는 아래에서 자세하게 논할 것이다.

47 『중한외교사화』에는 이우민의 중한호조사 조직 작업에 관해서는 아무런 언급이 없고, 대신 김단정과 관련해서는 신규식의 광저우 도착 이전에 사전 준비를 위해 임정에서 파견된 인물이며 그가 주도적으로 조직한 중한협회에 신규식도 적극 참여하였다고 적고 있다.

있었다.[48]

중국 측 인사 가운데 주녠주, 예샤성, 딩샹첸, 가오전샤오, 셰잉보, 장치룽, 저우즈전은 광저우 비상국회의 의원들로[49] 특히 딩샹첸은 친한반일파의 대표적 인물이었고[50] 왕징웨이는 당시 대원수부 비서장으로 광둥정부의 중심인물 가운데 한 사람이었다. 중국 측 인사 가운데 특히 국회의원들이 많았던 것은 뒤에 비상국회에서 한국독립 승인안을 통과시키고 한국의 워싱턴회의 참여 노력에 대한 지지를 이끌어 내는 데 중요한 역할을 했다.[51]

한국 측 인사 가운데 그 신원을 확인해 볼 수 있는 인물은 김단정과 이우민 두 명에 불과한데, 김단정은 임시정부 외교부(파견)원으로 알려진 인물이고 이우민은 창샤중한호조사의 조직에도 한국 측 인사로 참여하고 있던 인물로 5월경에 광저우에 도착하여 중한호조사 조직을 만드는 일을 추진하고 있었으니 두 명 모두 고정적으로 광저우에서 활동하고 있던 인물은 아니었고 상하이 쪽에서 중한 간의 연대조직 결성을 위하여 특별히 파견된 인물이었을 것으로 생각된다.[52] 그리고 광저우 중

---

48 『朝鮮獨立運動』, 468, 474쪽 및 「協助韓人之中韓協會」, 『民國日報』 1921. 10. 1., 2-6 참조.

49 「護法國會議員姓名錄」, 徐友春 主編, 『民國人物大辭典』, 石家莊(河北人民出版社), 1991, pp. 1694~1697.

50 당시 일본 고등경찰 측에서는, '안후이(安徽) 출신 국회의원인 딩샹첸(丁象謙)은 상하이에 거주하던 시기부터 한국임시정부 측에 동정을 보이던 배일사상가로 광저우로 온 후 동료국회의원 주녠주(朱念祖), 예샤성(葉夏聲), 가오전샤오(高振霄), 셰잉보(謝英伯), 장치룽(張啓榮) 및 군정부의 주요 인사인 쉬첸(徐謙), 왕징웨이(汪精衛) 등과 배일행동을 준비하던 중 임시정부 외교부원을 칭하는 김단정을 만나게 되어 중한협회를 조직하게 되었다'고 보고하고 있었다. 『朝鮮獨立運動』, p. 468 참조.

51 한국 측 주도인사들이 비상국회에서의 한국독립 승인안 통과를 미리 예상하고 국회의원들에게 집중적으로 접근했던 것인지는 분명하지 않다.

52 『四民報』의 보도는 중한협회가 (광저우 지역의) 국회의원들과 광저우에 와 있는 한국인[旅粵韓人]들이 발기한 것이라고 하였다. 앞의 「廣州社會之裏面觀(續)」 記事 참조. 한편으

한협회의 성립이 시기적으로 신규식의 광저우 방문과 일치하고 있다는 점과 김단정이나 이우민 모두 임시정부 측에서 파견된 인물이었다는 두 가지 점을 본다면 광저우 중한협회의 조직 자체가 신규식의 광저우 방문을 준비하는 단계로서 계획되고 실행된 것이었다고 봐야 할 것이다.

다만 앞에서도 지적한 대로 조직의 이름이 중한호조사가 아닌 중한협회였고, 또 광저우 지역에서 준비 중이었던 중한호조사 조직 작업이 중한협회가 조직된 이후에 중단되었다는 보도가 있었던 점으로[53] 미루어서, 당초에는 상하이에 있는 중한호조사총사의 한 지부로 광저우 중한호조사의 조직이 시도되었으나, 일부 이념상의 분기를 이유로 중한협회의 조직으로 대체되었던 것으로 보인다.[54] 그러나 성립 직후 발표한 중한협회의 선언도 다른 지역 중한호조사의 그것들과 크게 다른 것은 없었으며 중한호조사를 준비하던 이우민 등도 모두 참여하고 있었다. 중한협회 선언은 20세기를 군群(즉 군중)의 세계로 규정하고 군의 진화는 호조를 근본으로 한다고 하면서 역사·지리상으로 입술과 혀처럼 서로 의존하는脣齒相依의 관계에 있는 중한 양국의 상조제휴, 상호부조共相扶助를 중한협회의 목표로 제시하고 있었던 것이다.[55]

성립 후 중한협회는 회원이 수백 명에 이를 정도로 조직이 발전하였다고 하는데[56] 그 주요 활동으로 확인되는 것은 기관지로서 월간지 『광

로 당시 광저우에는 한국인 동포 20여 명과 링난대학(嶺南大學) 등에 3명의 유학생이 있었다. 「廣州의 我學生界」, 『독립신문』 1921. 11. 11., 3쪽 참조.

53 『독립신문』은 중한협회의 활동을 보도하면서 '한중협회가 발기되기 이전에 먼저 조직하려 하였으나 아직 성립하지 못한 한중호조사는 그만 중지하고 주장과 목적이 동일한 한중협회를 협력하여 발전시키려 한다더라'고 하고 있다. 「韓中協會의 活動」, 『독립신문』 1921. 11. 11., 3쪽 참조.

54 앞의 각주 46 참조.

55 「中韓協社(會)宣言」, 『民國日報』 1921. 10. 24., 2-6 참조.

56 「中韓協會의 發展」, 『독립신문』 1921. 11. 11., 3쪽 참조.

명光明』을 발행하는 일과 워싱턴회의와 관련한 선전활동이 있다. 먼저 월간지 『광명』 발행을 주도한 이는 이우민이었다. 그는 중한협회의 발기 조직에 있어 주도적 역할을 맡아 준 셰잉보가 『광저우일보廣州日報』의 사장으로 있던 것을 기회로 삼아[57] 중한협회 성립 이후부터 두 달여의 준비기간을 거쳐[58] 1921년 12월 1일자로 『광명』 창간호(제1권 제1호)를 간행하였다.[59]

『광명』 창간호의 내용은 주로 중국의 입장에서 한국의 독립운동에 대한 격려와 충고를 하는 데에 초점을 모았는데, 이는 집필자의 대부분이 중국인이었음을 알게 해준다. 대부분 필명으로 되어 있는 기고자들의 실제 인물들을 모두 확인해볼 수는 없지만 확인할 수 있는 인물로는 린썬林森, 천궁보陳公博, 바오후이성包惠僧, 왕징웨이, 예샤성 등이 있는데 모두 당시 광저우정부에서 주요한 역할을 하고 있던 중심 인물들이다.

한국독립운동에 대한 격려 이외에 『광명』의 내용 가운데 주목되는 것은 노동운동을 포함한 사회운동 혹은 사회혁명에 대한 특별한 강조이다. 한국독립운동에 대한 격려와 동정을 다루고 있는 8편의 문장[60] 가운데 거의 모든 글에서 필자들은 사회혁명의 중요성을 강조했다. 즉 한국인들의 강권強權(즉 일본 제국주의)으로부터의 해방운동인 정치운동(혹

57 『중한외교사화』, 34쪽 참조.

58 「廣州社會之裏面觀(續)」, 『四民報』 1921. 10. 15., 2-8에서는 "(광저우)중한협회에서 현재 『光明報』를 만들고 있다"고 하였다.

59 창간호의 뒷표지에 이미 제2호에 실릴 내용을 예고하고 있었던 점으로 미루어 제2호까지 간행되었을 가능성이 있지만, 현재 존재를 확인할 수 있는 것은 창간호밖에 없으므로 2호가 간행되었는지는 확실하지 않다.

60 8편의 문장은 陳公博, 「對於韓國新建設的我的希望」; 耘公, 「光明運動的前途」; 楚沈, 「中韓的光明運動」; 劍耘, 「壯烈哉韓國的人民」; 擎霄, 「韓人應具的覺悟」; 李大能, 「告韓國的朋友」; 何俠, 「我對于韓國獨立的大希望」; 惠僧, 「社會革命與韓國獨立」 등이다.

은 정치혁명)과 동시에 무산계급의 계급운동인 사회운동(사회혁명)을 이루어야 한다고 하고,[61] 자본주의를 채용하여 건국(독립)하는 것에 반대하며 (중국인인 우리가) 이 시점에서 한국의 독립운동을 돕는 것은 오로지 한국의 무산자계급[第四階級]의 행복을 도모하기 위함이라면서[62] 그런 입장에서 사회혁명이 없는 독립운동은 의미가 없고[63] 향후 한국혁명의 목적을 공산당의 건설에 두어야 한다고[64] 말하고 있다.

계급혁명을 강조하는 이러한 입장은 『광명』의 기본적 성격을 평민적이고 공리적이어야 하며, 유산계급의 언론이 되어서는 안 된다고 규정한 "발간선언"에서도 분명히 나타났다.[65] 그뿐 아니라 이러한 정치적 평론 이외에 따로 "노동 문제"라는 전란專欄을 두어 파업, 파시罷市 등의 직접적인 행동에 의한 노동자 권익의 신장과 이를 통한 공산주의의 실현을 주장하고[66] 노동운동의 조직에 관한 전문 저서專著의 서문을 옮겨 싣는轉載[67] 등 노동운동의 중요성을 크게 강조하고 있었다.

이를 통해 본다면 이른바 민족운동보다 계급운동의 중요성을 강조하는 계급혁명의 입장이 『광명』의 주류를 이루고 있었고, 따라서 중한협회의 실질적인 주도세력이 상당한 정도로 공산주의 내지는 사회주의 노선에 기울어진 좌익적 입장에 섰던 인물들이었음을 알 수 있다. 『광명』의 이러한 정치적 입장이 중한호조사 조직을 준비하던 이우민 등의 정

---

61 陳公博, 「對於韓國新建設的我的希望」, 『光明』, p. 6 참조.

62 惠僧, 「社會革命與韓國獨立」, 『光明』, p. 36 참조.

63 何俠, 「我對於韓國獨立大希望」, 『光明』, p. 32 참조.

64 楚沈, 「中韓的光明運動」, 『光明』, p. 17 참조. 원문에는 '중한 사회혁명의 목적은 (△△△)건설을 선택하는 것을 목적으로 해야 한다(中韓社會革命的目的, 要揀取(△△△)建設爲目的)'고 하였는데 앞뒤 문맥으로 보아 (△△△)은 공산당을 의미하는 것이 분명하다.

65 新甫, 「發刊宣言」, 『光明』, p. 1 참조.

66 志平, 「直接行動」, 『光明』, pp. 48~49 참조.

67 李大能, 「勞動組織概論」, 『光明』, pp. 50~53 참조.

치적 성향과 일치한다고 한다면, 중한협회를 만드는 데에 주도적인 역할을 수행한 김단정이나 임시정부 특사 신규식과는 일정한 거리를 가지고 있었음을 확인할 수 있다. 이러한 입장 차이는 앞에서 언급한 대로 중한호조사와 중한협회로 명칭이 갈리게 되는 이유가 되었을 것이다.

다음으로 워싱턴회의와 관련한 활동으로, 중한협회는 11월 말경에 미국 정부와 워싱턴회의에 참석한 각국 대표들 앞으로 전보를 보내어 한국독립 문제를 다루어 주도록 요구하였다. 이 전문에서 중한협회는 1895년의 시모노세키下關조약에서 이미 한국의 완전한 독립을 분명히 해 두었는데 후에 일본이 이것을 어긴 것이라고 하면서, 한국문제는 극동지역 문제 해결의 가장 중요한 문제 중 하나이므로 한국임시정부의 대표를 워싱턴회의에 참석시켜 의견을 진술케 한 다음 정당한 해결책을 마련해야만 한다고[68] 주장하였다. 이것은 앞에서 살핀 상하이 중한호조총사에서 발표한 선언이나 전문의 내용과 대동소이한 것이었다.

3. 신규식 광저우 방문 일정

앞에서 이미 언급한 대로 신규식의 광저우 방문에 관한 유일한 한국측 자료인 민필호의 『중한외교사화』에서는 신규식의 광저우 방문의 일정이 비교적 자세하게 언급되고 있다. 민필호의 기록에 따르면, 신규식은 1921년 10월의 임시정부 국무회의의 의결에 의하여 10월 26일 아침에 상하이를 떠나 28일 오후에 홍콩에 도착하였고 29일 홍콩에 있던 탕지야오를 방문 환담하고 그다음날인 30일 오후에 광저우에 도착하였다.[69]

---

68 「中韓協會乞援聲」, 『民國日報』 1921. 11. 30., 2-6; 「韓中協會의 活動」, 『독립신문』 1921. 11. 11., 3쪽 참조.

69 『한중외교사화』에는 10월 29일 오후 3시 30분에 광저우에 도착하였다고 하였으나(17쪽),

이어 31일 아침에는 후한민胡漢民, 쉬첸[徐謙(大理院院長)], 뤼즈이[呂志伊(內務部次長)], 우팅팡[伍廷芳(外交部長)], 우차오슈[伍朝樞(外交部次長)], 셰츠[謝持(總統府秘書長)], 랴오중카이[廖仲愷(財政部長)], 린썬[林森(參議院院長)], 궈타이치[郭泰祺(總統府宣傳局長)], 청첸[程潛(軍政部次長)] 등 군정부의 요인들을 방문하였고, 11월 3일에는 후한민과 우차오슈伍朝樞의 안내로 총통부로 가 쑨원을 방문 회담하였으며, 11월 5일에는 신규식이 병이 나서 프랑스선교회에서 운영하는 도미의원韜美醫院에 입원하였다. 11월 10일에는 신규식이 광저우에 오기 전부터 준비 중이었던 광저우 '중한호조사' 성립대회에 참석하였고[70] 11월 18일에는 광저우 둥자오창東較場(현재의 廣東省人民體育場)에서 열린 북벌서사北伐誓師 의식[典禮] 식장에서 신규식이 쑨원에게 한국임시정부의 국서國書를 봉정하는 의식이 함께 거행되었다.

11월 31일에는 중산中山현 탕지아완[(唐家灣, 현재의 광둥성 주하이(珠海)시 탕지아완전(唐家灣鎮)]에 있는 탕샤오이唐紹儀의 거처를 방문하여 며칠간 머물다가 광저우로 돌아왔고 12월 22일에는 광저우 신신식당新新餐廳에서 미국, 프랑스 등 광저우 주재 각국 영사들과 총통부 요인들을 초청하여 연회를 베풀고 한국독립의 필요성을 선전하는 연회를 열었으며, 12월 25일 광저우를 출발하여 다시 상하이로 돌아왔다고 되어 있다.

모리 에쓰코 씨가 이미 비교적 자세하게 지적한 대로『중한외교사화』에 적힌 날짜 중에는 착오가 많다. 우선 신규식과 민필호가 쑨원을 방

29일 저녁에 탕지야오(唐繼堯)의 만찬 초청을 받고 응하였다고 하였으므로 광저우에 간 것은 30일 오후가 될 것이다.

70 민필호가 중한협회가 아니라 중한호조사라고 쓴 것은 사실에 대한 부정확한 기술일 터인데, 다만 이러한 부정확한 기술 자체가 당시 임시정부 측이나 한국인들로서는 중한호조사든 중한협회이든 별 중요한 차이점이 없었음을 보여 주는 대목으로 주목받을 수 있을지도 모른다.

문하고 회담하였다는 11월 3일이나 국서 봉정의식이 있었다는 11월 18일에는 쑨원이 광저우에 있지 않았다. 쑨원은 10월 13일에 열린 비상국회에 참석하여 북벌계획을 보고한 후 곧바로 15일에 북벌 독려차 광시廣西 지방으로 떠났다.[71] 또 11월 18일이든 그 이전이든 쑨원이 광저우를 떠나기 이전에 광저우에서 북벌출사전례가 있었다는 사실을 확인할 수도 없다. 그리고 앞에서 살핀 대로 광저우에서 중한협회가 성립된 것이 9월 27일이므로 신규식이 중한호조사 성립대회에 참석했다고 하는 11월 10일과도 날짜가 일치하지 않는다.

이뿐만 아니라 12월 14일에 신규식은 상하이 대동여사大東旅社에서 60여 명의 중국 인사들[各省區代表]을 초청하여 연회를 열고 워싱턴회의에 대한 중국인들의 협조에 감사를 표하고 있었으니[72] 적어도 그 이전까지는 상하이로 돌아와 있어야 한다. 그러므로 12월 25일에 광저우를 떠나 상하이로 귀환하였다는 기술도 사실과 맞지 않다.

신규식의 광저우 도착 날짜에 관한 한국 측의 자료로는 ①『중한외교사화』의 기술로서 10월 30일 광저우에 도착하였다고 하고 있고, ② 11월 11일자『독립신문』의 보도에서는 '임시정부 국무총리대리 겸 법무총장 신규식이 지난달[去月, 즉 10월] 상순에 모종의 요구를 가지고 광저우에 도착하여 동지同地 중국 측 주요 인사들의 커다란 환영을 받았다'라고[73] 하여 도착일시를 10월 상순으로 말하고 있다. 그리고, ③ 신규식 자신이 이승만에게 보낸 보고서呈文에서는 '9월 20일 국무회의에서 자신을 광둥에 파견하는 특사로 임명하기로 결정되어 30일에 출발發程하여

71『孫中山年譜長編』下册, pp. 1386~1387 참조.
72「中韓人士之大宴會」,『民國日報』12. 15., 3-10 참조.
73「申圭植氏의 動靜」,『독립신문』1921. 11. 11., 3쪽 참조.

3주 내지 4주 정도로 예정하고 있다'고[74] 하였다.

물론 이 가운데 신규식 자신의 보고문에서 말한 9월 30일이 출발일로 가장 신뢰할 만한 날짜라고 할 텐데, 여기에다 전술한 대로 『중한외교사화』에서 광저우 도착 이전에 홍콩을 경유했다는 점을 고려한다면 『독립신문』에서 보도한 10월 초순에 광저우에 도착했다고 보는 것이 가장 합리적이다. 그것은 신규식과 민필호가 쑨원을 면담한 이후 '둥자오창에서 열린 북벌 서사 전례'에서 국서를 봉정했다는 날짜와도 관련이 있다. 당시 쑨원이 광시로 떠난 10월 15일 이전에 '전 도시가 들썩일 정도의 큰 행사'는 (신해)혁명기념일인 10월 10일 베이자오창[(北較場, 현재의 광저우시 위에슈취(越秀區)]에서 열린 국경기념 열병식이 유일하고 따라서 신규식의 국서봉정은 이 날짜에 이루어졌을 가능성이 가장 크다.[75] 이런 점에서 본다면 신규식이 광저우에 도착한 날짜는 10월 9일 이전, 곧 10월 초순이 될 것이다.[76]

신규식의 광저우 도착 날짜를 10월 초로 본다면 전술한 대로 『중한외교사화』의 기술에 착오가 있다. 다만 어느 달인지는 불분명하지만 모월 월말에 광저우에 도착하였고, 그다음 달 월초(혹은 상순)에 쑨원과 만났으며 며칠 뒤에 있었던 열병행사에서 국서를 봉정하였고 그 뒤 두 달 동안 광저우에 머물다가 모월의 월말에 광저우를 떠났다는 것 정도만이라도 사실로 받아들인다면, 신규식의 광저우 도착은 10월 초로, 또 쑨원

---

74 「國務院呈文」 제28호(1921. 9. 30.), 『대한민국임시정부자료집』 8, 159쪽.

75 민필호가 이 열병식을 북벌출사와 관련된 것으로 오해했을 가능성이 없지 않다.

76 이런 점에서 『독립신문』의 "10월 초"라는 보도는 정확한 것이라고 하겠다. 반면 '불온한 조선인[不逞鮮人] 십수 명으로 구성된 신규식 일행이 10월 11일 광둥에 도착하여 외교부 차장 우차오슈 등 여러 명의 영접을 받았다'는 광둥 주재 일본 총영사의 보고는 며칠 늦은 보고라고 봐야 할 것이다. 「大韓民國臨時政府法務總長の廣東訪問に關する件」, 『朝鮮獨立運動』, pp. 168~169; 「朝鮮治安狀況(大正11年)」, 『臨政資料』, p. 897 참조.

과의 회담일은 10월 9일 이전으로, 국서봉정 의식은 10월 10일로, 그리고 광저우를 떠난 시기는 11월 말경으로 잡아 볼 수 있을 것이다.

대체로 이러한 날짜들을 보면 『중한외교사화』의 그것보다 한 달 정도의 차이가 나며, 민필호의 기술이 전체적으로 한 달 정도의 착오가 있다고 볼 수 있다. 『중한외교사화』의 이러한 착오는, 회고록류의 자료들이 일반적으로 상당한 정도의 문제들을 가지고 있다는 점을 고려한다면, 그리고 기왕의 많은 연구들이 범하는 잘못처럼 『중한외교사화』에만 의지하여 신규식의 광저우 방문 날짜를 논하지 않기만 한다면 그리 특별한 문제가 될 것까지는 없을 것이다.[77]

Ⅱ. 임시정부 승인 문제와 쑨원의 입장

1. 신규식·쑨원 회담의 내용과 임시정부 승인 문제

신규식이 민필호를 대동하고 광저우 위에슈산越秀山 기슭에 있던 총통관저[78]로 가서 쑨원과 2시간여에 걸친 회담을 하였는데, 이 회담의 구체적인 내용에 관해서는 『중한외교사화』의 기술을 제외하고는 별다른 증거가 없다. 『중한외교사화』에 의하면 신규식은 이 회담에서 미리 준비해 간 5개항으로 된 요청서[互惠條約]를 쑨원에게 제출하였다고 한다.

그 내용은 ① 대한민국임시정부는 호법정부를 중국의 정통정부로 승

77 모리 에쓰코 씨가 자신의 논문 결론 부분에서 '『중한외교사화』의 신빙성 문제'를 집중적으로 다루고 있는 것은 이런 점에서 그리 큰 의미를 가지지 못할 것이다.

78 『중한외교사화』에서는 "관인산(觀音山) 아래에 있던 비상총통부"로 가서 쑨원을 만났다고 했는데 관인산은 광저우 시내 중심에 있는 위에슈산(越秀山)의 다른 이름이다.

인하며 그 원수와 국권을 존중한다. ② 대중화민국호법정부가 대한민국임시정부를 승인해 주도록 요청한다. ③ 한국 학생들의 중화민국 군관학교에의 수용을 허가해 주도록 요청한다. ④ 500만 위엔의 차관을 요청한다. ⑤ 조차租借 지대를 허가하여 한국독립군의 양성에 도움을 주도록 요청한다는 것이었다. 5개항 요청서의 내용을 크게 나누어 본다면 광둥정부와 임시정부 사이의 상호 승인 부분과 한국 학생들의 중국 군관학교 수용과 차관 제공, 독립군양성의 근거지 제공 등 독립운동을 위한 실제적인 지원 요청 부분의 두 부분으로 되어 있다.

신규식의 이러한 요청에 대하여 쑨원은 ① 양 정부 간의 상호 승인에 대해서는 '원칙상'으로 문제가 없다고 말하고, ② 차관과 조차지대의 설정은 광둥정부의 형편상 현재로서는 받아들이기 곤란하나 북벌군이 우한武漢을 점령하는 단계에 가서는 가능할 것이며, 한국 학생들의 군관학교 수용 문제에 대해서는 각 군관학교에 한국 학생들을 받아들이도록 명령하겠다고 하였다. 말하자면 5개항의 요구조건 가운데 차관 제공과 조차지대 설정의 일부 지원요청에 대해서는 받아들이지 않았으나, 상호승인과 한국 학생들에 대한 군관학교 수용 허가요청에 관해서는 매우 긍정적이고 낙관적인 입장을 표명하였던 것이다. 쑨원의 이러한 입장을 어떻게 이해할 것인가에 대해서는 다음 절에서 상론할 것이고, 여기서는 『중한외교사화』에 기술되어 있는 회담의 내용을 검토하되 이것이 당시의 주변 사정이나 신규식의 광저우 방문 목적 등에 어떻게 부합하는지를 살펴보려고 한다. 아울러 지금까지 이 회담의 최대 결과로 알려져 온 광둥 호법정부의 임시정부 승인 문제를 그 사실 여부에 초점을 두고 검토해 보고자 한다.

일반적으로 국제법상 한 국가나 정부가 다른 국가나 정부를 승인한다고 하는 것은 영토, 인민, 영속적인 통치권 등 국가(혹은 정부)로서의 성립요건을 확인하고 외교관계를 맺겠다는 의사를 표시하는 것이다. 승인의 형식에는 선언이나 외교통신, 혹은 조약상의 규정을 통한 명시적인 것과 외교관계의 수립을 통한 묵시적인 것이 있지만 어느 한 국가가 다른 국가(혹은 정부)들의 승인을 받게 되면 비로소 국제법의 주체가 될 수 있게 된다.[79] 따라서 임시정부가 그 성립 초기부터 다른 국가로부터 승인을 얻기 위하여 백방으로 노력해 왔던 것은 당연한 일이다.

신규식이 쑨원에게 제출한 5개항의 요청서에서 임시정부와 광둥정부 사이의 상호 승인을 가장 중요한 항목으로 내세웠던 것은, 국제적 여론을 바탕으로 독립을 쟁취하려는 입장에서 볼 때 임시정부에 대한 다른 국가나 정부의 승인이 무엇보다도 중요한 임시정부의 당면과제였기 때문이었다. 물론 광둥 호법정부도 당시까지 다른 어느 국가로부터도 승인을 받지 못한 상태였으므로 호법정부로부터 승인을 얻어내는 것이 곧바로 국제사회의 인정을 받는다거나 국제법상의 주체로 인정받는 것을 의미하지는 않을 것이다. 그러나 앞에서 이미 말한 대로 워싱턴회의에의 참가와 그것을 통한 독립운동의 전개에 커다란 기대를 걸고 있던 임시정부의 입장에서는, 워싱턴회의에 대표를 참가시키게 될지도 모르는 호법정부로부터 승인을 받아내는 것이 중요한 의미를 가졌다.

그렇다면 그러한 승인의 절차로서 선언이나 외교통신 혹은 조약상의 규정이 요구되고 이러한 절차는 정부의 공식 의결기구인 국무회의의 의결과 국회에서의 동의가 있어야 한다는 점에서 볼 때[80] 신규식 쑨원 회담의 내용이나 국서 봉정의 의식 등은 어떻게 해석될 수 있겠는가?

---

79 장기붕, 『국제법학』, 대왕사, 1981, 81~96쪽 참조.

80 임시정부의 법적 기반인 대한민국 임시헌법이나 호법정부의 기반인 임시약법은 모두 '선전포고나 조약의 체결은 국회(의정원)의 동의를 받아야 한다'고 규정하고 있었다. 「大韓民國臨時憲法」, 『臨政資料』, 108쪽; 「中華民國臨時約法」, 榮孟源 重編, 『中國近代史資料選輯』, 香港(三聯書店), 1979, p. 681 참조.

우선 신규식의 광저우행은 임시정부 국무회의의 의결을 거쳤고 국서를 가지고 간 공식적인 대표 자격으로 한 일이었다고[81] 하였다. 그러나 당시 임시정부의 최고의결기구이던 임시의정원에 호법정부 승인안이 상정되었다거나 의결되었다는 기록은 아직 보지 못하였다. 물론 임시의정원의 회의록이 현재 완전하게 남아 있는 것은 아니기 때문에 현존하는 회의록에서 그것을 확인할 수 없다고 하여 임시의정원에의 상정이나 의결이 없었다고 단정할 수만은 없다. 그러나 『중한외교사화』에서 국무회의의 결정만을 밝히고 임시의정원의 의결에 대해서는 언급하지 않은 것은, 임시정부 내에서 호법정부에 대한 승인 자체가 임시의정원에 상정 통과될 정도로 충분히 거론되거나 논의되지는 못한 채 국무회의의 의결만으로 서둘러 신규식에 의하여 호법정부 측에 전달되었을 것이라는 추측을 낳게 한다.

한편으로 상호승인 요청에 대하여 쑨원의 낙관적 답변을 들은 이후 광둥정부 내에서 이 문제가 어떻게 논의되고 처리되었는지를 알 수는 없다. 그러나 광저우 중한협회의 성립에 주도적인 역할을 한 딩샹첸이 여러 해 뒤인 1940년에 신규식의 광저우 방문을 회고하면서 당시 비상국회에서 임시정부에 대한 승인안이 상정 통과되었다고 증언한 점이나[82], 또 1944년에 제2차 대전의 종전에 대비하여 중화민국정부로부터 정식 승인을 받아내려는 임시정부 측의 노력이 다시 전개되었을 때

---

81 『중한외교사화』, 5쪽 참조.

82 丁象謙, 「憶韓國臨時政府深得我孫大總統及國會非常會議同情之經過」, 『韓民』(重慶) 第1期 第2號(1940. 4. 25.), p. 11 참조. 딩샹첸은 "1921년 11월 한국임시정부에서 국무총리 겸 외무총장(원문대로임)인 신규식을 특사[專使]로 광저우에 파견하여 중화민국정부와 임시정부의 승인 문제를 협의하게 하였는데 쑨 대총통과 참의원·중의원 양원의 국회비상회의가 찬동을 표시하여 (임시정부가) 한국민족을 통치하는 정통의 민주공화정부임을 즉시로 승인하였다"고 하고 있다.

1921년 쑨원이 임시정부를 승인한 전례가 있었음이 거론되고 있었다는 점[83]은, 비상국회에서 임시정부 승인안이 비공개적으로 상정 통과되었을 가능성을 배제할 수 없게 만든다.[84]

그러나 11월 말경에 열린 비상국회에서 임시정부의 승인안이 아니라 한국독립에 관한 승인안이 상정되어 가결되었다는 사실은[85], 무슨 이유에서인지 비상국회에 임시정부 승인안이 상정되지는 못했음을 알려준다. 그것은 비상국회에서 한국독립 승인안의 상정 처리와 별개로 임시정부 승인안이 상정 처리되었을 가능성은 없다고 생각되기 때문이다.[86] 또 신규식의 광저우 방문 이후 신규식이나 임시정부 측으로부터 단 한 차례도 공식적으로 광둥호법정부의 임시정부 승인 사실이 언급된 적이 없었다는 점도 비상국회에서의 정식 승인절차가 없었음을 보여 주고 있다.

이렇게 볼 때 광둥정부 측에서의 임시정부 승인 문제 처리는, 비상국회의 의결을 거치지 않은 채 쑨원의 개인적인 견해 표명이나 혹은 광둥정부의 비공식적인 승인이라는 형식으로 이루어졌을 가능성이 큰 것이다. 신규식이 5개항의 요청서 이외에 향후 지속적인 외교 연락체제의

---

83 「中韓文協-昨擧行座談會討論承認韓政府問題」, 『大公報』(重慶) 1944. 9. 23., 이것은 추헌수 편, 『자료한국독립운동』 제2권(연대출판부, 1972), 337쪽에서 재인용. 1944년 전후 시기 충칭(重慶) 임시정부의 승인외교와 중국정부의 대응에 대해서는 황묘희, 『충칭대한민국임시정부사』, 경인문화사, 2002, 156~161쪽을 참조할 것.

84 신규식의 쑨원 면담 직후인 10월 13일에 열렸던 비상국회가, 북벌과 재정 문제가 논의되었던 관계로 공개되지 않고 비밀리에 진행되었다는 것은 이 대목과 관련하여 주목해 볼 수 있다. 당시 의장이던 린썬(林森)은 오늘 회의를 비밀회의로 한다고 하고 방청을 불허하였다고 한다. 「香港電」, 『新聞報』(上海) 1921. 10. 16., 2-3; 「香港專電」, 『中華新報』(上海) 1921. 10. 17., 1-2 참조.

85 「國會中朝鮮獨立提案」, 『民國日報』 1921. 12. 5., 1-3 참조.

86 따라서 1921년 비상국회에서 임시정부 승인안이 상정 통과되었다는 딩샹첸의 주장은 부정확한 기억에 의한 것이거나, 한국독립운동에 대한 지지 의도로 내용이 과장되었을 가능성이 크다고 생각된다.

수립을 요구하자 이에 대하여 쑨원이 동의하고 임시정부의 대표를 광저우에 상주하도록 허락한 것은[87] 사실상의 외교관계를 인정한 것으로 볼 수 있다. 또 그 후 이 합의에 따라 임시정부의 공식대표가 광저우에 파견되었다는 사실은[88] 사실상의 외교관계 수립이 있었음을 보여 주는 것으로, 호법정부가 임시정부를 '사실상' 혹은 비공식적으로 승인하였다는 더욱 분명한 증거가 될 수 있을 것이다.

또 1944년 국민당 정부 내에서 임시정부 승인 문제가 다시 제기되었을 때 그 토론과정에서 한 발언자가 합법적 승인은 반드시 법률상의 근거가 있어야 한다고 하면서 '중국은 (이제) 사실상의 승인으로부터 나아가 합법적인 승인을 해야만 할 것이다'라고 한 것은[89] 바로 1921년 단계에서의 승인이 (법률적인 효력을 가지는 합법적 승인은 아니었으나) '사실상의 승인'이었다는 사실을 분명하게 지적한 것이었다고 볼 수 있다.

임시정부에 대한 광둥정부의 승인이 사실상의 승인에 머무르게 되었던 배경에는 물론 임시정부의 현실적 여건이 합법적 승인에 걸림돌로 작용하였던 점도 있다. 합법적 승인을 위해서는 인민, 영토 및 영속성 있는 주권정부 등의 요건을 갖추어야 한다는 점에 비추어 볼 때 임시정부는 상당한 한계를 가질 수밖에 없었던 것이다.

특히 상하이의 프랑스 조계에 만들어진 임시정부는 실제적인 통치력을 행사할 수 있는 영토를 확보하지 못했다는 현실적인 한계가 있었다.

---

87 『중한외교사화』, 28~29쪽 참조.

88 임시정부 측에서는 1922년 2월 초에 박찬익[濮純]을 광저우 주재 대표(특파교섭원)로 파견하였다. 『朝鮮獨立運動』, 293쪽; 『중한외교사화』, 31쪽 참조. 한편으로 박찬익에 대한 소설식의 전기인 『주춧돌』에서는 박찬익이 부대표[副使]의 자격으로 민필호와 함께 신규식을 수행하여 광저우를 방문하였다고 하였으나 (『南坡朴贊翊傳記』, 乙酉文化社, 1989, 166쪽) 『중한외교사화』에서 이에 대한 한마디의 언급도 없는 점으로 미루어 사실이 아닌 것 같다.

89 추헌수 편, 『자료한국독립운동』 제2권, 연대출판부, 1972, 337쪽.

1921년 5월 초 쑨원이 광둥정부의 비상대총통에 취임한 직후 광저우로 쑨원을 예방한 여운형이 광둥정부의 임시정부 승인을 요청하자, 쑨원이 '승인하는 것은 당연한 일이지만 프랑스 조계 내에 있는 정부를 승인하기는 어렵다. (임시정부가) 한국 내 어디에서든 단 며칠만이라도 행정권을 행사하기만 한다면 곧 승인할 것이다'라고 답변했다는 것은[90] 바로 이러한 현실적 문제를 지적한 것이었다고 볼 수 있다.

또 같은 관점에서 본다면, 신규식이 쑨원과 회담하기에 앞서 우팅팡伍廷芳과 우차오슈伍朝樞를 만났을 때 우팅팡이 민필호에게 임시정부의 수도가 어디인가라고 물었던 것은, 민필호의 해석대로 농담조로 물은 것이었다고 할 수도 있겠으나[91] 임시정부 승인 문제와 관련하여 가장 중요한 쟁점이었을 영토 문제를 지적한 것이었다고 볼 여지도 있다고 생각된다. 여하튼 영토 문제를 비롯한 임시정부가 안고 있던 현실적 한계들이 광둥정부가 임시정부를 합법적으로 승인하는 데 커다란 걸림돌이 되었을 가능성이 적지 않다고 하겠다.

그리고 앞에서 언급한 바 한국독립운동세력의 내분이라는 현상과 관련해서 당시 독립운동세력이 쑨원과 접촉하거나 쑨원 측의 지원을 요청하는 경우에 그 창구가 임시정부로 단일화되지 못했다고 보이는데 이것도 쑨원이 임시정부를 합법적으로 승인하는 데 일정한 장애요인으로 작용하였을 가능성이 있다. 예컨대 여운형이 1920년 12월 20일경 광저우로 가서 쑨원과 면담하고 1921년 1월 11일 상하이로 돌아왔으며,[92] 1921년 5월에 쑨원의 비상대총통 취임 축하차 여운형의 동생 여운홍呂運弘이 광저우를 방문하였다거나 같은 시기에 박은식이 따로 광저우를

90 여운홍, 『몽양여운형』, 청하각, 1967, 72~73쪽 참조.

91 『中韓外交史話』, 21~22쪽 참조.

92 「朝鮮治安狀況(大正10年 1月 25日字 高警情報報告)」, 『臨政資料』, p. 555 참조.

방문하였다는 사실 등은[93] 임시정부의 공식통로와는 별개로 한국독립운동세력과 쑨원의 왕래가 있었다는 것을 보여 주는 것들이다. 한국독립운동세력의 이러한 여러 갈래의 쑨원 접촉 시도가 임시정부의 내분에 대한 소식과 함께 쑨원으로 하여금 신규식으로 대표되는 임시정부 집행부를 유일한 합법 정부로 승인하는 데 일말의 장애가 되었을 가능성을 배제할 수는 없는 것이다.

한편으로 비상국회에서 한국독립 승인안이 통과되었다는 것은 임시정부 승인 문제와는 별개로 한국이라는 국가에 대한 승인이라는 중대한 의미를 갖고 있다는 점을 간과해서는 안 될 것이다. 한국이 일본의 속방이 아니라 엄연한 독립국이라는 사실을 확인한다는 것은 임시정부가 한국을 대표하는 정통 정부인가 아닌가라는 정부 승인의 문제보다 더 근본적인 문제로서 한국독립운동의 최고 목적에 해당하는 것이다.

그리고 11월 말의 비상국회에 상정되었던 한국독립승인안의 내용 중에서 의안 제출의 목적으로 워싱턴회의에 전달하기 위한 것이라고 한 것 또한 매우 주목해야 할 대목이다. 즉 이 한국독립 승인안에서는, 일본의 한국 병합은 톈진조약天津條約과 시모노세키조약下關條約을 위반하는 것에서 시작되었는데 중국이 그것을 막아내지 못한 것은 부끄러운 일이라고 하면서, 최근 중국의 재야인사들과 한국 독립지사들이 연합하여 각지에 중한협회를 조직하고 마침 워싱턴회의가 열려 원동遠東 문제를 집중적으로 논의한다고 하니 이 국회에서 한국독립 승인안을 통과시키고 전국에 통전通電으로 알리며 워싱턴회의에까지 알린다면 중국외교의 부끄러움을 씻어낼 수 있을 것이라고 했다.[94] 요컨대 한국독

93 「上海における協成會發會式等報告の件(1921. 5. 11.)」, 『朝鮮獨立運動』, p. 146 참조.
94 「國會中朝鮮獨立提案」, 『民國日報』 1921. 12. 5., 1-3 참조.

립 승인안을 (굳이) 국회에 상정하여 통과시키려는 것은 워싱턴회의에서 한국문제가 상정되고 해결되는 데 일조를 하기 위한 것이라는 이야기가 된다.

워싱턴회의와 관련한 광둥정부의 지지 획득이 신규식의 광저우 방문의 가장 중요한 일차적인 목적이었으니 비상국회의 한국독립 승인은 그러한 목적에 일치했다. 따라서 신규식의 광저우 방문은 그 일차적인 목적을 달성하였다는 점에서 실패한 것이 아니라 성공한 것이었다고 말해야 할 것이다. 11월 말, 아마도 비상국회에서의 한국독립 승인안의 통과 사실을 확인한 이후 상하이로의 귀환을 결정하였을 신규식과 민필호가 2달여에 걸친 광저우방문 결과를 자평하면서 '맡은 바 사명을 거의 다 달성하였다'라고 한 것은[95] 바로 이러한 사정을 반영한 말이었다고 생각된다.

2. 워싱턴회의와 한국독립문제에 대한 쑨원의 입장

신규식의 광저우 방문 목적인 워싱턴회의에의 지지 획득이라는 것에 비추어 신규식-쑨원 회담의 결과가 일단은 성공을 거둔 것이었다고 하더라도 신규식 측이 요구한 차관 제공이나 조차지대 설정 등은 받아들여지지 못하였고 임시정부에 대한 공식적인, 혹은 합법적인 승인도 이루지지 못하였으므로 신규식 쑨원 회담의 결과는 한편으로는 일정한 한계를 드러내고 있었음을 간과할 수 없겠다. 그러면 신규식 쑨원 회담에서 나타난 이러한 결과는 당시 쑨원의 정치적 외교적 입장과는 어떻게 연결하여 이해할 수 있겠는가?

---

95 『中韓外交史話』, 44쪽 참조.

이 점을 살피기 위하여 여기서는 쑨원의 워싱턴회의에 대한 대응을 먼저 살펴보고, 한국독립 문제와 가장 밀접한 관계에 있는 일본에 대한 쑨원의 태도, 그리고 이들 대응 및 태도를 바탕으로 한국독립 문제에 대한 쑨원의 입장을 정리해 볼 필요가 있다.

먼저 워싱턴회의에 대한 쑨원과 광둥정부 측의 대응을 살펴보기로 하자. 워싱턴회의의 개최가 알려진 7월 말 이후부터 광저우의 각계로부터 워싱턴회의에의 참여를 촉구하는 여론이 크게 일어났다. 7월 27일에 열린 비상국회에서는 가오전샤오高振霄의 제안으로 정부에 대표파견을 요청하자는 결의안이 통과되었고[96] 이어 8월 11일의 국회에서는 의장인 린썬林森에 의하여 대총통(쑨원)이 직접 워싱턴회의에 참석하도록 하자는 건의안이 제출되기도 하였다.[97]

또 8월 중순에는 워싱턴회의에 대한 민간적인 지원을 유도하기 위하여 '태평양문제토론회'가 광저우에서 결성되었는데[98] 태평양문제토론회에서는 여러 차례의 토론회를 개최하고 기관지 『태평양주간太平洋週刊』을 간행하는 등 적극적인 여론의 조성에 나섰다.[99] 일부에서 파리강화회의의 전례를 들어 워싱턴회의에 대한 비관론과 참가반대 의견이 없었던 것은 아니지만,[100] 전반적으로는 태평양회의가 불평등조약의 취소와

---

96 「新政府外交之進行」, 『民國日報』 1921. 8. 17., 1-4 참조.

97 이 제안은 쑨원의 의견을 들은 후 다시 토론키로 함으로써 결정이 유보되었다. 「國會開會重要議案記」, 『民國日報』 1921. 8. 19., 2-6 참조.

98 태평양문제토론회의 회장에는 왕징웨이(汪精衛)가, 부회장에는 쩌우루(鄒魯)가 각각 선출되었다. 「廣州電」, 『民國日報』 1921. 8. 24., 1-3; 「廣州特約通信」, 『民國日報』 1921. 8. 26., 2-6 참조.

99 「廣州特約通信」, 『民國日報』 1921. 10. 3., 1-3 참조.

100 「言論-國人對於太平洋會議的謬誤心理-」, 『民國日報』 1921. 8. 7., 1-2 참조. 또 앞에서 인용한 상하이 중한호조사 다화회에서 행한 쉬첸의 연설도 워싱턴회의에 대한 부정적 의견을 대표한다고 할 것이다. 「中韓互助社之茶話會」, 『民國日報』 1921. 9. 18., 3-10 참조.

산동문제의 해결 등 중국의 현안을 해결하기 위한 하나의 중요한 기회라는 데에 대해서는 인식이 같았다.

이러한 상황 진전과 여론에 대한 쑨원과 광둥정부 측의 대응은, 표면적으로는 낙관적이면서도 실제로는 매우 신중한 것이었다. 국회의 대표 파견 촉구 결의가 있기 직전인 7월 말에 광둥정부 국무회의에서는 이미 워싱턴회의에 대한 대표파견을 결정하고 외교부를 통하여 관련국들에게 광둥정부 대표의 참가를 요구키로 하였었는데[101] 국회의 워싱턴회의 참여 촉구 요구를 받자 쑨원은 국무회의의 결정을 들어, 대표파견의 준비가 현재 진행되고 있으며 외교부를 통하여 각국에 대표파견을 요청하는 외교를 벌이고 있다고 답변하였다.[102] 또한 쑨원은 자신의 직접 참석 요구에 대해서는 신중론을 내세우면서 한편으로는 외교부를 통하여 워싱턴에 특사를 파견한 다음 광둥정부 대표의 회의 참석에 대한 미국 정부의 동의를 요구하였다.[103] 이는 광둥정부가 국제적 승인을 전혀 받고 있지 못한 상황에서 워싱턴회의에의 대표 파견이 순조롭지 못할 것이라는 현실적 판단이 이러한 신중론의 배경에 있었던 것이다.

미국 정부 측에서는 8월 13일 베이징정부 측에 회의 참석 요청서를 보냄으로써 베이징정부를 중국의 중앙정부로 인정한다는 방침을 분명히 하였고 베이징정부 측에서도 곧바로 회의 참가를 통보함으로써 이에 호응하고 나섰다. 그러자 쑨원은 8월 25일 개최된 국무회의에서 이에 반박하는 입장을 밝히고 미국의 재고를 촉구하고 나섰다. 쑨원은 광둥정부가 중국을 대표하는 합법정부이기 때문에 워싱턴회의에의 대표 파견 문제는 광둥정부가 주도적으로 처리[主持]해야 한다고 하고, 반면에

101 「廣州電」, 『民國日報』 1921. 8. 3., 1-2 참조.
102 「新政府外交之進行」, 『民國日報』 1921. 8. 17., 1-4 참조.
103 「廣州特約通信」, 『民國日報』 1921. 8. 28., 2-6 참조.

베이징정부는 비합법정부이기 때문에 대표를 파견할 권한이 없으며, 만약 베이징정부에서 대표를 파견하여 회의에 참석하고 조약을 맺는다면 (광둥정부는) 승인할 수가 없으므로 (결국) 효력을 가질 수도 없을 것이라고 주장하였다.[104] 또 9월 5일에는 같은 취지의 선언서를 발표하였다.[105] 그런 한편으로 쑨원은 워싱턴회의가 본질적으로 파리강화회의와 다를 것이 없는 것으로서 중국에게는 해가 될 뿐이라고 하면서[106] 워싱턴회의 자체에 대하여 비판을 가하기 시작하였다.

광둥정부의 항의와 일부 미국 내의 여론에 영향을 받은 미국 측에서는, 베이징정부가 받아들인다면 광둥정부의 대표 1인을 중국대표단에 포함시킬 수 있을 것이라는 입장을 표명하였고 베이징정부 측에서도 광둥정부 외교차장 우차오슈의 대표단 참가를 받아들이겠다고 밝히기도 하였다.

그러나 광둥정부 측에서 베이징정부가 비합법 정부라는 주장을 내세우고 남북 양정부가 연합하여 대표를 파견하는 것이 현실적으로 어렵다는 점을 들어 이 제안을 거부함으로써[107] 협상은 결렬되었다. 10월 초 베이징정부가 주미 공사 스자오지施肇基를 수석대표로 하고 주영 공사 구웨이쥔顧維鈞과 대법원장大理院長 왕충후이王寵惠를 전권대표로 하는 130여 명의 대규모 대표단을 워싱턴에 파견함으로써[108] 쑨원과 광둥정

104 「廣東特約通信 : 新政府決遣派太平洋代表」, 『民國日報』 1921. 9. 2., 1-4 참조.

105 『孫中山年譜長編』 下册, pp. 1375~1376 참조.

106 상하이총상회(上海總商會) 등 각 단체의 요청으로 9월 초 광저우에 와서 쑨원과 면담한 장멍린(蔣夢麟)에게 쑨원은 '워싱턴회의는 파리강화회의의 다른 모습[變相]이며 영국과 일본이 미리 짜고 중국문제에 대처하고 있어서 결국 중국에게는 불리할 뿐이라'고 말하였다. 『孫中山年譜長編』 下册, pp. 1377~1378 참조.

107 「論說 : 孫中山之外交觀」, 『中華新報』 1921. 10. 3., 1-2; 「汪精衛與國聞通信社記者之談話」, 『四民報』 1921. 10. 5., 3-11 참조.

108 石源華, 『中華民國外交史』, 上海(上海人民出版社), 1994, p. 184 참조. 중국대표단 일진은 90여 명으로 10월 4일 상하이를 출발하였다. 「太平洋會議의 中國代表團 出發」,

부의 워싱턴회의 참석 요구는 사실상 좌절되고 말았다.

이후 쑨원과 광둥정부 측은 워싱턴회의에 대해 베이징정부와 그 대표단의 불법성을 지적하면서 이들의 활동이 열강들의 중국 내 권익을 비호하는 매국적인 것이라고 비판하였고,[109] 열강들의 중국 내정 간섭을 배제하고 열강들이 가지고 있는 중국 내의 모든 이권과 불평등조약을 취소해야 한다는, 보다 원칙적 요구를[110] 제기하게 되었다.

요컨대 워싱턴회의에 대한 쑨원과 광둥정부의 대응은, 초기에 미국에 대한 기대와 환상으로 인하여 워싱턴회의에의 참여와 대표 파견에 노력을 경주하는 것으로 나타나 부분적으로 현실성이 결여되었다는 비판을 받을 여지도 있으나, 기본적으로는 회의 참석이 현실적으로 불가능할 가능성이 크다는 판단 아래 매우 신중한 형태로 나타나고 있었다. 또 회의 참여가 불가능하다는 것이 분명해진 이후에 가서는 베이징정부의 정통성을 부인하고, 워싱턴회의 자체의 부당성을 비판하는, 보다 적극적인 입장 표명을 보이고 있었다.

쑨원과 광둥정부 측의 이러한 입장(혹은 입장 변화)은 베이징정부가 외교적 대표성을 가지고 있는 현실적 상황으로 본다면 불가피한 것이었다고 하겠다. 그러나 한편으로 쑨원과 광둥정부의 입장변화는 북벌의 본격적인 추진으로 나타나고 있던 북방군벌에 대한 태도 변화나 쑨원이 1919년 이후 가지게 되었다고 하는 제국주의에 대한 새로운 인식, 특히 일본에 대한 인식 변화와도 일정한 관련이 있었다고 말해진다.[111]

『독립신문』 1921. 10. 5., 2쪽 참조.

109 「廣州電」, 『民國日報』 1921. 12. 26., 1-2; 「伍總長論華會與新政府」, 『民國日報』 1921. 12. 31., 1-3 참조.

110 광둥정부 측에서는 워싱턴회의 개막 이후 외교부장 우팅팡(伍廷芳)의 명의로 전문을 두 차례 보냈다. 「華盛頓會議에 廣東政府 再電」, 『독립신문』 1921. 12. 6., 2쪽 참조.

111 梁碧瑩, 「孫中山與華盛頓會議」, 『中山大學學報論叢』 1992-5 (孫中山硏究論文集 9),

논쟁의 여지가 없지는 않지만, 일본에 대한 쑨원의 태도가 1919년 이후 상당히 변했다는 주장이 일반적이다.[112] 확실히 1919년 이후 일본의 침략에 대한 쑨원의 비판이 빈번해지고 첨예해졌음을 확인해 볼 수 있다. 예컨대 쑨원은 근대일본의 동아시아에 대한 정책은 무력적이고 자본 침략을 위주로 하고 있으며 중국에 대한 일본의 목적은 늘 수구세력을 심어서 혁신운동을 억압하는 데 있어 왔다고 하면서 일본의 역할에 대하여 근본적인 비판을 하고 있고[113], 21개조요구에 대해서도 그것이 중국의 주권을 거의 완전하게 장악하려는 것이었다고 하면서 (만약 21개조요구대로 된다면) 중국은 한국처럼 일본의 식민지로 전락하게 될 것이기 때문에 21개조요구의 폐지만이 중국문제를 해결할 수 있는 유일한 방안이라는 점을[114] 분명하게 지적하고 있었다. 쑨원은 이런 자신의 입장이 다른 제국주의 열강들과 비교하여 일본을 더 배척하는 것은 아니라고 하면서도 일본이 종래 취해왔던 정략적이고 은혜를 베푸는 식의[賣恩的] 권모술수를 중단해야만 할 것이라고 주장하였다.[115]

그러나 일본에 대한 이러한 본격적 비판은 당시 일본이 그 이전에 비하여 더욱 노골적으로 베이징정부를 지지하고 광둥정부에 반대하는 입장을 취했던 탓에 나타난 것으로 생각되기 때문에, 이것이 곧 쑨원의 제국주의, 혹은 일본에 대한 인식의 근본적인 변화를 반영한 것인지에 대

---

pp. 100~101 참조.

112 藤井昇三, 「孫文の反帝國主義-不平等條約廢棄論と日本お中心に-」, 孫文研究會 編, 『孫中山研究日中國際學術討論會報告集』, 京都, 1986, p. 237; 趙軍, 「孫中山和大亞洲主義」, 『社會科學戰線』 1988-4, p. 198; H. Z. Shiffrin 저, 閔斗基 역, 『손문평전』, 지식산업사, 1990, 202~203쪽 참조.

113 「致田中義一函(1920. 6. 29)」, 廣東省社會科學院歷史研究室 等編, 『孫中山全集』 第5卷, 北京(中華書局), 1981, p. 276 참조.

114 「在上海歡迎美國議員團的演說(1920. 8. 5)」, 『孫中山全集』 제5권, pp. 300~301.

115 「與東方通訊社特派員的談話(1921. 2. 26)」, 『孫中山全集』 제5권, p. 469 참조.

해서는 동의하기 어려운 대목이 있다.[116] 또 1924년 11월의 일본 방문과 고베에서의 이른바 대아시아주의 강연에서 드러나고 있듯이, 쑨원이 생애 말년까지 일본의 지원에 대한 강한 집착을 가지고 있었음을[117] 고려한다면 그의 대일인식이 근본적으로 변했다고 보기는 더욱 어렵다.

이 대목에서 쑨원의 한국문제 혹은 한국독립 문제에 대한 태도를 검토할 필요가 있게 된다. 왜냐하면 쑨원의 일본에 대한 태도가 일정한 정도로 한국독립 문제에 대한 태도와 관련되어 있다고 생각되기 때문이다. 그런데 이 시기 쑨원이 한국(조선) 문제를 언급한 대부분의 경우는 일본의 중국 침략을 저지한다거나, 산둥문제 해결의 한 가지 방편으로서 한국(독립) 문제를 취급하면서 일본의 침략으로부터 중국을 보호하기 위해서는 (한국의 독립이 아니라) 한국을 완충국으로 만들어도 좋다는 입장을 보이고 있는 것이고[118] 그런 의미에서 쑨원은 한국의 독립 그 자체에 대해서는 매우 소극적이었다고까지 말할 수 있다.

또 쑨원이 한국의 독립 문제에 대하여 언급한 몇 번의 경우 중에도 한국의 독립을 직접적으로 지지한 경우는 매우 적다. 그 가운데 한국의 독립을 적극적으로 지지하였다고 해서 당시 한국 언론들의 주목을 받아 상하이임시정부의 기관지였던 『독립신문』과 국내의 민족주의 언론의 중심이었던 『동아일보』에 번역되어 실리기까지 하였던 한 글의 경우에도, 청일전쟁에서 중국은 조선의 독립을 침해하고 있다는 일본의 정의로운 주장에 승복한 것이었기 때문에 그 후 중국인들은 일본을 숭배하기까지 이르렀었는데, (훗날 이것을 무시하고) 일본이 조선을 점령하게

116 俞辛焞, 「孫中山對日態度再認識」, 『歷史研究』 1990-3, pp. 144~145 참조.

117 대아시아주의 강연과 대일 의존적 태도에 대해서는 배경한, 『쑨원과 한국』, 한울, 2007, 239~240쪽 참조.

118 「與上海通訊社記者的談話(1920.11.8)」, 『孫中山全集』, 제5권, p. 399; 「民族主義 第六講(1924.3.2)」, 『孫中山全集』, 제9권, p. 246 참조.

되어 중국인들에게 커다란 위협이 되었으므로 (일본의 한국병합은) 철회되어야 한다는 식으로 한국문제를 다루고 있다.[119] 쑨원의 관심은 어디까지나 중국에 대한 위협을 제거하기 위한 하나의 단계로서 일본의 한국에 대한 독립 승인을 요구하는 것에 머물러 있었지, 중국의 독립이나 자존과 마찬가지의 대등하고 객관적인 입장에서 한국의 독립을 요구하던 것은 아니었다고 생각된다.[120]

그렇다고 해서 쑨원이 신규식의 광저우 방문이나 임시정부 승인 요청과 같은 상황 아래에서조차 한국독립 문제에 대하여 소극적인 자세로 일관할 수는 없었을 것이다. 중한협회의 창설과 관련하여 광저우 주재 일본 영사가 광둥성 정부에 항의하는 사태가 있었는데, 이에 대하여 성정부 측에서는 결사의 자유를 이유로 항의를 받아들이지 않았다는[121] 것과 신규식의 광저우 방문과 관련하여 광저우시 공안국장이던 웨이방핑魏邦平이 한국인들이 과격한 행동으로 나가지 않는 한 단속하기 어렵고 또 한국임시정부가 광저우로 이동해 온다고 하더라도 적극적으로 막

---

119 「支那人の日本觀」, 『大正日日報』(大阪) 1920. 1. 1., 참조. 이 글은 제일 먼저 상하이의 한국독립운동 조직이던 신한청년당의 기관지 『신한청년』에 번역되어 실렸고, 이어서 각각 다른 통로로 『독립신문』과 『동아일보』에 번역되어 실렸다. 『孫中山集外集』에는 『신한청년』의 번역문이 들어 있다. 배경한, 「중국현대사연구에 있어서 신문자료의 효용과 한계」, 『서울대동양사학과논집』 제15집(1991. 12), 75~76쪽의 각주 34 참조. 『大正日日報』의 원문 확인에는 일본 고베대학의 야스이 산키치(安井三吉) 교수의 도움을 받았다. 이 자료의 발굴과정에 대해서는 王耿雄, 「王耿雄復裴京漢函」, 『近代中國』 第3輯(1993.5), pp. 316~317을 참조할 것.

120 이에 비하여 藤井昇三은 『大正日日報』에 실린 이 글을 쑨원의 일본에 대한 관점 내지 제국주의관이 1919년을 전후로 하여 변화하였음을 보여 주는 증거로 보고 있다. 藤井昇三, 「孫文の民族主義」, 藤井昇三·横山宏章 編, 『孫文と毛澤東の遺産』, 東京, 1992, pp. 48~50 참조.

121 『독립신문』의 보도에는 '일본 영사가 한중협회의 발기 행사를 저지하기 위하여 광둥정부에 교섭했으나 광둥정부 교섭원이 인민이 자유로이 결사한 것을 정부로서 간섭할 수 없다고 하였다더라'고 하고 있다. 「廣東의 韓中協會와 敵領事의 妨害」, 『독립신문』 1921. 10. 14., 3쪽; 「香港電」, 『新聞報』 1921. 10. 14., 2-3 참조.

기는 어렵다고 일본 측에 이야기했다는[122] 것, 이 두 가지 사례는 (일본 측의 항의에도 불구하고) 쑨원이나 광둥정부가 한국독립을 분명하게 지지하고 나선 대목으로서 주목된다.

그러나 신규식과의 회담에서 쑨원이 한국독립을 지지하는 근거로서 시모노세키조약을 들면서 그 회복을 주장했던 이유는, 앞서 지적한 대로 중국문제 해결의 한 방편으로서 한국독립을 주장하는 입장의 표현이 아닌지 한번 짚어보아야 할 대목이라고 여겨진다.[123] 쑨원이나 광둥정부 측 인사들이 한국독립 승인의 근거로서 끝까지 시모노세키에 집착하고 있었던 점이나,[124] 중한 양국 간의 밀접한 관계를 말하면서 늘 같은 종족, 같은 문자[同種同文]의 문화와 역사를 내세우고 있었던 점은,

---

122 『朝鮮獨立運動』, p. 169 참조.

123 『中韓外交史話』에서는 쑨원이, 시모노세키조약의 불법성을 지적하면서 만약 열국이 시모노세키조약이 평등하고 합법적이지 않다는 점을 승인한다면 그 후의 여러 조약들(예컨대 일본의 한국 병합)은 모두 무효가 될 것이라고 하였다. 그런데 쑨원이 시모노세키조약에 대하여 언급한 경우에 『중한외교사화』의 기술처럼 시모노세키조약 자체의 부당성을 지적하는 경우와 함께, 때로는 (시모노세키조약 자체는 정당한데) 일본이 부당하게 그것을 어겼다고 주장하는 경우가 있어서 정세의 변화에 따라 시모노세키조약의 회복과 취소를 번갈아 주장하고 있었다는 지적은 매우 흥미로운 것이다. (森悅子, 앞의 논문, pp. 74~77 참조) 그러나 한국문제와 관련하여 말한 경우, 한국의 자주독립국임을 밝힌 시모노세키조약의 회복을 주장하는 경우이거나 혹은 일본의 한국 침략 구실을 제공한 시모노세키조약의 취소를 주장하는 경우이건 간에 결국은 모두 일본의 부당한 한국 침략을 비판하고 한국의 독립을 옹호하려고 하였다는 점은 일치한다. 시모노세키조약의 회복을 주장하는 경우에는 한국의 독립 승인을 회복하라는 것이며 그 취소를 주장한 경우에는 시모노세키조약을 어기고 한국을 침략한 행위의 취소를 말한 것이라고 볼 수 있으므로 경우에 따라 표현이나 강조점은 달랐더라도 말하고자 하는 의도는 같은 것이었다고 생각되는 것이다.

124 당시 중한 양측 인사들이 대부분 한국독립의 조약상의 근거로 시모노세키조약을 내세우면서 일본의 시모노세키조약 이행[回復]을 주장하고 있었다. 중한협회가 워싱턴회의에 보낸 선언서에서도 일본의 시모노세키조약 이행을 주장하고 있었고 비상국회에 제출된 한국독립 승인안에서도 시모노세키조약의 정당성을 내세우고 있었다. 「太平洋會議에 對한 中韓協會의 宣言」, 『독립신문』 1921. 11. 19., 3쪽; 「國會中朝鮮獨立提案」, 『民國日報』 1921. 12. 5., 1-3 참조.

시모노세키조약 이전의 상황 즉 중국이 한국에 대하여 종주권을 행사해 오던 상황(혹은 그 회복)을 염두에 둔 것과 관련이 없었는지에 대한 검토가 필요하다고 생각되기 때문이다. 이 점은 특히 쑨원이 말년까지 중화주의적 영토관념을 가지고 있어서 할 수만 있다면 주변민족들을 복속하기를 희망했었다는 점과도[125] 어떤 맥락에서는 연결이 되는 것으로 생각된다.

이상으로 쑨원과 광둥정부 측의 워싱턴회의에 대한 대응 및 일본에 대한 인식, 그리고 한국독립 문제에 대한 태도를 살펴보았는데, 과연 신규식의 광저우방문과 임시정부 승인 문제와 워싱턴회의에서의 한국 지원 요청과 관련하여 어떻게 이해할 수 있을까? 우선 쑨원과 광둥정부 측의 워싱턴회의에 대한 기대는 임시정부의 그것에 비하여 처음부터 상당히 적었으며, 적어도 신규식이 광저우를 방문한 10월 초에 가서는 회의 참여가 불가능해진 상황에서 베이징정부(혹은 그 대표)의 비합법성을 맹렬하게 비판하면서 워싱턴회의 자체의 의미를 인정하지 않을 만큼, 매우 부정적인 것으로 바뀌어 있었다. 따라서 이러한 상황에서 워싱턴회의에의 한국 참여를 지원할 여유가 거의 없었을 것으로 생각된다.

그리고 1919년 이후 상당히 변화되었다고 하는 쑨원의 일본에 대한 인식도 근본적으로 변화했다라고 보기보다는 베이징정부에 대한 일본의 지원이 더욱 노골화된 단계에서 나타난, 보다 적극적인 일본에 대한 비판이었다고 보아야 할 것으로 생각되기 때문에 이러한 인식의 변화가 곧 한국독립에 대한 지지로 이어지기는 어려웠다고 보인다.

---

125 배경한, 『쑨원과 한국』, 100, 115쪽 참조.

제2절

1920~1923년 중한호조사의 성립과 한중연대 활동

Ⅰ. 중한호조사의 성립과정

1. 쑨원孫文과 김창숙金昌淑의 면담과 광저우에서의 '중한호조' 활동

중한호조사의 성립과 관련하여 그간의 연구들에서는 주로 한국임시정부 측의 노력과 각지의 일부 중국인들의 호응에 주목하여 설명해 왔다. 큰 틀에서 보면 이러한 설명이 틀린 것은 아니지만, 그 출발점과 활동상에 대해서는 보다 광범하고 세심한 추적이 필요하다고 본다. 이와 관련하여 필자는 그간 전혀 주목받지 못했던, 1919년 이후 상하이를 중심으로 활동했던 독립지사 김창숙의 회고에 주목하게 되었다. 김창숙은 영남 유림 출신으로 파리강화회의에 보낼 유림의 탄원서[이른바 파리장서巴黎長書]를 만들어 전국 유생들의 연대 서명을 받아 중국을 거쳐 파리로 가기 위하여 1919년 3월 말 상하이로 왔다. 김창숙은 고향을 떠나기 전 영남유림의 지도자 곽종석郭鍾錫으로부터, 이전부터 문통이 있던 윈난雲南 출신 국민당인國民黨人 리원즈李文治를 만나 도움을 청하라는 권유를 받았고, 상하이 도착 이후 당시 광저우에서 비상국회 참의원으로 활동 중이던 그와 연락을 취했다. 리원즈는 마침 상하이에 와있던 허난河南 출신 중의원 링웨凌鉞로 하여금 김창숙을 돕도록 했는데 김창숙이 쑨원을 만나게 된 것은 이 링웨의 소개를 통해서였다.[1]

김창숙과 쑨원의 면담은 1919년 7월 상하이 프랑스 조계 몰리에르로莫利愛路, Rue Moliere에 있는 쑨원의 집에서[2] 이루어졌다. 쑨원은 김창숙에게 한국의 최근 상황, 곧 3·1운동과 그 후의 상황에 대하여 물어본 다음, 일본의 잔학한 통치를 비판하면서 중국과 한국의 관계는 형제의 관계이며 순치脣齒의 관계라고 말하였다. 쑨원은 한국이 동양의 발칸巴爾干이라고 말하면서, 일본 제국주의가 한국을 교량으로 삼아 중국을 침략하고 있기 때문에 중국이 한국의 독립을 지원하는 것은 곧 중국의 독립을 보전保全하는 길이라고 주장하였다. 쑨원은 한국과 중국의 긴밀한 제휴를 위하여 김창숙에게 혁명운동護法運動의 중심지인 광저우를 방문하도록 권유하였고[3] 이 권유에 따라 8월 광저우를 방문하였다. 김창숙은 광저우에서 리원즈를 통하여 많은 국민당 측 인사들과 교류하게 되었는데 그중에서도 리원즈, 링웨, 우산吳山 이 세 사람과 특별히 밀접한 교류를 가지게 되었다.[4]

당시 광저우에서는 호법정부 사법부司法府 차장 우산의 제안으로 상하이한국임시정부를 돕기 위한 후원회가 만들어져 한 차례 발기대회를 개최하기도 하였다. 300여 명의 군계軍界, 정계, 교육계, 상계商界 인

---

1 「躄翁七十三年回想記」, 心山思想硏究會 編, 『金昌淑文存』, 成均館大學校大東文化硏究院, 1986, 200~202쪽.

2 현재 上海市 黃浦區 香山路에 있는 孫中山故居紀念館이다.

3 「躄翁七十三年回想記」, 203~205쪽.

4 「躄翁七十三年回想記」, 206~208쪽.

사들이 참여한 발기대회는 중의원 부의장 주푸청褚輔成이[5] 의장을 맡아 진행되었으며 특히 임시정부에 대한 후원금 모금이 논의되자 그 후 리원즈의 책임 아래 적지 않은 후원금이 모인 것으로 알려졌다.[6] 또 후원회에서는 상하이에 와 있던 한인 유학생들 가운데 경제적으로 어려운 사람들을 50여 명을 광저우로 초청하여 중국어와 영어를 가르치는 어학강습소를 운영하기도 하였다. 그러나 후원회의 모금활동과 한인 학생들을 위한 어학강습소 운영은 몇 달 만에 중단될 수밖에 없었다. 1920년 3월에 시작된 광둥군粵軍과 광시군桂軍 사이의 군사적 충돌로 인하여 호법정부의 근거지가 없어지는 사태가 벌어지자 우산과 링웨, 리원즈 등 후원회를 이끌던 중국 측 인사들이 모두 광저우를 떠나고 말았기 때문이었다.[7]

비록 중도에 좌절되기는 했으나, 1919년 8월에서 1920년 3월 사이에 있었던 김창숙의 광저우 방문과 이어서 추진되었던 이러한 "중한호조" 활동들은 뒤에 상하이에서 중한호조사가 만들어지는 단계에 가서 추진된 일련의 활동들과 사실상 동일한 것들이다. 이뿐만 아니라 뒤에 서술할 것처럼 1920년 10월 이후 상하이에서 중한 양측에 의하여 논의된 중한호조사 조직도 광저우에서의 활동에서 중심적인 역할을 했던 우산에 의하여 이루어졌다. 이런 점에서 본다면, 김창숙의 광저우 방문과 광저

---

5 주푸청은 뒤에 윤봉길의거 이후 상하이를 떠나 자싱(嘉興)으로 피신해 간 김구를 돕는 데에 앞장섰던 인물로 널리 알려져 있다.

6 뒷날 이 後援金의 처리를 둘러싸고 많은 雜音이 생겼는데 최근 北京大學의 王元周 교수가 이 문제에 대하여 자세한 추적 연구를 진행하여 "실제로 기부금 액수가 그렇게 많지 않았으며 후원금을 유용한 것도 李文治가 아니라 李文治의 사위인 韓人 이흔(李俒)이다"라는 사실을 밝혀냈다. 王元周, 「李文治, 李俒與韓國獨立運動-私呑捐款事件探析」, 『當代韓國』(中國社會科學院 韓國研究中心) 2017年 第3期 참조.

7 「蹇翁七十三年回想記」에서는 1920년 3월에 광둥군 지도자 李烈鈞이 자신의 부하인 李根源에 의하여 축출당하여 護法政府 인사들이 흩어지게 되었다고 쓰고 있는데 이는 부정확한 서술이다.

우에서의 중한호조 활동은 1921년 봄 이후 전국의 여러 도시에서 만들어지는 중한호조사 조직과 활동의 실질적인 출발점으로 보아도 무리가 없을 것이다.

2. 각지 중한호조사의 성립과정

김창숙이 상하이로 돌아온 수개월 뒤인 1920년 10월 중순 홍콩에서 상하이로 오게 된 우산이 김창숙을 통하여 임시정부 요인들을 만나게 되었고 그 자리에서 중한 협력을 위한 단체, 곧 '중한호조회中韓互助會' 조직을 논의하기 시작하였다.[8] 당시 우산의 요청으로 김창숙은 이동휘李東輝, 이동녕李東寧, 박은식朴殷植, 이시영李始榮, 김구金九, 신규식申圭植, 김가진金嘉鎭 등 임시정부 요인들을 우산에게 소개해 주었고, 임시정부 측에서는 국무총리 이동휘를 비롯한 50여 명의 요인들이 참석한 가운데 우산과 (마찬가지로 국민당 지도자로 대표적 친한파 인물인) 쉬첸徐謙을 초청하는 연회를 성대하게 베풀었다는데 이 자리에서 상하이에 본부를 두고 전국에 지부를 두는 중한호조 조직을 만들 것이 논의되었다.[9]

그러나 중한호조사 창설에 관한 한중 간의 합의가 1920년 10월 중순에 이루어진 이후 곧바로 단체 결성으로 나아가지는 못했으니 구체적인 단체 결성 작업은 이듬해인 1921년 봄에 가서야 시작된 것으로 보인다. 다시 정리하자면 임시정부 측에서 외무부 소속의 임시선전원으로 황영희黃永熙를 임명한 뒤 쓰촨四川, 윈난雲南, 구이저우貴州 등지에 출장을

8 「躄翁七十三年回想記」, 218~221쪽.
9 「躄翁七十三年回想記」, 219~220쪽.

명한 것이 1921년 3월 중순이었고, 마찬가지로 조중구趙重九를 임시선전원으로 임명하고 후베이湖北로 출장 보낸 것은 3월 하순이었다. 이들이 후난湖南에서 활동한 것이 3월 말로 보고되고 있었는데 이들의 활동 결과로 같은 시기(3, 4월) 후난湖南, 長沙, 안후이安徽, 安慶, 후베이湖北, 漢口 등지에서 중한호조사가 만들어졌던 것이다.[10]

그리고 5월에 가서는 이들 각지의 중한호조사 조직을 연결, 총괄하는 전국적 조직인 중한호조총사가 상하이에 만들어졌다.[11] 또 같은 해 9월에는 신규식의 광저우호법정부 방문을 계기로 하여 광저우에 중한협회中韓協會가 만들어졌는데, 이 중한협회 또한 이름은 조금 다르지만 중한호조사와 같은 한중연대조직이었다.[12] 이 밖에 성립 시기를 확인할 수는 없지만 쓰촨성 충칭重慶에도 중한호조사(지사)가 만들어졌음이 확인되었고 하얼빈 등 둥베이東北(곧 東三省) 지역에도 중한호조사가 만들어졌을 가능성이 적지 않다.[13] 이렇게 본다면 1920년 10월경 우산, 쉬

10 「朝鮮民族運動年鑑」, 『大韓民國臨時政府資料集』 別册 2, 果川(國史編纂委員會), 2009, 106~107쪽. 각지 중한호조사 성립에 대한 자세한 연구로는 조덕천, 『중한호조사와 한중연대』, 역사공간, 2021이 있다.

11 『東亞日報』의 1922년 10월 30일자 보도는 1921년 봄 上海에서 中韓互助社가 中韓 양측 인사들에 의하여 '共同發起'되었고 (발기 당초부터) 上海에 總社를 두고 중국 주요 도시에 支社를 두도록 계획되었다고 하였다. (「內容을 擴張한 互助社」, 『東亞日報』 1922. 10. 30., 3쪽) 中韓互助總社의 정확한 成立日을 알 수는 없으나 『獨立新聞』의 中韓互助總社 제2회 대회(1922년 9월에 5일)에 관한 보도 가운데서 "昨年 5월에 上海에서 조직되었다"고 한 것을 통하여 1921년 5월에 조직되었다는 사실을 확인할 수 있다. 「中韓互助社大會」, 『獨立新聞』 1922. 9. 11., 2쪽.

12 「廣東における中韓協會發會の件」, 『朝鮮獨立運動』, p. 474 참조. 당시 上海에서 발행되고 있던 『四民報』는 廣州 지역의 여러 團體를 紹介하는 가운데 中韓協會를 일곱 번째로 들면서 "(이제) 成立한 지 두 주일밖에 되지 않았다"고 하고 있다. 「廣州社會之裏面觀(續)」, 『四民報』 1921. 10. 15., 2-8. 이 책 제3장 제1절 참조.

13 1922년 10월 중순의 『獨立新聞』 보도에서는 "중한호조사 重慶支社에서는 社報를 여러 차례 발행하고 있다"고 하면서 "韓人이 많이 거주하는 東三省 지역에 중한호조사를 만들기 위해 중국인 汪劍農(중한호조총사 중국 측 멤버)에게 이 일을 부탁하였다"고 하고 있다. 「中韓互助社消息」, 『獨立新聞』 1922년 10월 12일, 2쪽.

첸 등 중국 측 인사들과 김창숙, 이동휘 등 임시정부 요인들 사이에 설립이 처음 논의되었던 중한호조사는, 황영희와 조중구 등 임시정부 선전원들이 1921년 3월 이후 중국 각지에 파견되면서 중국 내 여러 지역에서 만들어지기 시작하였으며 5월 상하이를 중심으로 전국에 중한호조총사가 만들어졌음을 알 수 있다.

이 가운데서 창샤중한호조사와 안칭중한호조사, 한커우중한호조사, 상하이중한호조총사, 광저우중한협회의 경우에는 발기인이나 간부들의 명단과 조직의 목적 등을 확인해 볼 만한 자료가 일부 남아 있다.[14] 창샤중한호조사는 양국 국민들의 감정과 발전(상황)을 연락하며 중한 양국민을 위한 사업을 계획하는 것을 목적으로 하여 1921년 3월 14일에 선산학사船山學社 옛터舊址에서 조직되었으며 이우민李愚珉, 황영희, 이기창李基彰 등 3명의 한국인과 마오쩌둥毛澤東, 허슈헝何叔衡 등 28명의 중국인으로 구성되어 있었다.[15] 28명의 중국인들 가운데에 8명의 신민학회新民學會 회원과 12명의 문화서사文化書社 회원이 포함되어 있었고 두 조직의 지도적 인물인 허슈헝, 마오쩌둥, 허민판賀民范 세 사람이 중한호조사의 중국 측 간부를 맡고 있었던 것으로 보아서 중국 측 발기인 대부분이 당시 창샤에서 활동하고 있던 혁명적 청년그룹의 멤버들이었다고 보는 데 무리가 없다.[16]

14 각 지역 중한호조사의 구성원과 관련 규정 등에 대해서는 앞의 조덕천, 『중한호조사와 한중연대』에 자세하다.

15 『朝鮮民族運動年鑑』(대한민국임시정부자료집 별책 2), 123쪽; 李永春, 「長沙中韓互助社成立時間和社址考」, 『近代史研究』 2005年 第3期, pp. 224~234 참조.

16 『朝鮮民族運動年鑑』, 123쪽 참조. 이 가운데 확인해 볼 수 있는 新民學會 회원으로는 羅宗翰, 張超(泉山), 蕭旭東, 何叔衡, 謝覺哉(煥南), 毛澤東, 易禮容, 陶毅가 있고 文化書社의 회원으로는 毛澤東, 何叔衡(瞻岵), 易培基, 賀民范, 仇鰲, 陶毅, 任慕堯, 熊夢非, 匡日休, 方維夏, 劉馭皆, 易禮容이 있다. 『年鑑』에 仇數魚, 任慕克, 羅宗輪, 能夢非, 劉馭背라고 한 것은 각각 仇鰲, 任慕堯, 羅宗翰, 熊夢非, 劉馭皆의 誤字일 것이다. 이상 新民學會와 文化書社의 회원명단에 대해서는 張允侯 等編, 『五四時期的社團』(一),

창샤중한호조사가 성립된 직후인 3월 17일에 만들어진 안칭중한호조사의 경우에 중국 측 참여 인사들의 면면은 밝혀져 있지 않으나, 한국독립당 비서장으로 알려진 조철趙鐵과 다른 인물인 이송근李松根의 초청으로 안칭安慶 지역의 상계商界, 학계學界 인사 등 20여 명이 참석하여 성립대회가 열렸다는 보도기사를 보면[17] 임시정부에서 파견된 선전원들의 주도로 안칭 지역 진보 인사들이 참여하여 만들어진 것으로 보인다.

한편 1921년 4월에 만들어진 한커우중한호조사는, 1920년 겨울 상하이로부터 파견되어온 이우민, 조중구, 이기창李基彰 등이 한커우변호사회律師公會 부회장이면서 평민교육 등 급진적 정치활동을 하고 있던 스양施洋(字는 伯高)[18] 등과 함께 1921년 4월에 발기하여 만들어졌는데, 그중 스양과 이기창이 발기선언, 회칙章程, 사업계획 등을 작성하였다고 한다.[19] 이로 보건대 한커우중한호조사는 창샤중한호조사를 만드는 역할을 수행한 이우민, 조중구, 이기창 등 임시정부 선전원들이 한커우에 온 다음 스양 등 진보적 지역 인사들의 협력을 받아 만들어졌음을 알 수 있다. 1921년 10월 신규식의 광저우 호법정부 방문에 맞추어 광저우에서 만들어진 중한협회는 비록 명칭은 달랐으나 기본적으로 기왕의 중한호조사와 같은 목표를 가지고 있었는데 이 경우에도 왕징웨이汪精衛, 주녠주朱念祖, 셰잉보謝英伯, 가오전샤오高振霄 등 국민당 소속의 진보

北京(三聯書店), 1979, pp. 7~8 및 p. 47; 曹文奇, 「青年毛澤東與朝鮮革命」, 『黨史縱橫』 1991年 第1期, pp. 35~36 참조.

17 『益世報(北京)』, 1921年 3月 26日; 陳英, 「復國運動的重要場所,抗戰鬪爭的特別貢獻－韓國獨立運動在安慶」, 『滁州學院學報』 7－2(2005), pp. 7~8.

18 劉明輝, 「施洋開展平民教育運動的歷史價值與時代啓示」, 『安康學院學報』 35－3(2023); 李丹, 『論施洋革命精神』, 2005年華中師大碩士論文 참조.

19 林育南, 「施伯高傳」, 『施洋先生紀念錄』, 武漢, 1924 〔康基柱, 「中韓互助社研究」, 『亞細亞文化研究』(景園大學 亞細亞文化研究所) 2輯(1997), 310쪽에서 再引用〕.

적 인물들로 이루어졌음이 확인된다.[20]

각지의 중한호조사가 표방한 목표는 중한 양국 국민 간의 연대를 통한 공동의 이익 추구라는 일반적 범주의 것이었지만, 실제로는 중국 내 한인들에 대한 중국인들의 지원을 일차적인 목표로 삼고 있었다.[21] 예컨대 상하이 중한호조(총)사에서는 한인 유학생들을 위한 한어강습소를 열기도 하였고 그 기금 마련을 위하여 제법 규모 있는 예술 공연회를 마련하기도 했다.[22] 그러나 이러한 활동 가운데 보다 중점을 둔 것은 일제의 침략에 대한 공동 대응이었고 이를 위하여 상황의 변화나 시기적 요청에 따라 구체적인 대응책이 마련되는 식이었다. 즉 각지 중한호조사의 성립대회 자체가 일제의 한국 침략과 식민지배의 부당성을 알리고 이에 저항하기 위한 중한 간의 연대를 강조하는 성격의 모임이었고, 이와 아울러 열린 강연회나 간담회茶話會 등도 모두 일제의 만행을 규탄하고 한국독립을 지지 내지 지원하는 성격의 모임이었다.

물론 특별한 상황에 대응하여 중한 간의 연대 활동이 이루어지는 경우도 있었다. 예컨대 태평양회의(워싱턴회의)의 소집이 알려진 1921년 후반기 이후에 가서는 태평양회의에 대한 공동 대응이 가장 중요한 사업으로 되었다. 이뿐만 아니라 1921년 8월 15일에 중한호조총사의 명의로 태평양회의에 대한 선언을 발표하였고[23] 9월 중순에는 다화회를 개최하여 태평양회의에 대한 대응책을 모색하였으며[24] 12월 2일에는 태

---

20 광저우 중한협회에 대해서는 이 책 제3장 제1절 참조.

21 中韓互助總社의 제2회 대회에서 결정된 (보다 강화된) 새로운 사업으로는, 증가하고 있는 한국 유학생들에 대한 指導와 중한 양국 간의 무역 진흥책이 거론되고 있었다. 「內容을 擴張한 互助社」, 『東亞日報』 1922. 10. 30., 3쪽 참조.

22 「中韓互助社語學講習所經過情況紀略」, 『中韓語學講習所遊藝大會特刊』(1923. 3. 2.), 4쪽.

23 「中韓國民互助社宣言」, 『民國日報』(上海) 1921. 8. 29., 3-10.

24 「中韓互助社之茶話會」, 『民國日報』(上海) 1921. 9. 18., 3-10.

평양회의에 대한 선언서를 전보로 발송하였다.[25]

Ⅱ. 상하이 중한호조총사와 우산吳山, 박은식

1. 우산과 중한호조총사

1921년 5월 상하이에서 만들어진 중한호조총사의 창립 당시 회원 구성을 알 수 있는 자료는 아직 보지 못했다. 그러나 1922년 9월에 열린 제2회 대회에서 새로 선출된 간부들을 통해 그 대강을 확인해 볼 수는 있다. 한국 측 인사 8명과 중국 측 인사 8명으로 구성된 이사진에는 한국 측 인사로서 김규식, 김홍서金弘敍, 신익희申翼熙, 최준崔濬, 이유필李裕弼, 이탁李鐸, 조상섭趙尙燮, 여운형呂運亨이 들어 있고 중국 측 인사로서는 우산, 저우젠추周劍秋, 황쫑한黃宗漢, 덩자진鄧嘉縉, 왕젠눙汪劍農, 황징완黃警頑, 옌보웨이嚴伯威, 하오자오셴郝兆先이 있었다.[26] 또 1922년 당시 중한호조총사의 회원은 총 156명으로 이 가운데 한국인이 104명, 중국인이 52명을 차지하고 있었으며 중국 측 우산이 이사장을, 그리고 한국 측 김규식이 부이사장을 각각 맡고 있었다.[27]

한국 측 인사인 김규식, 이탁, 여운형, 김홍서, 이유필, 조상섭, 신익희 등은 모두 임시의정원 의원이거나 임시정부의 지도층 인사 내지 상하이 한인사회의 지도자들이었다. 이 가운데 특히 김규식, 여운형,

25 「中韓互助社致太會電」, 『民國日報』(上海) 1921. 12. 4., 3-10.

26 이 제2회 대회에서 周劍秋가 (지난 1년간 활동에 관한) 경과보고를 하고 黃宗漢이 臨時主席을 맡았다는 점으로 본다면 창립 당시의 중심인물들도 새로 구성된 理事陣과 크게 다르지 않았을 것으로 짐작해 볼 수 있다. 「中韓互助社大會」, 『獨立新聞』 1922. 9. 11., 2쪽.

27 「互助社任員配定」, 『獨立新聞』 1922년 9월 30일, 2쪽.

이유필, 조상섭 등은 기독교 신자 내지 목사로서 활동한 대표적인 기독교 계통의 독립지사들이었다.[28] 물론 중한호조총사가 만들어지던 1921년 5월에는 이미 임시정부 내부에 상당한 분열이 나타나고 있었으므로 중한호조총사의 조직과 관련해서도 얼마간의 불협화음이 있었을 가능성이 있지만,[29] 전반적으로 보면 임시정부의 주도 아래 만들어졌다고 해야 할 것이다.

중한호조총사에 참여한 중국 측 인사 가운데 그 이력을 확인해 볼 수 있는 사람은 황쭝한과 우산 2명 정도이다. 황쭝한은 유명한 혁명파 지도자 황싱黃興의 부인인 쉬쭝한徐宗漢으로 황싱과 함께 동맹회(뒤에 國民黨)의 주요 멤버로 활동했던 인물이다.[30] 우산(1876~1936)은 쓰촨성四川省 장진현江津縣 출신으로 신해혁명으로 난징임시정부가 성립된 이후 향리에서 언론 사업에 종사하다가 위안스카이에 의해 공화가 좌절되기에 이르자 반원反袁활동에 가담했으며 그 후 일본으로 망명, 메이지대학明治大學에서 법률을 공부하였고 귀국 후 차이위엔페이蔡元培 등

28 이 점은 중한호조사 중국 측 중심인물인 吳山과 徐謙 등이 기독교인이었고 이 가운데에서도 특히 徐謙은 당시 국민당 지도자 가운데 거의 유일하게 공개적으로 기독교도임을 밝혔던 인물이었다는 점과 다소 관련이 있을지도 모른다. 徐謙의 기독교도로서의 정체성과 정치적 활동의 특징에 대해서는 閔斗基, 「徐謙(1871~1940): 政客과 革命家의 사이」, 『동양사학연구』 33(1990)을 참조할 것.

29 長沙中韓互助社 성립 후 5개월 정도가 지난 8월 중순에 임시정부 외무부 外交局長(司長) 朴贊翊이 湖南에서 활동하고 있던 趙重九(임시의정원 의원), 황영희, 이우민 세 사람의 선전원 자격을 박탈하고 이들의 활동이 더 이상 임시정부와 상관이 없다는 내용의 편지를 湖南 지역 각 단체에 보냈다는 것으로 보아 이들 선전원들과 上海 임시정부 사이에 모종의 마찰(아마도 이념적인 갈등)이 있었음을 짐작할 수 있다. 「韓國外務部致湘省各團體函」, 『大公報(長沙)』, 1921년 8월 19일(『대한민국임시정부자료집』 39, 137쪽). 이러한 갈등 관계가 광저우 지역 중한협회 창설 과정에서 드러났다고 보인다. 이에 관해서는 이 책 제3장 제1절에서 논하였다.

30 徐友春 主編, 『民國人物大辭典』, 1991, 石家莊(河北人民出版社), p. 713 참조.

이 주도한 근공검학勤功儉學 운동과 출판 사업에 종사하던 인물이다.[31] 1917년 7월 이후 우산은 광저우로 가서 쑨원 중심의 호법운동護法運動에 가담하였으며 같은 해 10월부터 대원수부大元帥府 비서[32], 사법부司法府 국장司長, 대리차장이 되었고 1918년 4월 광시군벌桂系軍閥과의 대립으로 쑨원이 대원수직을 물러나 상하이로 가자, 우산은 광저우에서 여러 정치지도자들과의 정치협상을 위해 열린 정무회의政務會議에 쑨원의 대표로도 활동하였다. 앞에서 살펴본 대로 광저우에서 활동하던 시기 우산은 한국독립운동 측과 상당히 밀접한 관계를 가지고 있었음이 확인된다.

중한호조총사의 성립 과정 및 운영에 우산의 영향과 역할이 매우 컸다는 점은, 1923년 3월 2일, 음력 정월 대보름元宵節에 상하이 쓰촨로四川路 YMCA(청년회관)에서 중한호조총사 주최로 열린 중한어학강습소中韓語學講習所 경비 마련을 위한 예술공연遊藝大會 개최를 통해서도 확인된다. 한인 학생들을 위한 어학강습소 개설은 신아동제사에서부터 제기되어 오던 중한호조의 단골 프로그램으로 전술한 대로 우산이 광저우에서 김창숙을 통해 시도한 바도 있었던 사업이었다. 다만 1922년 10월 중한호조사의 주요 사업으로 상하이 프랑스 조계 런줴리人傑里에 있는 한인 학교 인성학교仁成學校에 설립된 중한어학강습소의 경우에는, 상하이에 온 한인 유학생들의 필요를 충족시킨다는 이전의 어학강습소와는 다른 모습으로 중국인 학생과 한인 학생이 함께 교육을 받았을 뿐 아니라 상하이에서 공장직공이나 전차안내원 등으로 일하고 있던 한인

31 吳山의 일생에 대해서는 徐友春 主編, 앞의『民國人物大辭典』, p. 334를 참조.

32 陳錫祺 主編,『孫中山年譜長編』上册, 北京(中華書局), 1991, p. 1072 (1917년 10월 22일자) 참조.

노동자들을 위한 평민강습소平民講習所라는 이름을 달고 있었다.[33] 일종의 야학과 같은 평민강습소는 5.4운동 이래 광범하게 전개되고 있던 대중운동의 일환으로서 도시 노동운동의 한 가지 유형이기도 했던 것이다.[34] 또 보다 체계적인 운영을 위한 재정 확충 방안으로서 예술공연이 개최되고 있었다는 점에서도 중한어학강습소는 이전의 어학강습소와 비교하여 조금 더 발전한 형태였다고 하겠다. 우산은 이 유예대회遊藝大會의 대회장正主任으로서 직접 대회를 주관하였는데, 그는 이 어학강습소가 자신이 몇 년 전 광저우에서 시도했던 강습소의 뒤를 잇는 일이라고 말함으로써 강습소 개설 자체를 우산 자신이 주도한 일이라는 점을 밝혔다.[35]

상하이의 중한호조사가 언제까지 유지되었는지, 또 우산의 주도적인 역할이 언제까지 계속되었는지를 정확하게 알 수는 없다. 다만 1923년 9월 초에 중한호조사 제3회 연차대회가 우산의 주재 아래 개최되었고[36] 같은 해 10월 말에는 중한호조사 이사회가 열려, 9월 초에 일어났던 일

33 周霽光, 「平民語學講習所之希望」, 『中韓語學講習所遊藝大會特刊』 1923. 3. 2., p. 1.

34 中韓語學講習所가 平民講習所의 형태를 띠게 된 것은 開所式에서 축하강연을 한 인물 가운데 한커우(漢口) 중한호조사 조직에 주도적인 역할을 했던 스양(施洋)이 있었다는 점과도 관련이 있어 보인다. 漢口 지역의 변호사였던 施洋은 평민교육가로서도 알려져 있었고 중국의 초기 대표적 노동운동으로 알려져 있는 京漢鐵路罷工에 직접 참여했다가 희생당한 인물이다. 『中韓語學講習所遊藝大會特刊』에 京漢鐵路罷工에 대한 기사가 실린 것(「京漢路工潮感言」)도 施洋과 관련이 있는 것 같다. 施洋의 이력에 대해서는 http://www.81.cn/yljnt/2013-10/15/content_5592645.htm를 참조할 것; 周霽光, 「中韓互助社語學講習所經過情況紀略」, 『中韓語學講習所遊藝大會特刊』 1923. 3. 2., 4쪽. 또 앞의 각주 18 참조.

35 吳山, 「中韓語學講習所遊藝大會宣言」, 『中韓語學講習所遊藝大會特刊』 1923. 3. 2., p. 1.

36 당시 중한호조사 측에서는 國民黨 上海市黨部 집행부에 공문을 보내 제3회대회(第三屆大會) 개최를 알리며 참가해 주도록 요청하였다. 「中韓國民互助社致上海執行部函(1923. 8. 30.)」, 『環龍路檔案』 中國國民黨黨史會 所藏檔案, 檔案番號: 環09953.

본의 간토대지진關東大地震 당시 자행된 한국인과 중국인에 대한 학살에 항의하는 선언서를 발표하기로 결정하였으며, 11월 초에 항의 선언문을 중한호조사의 이름으로 발표하였다는 점 등으로 볼 때 적어도 1923년 말까지는 중한호조사의 활동이 지속되었고 우산의 주도적인 역할도 계속되었다고 보인다. 그러나 1924년 이후 중한호조사의 활동은 보이지 않고 있는데 아마도 그 이유는 1923년 1월의 국민대표회 개최를 전후하여 본격화된 임시정부의 내분과 재정적 어려움으로, 중한호조사의 한국측 구심점이었던 상하이임시정부의 활동 자체가 크게 위축되었다는 일련의 사정과[37] 밀접한 관련이 있는 것 같다.

2. 박은식의 『도로월간道路月刊』 참여와 '중한호조'

한편 우산과 관련하여 살펴볼 중한호조의 또 다른 내막은 당시 임시정부 제2대 대통령직을 맡고 있던 박은식과의 관계이다. 앞서 말한 대로 1920년 10월 상하이로 옮겨온 우산은 중한호조(총)사의 창설과 운영의 중심적인 역할을 맡는 한편으로 1921년 겨울 상하이에 만들어진 사회단체社團 중화전국도로건설협회中華全國道路建設協會(이하 도로협회)의 총간사로 실제적인 운영을 총괄하는 일을 맡게 된다. 도로협회는 연태평양협회聯太平洋協會의 영향 아래 만들어진 대표적인 민간사회단체였는데, 연태평양협회는 미국 작가 알렉산더 포드Alexander Hume Ford의 제창으로 태평양 연안 국가 간의 민간 협력을 목표로 만들어진 국제적 친선단체였다. 도로협회는 1920년 겨울 이후, 연태평양협회의 중요회원으로 참여하고 있던 저명한 외교가 왕정팅王正廷의 주장으로 창설

37 金喜坤, 『大韓民國臨時政府研究』, 知識産業社, 2004, 67~71쪽 참조.

이 논의되다가[38] 1921년 9월 남북정부 양쪽으로부터 허가를 받아 전국적인 사회단체로 조직되기에 이르렀다. 도로협회가 내세운 목표는 "전국의 도로 건설築路 사업 진흥을 통하여 사회 경제적 발전을 도모한다"는 것이었다. 도로협회는 초대 회장으로 왕정팅을 뽑고 저명한 기업가이면서 정치가이던 장젠張謇이 부회장을 맡는 등, 전국적인 저명인사들과 건설 관련 전문가工程師들이 대거 참여하였다. 이뿐만 아니라 해를 거듭하면서 전국 각 도시에 지부가 만들어지고 각 지방의 도로건설과 도시계획에 커다란 영향력을 행사하기 시작하였으며, 해외 화교들도 대규모로 참여하여 기부금과 회비를 내는 등 전국적으로 커다란 영향력을 가진 사회단체로 성장하였다.[39] 그리고 도로협회에서는 1922년 2월부터 기관 잡지『도로월간』을 발행하기 시작하였는데 원래 언론계 활동의 경험이 있었던 우산은 이 잡지의 주필로서 편집에서도 주도적인 역할을 수행하였다.『도로월간』의 내용을 통해서도 확인되거니와, 특히 회장 왕정팅이 같은 시기 베이징정부의 외교총장 등 고위 관직을 맡고 있어서 주로 베이징에서 활동하고 있었던 점을[40] 고려한다면 실제

---

38 王正廷(1882~1961)은 청말 세관(海關) 직원으로 시작하여 미국 유학 후 上海 YMCA 총무, 民初國會 參議員, 중화민국 외교부장 등을 지낸 직업외교관으로 초대 올림픽위원, 全國體育協進會, 중화도서관협회, 중국적십자사(紅十字會) 등의 회장, 각종 학교 이사장 등을 역임하는 등 사회봉사, 사회공익활동에도 많은 업적을 남긴 인물이다. 王利娟,『王正廷主要社會公益活動探析』寧波大學碩士學位論文(2011) 참조.

39 1937년 중일전쟁 발발 이전까지 대략 17년에 걸친 도로협회 존속 기간 중 회장을 맡은 인물로는 王正廷 이외에 孔詳熙가 있고 부회장으로는 郭秉文, 史量才, 孔詳熙, 張之江, 徐謙 등 정치 사회 저명인사들이 대거 들어 있었다. 그 밖에 馮玉祥, 魯永祥, 閻錫山, 齊燮元, 張學良, 唐生智, 唐繼堯 등 유명한 군벌 정객들과 于右任, 蔡元培 등 국민당 지도자들도 명예회장, 이사, 고문 등의 이름으로 적극 참여하고 있었다. 도로협회의 창립과 조직, 운영경과에 대해서는 方秋梅,「中華全國道路建設協會的市政參與及其對近代中國城市化的影響」,『江漢大學學報(社會科學版)』31−6(2014); 湯建康,『中華全國道路建設協會研究』, 華中師範大學碩士學位論文(2014), pp. 7~9 참조.

40 앞의『民國人物大辭典』, p. 43 참조.

로 초기(1920년대) 도로협회는 우산의 주도 아래 운영되고 있었다고 볼 수 있다.

마침 같은 시기 우산이 중한호조사의 창설과 활동에 적극적으로 나서고 있었다는 점에서 본다면 우산의 주요 활동 무대인 도로협회 내지『도로월간』과 중한호조총사 사이에 모종의 연결고리가 있을 법한데, 우리는 그 단서를 박은식의『도로월간』참여에서 확인해 볼 수 있다. 박은식이 언제 우산과 알게 되었는지 자세하게 알기는 어렵지만, 일단은 우산이 광저우에서 상하이로 온 1920년 10월에 김창숙의 소개로 임시정부 측 요인들이 개최한 연회에 초청받았다고 했는데 이때 박은식과 우산이 서로 알게 되었을 가능성이 가장 커 보인다.

박은식이『도로월간』에 글을 실은 것은 1923년 3월 15일 간행된 제5권 제1호가 처음이지만, 그보다 1년 전쯤인 1922년 1월 초 자신이 논설위원으로 있던『사민보四民報』에 도로협회 관련 사설을 4차례에 걸쳐 연재한 적이 있다. 이런 점으로 본다면 박은식이 1921년 후반기부터 본격화되고 있던 도로협회 창설 과정을 누구보다 잘 알고 있었음이 분명하고, 따라서 도로협회 창설과정을 주도하고 있던 우산에 대해서도 잘 알고 있었을 것으로 짐작된다. 이뿐만 아니라 앞에서 언급한 대로 1923년 3월 초에 열린 중한호조사 주최의 중한어학강습소 경비 마련 유예대회를 우산이 주도하고 있었는데 여기에 박은식도 참여한 것이 확인되고 있다는 사실[41] 또한『도로월간』에 논설을 기고하기 이전부터 박은식과 우산 사이에 교유가 있었을 가능성이 크다는 점을 보여 주고 있다.

도로협회의 성립과 추진을 지지하는『사민보』사설에서 박은식은 "도로협회의 발기선언이 이미 나왔다"고 하면서 "도로의 건설과 그로 인한

41 白岩,「互助社之遊藝大會」,『中韓語學講習所遊藝大會特刊』(1923. 3. 2.), 2쪽.

교통의 발전은 문명 발전의 측도이다 (중략) 중국은 국토가 넓고 물산이 다양한데도 불구하고 국가와 국민이 모두 가난할 뿐 아니라 각종 이권을 다른 나라한테 빼앗기고 있는 이유 중 한 가지가 도로가 갖추어지지 못한 점路政不修 때문이다"라고 주장하였다. 이어서 박은식은 도로가 갖추어지지 못한 것의 폐단으로서 13가지를 들고 있는데, 그 내용의 대강은 도로의 건설과 자동차 교통의 발전은 철로 건설에 비하여 노동력은 적게 들고 효과는 더 큰 것으로 정치, 경제, 문화, 생활의 발전을 위하여, 그리고 국권을 지키고 자주적 민생을 이루기 위하여 반드시 필요한 일이므로 이 일을 추진하기 위한 도로협회의 창설을 적극 지지한다는 것이었다.[42]

도로협회의 기관 잡지 『도로월간』이 창간된 것은 박은식이 『사민보』에 도로협회 추진 지지 사설을 실은 직후인 1922년 3월이었는데, 앞서 말한 대로 이 『도로월간』에 박은식의 글이 처음 실린 것은 창간 1년 뒤인 1923년 3월의 일이다. 『도로월간』 제5권 1호에[43] 실린 박은식의 글은 「도로건설 정책의 흥폐興廢가 국가의 치란治亂과 국민들의 문명 정도와 직결된다(路政之興廢關係國之治亂民之文野)」라는 제목이었고 이어서 5편의 논설을 『도로월간』에 차례로 실었다. 제9권 3호(1924. 5. 15)에는 「세계의 삼대 교통사업世界之三大交通事業」, 제10권 2호(1924. 7. 15)에는 「중국 러시아 신조약 체결 후의 교통사업中俄新約後之交通事業」, 제10권 3호(1924. 8. 15)에는 「의화단義和團 배상금으로 도로건설을 하자는 주장(庚款築路之主張)」, 제11권 1호(1924. 9. 15)에는 「의화단 배상금으로 도로를 건설하자는 주장과 관련한 의문점 풀이(庚款築路之釋疑)」, 제12권

42 白癡, 「社論: 敦促全國道路建設會之進行(續)」, 『四民報』 1922年 1月 7, 8, 9, 10日.

43 『道路月刊』은 卷號의 계산을 매우 독특하게 하고 있는데 3개월을 한 卷으로 하고 매년 4권, 각 권에 1~3호를 간행하고 있다.

2호(1925. 1. 15)에는 「중국 대륙을 개벽하는 신기원(開闢神州山河之新紀元)」을 각각 실었다.

이러한 논설 게재만큼 혹은 그보다 더 주목해야 할 사실은, 1925년 1월(제12권 2호)부터 5월(제13권 2·3호)까지 박은식이 『도로월간』의 명예논설위원名譽撰述 명단에 실렸다는 점이다.[44] 1925년 6월 이후 명예 논설위원 명단에서 빠진 것은 이 시기부터 인후염과 기관지염, 소화불량 등으로 건강이 급속히 나빠지고 있었기 때문으로[45] 보이는데 명예 논설위원은 말 그대로 하나의 명예직이었을 것으로 여겨진다. 실제로 논설을 기고하는 것 이외에 박은식이 『도로월간』의 편집에 적극 참여할 기회는 많지 않았을 것으로 짐작되기 때문이다.

그러나 1925년 11월 1일, 박은식이 서거하자 『도로월간』에서 특별 추도문을 게재한 것으로 보면 박은식과 『도로월간』 측 사이의 밀접한 관계나 박은식에 대한 『도로월간』 측의 평가를 얼마간 짐작해 볼 수 있다. 추도문에서 『도로월간』 측, 곧 우산은 '본사의 전명예찬술前名譽撰述' 박은식의 독립운동으로 점철된 일생과 『한국통사韓國痛史』, 『안중근전安重根傳』을 비롯한 대표적인 저작들을 소개하면서 최근의 건강 악화 사정과 서거 이후의 장례 절차 등을 자세하게 알리는 한편, 한문漢文에 정통했던 박은식의 기고 문장들이 '독보적인 경지獨到之處'에 이르렀다는 평가를 덧붙이고 있다. 이런 까닭에 이런 '철인哲人'을 잃은 것은 "한국에게는 주춧돌을 잃는 것이 되겠으나 본사로서는 중요한 조력자臂助를 잃는 것"이라고 썼다. 추도사의 마지막 대목에서 장례식에 『도로월

44 『道路月刊』 제12권 2호(1925. 1. 15.)과 제13권 2·3호(1925. 5. 15.)의 뒷표지 참조.

45 일반적으로는 1925년 7월 이후 박은식의 건강이 크게 악화된 것으로 알려져 있다. 「白巖先生의 患憂」, 『獨立新聞』 1925. 11. 1.; 「白巖先生略歷」, 『獨立新聞』 1925. 11. 11. 그러나 『道路月刊』 명예찬술의 사직을 고려할 경우 이보다 이른 5월이나 6월경부터 건강이 크게 악화된 것으로 추측된다.

간』 측에서 들고 나갔던 애도깃발輓聯의 내용을 소개하고 있는데, 그 내용은 "그 호탕浩蕩한 기세가 독립운동의 역사를 오래 보존할 것이며 강권强權이 그 자유정신을 누를 수 없을 것이다(浩氣長存獨立史, 强權難壓自由神)"라는 것이었다.[46] 이런 사실을 통해서도 박은식에 대한 『도로월간』 측의 높은 평가를 엿볼 수 있다.

상하이한국임시정부 2대 대통령이던 박은식의 우산과의 교유와 『도로월간』 잡지에의 기고와 참여는 중한호조총사의 실질적 주도자라고 할 우산과 한국독립운동 세력 사이의 실질적 협력관계를 잘 보여 주는 사례로서 특별히 주목된다. 그런 의미에서 우산과 박은식의 관계는 중한호조총사 중심의 '중한호조'의 상징적 대목이라고 볼 수 있을 것이다.

46 「悼本刊名譽撰述朴君白岩」, 『道路月刊』 제15권 2호(1925. 11. 15.).

제3절

임시정부와 동아시아 반제연대

—장저우漳州회의(1920년 4~5월)와
한·중·러 사회주의자들의 반제연대—

Ⅰ. 임시정부 성립 직후 소비에트러시아·코민테른과의 접촉과 여운형

1919년 4월 상하이에서 만들어진 대한민국임시정부는 성립 당초부터 러시아(연해주), 중국, 국내에서 독자적으로 망명정부 성립을 선포했던 독립운동세력들의 통합을 둘러싸고 적지 않은 난항을 거듭하였다. 4월 말 블라디보스토크에서 열린 대한국민의회 지도부 회의에서 상하이에 대표를 파견하여 임정 측과 통합을 위한 협상을 벌이기로 의견을 모았고, 그 결과 5월 국민의회 대표 원세훈元世勳이 상하이에 도착하였으며 임정 측과의 협상 결과 8월 중순 합의에 이름으로써 통합의 물꼬를 텄다. 합의 내용은 러시아 지역의 대한국민의회 측과 상하이 임시의정원이 동시 해산을 선포하고 한성정부 체제와 각원들을 계승하며 임정의 위치를 상하이에 두기로 한 것 등이다. 이 협상의 결과로 이동휘李東輝, 김립金立을 비롯한 대한국민의회의 지도자들이 9월 상하이로 왔다.

실제 조각組閣 과정에서 임시의정원이 해산하지 않음으로써 임정의 해산이냐 개조인가를 둘러싸고 다시 한번 심각한 내분의 위기를 맞았으나, 1919년 11월 이동휘가 임정 국무총리에 취임하는 등 국민의회 측 인사들이 임정 내각에 취임함으로써 비로소 통합 임정이 출범하기에 이르렀다.[1]

잘 알려져 있는 대로 임정의 통합에 걸림돌이 된 것은 단지 지역별 세력 간의 갈등만이 아니었다. 그것은 이념과 노선의 갈등이 보다 근본적인 통합의 저해 요인으로 존재했음을 보게 되기 때문이다. 특히 대한국민의회가 최초의 사회주의 정당이라고 할 한인사회당의 주도 아래 있었고 한인사회당의 중요 지도부가 임정 참여를 결정함으로써 임정의 통합이 가능했다는 점에서 볼 때, 임정은 성립 단계에서부터 심각한 이념, 노선 간의 갈등 소지를 안고 있었음을 부인할 수 없다. 한인사회당 측의 임정 참여는 한인사회당 간부였던 한형권韓馨權의 말대로 임정이 가지고 있는 대중적 기반을 얻을 필요가 있었기 때문이었으며, 이런 까닭에 이동휘를 중심으로 한 한인사회당의 기본적 목표는 임정을 '장악'하는 일이었다.[2]

그런 한편으로 1917년 러시아의 10월 혁명 이래 진행된 러시아공산당의 동방정책, 그 가운데서도 특히 1919년 3월 레닌의 주도 아래 만들어진 코민테른의 세계혁명 지원 정책이 전개되는 과정에서 상하이 임정에 대한 코민테른 측의 접근이 이루어지고 있었으니 이 점 또한 임정의 이념적 갈등의 또 다른 요인이 되고 있었다. 당시 상하이에는 여러

1 임시정부의 통합 과정은 임경석, 『한국 사회주의의 기원』, 역사비평사, 2003, 103~108쪽에 비교적 자세히 실려 있다.

2 임경석, 『한국 사회주의의 기원』, 176~178쪽.

명의 러시아공산당과 코민테른 측 인사들이 활동하고 있었고[3] 그런 까닭에 상하이는 "극동 과격파의 적화赤化 선전의 중심지"로 표현되고 있었다.[4]

임정이 수립되던 1919년 4월 전후시기에 상하이에는 이미 여러 명의 러시아공산당, 혹은 코민테른 관련 인사들이 활동하고 있었던 것으로 알려져 있다. 다만 이 시기 상하이 지역에서의 볼셰비키들의 활동은 통일된 조직이 없이 상당히 분산적으로 이루어졌던 것인데 1920년 초가 되면 통일된 조직을 갖추기 시작했다. 그것은 시베리아에서 반혁명정권인 콜차크A. V. Kolchak 정부가 완전히 붕괴되고 볼셰비키가 전 러시아를 지배하게 된 것과 관련이 있는데, 이전까지 비밀리에 활동을 전개하던 코도로프A. E. Khodorof, 세메시코프Semeshkov, 아가레프Agareff와 같은 볼셰비키들이 총영사를 대신할 위원회를 조직하는 등 공개적인 볼셰비키 정부 지지활동을 전개하기 시작했던 것이다.[5] 또 1919년 9월 세메시코프 등을 중심으로 창간된 『상하이러시아어생활보』가 1920년 2월 소비에트러시아 정부에 매각된 이후 이 신문을 중심으로 볼셰비키 혁명에 대한 대대적인 선전이 이루어지기도 했다.[6] 이런 가운데 5·4운동이 한창이던 1919년 5~6월에 포포프G. M. Popoff와 포타포프A. S. Potapov가 상하이에 왔다고 하는데,[7] 이 중 포포프는 아무르 지역 볼셰

3 1920년 5월 보이틴스키가 도착하기 이전 시기 상하이에서 활동하던 볼셰비키들의 활동상에 대해서는 김수영, 「보이틴스키와 초기 동아시아 공산주의운동」, 『중국근현대사연구』 36집(2007)이 비교적 자세하게 다루고 있다.

4 朝鮮總督府 警務局, 『大正11年朝鮮治安狀況』, 363쪽.

5 김수영, 「보이틴스키와 초기 동아시아 공산주의운동」, 31~36쪽.

6 李丹陽·劉建一, 「上海俄文生活報與布爾什維克早期在華活動」. 『近代史研究』 2003-2.

7 미국 국적의 러시아인으로 미국의 정보원으로 활동하던 소콜스키(G. Sokolsky)의 회고에 따른 것이다(Sokolsky, 1956, 1963). 이 자료는 C. martin Wilbur, *Sun Yat-sen: Frustrated Patriot*, New York: Columbia University Press, 1976, p. 115에서 재인용.

비키 부대 사령관의 신임장을 가지고 있었다고 알려졌고[8] 포타포프는 비록 신임장을 가지고 있지는 않았지만 실질적으로 소비에트러시아정부를 대표하는 역할이었다고 알려졌다.[9]

이들 러시아인 활동가들 가운데 상하이 임정과 가장 밀접한 관련을 가진 인물은 포타포프였다. 포타포프는 원래 제정 러시아 군대의 장군이었는데 러시아혁명 과정에서 러시아공산당 쪽으로 전향한 인물로, 1919년 2월 반혁명정부인 콜차크 정부로부터 추방당하여 일본 요코하마에 거주하던 중 같은 해 12월 치안 방해 혐의로 일본 당국의 추방 결정을 받고 상하이로 옮겨왔다고 한다. 포타포프는 1920년 3월 1일자 『독립신문』에 실린 인터뷰 기사에서 자신의 경력을 비교적 자세하게 소개하고 있는데 특히 눈에 띄는 대목은, 그가 일찍이 1903년부터 1904년까지 서울 주재 러시아 공사관 소속의 무관으로 서울에 와 있었으며 몇 차례 고종을 만나는 등의 활동을 한 적이 있는데 이 때문에 한국에 대하여 특별한 애정을 가지고 있다는 점이다. 포타포프는『독립신문』 기자에게 한국의 독립을 돕는데 전심을 다하겠다고 약속하며 이것을 한국인들에게 알려달라고 말하기도 했다.[10]

같은 시기에 써진 영국 측 정보보고서에 의하면 포타포프는 프랑스 조계 내에 있는 한 호텔에 머물고 있었는데 러시아인, 한국인, 중국인

---

8 포포프는 1918년 5월과 1919년 5, 6월 두 차례 상하이에 왔다. 李丹陽·劉建一, 「早期來華的蘇俄重要密使稿」, 『中共黨史硏究』 1998-5.

9 李丹陽·劉建一, 「英國檔案所見蘇俄與孫中山及國民黨的連繫」, 『近代中國史硏究通訊』 31輯(臺北, 2001), p. 117.

10 「俄國 第一革命의 勇士: 포타포브 將軍의 談話와 略歷」, 『독립신문』 1920년 3월 1일, 1쪽. 이 인터뷰를 한 『독립신문』 기자는 이광수인 듯하다. 포타포프는 훗날 모스크바로 귀환한 이후인 1920년 12월, 외무인민위원회에 제출한 보고서에서도 자신이 한국과 특별한 인연이 있음을 밝히고 있다. 「대한민국 상하이임시정부에 대한 포타포프의 보고서(1920년 12월 20일)」, 『대한민국임시정부자료집』 별책 5(국민대표회의 Ⅰ), 257쪽.

등 많은 방문객이 있었으며 러시아인 활동가들 대부분이 상하이 도착 직후 포타포프를 찾아가고 있었던 것을 보면 러시아공산당을 실질적으로 대표하는 활동가였던 것으로 여겨진다.[11] 이런 까닭에 임정을 비롯하여 당시 상하이에서 활동하던 여러 한인들 또한 포타포프를 찾아가 소비에트러시아의 지원을 얻는 방안을 탐색했던 것 같은데 그중에는 이동휘, 안창호, 한형권, 장건상張建相, 문창범文昌範, 이광수李光洙, 여운형, 김규흥 등이 있었다.[12]

임정 성립 직후 임정의 운영을 실질적으로 '총람'하고 있던 안창호의 일기 속에는 당시 임정 측과 포타포프의 접촉 및 임정 측의 입장이 잘 나타나 있다. 현재 남아 있는 안창호 일기 가운데 포타포프와의 가장 이른 접촉 사실은 1920년 1월 14일자에 나타나 있다. 이날 안창호는 안공근安恭根의 형 안정근安定根을 만나 러시아에 대표를 파견할 일을 상의하기로 약속했다고 말하고 있다. 또 16일자 일기에서는 국무총리 이동휘의 방문을 받고 러시아인 장군 포타포프와 교섭할 일을 협의하였다고 하였고, 같은 날 여운형도 안창호를 찾아와 "러시아 과격파"와 연락하는 문제에 대한 의견을 말하며 자신이 직접 (러시아에) 갈 용의가 있음을 밝혔다고 한다.[13] 이어서 1월 21일에도 이동휘가 찾아와 러시아에 파견할 일을 속히 결정해야 한다고 하였고 이에 대하여 안창호도 동의하였음을 밝히고 있다.[14] 이러한 『안창호일기』의 내용으로 보아서 포타

11 영국외무성 자료, FO 228/3214, 18 March and 8 April 1920 (李丹陽 劉建一, 「英國檔案所見蘇俄與孫中山及國民黨的連繫」, p. 119에서 재인용. 이하 영국외무성 정보자료는 모두 李丹陽·劉建一, 「英國檔案所見蘇俄與孫中山及國民黨的連繫」에서 재인용한 것임).

12 「문창범, 한형권 등이 포타포프에게 보낸 편지(1920년 1월 20일)」, 『대한민국임시정부자료집』 별책 5(국민대표회의 Ⅰ), 242~243쪽.

13 『島山安昌浩全集』 제4권(일기), 833-835쪽 참조. 이하 이 자료는 『안창호일기』로 약칭하되 모두 활자본 페이지를 인용했다.

14 『안창호일기』, 840쪽.

포프와의 접촉과 임정 대표 파견이 어느 쪽의 제안으로 시작된 일인지는 불분명하지만[15], 포타포프의 추천을 얻어서 임정의 대표를 모스크바에 파견하는 일이 1920년 1월 초 내지 중순부터 진행되고 있었다. 물론 여기에는 1919년 12월 초 코민테른의 공식적인 가입허가를 받은 한인사회당[16] 측 인사들, 즉 이동휘나 한형권 등의 주도적인 역할이 있었다고 보인다.[17]

임정 대표를 모스크바 측에 파견하는 일은 이후 급진전되어[18] 1월 22일에 열린 국무회의에서 모스크바에 외교원을 밀파하기로 결정하고 여

15 임정 대표로 파견된 한형권은, 임정과 포타포프의 접촉이 자신의 주선으로 이루었다고 주장했다. 즉 한형권이 하얼빈에서 발행되던 『遠東報』의 책임자로 있을 때 포타포프 장군이 중요 임무를 띠고 상하이에 온다는 사실을 러시아어 신문을 통하여 알게 되었고, 직접 상하이로 가서 포타포프를 만나 한소 합작의 필요성을 담은 문건을 받아 이동휘에게 전함으로써 임정 대표의 모스크바 파견이 본격적으로 논의되기 시작했다고 한다. 한형권, 「혁명가의 회상록: 레닌과 담판, 독립자금 20억 원 획득」, 『삼천리』 6(1948. 10), 『대한민국임시정부자료집』 별책 5(국민대표회의 Ⅰ), 226~227쪽 참조. 그러나 한형권이 다른 회고문장에서 이 부분을 언급하지 않고 1919년 9월 이동휘 등과 함께 임정에 참여하기 위해 상하이로 온 이후 프랑스 조계 안에 있던 포타포프의 여관을 수차례 방문하면서 의견을 나눈 결과 임정과 노농 러시아 정부 사이의 협력에 합의하고 그것을 문서로 만들어 임정 국무회의에 제출했다고 말한 점[한형권, 「임시정부의 대아 외교와 국민대표회의 전말」, 『카톨릭청년』 1948년 8, 9합병호, 『대한민국임시정부자료집』 별책 5(국민대표회의 Ⅰ), 235쪽 참조]으로 미루어 보아 자신이 하얼빈에서 출발하여 상하이로 가 접촉이 처음 이루어졌다는 주장은 신빙성이 떨어진다.

16 한인사회당은 박진순, 박애, 이하영을 모스크바로 파견했는데 이들은 1919년 7월 블라디보스토크를 출발하여 11월 15일 모스크바에 도착하였으며 12월 7일 소비에트러시아 정부의 공식 성명을 통해 코민테른 가입 허가를 받았다. 임경석, 앞의 『한국 사회주의의 기원』, 183~184쪽 참조.

17 임정 국무총리 이동휘는 자신의 이름으로 1920년 1월 20일, 포타포프에게 편지를 보내 포타포프의 제안(아마도 소비에트러시아와의 협력)에 찬성하며 그것을 이미 실행에 옮겼다고 하였다. 「이동휘가 포타포프에게 발송한 19200년 1월 20일자 서신」, 『대한민국임시정부자료집』 별책 5(국민대표회의 Ⅰ), 241쪽.

18 1월 22일 당시 노령에 머물고 있던 안공근의 조속한 귀국을 당부하기 위해 안정근(安定根, 안중근의 實弟로 안공근의 형)을 만난 안창호가 "러시아 대표 포타포프가 곧 (상하이를) 떠날 것이기 때문에 그의 소개를 얻어 대표를 파견하는 일이 시급하다"고 말하였다. 『안창호일기』, 841쪽.

운형과 안공근, 한형권을 임정 대표로 모스크바에 파견키로 결정했다.[19] 여운형은 신한청년당과 기호파를 대표하는 인물로, 안공근은 안창호 세력의 대표로, 한형권은 한인사회당의 대표 격으로 볼 수 있으니 세 대표의 파견 결정 또한 당시 임정의 복잡한 세력관계를 반영한 것이라 할 수 있겠다.[20] 파견 대표를 둘러싼 논란은 국무회의의 결정 이후에 가서도 계속되었는데 1월 20일 안창호를 찾아온 여운형은 일부 국민의회 측 인사들이 포타포프에게 말하길, 임정은 신임할 수 없는 단체이며 일본 방문을 한 여운형은 친일파이고 임정에 참여하고 있는 이동휘는 무능력한 인물이라며 비난했음을 전했다.[21] 또 다음날인 21일에는 포타포프가 한형권에게 말하기를 모 인사가 자신에게 와서 안창호는 친미파로 독립정신이 없는 자이므로 교섭하지 말라는 말을 했음을 이동휘가 안창호에게 전했다.

포타포프에게 안창호와 여운형, 그리고 이동휘에 대하여 부정적인 이야기를 하며 비난한 인물은 이동휘의 임정 가담에 반대 입장이었던 국민의회 측 인물이 아닌가 싶다. 그러나 임정 대표 파견을 둘러싼 보다 심각한 갈등은 안창호, 여운형과 이동휘 사이에 생겼다. 1월 27일 안창호를 찾아온 여운형은 모스크바행에 이광수를 참여시키자고 주장하였고 이광수도 안창호를 찾아와 이 일을 상의하였다.[22] 당시 『독립신문』 주필을 맡고 있던 이광수는 여운형과 함께 사회주의에 상당한 관심을

19 『안창호일기』 1월 22일조(842쪽)에는 여운형과 안공근 두 사람으로 정해졌다고 했다. 그러나 뒷날 여운형은 자신을 포함하여 안공근, 한형권 세 사람으로 정해졌었다고 증언했다. 「경찰신문조서」, 『몽양여운형전집』 제1권, 454쪽.

20 이애숙, 「상하이임시정부 참여세력의 對蘇 교섭–이동휘 국무총리 시기(1919.11–1920.1)를 중심으로」, 『역사와 현실』 32집(1999), 4~5쪽.

21 『안창호일기』, 839쪽.

22 『안창호일기』, 846, 848쪽.

나타냈으며 러시아 활동가들이나 중국 사회주의자들과 밀접한 교류를 했으므로[23] 1920년 3월 15일 상하이 중국청년회관에서 열린 러시아혁명 3주년 기념식에 한인대표로 참석하기도 하였다.[24] 이런 관계로 이광수는 여운형과 매우 가까운 사이였던 것으로 짐작되는데, 여운형의 이광수 동행 주장은 바로 이런 입장에서 이루어졌을 것으로 보인다.

다만 안창호는 임정 국무회의의 결정을 바꾸기 어렵다는 점을 들어 여운형의 이광수 동행 제안을 받아들일 수 없었던 것으로 보이는데, 이동휘 측에서는 여운형 파견을 반대하고 나섰다. 1월 26일 안창호를 찾아온 이동휘는 여운형을 파견한다면 "노령露領 한인들의 인심을 수습하기 어렵다"는 이유를 들어 그의 파견을 중지하자고 제안하였고, 28일에도 안창호를 찾은 그는 여운형 파견 중지를 재차 주장했다.[25] 이동휘가 말한 노령 한인들의 인심이란 이동휘 자신이 주도하고 있는 한인사회당의 반발을 가리키는 듯한데, 한인사회당 쪽에서는 코민테른에 공식 입회한 자신들의 대표가 임시정부의 대표로 파견되어야 한다고 보았을 법하다. 중요한 점은 결국에는 안창호가 이동휘의 반대 의견을 받아들여 여운형의 파견을 중지하는 데 동의했다는 점이다.[26] 『안창호일기』에

---

23 영국 경찰의 보고에 따르면 1920년 2월 상하이 융안호텔(永安飯店)에서 러시아 대표 리제로비치(J. Lizerovich)와 중국인 사회주의 노동운동가 주줘원(朱卓文), 리한준(李漢俊) 등이 회의를 하고 볼셰비키주의의 선전을 위해 『노동자』라는 간행물을 발간하기로 결정했다고 하는데 참석자 명단 첫 번째로 이광수를 들었다. 李丹陽, 「朝鮮人"巴克京春"來華組黨述論」, 『近代史研究』 1992-4, pp. 166~167; 李丹陽, 「紅色俄僑李澤洛維奇與中國初期共産主義運動」, 『中山大學學報』 2002-6, p. 62.

24 『독립신문』의 보도기사에 따르면 이 기념식에 십수 명의 한국인이 참석하였으며 여운형과 이광수가 한국 대표로 환영을 받았다고 한다. 「三月十五日의 俄國革命紀念日」, 『독립신문』 1920. 3. 18., 1쪽. 영국 측 경찰자료에는 한국 대표 3명이 맨 앞좌석에 앉았다고 하였다. Shanghai Municipal Police Files, March 16, 1920, I. O. 3239.

25 『안창호일기』, 845, 847쪽.

26 뒤에 가서 여운형은 당시 "이동휘가 야심이 있어 임정과 우리 대표에게 알리지 않고 한형권을 밀파했다"고 말했다. 「경찰신문조서」, 『몽양여운형전집』 제1권, 417쪽. 그러나 한형

는 여운형 파견 중지에 대한 동의가 직접적으로 언급되어 있지는 않지만, 얼마 후인 2월 18일 안창호를 찾아온 여운형이 자신에 대한 안창호의 불신에 불만을 표시하면서 생활의 곤란과 사회에 대한 비관을 이유로 의정원 대의사代議士를 포함한 모든 직책을 사임하고 상하이를 떠나겠다고 한 점은[27] 안창호가 결국 이동휘의 주장을 받아들여 여운형의 파견을 중지시킨 것에 대한 불만을 드러낸 것이라고 생각된다. 안창호가 이동휘의 반대 의견을 받아들인 시점, 곧 파견대표를 한형권 한 사람으로 결정한 시점은, 임정 대표 파견과 관련하여 안창호와 이동휘가 포타포프를 만난 것이 2월 1일이고 여운형이 안창호에게 불만을 표시한 것이 2월 18일이라는 점으로 보아 2월 초순이나 중순경이었었을 것으로 짐작된다. 여운형이 모스크바 밀사 파견 대상에서 자신이 제외되었다는 사실을 안 것 또한 2월 초나 중순이었을 것은 물론이다.

임정 대표로 모스크바에 파견된 한형권이 언제 상하이를 떠났는지는 불분명하다. 한형권이 모스크바행 여비를 임정 외무부에 신청한 것이 1920년 4월 25일이라는 점에서 본다면[28] 4월 말경에 상하이를 떠났다는 주장이 설득력이 있다.[29] 그러나 한형권 스스로 1920년 1월 초에 상하이를 떠나 베이징을 거쳐 장자커우張家口에 가 고비사막을 향하고자 했으나 눈이 많이 쌓여 3개월가량 지체하다가 4월 중순에야 자동차로 외몽골을 거쳐 러시아로 들어갔다고[30] 한 점과, 또 당초 임정의 파견 결정

권 파견이 적어도 안창호의 동의를 얻어서 이루어졌다는 점에서 본다면 여운형의 주장에는 일부 어폐가 있다.

27 『안창호일기』, 862쪽.

28 在上海日本總領事館警察部第二課, 『朝鮮民族運動年鑑』, 국사편찬위원회 편, 『대한민국임시정부자료집』 별책 2, 과천(국사편찬위원회) 2009, 72쪽.

29 반병률, 『성재이동휘일대기』, 범우사, 1998, 242쪽.

30 한형권, 「임시정부의 對俄 外交와 국민대표회의 顚末」, 『대한민국임시정부자료집』 별책 5(국민대표회의 Ⅰ), 235~236쪽 참조.

이 화급하게 이루어진 점[31]으로 본다면 4월 말보다 이른 시기, 즉 2월 초나 중순경에 상하이를 떠났을 가능성이 더 크다.

여하간 한형권이 몽골과 시베리아를 경유하여 모스크바에 도착한 것은 5월 말 경이었으며[32] 이미 모스크바에서 활동하고 있던 한인사회당의 또 다른 대표 박진순朴鎭淳과 함께 소비에트러시아 정부 및 코민테른 측과 협상을 벌여 임정에 대한 소비에트러시아정부의 외교적 승인과 함께 독립군 양성을 위한 사관학교를 시베리아에 세울 것, 상하이 임정에 대한 거액의 독립운동 자금 지원 등의 약속을 얻어내는 커다란 성과를 얻었다. 그러나 잘 알려져 있는 대로 소비에트러시아정부 측의 지원금 200만 루블 가운데 일차로 지급받은 40만 루블의 사용권을 둘러싸고 임정과 한인사회당 측, 그리고 한인사회당을 비롯한 상하이 공산주의 그룹 내부에서 일어난 알력과 갈등은 이후 한국독립운동 및 공산주의운동에 심각한 내분을 가져오는 결정적인 요인이 되고 말았다.[33]

여운형의 입장에서 말하자면 한형권을 임정의 단독 대표로 파견한 것은 소비에트러시아 및 코민테른과의 협상 과정에서 자신의 역할을 완전히 상실하는 것이므로 여간 실망스러운 일이 아니었을 것이다. 여운형이 상하이 임정 성립 단계에서부터 노령 국민의회 측과의 통합에 적극적으로 나섰고, 상하이를 중심으로 한 러시아 활동가들과도 밀접한 관계를 맺는 등 소비에트러시아 내지 코민테른과의 접촉에 적극적으로 나

---

31 앞의 주 18 참조.

32 한형권은 포타포프가 암호로 작성한 (상하이 임정에 관한) 자세한 보고서를 가지고 있었다. 「대한민국 상하이임시정부에 대한 포타포프의 보고서(1920년 12월 20일)」, 국사편찬위원회 편, 『대한민국임시정부자료집』 별책 5(국민대표회의 Ⅰ), 259쪽.

33 이른바 "40만 루블 사건"에 대해서는 반병률, 『성재이동휘일대기』, 300~305쪽; 임경석, 『한국 사회주의의 기원』, 193~194쪽에 비교적 자세하게 다루고 있다.

서고 있었던 점까지[34] 본다면 그의 실망은 더욱 컸을 것으로 짐작된다. 앞서 인용한 대로 2월 18일 여운형이 안창호에게 모든 직책을 버리고 상하이를 떠나겠다고 한 것은 바로 이러한 실망감을 드러낸 것이다.

이러한 여운형에게 러시아 측에 접근할 수 있는 또 하나의 기회가 된 것이 뒤에 말할 포타포프를 동행한 장저우漳州행이었던 것으로 보인다. 뒤에서 상술할 것처럼 포타포프의 장저우행은 당시 "중국의 소비에트"로 널리 알려진 진보군벌 천중밍陳炯明을 만나기 위해 계획된 것이었지 여운형을 무마하기 위하여 계획된 것은 처음부터 아니었다. 그러나 임정대표로 모스크바 방문을 기대하고 있다가 커다란 실망감을 느꼈던 여운형의 입장에서 보자면 장저우행은 분명 또 하나의 기회로 받아들여졌을 것임은 틀림없고, 그런 점에서는 비록 비공식적인 형태를 띠긴 했으나 안창호나 임정 측의 또 다른 배려였을 가능성도 없지 않다.

---

34 여운형은 3·1운동 직전인 1919년 2월 초 노령 연해주 지역을 방문하고 독립운동의 통합방안을 협의하였으며(이만규, 『여운형투쟁사』, 『몽양여운형전집』 제2권, 259쪽) 또 4월 중순에는 자신의 동생 여운홍을 블라디보스토크에 파견하여 국민의회 측과 협상을 벌여 국민의회 지도자들이 상하이로 오는 데에 적극 노력하였다. 여운형의 이러한 행보가 뒤에 노령 한인들이 불만을 갖는 원인이 되었고 그 결과로 임정의 모스크바 파견 대표에서 제외되었다는 주장이 있다 (반병률, 「여운형과 1920년대 초기 해외 한인 공산주의 운동」, 제6회 몽양학술심포지움(서울) 발표원고, 2013, 55쪽). 또 5월 초 여운홍, 이광수 등과 함께 상하이 주재 러시아 과격파와도 적극 교류하고 있다는 일본 정보경찰의 보고가 있다. 朝鮮總督府 政務局, 「過激主義ニ關スル情報(一)」(1919. 5. 23.), 『국내외항일운동문서』, (국사편찬위원회 한국사데이터베이스) 소장 문건, 3쪽 참조.

Ⅱ. 장저우회의와 여운형

1. 여운형·김규흥·포타포프와 천죵밍의 관계

포타포프를 비롯한 러시아 활동가들의 중국 파견 목적은 중국, 한국, 일본, 몽골을 비롯한 동아시아 지역에 공산주의 운동을 지원하고 이를 구심점으로 삼아 공산당 결성을 도움으로써 국제 공산주의 운동을 진작시키는 데에 있었다. 따라서 이들 러시아공산당 혹은 코민테른에서 파견된 인사들의 주요 활동은, 지원 대상을 물색하고 이들과 러시아공산당 내지 코민테른 측을 연결시켜 주는 데에 있었다.

상하이에서 활동하던 시기 포타포프의 일차적인 접근 대상에 중국혁명의 대부 쑨원孫文이 있었던 것은 당연하다. 포타포프는 장저우 방문 후 러시아로 귀환한 후인 1920년 12월에 쓴 보고서에서 자신이 상하이에 머물던 시기에 쑨원과 밀접한 관계를 유지했었다고 쓰고 있었다. 중국 측 연구들에서는 쑨홍이孫洪伊 등 상하이에서 활동하던 쑨원의 대표가 포포프 및 포타포프와 접촉을 가졌고 그다음 쑨원에게 소개했다고 되어 있다.[35] 쑨원과 포타포프의 교류에서 보다 중요한 대목은 포타포프가 보고하고 있는 대로, 쑨원이 러시아의 공산혁명이 성공할 것이라고 보지 않았으며 또 소비에트러시아 측과 공개적인 교류를 갖거나 소비에트러시아 지지 표명을 문서로 하는 데에 상당한 경계심을 가지고 있었다는 점이다. 쑨원은 소비에트러시아와의 접촉이 자칫 열강의 간섭을 불러와 자신의 조계租界 안에서의 활동이나 열강과의 협상에 불리

35 李丹陽·劉建一, 「英國檔案所見蘇俄與孫中山及國民黨的連繫」, p. 117.

하게 작용할 것으로 보고 있었다는 것이다.[36]

이런 상황 속에서 포타포프가 주목한 것은 광둥 지역의 진보적 군벌인 천죵밍이었다. 천죵밍은 신해혁명 시기부터 혁명파에 가담하여 광둥 지역 혁명 지도자가 된 인물로서 1917년 광시廣西 군벌 루룽팅陸榮廷의 이탈로 서남 호법護法 세력이 분열되면서 광저우 지역에서 물러나 푸젠福建성 남부 지역으로 진출하여 팅저우汀州, 장저우漳州 등지를 점령하고, 이 지역을 거점으로 이른바 서남호법구西南護法區를 유지하고 있었다. 천죵밍은 장저우 지역에서 교육·사회 분야의 개혁 등 여러 가지 진보적 개혁정책을 펼치면서[37] 중국 국내는 물론이고 소비에트러시아에서도 "진정한 공산주의자"라는 평가를 얻고 있었으며[38] 그의 통치 지역인 장저우는 "중국의 소비에트 정권"으로 불릴 정도였다.[39] 천죵밍의 이러한 진보적 성향의 배후에는 한때 그의 스승이기도 한 주즈신朱執信을 비롯하여 랴오중카이廖仲愷 등 진보적 국민당 지도자들의 영향이 컸다. 이 가운데 특히 주즈신은 5·4운동을 경험하면서 급속하게 사회주의로 경도되어 가고 있었고, 그 결과 국민당의 기본 노선을 사회주의적인 것으로 조정하는 데 결정적인 역할을 한 인물로 알려져 있다.[40]

---

36 「포타포프가 치체린에게 보낸 보고서(波達波夫給契切林的報告, 1920. 12. 12.)」, 中共中央黨史研究室第一研究部譯, 『聯共(布), 共産國際與中國國民革命運動(1920-1925)』 第1册, 北京(北京圖書館出版社), 1997, p. 47. 이 시기 치체린을 비롯한 소련 측의 관계 개설 요구에 쑨원이 부정적이었던 사실에 관해서는 이승휘, 『손문의 혁명』, 한울, 2018, 345~353쪽을 참조할 것.

37 「振興教育令」(『(上海)民國日報』1919. 9. 8), 段雲章·倪俊明 編, 『陳炯明集』(上), 廣州(中山大學出版社), 1998, pp. 392~393.

38 당시 장저우를 방문한 베이징대학 학생은 그 보고문에서 장저우를 "푸젠 남부의 러시아(閩南的俄羅斯)"라고 썼다. 「游漳見聞記」, 『北京大學學生週刊』 第14號, 中共中央馬克斯、恩格斯、列寧、斯大林著作編譯局硏究室 編, 『五四時期期刊介紹』 第3集(上册), 北京(三聯書店), 1979, p. 389 참조.

39 李玉貞, 『馬林傳』, 北京(中央編譯出版社), 2002, p. 149.

40 백영서, 「"建設"지와 朱執信의 역할-五四運動期 中國國民黨 지도층의 사상적 모색-」,

따라서 포타포프의 천쭝밍 방문은, 소비에트러시아와의 협력에 보다 적극적일 것으로 기대되는 천쭝밍을 만나 러시아와의 합작을 타진하고 또 장저우의 실상을 확인해 보고자 하는 데에 일차적인 목적이 있었다. 이러한 포타포프의 장저우 방문에 여운형이 동행하게 된 것을 무엇 때문일까? 여운형의 측근들에 의하면 1919년 파리강회회의 대표 파견 문제로 쑨원을 만난 이후 쑨원과 가깝게 지내던 여운형이 쑨원에게 포타포프를 소개해 주었고, 쑨원이 다시 천쭝밍을 포타포프에게 소개하여 장저우 방문이 이루어졌다고 하는데, 이것이 사실이라면 여운형과 포타포프의 장저우행은 처음부터 포타포프와 여운형의 합작품이 되는 셈이다.[41] 앞에서 말한 대로 임정 대표로 모스크바에 파견될 기회를 놓친 여운형으로서는 포타포프의 또 다른 활동인 장저우 방문을 이용하여 뒤에서 상술할 것처럼 러시아혁명 및 중국혁명세력과 임정의 연대를 모색했을 가능성이 있었고, 이것을 포타포프에게 제안했을 가능성은 적지 않다고 생각되는 것이다.

이 경우 여운형으로서는 천쭝밍에게 접근할 수 있는 또 다른 매개가 필요했으니 그것이 바로 김규흥과의 동행으로 이어졌다고 생각된다. 최근에 와서야 밝혀진 김규흥의 행적에 의하면, 김규흥은 1906년경 고종의 비밀자금을 관리하기 위한 밀명으로 중국으로 갔으나 실패하면서 중국에 망명, 상하이와 난징에서 활동하다가 1908년경 공화혁명의 본거지 광둥으로 옮겨가 그곳 혁명파들과 교유하면서 신군新軍 중심의 혁명기의에 적극 참여하였던 인물이다. 김규흥은 그 공로를 인정받아 우

『동양사학연구』 제19집(1984) 참조.

41 여운홍, 『몽양여운형』, 청하각, 1967, 78쪽; 이만규, 『여운형투쟁사』, 『몽양여운형전집』 제2권, 289쪽 참조. 여운형이 포타포프를 쑨원에게 소개한 사실이 포타포프나 쑨원 혹은 천쭝밍 측의 자료에서는 확인되지 않는다.

창기의武昌起義 성공 직후 만들어진 광둥 지역 혁명정부인 광둥도독부廣東都督府 휘하 군사치안기구 호군사서護軍使署의 고문으로 활동함으로써 신해혁명에 본격 가담, 활동한 유일한 한국인이 되었다.[42]

신해혁명 전후 시기 광둥 지역 혁명파 인사들과 광범위한 교류가 있었던 김규흥은 특별히 천쭝밍과 밀접한 관계를 가지고 있었으니, 그를 소장 계급의 특별 지위인 고문에 임명한 사람도 광둥호군사였던 천쭝밍이었다.[43] 또 신해혁명 직전인 1911년 3월 김규흥이 미주한인회에 보낸 편지에서는, 독립운동의 방안으로 언론기관의 창설과 만몽滿蒙 지역에서의 둔전병屯田兵 양성을 제안하면서 미주한인회의 지원을 요청하고 있는데, 여기에서 자신의 활동을 지원해 줄 중국 측 인사들로 천쭝밍과 쩌우루鄒魯 등 5명의 광둥 지역 혁명파 지도자들을 들었다.[44] 이뿐만 아니라 위안스카이의 배반으로 혁명이 좌절된 후 혁명파 인사들과 함께 홍콩으로 옮겨간 김규흥은 천쭝밍을 비롯한 혁명파 인사들의 지원을 받아 『향강잡지香江雜誌』를 창간하고 상하이에 있던 박은식을 주필로 초빙하여 '공화국民國의 회복'을 위하여 진력하기도 했으니, 요컨대 김규흥은 신해혁명 이전부터 천쭝밍의 가장 가까운 측근으로 활동하던 인물이었던 것이다.[45] 이런 점에서 여운형이 천쭝밍에게 접근하려고 할 때 김규흥만큼 적합한 인물이 없었을 것이다. 김규흥과의 특별한 관계 때문으로 보이는 일이지만, 천쭝밍도 한국독립운동에 대하여 특별한 관

42 배경한, 「신해혁명과 한국-김규흥의 廣東에서의 활동을 중심으로-」, 『역사학보』 212집(2011), 279~307쪽; 이 책 제1장 제3절 참조.

43 「護軍使署職員表」, 『廣東公報』 第142號(1913. 1. 18), pp. 13~15.

44 「金復이 미주한인회에 보낸 편지(1911. 3. 7)」, 『미주국민회자료집』 제18권(하와이, 시베리아, 만주지방총회), 574쪽.

45 『香江雜誌』와 그 내용에 대해서는 배경한, 「중국 망명 시기(1910-1925) 박은식의 언론활동과 중국 인식」, 『동방학지』 121집(2003), 227~334쪽을 참조할 것.

심을 가지고 있었으니[46] 한국독립에 대한 소비에트러시아와 중국의 지원을 논의하는 자리에 김규흥과 함께하는 것은 여운형에게 반드시 필요한 일이었을 것이다.

전술한 대로 1908년경 상하이를 거쳐 광둥으로 가 천죵밍을 비롯한 광둥 지역 혁명파 지도자들과 긴밀한 협력관계를 가지고 있던 김규흥은, 3·1운동 이후 상하이에서 만들어진 임시정부에 참여하지 않았고, 장저우회의 참가 이후 당시 임시정부를 총람하고 있던 안창호를 만나는 장면에서도 박은식, 한진교韓鎭敎 등의 소개를 통하고 있다는 점[47] 등으로 보아 임시정부와 같은 일정한 조직을 통한 독립운동보다는 중국 측 인사들과의 개별적 협력관계를 통한 독립운동을 위주로 하고 있던 "책략가"로서의 면모가 강했었던 것으로 여겨진다.[48] 김규흥과 천죵밍의 관계에 대해서는 더 많은 추적이 필요한 상태이지만, 김규흥이 1918년 9월 천죵밍이 발표한 「빈민구제선언救貧啓事」에 참여하고 있었던 점으로 보아서[49] 이 무렵까지 천죵밍과 직접적인 관계를 유지하고 있었음을

46 천죵밍의 주관 아래 1919년 12월에서 1920년 1월 사이 장저우에서 발간된 半週刊誌『閩星』에는 모두 일곱 차례에 걸쳐「韓國獨立紀實史」가 연재되고 있었다.「『閩星』目錄」,『五四時期期刊介紹』第3輯(下册), pp. 1099~1100 참조.

47 『안창호일기』에 따르면 1920년 3월 12일, 한진교가 김규흥의 편지를 가져와 전달하면서 천죵밍 방문계획에 따라 안창호를 만나기를 청했다고 하였고 이틀 뒤인 14일에는 박은식이 안창호를 방문하여 김규흥에게 여비를 보내 줄 것을 부탁했다고 한다.『안창호일기』, 876~877쪽.

48 배경한,「독립운동과 친일의 경계-재중 독립운동가 金奎興의 宇都宮太郎 조선군사령관에의 접근 문제-」,『역사학보』244집(2019. 12), 321~324쪽.

49 「與岑春煊等救貧啓事」(『(上海)民國日報』1918. 9. 6.), 段雲章·倪俊明 編, 앞의『陳炯明集』(上), pp. 352~353. 1918년 9월 6일 상하이에서 발표된 이 선언문은 수해와 한발로 많은 빈민이 발생하고 질병이 만연하고 있다고 하면서 하이닝 의원(海寧醫院) 원장인 천모(陳謨) 선생과 상의하여 빈민을 구제할 계획을 세웠다는 내용으로, 천죵밍과 김규흥을 포함하여 천춘쉬안(岑春煊), 탕샤오이(唐紹儀) 등의 원로 정객들과 쑨훙이(孫洪伊), 왕징웨이(汪精衛) 등 혁명파 지도자를 포함한 64명의 인사가 서명자로 실려 있다.

확인할 수는 있다. 장저우회의 참가를 염두에 놓고 본다면 김규흥과 여운형의 관계는 매우 밀접했을 것으로 짐작된다. 특히 1920년 1월 포타포프를 만난 한인 지사들의 명단 속에 김규흥과 여운형이 나란히 있었다는 점으로 보아서 장저우 방문 자체가 이 두 사람에 의하여 함께 계획되었을 가능성도 배제할 수 없다.

그런 한편으로 박은식의 요청에 의하여 안창호가 김규흥의 장저우행 여비를 지원했다는 사실은 여운형 일행의 장저우 방문이 개인적인 차원의 일이 아니라 적어도 안창호의 사전 승인을 받은, 임정의 비공식적인 활동으로 이루어졌을 가능성을 시사한다. 이 점을 앞에서 말한 여운형의 모스크바 파견이 좌절되었던 상황과 연결해서 본다면, 포타포프와 함께 장저우를 방문하는 일이 여운형에 의하여 계획, 준비되고 안창호를 비롯한 임정 측의 동의 아래 이루어졌을 가능성이 있다는 점과 그런 한편으로 한형권의 모스크바 파견 결정으로 생긴 여운형의 불만을 무마하고자 했을 가능성이 있었음을 보여 준다.

여운형과 김규흥 이외에 장저우행에 동행한 것으로 알려진 한인으로는 조동호趙東祜와 김갑수金甲洙가 있다.[50] 특히 조동호의 경우 포타포프의 통역을 맡았다는 주장이 있고 천쫑밍이 개최한 환영연회에서 『예기禮記』의 대동설大同說을 인용하여 연설함으로써 좌중을 감명케 했다는 주장도 있다. 당시의 여러 가지 상황으로 보아서 조동호가 통역을 맡았을 가능성은 거의 없지만[51], 조동호가 여운형과 동행했을 가능성과

50 『여운형선생투쟁사』, 289쪽. 두 사람 모두 당시 여운형과 가장 가까이 지내던 인물들이라 장저우행에 동행했을 가능성은 있지만 아직 다른 근거를 찾을 수는 없다.

51 천쫑밍의 심복으로서 당시 포타포프를 비롯한 방문자들을 접대했던 천치유(陳其尤)의 회고에 따르면, 趙氏 성을 가진 조선인이 통역으로 왔고, 그가 러시아어를 일본어로 통역하면 자기가 일본어를 다시 중국어로 통역했다고 하였다. 陳其尤, 「一九一九年蘇聯派第一個代表到漳州」, 『文史資料』 第24輯, 北京(中國文史出版社), 1986, pp. 93~94. 이때의

장저우에서 대동설을 들어서 연설했을 가능성은[52] 없지 않다고 생각된다. 추후 세밀한 연구가 요구되는 대목이다.

2. 장저우회의의 일정과 내용

『안창호일기』에 적힌 내용으로 볼 경우, 장저우회의의 개최 시기는 1920년 3월 말부터 5월 초 사이가 된다. 안창호가 3월 25일 여운형과 함께 미국 정보원 밀라드Millard를 만났다고 한 것으로 보아서 여운형이 상하이를 떠난 것은 그 이후로 보이고, 5월 13일 여운형이 안창호를 방문하여 '남방'에 갔다 온 일을 보고하고 있는 것으로[53] 보아서 이때 상하이로 돌아온 것으로 짐작되기 때문이다.

포타포프의 장저우행 날짜를 가장 자세하게 알 수 있는 것은 영국 측 정보를 통해서이다. 상하이에서 활동하던 영국 측 정보원의 보고에 의하면 포타포프와 러시아 여성 1명이 4월 22일 배를 타고 홍콩으로 간다고 했으나, 샤먼厦門 주재 영국 측 정보원의 보고를 보면 25일 포타포프

趙某가 趙東祜라고 하는 주장이 있지만, (李丹陽·劉建一, 「英國檔案所見蘇俄與孫中山及國民黨的連繫」, p. 120) 조동호가 러시아어를 알지 못했을 뿐만 아니라(여운형의 말에 의하면 1926년 봄 조동호가 상하이에서 블라디보스토크로 갈 때 조동호가 러시아어를 몰라 자신이 선장에게 직접 말해 주었다고 하였다. 「검찰신문조서」, 『몽양여운형전집』 제1권, 487쪽) 중국어에 능통했다는 점으로 보아서 조동호가 러시아어를 일본어로 통역했을 리가 없다. 당시 통역은 포타포프가 데리고 간 스웨덴 국적의 한 여성이 맡은 것 같고 혹 조동호가 아닌 다른 조씨 성의 한인이 함께한 것일 가능성도 있다.

52 당시 대동설은 사회주의의 동아시아적 표현으로 널리 받아들여지고 있었고 특히 무정부주의적 사회주의자 황제민(黃介民)을 중심으로 상하이에 만들어졌던 大同黨에 여운형, 조동호, 이광수 등이 관여했을 것으로 추측된다. 李丹陽, 「朝鮮人"巴克京春"來華組黨述論」, p. 164~166 참조. 신규식의 주도로 1920년 10월 상하이에서 창간된 『震壇週報』에도 대동당 명의의 축하휘호가 실렸던 것으로 보아 대동당과 한인 지사들과의 밀접한 관계를 알 수 있다. 「震壇報社萬歲-同舟共濟-大同黨敬祝」, 『震壇週報』 創刊號(1920. 10. 10), 5쪽.

53 『안창호일기』, 882, 911쪽.

일행이 광둥성 샨토우汕頭에 도착하였고 다시 샤먼을 거쳐 장저우로 갔다고 되어 있다.[54] 포타포프 일행이 상하이에서 샤먼을 경유하여 장저우로 가는 가까운 길을 두고 샨토우로 갔다가 다시 샤먼으로 올라와 장저우로 가는 먼 경로를 택한 것은 전적으로 영국을 비롯한 각국 정보원들의 눈을 피하기 위한 것이었다고 보인다.

일행의 동정에 관한 영국 정보원의 보고 가운데 가장 주목할 만한 대목은, 일행이 포타포프와 스웨덴 국적의 여성 1명, 중국인 몇 명 그리고 4명의 한국인으로 구성되어 있다고 한 점이다.[55] 스웨덴 국적의 여성은 포타포프의 통역을 맡았던 인물로 알려져 있으며 4명의 한국인은 여운형과 김규홍, 김규홍의 조카 김진영[56] 그리고 또 다른 한 명으로 구성되었던 것으로 보인다. 앞에서 지적한 대로 여운형이 조동호·김갑수와 동행했다고 한다면 한인은 모두 5명이 되지만, 이 이상 정확한 인원수나 동행자의 성명을 확인할 수는 없다. 당시 천좡밍을 대신하여 이들에 대한 접대를 맡았던 광둥군사령부 기밀 담당 비서機要秘書 천치유陳其尤의 말대로 포타포프 일행의 방문이 극비리로 이루어졌다고 한다면[57] 여운형, 김규홍 등의 한인들이 포타포프와 함께 가지 않고 따로 장저우로 갔을 가능성이 크지만,[58] 현재로서는 이 점도 확인하기가 어렵다.

포타포프와 여운형 일행이 장저우에 도착한 것은 1920년 4월 29일로

---

54 李丹陽·劉建一,「英國檔案所見蘇俄與孫中山及國民黨的連繫」, pp. 119~120.

55 FO 228/3211, May 1920; FO 228/3214, June 1920.

56 김진영은 김규홍의 동생 김규욱의 아들로 1918년 전후 시기부터 중국에 와 김규홍의 시중을 들었던 것으로 보인다.「김규홍, 김진영, 여운형, 포타포프, 천좡밍이 함께 찍은 사진」, 金漢永,『凡齋와 독립운동』, 서울정판사, 2002, 37쪽 참조.

57 당시 포타포프는 루포(Lupo, 路博)라는 가명을 사용했다(陳其尤, 앞의「一九一九年蘇聯派第一個代表到漳州」, p. 93).

58 姜德相,『呂運亨評傳2-上海臨時政府-』, p. 141.

알려져 있다.[59] 천치유의 회고에 따르면 포타포프는 도착 당일 사령부로 가서 천죵밍을 방문하고 이어서 약 2주간에 걸쳐 장저우에 머물면서 여러 차례의 회담을 가졌다고 한다. 포타포프가 천죵밍을 만날 때 레닌의 친서를 전달했다는 주장이 있지만,[60] 당시 쑨원에게도 레닌의 친서 전달이 없었던 점으로 보아서 가능성은 그리 크지 않다고 생각된다.[61]

포타포프와 천죵밍 사이의 회의 이후 양측은 회담기록을 작성하고 서명한 것으로 알려져 있다.[62] 현재 회담기록 자체가 남아 있지는 않지만, 그 대체적인 내용은 ① 광둥 지역에 군관학교와 군수공장을 지을 수 있도록 소비에트러시아가 원조를 제공하고, ② 위급할 경우 블라디보스토크의 군사장비를 광둥군에게 제공하며, ③ 푸젠 남부閩南 측(곧 천죵밍)에서는 (식량 부족에 시달리고 있는) 소비에트러시아에 식량을 제공하고, ④ 몽골에 통신중계소를 만들어 소비에트러시아와 남방(광둥) 혁명세력 사이에 직접 통신할 수 있게 한다는 것 등이다.[63] 장저우회의의 이러한 합의내용은, 그로부터 1년여 뒤인 1921년 6월 마링Maring(본명 Henk Sneevliet)이 중국에 파견되어 오면서 구체화되기 시작하는 공산당의 창립과, 그에 이은 제1차 국공합작의 성립 과정에서 쑨원 중심의 국민당 측과의 협상을 통하여 거의 그대로 재현되었다. 제1차 국공합작의 최대 성과라고 할 황푸黃埔군관학교의 창설이 소비에트러시아의 군사 재정적 지원으로 이루어졌고 국민당의 군대인 국민혁명군의 형성과정에 소비에트러시아 측(블라디보스토크)으로부터의 많은 무기와 군사장

59 段雲章·沈曉敏 編著,『孫文與陳炯明史事編年』, 廣州(廣東人民出版社), 2003, p. 262.
60 陳其尤,「一九一九年蘇聯派第一個代表到漳州」, p. 64.
61 邱捷,「"路博將軍"及其同孫中山陳炯明的會見」, pp. 122~123.
62 段雲章·沈曉敏 編著,『孫文與陳炯明史事編年』, pp. 262.
63 李丹陽·劉建一,「英國檔案所見蘇俄與孫中山及國民黨的連繫」, pp. 120~121.

비의 지원이 있었던 것은 잘 알려져 있다.[64] 이를테면 1920년 4월 말 장저우에서 포타포프와 천좡밍 사이에 있었던 회담의 내용은 이후 단계의 제1차 국공합작의 기본 틀을 예견케 해 주는 대목으로 주목할 수 있다.

5월 10일 장저우를 떠난 포타포프는 천좡밍으로부터 「레닌에게 보내는 편지」를 받았고 돌아가는 길에 들린 홍콩(5월 13일 도착)에서는 광둥정부 대본영 참모장인 리리에쥔李烈鈞으로부터도 「소비에트러시아인민들에게 보내는 편지」를 받았다. 이들 편지들은 포타포프가 소비에트러시아로 귀국한 이후 외교인민위원회에 제출되었고 이듬해인 1921년 3월에 발간된 『외교인민위원회공보』에 「중국 남방의 혁명」이라는 제목으로 실렸다. 1920년 5월 8일자로 되어 있는 「레닌에게 보내는 편지」에서 천좡밍은, 러시아혁명을 세계 역사상 새로운 시대의 시작이라고 높이 평가하면서 소비에트러시아정부가 이전의 차르정부가 중국에서 차지했던 일체의 이권을 포기하고 모든 불평등조약을 철폐하겠다고 선언한 것(곧 카라한선언)에 대한 환영과 감사의 뜻을 표명했다. 이어서 천좡밍은 볼셰비키 혁명이야말로 세계의 인류에게 행복을 가져다 줄 것임을 믿으며, 소비에트러시아의 지원 아래 중국뿐만 아니라 전체 동아시아를 개조하는 것이 자신의 사명이라고 말하였다.[65] 포타포프의 입장에서 볼 때 천좡밍의 편지는, 쑨원에게서 받지 못했던 카라한선언에 대한 환영 표시와 '소비에트러시아와의 합작'에 대한 기본적인 찬성을 얻어낸 것이었으니, 이런 점에서 포타포프의 일차 방문 목적은 달성된 셈이었다.

다음으로 여운형과 김규흥의 주된 관심사였을 한국독립운동 지원방안에 대하여 어떤 협의가 이루어졌는지를 알려주는 자료는 소비에트러

64 배경한, 『장개석 연구–국민혁명 시기의 군사 정치적 대두과정–』, 일조각, 1995.
65 천좡밍의 이름으로 된 이 편지는 실제로는 주즈신이 쓴 것으로 알려져 있다. 편지의 원문은 「致列寧函(俄譯中, 1920年 5月 8日)」, 『陳炯明集』(上), pp. 456~457에 실려 있다.

시아 측이나 중국 측 자료 가운데서는 확인되지 않는다. 다만 장저우에서 광저우廣州를 거쳐 상하이로 돌아온 김규흥이 안창호에게 자세한 회의의 전말을 전하고 그것을 안창호가 일기에 자세하게 기록한 것에서 그 대강을 알 수 있다. 여운형이 안창호에게 장저우에 갔던 일을 보고한 것은 5월 13일인데 비하여 김규흥이 박은식과 함께 안창호를 만나 천죵밍을 방문했던 일을 보고한 것은 그보다 2달 정도 뒤인 7월 9일의 일이었다.[66] 이에 앞서 김규흥은 박은식을 통하여 천죵밍의 선물을 안창호에게 전달하고 "장래 함께 일할 것(共事)"을 요청하고 있었다.[67] 이것은 한국독립운동에 대한 천죵밍의 지지를 보다 분명하게 전달하여 천죵밍과의 협의 내용을 안창호가 받아들이도록 함으로써, 이 일이 개인적 차원이 아니라 임정 차원의 공식적 정책으로 추진되기를 바랐기 때문인 것으로 보인다.

김규흥이 보고한 협의 내용은, 레닌정부의 지원으로 시베리아 지역에 토지를 빌려 한인 군영을 만들고 6개 사단의 한인부대를 양성한 다음 중국군(남방군)과 합동으로 베이징 정부를 몰아내고 이어서 한반도로 진출, 한국의 독립을 추진하되 한인 군대 양성을 위한 무기는 소비에트

---

66 김규흥의 상하이 귀환이 늦어진 것은 장저우 방문 이후 여운형과 함께 홍콩을 거쳐 광저우로 갔다가 여운형은 먼저 상하이로 가고 김규흥은 얼마간 더 체류했기 때문으로 보인다. 1921년 1월에 작성된 광저우 주재 일본 총영사의 보고에 따르면 "여운형이 작년(1920년) 여름 金某와 다른 1명을 데리고 홍콩을 경유하여 광저우에 왔었는데 일본상품배척(日貨排斥)이 목적인 것 같다"고 하고 있는데, 이때의 김모는 김규흥이고 다른 1명은 김규흥의 조카 김진영으로 보인다. 「在廣東總領事藤田榮介가 外務大臣內田康哉에게 보낸 보고서(1921. 1. 10.)」, 『국내외항일운동문서』(국사편찬위원회 한국사데이터베이스) 소장 문건, 1~2쪽 참조. 한편 강덕상은 김규흥의 보고가 늦게 이루어진 점을 들어 여운형과 김규흥 일행이 4월과 여름(일기불명) 두 차례 장저우를 방문한 것으로 해석했는데(姜德相, 『呂運亨評傳2-上海臨時政府-』, p. 144), 장저우 방문 이후 김규흥의 광저우 체류를 고려하지 않은 주장이다.

67 『안창호일기』, 951, 953쪽.

러시아정부가 맡고 자금은 천좡밍이 맡는다는 것이다. 이러한 합의문을 들고 귀국길에 오른 포타포프한테는 곧 소비에트러시아정부의 지원이 있을 터인데, 이에 맞추어 한국 측에서는 안창호가 이 일의 책임을 맡아 추진해 달라는 것이 김규홍의 주장이었다.[68]

장저우회의에서 협의된 한국독립운동의 방향, 곧 군대 양성론과 무장투쟁론은 당시 이동휘를 비롯한 임정 측 인사들의 기본적인 주장이었을 뿐 아니라 그보다 약간 뒤인 1922년 여운형, 김구, 박은식, 조동호 등을 중심으로 상하이에서 만들어진 한국노병회韓國勞兵會의 기본 노선과도 맥을 같이 하는 주장이었다. 김규흥의 경우에도 신해혁명 단계에서부터 끊임없이 주장해 오던 독립운동의 두 가지 방안, 곧 언론기관의 창설과 둔전병 양성 주장의[69] 연장선 위에서 시베리아 군대 양성을 주장하고 있었던 것이니 이를테면 독립군 양성과 이를 통한 무장투쟁론은 당시 임정 안팎의 커다란 조류로 존재하던 주장이었던 셈이다.

김규흥의 이런 보고와 제의에 대하여 안창호는 단호하게 반대 입장을 고수했다. 안창호는 한국인은 호전성이 없을 뿐만 아니라 다른 나라의 혁명(중국혁명)을 위해 전쟁에 참가할 사람은 더구나 없을 것이고, 시베리아에서 몇 개 사단 규모의 한인군대를 양성한다면 (쉽게 발각되어) 일본군의 공격을 받아 유지가 어렵게 될 것이라고 말하였다. 또 러시아 과격파와 중국 남방의 천좡밍은 모두 우리를 도와줄 만큼 실력이 없고 우리(임정)가 과격파와 연락은 하되 잘못하면 세계(다른 열강)의 동정을 잃게 될 것이라는 등의 이유를 조목조목 들면서, 소비에트러시아와 천좡밍의

---

68 『안창호일기』, 953, 954쪽.

69 김규흥의 독립운동 방안은 앞에서 인용한 「金復이 미주한인회에 보낸 편지(1911. 3. 7)」에 자세하게 제시되어 있다. 배경한, 앞의 「신해혁명과 한국-김규흥의 廣東에서의 활동을 중심으로-」, 294~295쪽 참조.

도움을 받아 시베리아에서 대규모 군대를 양성하는 방안은 한낱 공상에 불과하다고 주장했다. 김규흥은 일본군이 공격할 수 없는 지역을 선정하고 안창호와 같은 도덕과 권위를 가진 인물이 이 일을 맡아 준다면 충분히 성사할 수 있다고 거듭 설득했지만, 안창호는 "절대로 맡을 수 없다"며 그저 (이 방안을) 시험적으로 해 볼 수는 있다고 하면서 임정의 군무총장을 맡고 있던 유동열柳東說과 상의해 보라는 답변에 그쳤다.[70]

여운형과 김규흥의 장저우행을 허가하고 여비까지 부담하며 지원했던 안창호가 장저우회의의 합의내용에 대하여 단호한 반대 입장을 취하게 된 이유는 무엇일까? 1920년에 들어오면서 크게 악화된 임정의 재정 상황과[71] 이에 대한 타개책으로 소비에트러시아로부터의 지원에 적극적인 관심을 가졌던 안창호가 막상 포타포프, 천종밍과의 연대 합의를 보고 받은 다음 새삼 소비에트러시아와 천종밍의 실력을 문제 삼은 것은 이해하기 힘든 대목이다. 안창호의 이러한 입장 변화를 설명해줄 만한 단서는 아직 찾지 못했다. 다만, 임정의 공식 대표로 한형권이 모스크바로 출발한 상황에서 장저우 합의라는 것은 결국 소비에트러시아의 지원에 대한 '비공식' 경로를 통한 중복된 합의가 될 수밖에 없었기 때문에 안창호가 받아들이기 어려웠던 것이 아니었을까 하는 생각이 든다.

김규흥이 말한 장저우회의에서의 합의가 객관적으로 얼마나 실천 가능성을 가진 것이었는지, 합의 이후에 실제적인 실천 노력이 소비에트러시아나 천종밍 측에 의하여 이루어지고 있었는지, 그리고 임정 내에

---

70 『안창호일기』, 953~954쪽.

71 1920년 12월의 일본 고등경찰 측의 한 보고서에 따르면 임정은 극심한 재정적 어려움으로 직원의 급여를 지급하지 못할 뿐 아니라 국무원 청사 내에 각부를 이전하여 통합할 정도로 곤궁한 상태라고 하였다. 「高警國外情報: 不逞鮮人ノ赤化ト中心地移動ニ關スル件(1920. 12. 17)」, 『國內外抗日運動文書(한국사데이타베이스)』, 1~2쪽 참조.

서는 어떠한 후속 논의가 있었는지 등을 확인할 방법은 없다.[72] 이뿐만 아니라 김규흥보다 훨씬 일찍 상하이로 돌아온 여운형의 보고에서는 장저우회의에서의 구체적인 합의 사항이 전혀 언급되고 있지 않다는 점도 이해하기 어려운 대목으로 남아 있다. 다만 이 합의 내용이 포타포프와 천죵밍 사이에 있었던 합의 사항, 곧 몽골에 통신중계소를 설치하고 광둥에 군관학교 및 군수공장을 설치하도록 소비에트러시아가 지원한다는 것과 비교해 볼 때 상대적으로 실천 가능성이 떨어진다고 단정할 이유 또한 딱히 없다.

게다가 여운형 일행이 장저우로 떠나던 것과 거의 같은 시기에 임정 대표로 모스크바에 파견된 한형권이 박진순과 함께 소비에트러시아정부에게 요구한 것도 한국독립군에 대한 무기 지원과 시베리아 지역에 한인사관학교 창설 지원을 골자로 하는 것이었으며, 협상의 결과 맺어진 「대일한로공수동맹對日韓露攻守同盟」 6개항 또한 시베리아 지역에서의 독립군 주둔 및 양성, 독립군에 대한 소비에트러시아 측의 무기 공급 등을 포함하고 있었다는 점에서[73] 본다면 장저우에서의 합의 내용과 대체로 일치하고 있음 또한 확인할 수 있다. 포타포프가 모스크바에 귀환하기 이전에 한형권과 박진순의 요구에 대한 소비에트러시아 정부의 지원이 결정되었으므로 포타포프와 여운형, 김규흥, 천죵밍 사이의 합의사항이 소비에트러시아정부의 지원 결정에 직접적인 영향을 미쳤다

---

72 장저우회의 이후 상하이 지역 한인 지사들의 천죵밍에 대한 관심은 당분간 지속되었던 것 같다. 일례로 『震壇週報』에서는 천죵밍의 근황을 두 차례 소개한 적이 있다. 「廣東陳省長之禁賭令」; 「漳州排貨潮中之罷課與罷市」, 『震壇週報』 각각 10, 11호(1920. 12. 12.; 1920. 12. 19.) 참조.

73 한형권이 소비에트러시아 정부에 요청한 것에는 이 두 가지 외에 임정 승인과 혁명 자금 지원이 포함되어 있었다. 임경석, 앞의 『한국 사회주의의 기원』, 190~191쪽; 김방, 앞의 『이동휘연구』, 176~177쪽.

고 볼 수는 없지만, 장저우와 모스크바에서 각기 이루어진 한·중·소 연대 구상이 동일한 방향성을 가지고 있었다는 사실은 당시 임정을 중심으로 하는 한국독립운동세력의 독립운동 방향 설정과 관련하여 충분히 주목할 만한 대목이다.

제4절

임시정부와 국민혁명

—여운형의 중국국민당이전대회二全大會 참석과 반제연대 활동—

Ⅰ. 코민테른에의 접근

1886년 경기도 양평楊平에서 태어난 여운형은 조선왕조가 망국의 위기로 치닫던 1907년경부터 국채보상운동에 참여하거나 교육운동에 참여하는 등 일찍부터 국권회복운동에 적극적이었다.[1] 여운형이 유학을 위하여 난징에 간 것은 조선왕조가 멸망하고 일본의 식민지로 전락한 뒤인 1914년 9월이었다. 기독교도로서 신학을 공부하겠다는 것이 원래 유학의 목표였지만, 유학한 진링대학金陵大學에 신학과가 없었기 때문에 영문학을 공부하여 1917년 수료하였다. 그 직후 상하이로 옮겨온 여운형은 미국인이 경영하는 서점인 협화서국協和書局, Mission Book Company에서 일하면서 상하이 지역 한인 독립운동의 중심적 지도자

1 여운형, 「自敍傳 1-나의 靑年時代」, 夢陽呂運亨先生全集發刊委員會 編, 『夢陽呂運亨全集』 第1卷, 한울, 1991, 26~27쪽; 「여운형」(공훈전자사료관), http://contents.history.go.kr/mobile/kc/view.do?levelId=kc_n402700 참조.

가 되었다.[2] 그가 일제 경찰에 체포당하여 한국으로 강제 송환된 것이 1929년 7월이었으니, 여운형의 중국에서의 활동은 그의 일생에서 가장 중요한 시기인 30, 40대의 15년간에 이른다.

상하이에서의 여운형의 독립운동은 크게 두 가지 방향에서 전개되었다. 하나는 당시 상하이에 거주하고 있던 한인들을 조직하여 교민단체를 만들고 한인 학교를 창립 운영하는 등 상하이 한인사회를 독립운동의 기반으로 만드는 일이었고,[3] 다른 하나는 파리강화회의에 대표를 파견하거나 중국을 방문한 미국의원단을 대상으로 한국독립의 정당성을 알리는 활동을 전개하는 등 국제적 외교선전을 통하여 독립운동을 전개하는 일이었다.[4] 여운형의 국제적 선전활동은 처음에는 서방 열강들을 대상으로 전개되었으나 1919년 말 혹은 1920년 초를 경계로 하여 차츰 소비에트러시아와 코민테른 쪽으로 기울게 된다. 이 시기 여운형이 러시아나 코민테른으로 기울게 된 데에는 마르크스 레닌주의에 대한 사상적 모색과 접근도 없지 않았지만, 그보다는 러시아나 코민테른과의 접근이 독립운동에 유리할 것이라는 판단이 더 큰 요인이었던 것으로 보인다. 후일 여운형 자신도, "개인적으로는 마르크스주의를 신봉하지만 한국에서는 계급투쟁을 해서는 안 된다"고 말하였고 "내가 공산주의 운동에 참여한 것은 계급이나 당파를 위해서가 아니라 오로지 민족의 독립과 행복을 위한 일이었다"라고 한 것 또한 같은 맥락으로 이해될 수

---

2 여운형, 「自敍傳 2-나의 上海時代」, 『夢陽呂運亨全集』 第1卷, 28~29쪽.

3 上海 지역 한인단체인 上海高麗民親睦會의 결성과 휘하의 仁成學校 운영에 대해서는 金光載, 「日帝時期 上海 仁成學校의 설립과 운영」, 『東國史學』 50집(2001)을 참조할 것.

4 여운형이 만든 新韓青年黨은 1919년 2월 초 金奎植을 대표로 하는 파리강화회의 대표단을 파리에 파견하였으나 강화회의에는 참가하지 못하였고 각국 대표단을 상대로 한 선전활동을 하는 데에 그칠 수밖에 없었다. 新韓青年黨의 결성과 강화회의 대표단 파견에 대해서는 愼鏞廈, 「新韓青年黨의 獨立運動」, 『韓國學報』 12-3(1986)을 참조할 것.

있을 것이다.[5]

여운형이 러시아나 코민테른 쪽으로 기울게 된 배경에는 1919년 말부터 본격화된 러시아와 코민테른 측의 세계혁명 지원정책이 있었다. 잘 알려져 있는 대로 식민지 약소국에 대한 코민테른의 기본 정책은, 식민지 약소국의 공산당은 민족해방의 달성을 위해 자본가계급의 민족운동 세력과 연합전선을 만들어야 한다는 이른바 '민족 식민지 문제에 관한 결의'에 그 이론적 기반을 두고 있다.[6] 이런 점에서 볼 때 1919년 한국에서 일어난 전국적인 항일운동인 3·1운동 직후 상하이에서 만들어진 대한민국임시정부가 코민테른의 주요 지원 대상으로 거론된 것은 당연한 일이었다. 1919년 12월 상하이에 온 포타포프A. S. Potapov가 코민테른의 공식 대표는 아니었지만 소비에트러시아 정부의 실질적인 대표로서 당시 임시정부 국무총리를 맡고 있던 이동휘, 노동독판으로서 사실상 임시정부를 총람하고 있던 안창호를 비롯한 임시정부 측 주요 인사들과 접촉한 것은 코민테른의 임시정부 지원을 위한 첫 번째 모색단계였다. 그 결과 1920년 4월 임시정부의 대표로서 한형권韓馨權이 포타포프의 신임장을 받아 모스크바에 파견되었고 한형권은 모스크바로부터 상당액의 재정적 지원을 얻기에 이르렀던 것이다.[7]

당시 여운형은 임시정부로부터 모스크바 파견대표의 한 명으로 지명 받았으나 임시정부 내부의 의견충돌로 결국 파견이 성사되지는 못하고 말았다. 그러나 1920년 4월 말에서 5월 초에 걸쳐 푸젠성福建省 장저우漳州에서 이루어진 포타포프와 천쭝밍, 여운형 간의 삼자회담에 참여함

5 「(警察)被疑者訊問調書(第2回)」, 『夢陽呂運亨全集』 第1卷, 416쪽; 443쪽.

6 「關于民族與殖民地問題的決議」, 『共産國際有關中國革命的文獻資料(1919-1928)』 第1輯, 北京(中國社會科學出版社), 1981, 42쪽.

7 임경석, 『한국사회주의의 기원』, 역사비평사, 2003, 190~191쪽.

으로써 러시아와의 합작을 통하여 임시정부에 대한 러시아 측의 지원을 얻어내려는 여운형의 노력이 일단의 성과를 내기도 하였다. 이 장저우회의에서 포타포프와 천좡밍은 '광둥에 군관학교와 무기공장을 설립하는 것을 러시아가 지원하고 블라디보스토크로부터 무기 공급을 약속'하는 등의 합의를 이루었으니, 이것은 이후 전개되는 제1차 국공합작 과정에서 실현된 러시아의 중국혁명 지원의 밑그림과 같은 성격을 띤 것으로 주목받을 만하다.[8] 그런 한편으로 한국독립 문제와 관련해서는 장저우회의에서, '시베리아 지역에 한인군관학교와 한인부대를 양성할 수 있도록 러시아가 지원하고 천좡밍 측에서는 그에 대한 재정적 지원을 한다'고 합의하였는데 이것은 성립 2년차로 접어들면서 심각한 재정적 위기를 겪고 있던 한국임시정부한테는 새로운 출구로써 커다란 의미를 가졌다.[9]

여운형이 상하이의 한인공산주의자 그룹에 가입한 것은 장저우회의 직후인 1920년 5월의 일이었다. 여운형이 공산주의 그룹에 가입한 것 또한 코민테른과의 관계에서 비롯되었다고 보인다. 러시아공산당 원동부遠東部의 파견을 받은 보이틴스키G. Voitinsky가 상하이에 도착한 다음 블라디보스토크에서 활동하던 한인 볼셰비키 김만겸金萬謙[10]이 상하이로 파견되어 왔는데 이들의 임무는 중국, 한국, 일본에서의 공산주의운동을 활성화하기 위해 상하이에 코민테른 동아비서부를 만드는 일

8 李丹陽·劉建一, 「英國檔案所見蘇俄與孫中山及國民黨的聯繫」, 『近代中國史研究通訊』 31 (臺北 中央硏究院 近代史研究所, 2001); 이 책 제3장 제3절 참조.

9 배경한, 앞의 「장저우(漳州)회의(1920년 4~5월)와 여운형-한·중·러 연대 모색과 그 의미」, 『역사학보』 220(2013), 177~180쪽 참조.

10 이 시기 金萬謙의 활동과 코민테른과의 관계에 대해서는 윤상원, 「1920년대 초반 러시아의 한인 사회주의자들과 코민테른-김만겸의 활동을 중심으로-」, 『역사연구』 16호(2006)를 참조할 것.

이었다. 1920년 5월 상하이에서 만들어진 한인공산당은 바로 코민테른 동아비서부 휘하의 고려부에 해당하는 조직으로 만들어진 것이었고, 이때 여운형은 김만겸을 통하여 보이틴스키를 만난 다음 한인공산당에 입당했던 것이다.[11] 여운형의 말에 의하면, 당시 보이틴스키는 "노농러시아는 한국의 독립을 열심히 지원할 예정인데 상하이에 이미 (러시아의 지원을 받는) 고려공산당이 조직되어 있으니 (독립운동을 하려면) 공산당과 제휴하는 것이 득책이다"고 말하며 입당을 권유했고, 자신은 "한국의 독립을 돕는 사람이라면 어떤 사람과도 손을 잡을 생각이었기 때문에 입당했다"고 말하였다.[12]

고려공산당, 곧 한인공산당은 보이틴스키와 김만겸이 상하이로 오기 전부터 존재하던, 소수의 멤버로 구성된 '공산주의조직'을 확대 개편하여 만들어진 당 조직이었다. 이 '공산주의조직'의 멤버들은 이동휘, 김립, 이한영李翰榮, 김만겸 등으로 1918년 러시아령 하바롭스크Khabarovsk에서 만들어진 최초의 한인 사회주의 정당인 한인사회당 출신이자 임시정부 성립 시기에 상하이로 와서 임시정부에 가담하였던 인물들이었다. 여기에 여운형과 조동호趙東祜, 조완구趙琬九, 신채호申采浩 등 상하이 지역 독립운동 지도자들의 입당을 통하여 이 '공산주의조직'이 한인공산당(혹은 고려공산당)으로 확대 개편되었던 것이다.[13] 여운형은 한인공산당에서 이동휘, 김립, 이한영, 김만겸, 안병찬安秉瓚, 조동호와 함께 중앙위원을 맡았으며 번역부 일을 전담하였다고 한다.[14]

---

11 반병률, 「여운형의 활동을 통해 본 上海地域 초기 한인 공산주의 조직의 형성과 변천에 대한 재해석, 1919-1921」, 『한국독립운동사연구』 45 (2013) 참조.

12 「검찰신문조서」, 『몽양여운형전집』 제1권, 480쪽.

13 반병률, 「여운형의 활동을 통해 본 上海地域 초기 한인 공산주의 조직의 형성과 변천에 대한 재해석, 1919-1921」, 212~227쪽.

14 여운형은 훗날 경찰신문에서 자신이 번역부, 趙東祜가 출판부의 일을 맡았다고 말함으로

여운형이 1922년 1월 모스크바에서 열린 원동피압박민족대표자대회에 참석한 것 또한 코민테른 접근에서 비롯된 일이었다. 같은 시기 미국 워싱턴에서 서방 열강들 중심의 국제질서 논의를 위하여 열린 워싱턴회의에 대항하기 위하여 개최된 원동피압박민족대표자대회는 중국, 한국, 일본, 몽골, 자바 등 아시아(원동) 지역 약소민족에 대한 코민테른의 지원방안을 구체화하는 것이 목적이었다. 여운형은 한인공산당 대표의 자격으로, 김규식金奎植 등 50여 명의 한인 대표와 함께 이 회의에 참석하여 회의 주석단에 선출되는 등 적극적인 활동을 벌였다.[15] 후일 여운형의 회고에 의하면 그는 1921년 가을부터 상하이와 톈진天津에서 이 대회를 준비했는데, 한·중·일 삼국과 몽골, 자바 대표들의 모스크바행을 위한 여권 수속 업무를 자신이 맡았다고 하였다. 그만큼 여운형은 준비단계에서부터 원동피압박민족대표자대회의 핵심 멤버였던 것이다.[16]

원동피압박민족대표자대회는 노동, 농민, 청년, 민족, 여성 등의 분야별 토론을 거쳐 전체적인 혁명운동의 방향을 제시하는 결의안을 채택했는데 한국문제와 관련해서는 "공업이 발달하지 못하고 계급의식도 낮은 단계이므로 계급운동은 시기상조이고 (그렇기 때문에) 공산주의 운동가는 민족운동 곧 독립운동을 지원해야 한다"는 내용의 결의를 하였고, 이에 맞추어 (기존 독립운동의 중심기관인) "임시정부의 조직을 (공산주

써 중앙위원이 아니었던 것처럼 진술했으나(「고등경찰의견서(1929.7.29.)」, 『몽양여운형전집』 제1권, 453~454쪽) 중앙위원으로서 번역을 책임지고 있었다고 보는 것이 옳다.

15 원동피압박민족대회에 참가한 한국대표단의 선발과 파견에 대해서는 임경석, 「극동민족대회와 조선대표단」, 『역사와 현실』 32(1999)를 참조할 것.

16 여운형, 「나의 회상기」 (1), 『중앙』 1936년 3월호 참조. 이 회상기는 원동피압박민족대표대회 참석을 위하여 上海에서 天津, 張家口, 庫倫(울란바토르), 시베리아를 거쳐 모스크바에 이르는 동안의 여정을 월간잡지 『중앙』에 다섯 차례에 걸쳐 연재한 것이다.

의운동가가 협력할 만한 조직으로) 바꿀 필요가 있다"는 정책을 정했다. 이러한 정책은 회의에 직접 참석했던 레닌의 기본적 입장을 그대로 반영한 것이기도 했으니 레닌은 동아시아의 공산주의 운동 방향에 대하여 중국에서는 국민당과의 합작을, 일본에서는 의회운동을, 그리고 한국에 대해서는 임시정부에 대한 지원 정책을 각각 제시했던 것이다.[17]

1923년 1월부터 5월까지 상하이에서 개최된 국민대표회의는, 임시정부 대통령 이승만과 국무총리 이동휘 사이의 갈등을 비롯한 임시정부의 심각한 내분을 해결하려는 목적에서 시작된 것이었지만, 한편으로는 원동피압박민족대표자대회에서 제기되었던 임시정부에 대한 개조改組 요구에 응하기 위한 시도였다. 특히 1920년 이래로 심각한 재정적 어려움을 겪고 있던 임시정부의 조직을 유지하기 위해서는 코민테른으로부터의 지원을 확보하는 일이 무엇보다도 중요했을 것이므로 임시정부로서는 임시정부에 대한 조직 개편이라는 원동피압박민족대표자대회의 요구를 받아들일 필요가 있었다.[18] 여운형은 안창호 등과 함께 임시정부의 개조를 위한 국민대표회의 운동에 적극적으로 나섰다. 그러나 임시정부에 대한 '개혁'의 정도를 둘러싼 개조파와 창조파 간의 내분으로 몇 달간의 시도 끝에 결국 국민대표회의 운동은 실패하고 말았다.[19]

게다가 모스크바로부터 지원받은 자금의 배분 문제를 둘러싸고 벌어진 갈등과 내분으로 한인공산당은 다시 상하이파와 이르쿠츠크파로 갈라지는 등, 한인 사회주의자들 간의 내분이 심각하게 전개되었다. 이뿐만 아니라 한인 사회주의 세력 간의 이러한 심각한 내분은 임시정부

---

17 「경찰신문조서」, 『몽양여운형전집』 제1권, 413쪽; 「피고인신문조서(제2회)」, 『몽양여운형전집』 제1권, 563~564쪽.

18 국민대표회의의 개최경비도 한형권이 모스크바로부터 받아온 자금에서 조달되었다. 조철행, 「국민대표회 개최과정과 참가대표」, 『한국민족운동사연구』 61(2009), 36~45쪽 참조.

19 김희곤, 『대한민국임시정부연구』, 지식산업사, 2004, 351~359쪽.

에 대한 코민테른의 지원을 어렵게 만드는 결정적 요인이 되기도 하였다.[20] 한인공산당의 내분 과정에서 이르쿠츠크파에 가담했던 여운형이 1925년 5월경부터 중국혁명에 본격적으로 뛰어든 것은 기본적으로 코민테른의 안배에 따른 것으로 보이지만, 다른 한편으로는 임시정부와 한인공산당의 이러한 내분 사태와 그에 대한 실망도 적지 않은 관계가 있다고 보인다.[21]

요컨대 1917년 이후 상하이 지역 독립운동의 중심인물이 된 여운형은 1919년 말, 혹은 1920년 초부터 급속하게 코민테른과 가까워지게 되었으니 그 이유는 내분과 재정적 어려움 속에 위기를 맞고 있던 임시정부 중심의 독립운동을 활성화시키는 방안으로서 코민테른의 지원이 절실했기 때문이었다. 여운형의 코민테른에 대한 이러한 접근은 당시 코민테른이 내세우고 있던, 식민지 약소국의 민족운동에 대한 지원을 통한 세계(공산주의)혁명의 진작이라는 이른바 '연합전선' 정책에 호응한 결과였음은 물론이다.

Ⅱ. 국민당이전대회 참석과 '반제연대' 연설

여운형이 중국혁명에 대한 관심을 가지게 된 것은 많은 중국 망명 한인 지사들과 마찬가지로 아마도 망명 당초부터였을 것이다. 당시 많은 한인 지사들은 국내에서의 독립운동이 불가능해진 다음 국외로의 망명

20 초기 한인 공산주의 단체의 조직과 분파에 대해서는 반병률, 앞의「여운형의 활동을 통해 본 上海地域 초기 한인공산주의 조직의 형성과 변천에 대한 재해석, 1919-1921」, 232~240쪽을 참조할 것.

21 여운형의 말에 의하면 그가 중국혁명에 직접 참가하기 시작한 것은 孫文 사망 이후인 1925년부터였다고 한다.「(검찰)피의자신문조서(제3회)」,『몽양여운형전집』제1권, 484쪽.

을 도모하게 되었는데 그 가운데서도 중국으로의 망명이 가장 많았다. 중국은 한국과 지리적으로나 문화적으로 가장 가까운 나라였을 뿐만 아니라 일본의 한국에 대한 강제병합으로 조선왕조가 멸망한 직후인 1911년 10월에 일어난 우창기의武昌起義는 한인들의 집단적인 중국 망명을 가져왔으니, 중국의 공화혁명 성공 소식은 망명 한인들에게 독립과 국가 건설의 새로운 방향으로 받아들여질 수밖에 없었다.[22]

여운형의 중국혁명에 관한 관심은 중국혁명 영수 쑨원과의 빈번한 교류를 통해서도 확인된다. 여운형이 쑨원을 처음 만난 것은 1916년 『자림서보字林西報』 기자였던 천한밍陳漢明의 소개를 통해서였는데 당시 여운형의 쑨원에 대한 첫인상은 쌀쌀하고 교만했다고 한다. 그러나 1918년 11월, 파리강화회의에 한국 대표를 파견하는 문제로 탕샤오이唐紹儀, 쉬첸徐謙, 장타이옌章太炎 등과 상의한 적이 있었는데 이때 쉬첸의 소개로 쑨원을 다시 만난 이후 여운형의 쑨원에 대한 인상은 완전히 바뀌게 되었다. 당시 쑨원은 여운형을 환대하며 부인 쑹칭링宋慶齡을 소개해 주었을 뿐만 아니라 남방정부 대표로 파리에 파견되어 있던 우차오슈伍朝樞, 천요우런陳友仁 등과 협조할 수 있도록 적극적으로 도와 주었던 것이다. 그 후 여운형은 상하이 모리아이로莫利愛路(현재의 香山路)에 있는 쑨원의 사저를 자주 방문하여 한국의 독립과 혁명 방안을 논의하였고, 그 결과 두 사람은 매우 친밀한 친구가 되었다.[23]

여운형이 쑨원을 마지막으로 만난 것은 1924년 11월, 쑨원이 북상北上 도중 상하이에 들렀을 때였다. 쑨원의 도착 소식을 듣고 직접 부두로 환영을 나간 여운형은 그와 함께 사저로 가서 몇 시간을 환담했는데 이

22 배경한 엮음, 『동아시아 역사 속의 신해혁명』, 한울, 2013, 22쪽.

23 李萬珪, 『呂運亨鬪爭史』, 서울, 1946, 『몽양여운형전집』 제2권, 287~288쪽.

때 여운형이 쑨원의 백발이 많아진 것을 보고 "선생의 머리칼은 더 희어졌으나 선생의 혁명은 더 붉어졌다"고 말하자 쑨원은 "사람의 머리털은 늙으면 하얘지지만 혁명은 늙으면 붉어진다"고 대답했다고 한다.[24] 뒤에 여운형이 국민당이전대회에 참석하여 연설하면서 서두에 이 일화를 소개한 것을[25] 보면, 쑨원의 이 말이 여운형에게 남긴 인상이 매우 컸다는 점을 알 수 있다. 이러한 여운형에게 1925년 3월 12일 쑨원의 서거 소식은, 당시 많은 한국인들과 마찬가지로 커다란 충격으로 받아들여졌을 것이다.[26]

여운형의 법정 진술에 의하면 여운형은 쑨원 서거 한 달째인 4월 12일, 상하이 서문외西門外 공공체육장公共體育場에서 열린 상하이각계인사추도대회上海各界人士追悼大會에 참석하였는데 이 자리에서 쑹칭링의 소개로[27] 보로딘Mikhail Markovich Borodin의 부인을 만났다고 한다. 이때 보로딘 부인은, 발전하고 있는 중국혁명에 기여해 줄 것을 여운형에게 당부하면서 베이징 주재 러시아 대사인 카라한Lev Mikhaylovich Karakhan에게 보내는 소개장을 만들어 주었다고 한다.[28] 며칠 뒤 여운형은 베이

24 「孫中山先生의 十週忌를 當하야-印象 깊은 追憶의 一節-」, 『몽양여운형전집』 제1권, 129~130쪽.

25 「中國國民黨第二次全國代表大會會議記錄(第九日第十七號, 1926. 1. 14))」, 中國第二歷史檔案館 編, 『中國國民黨第一二次全國代表大會會議史料』(上), 南京(江蘇古籍出版社), 1986, p. 301.

26 孫文의 北上과 發病, 逝去에 대한 당시 한국인들의 커다란 관심에 대해서는 배경한, 『쑨원과 한국』, 192~211쪽을 참조할 것.

27 宋慶齡은 北京에서 治喪을 마치고 4월 11일 上海로 돌아왔으며 12일, 上海各界人士追悼大會에 참석하였다. 尙明軒 主編, 『宋慶齡年譜長編』, 北京(北京出版社), 2002, p. 203 참조.

28 1924년 8월 말에 여운형이 北京에 와서 러시아 대사 카라한과 회견하고 임시정부가 러시아 측의 원조를 받는 일을 상의했다는 일본 측의 정보가 있다. (「呂運亨ノ行動ニ關スル件(1924.9.4.)」; 「在上海不逞鮮人呂運亨ノ北京行ト其用務ニ關スル件(1924.9.12.)」, 『國外抗日運動資料: 日本外務省記錄(국사편찬위원회 한국사데이터베이스)』) 여운형은 1924년

징으로 가서 러시아 대사관에서 카라한을 만나 중국혁명의 정세에 대한 의견을 나누었다. 카라한은 여운형에게 장쭤린張作霖, 펑위샹馮玉祥, 우페이푸吳佩孚, 국민당에 대한 의견을 물었는데 여기에 대하여 여운형은, 장쭤린과 우페이푸는 세력은 크지만 합작의 가능성은 전혀 없으며 펑위샹과는 합작 가능성이 있지만 국민당과 합작하여 후원하는 것이 옳다고 대답하였다. 카라한은 노농정부의 의견도 마찬가지라고 하면서 혁명가에게는 조국이 없다는 점과 (현재) 한국의 독립과 혁명운동은 극심한 내분으로 가망이 없으므로 중국혁명에 기여할 것을 요청하고, 중국혁명이 달성될 경우 한국의 해방도 이루어질 것이라고 주장하면서 국민당과 중국공산당, 러시아의 삼자 사이에서 연락을 담당해 달라고 부탁하였다. 이 부탁을 받아들인 여운형은 상하이로 돌아와 상하이 주재 러시아 영사관 부영사였던 베르테[29]를 만났고, 타스통신사의 촉탁에 임명되어 중국의 각 신문에 게재된 전쟁, 정치, 공산주의운동, 노동운동, 청년운동, 농민운동, 여성운동 관련 기사들을 영문으로 번역하여 베르테에게 보내는 일을 맡게 되었다고 한다.[30]

여운형은 자신의 임무가 타스통신사의 촉탁으로 중국신문 기사들을 영역하는 것에 한정되었다고 말했지만, 이 시기 그의 임무가 그것에만 그쳤다고는 보이지 않는다. 카라한이 베르테를 통하여 타스통신 촉탁을 맡긴 것은 여운형의 '생활 문제' 해결 요구에 대한 방안으로 제기된

카라한을 만났다는 사실을 부인하고 있는데(「경찰신문조서(제4회)」, 『몽양여운형전집』 제1권, 430쪽) 만약 여운형이 1924년 카라한을 만난 것이 사실이라면 1925년 4월 보로딘 부인의 소개로 카라한을 만나기 이전부터 그와 교류가 있었다는 이야기가 되고, 여운형의 법정 진술은 그 신뢰성을 상당히 잃고 만다.

29 여운형이 한글로 '베르테'라고 말한 상하이 주재 러시아 영사관 부영사의 정확한 러시아어 표기나 이력에 대해서는 확인이 되지 않는다.

30 이 일을 하는 대가로 여운형은 매월 200元을 지급받았다. 「경찰신문조서(제6회)」, 『몽양여운형전집』 제1권, 460~461쪽.

것이었을 뿐이고 그보다 중요한 제안은 국민당, 공산당, 러시아 사이의 연락 임무였던 것이었던 점을 고려해야 하기 때문이다. 실제로, 여운형이 중국혁명에 종사하기 시작했다고 말한 1925년 5월 직후 상하이에서 일어난 5·30운동 당시에 여운형이 국민당 대표 샤오리즈邵力子, 공산당 대표 취추바이瞿秋白, 상하이 주재 러시아 부영사 베르테와 자신이 매일 대책회의를 진행했다고 진술한 것이나 (뒤에 상술할 것처럼) 1926년 1월 국민당이전대회가 광저우에서 열렸을 때 회의를 주도한 왕징웨이汪精衛, 보로딘과 함께 (비록 비공식적인 것이라 하더라도) 이전대회의 기본 방침에 대하여 논의했다고 진술한 점, 그리고 1927년 1월 이후 국민혁명군의 상하이 진출을 앞두고 일어난 제3차 무장기의의 추진에도 자신이 직접 개입했다고 말한 점 등은[31] 여운형이 코민테른과 공산당, 국민당 사이의 조정 작업에 깊숙이 개입하고 있었음을 보여 주고 있다. 다시 말해 이러한 말이 사실이라고 한다면 당시 여운형은 위에서 언급한 상하이에 만들어진 코민테른 동아비서부에 소속된 활동가였을 가능성이 크다고 생각된다.

여운형은 자신이 (독립운동보다) 중국혁명에 매진했다고 말한 1925년 5월 이전에도 여러 차례 광저우를 방문한 적이 있지만, 1926년 1월 초에 상하이를 떠나 광저우로 간 것은 국민당이전대회에 참석하기 위해서였다. 여운형의 말에 의하면 이전대회에 자신을 초대한 것은 대회의 전반적 진행을 책임지고 있던 왕징웨이였다고 한다.[32] 1921년 이후 중국 각

---

31 「검찰신문조서(제3회)」, 『몽양여운형전집』 제1권, 484~485쪽. 그 밖에 후술할 것처럼, 여운형과 함께 二全大會에 연사로 초청되었던 베트남 대표 胡志明도 당시 코민테른의 파견을 받아 보로딘 휘하에서 중국의 각종 신문기사들을 번역하여 코민테른에 송부하고 있는 동시에 베트남공산당의 창당 작업에 종사하고 있었으니 이 점도 여운형이 호찌민과 마찬가지의 역할, 곧 코민테른 소속의 활동가였을 가능성이 크다는 점을 보여 주고 있다.

32 「경찰신문조서(제3회)」, 『몽양여운형전집』 제1권, 427쪽.

지에 만들어졌던 중한연대 조직의 하나인 중한협회의 멤버 가운데 왕징웨이가 있었고[33] 여운형이 각지의 중한호조사 조직을 총괄하는 중한호조총사의 주요 멤버였던 점으로 본다면,[34] 이미 왕징웨이는 여운형을 잘 알고 있었을 것이고 그런 까닭에 그의 초청으로 여운형이 이전대회에 참여했을 가능성이 없지 않다. 그러나 명의상의 초청자가 왕징웨이였다고 하더라도 실제 초청자는 이전대회의 실질적인 주도자였던 보로딘이었을 가능성이 크다.[35] 앞에서 언급한 대로 1925년 이후 여운형의 활동은 코민테른에 집중되었는데, 이 활동 또한 코민테른의 안배에 의하여 이루어졌을 가능성이 클 뿐 아니라 이전대회 중 여운형이 왕징웨이, 보로딘과 함께 보로딘 공관에 모여 이전대회에 대한 전체적인 조율을 위한 회의를 했다고 한 점으로[36] 보아도 보로딘의 안배와 요청으로 회의에 참여하게 되었을 가능성이 크기 때문이다.

일본 측 정보자료에 의하면 이전대회 참석을 위해 여운형이 상하이를 떠난 것은 1월 10일이었고 다시 상하이로 돌아온 것이 1월 25일이었다.[37] 상하이에서 광저우로 오는 여정을 감안할 경우, 여운형이 전체회

---

33 1921년 9월에서 10월에 걸친 한국임시정부 국무총리 申圭植의 廣州 護法政府 방문과 동시에 廣州에서 중한연대 조직인 中韓協會가 만들어졌다. 中韓協會의 조직과 활동에 대해서는 배경한, 『쑨원과 한국』, 한울, 2007, 75~83쪽 참조.

34 中韓互助社는 1921년 3월에 창사(長沙)에서 처음 만들어진 이후 長沙, 安徽, 漢口, 上海 등지에서 잇달아 만들어졌고 그 총괄조직으로서 中韓互助總社가 1921년 5월, 上海에서 만들어졌다. 中韓互助社에 대해서는 이 책 제3장 제2절을 참조할 것.

35 張國燾는 이전대회가 보로딘의 실질적인 지도 아래 열렸고 汪精衛는 보로딘의 대리인에 불과했다고 썼다. 張國燾, 『我的回憶』 第1册, 香港(明報出版社), pp. 81~82.

36 「경찰신문조서(제3회)」, 『몽양여운형전집』 제1권, 427쪽.

37 「廣東ニ於ケル呂運亨ノ行動ニ關スル件(1926.2.6.)」, 『國外抗日運動資料: 日本外務省記錄(국사편찬위원회 한국사데이터베이스)』)참조. 이 일정은 여운형 자신이 당시 廣州에 한 달가량 머물렀다고 말한 것(「경찰신문조서(제3회)」, 『몽양여운형전집』 제1권, 427쪽)과는 얼마간의 차이가 있다.

의에서 연설을 한 1월 14일 오전에 광저우에 막 도착했다는[38] 그의 말은 사실인 것 같다. 이런 점에서 본다면 1월 14일 전체회의에서 있었던, 여운형을 포함한 세 사람의 외국인 대표들의 연설은 미리 계획되었다기보다 갑작스러운 결정으로 이루어졌을 가능성이 크다.[39]

1월 14일 오전의 전체회의에서 강연을 한 사람은 여운형을 포함한 세 사람의 외국인 대표였다. 첫 번째 강연자는 베트남의 혁명 지도자인 호찌민胡志明이었고 두 번째 강연자는 한국의 여운형, 세 번째 강연자는 인도의 꺼바哥巴였다.[40] 이날 오전의 회의 시간이 10시 20분부터 12시 30분까지였으며 세 사람의 강연 후 천궁보陳公博가 랴오중카이 암살사건廖仲愷暗殺事件에 대한 처리보고를 하고 그에 대한 질문과 토론이 이어졌던 것을[41] 보면, 한 강연자에게 주어진 시간은 길어도 15분 내지 20분 정도였을 것으로 추정된다.

회의에서 왕다런王達人이라는 가명으로 소개된 호찌민은, 신해혁명이 발발하던 1911년 프랑스로 출국한 이후 30여 년을 국외에서 혁명운동에 종사한 대표적인 베트남 혁명가이다. 1920년 마르크스 레닌주의

---

38 여운형은 전체회의 연설 서두에서 "막 도착하여 中文 강연을 준비할 시간이 없어서 부득이 영어 강연을 하게 되었다"고 말하였다. 「中國國民黨第二次全國代表大會會議記錄(第九日 第十七號, 1926. 1. 14)」, p. 301.

39 회의 주석 汪精衛가 회의 첫머리에 "원래의 의사일정을 고쳐 세 사람 외국 혁명가의 강연을 들어도 좋겠느냐?"는 양해를 구하고 있었던 점으로 보아서 이들의 강연은 원래 의사일정에는 없었던 것으로 임시방편이었음을 알 수 있다. 『中國國民黨第一二次全國代表大會會議史料』(上), p. 298.

40 호찌민은 王達人이라는 가명으로, 여운형은 呂光이라는 가명으로 소개되었다. 인도인 꺼바도 가명이었을 것으로 추측되는데, 이 꺼바가 누구인지 그 정체는 분명하지 않지만, 당시 일본과 중국을 중심으로 활동하고 있던 인도 독립운동가 Raja Mahendra Pratap(1886~1979)이 아닌가 하는 추측은 가능하다. 「印度 阿扶加尼 獨立運動(一),(二)」, 『東亞日報』 1925. 7. 25, 26, 각각 1쪽; 「프라탑氏動靜」, 『東亞日報』 1928. 2. 18., 1쪽 등 참조.

41 『中國國民黨第一二次全國代表大會會議史料』(上), pp. 304~310.

를 수용하고 곧이어 만들어진 프랑스공산당에 가입하면서 공산주의 혁명가가 된 호찌민은 1924년 초 모스크바로 가 코민테른 활동가로 변신하였다.[42] 이어서 1924년 11월 코민테른에 의하여 광저우에 파견되었는데 이때 그의 명목상의 직위는 보로딘의 중국어 통역이었다. 그러나 호찌민의 광저우에서의 활동은 단순히 보로딘의 통역에만 그치지 않았으니, 호찌민은 보로딘 공관에 머물면서 중국 일간지의 주요 기사를 번역하여 코민테른에 보내는 일을 하는 한편으로 베트남공산당을 만들기 위한 기초 작업에 착수하고 있었다. 호찌민이 광저우에 도착했을 당시 광저우에는 판 보이 쩌우潘佩珠를 중심으로 하는 베트남국민당과 테러혁명 조직인 탐탐사心心社를 중심으로 베트남 독립운동이 추진되고 있었다. 호찌민은 이들 조직의 구성원들 가운데에서 진보적 청년들을 중심으로 1925년 6월, 광저우에 있으면서 베트남공산당의 전신으로 알려진 베트남청년혁명동지회를 만들었다.[43]

이런 한편으로 호찌민은 광저우에서 국민혁명에도 적극 참여하고 있었으니, 특히 그는 1925년 6월 광저우에서 발생한 반제노동운동인 성항대파공省港大罷工에 적극 참여하여 강연대원으로서 활동하였다. 당시 호찌민이 파공罷工 노동자들을 대상으로 한 연설은 「중국노동자와 피압박민족의 관계 및 제국주의를 연합해서 타도해야 할 필요성(中國工人與被壓迫民族之關係以及聯合打倒帝國主義之必要)」이라는 제목이었다. 호찌민은 이 연설에서 영국 제국주의를 상대로 한 성항파공이 전 세계 피압

42 Jean Lacouture, *Ho Chi Minh: A Pokitical Biography*, New York, 1968, pp. 33~47; 裵京漢, 「越南의 초기 共産主義運動에 대하여-胡志明의 활동을 중심으로-」, 『서울대학동양사학과논집』 제4집(1979); 劉仁善, 「胡志明과 베트남 공산주의, 1925-1945-공산주의의 초기 수용과정」, 『아시아문화』 제7호(1991) 참조.

43 阮文俊, 「胡志明在廣州的革命活動及其對越南革命的意義」, 『華中師範大學研究生學報』 19-1(2012), pp. 124~125 참조.

박민족의 반제 독립운동과 동일한 목표를 가진 것이기 때문에 중국 노동자들과 세계피압박민족은 서로 연합해야 한다고 주장하였다.[44] 반제를 목표로 하는 중국의 국민혁명과 베트남과 같은 식민지 약소국의 반제 민족독립운동이 상호 연대해야 한다는 주장이었으니, 다시 말해 호찌민에게 있어서 국민혁명은 반제연대를 실천할 수 있는 현장이었던 셈이다.[45]

이전대회에서의 호찌민의 연설은 프랑스어로 진행되었고 공산당원이자 제2군 당대표였던 리푸춘李富春이 통역을 담당하였는데, 그 내용은 이전대회 회의록에 비교적 자세하게 기록되어 있다. 호찌민의 연설 내용은 크게 두 부분으로 이루어져 있다. 그 앞부분에서는 베트남이 프랑스의 식민지로 전락한 이후 60년 동안의 프랑스의 베트남에 대한 폭압적 지배의 실상을 폭로하고 있다. 호찌민에 의하면 프랑스 지배의 최대 피해는 인두세人丁稅, 재산세房屋稅, 물품세貨物稅를 비롯한 과중한 세금 부담이며 그 결과로 베트남 인민의 경제는 피폐해지고 대부분의 토지와 기업을 프랑스인이 독차지하게 되었다고 한다. 이런 가운데 프랑스 지배의 해독을 고발하기 위한 언론, 출판의 자유는 모두 박탈당하였고 교육이나 문화상으로도 철저한 지배를 받고 있다는 것이 호찌민의 주장이다.

호찌민 연설의 두 번째 부분은, 베트남인들의 독립운동과 중국국민당의 혁명운동이 연합해야 한다는 점을 강조하는 내용이다. 호찌민은 프랑스 지배자들은 중국혁명의 진전을 크게 두려워하여 쑨원 사망시에도

---

44 「安南人加入講演隊」, 『工人之路』 1925. 7. 14. (廣東革命歷史博物館編, 『胡志明與粤港』, 北京(世界知識出版社), 2010, p. 44에서 재인용). 『工人之路』는 省港罷工委員會의 기관지(주간)였으며 당시 胡志明은 리루이(李瑞)라는 이름의 가명을 사용하고 있었다.

45 阮文俊, 「胡志明在廣州的革命活動及其對越南革命的意義」, pp. 125~126.

베트남 사람들의 추도요구를 모두 불허했음을 상기하면서, 현재 프랑스 제국주의자들은 (베트남에 대한 지배를 유지하기 위해) 중국혁명을 반대하고 광저우정부를 공격하고 있다고 주장하였다. 그리고 결론에서 호찌민은 이집트, 모로코, 시리아, 베트남과 중국은 같은 처지의 피압박민족으로서 동일한 제국주의의 압박 아래 놓여 있으므로 함께 연합하여 제국주의를 타도해야 한다고 주장하였다.[46] 요컨대 호찌민의 연설은 국민혁명의 최대목표인 "반제를 위한 국제적 연대"에 그 초점을 맞추고 있었던 것이다.

호찌민의 연설에 이어서 여광呂光이라는 이름으로 소개된 여운형은 영어로 연설했는데, 통역자가 누구인지 밝혀져 있지는 않지만 당시의 통역원고가[47] 마찬가지로 이전대회 회의록에 실려 있다. 이 연설의 내용은 크게 세 부분으로 나누어 볼 수 있다. 첫 부분은 중국과 러시아의 혁명 지도자인 쑨원과 레닌을 여운형이 직접 만났을 때의 일화를 소개하며 두 영수에 대한 추모의 뜻을 표현한 부분이다. 먼저 여운형은 쑨원과의 우의를 강조하고 있는데 특히 쑨원이 1924년 11월 북상 도중 상하이에 들렀을 때 두 사람이 나눈 이야기를 소개하고 있다.[48] 이어서 여운형은 1922년 1월 모스크바에서 열린 원동피압박민족대표자대회에 참가했을 당시 레닌을 만난 것을 언급하였다. 당시 레닌이 회의에 참석한 일본대표를 향해 "당신은 조선이 일본 제국주의를 타도하는 것을 도와

---

46 『中國國民黨第一二次全國代表大會會議史料』(上), 298~301쪽.

47 통역자의 이름을 확인할 수는 없다. 훗날 여운형 자신은 이날의 연설 제목이 "中國國民革命의 世界的 使命"이었으며 한 시간가량 계속된 연설이었다고 말했다. 「感激으로서 한 余의 演說-廣東서 國民黨大會 때에」, 『몽양여운형전집』 제1권, 87~88쪽.

48 이 대목은 10년 정도 뒤인 1935년에 가서 여운형이 회고한 것과는 내용상 차이가 있다. 당일의 통역이 잘못되었을 가능성도 없지 않을 것이다. 앞의 각주 24 참조. 「孫中山先生의 十週忌를 當하야-印象 깊은 追憶의 一節-」, 『몽양여운형전집』 제1권, 129~130쪽.

주겠는가?"라고 묻자 일본대표가 "당연하다"고 대답하였고 이에 호응하여 여운형은 "일본만이 아니라 모든 피압박민족이 연합하여 제국주의를 타도하기 원한다"고 말했다는 일화를 소개하고 있다. 또 여운형은 당시 레닌이 중국 대표로 참석한 장궈타오張國燾에게 "중한中韓 간의 우의에는 문제가 없을 것으로 믿으므로 (양 민족이) 통일 연합하여 제국주의를 타도해야 한다"고 말했다는 것도 언급하면서 중한 간의 우의를 강조하고 있다.[49]

여운형 연설의 두 번째 대목은 제국주의와 자본가를 타도하는 것이 우리의 목표인데, 이를 위하여 중국과 한국을 비롯한 모든 피압박민족들이 연합해야 함을 강조하였다. 여운형은 쑨원의 삼민주의와 오권헌법五權憲法은 이러한 세계혁명의 추진동력發動機에 해당한다고 지적하면서 삼민주의가 세계혁명의 길이 되어야 한다고 주장하였다. 그런데 반혁명세력들은 자신들의 세력범위를 넓히기 위하여 모든 노력을 경주하고 있으니 영국과 일본을 비롯한 제국주의 열강들이 서로 연합하여 중국 국내의 군벌들을 돕고 있는 것이 그 구체적 사례였다. 그러므로 중국, 한국을 비롯한 모든 혁명세력도 연합하여 이들 제국주의 열강과 군벌들을 타도하는 데에 힘을 모아야 하는데 이러한 세계혁명은 이미 확고한 기초를 마련했다고 여운형은 주장하였다.[50]

여운형 연설의 세 번째 대목은 식민지 한국의 참상을 언급한 부분이다. 여운형은 한국의 혁명은 (3·1운동이 일어난) 1919년에 시작되었다고 하면서 당시에는 일부 지식인들에 의하여 혁명이 일어났으나 그 뒤 점점 진보하여 (현재는) 전민全民이 참여하는 혁명이 되었다고 말하였다.

---

49 『中國國民黨第一二次全國代表大會會議史料』(上), pp. 301~302.
50 『中國國民黨第一二次全國代表大會會議史料』(上), pp. 302~303.

"한국은 노동자에 비하여 농민의 비중이 훨씬 큰데 종전과 달리 현재 일본 제국주의는 농민들에 대한 경제적 압박을 통하여 한국을 통치하고 있으니, 이것은 세계 제국주의의 압박방식의 변화를 반영한 것이다. 일본 제국주의는 한국에 동양척식회사라는 대규모 회사를 만들고 이를 통하여 대부분의 농토를 사들였다. 그 결과로 농민들은 겨우 전체 토지의 20% 정도만을 소유하게 되어 경제적 빈곤에 빠지게 되었고 (그 결과) 많은 사람들이 중국을 비롯한 국외로 빠져나가게 되었다. (그리하여) 국외로 나간 사람들과 국내의 농민 노동자, 지식인들이 함께 하나의 조직을 만들게 되었으니 이런 의미에서 최근 한국은 전민혁명의 시기에 접근하고 있다고 할 수 있다"는 것이 여운형의 주장이다. 아울러 여운형은 국민당의 이전대회가 약소민족의 해방과 독립을 공동의 목표로 제기하고 있기 때문에 중국혁명의 성공은 세계혁명의 절반을 이룩하는 것이며 한국인들의 희망이 되고 있다[51]고 말함으로써 반제연대와 중한호조의 필요성을 적극적으로 제기하였다.

여운형의 연설에 이어서 있었던 인도 대표의 연설은 영어가 아닌 인도어(힌디어)로 이루어졌는데 통역사가 준비되지 못하는 바람에 통역을 할 수 없어서 회의록에 그 내용이 남아 있지 않다. 그러나 앞에서 살펴본 호찌민과 여운형의 연설 내용으로 보아서 그 내용을 짐작하는 것은 어렵지 않다. 아마도 인도 대표의 연설도 영국의 식민지배 아래 있는 인도 국민들의 어려운 상황과 인도의 독립을 쟁취하기 위한 노력들, 그리고 제국주의 타도를 위한 식민지 약소국들 간의 연대 필요성과 국민혁명에 대한 지지를 주장하는 내용이었을 것으로 짐작된다.[52]

---

51 『中國國民黨第一二次全國代表大會會議史料』(上), pp. 303~304.

52 이전대회 회의록에는 "통역이 없어 내용이 분명치는 않으나 반제를 위한 연대의 필요성과 중국혁명에 대한 찬동이 그 내용이었을 것이다"라고 쓰고 있다. 『中國國民黨第一二次全

호찌민과 여운형 연설의 핵심 내용인, 제국주의의 타도를 위한 식민지 약소민족들 간의 연대 주장은 사실 이전대회의 핵심 논제였고 국민혁명의 최대 현안이었다. 이 점은 이전대회의 첫날에 있었던 왕징웨이의 환영사에서부터 분명히 드러나고 있었으니 왕징웨이는 국민당 개조改組의 목표와 국민혁명의 목표로서 '민중운동喚起民衆'과 '반제打倒帝國主義'의 두 가지를 내세우고 있었고,[53] 같은 날 이전대회의 이름으로 각 방에 보낸 전문電文 가운데에도 모든 세계피압박민족에게 보내는 전문이 실려 있었는데, 그 내용에서도 약소민족의 해방운동(민족운동)과 선진국의 피압박계급의 해방운동(계급혁명운동)이 연쇄적인 관계에 있다는 점과 중국국민혁명이 세계혁명의 일부분이라는 점을 강조하였다.[54] 또 국민당의 대외정책을 정함에 있어서도 이전대회에서는 소련과의 합작, 약소민족과의 연합, 세계상 혁명민중과의 연대라는 세 가지를 기본 방침으로 정하고 있었으며[55] 1월 13일에 통과된 「이전대회선언」에서도 중국의 진로로서 대외적으로는 제국주의의 타도를, 그리고 대내적으로는 모든 제국주의의 도구 역할을 하고 있는 관료, 군벌, 매판계급, 토호의 타도를 주장하면서 이 두 가지를 위하여 세계상의 모든 피압박민족의 혁명운동과 연합전선을 구축할 것을 주장하였다.[56] 이를테면 '반제를 위한 연대'는 국민혁명의 최대 목표였으며 동시에 호찌민과 여운형으로

國代表大會會議史料』(上), p. 304.

53 「主席汪精衛先生之歡迎詞」, 『中國國民黨第一二次全國代表大會會議史料』(上), pp. 147~149.

54 「致電全世界被壓迫民族表示一致奮鬪」, 『中國國民黨第一二次全國代表大會會議史料』(上), p. 192.

55 「中國國民黨第二次全國代表大會會議記錄(第八日第十六號)」, 『中國國民黨第一二次全國代表大會會議史料』(上), pp. 294~295.

56 「中國國民黨第二次全國代表大會宣言(1926.1.13.)」, 『中國國民黨第一二次全國代表大會會議史料』(上), pp. 432~449.

대표되는 식민지 약소민족 운동가들의 공동의 목표였던 것이다.

그런데 이전대회에서 선포되고 있던 이러한 반제연대 주장은 사실, 국민혁명의 개시와 함께 본격화되고 있었음이 확인되고 있다. 즉 1925년 7월 광저우에서 성립되었다고 하는 피압박민족연합회는 당시 반제의 최대 현장이었던 성항파공을 지원하기 위하여 만들어진 단체이기는 했지만 기본적으로는 국제적 반제연대를 목표로 내세웠고,[57] 이것이 이전대회의 반제연대 주장으로 연결되었음을 볼 수 있다. 피압박민족연합회는 국민당의 전폭적인 지원 아래 만들어졌으니 회무를 총괄하는 초대 총무부장에 국민당 좌파의 중심 지도자인 랴오중카이가 선출되었는데, 선출 직후 랴오중카이가 암살당하게 되자 왕징웨이가 총무부장을 맡았다.[58] 당시의 관련 신문보도에 따르면 중국, 월남(베트남), 한국(조선), 인도 등의 대표들이 피압박민족연합회에 참여하고 있었다고 하는데, 이때 여운형이 직접 참여하고 있었는지는 알 수 없지만 호찌민의 경우에는 적극적으로 가입 활동했다고 알려져 있다. 이를테면 이전대회에서 국민혁명의 최대 목표로 제기된 반제연대 주장은 일전대회 이래, 특히 성항파공 이래로 이미 국민혁명의 가장 중심적인 주장이 되고 있었으며 피압박민족연합회의 성립으로 이미 그 실현 단계에 들어가고 있었던 것이다.

---

57 「被壓迫民族宣言」, 『工人之路』 1925. 7. 9. (앞의 『胡志明與粵港』, p. 45에서 재인용).

58 「被壓迫民族聯合會會議紀」, 『工人之路』 1925. 9. 13. (앞의 『胡志明與粵港』, p. 46에서 재인용).

Ⅲ. '반제연대'로서의 북벌 지원

1926년 1월 여운형의 광저우에서의 활동은 이전대회 참석에 한하지 않았다. 먼저 1월 14일부터 25일 전후까지의 광저우 체류 기간 동안 여운형은 황푸군관학교黃埔軍官學校 교장판공실 부관으로 근무하던 한인 손두환孫斗煥의[59] 소개로 교장 장제스를 만나 한인 청년들의 황푸군관학교 입교와 관련된 일을 논의하였다는 일본 측 보고서로 그 행적을 확인할 수 있다.[60] 또 여운형이 이전대회 참가 후 상하이로 귀환한 직후인 1926년 2월에 작성된 일본 측 정보보고서에 따르면, 광둥군사정치학교(인용원문 그대로)에서 조선인 학생들을 입교시키기로 결정하면서 여운형에게 공문을 보내 조선인 학생의 모집을 요청하였고 그에 따라 여운형이 목하 조선인 생도 모집에 나서고 있다고 했다.[61] 이 또한 광저우 방문시 여운형의 장제스 방문이 한인 생도의 입교와 모집 문제가 두 사람 사이의 주된 논의 사항이었다는 사실을 짐작케 해 준다.

주지하듯이 황푸군교는 제1차 국공합작의 가장 중요한 현장으로서 국민혁명의 실제적인 출발점이 되었다. 소련 측의 전폭적인 재정적, 군사적 지원 아래 1924년 6월 설립된 황푸군교는 동정東征과 북벌을 통하

59 孫斗煥은 1916년 일본 메이지대학(明治大學)으로 유학을 갔다가 상하이에 임시정부가 만들어지던 시기인 1919년 4월 上海로 망명했다. 1920년경부터 사회주의를 수용하면서 사회주의 운동을 통한 독립운동 추진에 힘쓰는 한편으로 1923년 陝西第一軍講武堂에 입교하여 군사훈련을 받은 이후 무력투쟁을 통한 독립운동에 적극 나섰고, 黃埔軍校 성립 이후 광저우에 와 입교하여 졸업하고 1926년 초부터 校長辦公室에서 근무하던 인물이었다. 孫斗煥의 경력에 대해서는 한상도, 「孫斗煥의 항일민족주의 탐색과 민족운동관」, 『한국민족운동사연구』 36집(2003), 181~195쪽 참조.

60 「不逞鮮人呂運亨ノ廣東滯在中ノ言動(1926. 4. 20.)」, 『國外抗日運動資料: 日本外務省記錄(국사편찬위원회 한국사데이터베이스)』) 참조.

61 「在上海總領事代理田島昶->在廣東總領事代理清水亨(1926. 2. 10.)」, 『國外抗日運動資料: 日本外務省記錄(국사편찬위원회 한국사데이터베이스)』) 참조.

여, 군벌들의 할거로 분열되어 있던 중국의 통일을 이루어내는 국민혁명의 요람 역할을 담당했던 것이다. 이와 아울러 황푸군교는 약소민족들 간의 반제연대를 이루어내는 기지가 되기도 했으니, 이 황푸군교는 많은 수의 한인과 베트남인들이 입교하여 한편으로는 한국과 베트남의 독립운동의 인력을 양성하는 역할을 했고, 다른 한편으로는 한국이나 베트남 혁명지사들이 중국의 국민혁명에 참여하여 이를 돕는 창구가 되기도 했던 것이다.[62]

당시 한인韓人들의 황푸군교 입교는 여러 통로를 거쳐 이루어졌는데 천궈푸陳果夫와 같이 한인들과 밀접한 관계를 맺었던 국민당 측 인사들을 통해서도 한인 학생들에 대한 모집이 이루어졌고 조선의열단을 비롯한 관내關內 지역의 독립운동 단체를 통해 이루어지기도 했으며 여운형, 조소앙趙素昻, 박찬익朴贊翊 등 상하이임시정부 요인들의 개인적 협력을 통하여 이루어지기도 했다.[63] 여운형이 1926년 1월 광저우를 방문하면서 장제스와 면담을 가진 것은 바로 이러한 한인 입교생 모집을 둘러싼 논의의 일환으로 이루어졌던 것이다.

한인들의 황푸군교 입교는 군교 운영에 결정적 영향력을 가지고 있던 코민테른 측의 안배에 따라 이루어졌을 가능성이 크다. 즉 식민지 약소국에서의 독립운동과 공산혁명이 함께 연대해야 한다는 코민테른의 세계혁명 정책을 실현하는 수단으로서 한인의 황푸군교 입교가 추진되었고, 여기에서 여운형이 일정한 역할을 맡았을 가능성이 크다고 생각된다. 그러나 다른 한편에서 보자면 한인들의 황푸군교 입교는 광둥국민정부의 한국임시정부 지원에 따른 것이라고 볼 수 있는 것으로, 이를테

62 배경한, 『장개석 연구–국민혁명시기의 군사·정치적 대두과정–』, 일조각, 1995, 25~37쪽.
63 김정현, 「제1·2차국공합작기의 한중연대활동–黃埔軍官學校 인맥을 중심으로–」, 『역사학연구』 제46집(2010), 128~130쪽.

면 한인들의 황푸군교 입교와 그에 이은 북벌군에의 참여는 신해혁명 단계에서부터 본격화되고 있던 "중한호조"의 실현이라고 할 수 있을 것이다.[64]

한인들의 황푸군교 입교는 1925년 6월의 제3기생으로부터 시작되었는데 3기생 동학명단同學名單에 보이는 한인 학생은 모두 5명이다. 이듬해인 1926년 3월에 입교한 4기생부터는 한인 한생의 숫자가 크게 증가하여 4기생 동학명단에서 확인할 수 있는 한인 학생은 24명이다. 4기생 가운데 한인 학생이 크게 증가한 이유는 가장 대표적인 무장독립운동단체인 의열단의 단장인 김원봉金元鳳을 비롯한 단원들이 대거 입교하였기 때문이었다.[65] 그리고 한인 학생의 숫자가 가장 많았던 시기는 북벌이 한창 진행 중이던 1926년 11월에 입교한 5기라고 한다. 어떤 증언에 의하면 5기생으로 입교한 한인 학생의 숫자가 100여 명에 이르렀다고 하는데, 이들 가운데 졸업한 숫자가 단지 6명에 그치는 이유는 1927년 4월에 발발한, 이른바 4·12정변으로 인하여 많은 한인 학생들이 군교를 떠났거나 축출되었기 때문이었다고 한다.[66] 이들 한인 학생들 가운데 몇 명이나 여운형의 소개를 통하여 입교한 것인지를 확인할

64 신해혁명 단계의 중한호조에 대해서는 배경한, 「신해혁명과 한국-김규흥의 廣東에서의 활동을 중심으로-」, 『역사학보』 212 (2011), 303~304쪽을 참조.

65 일본 측 정보자료에 의하면 김원봉은 1925년 8월에 광둥에 도착하였고 이후 황푸군교에 입교하였다가 1926년 9월에 졸업할 예정이라고 하였다. 「廣東地方不逞鮮人ノ動靜ニ關シ報告ノ件(1926. 1. 25.)」, 國外抗日運動資料: 日本外務省記錄(국사편찬위원회 한국사데이터베이스)』) 참조.

66 황푸군교에 입교한 한인학생들의 숫자와 명단에 대해서는 「第三期同學姓名籍貫表」; 「第四期同學姓名籍貫表」, 廣東革命歷史博物館 編, 『黃埔軍校史料』, 廣州(廣東人民出版社), 1982, pp. 537~587; 한상도, 『한국독립운동과 중국군관학교』, 文知社, 1994, 148~159쪽; 김정현, 앞의 「제1·2차국공합작기의 한중연대활동-黃埔軍官學校 인맥을 중심으로-」, 129~131쪽; 장세윤, 「중국공산당의 廣州蜂起와 한인 청년들의 활동」, 『사림』 24 (2005), 221~224쪽을 참조할 것.

수는 없다. 하지만 일부 한인 학생이 여운형의 소개로 황푸군교에 입교한 사실이 밝혀지기도 했고[67] 여운형의 광저우 방문 직후인 제4기생의 입교에서부터 한인 학생들의 입교가 크게 늘었다는 점으로 볼 때 그의 추천을 통한 입교가 적지 않았을 것이라고 추측할 수 있다.

이들 황푸군교의 한인 학생들은 졸업 후 대부분 1926년 7월에 시작된 북벌에 참여한 것으로 알려져 있다. 북벌에 참여한 한인들의 정확한 명단 또한 잘 알려져 있지 않지만, 황푸군관학교 졸업생들 대부분이 국민혁명군의 군관으로 북벌에 참여했던 것과 마찬가지로 수십 명에 이르는 한인 졸업생들 또한 북벌 전쟁에 참가했던 것으로 보인다. 또 이들 한인 청년군인들의 상당수가 북벌 전쟁의 와중에서 희생된 것으로 알려져 있다.[68] 한인들의 북벌전쟁 참여와 희생으로 점철된 이러한 "중한호조"의 이면에 여운형의 활동과 역할이 있었던 것은 물론이다.

황푸군관학교에 한인 학생을 입교시키는 일 외에 여운형이 광저우에서 추진한 다른 하나의 일은, 광저우 지역 진보 한인 청년들을 조직하여 공산주의청년단, 곧 CY를 조직하는 일이었다. 전술할 것처럼 여운형은 1920년 5월 상하이에서 만들어진 한인공산당에 가입하였는데 이후 한인공산당은 모스크바의 지원금 배분을 둘러싸고 심각한 내분을 겪게 되어 상하이파와 이르쿠츠크파로 갈라지게 되었다. 이런 가운데 여운형은 이르쿠츠크파에 가담하였으나 이후 공산당 조직은 지리멸렬한 상태를 면치 못하였고, 1925년 이후 여운형은 중국혁명에 적극 관여하면서 코민테른 활동을 중심으로 삼기에 이르렀다. 이런 여운형이 광저

67 제5기생으로 입교한 張興의 경우 자신의 입교가 여운형의 소개에 따른 것이라고 밝히고 있다. 국가보훈처 편, 『독립유공자공훈록』 5(1988), 768쪽; 앞의 한상도, 『한국독립운동과 중국군관학교』, 155~156쪽.

68 김정현, 앞의 논문 「제1·2차국공합작기의 한중연대활동–黃埔軍官學校 인맥을 중심으로–」, 132~133쪽.

우에서 각 계파를 아우르는 통합조직으로서[69] CY(共靑團)를 조직하고자 한 것은, 코민테른의 방침에 따라 1925년 4월 국내에서 만들어진 조선공산당을 정통으로 삼고 그에 맞추어 각지에 통합조직을 만들고자 하는 코민테른의 입장을 반영한 것으로 보인다.[70]

광저우에서 만들어진 CY조직의 전모를 알 수는 없지만 당시 황푸군교와 중산대학中山大學에 재학하고 있던 한인 청년들 가운데 진보적 입장을 가진 사람들과 일부 중국공산당 당원들이 멤버였고 여운형은 CY 조직의 회장으로 선출되었다. 또 광저우 지역 한인 지도자인 손두환孫斗煥, 김철남金鐵男, 박영권朴永權이 간사로 선출되었다고 알려져 있다.[71] 이러한 CY조직은 공산당의 하부 조직을 만들며, 전술한 바 호찌민이 광저우에서 만들었던 베트남청년혁명동지회의 조직과 같은 형태, 같은 목적을 가진 것으로 볼 수 있다. 이를테면 여운형과 호찌민은 같은 시기에 광저우에서 코민테른의 지도 아래 각각 한국과 베트남의 공산당 건설을 위한 단계적 준비작업을 진행하고 있었던 것이다.[72]

이전대회 참석 이후 상하이로 돌아온 여운형이 몇 달 뒤 다시 광저우를 방문했다고 하는데 북벌군의 출정에 대한 지원이 방문 목적이었다는

---

69 孫斗煥은 당시 廣州 지역 한인 공산당원들이 제3인터내셔널파, 이르쿠츠크파, 상하이파의 3개 파벌로 나뉘어져 있었다고 한다. 廣東ニ於ケル呂運亨ノ行動ニ關スル件(1926. 2. 6.)」, 國外抗日運動資料: 日本外務省記錄(국사편찬위원회 한국사데이터베이스)』) 참조.

70 국내에서는 조선공산당 창당과 동시에 CY조직으로 高麗共産靑年會가 만들어졌고 상하이에서도 고려공산주의청년동맹이 만들어졌다. 박철하, 「1920년대 전반기 사회주의 청년운동과 고려공산청년회」, 『역사와 현실』 9(1993).

71 한상도, 앞의 논문 「孫斗煥의 항일민족주의 탐색과 민족운동관」, 198쪽 참조.

72 廣州에 CY 조직을 만드는 일에 중국공산당 측의 협력이 있었던 것은 충분히 짐작할 수 있다. 일본 측 정보자료에 의하면 여운형은 廣東에서 중공당원들로부터 성대한 환영을 받고 「今後 東洋에서의 共産主義 宣傳方法」이라는 연설을 하기도 했다고 한다. 앞의 「廣東ニ於ケル呂運亨ノ行動ニ關スル件(1926. 2. 6.)」 참조.

여운형의 말이[73] 사실이라면 방문 일시는 1926년 6월경이 될 것이다. 그런데 같은 시기, 여운형의 광저우 방문에 관한 일본 측 정보자료에서는 그의 방문 목적이 상하이에 있던 임시정부의 광저우 이전을 사전 조사하기 위한 것이었다고[74] 하고 있어서 흥미롭다. 당시 상하이의 임시정부가 재정적 어려움과 극심한 내분으로 인하여 존립의 위기를 맞았던 점을 고려한다면, 국민혁명의 중심지이면서 당시 많은 한인들의 활동 지역으로 떠오른 광저우로 임시정부를 옮기려 했다는 계획은 충분히 있었을 법하다는 생각이 든다. 아울러 이 때의 광저우 방문 동안 여운형이 코민테른의 양해 아래 조선공산당 광둥 지부를 결성하려고 시도하였고 이를 위해 현지의 손두환, 김철남, 김원봉과 회합을 가졌다는 보고[75] 또한 여운형이 1926년 1월 방문 시 CY 조직에 상당한 힘을 쏟고 있었다는 것과 맥락을 같이하므로 사실을 반영한 것이라는 생각이 든다.

그 후 여운형이 다시 보로딘의 소환 전보를 받은 것은 북벌군이 양쯔강 중류의 거점도시 우창武昌을 점령한 직후인 1926년 11월이었다.[76] 여운형의 우창 방문 일정을 자세하게 알 수는 없지만, 우창에서 약 40일간 체류하다가 1927년 1월에 상하이로 귀환했다는 여운형 자신의 말을 받아들인다면[77] 11월 말이나 12월 초에 우창으로 가서 1월 초에 상하이로 돌아왔을 가능성이 크다고 보인다. 우창에서의 여운형의 활동으

73 「(검찰)피의자신문조서(제3회)」, 『몽양여운형전집』 제1권, 484쪽. 여운형은 이 때의 방문 날짜가 1926년 4월이라고 하고 있다.

74 「不逞鮮人呂運亨來廣ノ目的並ニ其動靜ニ關スル件(1926. 7. 6.)」, 國外抗日運動資料: 日本外務省記錄(국사편찬위원회 한국사데이터베이스)」) 참조.

75 위와 같음.

76 북벌군이 武昌을 점령한 것이 10월 10일이고 보로딘 일행이 武漢 遷都를 위해 廣州를 떠난 것이 11월 16일이었던 것으로(張秋實, 『解密檔案中的鮑羅廷』, 北京(人民出版社), 2014, p. 342) 미루어 보로딘이 여운형에게 武昌에 오도록 전보를 친 것은 그 자신이 廣州를 떠나던 11월 16일 전후일 것으로 짐작된다.

77 「경찰신문조서(제3회)」, 『몽양여운형전집』 제1권, 427쪽.

로는 두 가지가 확인된다. 한 가지는 12월 10일 우창에서, 그리고 연이어 11일 한커우漢口에서 개최된 국민정부 환영대회에 참석하여 보로딘 등과 함께 연설을 한 것이다.[78] 당시 환영대회를 보도한 신문 기사에 의하면 12월 9일 주장九江을 떠난 보로딘과 국민정부 위원들이 10일 오전 11시에 우창에 도착하였고, 이어서 오후 2시부터 우창각계환영대회가 열렸는데 10만 명의 군중이 운집하였다고 한다.[79] 이튿날인 11일 한커우에서 열린 환영대회는 우창대회보다 더 성대하게 진행되어 참가자가 30만 명에 이르렀으며 보로딘, 쑹칭링, 쉬첸, 천요우런, 쑨커孫科, 탕성즈唐生智 등 국민정부의 주요 인사들이 모두 참석하여 차례로 연설하였고 그 밖에도 연설자가 매우 많았다고 한다.[80] 우창과 한커우 대회 연설자 가운데서 여운형의 이름을 찾을 수는 없지만 "그 밖의 많은 연설자" 가운데 여운형도 있었을 것으로 짐작된다.

여운형이 우창에서 한 일로 확인되는 다른 한 가지는, 한인 지사들의 국민혁명, 즉 북벌에 대한 체계적인 지원 방안을 보로딘과 협의한 일이다. 당시 상하이에 있던 한국임시정부 측에서도 중국혁명에 대한 후원계획을 논의하기 위한 한인대회(국민대회) 개최를 고려한 적이 있었기 때문에 상하이나 한커우에서 북벌 지원을 위한 한인대회를 연다면 각지 한인들의 호응이 클 것이라고 여운형은 생각했다. 여운형은 이를 위한 5만 원의 경비를 보로딘에 요청하고 동의를 얻었을 뿐 아니라, 보로딘은 국민정부에 이러한 계획을 통지해 주겠다고 하면서 임시정부의 계획서를 국민정부에 제출하도록 당부했다. 그 후 상하이로 귀환한 여운형

---

78 여운형은 자신이 연설한 날짜를 12월 12일로 기억하고 있다. 「경찰신문조서(제3회)」, 『몽양여운형전집』 제1권, 427쪽.

79 「要聞: 中央國府委員抵武漢詳情」, 『廣州民國日報』 1926. 12. 14., p. 2.

80 「三十萬民衆歡迎政府委員」, 『上海民國日報』 1926. 12. 14., 第2張 第1版(2-1).

은 이 계획안 마련을 임시정부 외무총장 조소앙에게 요청하였으며 임시정부 측에서는 즉시 그 준비에 나서 1927년 4월 계획서를 완성한 다음, 조소앙이 직접 한커우로 가서 계획서를 국민정부 측에 전달하기까지 했다. 그러나 연이어 벌어진 4·12정변과 우한정부의 분공分共으로 인하여 이 계획은 실현되지 못하고 말았다는 것이 여운형의 설명이다.[81] 이를테면 앞에서 말한 것처럼, 광저우에서 황푸군교를 중심으로 진행되고 있던 한인들의 국민혁명 참여 내지 지지 활동을 보다 체계적이고 전국적인 규모로 확대하는 방안이 상하이한국임시정부와 국민정부 사이에서 논의되었다. 국공합작의 파탄으로 비록 이러한 계획이 실현에 이르지는 못했지만, 당시 중한호조와 반제연대가 얼마나 적극적으로 모색되고 있었는지를 잘 보여 주는 대목이다.

1927년 1월 상하이로 귀환한 여운형은, 북벌군의 상하이 진출 직전 상하이에서 전개된 이른바 제3차 무장기의와 시민정부 수립운동에 적극 참여하였으니 국민당 대표 뉴용젠鈕永建, 공산당 대표 취추바이, 러시아 고문들과 함께 무장기의의 방향을 논의하고 하는 데 힘을 쏟았다고 한다.[82] 제3차 무장기의를 주도한 중국공산당과 상하이총공회上海總工會에 대한 장제스 군대의 무자비한 진압사건인, 이른바 4·12정변의 와중에서 여운형도 체포당하여 처형될 위기를 맞기도 했다. 4·12정변 이후 국민혁명의 기반이라고 할 국공합작과 연소정책이 파산에 이르면

81 「(경찰)피의자신문조서(제4회)」, 『몽양여운형전집』 제1권, 430~431쪽; 549쪽.

82 第三次武裝起義에 참여하고 그 노선을 지도했다는 것은 여운형 자신의 주장인데(「(경찰)피의자신문조서(제3회)」, 『몽양여운형전집』 제1권, 427쪽) 三次武裝起義 관련 中國共產黨 上海區委의 회의기록(許玉芳·卞杏英 編著, 『上海工人三次武裝起義研究』, 上海(知識出版社), 1987에 실린 中共上海區委主席團會議錄 등 참조)이나 공산국제원동국 회의기록에서 여운형의 이름을 찾을 수는 없다. 다만 관련 회의기록들이 모두 가명으로 기록되어 있다는 점으로 보아서 여운형의 회의 참가 사실을 모두 부인할 수도 없기 때문에 향후 더 자세한 연구가 필요한 대목이다.

서 여운형의 코민테른 활동도 위기에 처하게 되었다. 정변 직후 당분간 여운형은 타스통신사에 중국 신문기사 번역원고를 송부하는 일에 계속 종사하고 있었지만, 이 일을 주관하고 있던 상하이 주재 소련 부영사 베르테가 1927년 11월 본국으로 귀환한 이후 연락이 두절되면서 1928년 6월 이후 이 일도 중단되고 말았다.[83] 이후 여운형은 생계를 위하여 푸단대학復旦大學 체육부를 지도하는 교수로 취직하여 활동하다가 1929년 7월 상하이경마장에서 일경日警에 체포당하여 강제 환국을 당함으로써[84] 15년여의 중국 망명생활을 마감하게 되었다.

83 「(경찰)피의자신문조서(제3회)」, 『몽양여운형전집』 제1권, 427~428쪽. 여운형의 동생 呂運弘의 주장에 의하면 4·12정변 당시 여운형은 上海 閘北에서 국민당 군대에 체포당하여 南市의 白崇禧 휘하의 淞滬警備司令部로 호송되어 가던 중 英租界로 도망하여 목숨을 건졌다고 한다. (呂運弘, 『夢陽呂運亨』, 靑廈閣, 1967, 75~76쪽) 이에 반하여 여운형 자신은 "(당시) 장제스를 비난했다고 하여 憲兵隊長 楊虎(國民革命軍特務處長)가 자신을 체포하려고 했기 때문에 한 달간 조계에서 숨어 지냈다"고 말하였다. 「(검찰)피의자신문조서(제6회)」, 『몽양여운형전집』 제1권, 548쪽.

84 呂運弘, 앞의 『夢陽呂運亨』, 83~84쪽.

나오는 말

신규식의 광저우 방문은 워싱턴회의에의 참여를 위한 한국임시정부의 외교적 노력의 일환으로 추진되었으니 광둥정부로부터 지지 표명이나 워싱턴회의에서의 중국대표 혹은 광둥정부 측 대표와의 협력을 기대하고 있었다. 즉 워싱턴회의에의 참여와 워싱턴회의를 통한 외교적 성과에 대한 이러한 기대는 당시 심각한 분열의 위기에 처해 있던 임시정부의 지도자들에게는 매우 절실한 과제였고 신규식의 광저우 방문은 바로 그러한 기대의 표현이었던 셈이다.

신규식의 광저우 방문 직전에 사전 준비작업의 일환으로 조직된 중한협회는 다른 지역에서 이미 만들어지고 있던 중한호조사와 마찬가지로 이우민 등 임시정부에서 파견된 한국 측 인사들에 의하여 준비되었으나, 임시정부 측에서 직접 파견한 김진용(김단정)의 주도로 중한협회라는 이름으로 만들어졌다. 그 배경에는 이우민 등의 좌파적 활동에 대한 임시정부 측의 불만이 있었다고 보이는데 이들은 광저우 비상국회 의원들을 중심으로 하는 중국 측 인사들의 협력 아래 중한협회를 만들고 주로 워싱턴회의에 대한 지원을 목표로 활동을 전개하였으며 기관지로서 월간지 『광명光明』을 발행하였다. 다만 중한협회 창립으로 결정되자 이우민 등의 기존 파견인물들도 적극 참여하였으며 특히 이우민은 『광명』의 편집을 책임지고 있었다. 『광명』의 내용으로 보아서 이우민을 중심으로 하는 편집 주도세력이, 노동운동이나 사회혁명에 많은 관심을 가진 좌익적 인물들이었다는 점을 확인할 수 있다.

신규식의 광저우 방문 일정은 몇 가지 자료가 일치하지 않는 까닭에 하나로 단정하기는 힘들지만, 자료들을 종합하고 또 당시의 여러 가지 정황들에 비추어 보면 1921년 9월 말에 상하이를 출발, 10월 초 광저우에 도착하여 쑨원을 만났고, 10월 10일경에 정식 접견과 국서 봉정의 의식이 있었으며 그 후 2달여의 체류 끝에 11월 말이나 12월 초 상하이로 돌아간 것으로 추정된다.

신규식과 쑨원의 회담에서 신규식이 제시한 5개항의 요구 가운데 임시정부와 광둥정부 간의 상호 승인 문제는 양측 모두 엄격한 의미에서는 합법성을 결여한 일종의 '사실상의 승인'을 한 것으로 결론을 내릴 수 있다. 임시정부 측에서는 신규식의 광저우행에 맞추어 국무회의의 의결을 거쳐 광둥정부를 중국의 정통정부로 승인한다는 입장을 정리하고 신규식을 통하여 그것을 공식 전달하였으나, 임시의정원에서 이 문제가 거론되거나 통과된 흔적을 확인할 수는 없다. 광둥정부 측에서도 신규식과의 회담에서 쑨원이 사실상의 승인의사를 구두로 표시하고 또 임시정부의 대표를 광저우로 파견하여 상주하도록 하는 외교적 관계를 인정함으로써 사실상 승인했다고 하겠으나, 비상국회에 상정되는 단계에 가서는 임시정부 승인안이 아닌 한국독립 승인안이 상정 통과된 것을 보면 결국 임시정부 승인안이 국회에 상정 통과된 적은 없었던 것으로 보이기에 합법적 승인절차는 이루어지지 못했던 것으로 생각된다.

그러나 비상국회에서의 한국독립 승인은 그 자체로서 국가 승인이라는 보다 중대한 의미가 있었다. 또 비상국회에서의 한국독립 승인안 통과는 그 목적이 한국독립에 대한 지지 의사를 워싱턴회의에 전달하는 데에 있었고 신규식의 광저우 방문 역시 워싱턴회의에 대한 지지를 얻어내는 데에 있었으므로, 그런 점에서 신규식의 광저우행은 소기의 목적을 달성한 성공적인 것이었다고 할 수 있다.

워싱턴회의에 대한 쑨원과 광둥정부 측의 태도는 한국임시정부의 그것과는 달리 처음부터 매우 신중한 것이었는데, 이는 워싱턴회의에의 참여가 불가능할 것이라는 현실적인 예상을 바탕으로 한 것이었다. 그리고 쑨원의 일본의 제국주의적 침략에 대한 비판이 1919년을 경계로 하여 상당히 빈번해지고 첨예해진 것은 사실이지만 그것이 곧 그의 대일 인식의 본질적인 변화를 의미하지는 않았고, 다만 일본이 (광둥정부와 대립하고 있는) 베이징정부에 대한 원조를 노골화하고 있던 상황에 대한 반응이었다고 생각된다. 또 한국독립운동에 대한 쑨원의 태도도 신규식의 광저우 방문과 관련하여 임시정부에 대한 사실상의 승인이나 비상국회에서의 한국독립 승인안의 통과 등 상당히 긍정적으로 볼 만한 부분이 없지 않지만, 한편으로는 시모노세키조약의 회복에 대한 집착 등에서 보이는 것과 같은 상당한 한계성도 가지고 있었다고 하겠다. 쑨원의 이러한 인식과 태도들은 신규식의 광저우 방문 결과가 상당한 성과를 거둔 한편으로 일정한 한계를 가지게 되었던 요인이었던 셈이다.

1920년대 초 중국 각 지역에 만들어졌던 중한호조사와 이 조직을 중심으로 전개된 '중한호조' 활동은, 1919년 7월 쑨원과의 면담에서 광저우 방문을 권유받은 한국 유림 대표 김창숙이 같은 해 8월부터 이듬해, 곧 1920년 4월경까지 광저우를 방문했을 때 진행된 일부 국민당 측 인사들의 한국임시정부 후원 활동에서 비롯되었다. 당시 호법정부 사법부 차장이던 우산을 비롯한 국민당 측 인사들이 만든 한국임시정부 후원회는 모금활동과 함께 한국 유학생들을 위한 어학강습소를 운영하면서 한국독립운동을 적극 지원하였다. 이후 광둥의 정치적 상황 변화에 따라 상하이로 옮겨 오게 된 우산은 1920년 10월, 이동휘, 이동녕, 박은식, 신규식 등 한국임시정부 요인들과의 면담에서 전국적인 중한호조사 조직에 합의하게 되었고 임시정부 측 인사들의 각지 파견을 통하여 1921년 3월 이후 창샤, 한커우, 안칭, 상하이, 구이양, 윈난, 광저우, 충칭, 하얼빈哈爾濱 등지에 중한호조사 혹은 중한협회가 만들어졌다. 이들 중한호조사에서는 성립대회, 간담회茶話會, 강연회 등 각종 집회를 통하여 식민지 한국의 참상을 전하고 한국의 독립을 지원하는 활동들을 전개하였으며 중한中韓어학강습소 등의 운영을 통하여 망명한인들을 실제로 돕는 등 '중한호조'를 실천하였다.

그리고 중한호조사의 성립과정과 활동에 가장 중심적인 역할을 맡았던 우산이 주도하고 있던 사회단체 중화전국도로건설협회(도로협회)와 그 기관잡지 『도로월간道路月刊』에 임시정부 2대 대통령이던 박은식의 기고와 참여가 있었다는 사실은 '중한호조'의 실제적 사례로서 주목받아야 한다. 당대 한국 최고의 언론가, 역사학자이던 박은식은 『도로월간』의 명예논설위원名譽撰述로서 이름을 올렸고 여러 편의 논설을 기고하는 가운데 한국독립에 대한 중국인들의 지지를 강조하고 있었을 뿐 아니라 경제적 근대화의 출발점으로서 도로 건설의 중요성을 강조하는 한편, 제국주의 열강들에 의하여 침탈당한 철로 등 경제적 교통 주권을 회복하는 가장 중요한 방안으로서 도로 건설을 주장하고 있었다. 이런 박은식의 논설들은 동시에 반제연대를 통한 국가적 자주와 독립의 회복이라는 한중 간의 공동목표에 연결되어 있었던 것이다.

한편으로 1920년 4월 말부터 5월 초까지 약 2주간, 중국 푸젠성福建

省 장저우漳州에서 열린 여운형·김규흥·포타포프·천중밍 사이의 회의(장저우회의)는, 그간 중국이나 일본 학계에서 주목해 왔던 것과 같이 중국공산당 성립의 전사前史로서의 의미만을 가지는 것은 아니다. 마찬가지로 한국 학계에서 강조해왔던 것과 같이 한국독립운동의 한 대목으로서의 의미만을 가지는 것 또한 아니다. 이것은 장저우회의에서 다루어진 의제와 그에 따른 합의가 광둥 지역에서의 군관학교 설립과 무기 지원을 중심으로 하는 소비에트러시아의 중국 남방혁명 지원방안, 그리고 시베리아 지역에서의 한인부대 양성을 위한 재정적 군사적 지원을 중심으로 하는 중국과 러시아의 한국독립운동 지원방안, 이 두 가지와 관련이 있었다는 점에서 분명하게 드러난다.

이런 점에서 장저우회의는 소비에트 혁명의 확산과 5·4운동 이후 본격화된 중국혁명의 전개를 배경으로 하여 일본 제국주의의 침략에 대한 공동 대응과 동방에서의 공산혁명 진작을 목표로 전개된, 한·중·러 삼국의 사회주의자들 간에 모색된 연대운동이었다고 보아야 한다. 장저우회의에 대한 이러한 평가는 1920년 전후 시기 상하이를 중심으로 전개된 한·중·러 삼국 사회주의자들의 활동과 천중밍를 중심으로 하는 중국 남방의 혁명운동, 그리고 여운형을 비롯한 한인 지사들의 독립운동을 하나의 시각에서 볼 때 가능해진다. 즉 이 시기 한국과 중국, 소비에트러시아는 동아시아라는 동일한 역사공동체의 테두리 안에 있었고, 장저우회의는 동아시아 지역 사회주의운동과는 동일한 맥락 속에 있던 사건이라는 말이다.

여운형은 이 장저우회의의 처음 계획 단계에서부터 적극 참여했을 뿐만 아니라 한·중·러 연대를 통한 독립운동의 모색에 진력하였고 그 결과로 구체적인 연대의 가능성을 제시하는 성과를 낼 수 있었다. 여운형의 이러한 활동의 배경에는, 일찍이 신한청년당을 조직하고 파리강화회의에 대표파견을 주도하면서부터 가지게 된 국제형세에 대한 넓은 안목과 공산주의 운동이나 소비에트러시아의 동방정책을 포용하면서 민족의 독립을 달성하고자 하는 진보적 민족주의의 지향이 포함되어 있었다고 생각된다.

장저우회의 이후 상하이로 돌아온 다음 여운형은 공산주의 운동에 보다 가깝게 접근하여 상하이 고려공산당에 가담하게 된다. 뒷날 여운형은 자신이 공산주의 운동에 참여한 것은 계급이나 당파를 위해서가 아니라 오로지 민족의 독립과 행복을 위한 일이었다고 주장했다.[1] 여운형은 자신의 정치적 이념에 대하여, "개인적으로는 마르크스주의를 신봉하지만 한국에서 계급투쟁을 해서는 안 된다"고 말하였고, "러시아에는 레닌주의가 있고 중국에는 삼민주의가 있듯이 한국에는 여운형주의가 있고 이것이 한국의 독립을 얻는 데 첩경이다"고 말하기도 했다.[2] 중국에서 활동하던 시기 여운형의 정치 이념과 그 변화 과정에 대해서는 보다 세밀한 논의가 필요하다고 보지만, 그가 공산주의운동에 가담한 것은 그의 최대 목표인 독립, 통일된 민족국가의 수립에 도움을 줄 수 있다고 본다. 이런 점에서 여운형을 '진보적 민족주의자'라고 부를 수 있을 것이며[3] 장저우회의는 바로 이러한 '열린 민족주의운동'의 출발점이 된다고 볼 수 있을 것이다.

장저우회의 또한 여운형의 이러한 지향의 초보적 형태를 잘 보여 주고 있다고 생각된다. 결과적으로 아무런 성과를 내지는 못했지만, 장저우회의에서 나타나고 있는 여운형의 한·중·러 연대 구상은, 그가 이념적 수용을 폭넓게 가지면서 러시아혁명과 중국혁명의 진전에 최대한 보

---

1 「경찰신문조서」, 『몽양여운형전집』 제1권, 416쪽.

2 「경찰신문조서」, 『몽양여운형전집』 제1권, 443쪽.

3 박찬승, 앞의 「1910년대 말-1920년대의 여운형의 민족해방운동론」, 93~95쪽.

조를 맞추려는 국제적 협력, 연대 모색의 첨단에 서 있었음을 보게 되는 것이다. 여운형의 이러한 모습은, 비록 그 구체적 상황은 다르지만 21세기 한국이 지향해야 할 대외관계를 생각할 때 시사하는 바가 결코 적지 않다고 생각된다. 특히 중국의 급속한 초강대국으로의 부상이라는 동북아 국제관계의 새로운 소용돌이 속에서 분단 한국이 나가야 할 방향을 모색하려고 할 때 약 100년 전 중국혁명, 러시아혁명과의 협력과 연대를 모색하고자 고심했던 여운형의 경험을 새롭게 해석하고 평가하는 작업은 결코 빠뜨릴 수 없는 일이라 할 것이다.

잘 알려져 있는 대로 여운형은 유학을 위해 1914년 난징에 간 이후부터 1929년 일제 경찰에 체포되어 강제 환국 당한 때까지 약 15년 이상을 중국에서 활동하면서 특히 1920년대 중국의 국민혁명에 적극적으로 참여하였다. 국공합작을 기반으로 하는 국민혁명에의 참여라는 중국에서의 경험은 훗날 그의 정치적 지향이 된 중도통합 노선의 기반이 되었다고 할 수 있다. 1917년 이후 상하이를 중심으로 한인 사회를 조직하면서 독립운동의 기반을 다지고 있던 여운형이 러시아와 코민테른 쪽으로 기울게 된 것은 1919년 말, 혹은 1920년 초부터였다. 이렇게 된 배경에는 식민지 약소국에서의 공산주의 혁명은 먼저 민족해방운동 세력과 손을 잡아야 한다는 코민테른의 연합전선 전략이 있었으니, 코민테른 측에서는 한국의 공산혁명을 추진하기 위하여 한국임시정부를 연합의 대상으로 삼고자 했으며 여운형은 이러한 코민테른의 제의를 적극 받아들이게 되었다.

여운형이 1925년 이후부터 중국혁명에 적극 참여하게 된 것 또한 코민테른의 요청과 안배에 따른 결과였다. 물론 여운형이 한국독립운동이 아니라 중국혁명에 힘을 쏟게 된 데에는 당시 임시정부 중심의 한국독립운동이 재정적 어려움, 분파와 내분으로 커다란 한계를 노정하고 있었던 이유도 있었다. 당시 여운형은 여러 가지 어려움으로 정체된 한국독립운동에 힘을 쏟기보다 가망이 보이는 중국혁명에 투신하여 중국혁명의 성공을 돕고, 그런 다음 성공한 중국혁명의 도움을 받아 한국의 독립과 혁명이 가능하게 될 것이라는 희망을 품었다. 여운형의 이러한 희망은 사실 신해혁명 이후부터 본격화된 한인 지사들의 중국 망명에서 나타나는 공통된 입장이었다.

여운형의 국민혁명 지지 활동은 1926년 1월 광저우에서 열린 국민당 이전대회에의 참석과 전체회의에서 행한 연설을 통하여 잘 드러난다. 1월 14일의 전체회의에서 베트남의 호찌민, 인도의 한 혁명가와 함께 행한 여운형의 연설 내용은 이전대회 회의록에 비교적 자세하게 기록되어 있다. 여운형은 이 연설에서 중국혁명의 최고 지도자 쑨원, 소련 혁명의 최고 지도자 레닌과의 개인적 친분을 먼저 언급하면서 중국혁명과 소련혁명에 대한 친근감을 과시한 다음, 식민지 한국의 참상을 소개하면서 이러한 식민통치를 가져온 제국주의와 자본가(계급)를 타도하기 위하여 식민지 약소민족들 간의 연대가 필요함을 적극 주장하였다. 여운형은 중국의 국민혁명이야말로 바로 이러한 반제연대를 목표로 삼고 있기 때문에 마음속으로부터 지지와 후원을 보낸다고 말하였다. 호찌민과 인도 혁명가의 발언 또한 여운형의 주장과 크게 다르지 않았으니 모두 제국주의의 타도를 위한 식민지 약소민족들 간의 연대, 곧 '반제연대'의 필요성과 그 실천을 강조하였다. 이전대회에서 표출되고 있던 이러한 반제연대 주장은 일전대회로 시작된 국민혁명의 초기단계에서부터 적극 제기되고 있었으니 1925년 7월 당시, 반제운동의 최대 현장이었던 성항파공에 대한 지원을 위하여 만들어진 피압박민족연합회는 국민당의 적극적인 지원 아래 한국, 베트남, 인도 등의 대표들이 함께 참여하고 있었던 것이다.

이전대회 참석과 함께 여운형이 광저우 방문 기간 동안 두 가지 일을 했다. 우선 황푸군관학교 교장 장제스를 면담하고 황푸군교에 한인 학생들을 입교시키는 문제를 논의하고, 황푸군교와 중산대학에 재학 중이던 진보적 한인 청년들을 조직하여 CY, 곧 공산주의청년단을 만드는 일이었다. 이 가운데 특히 한인 학생들의 황푸군교 입교는 여운형이 연설에서 제기했던 반제연대의 구체적인 실천뿐만이 아니라 신해혁명 시기부터 추진되어온 '중한호조'의 실천이라는 의미이기도 했다. 또 광저우 지역에 한인 공청단을 조직한 것은 1925년 한국 국내에서 만들어진 조선공산당의 하부조직으로서 각지에 공산주의 통합조직을 만들려는 코민테른(동아비서부)의 지시에 의한 활동이었다고 보인다. 당시 여운형의 이러한 활동은, 광저우에서 보로딘과 함께 활동하면서 베트남공산당越南共産黨 창립을 위한 기초조직을 만드는 일에 나서고 있던 호찌민의 그것과 거의 동일하다.

1926년 11월 보로딘의 전보를 받은 여운형은 북벌군이 점령한 우한으로 가서 보로딘과 회합하였고 국민정부위원들의 우한 입성을 환영하는 시민대회에서 축하연설을 하기도 하였다. 당시 행한 여운형의 강연 내용을 알 수는 없지만, 이전대회에서의 연설과 마찬가지로 반제연대의 필요성과 함께 중국혁명에 대한 지지를 주장하는 내용의 것이었으리라는 짐작은 충분히 가능하다. 그런 한편으로 여운형은 보로딘과의 협의에서, 우한이나 상하이에서 전중국 한인대회를 소집하여 중국혁명을 지원하는 방안을 마련하는 데에 합의하였다. 상하이 귀환 이후 여운형은 한인대회 개최에 대한 구체적인 계획안을 만들 것을 임시정부 외무총장 조소앙에게 요청하였고, 그 결과 4월 초 조소앙은 계획안을 만들어 우한정부에 직접 전달하기도 하였다. 그러나 이어서 벌어진 4·12정변과 우한에서의 분공分共으로 중한호조와 반제연대의 본격적 실천을 위한 계획은 무산되고 말았다. 이어서 여운형은 상하이에서 제3차 무장 기의를 계획 조정하는 일에 가담하기도 하고 중국 신문 기사를 번역하여 타스통신에 보내는 일을 하기도 하였지만, 국공분열과 러시아 고문들의 철수로 말미암아 그의 국민혁명 지원 활동은 중단되고 말았다.

기본적으로 여운형의 국민혁명 참여는 중국혁명이 성공한다면 그 후에 중국의 지원 아래 한국의 독립과 혁명이 가능할 것이라는 희망과 기대에서 나온 것이었다. 여운형에게 있어서 중국의 국민혁명은 다른 나라의 혁명이 아닌 조국 한국의 혁명이었다. 이런 측면에서 보자면 '반제연대'의 현장이었던 국민혁명은 동시대 동아시아 지역의 식민지 약소국의 독립운동 그 자체였다. 그만큼 1920년대 동아시아는 '반제연대'라는 국면에서 하나의 역사를 공유하고 있었던 것이다. 나아가 1920년대 중국에서 전개된 동아시아 약소국들 간의 이러한 '반제연대' 경험이, 동아시아의 평화와 공동번영을 모색하고자 하는 오늘날 우리에게 주는 의미 또한 결코 적지 않다고 할 것이다.

제4장

중일전쟁 시기의 동아시아 국제질서와 한중관계

(1931~1940)

들어가는 말

1932년 1월 말 상하이에서 발발한 제1차 상하이사변(1·28송호전쟁, 淞滬戰爭)은, 그보다 4개월 정도 앞선 1931년 9월에 일어난 9·18사변(滿洲事變)에 이어 대륙 중국에 대한 일본의 본격적인 침략 의도를 분명하게 드러낸 전쟁으로 중일전쟁[1] 초기의 가장 중요한 사건 중 하나이다. 일본군의 예상과는 달리 상하이 주둔 중국군인 19로군(19路軍)과 시민의 용군의 격렬한 저항으로 일본군의 상하이 점령은 많은 희생을 치른 후에야 가능했다. 이뿐만 아니라 당시 상하이에 상당한 경제적 기반을 두었던 영국과 미국 등 열강들의 개입을 초래하면서, 결국 전쟁 발발 1달여 뒤인 2월 말 이후부터 정전협정 체결을 위한 외교적 협상으로 이어지게 되었다.

1 최근 중국 학계에서는 중일전쟁의 기간을 둘러싸고 일단의 논쟁이 전개된 바 있는데, 1931년 9월의 만주사변에서 1945년 8월의 일본 패망까지를 포함해야 한다는 입장을 시작으로 15년전쟁을 주장하는 입장과 1937년 7월에 일어난 전면전인 7·7사변에서부터 1945년 8월까지로 보아야 한다는 8년전쟁 주장이 대립해 있다. 이 책에서는 '15년전쟁' 주장을 채용하였다.

정전협정 체결이 막바지에 달하고 있던 4월 말, 상하이 거주 일본인들의 집단 거주지역인 공공조계公共租界 내의 훙커우공원虹口公園(현재의 魯迅公園)에서 윤봉길의거가 일어났다. 한인 의사 윤봉길은, 4월 29일 일본 천황의 생일인 이른바 천장절天長節을 기하여 상하이를 점령한 일본군과 상하이 거류 일본인 단체 등을 중심으로 마련된 승전축하식장의 단상에 폭탄을 던져 수많은 일본군 수뇌부와 외교관, 거류민단 대표 등이 죽거나 부상을 입는 대대적인 '성과'를 냈다. 이 윤봉길의거는, 9·18 만주사변이 일어나기 두 달여 전인 1931년 7월 초 선양瀋陽 근교의 싼싱바오三姓堡 지역에서 일어난 한인韓人 개간 농민들과 중국 농민들 간의 충돌사건인 완바오산사건萬寶山事件과 그에 이어 일어난 한국 내에서의 대규모 화교배척폭동排華暴動 이후로 중국인들의 한국인에 대한 반감과 배척이 점점 강도를 더해 가고 있었고, 그에 따라 중국 내 한국독립운동에 대한 중국 측의 지지나 지원이 위축됨으로써 한국독립운동이 크게 침체된 상황에 대한 하나의 타개책으로 마련된 것이었음은 잘 알려져 있다.[2]

2 완바오산사건과 그에 이은 한국 내 排華暴動과 관련한 연구는 한국과 중국 학계에서 매우 많다. 대표적인 것으로는 박영석, 『만보산사건연구』, 아세아문화사, 1985; 민두기, 「만보산사건과 한국언론의 대응」, 『동양사학연구』 65(1999); 장세윤, 「만보산사건 전후 시기 인천시민과 화교의 동향」, 『인천학연구』 2-1(2003); 손승회, 「만보산사건과 중국공산당」, 『동양사학연구』 83(2003); 이재령, 「난징국민정부 시기 중국의 한국인식-만보산사건에 관한 여론 동향을 중심으로-」, 『중국사연구』 31(2004): 손승회, 「지역 너머의 만보산사건-사건을 둘러싼 실체적 외교행위 규명을 중심으로」, 『인문연구』 53(영남대학교 인문과학연구소, 2007); 윤휘탁, 「만보산사건 전후 동북아의 민족관계와 민족모순-중국인의 사건 인식을 중심으로-」, 『역사학보』 210(2011); 윤상원, 「한국역사학계의 만보산사건 연구동향과 과제」, 『한국문학연구』 51(2016); 王林, 『萬寶山事件』, 長春(吉林人民出版社), 1991; 崔喜蘭, 『萬寶山事件之硏究』(延邊大學碩士論文, 2006); 王惠宇, 「九一八前以張學良爲首的東北當局的對日方針-以萬寶山事件與中村事件爲例」, 『東北大學學報(社會科學版)』 2011-5期; 石建國, 「汪榮寶與國民政府"攘外必先安內"國策的出籠-1931年朝鮮排華事件爲中心」, 『當代韓國』 2012-1期 등을 들 수 있다. 최근 韓國學界에서는 이 배화폭동의

오늘날 한국 학계와 중국 학계 모두 윤봉길의거의 가장 큰 공헌으로서, 장제스蔣介石를 비롯한 중국 국민당정부 지도자들에게 커다란 "감동"을 주어 한국독립운동에 대한 인식을 새롭게 하여 중국 측의 지원을 이끌어 내는 데에 성공함으로써 침체 일로에 있던 한국독립운동이 새롭게 부활하는 데에 결정적인 계기를 제공했다는 점을 들고 있다.[3] 특히 한국과 중국 학계에서는 당시 국민정부의 최고지도자 장제스가 "중국의 100만 대군(혹은 상하이사변에 동원되었던 30만 대군)과 4억 중국인이 하지 못한 일을 한 사람의 한국 청년이 해냈다"라고 윤봉길의거를 "극찬"했다는 이야기를 역사적 사실로 받아들이면서[4] 윤봉길의거가 장제스를 비롯한 중국 지도자들이 한국독립운동을 지원하게 만드는 결정적인 계기가 되었다는 점을 강조하고 있다. 또 뒤에서 자세하게 언급하겠지만,

---

발생 배경으로, 19세기 말 이후 확대된 화교 노동자들의 한국 이주와 그에 대한 日帝(조선총독부)의 통제 정책, 화교 노동자, 농민의 이주에 따른 한국 노동자, 농민들과의 이해관계의 충돌 등에 주목하는 연구들이 나타나 주목받고 있다. 이들 연구에서는 일제의 경제적 수탈과 함께 화교들의 경제적 진출이 한인들에게 이중적인 어려움으로 작용하였고, 그런 가운데에서 한국 민족주의의 排他的·否定的 측면이 강하게 나타났다는 해석을 하고 있다. 손승회, 「1931년 식민지 조선의 排華暴動과 화교」, 『중국근현대사연구』 41(2009); 강진아, 「조선총독부의 화교노동자 입국관리와 중국언론」, 『중국근현대사연구』 59(2013); 강진아, 「만주사변 전후 在韓華僑問題의 양상」, 『동양사학연구』 120(2012) 등 참조.

3 이재령, 「1·28 상하이사변과 윤봉길의거의 한중공동항전」, 『군사』 98(2016), 276~277쪽; 한상도, 『한국독립운동과 중국군관학교』, 문학과지성사, 1994, 61쪽 및 306~307쪽; 염인호, 『김원봉연구』, 창비, 1993, 147~148쪽; 胡春惠, 『韓國獨立運動在中國』, 臺北(中華民國史料硏究中心), 1976, p. 47; 石源華, 『韓國反日獨立運動史論』, 北京(中國社會科學出版社), 1998, p. 24; 張欣, 「虹口公園爆炸案對大韓民國臨時政府的影響」, 『石油大學學報』 2003-4, p. 76; 王明飛, 『虹口事件與中韓關係』(延邊大學碩士論文, 2010), p. 39 등.

4 김준엽, 『長征: 나의 광복군시절』, 나남, 1988, 321쪽; 한철호, 「1930년대 전반기 한중연대와 항일운동」, 『한국근현대사연구』 22(2002), 180쪽; 황묘희, 「윤봉길의 상하이의거와 대한민국임시정부」, 『민족사상』 2-1(2008), 195쪽; 김영범, 『혁명과 의열-한국독립운동의 내면-』, 경인문화사, 2010, 424~425쪽; 徐萬民 저, 전홍석 등 역, 『중한관계사(근대편)』, 일조각, 2009, 411쪽; 王明飛, 『虹口事件與中韓關係』(延邊大學碩士論文, 2010), p. 39 등 참조.

시간적인 순서로 보아서도 윤봉길의거 직후부터 김원봉과 김구를 중심으로 하는 한국독립운동 측에 장제스와 중국 국민정부의 본격적인 지원이 이루어졌다는 사실 또한 윤봉길의거가 장제스 국민정부의 한국독립운동에 대한 지원을 이끌어 내는 직접적인 계기였다는 설명의 결과론적 이유가 되고 있다.

잘 알려진 대로 윤봉길의거 몇 달 뒤인 1932년 10월경부터 시작된 김원봉 중심의 조선의열단에 대한 국민정부의 지원은, 난징南京 근방 탕산湯山 지역에 조선혁명간부학교朝鮮革命幹部學校를 세우는 것으로 나타났다. 또 그다음 해인 1933년 10월에는 김구 중심의 한국독립당 쪽에도 국민정부의 지원이 이루어져 허난성河南省 뤄양洛陽에 있던 중국중앙군관학교中國中央軍官學校 뤄양분교에 한인특별반이 세워졌다. 이뿐만 아니라 김원봉과 김구에 대한 지원을 통하여 양성된 한인 군관들이 이후 한국독립운동의 가장 중심적인 무장조직인 조선의용대와 한국광복군의 인적 기반이 되었으니, 이런 점 또한 윤봉길의거가 당시 침체 일로에 있던 한국독립운동에 새로운 활력을 찾아준 결정적인 계기가 되었다는 한국 학계와 중국 학계의 주장을 뒷받침하는 것으로 받아들여졌다.

그러나 중국현대사 연구자로서, 또 한중관계사 연구자로서 중국 측의 기본적인 자료들, 예컨대 『장제스일기蔣介石日記』나 국민정부 외교문서를 비롯한 중국 측 공문서자료檔案資料 등, 일차적인 자료들을 자세하게 검토해 온 필자는, 윤봉길의거에 대한 장제스와 국민정부의 평가나 대응이 과연 위에서 말한 것과 같은 "감동"과 "찬양"이었는지, 그리고 그러한 "감동"과 "찬양"의 결과로 중국 측이 한국독립운동을 지원하게 되었는지에 대하여 실증적인 검토가 필요하다는 생각을 일찍이 해 왔다. 이는 결코 윤봉길 의사의 희생이 가지는 의미 자체를 과소평가하거나 윤봉길의거 자체가 독립운동사에서 가지는 의미나 중요성을 의심해서가 아니다. 다만 윤봉길의거 이후에 전개된 한국독립운동에 대한 중국 측의 지원을 포함하여, 넓게는 신해혁명 전후 시기부터 중일전쟁의 종결 시기까지 진행되었던 중국에서의 한국독립운동에 대한 중국 측의 '지원'이라는 것을 어떻게 이해할 것인가라는 문제가, 20세기 전반기 한중관계의 일반적인 성격에 대한 인식과 직결되어 있다고 보기 때문이다.

필자는 20세기 전반기, 곧 식민지 시기 중국 측의 한국독립운동에 대한 '지원'이 열강(일본)의 식민지로 전락한 이웃 나라에 대한 동정이나 공통의 적(일본)에 저항하는 연대의식에서 나온 점도 있지만, 그보다 일차적으로는 중국 측의 이해관계를 관철하기 위한 방안으로 모색되고 주어졌다는 주장을 줄곧 제기해 왔다. 물론 이런 입장은 식민지 시기 한중관계를 이루는 구체적인 역사적 사실들에 대한 조사와 분석의 결과로서 나온 것이다. 예컨대 한국독립지사들의 중국 망명이 본격화되었던 신해혁명 직후 시기, 신해혁명의 가장 중심적인 지도자인 쑨원의 한국독립운동에 대한 지지와 지원이라는 것이 기본적으로는 중국 중심의 동아시아 국제질서의 회복을 목표로 하는 이른바 중화주의적 시각에서 나온 것이라는 점을 지적한 바 있다.[5] 또 국제무대에서 한국독립문제가 처음으로 논의되었을 뿐 아니라 전후戰後 한국의 독립이 국제적으로 보장받는 중요한 계기가 되었던 1943년 11월 카이로회담의 경우에도, 이 회담에서 전후 한국의 독립을 주장한 것은 중국 측(장제스)이었지만, 중국 측의 이러한 주장은 한국이라는 약소국가를 동정하거나 지지해서라든가, 혹은 전후 동아시아 지역의 평화를 확보하기 위해서라는 명분에서 나온 것이라기보다 일차적으로는 전후 한반도에 친중적인 정부의 수

5 배경한, 『쑨원과 한국-중화주의와 사대주의의 교차』, 한울, 2007.

립을 도모하여 한반도에 대한 중국의 영향력을 확보하기 위한 중국중심적(중화주의적) 방안이었음을 지적하였다.[6] 이런 사실들은 같은 시기 한중 양측에서 모두 주장하고 있던 "한중호조"나 "반제연대"가 적어도 같은 시기 한중관계의 일차적인 면모가 아니라는 점을 분명하게 보여 주고 있다는 것이다.

이와 마찬가지로 윤봉길의거의 경우에도, 한중 양측으로부터 강조되어 온 "한중우호"나 "반제연대", "한중호조" 같은 부차적 면모에서 벗어나 과연 장제스나 그의 휘하에 있던 국민정부 측에서 어떤 평가를 하고 있었는지, 그리고 윤봉길의거 이후 이루어진 중국 측의 지원은 과연 어떤 입장에서 주어졌던 것인지에 대한 구체적인 사실 규명이 우선 필요하다고 보는 것이다. 이런 입장으로부터 첫째 절에서는 1931년 9·18 만주사변 이후, 일본이 친일괴뢰정권 만주국을 만들어가는 시기에 벌인 상하이 침략, 곧 1932년 1·28 상하이사변의 구체적 진전 과정에서 당시 장제스 중심의 국민정부의 대일전략은 무엇이었으며 또 그것이 어떻게 만들어지고 변화되고 있었는지를 먼저 살피고자 한다. 그런 다음 이런 가운데에서 나타나고 있던 장제스 국민정부의 윤봉길의거와 한국독립운동 세력에 대한 평가와 대응이 어떠한 것이었는지를 구체적으로 밝혀 보고자 하는 것이다. 이를 통하여 이제까지 알려져 온 대로 윤봉길의거에 대한 장제스와 국민정부의 평가가 과연 "감동"과 "극찬"이었는지, 아니면 소극적 내지 부정적인 것이었는지, 그리고 윤봉길의거 이후 전개된 중국 측의 한국독립운동 지원이 과연 윤봉길의거의 결과였는지, 아니라면 중국 측의 지원이 이루어진 실제적인 이유, 곧 중국 측이 한국독립운동을 지원한 실제적인 의도는 무엇이었는지를 자세하게 추

6 배경한, 「카이로회담에서의 한국문제와 蔣介石」, 『역사학보』 224(2014) 참조.

적해 보고자 한다.

1919년 4월, 상하이에서 만들어진 대한민국임시정부는 1945년 11월 김구를 비롯한 임시정부 요인들의 귀국까지 중국 내에서 활동하는 기간 동안 중국 정부, 곧 국민정부로부터 많은 지원을 받았다. 성립 초기에는 미주 지역 한인단체들을 비롯한 일부 국외 독립운동단체들로부터 받은 재정적 지원으로 임시정부가 활동할 수 있었던 시기도 있었다. 그러나 출범 후 2년도 되지 않아서 자체적인 재정 조달은 거의 불가능하게 되었고 특히 1920년대 후반 국내에서 발생한 두 차례 화교배척사건排華暴動의 여파로 중국인들의 여론적 지지조차 잃게 되면서부터 임시정부는 존립 자체를 위협받는 위기에 처하기도 했다. 그런 까닭에 특히 1932년경부터 본격화된 국민정부의 지원이 없었다면 임시정부는 존립이나 활동 자체가 불가능할 만큼, 국민정부의 지원은 결정적이었다.

잘 알려져 있는 대로 국민정부의 임시정부 지원은 대체로 군(군사위원회)과 당(국민당) 두 가지 경로를 통해서 이루어졌다. 임시정부에 대한 국민정부 차원의 지원이 본격적으로 이루어지기 시작한 것은 윤봉길의거 이후 단계인 1932년 이후였다. 김원봉을 중심으로 한 좌익 계열 조선의열단 측에 대한 지원은 장제스 직속의 청년장교 조직인 삼민주의역행사三民主義力行社를 통하여 시작되었다. 그것보다 약간 뒤에 이루어진 김구 중심의 민족진영에 대한 지원은 국민당 조직부[부장 천궈푸陳果夫]를 통해 이루어졌다.[7] 이뿐만 아니라 이러한 양 방향의 지원 형태는, 1937년 7·7사변七七事變으로 중일 전면전 발발 이후 임시정부의 서천西遷과 함께 이루어진 조선의용대 및 한국광복군의 창설과 운영에 대한

7 배경한, 「윤봉길의거 이후 장제스 국민정부의 한국독립운동 지원과 '장기항전'」, 『역사학보』 236집(2017), 398~400쪽.

지원으로 이어져, 국민정부의 한국독립운동 지원의 기본적인 틀이 되었던 것이다.

그러나 군과 당에 의한 양 방향 지원 체제를 조금 더 자세하게 들여다보면, 국민정부의 통치기구 가운데에서도 특히 군과 당 소속의 두 가지 정보기관인 군사위원회 휘하의 군사조사통계국軍事調査統計局(흔히 軍統으로 약칭)과 국민당 중앙집행위원회 휘하의 중앙조사통계국中央調査統計局(흔히 中統으로 약칭)이 중심적인 역할을 하고 있음을 볼 수 있다. 뒤에서 자세하게 논하겠지만 조선의용대나 한국광복군의 창설, 운영이나 통제, 혹은 동원이라는 정책 결정과 관련하여 이 두 정보기구가 직접적인 역할을 하고 있고, 필요시 유관기관들 사이에 연석회의를 여는 경우에도 마찬가지로 이들이 주도적인 역할을 하고 있음을 확인할 수 있다. 예컨대 1940년 4월 초 좌우 한인 정파들의 통합을 위해 마련된 국민정부 주최의 담화회는 국민당 중앙조사통계국 회의실에서 열렸으며 한인 측에서 김구, 이소민, 주세민 등이 참석하였는데 중국 측에서는 군통의 캉쩌康澤, 중통의 쉬언쩡徐恩曾 등이 대표로 참석하였고 중통의 한국문제 전담 요원 왕룽성王榮生이 기록을 담당하였다.[8] 또 한국광복군 운영 과정에서 한중 간에 최대 쟁점이었던 「한국광복군행동구개준승韓國光復軍行動九個準繩」의 개정이나 철폐 문제를 둘러싸고 1943년 5월, 국민정부 군사위원회가 마련한 전체 광복군에 대한 점검이 시행될 때 만들어진 점검조點檢組가 군사위원회 판공청辦公廳, 군통, 중통, 광복군사령부 측에서 각기 1명씩 파견한 4명으로 구성되었다.[9] 그리고 한국임시정부와 한국광복군 사령부에는 1942년 무렵부터 중통 요원 왕룽성이 "연

8 「援助朝鮮革命運動談話會紀錄(1940.4.2.)」, 中央研究院近代史研究所 編, 『國民政府與韓國獨立運動史料』, 臺北(中央研究院近代史研究所), 1988, pp. 78~81.

9 「軍委會點檢韓國光復軍(1943.5.4.)」國民黨黨史會所藏檔案, 檔案番號: 特16/3.12.

락참모"라는 직함으로 파견되어 있었고 뒤이어 군통 측에서도 1945년 5월 왕룽셩의 파견 전례에 따라서 군통 요원 왕지셴王繼賢을 한국임시정부에 파견했던 것이다.[10]

이러한 사실은 장제스를 중심으로 하는 국민정부 통치 체제의 변화와도 밀접하게 관련되어 있었음은 물론이거니와 다른 한편으로는 국민정부의 한국독립운동 지원의 기본적인 목표나 성격과도 일정한 관련이 있는 것으로 보인다. 이를테면 중일 전면전쟁 발발 이후 국민정부의 통치 체제가 정보기관 중심의 통치, 곧 정보통치의 성격을 강화해 나가고 있었다는 것과[11] 관련된 일임과 동시에 국민정부의 한국독립운동 지원, 그 가운데에서도 가장 핵심적인 대목이라고 할 조선의용대 및 한국광복군의 창설, 운영도 정치, 군사적 정보의 수집이나 적에 대한 대응 방안(특공이나 선전) 마련이라는 정보기관의 역할이나 성격과 밀접한 관련이 있었음을 보여 주고 있다.

두 번째 절에서는 중일 전면전 발발 이후 곧 국민정부 안에서 군통과 중통이 보다 중요한 통치기구로서 자리를 잡아가는 과정 속에서, 이들 두 정보기관이 한국독립운동에 대한 지원 결정이나 집행 과정에서 어떠

---

10 「派王榮生爲駐韓國臨時政府專員案(1945.5.7.)」國民黨黨史會所藏檔案, 檔案番號: 特16/15.5. 中統局長 葉秀夆이 國民黨中央祕書處長 吳鐵城에게 보낸 이 공문에서 중통 요원 王榮生이 이미 3년 전부터 軍統에서 한국광복군에 파견되어 있었고 그 관례에 따라 군통 요원 王繼賢의 파견도 이루어지면 된다고 말하고 있다.

11 군통과 중통에 대한 중요 연구로는 馬振犢,「蔣介石與軍統,中統之濫觴」上下,『檔案春秋』2010-12, 2011-1; 馬振犢,『國民黨特務活動史』上下, 北京(九州出版社), 2012; 李偉,「中統"調查網"與假欽差」,『民國春秋』1997-2; 王華斌 黃家盛,「軍統在抗戰中的"雙重性"」,『黨史研究與教學』2013-5; 周渝,「力行社? 藍衣社? 還是復興社?」,『國家人文歷史』2017-1; 賴彦儒,『徐恩曾與中統局興衰之研究(1926-1945)』臺灣國立中央大學碩士論文, 2017; 吳淑鳳,「軍統局對美國戰略局的認識與合作開展」,『國史館館刊』33(2012); 王良卿,「情報領袖與派系政治-從國史館新進史料觀察戴笠和CC系勢力的競爭」,『國史館館刊』33(2012); 劉維開,「從'中統'到調查局」,『展望與探索』19-10(2021) 등이 있다.

한 역할을 하고 있었는지, 그 과정에서 나타나고 있는 국민정부의 실제적 목표는 무엇이었는지, 그리고 그러한 목표가 보여 주는 지원의 성격은 무엇인지를 구체적으로 살펴보고자 한다. 다만 지면의 제한을 고려하여 우선 조선의용대의 창설, 운영에 있어서 드러나고 있는 군통의 역할만을 다루어 보고자 한다. 아울러 이를 통하여 중일 전면전 발발 이후 시기 국민정부의 한국독립운동 "지원"이 가지는 기본적 성격이나 그 의미에 접근해 보고자 한다.

주지하듯이 임시정부는 중일전쟁 발발 이후 난징국민정부南京國民政府의 충칭重慶 천도를 따라 서천하여 1940년 9월 충칭에 자리를 잡았다. 이 충칭임시정부의 가장 중점적인 활동목표는, 한국의 자주적 독립을 추진하는 데에 부분적으로나마 기여할 수 있는 군사조직을 만드는 것과 외교적 활동을 통하여 임시정부에 대한 국제적 승인을 얻는 것, 이 두 가지였다. 이 두 가지 일은 임시정부의 존립기반을 확인시켜 주는 것이었을 뿐만 아니라 종전終戰 이후에 있을 것으로 예상되는 국제적 강화회담에서 일정한 발언권을 얻어 내는 데에 필수적이었던 만큼 임시정부에게는 매우 절박한 일이었다.

충칭임시정부가 이러한 두 가지 목표를 달성하는 데에 있어서 중국정부, 곧 국민정부의 지원이 필수적인 조건이었음은 물론이다. 나라를 잃고 이국땅으로 망명해서 세운 임시정부로서는 정치적, 경제적, 군사적으로 거의 아무런 기반을 가지지 못한 채 존립 그 자체조차 어려운 상황이었으므로 중국의 지원은 임시정부에게 절대적이었다. 실제로 1919년 성립 이후 임시정부가 중국에서 활동하는 데에는 중국 측의 우호적 지원이 존립을 가능케 하는 결정적인 조건이 되었다.

기왕의 연구들에서도 이런 점에서 한국임시정부를 중심으로 하는 중국 내의 한국독립운동에 대하여 중국 정부가 얼마나 우호적이었던가를 충분히 강조해 왔다.[12] 필자가 보기에도 20세기 전반기前半期를 통하여 전개된 한중 양국 간의 호혜와 연대는, 역사상 그 어느 시기보다 두드러졌던 것으로 미래의 한중관계에 대한 긍정적 전망과 관련해서라도 그 역사적 경험은 충분히 강조될 필요가 있다고 생각한다.

그런 한편으로 임시정부의 독자적 군사조직으로 만들어졌던 한국광복군의 성립 및 운영 과정에서 드러나고 있었던 장제스를 중심으로 하는 국민정부의 태도가 기본적으로 견제와 통제에 맞추어져 있었다는 지적이나, 임시정부에 대한 국제승인의 문제에 대한 국민정부의 태도 또한 호혜와 지지라기보다는 유보와 통제에 맞추어져 있었다는 지적 또한 있어 왔다.[13] 이들 연구는 기본적으로 중국 측의 한국독립운동 지원 자체가 약소국 간의 연대라거나 국제적 공의公義의 실현이라는 이상에서 비롯된 것이 아니라 어디까지나 중국 측의 국익을 전제로 한 것이었으며, 전후의 아시아 국제질서를 중국이 주도하는 방향으로 구축하려는 구상과 연관되어 있었다는 현실적 관점에 있다고 볼 수 있다.

---

12 예컨대 중국 내 한국독립운동 연구의 선구자인 후춘후이(胡春惠) 교수는 그의 선구적 연구에서 많은 중국 측 檔案資料들을 이용하여 중국 내에서 진행된 한국독립운동에 대하여 장제스를 중심으로 하는 국민정부가 얼마나 우호적이고 적극적인 지원 정책을 폈던가를 잘 드러내 보여 주었다. 胡春惠, 『韓國獨立運動在中國』, 臺北(中華民國史料研究中心), 1976. 또 한국 학계의 독립운동사 연구자들도 임시정부를 중심으로 하는 중국 내 한국독립운동에 대한 중국 측의 지원을 강조하면서 한중 간의 우호 내지는 호혜를 강조해 왔으며 (이현희, 『대한민국임시정부사연구』, 혜안, 2001; 김희곤, 『대한민국임시정부연구』, 지식산업사, 2004 등 참조) 1990년대 이래 활기를 띠고 있는 대륙 학계의 한국독립운동사 연구에서도 마찬가지로 이 점을 강조하고 있다. 石源華, 『韓國獨立運動與中國』, 上海(上海人民出版社), 1996; 石源華, 『韓國獨立運動血史新論』, 上海(上海人民出版社), 1996; 石源華, 『韓國反日獨立運動史論』, 北京(社會科學出版社), 1998 등 참조.

13 한시준, 『韓國光復軍硏究』, 일조각, 1993; 구대열, 「이차대전시기 中國의 對韓政策-國民黨政權의 臨時政府政策을 중심으로」, 『한국정치학회보』 28-2(1995); 노경채, 「中國關內地區 조선인의 민족해방운동과 中國國民黨」, 『아시아문화』 제13호(1997); 최봉춘, 「大韓民國臨時政府와 中華民國政府의 관계」, 『한국민족운동사연구』 제16집(1997) 등 참조.

이와 아울러 중일전쟁 시기 중국 정부의 대한정책과 관련한 기존 연구들을 검토할 경우 그간 덜 주목되어 왔던 한 가지로서 지적되어야 할 것은 종전을 예상하는 단계, 곧 카이로회담 이후 시기부터 전개된 국민정부 측의 한반도 문제에 대한 정책 구상이 구체적으로 어떤 것이었던가라는 문제이다. 최근 타이완에서 공개된 국민정부 외교부의 관련 외교문서檔案資料들은, 이 시기 장제스를 중심으로 하는 국민정부가 전후 한반도에 대한 정책을 어떤 방향에서 검토하고 있었는지, 그리고 나아가서 전후 새로운 아시아 국제질서를 구체적으로 어떠한 것으로 만들어 가려고 시도했는지를 밝혀줄 수 있는 직접적인 자료로 주목된다.

셋째 절에서는 이러한 그간의 연구들을 자세하게 검토하는 한편으로 그간에 공간된, 적지 않은 중한中韓 양측의 관련 당안자료들과[14] 미국 측 외교문서들[15], 그리고 최근 공개된 『장제스일기蔣介石日記』, 『외교부당안外交部檔案』을 비롯한 새로운 중국 측 공문서 자료들을 이용하여 장제스 및 국민정부의 충칭한국임시정부에 대한 태도와 한반도 정책이 어떠했던가를 살펴보려고 한다. 이를 위하여 이 절에서는 ① 임시정부의 군사조직 건설 노력의 핵심이었던 한국광복군의 창설과 운영과정에서 나타나고 있었던 장제스와 국민정부의 입장과, ② 한국임시정부의 최대 목표였던 국제적 승인 문제에 대한 장제스와 국민정부 측의 정책 문

14 한국독립운동사 연구와 관련하여 그간에 많은 중국 측 檔案資料들에 대한 조사, 수집이 이루어져서 여러 종류의 자료집이 간행되었다. 그 가운데서도 최근 한국에서 간행된 임시정부 관련 자료집에는 그간에 국내외 특히 大陸과 臺灣에서 발굴된 檔案資料들이 망라되어 있어서 편리하게 이용할 수 있다. 국사편찬위원회 편, 『대한민국임시정부자료집』 전45책(국사편찬위원회, 2005~2011); 국사편찬위원회 편, 『한국사데이터베이스』 참조.

15 공간된 외교문서(*Foreign Relations of United States*)와 마이크로필름 형태의 국무부 외교문서들(*Records of the U.S. Department of State relating to the internal affairs of Korea, 1940-1944* ; *Records of the U.S. Department of State relating to the internal affairs of China, 1940-1944*)을 참조할 것.

제, ③ 임시정부의 승인 문제를 둘러싸고 전개된 중국과 미국 간의 관계 문제, ④ 태평양전쟁 발발 이후 국민정부 측의 외교문서에 나타난 전후 한반도에 대한 정책 구상의 실체 등의 문제를 차례로 다루어 보고자 한다.

이러한 작업을 통하여 기대하는 것은, 단지 1940년대 한중 관계의 실상을 이해하는 것을 넘어 중일전쟁 기간 동안 특히 종전이 예상되는 시기, 곧 카이로회담 전후시기에 전후戰後의 한반도를 둘러싼 아시아 내지 동아시아 질서에 대한 장제스의 구상이나 국민정부의 입장을 엿볼 수 있을 거라는 점이다. 이를테면 서구 제국주의 열강의 침략 이래 전통적 중화질서가 무너지고 일본 제국주의의 침략에 의해 국가적 존망마저 위협당했던 중국이 종전 이후 승전국으로서, 그리고 열강으로서의 지위 회복을 바라보게 되었을 때 과연 어떠한 아시아 질서를 구상하고 있었던가라는 문제에 대한 하나의 시각을 가질 수 있기를 기대한다.

8년간의 중일 간의 전면전쟁 가운데 1941년은 딱 중간에 해당한다. 산술적으로 그렇기도 하지만, 여러 가지 면에서 1941년은 중일전쟁의 큰 전환점이라고 볼 수 있다. 1937년 7월의 루거우차오蘆溝橋사변 이래 일본군의 중국 주요 지역에 대한 공격과 점령이 신속하게 이루어졌지만, 일본군이 전체 중국 전선을 감당하는 것은 처음부터 무리였다. 1938년부터 본격화된 이른바 "화평공작"은 이러한 전략상의 문제를 타개하면서 친일정권을 통한 간접 지배로 점령지에 대한 통치를 확보해 보려는 고육지책이었다. 그러나 1940년 3월에 전국 규모 통합 친일정권으로 출범한 왕징웨이汪精衛 친일정권이 당면한 여러 곤경에서[16] 확인되는 것처럼 "화평공작"은 결코 성공적이지 못했다.

16 배경한,『왕징웨이연구: 현대 중국 민족주의의 굴절』, 일조각, 2012, 201~250쪽.

장기화, 교착화되고 있던 전쟁의 해결책으로 일본은 동남아시아 지역으로의 전쟁 확대를 꾀하기에 이르렀으니 특히 1941년은 결정적인 전환점이 된 시기였다. 물론 일본 국내에서는 전쟁 확대를 전제로 한 북진론과 남진론을 둘러싼 논쟁이 그 이전부터 있어 왔던 것은 사실이다. 그러나 1939년 9월 독일의 폴란드 침공과 이에 맞선 영국, 프랑스의 대독 선전포고로 제2차 세계대전이 본격화된 지 1년 만인 1940년 9월, 일본이 독일, 이탈리아와 함께 삼국동맹을 결성하고 1941년 4월, 독일과의 전쟁을 대비하여 소련이 일본과 중립조약을 맺자 전쟁 확대의 방향이 자연스럽게 남진으로 정해지면서 그 주장이 더욱 힘을 얻게 되었다. 이를테면 1941년에 들어오면서 유럽전쟁의 확대에 따른 새로운 국제관계의 변화가 일본의 전쟁 확대 주장을 실현 가능한 것으로 만들어 주기에 이르렀던 것이다.

일본이 삼국동맹에 가입하던 것과 같은 시기인 1940년 9월 충칭에서 만들어진 한국광복군은 중일전쟁 발발 이후 국민정부를 좇아 충칭으로 옮겨간 한국임시정부, 곧 충칭임시정부의 가장 중요한 공적이라는 데에 이의가 있을 수 없다. 잘 알려진 대로 해외에서 이루어진 한인들의 독립운동은 크게 두 가지 방향에서 이루어졌다고 할 수 있다. 하나는 외교적 활동을 통하여 한국독립에 대한 국제적 승인과 지지를 얻어내려는 이른바 외교운동이었고, 다른 하나는 해외에서 한인 군대를 양성하여 직접 일본에 저항하는 이른바 군사운동이었다. 중일전쟁 시기 임시정부의 활동 역시 이 두 가지에 모여 있었으니 군사운동의 핵심은 한국광복군의 창설과 운영에 있었으며, 외교운동의 핵심은 임시정부에 대한 국제적 승인을 얻어내는 데에 초점을 맞췄던 것이다.

뒤에서 언급할 것처럼 한국광복군의 창설과정은 국민정부의 통제 정책으로 인하여 순조롭지 않았을 뿐 아니라 성립 이후 상당 기간 동안 운영권 또한 임시정부의 손안에 있지 못했다. 광복군의 숫자 또한 가장 많은 경우 500여 명에 그치는 소규모에 불과했다. 그럼에도 불구하고 한국광복군은 적(일본군)에 대한 정보 수집과 후방에 대한 선전전에서 적지 않은 성과를 내고 있었다. 이들의 선전을 듣고 중국군 쪽으로 탈출해 온 한적韓籍 군인들의 숫자 또한 적지 않았으며, 그들은 광복군의 주요 편성 대상이 되었다.

넷째 절에서는 한국광복군에서 발행하던 두 가지 선전 잡지인 『한국청년韓國青年』과 『광복光復』을 검토의 대상으로 삼되, 특히 이들 잡지 속에 나타나 있는 국제정세에 대한 인식과 변화 양상을 집중적으로 검토해 보고자 한다. 이를 통하여 중일전면전쟁 8년 가운데 가장 전환점이 될 만하다고 생각되는 1941년 전후 시기, 한국광복군을 비롯한 한인 독립운동가들은 전쟁의 국제적 상황, 곧 한국독립운동이 놓여 있던 국제적 상황을 어떻게 이해하고 있었으며, 이러한 이해가 이후의 한국독립문제와 관련하여 어떠한 의미를 가지고 있는지를 검토해 보려고 한다.[17] 이러한 검토를 통하여 추구하고자 하는 것은 지구지역사 내지 동아시아사 시각으로부터 중일전쟁 자체의 진전과정을 이해해 보고, 나아가 이러한 시각에서 전후 최대의 국제적 현안의 하나로 등장하게 되는 한국문제의 연원과 경과를 이해하는 데 도움을 줄 수 있기를 기대한다.

---

17 중일전쟁 시기 한국 독립운동가들의 국제정세 인식과 관련한 연구로서는 한상도, 「조선의용대의 국제연대의식과 대만의용대」, 『한국근현대사연구』 11(1999); 한상도, 「국제적 반제국주의 연대투쟁으로서의 한국독립운동–중일전쟁 전후 중국지역을 중심으로–」, 『한국독립운동사연구』 26(2006); 한상도, 「일제 침략기 한국인의 베트남 인식과 연대의식」, 『역사학보』 201(2009) 등이 있으나 반제인식과 베트남, 타이완 지역 독립운동 세력과의 연대활동에 초점을 두고 있다.

제1절

중일전쟁 초기 국민정부의 한국독립운동 지원과 "장기항전"에의 동원

—윤봉길의거 이후 김원봉·김구에 대한 지원과 장제스·국민정부의 입장—

Ⅰ. 1·28 상하이사변과 윤봉길의거

1. 1·28 상하이사변과 "장기항전長期抗戰"전략의 성립

1932년 1월에 일어난 1·28 상하이사변은, 그 전 해인 1931년에 일어난 9·18 만주사변에 대한 중국인들의 저항의식이 고양된 상황 아래 발생한 상하이 시민들의 일본인 승려들에 대한 구타사건(1월 18일)에서 시작된 것이다. 그러나 실상은 9·18사변과 뒤이은 괴뢰국 만주국 건설 시도의 불법성을 감추기 위한 일본 군부의 계획된 도발에서 시작되었다는 것이 일반적인 해석이다.[1] 일본 군부의 사주를 받은 일부 상하이 거주 일본인들이 1월 20일, 일본인 승려를 구타한 것에 대한 보복으로 폭

1 兪辛淳, 『滿洲事變期中日外交史硏究』, 東京(東方書店), 1986, 辛勝夏外譯, 『만주사변기의 중일외교사』, 고려원, 1994, 175~176쪽.

동을 일으켰고, 이를 빌미로 상하이에 주둔하고 있던 일본 해군 측에서는 상하이 시장의 사과와 항일구국회抗日救國會를 비롯한 항일단체들의 해산, 일본 승려 구타사건 범인들에 대한 처벌을 요구하고 나섰다. 1월 28일 상하이 시장 우톄청吳鐵城이 국민정부의 지시에 따라 일본 측의 (굴욕적) 요구조건에 대한 수용 의사를 밝혔음에도 불구하고[2] 일본 측에서는 일본 거류민들에 대한 보호를 명목으로 상하이시 중심부 자베이閘北 지역에 대한 군사 공격을 개시하였고, 이후 약 1개월여에 걸친 중일 간의 전투가 이어졌다. 일본의 주력부대인 해군 육전대(뒤에는 육군 보병 증파)의 상하이 침략에 대하여 차이팅카이蔡廷楷 휘하 제19로군과 많은 시민 의용군들의 용맹스러운 저항이 이어져 일본군의 상하이 점령은 애초의 의도와 달리 많은 희생을 치러야 했지만, 우수한 화력을 앞세운 일본군은 3월 초 상하이를 점령하기에 이르렀다.[3]

1·28 상하이사변 발발 직후 장제스와 국민정부 측에서는 이 사태를 9·18 만주사변의 연속, 확대라고 보고 일본군이 상하이·난징을 포함한 장강 유역을 점령하기 위한 군사행동에 나선 것으로 받아들였다. 특히 수도 난징에 대한 군사적 위협을 심각하게 받아들여 사변 발발 이틀 뒤인 1월 30일 허난성 뤄양을 전시의 임시수도行都로 정하고 중앙기관들을 뤄양으로 이전하기로 결정하였다.[4] 9·18사변 이전부터 시작된 후한

2 「上海市公安局長溫應星等頒發取消抗日救國團體的命令(1932.1.27.)」; 「朱培德何應欽爲取消一切抗日團體致吳鐵城密電(1932.1.28.)」, 中國第二歷史檔案館 編, 『中華民國史檔案資料滙編: 第5輯 第1編 軍事(5)』, 南京(江蘇古籍出版社), 1994, pp. 467~468.

3 1·28 상하이사변의 발발과 군사적 진전과정에 대해서는, 楊衛敏, 「國民政府與一·二八淞滬抗戰」, 『近代史研究』 1990-4期; 金再及, 「南京國民政府對"一·二八"事變的方針」, 『歷史研究』 1992-第3期; 韓明華, 「"一面抵抗 一面交涉"方針和淞滬抗戰的失敗」, 『上海大學學報(社會科學版)』 5-2(1998) 등에 자세하다.

4 『蔣介石日記』 1932年 1月 29日字. 상하이사변 발발 직전인 1월 중순, 행정원장으로 복귀한 왕징웨이도 곧바로 洛陽으로 가서 정부의 이전을 위한 시찰과 준비 작업에 들어갔다.

민胡漢民 중심의 광둥파廣東派와의 갈등으로 1931년 12월 15일 국민정부 주석직에서 물러나 고향인 저장성浙江省 펑화奉化에 머물고 있던 장제스는 영월합작寧粵合作의 타협이 이루어진 직후인 1월 21일 난징으로 돌아와 왕징웨이와 연합정권 수립에 박차를 가하고 있었는데,[5] 곧이어 1·28 상하이사변이 발발하자 31일 난징을 떠나 2월 1일, 카이펑開封에, 그리고 2일 뤄양에 도착하는 등 군사시찰을 하는 중이었다.[6] 곧이어 장제스 중심으로 새로 만들어진 군사위원회에서는 전국적인 대일 방어계획을 발표하였는데 전국을 4개 방어구역으로 나누고 황허 이북 방위구 총사령에 장쉐량張學良, 황허黃河 이남 창장長江 이북 방위구 총사령에 장제스, 창장 이남 저장 푸젠福建 방위구 총사령에 허잉친何應欽, 량광兩廣 지역 방위구 총사령에 천지탕陳濟棠을 각각 임명하였다.[7]

이어서 장제스는 정저우鄭州 지역을 시찰하면서 시안西安, 뤄양을 중심으로 하는 서북 지역의 중요성을 언급하고 이곳에 항일근거지로서의 준비가 필요하다는 점을 지적하였다. 이를 계기로 하여 국민당 지도부와 국민정부 측에서도 서북 지역에 대한 조사단을 파견하는 등 실제적인 준비 작업이 개시되었으며,[8] 1932년 3월에 열린 국민당 사계이중전회四屆二中全會에서는 시안을 전시수도陪都로 정식 결정하고[9] 이어 장지張繼를 위원장으로 하는 서경주비위원회西京籌備委員會가 만들어졌다.[10]

---

5 1932년 1월 蔣汪聯合을 전제로 한 장제스의 정계 복귀는 사실상 군사 정치적 최고지위를 차지하는 수순으로 주목할 필요가 있다. 金以林,『國民黨高層的派系政治』, 北京(社會科學文獻出版社), 2009, pp. 400~415 참조.

6『蔣介石日記』1932年 2月 1日과 2日.

7 呂芳上 主編,『蔣中正年譜長編』第3册, 臺北(國史館), 2014, p. 606.

8 李雲峰·曹敏,「抗日時期的國民政府與西北開發」,『抗日戰爭研究』2003年 第3期 참조.

9「確定行都與陪都地點案(1932年 3月 5日 中執委二次會議 通過)」, 榮孟源 主編,『中國國民黨歷次代表大會及中央全會資料』下册, 北京(光明日報出版社), 1985, p. 156.

10 西安市檔案館 編,『籌建西京陪都檔案資料選輯』, 西安(西北大學出版社), 1994, p. 5.(李雲峰·曹敏, 앞의 같은 논문 p. 56에서 재인용); 戴季陶,「政府遷京與積極建設西北

장제스와 국민정부의 이러한 움직임은 9·18사변 이후부터 일본의 침략에 대한 중국 측의 군사적 전략으로서 모색되고 있던 전국 규모의 장기적 대응책, 곧 '장기항전' 전략에서 나온 것이었다. 9·18사변 발발 직후 적극적인 항전, 곧 대일 전면전을 피하는 전략을 구사함으로써 "부저항주의"라는 비난을 받아야 했던 장제스와 국민정부 측의 대일對日 전략은, 기본적으로 중국의 군사력이 일본의 군사력에 비교하여 매우 열세에 있다는 현실적 판단에 기초하고 있었다. 장제스의 말을 빌리자면 "중국은 군사상 아무런 준비를 하지 못했기 때문에 일본군의 대규모 공격을 막을 능력이 전혀 없어서 필패할 수밖에 없다"는 것이었고[11] 심지어 "육해공군 모두 준비가 없어 (주요 도시가 몰려 있는) 연해 지역과 장강 유역은 3일 이내에 모두 유린당할 것"이라는[12] 극단적 주장을 펴기도 했다.

이런 상황에서 중국이 취할 수 있는 유일한 전략은 국제적 여론에 호소하는 등 외교적 '저항', 곧 '외교교섭'을 추진하는 한편으로 국내적 통합(공산당 토벌과 지방 세력에 대한 통합)을 꾀하면서 전쟁을 장기전으로 유도하여 전면적인 항전을 위한 군사적·경제적 준비를 하는, 이른바 '장기항전' 혹은 '항전준비' 전략뿐이었다.[13] 1933년 4월의 한 강연에서 장제스가 "현재 우리가 일본에 저항하려면 오로지 한 가지 방법밖에 없으니 그것은 장기적이고 끊임없는 저항(항전)을 해나가는 것뿐이다. 저들

(二十一年十一月二十一日在行都中央紀念週講)」, 『黨務月刊』 第52期(1932. 11) 참조.

11 蔣介石, 「革命軍的責任是安內與攘外(1933.5.8.)」, 中國國民黨黨史會 編, 『先總統蔣公思想言論總集』 第11卷, 臺北(國民黨黨史會), 1984, p. 67.

12 蔣介石, 「一致奮起共救危亡」, 陳孝儀 主編, 『中華民國重要史料初編-對日抗戰時期』 第2編 第1册, 臺北(中國國民黨黨史會), 1981, p. 282.

13 肖如平·陳紅民, 「朱培德與抗戰準備(1931-1937)」, 『抗日戰爭研究』 2007年 第3期; 肖如平, 『南京國民政府與"一·二八"淞滬抗戰研究』, 杭州(浙江大學出版社), 2016, pp. 84~85 참조.

이 제1선의 (우리) 부대를 패퇴시킨다면 제2, 제3의 부대로서 보충해 나가야 하고 저들이 우리의 첫 번째 방어선을 돌파한다면 제2, 제3의 방어선을 가지고 방어해야만 한다. 이러한 장기항전은 길면 길수록 우리에게 유리하다. 멀리 장기적으로 국제정세의 변화를 바라봐야만 우리 국가 민족의 희망을 찾을 수 있다"[14]고 말한 것은 바로 이러한 '장기항전'의 주장을 보다 구체화한 발언이었다. 물론 이러한 장기항전 주장은 장제스 한 사람에게서만 제기되었던 것이 아니었으니, 예컨대 1932년 3월에 열린 국민당 사계이중전회에서는 5건의 외모外侮를 막기 위한 제출된 군사방안 대부분에서 '장기항전'과 '항전준비'를 위한 구체적인 방안들이 거론되고 있었다.[15] 요컨대 장제스를 비롯한 국민정부 측에서는 1·28 상하이사변을 거치면서 '장기항전'을 기본적 군사전략으로 정하고 그 구체적인 방안 마련에 나서고 있었던 것이다.[16]

2. 상하이정전협정의 난항과 국민정부의 곤경

대일 전략으로서 장기항전, 혹은 항전준비의 입장에 서게 되면 사실상 외교적 협상과 함께 국내적 안정(통일)이 일차적인 출로가 될 수밖에 없다. 잘 알려진 대로 9·18 만주사변 직후 국민정부는 일본 침략의 부

---

14 「國家興亡責在軍人(1933. 4. 12)」, 陳孝儀 主編, 『總統蔣公大事長編初稿』 第2卷, 臺北(中正文敎基金會), 1984, p. 294.

15 제안자였던 楊杰, 王栢齡, 丁超五, 孫科, 白雲梯 등은 모두 '장기항전'의 실제방안으로서 전국총동원령, 各省 의용군 編練, 군사역량 확충 방안 등을 주장하고 있다. 「整理軍事捍御外侮案(1932年 3月 4日, 中執委二次會議 통과)」, 앞의 『中國國民黨歷次代表大會及中央全會資料』 下册, pp. 154~155.

16 1933년 이후 전개된 국민정부의 실제적인 항전준비 정책과 그 문제점에 대해서는 袁素蓮, 「試論南京國民政府抗戰準備的作用及局限性」, 『北方論叢』 1997年5期; 操申斌·黃延敏, 「論"華北事變"前南京國民政府的抗戰準備」, 『安徽大學學報(哲學社會科學版)』 29-6(2005)을 참조할 만하다.

당성을 국제연맹에 제소하는 것과 함께 국내적 분열의 중심이었던 공산당 세력 토벌剿共에 역량을 집중했다. 장제스는 상하이사변 발발 직전에 대일외교對日外交의 기본방침으로 '일면교섭一面交涉, 일면항전一面抗戰'을 확정하고 있었는데[17] 이 주장도 사실은 '장기항전'의 또 다른 표현이었던 셈이다.

'일면교섭, 일면항전' 전략은 장제스와 함께 국민당의 양대 지도자로 꼽히던 왕징웨이의 같은 시기 주장에서도 확인된다. 왕징웨이는 1931년 2월에 일어난 후한민 감금사건에서 시작된 국민당의 내분으로 난징국민정부와 광둥국민정부 간의 대립寧粤對立 상황이 일어나자 난징 측(장제스)에 반대하는 입장에 섰다. 그러다가 9·18사변으로 국난國難에 대한 공동대응을 명분으로 1931년 11월 상하이에서 이루어진 일련의 협상을 통하여 양측의 대립이 해소되자, 상하이사변 발발 당일인 1932년 1월 28일 난징국민정부의 행정원장으로 복귀하였다.[18] 왕징웨이가 1931년 11월 7일 상하이에서 발표한 「난징·광둥 간 상하이평화회의대표들의 통전通電」에서 "국난에 함께 대응하기 위하여 외교에서 일치된 행동을 꾀하되… 우선은 국제연맹과 부전조약(1928년의 켈로그 브리앙조약)에 서명한 각국에게 호소하여 일본의 만행을 판단해 주도록 요청하고 그런 다음 군사 경제 분야에서 최후 항전을 준비해야 한다"고 주장하였다.[19] 이어서 왕징웨이는 상하이사변 발발 직후인 1932년 2월 초에 발표한 한 담화에서 대일문제에 대한 자신의 주장을 '일면교섭, 일면저

17 『蔣介石日記』 1932年 1月 28日字.

18 1931년 2월부터 1932년 1월까지 전개된 南京국민정부와 廣東국민정부 간의 대립과 화해과정에 대해서는 배경한, 『汪精衛研究: 현대중국 민족주의의 굴절』, 일조각, 2012, 135~137쪽을 참조할 것.

19 「寧粤上海和會全體代表通電(1931.11.7.)」, 『申報』 1931.11.8.; 査建瑜 編, 『國民黨改組派資料選編』, 長沙(湖南人民出版社), 1986, p. 491.

항'으로 요약하여 제기한 것이다. 이를테면 상하이사변 발발 전후에 장제스와 왕징웨이를 중심으로 하는 국민정부 측에서는 '일면교섭, 일면저항'을 대일 기본 전략으로 내세우고 있었는데 문구 표현 자체로만 본다면 이 전략은 외교적 교섭과 군사적 항전을 동시에 추구한다는 것이었지만, 실제로는 안내양외安內攘外나 장기항전의 실제적 적용을 강조한 것이라는 평가를 받는다.[20]

1·28 상하이사변은 난징국민정부 측에서 내세우고 있던 대일전략, '일면교섭, 일면항전'의 실제적인 시험대가 되었다. 앞서 말한 대로 장제스는 상하이사변 발발 다음날인 1월 29일, '일면예비교섭一面預備交涉, 일면적극항전一面積極抵抗'이라는 방침을 정하였고 30일에 발표된 국민정부 뤄양천도선언에서는 "한편으로 군경으로 하여금 자위에 나서도록 독려하면서 한편으로는 외교방안을 강구하여 각국들로 하여금 (9개국)조약 상의 책임을 다하도록 해야 한다"고 하여 '일면교섭, 일면저항'을 사태 해결의 방안으로서 제시하였다.[21]

9·18사변 이후 '부저항'이라는 비난을 받을 정도로 전면적인 충돌 회피로 일관했던 장제스와 국민정부가 1·28 상하이사변 이후 "일면교섭, 일면저항"이라는, 상대적으로 적극적인 '교섭과 저항'에 나서게 된 배경에는 두 가지 상황의 차이가 존재했다. 하나는 일본군의 상하이 침략은 만주(둥베이)에 대한 침략과 달리 국민정부의 존립 자체를 위협하는 중심적 근거지에 대한 본격적인 침략으로 받아들여졌다는 점이고, 다른 하나는 둥베이와 달리 상하이는 많은 열강들이 경제적 이해관계를 맺고 있어서 국제적 간섭을 초래할 가능성이 크다는 점이었다. 이런 상황 판

20 謝曉鵬, 「"一面抵抗, 一面交涉"-析論汪精衛的對日方針(1932-1937)」, 『史學月刊』 2003-7期, p. 55.

21 「國府遷洛宣言」, 『申報』 1931.1.31.

단 아래 장제스는 1·28 상하이사변 폭발 직후 '적극적인 항전決戰'을 결심했고[22] 난징 위수사령부衛戍司令部의 일부 부대와 난징에 주둔하고 있던 19로군 부대를 상하이로 파견하도록 명령함으로써 상하이 주둔 19로군의 항전을 지원하도록 지시하기도 하였다.[23] 또 2월 1일에는 중앙육군군관학교 교도단教導團을 상하이 지역 증원군으로 파견하는 것을 승인하였고 상하이·난징 간 도로에 주둔하고 있던 87, 88사 등 중앙군의 상하이 참전을 허락했다.[24] 2월 중순 일본군의 대규모 증파와 함께 전쟁이 치열해지자[25] 중국 측 일부 공군도 참전하기에 이르렀으니, 장시江西 지역에서 공산당군 토벌에 동원되고 있던 중앙군을 상하이 지역으로 배치할 정도였다.[26] 요컨대 국민정부는 9·18 만주사변과 비교하여 훨씬 '적극적인 항전'에 나서는 모습을 보여 주었다.[27]

이러한 '적극 항전'에도 불구하고 전세는 중국군에게 불리하게 전개되어 대체로 1달여의 공방전 끝에 2월 말에 가면 일본군의 상하이 주요 지역 점령이 가시화되기에 이르렀다. 이러한 전쟁의 진전과 아울러 추진된 것이 정전을 위한 협상이었으니 이를테면 '일면항전'과 함께 '일면교섭'이 동시에 추진되기 시작하였던 것이다. 사변 발발 다음 날인 1월 29일 국민정부 외교부에서 발표한 선언문에서는 "일본의 상하이 점령이 국제연맹 조약과 켈로그 브리앙 부전조약Kellogg-Briand Pact, 9개국

---

22 『蔣介石日記』 1932年 1月 30日.

23 「京衛戍軍出動」, 『申報』 1932年 1月 30日.

24 張治中, 「第五軍淞滬抗日經過」, 中國政協全國委員會 文史資料研究委員會 編, 『從九一八到七七事變(原國民黨將領抗日戰爭親歷記)』, 北京(中國文史出版社), 1987, pp. 182~185; 『事略稿本』 제13책, p. 137; p. 226.

25 2월 13일 일본 본토로부터 일본육군 주력군 제9사단 1만여 명의 병력이 사단장 植田謙吉 중장의 지휘 아래 上海에 파견되어 왔다. 蔣光鼐·蔡廷鍇·戴戟, 「十九路軍淞滬抗戰」, 앞의 『從九一八到七七事變(原國民黨將領抗日戰爭親歷記)』, p. 117.

26 『事略稿本』 제13책, p. 491.

27 肖如平, 앞의 『南京國民政府與"一·二八"淞滬抗戰研究』, pp. 85~89.

조약Nine Power Treaty을 위배한 폭거"라고 규정하고 "상하이 민중뿐 아니라 상하이에서 활동하고 있는 외국인들의 재산과 안전을 위협하는 행위"라고 규탄함으로써[28] 국제연맹을 중심으로 한 국제사회의 개입 조정에 대한 희망을 적극 드러내고 있었다. 같은 날 제네바에 주재하고 있던 국제연맹 중국 대표 옌후이칭顔惠慶도 국제연맹 사무총장(비서장)에게 의견서를 보내 상하이 사태에 대한 적절한 조치를 요청하였다. 국제연맹 사무처에서는 곧바로 미국·영국·프랑스·이태리 등 7개국 주상하이 총영사로 영사조사단을 구성케 하였고 1월 31일에는 영국 총영사관에서 중·일 쌍방이 참석하는 첫 번째 정전협상에 들어갔다. 열강들이 제기한 협상 조건은 즉각적인 전쟁 중지와 쌍방 군대의 철수, 중간지대에 대한 중립국 군경의 주둔과 감시, 공공조계의 보전, 즉각적인 쌍방간의 담판 개시 등이었는데 일본의 전쟁 확대 시도와 협상 거절로 협상이 성사되기는 어려웠다.[29]

2월 16일 국제연맹 이사회에서는 "일본이 국제연맹조약과 9개국조약, 부전조약의 서명국으로서 다른 회원국의 영토 보전을 침해하거나 정치적 독립을 저해할 수 없다"는 성명서를 발표하였다. 그러나 일본 측에서는 국제연맹의 이러한 주장을 전면 거부하면서, 2월 18일 오히려 상하이주둔 중국군 19로군 군장 차이팅카이와 상하이 시장 우톄청에게 중국군대의 상하이로부터의 철수를 요구하는 최후통첩을 보냈다.[30]

일본의 태도변화가 나타난 것은 2월 하순부터였다. 그 변화의 바탕에는 상하이사변 도발의 기본 목표였던 괴뢰 만주국 건국이 일본 측의 예

28 「外交部對淞滬事變宣言」, 羅家倫 主編, 『革命文獻』 第36輯, 臺北(中國國民黨黨史會), 1978, p. 1500.

29 李懷順, 「西方列强與"上海停戰協定"」, 『西北大學學報(社會科學版)』 2003-3期, p. 84.

30 「日司令官植田謙吉致第十九路軍軍長蔡廷鍇最後通牒(1932.2.18.)」, 『革命文獻』 제36집, pp. 1493~1494.

정대로 '실현' 단계에 이르렀기 때문도 있지만[31] 상하이사변을 둘러싼 국제적 '간섭' 또한 갈수록 커졌기 때문이었다. 2월 22일 국제연맹에서는 상하이사변 문제를 3월 3일 개최될 전체회의에 상정하기로 결정했으며, 미국 국무부 장관 스팀슨Henry L. Stimson은 이른바 '문호개방'과 '불승인주의'를 내세워 국제연맹 전체회의 참여를 선언했다. 이런 상황 속에서 일본 측이 정전을 위한 협상에 동의함으로써 2월 28일 미국·영국·프랑스 삼국 상하이 주재 공사의 주선 아래 비록 비공식이라는 조건을 달긴 했으나 중·일 양측 대표 사이의 협상이 시작되기에 이르렀다.[32]

그러나 일본 측이 항일운동 단체들의 해산 등 상하이 지역의 치안유지와 일본인 거류민들의 재산 보호를 정전협상의 선결조건으로 내세움으로써 3월 한 달에 걸쳐 양측 간의 지루한 공방이 계속되었고, 이어서 4월에는 양측 군대의 철수 시기와 방식을 둘러싼 지루한 공방이 계속됨으로써 협정 체결은 계속 지연되었다. 윤봉길의거가 일어나기 하루 전인 4월 28일, 영국 측의 주선 아래 상하이 영국 영사관에서 중일 양측 간의 비공식 회의가 재개되었고 윤봉길의거 당일인 4월 29일에는 국제연맹 19개국위원회에서 상하이정전협정에 대한 보고서를 전체회의에 제출하였으며, 이튿날인 4월 30일에는 일본 측이 기권한 가운데 국제연맹 전체회의에서 상하이정전협정에 관한 결의안을 통과시켰다. 윤봉길의거는 바로 이러한 상하이정전협정 협상의 막바지 단계에 일어났던 것이다.

---

31 孟慶梓, 「"一·二八"事變停戰原因淺析」, 『邢臺學院學報』 18-3(2003), p. 45. 滿洲國은 張景惠·臧式毅 등 일부 친일파들로 구성된 이른바 '東北政務委員會'를 중심으로 만들어진 '建國會議'를 거쳐 3월 1일 '建國宣言'을 발표하였다. 만주국의 성립과정에 대해서는 야마무로 신이치(山室信一) 저, 윤대석 역, 『키메라-만주국의 초상』, 소명출판, 2009, 82~183쪽 참조.

32 李懷順, 앞의 「西方列强與"上海停戰協定"」, p. 85.

난항 끝에 5월 5일 체결된 상하이정전협정의 내용은 즉각적인 정전, 일본군의 공공조계 및 홍커우공원虹口公園 쪽 월계축로越界築路 지역(1월 28일 이전 일본군 주둔 지역)으로의 철수와 철수 지역에 대한 중국 경찰의 접수, 감시기구로서 (열강 대표들로 구성되는) 공동위원회의 구성 등이었다. 그러나 그 내용은 전국 항일단체에 대한 단속, 19로군의 타 지역 배치, 푸둥浦東과 쑤저우허蘇州河 남쪽 및 룽화龍華 맞은편 지역에 대한 중국군의 주둔 금지를 양해조건으로 명시함으로써 중국 측의 주권을 심각하게 침해하는 것이었다.[33] 결국 국민정부로서는 이러한 수치를 감내하면서까지 상하이정전협정을 가능한 빨리 마무리할 수밖에 없는 상황에 있었다고 봐야 한다.

이런 상황에서 국민정부한테 더욱 곤혹스러웠던 것은 정전협정 진행 과정이나 협정의 내용이 알려지면서 당 내부에서나 지방세력, 그리고 학생들을 비롯한 지식인사회에서 광범한 비판 반대 운동이 일어나기에 이르렀다는 점이다. 9·18 만주사변 이래로 장제스와 국민정부의 '부저항'에 대한 반대 비판운동이 대대적으로 일어났었는데, 1·28 상하이사변 발발 이후에 가서도 보다 '적극적인 항전'을 촉구하는 학생들의 청원운동과 시위學潮가 연일 계속되고 있었으니 이런 움직임은 장제스와 왕징웨이를 비롯한 국민당 지도부에게 커다란 부담이 될 수밖에 없었다.[34] 이 가운데서도 특히 상하이사변 발발 직후인 1월 31일, 상하이 지역에 있던 국민당 중앙위원 26명이 중앙위원 상하이사무소駐滬辦事處를 만들면서 공개적으로 '대일타협'에 반대하고 나선 것은 당시 막 화해

33 「中日上海停戰及日方撤軍協定(1932. 5. 5)」, 『革命文獻』 제36집, pp. 1600~1602.

34 左雙文·郭秀文·奕成, 「"九·一八"事變後學生的請願示威與南京國民政府的應對」, 『學術研究』 2006年 第7期, p. 104; 陳廷湘, 「政局動蕩與學潮起落-"九·一八"事變後學生運動的樣態及成因」, 『歷史研究』 2011年 第1期 등 참조.

국면에 들어간 난징 측과 광둥 측寧粵 사이의 불협화음, 곧 중앙과 지방 간의 갈등을 다시 한번 드러내는 일이었다.[35] 이뿐만 아니라 이로부터 번지기 시작한 당내에서의 대일타협, 곧 (굴욕적인) 정전협정 타결을 통한 사변의 종결에 대한 반대 움직임은 적지 않은 파장을 낳았으니 이런 점 또한 장제스와 국민정부(중앙) 측에 커다란 곤경이 되었다. 급기야 정전협정 체결 직전인 5월 4일, 정전협정 중국 측 대표인 외교부 차장 궈타이치郭泰祺를 면담한 상하이각단체구국연합회 대표들이 그를 구타하는 일까지 일어났으며,[36] 행정원장 왕징웨이에 대한 감찰원의 탄핵 사태로까지 번졌다.[37]

요컨대 장제스와 국민정부 측에서는 외교적 교섭을 통한 해결의 기반을 조성한다는 선에서 전쟁 초기에 '적극항전'에 나섰지만, 1932년 2월 말 이후에 가서는 처음부터 승산이 없다고 본 상하이사변의 조속한 결말을 위하여 "외교적 교섭"을 통한 해결, 곧 정전협정 체결을 서두를 수밖에 없었다. 이러한 국내외적 곤경과 난항 속에, 성사 단계에 이른 정전협정 체결을 눈앞에 둔 시점에 일어난 것이 바로 윤봉길의거였다.

---

35 肖如平, 앞의『南京國民政府與"一·二八"淞滬抗戰研究』, pp. 138~139.

36「昨晨郭泰祺被毆流血」,『申報』1932. 5. 4.;「上海各團體救國聯合會宣言」,『申報』1932. 5. 8. 참조.

37 5월 21일 監察院長 于右任이 上海停戰協定을 "입법원(국회)에 심의를 거치지 않고 중앙정치회의의 심의만으로 체결토록 한 과정"을 문제 삼아 行政院長 汪精衛에 대한 징계를 감찰위에 상정 처리한 다음 중앙집행위원회에 회부했는데 이에 대하여 5월 23일에 열린 중앙집행위원회에서는 上海停戰協定이 (국가 간의) 강화조약에 해당되지 않고 외교부의 재량으로 처리할 수 있는 일반조약이라는 이유로 탄핵안을 기각 처리하였다.「彈劾汪案原文」,『申報』1932. 5. 27.;「函國民政府-附中央監察委員會函(1932. 5. 26)」,『中央黨務月刊』45,46合刊(1932. 5), pp. 124~126.

3. 윤봉길의거와 장제스·국민정부의 대응

1931년 7월에 일어난 완바오산사건 이후 침체된 한국독립운동과 그에 대한 중국 측의 지원 회복을 위하여 한국임시정부 측에서는 특단의 대책 마련이 필요했다. 김구의 말대로 "군사공작을 못한다면 테러 공작이라도 절대 필요한 것"이었으니, 정규 군대로서 항일을 하지 못한다면 부득이 암살과 같은 테러를 통해서라도 항일운동과 중국 측 지원의 회복을 꾀하지 않을 수 없는 상황이었던 것이다. 1931년 11월 김구가 한인애국단을 창단한 것은 바로 이러한 사정을 반영한 결과였다. 임시정부 측에서는 김구의 이러한 제안을 받아들여 김구를 특무대장으로 임명하고 전권을 위임하는 결정을 함으로써 한인애국단은 1931년 12월경부터 구체적인 활동에 들어갔다. 그 결과로 1932년 1월 8일 도쿄에서 일어난 이봉창李奉昌의 천황 암살기도와 2월 중순 일본전함 이즈모호出雲號에 대한 폭파 기도, 3월 초의 상하이비행장 폭파 시도 등이 일어나기에 이르렀다.[38]

4월 29일 홍커우공원에서 일어난 윤봉길의거는 한인애국단의 활동 가운데 가장 대표적인 것이었다.[39] 당년 25세의 윤봉길은 2년 전인 1930년 3월 초 독립운동에의 헌신을 결심하고 중국 망명의 길에 올랐고

---

38 황묘희, 「윤봉길의 上海義擧와 대한민국임시정부」, 『민족사상』 2-1(2008.8), 184~186쪽.

39 윤봉길의거(虹口公園爆炸案)에 대한 연구는 한국 학계와 중국 학계 모두 매우 많아서 일일이 소개하기 어려울 정도이다. 다만 최근의 대표적인 연구 성과만을 든다면, 이재령, 「1·28上海事變과 윤봉길의거의 韓中共同抗戰」, 『軍史』 98(국방부 군사편찬연구소, 2016. 3); 김상기, 「윤봉길의 上海의거에 대한 일본 언론의 보도」, 『한국독립운동사연구』 32(2009); 황묘희, 「윤봉길의 상하이의거와 대한민국임시정부」, 『민족사상』 2-1(2008.8); 張欣, 「虹口公園爆炸案對大韓民國臨時政府的影響」, 『石油大學學報』 19-2(2003); 邵雍, 「1932年虹口公園爆炸案與中國各方的關係初探」, 『上海師範大學學報』 32-4(2003); 王明飛, 『虹口事件與中韓關係』 2010年 延邊大學碩士論文 등이 있다.

단둥丹東과 칭다오靑島를 거쳐 1931년 5월 초 상하이에 도착하였다. 상하이에서 김구와 접촉한 윤봉길은 망명 이후 몸소 체험한 중국의 상황, 곧 완바오산사건과 일제의 둥베이 침략(9·18사변), 그에 이은 일본군의 상하이 침공(1·28 상하이사변), 그리고 그런 가운데 침체하고 있던 한국 독립운동과 한중관계의 악화 등을 해결할 기회를 자신에게 주도록 김구에게 부탁하였다.[40] 마침 상하이를 점령한 일본 군부와 상하이 거주 일본인 단체들을 중심으로 4월 29일 천황의 생일天長節을 기하여 승전축하행사를 대대적으로 개최한다는 계획이 발표되었다. 김구와 한인애국단은 이것을 기회로 일본군 수뇌부에 대한 폭탄 투척을 계획하고 그 적임자로 윤봉길을 결정하였으며, 당시 제19로군 후방정보국장이면서 상하이병공창上海兵工廠 병기창兵器廠 주임으로 있던 한인 군관 김홍일[金弘壹, 중국명 왕슝王雄]을 통하여 폭탄 제조를 의뢰하였다. 실제로 폭탄 제조에는 일부 중국인들의 적극적인 도움이 있었다.[41] 이렇게 만들어

40 김구와 윤봉길의 관계에 대해서는 김구 저, 도진순 탈초교감, 『(定本)白凡逸志』, 돌베개, 2016, 406쪽을 참조할 것.

41 金弘壹의 회고에 의하면 당시 上海兵工廠 砲彈廠 주임 王伯修와 민간 주물공장 주인인 向濤의 적극적인 도움 아래 폭탄을 제조할 수 있었다. 金弘壹, 『大陸의 憤怒–老兵의 回想記』, 文潮社, 1972, 284~285쪽. 일부 중국 학계에서는, 당시 上海에서 暗殺大王으로 알려져 있던 王亞樵가 난징정부 대리행정원장 陳明樞의 부탁을 받고 上海 天長節 행사에서 일본군 수뇌들을 암살하기 위하여 安昌浩, 金九 등 한국임시정부 지도자들을 지원하였고 그 결과 윤봉길의거가 일어났다고 주장하면서 중국인의 역할이 중요하였음을 강조하고 있다. [沐濤·孫科志, 『大韓民國臨時政府在中國』, 上海(上海人民出版社), 1992, pp. 79~80; 華永正, 「中韓義士巧計炸日首」, 『志苑』(安徽省地方志編纂委員會, 1993) 등 참조] 그러나 王亞樵가 지원한 것은 金九 휘하의 韓人愛國團이 아니라 鄭華岩·白貞基·李康勳 등 韓人 무정부주의자들을 주축으로 만들어졌던 南華韓人靑年聯盟과 이 단체를 기반으로 만들어졌던 한·중·일 무정부주의자 단체 抗日救國聯盟이었으며 王亞樵가 蔣介石 등 南京國民政府 지도자들에게 강한 반감을 가지고 있어서 여러 차례 암살을 기도했다는 점 등으로 본다면, 중국 측이 사전계획하고 한국임시정부 인사들을 지원해서 윤봉길의거가 일어났다고 하는 주장은 받아들이기 어렵다. 이상, 김광재, 「윤봉길의 上海義擧와 중국 측 역할」, 『한국민족운동사연구』 33(2002)를 참조할 것.

진 물통형과 도시락형 폭탄을 가지고 윤봉길은 4월 29일 훙커우공원에서 기념식장 단상을 향하여 폭탄을 투척함으로써 2명 사망[상하이거류민단장 가와바타 데이지河端貞次와 상하이 파견군 사령관 시라카와 요시노리白川義則], 5명 중상[주중일본 대리공사 시게미쓰 마모루重光葵, 제3함대장 노무라 기치사부로野村吉三郎, 제9사단장 우에다 겐키치植田謙吉, 주상하이 총영사 무라이 구라마쓰村井倉松, 상하이거류민단 서기장 도모노 모리友野盛]이라는 대대적인 '성과'를 냈다.

윤봉길의거에 대한 서방 언론의 일차적인 반응은 '비인도적 폭거'라거나 '반인륜적 만행'이라는 식의 비판을 제기하면서도 사태의 근본적인 원인이 일본군의 해외침략에 있다는 식으로 지적하는 양비론적 입장이 주를 이루고 있었다.[42] 중국 측에서도 일차적으로는 '지극히 불행한 처사'라거나 일본인 희생자들에 대한 안타까움을 표시하는 한편으로 일본 측의 피해에 대하여 외교적 '위문'에 나서는 입장을 취하였다.[43] 특히 장제스는 4월 초 이래 정전협상을 통한 상하이사변의 조속한 해결에 절박감을 나타내고 있었으며,[44] 국민정부 외교부 측에서도 윤봉길의거로

42 上海에서 발행되던 영국계 신문 *The China Press*에서는 사건 직후의 사설에서 "이러한 폭력행위는 가장 강력한 말로 비난받아야 마땅하지만 많은 국민들이 깊은 적대감을 일으키는 국제분쟁에 얽혀 있는 한 그와 같은 불상사를 피할 수는 없을 것이다"라고 하였다. "(Editorial) Hongkow Park Incident", *The China Press*, April 30, 1932 참조. 한편 로이터통신에서는 런던의 한 조간신문 기사를 인용하여 "이번 사건은 1914년 세르비아에서 발생한 오스트리아 황태자에 대한 저격사건 이래 세계 현대사 상 가장 충격적인 폭력행동이다"라고 보도하였다. 「倫敦30日路透電」, 『大公報』 1932. 5. 1.

43 윤봉길의거 직후 蔣介石, 羅文干, 汪精衛, 王正廷 등 국민정부 주요 지도자들이 모두 위로 電文을 보냈다. 「日要人傷勢近狀」, 『上海日報』 1932년 5월 2일.

44 장제스는 4월 8일자 일기에서 "上海事件을 어떻게 해결하고 반동파들을 어떻게 처치할 것이며 국내 각 지역 세력과 공산당, 관료파, 언론계, 금융계, 군대를 어떻게 정리할 것인가… 이런 일들은 모두 절실하게 연구해야만 한다"라고 하였고(『蔣介石日記』 1932. 4. 8.), 4월 10일에는 "日寇와의 교섭이 난항 중에 있고 赤匪도 해결되지 못하고 있어서… 苦思焦慮로 거의 침식을 잊을 지경이다"라고 하였다(『事略稿本』 第14册, pp. 44~45).

인하여 당시 진행 중에 있던 중일 간의 정전협정에 대한 악영향이 있지 않을까, 그리고 이 사건을 계기로 하여 일본군의 침략전쟁이 다시 시작될 것에 대한 강한 우려를 가지고 있었다.[45] 이 때문에 국민정부로서는 정정협상의 일차 관문인 제네바 국제연맹회의가 지연되지 않도록 적극적인 '유감' 표명과 함께 중국의 책임이 아니라는 점을 강조하고 나섰던 것이다.[46]

그러나 일반 중국인들의 반응은, 국민정부 측의 외교적 입장과는 상당히 다른 양상을 보여 주고 있었다. 윤봉길의거 3개월여 전인 1932년 1월에 일어났던 이봉창의거에 대하여 일부 언론에서 "불행하게도 명중하지 못했다不幸不中"는 표현을 쓰며 지지의 입장을 표명했던 것과 관련하여 일본 측의 강한 항의를 받았던 경험 때문에[47] 상당수 관영 언론 쪽에서는 윤봉길의거에 대하여 적극적인 지지 입장을 표명하지 못하고 있었다. 예컨대 상하이의 가장 영향력 있는 일간지인 『신보申報』의 경우, 9·18 이후 항일에 대하여 매우 적극적인 입장을 가지고 있었고, 때

또 肖如平, 앞의 『南京國民政府與"一·二八"淞滬抗戰研究』, pp. 134~135 참조.

45 「上海日員被炸日內瓦不安-深恐影響停戰談判」, 『申報』 1932. 4. 30., p. 7.

46 당시 上海事變에 관한 중일 간의 정전협정 논의를 위해 제네바 국제연맹 회의에 참석 중이던 중국대표단은 사건 발생에 유감을 표하면서 열병식장에 중국인의 출입이 원천 봉쇄되었던 사실을 이유로 中國人과는 아무런 관련이 없는 일이라는 입장의 성명을 발표하였다. 다수의 회의 참석자들도 이번 사건이 上海정전협정의 진행에 (나쁜) 영향을 미치지 않을까 하는 우려를 표명하였다. 「國聯方面憂慮」, 『時事新報』 1932. 4. 30.; 「汪精衛電慰重光葵」, 『時事新報』 1932. 5. 1.; 「停戰協定恐將延期, 受虹口公園炸彈案之影響」, 『大公報』 1932. 4. 30.; 「外羅電慰重光」, 『中央日報』 1932. 5. 1.

47 1932년 3월 22일, 요시자와 겐키치(芳澤謙吉) 일본 외무대신은 중의원(衆議院)에서 행한 외교현안 보고에서 상하이사변의 발발 배경을 설명하면서 "1월 9일 일어난 上海民國日報의 우리 황실에 대한 不敬事件과 1월 18일 중국 暴民들의 우리 日蓮宗 승려들에 대한 殺傷事件, 그리고 그 최근 격화되고 있는 중국 측의 排日運動"을 사태 발발의 직접적인 원인으로 들고 있다. 「芳澤報告抹殺事實」, 陳覺 著, 『九一八後國難通史資料』 第4卷, 北平(東北問題研究會), 1932, p. 72(上海書店 編, 『民國叢書』 第5編 第71卷, 影印本) 참조.

로는 국민정부에 대하여 비판적인 주장을 제기하기도 했음에도 불구하고[48] 윤봉길의거 직후 매우 신중한 보도 입장을 취하며 적극적인 지지 입장을 보이지 않고 있었을 뿐만 아니라, 보도의 초점이 정전협정의 불발을 우려하는 데에 맞추어져 있었음을[49] 볼 수 있다.

물론 윤봉길의거에 대하여 적극적인 지지 입장을 나타내고 있던 '진보적' 언론도 있었다. 『상하이일보上海日報』의 경우, "일본 제국주의의 문무 요인들이 한인 윤봉길이 던진 폭탄에 맞아 모두 부상을 당했다는 소식을 듣고 상하이의 모든 중국인들은 기쁜 표정을 짓지 않는 자가 없었다"며 적극적인 지지를 표명하였고 "몇몇 일본 제국주의의 중요 인물들이 제거된다고 하더라도 일본 제국주의 체제 자체가 전복되지 않는다면 중국을 향한 일본의 침략행위는 멈추지 않을 것이다"라는 부분적 비판을 제기하면서도 "우리와 똑같은 적을 가진 조선인들과 더욱 긴밀한 연락을 취하고 동맹을 맺어 우리의 임무를 완수하기 위해 노력해야 한다"는 지지 입장을 보이기도 하였다.[50] 또 같은 『상하이일보』의 다른 기사에서는 "전 세계를 경악하게 만든 이번 일은 분명 불행한 사건임에 틀림없다. 그러나 근자에 일본이 우리에게 했던 (침략)행동을 생각하면 아국我國 인민들은 마음속으로 이번 사건의 발생을 반기고 있을지도 모르겠다. …(중략)… 아울러 우리는 아국의 수많은 군인들을 대신하여 애석함과 부끄러움을 느껴야 한다. 우리 군대 작전의 최대 목표물이 이미 한인韓人에 의하여 제거되어 버렸기 때문이다. …(중략)… 하늘의 별과 같이 많은 군인들과 스스로 애국자임을 자처하는 그 많은 혁명청년들도

48 王檜林·朱漢國 主編, 『中國報刊辭典(1815−1949)』, 北京(書海出版社), 1992, pp. 4~5.

49 「昨晨國聯大會結束−上海中日停戰之決議案」; 「停戰會議今晨重開」, 각각 『申報』 1932년 5월 1일, p. 2; 5월 3일, p. 3 등 참조.

50 哈巴, 「日要人被炸吾人應有之認識」, 『上海日報』 1932. 5. 2.

결국에는 이국異國을 유랑하는 망국민 윤봉길 한 사람만 못하게 되었으니 어찌 부끄럽지 않겠는가"라는 주장을 제기하기도 했다.[51] 중국인의 수치와 반성을 촉구하는 이러한 입장은 다른 곳에서도 확인되고 있으니 당시 한 잡지에서는 "일본의 폭력에 대한 보복이 우리(중국) 영토인 상하이에서 발생했지만 그 주인공이 중국인이 아니라 한국 지사였다… 우리 당국(국민정부)에서는 사태가 마무리되자 마치 무거운 짐을 내려놓은 양 안심하는 기색이다… 고려 지사의 용기와 정신을 높이 존경하면서 중화민족의 부끄러운 면을 반성한다"고[52] 주장하기도 하였다.

윤봉길의거에 대한 중국 언론들의 반응에 대해서는 보다 자세한 연구가 필요하다고 보지만, 전체적으로 볼 때 상하이 지역을 중심으로 하는 중국 언론들의 대체적인 반응은 양면적 모습을 보여 주고 있는 것 같다. 하나는 상하이정전협정의 불발 내지 연기에 대한 우려로부터 윤봉길의거에 대하여 소극적 혹은 부정적 견해를 나타내는 것이었고, 다른 하나는 일본의 부당한 침략에 대한 응징으로서 적극적인 지지 입장을 나타내는 것이었다. 다만 첫 번째의 소극적, 부정적 입장의 경우에도 이번 중국인들이 9·18사변과 1·28사변으로 일제의 본격적 침략을 직접 경험하면서 항일의 적개심으로 불타고 있다는 점을 고려한다면 이는 외교적 표현에 그쳤을 가능성이 크고, 실제적으로는 적극적인 지지 입장을 가지고 있었을 것으로 짐작된다. 이런 점에서 볼 때 김구가 말한 대로 윤봉길의거가 "일반下層 중국인들의 반한 감정을 누그러뜨리는 데에 상당한 기여를 했던 것은 사실"이라고 말할 수 있을 것이다.[53]

---

51 啼紅, 「尹奉吉案之我感」, 『上海日報』 1932년 5월 2일. 당시 이러한 중국 측 보도가, "30만(혹은 100만) 중국 군대가 하지 못한 일을 일개 한국인이 해냈다"라는 말을 蔣介石가 했다는 식으로 와전되었을 가능성은 생각해 볼 수 있을 것이다.

52 高新一, 「說虹口公園的暗殺事件」, 『社會與教育』 3-24期(1932).

53 김구, 앞의 『(定本)白凡逸志』, 414쪽.

한편으로 윤봉길의거가 일어난 지 하루 뒤인 4월 30일 난징에서 관련 신문보도를 통하여 사건의 전말을 알게 된 장제스는, "옛날 사마자장司馬子長(곧 司馬遷)은 다른 사람에게 원한을 산 개인도 (그 정도가) 정말 심하다고 할 텐데 한 국가의 원수가 되어 원한을 산다면 (그 정도가) 함께 살 수 없을 정도라는 고인들의 말을 인용하였다. 무력을 남용하며 침략을 좋아하는 자들 또한 (이번에) 뉘우치는 바가 있을까?"라고 일기에 기록하였다.[54] 윤봉길의거는 결국 일본이 다른 국가(한국)의 원수가 되어 생긴 일이라는 것이고 이 사건을 통하여 전쟁을 좋아하고 다른 나라를 침략하기 좋아하는 일본이 반성할 수 있으면 좋겠지만, 그것을 기대하기란 쉽지 않겠다는 것 정도가 이날의 일기에 나타난 장제스의 입장이다.[55] 일본의 침략에 대한 원론적 비판에 머무를 뿐, 윤봉길의거에 대한 분명한 지지나 찬양의 입장을 밝히고 있지는 않은 것이다.

윤봉길의거에 대한 장제스의 입장을 그나마 추측해 볼 수 있는 대목은 의거가 일어난 지 1년 정도 뒤인 1933년 봄에 이루어진 김구와 장제스의 면담이다. 난징 중앙군관학교 내의 장제스공관에서 열린 면담에서 김구는, "만약 국민당정부 측에서 100만 위엔의 자금을 지원해 준다면 2년 이내에 일본, 조선, 만주 세 지역에서 대대적인 폭동을 일으켜 일본이 대륙(중국)을 침략하는 교량을 파괴하겠다"고 제안하였다. 이에 대하여 장제스는 보다 구체적인 계획을 서면으로 제출해 달라고 하였

54 원문은, "昔者 司馬子長有言怨毒之於人甚矣哉 而國家之怨讐古人尤謂爲不共戴天 窮兵黷武好行侵略者其亦有所悟否"이다. 『蔣介石日記』 1932年 4月 30日.

55 한국 학계에서는, 윤봉길의거 소식을 들은 장제스가 "30만 중국 군대가 하지 못한 일을 일개 한국인이 해냈다"라고 극찬했다는 이야기를 흔히 인용하고 있는데 이러한 표현을 蔣介石의 일기나 言說 가운데서 찾아볼 수는 없다. 만약 김구 등 한인 지도자들이 이 말을 장제스로부터 직접 들었다면 회고록(『백범일지』 등)에서 반드시 언급했을 법한데 이런 사실도 확인할 수가 없다.

고, 김구는 이튿날 간단한 계획서를 만들어 장제스에게 제출하였다. 곧 이어 두 사람의 만남을 주선한 국민당 조직부장 천궈푸陳果夫를 통하여 김구에게 전해진 장제스의 답변은, "(김구가 제안한) 특무공작으로 천황을 죽이면 또 다른 천황이 있고 대장을 죽이면 다시 대장이 나타날 것이다. (그보다는) 장래 독립을 도모하자면 무인武人을 양성해야 하지 않겠는가"라는 것이었다. 이에 대한 김구의 답변은 "고소원불감청固所願不敢請이지만 지대地帶 문제, 물력物力 문제가 있다"는 것이었다.[56] 즉 김구는 일회성의 폭력적 수단보다는 장기적인 군사역량을 키우기 위한 군관양성 계획이 타당하지만, 장소 마련과 재정적 뒷받침이 문제가 된다는 것이었다.

김구와 장제스의 면담에서 분명하게 확인하게 되는 것은, 장제스는 요인 암살과 같은 특무공작은 일시적인 효과는 있을는지 모르지만 장기적인 효과는 없다는 입장이었다는 점이다. 장기적인 안목에서, 특히 앞에서 살펴본 "장기항전" 전략의 입장에서 볼 때, 항일과 독립을 추진하기 위해서는 군관양성과 같은 보다 체계적이고 단계적인 준비가 필요하다는 것이 장제스의 기본적인 입장이었다. 장제스의 이러한 입장은, 윤봉길의거에 대한 장제스의 실제적인 평가가 어떠했던가를 추측할 수 있게 해 준다. 이를테면 장제스는 "천황이나 한두 일본군 장군을 제거하는 일"과 같은 윤봉길의거에 대하여 찬성하는 입장이 아니었다. 이뿐만 아니라 당시 장제스와 국민정부 측에서는, 앞에서 상론한 대로 정전협정 타결을 통하여 마무리 단계에 있던 상하이사변 해결에 상당한 기대를 가지고 있었다는 점에서 볼 때 윤봉길의거가 정전 협정 타결에 일종의 '걸림돌'이 될 수 있다는 우려를 가지기에 충분했을 것이다. 따라서

56 『(定本)白凡逸志』, 425~426쪽.

윤봉길의거에 대한 장제스와 국민정부 측의 입장은 적어도 적극적인 찬동이나 지지와는 거리가 먼 것이었다는 추론을 해 볼 수 있게 된다.

Ⅱ. 장제스·국민정부의 김원봉·김구 지원과 '장기항전'

1. '장기항전'과 동북의용군 지원 계획

윤봉길의거에 대한 장제스와 국민정부의 이러한 부정적, 비판적 평가가 사실이라면, 그럼에도 불구하고 윤봉길의거 직후인 5월 초부터 한국독립운동에 대한 지원방안이 장제스와 국민정부 내에서 제기되고 있었다는 사실은 어떻게 이해해야 하겠는가? 이미 알려진 사실이기는 하지만 『장제스일기』에서 확인되는, 한국독립운동에 대한 장제스의 지원 구상은 윤봉길의거가 일어난 지 20여일 뒤인 5월 22일경부터 나타나고 있다. 장제스는 5월 22일자 일기에 동북의용군東北義勇軍과 조선을 지원하기 위한 방안을 연구하고 있다고 적었고[57] 며칠 뒤인 5월 29일에 가서는 (지원 방안을 연구한 결과) 동북의용군 지원을 담당할 책임자(연락책)로 삼민주의역행사三民主義力行社 멤버인 치스잉齊世英을[58], 그리고 조선독립운동에 대한 지원 책임자는 덩제滕傑와 황샤오메이黃紹美로 정했다고 적었다.[59]

57 『蔣介石日記』 1932年 5月 22日.

58 齊世英은 遼寧省 출신으로 일본과 독일에 유학 후 귀국하여 1926년에 국민당에 가입하였고 1929년부터 陳立夫 휘하에서 둥베이 지역 국민당 당무를 지휘하였다. 9·18사변 이후 齊世英의 둥베이에서의 활동에 대해서는 林忠勝 記錄, 『齊世英口述自傳』, 北京(中國大百科全書出版社), 2011, pp. 112~133 참조.

59 『蔣介石日記』 1932年 5月 29日과 31日.

여기서 우선 주목되는 점은, 이 시기에 장제스가 한국독립운동에 대한 지원 문제를 만주사변 이후 일본의 통치 아래 들어간 둥베이 지역의 항일의용군에 대한 지원 문제와 함께 다루고 있다는 사실이다. 전술한 바대로 상하이사변 발발 이후 장제스와 국민정부 측에서는 "장기항전"과 "항전준비"라는 전략을 대일 기본방침으로 세우면서 시안과 뤄양을 전시수도陪都와 임시수도行都로 정하였고 시베이西北 지역에 대한 (항일)근거지 건설 계획을 추진하고 있었는데, 이런 입장에서 볼 때 9·18 이후 일본군의 점령지가 된 둥베이에서 일어나고 있던 다양한 형태의 의용군과 그에 대한 국민정부의 지원과 통할은 매우 중요한 의미를 지니게 된다. 실제로 만주사변 직후부터 원래 장쉐량 휘하의 둥베이군 소속 군대를 비롯하여 각 지역의 민간 비밀결사나 마적에 이르기까지 다양한 세력이 의용군을 조직하기에 이르렀으며,[60] 1933년경 세력이 가장 클 때에는 30만 명에 육박하는 상당한 조직이 되었던 것이니 이에 대한 국민정부 측의 관할과 지원은 특히 "장기항전" 전략에서 더욱 중요해질 수밖에 없었다. 예를 들어 1931년 11월에 만들어진 동북난민구제협회東北難民救濟協會를 시작으로 1932년 4월 말 이후 상하이에서 만들어진 동북의용군후원회, 요길흑민중후원회遼吉黑民衆後援會, 동북민중항일구국회, 수복동북협회 등은 모두 국민정부나 국민당의 동북의용군 후원을 위해 만들어졌던 단체들이었고 이들 단체들을 통한 무기, 군자금 지원 등이 상당한 규모로 이루어졌다.[61]

이러한 동북의용군의 활동 가운데에서 무시할 수 없을 정도로 중요한

---

60 東北 각지의 초기 항일의용군 조직과 활동에 대해서는 陳覺 著, 앞의『九一八後國難通史資料』第4卷, pp. 1~59 참조.

61 曾景忠,「有關東北抗日義勇軍研究的若干問題(上)」,『東北史地』2015-1期, pp. 7~8; 王惠宇,「南京國民政府與東北抗日義勇軍」,『理論界』2015-9期, pp. 21~23.

역할을 하고 있던 것이 둥베이 지역 한인들의 무장투쟁이었음은 잘 알려져 왔다. 특히 싱징현興京縣에 만들어졌던 조선혁명군은 1932년 3월 이후 탕취우唐聚伍 휘하의 랴오닝민중자위군遼寧民衆自衛軍에 가입함으로써 중한 간의 항일연대가 본격화되었으며, 1934년 9월 조선혁명군의 지도자 양서봉梁瑞鳳이 암살당한 후 조선혁명당, 국민부國民府, 조선혁명군을 합쳐 조선혁명군정부를 만들었고 이어서 왕펑거王鳳閣 휘하의 의용군과 연합하여 중한항일동맹회中韓抗日同盟會를 조직하였다. 또 이청천李青天 휘하의 한국독립군도 리두李杜, 딩차오丁超 등이 지도하고 있던 지린자위군吉林自衛軍이나 지린구국군吉林救國軍과 연대하여 항일투쟁을 전개하기도 했다.[62] 이처럼 동북의용군에서 차지하는 한국독립운동 세력의 중요성을 감안할 때 국민정부 측이 동북의용군 지원책과 함께 한국독립운동 세력 지원 내지 동원책을 모색한 것은 당연한 귀결이었던 것으로 보인다. 다시 말해 장제스가 동북의용군에 대한 지원 문제와 한국독립운동 세력에 대한 지원 문제를 한 묶음으로 다루고 있었던 것은 바로 이런 이유에서였던 것이다.

다음으로 주목해야 할 것은 둥베이와 조선을 지원하는 담당자로 거론한 인물들이 모두 삼민주의역행사 멤버들이었다는 점이다. 잘 알려진 대로 삼민주의역행사는 1931년 10~12월경 황푸군관학교의 우파 학생단체이던 쑨원주의학회孫文主義學會 출신의 일부 군관들을 중심으로 소규모 시국토론 단체로 만들어졌다가, 상하이사변이 정전협상 단계로 옮겨가는 단계인 1932년 2월 말, 3월 초에 장제스의 정식 승인을 받아 출범한 일종의 비밀정보기관이었다. 삼민주의역행사는 표면적으로

---

62 金春善·李興旺, 「中國東北地區朝鮮人反日鬪爭綜述」, 『延邊大學學報(社會科學版)』 50-1期(2017), p. 64.

쑨원의 삼민주의 실행을 최종목표로 삼는다고 했으나 실제적으로는 당시 장제스의 정치적 주장이었던 "안내양외", 나아가 "장기항전"을 실현하는 것을 일차적인 목표로 삼고 있었다. 삼민주의역행사 안에 민족운동위원회를 설치한 것은 양외, 곧 항일을 위한 수단으로서 주변 민족인 조선, 타이완, 베트남, 인도 등의 민족운동을 지원하여 공동항일을 수행하기 위한 방안이었으니[63] 장제스가 동북의용군과 조선에 대한 지원책을 하나의 과제로 연구하고 그를 위한 인선을 동시에 했다는 것은 바로 이러한 정책의 연결선상에서 둥베이와 한국독립운동에 대한 지원이 이루어졌음을 보여 준다.

2. 한인 군관 양성 지원과 '장기항전'에의 동원

한국독립운동에 대한 역행사의 지원은 일차적으로, 당시 베이징으로부터 난징으로 옮겨와 국민당 측의 지원을 모색하고 있던 조선의열단 단장 김원봉金若山(1898~1958)과의 협력을 통하여 구체화되기에 이르렀다. 잘 알려져 있듯이 김원봉은 1918년 유학을 위해 난징에 온 이후 둥베이 지역으로 옮겨 1919년 의열단을 조직하고, 주로 암살과 파괴활동을 중심으로 하는 급진적 독립운동을 주도하고 있던 독립운동가였다. 김원봉은 1926년 3월 황푸군관학교 4기생으로 입교하여 수학하다가 1927년 4·12정변 발발 이후에는 (국민당 좌파가 주도하고 있던) 우한으로 갔으며, 중국공산당이 주도한 8·1 남창기의南昌起義에도 참여하는 등

63 三民主義力行社의 성립과정에 대해서는 干國勳, 「中國特別訓練班與朝鮮義勇隊(1980年 11月 23日 錄音)」, 한국정신문화연구원 편, 『中國人士證言韓國獨立運動史資料』, 박영사, 1983, 24~25쪽; 高華, 「力行社的成立時間及組織層構考釋」, 『民國檔案』 1991-4期를 참조.

좌익적 활동을 이어가던 인물이었다.[64] 의열단의 내부적인 분열과 일제의 대대적인 탄압으로 침체에 빠져있던 김원봉과 의열단 간부들은 9·18 사변 발발 직후인 1931년 10월 베이징에서 개최된 의열단 임시대표회의에서, 일제의 둥베이 점령이라는 새로운 상황에 대처하기 위하여 국민당정부 측과의 협력을 새로운 노선으로 정하고 1932년 초 난징으로 이동해 왔다.[65] 김원봉은 1932년 5월 이전에, 황푸군관학교 동기생이던 역행사 서기 덩제와 접촉하여 자신들의 활동과 계획을 설명하고 지원을 요청하였는데[66] 덩제는 이를 장제스에게 전달하고 허가를 받았다.[67] 당시 김원봉과의 협의를 주도했던 역행사 멤버 간궈쉰干國勳의 회고에 의하면, 구체적인 방안 논의를 위해 열린 역행사 민족운동위원회 전체회의에서는 "한국이 일본의 침략을 받은 이래 안중근, 윤봉길 두 열사가 이토 히로부미伊藤博文와 시라카와 요시노리白川義則를 처단하는 대단한 성과를 냈으니, 이들의 불굴의 저항과 민족 자존심에 경의를 표하는 입장에서 조선의 독립운동을 지원하는 것을 적극 승인한다"고[68] 결정하였다고 한다. 앞에서 언급한 대로, 장제스가 5월 22일 이후 둥베이와 조선에 대한 지원책을 연구하면서 둥베이와 조선의 항일운동을 지원할 인물들을 정했는데 그 배경에는 이러한 역행사와 김원봉 간의 접촉이 있었던 것이다.

역행사를 통한 김원봉 지원은 그 후 조선정치군사간부혁명학교(약칭

---

64 김원봉의 중국 망명과 초기 활동에 대해서는 염인호, 『김원봉연구－의열단, 민족혁명당40년사－』, 창비, 1993을 참조.

65 김승곤, 「조선의열단의 창립과 투쟁」, 『군사』 5(1982), 126쪽.

66 당시 김원봉이 蔣介石에게 제출한 계획서는 "中朝合作反日倒滿秘密建議書"라는 명칭이었다. 楊天石, 「蔣介石與韓國獨立運動」, 『抗日戰爭研究』 2000－4期, p. 3.

67 滕傑, 「三民主義力行社對韓國獨立運動的援助(1980년 11월 23일 녹음)」, 앞의 『中國人士證言韓國獨立運動史資料』, 80쪽.

68 干國勳, 앞의 「中國特別訓練班與朝鮮義勇隊」, 24쪽.

혁명간부학교)의 개설로 이어졌다. 1932년부터 중국 각지의 한인 청년들과 한국 내의 청년들에 대한 모집활동을 거쳐 1932년 10월 20일 난징 근교의 탕산湯山 선수암善壽庵에서 혁명간부학교의 개교식이 열렸는데 6개월의 교육기간을 거쳐 1933년 4월에 1기생 40여 명이 졸업하는 등 1935년 9월까지 3기에 걸쳐 모두 140여 명의 한인 청년들이 훈련을 받았다.[69] 혁명간부학교를 졸업한 한인 청년들 가운데 일부는 국내로 잠입하여 일제를 상대로 한 암살과 파괴 등 무장독립운동을 전개하거나 독립운동조직의 수립에 나섰지만, 애석하게도 그 대부분은 일제 경찰에 체포되어 수감되거나 처형되었다. 졸업생 가운데 상당수는 역행사 측의 요청에 따라 둥베이 지역에 파견되어 그곳의 항일의용대나 한인 독립운동 단체와 연합하여 항일 무장투쟁을 전개하는 역할을 수행하였다.[70] 이러한 사실은 국민정부의 조선의열단 지원과 그를 통한 군관양성은 "장기항전" 전략의 목표 아래 둥베이의 항일운동에 대한 지원책으로 마련되었다는 사실을 보여 준다.

한편 한국독립운동에 대한 장제스와 국민정부 측의 지원은 다른 쪽에서도 모색되었으니, 이는 당시 국민당 조직부장을 맡고 있던 천궈푸와 김구 중심의 한국독립당 사이에 추진된 것으로 확인된다. 천궈푸의 측근으로서 김구 측과의 접촉을 담당했던 인물은 샤오징蕭靜이었고 실제로 김구를 만난 것은 샤오징의 보조助理였던 공페이청貢沛誠이었다.[71]

69 이후 혁명간부학교는 인원이 많아져 수용이 어려워지자 江西 星子에 있던 중앙군관학교에 한인특별반의 형식으로 통합되었고, 그러다가 몇 달 후 일제 측의 항의로 해산되기에 이르렀다. 그러나 혁명간부학교 출신 한인 군관들은 1937년 10월 본격적인 한인 무장조직으로 만들어진 조선의용대 성립의 기초가 되었다. 楊天石, 앞의 「蔣介石與韓國獨立運動」, p. 6; 이 책 제4장 제2절 참조..

70 염인호, 앞의 『김원봉연구-의열단, 민족혁명당40년사-』, 178쪽.

71 滕傑, 「三民主義力行社對韓國獨立運動的援助(1980년 11월 23일 녹음)」, 79쪽.

윤봉길의거 이후 2개월여 뒤인 1932년 7월 초, 공페이청이 장제스에게 보낸 보고서에는 한국독립운동 세력의 분열적 상황과 함께 당시 자싱嘉興에 피신하고 있던 김구와 만난 일을 비교적 자세하게 보고하고 있다. 공페이청은 김구가 한국독립운동의 여러 쪽(세력)으로부터 존경을 받는 혁명영수라고 말하면서, 이번에 김구를 직접 만났을 때 "소총 1,000정 정도만 지원해 준다면 한인 독립군을 조직하여 둥베이 러허熱河의 변경지대를 무대로 현지 (중국인) 의용대와 연합하여 공동 항일작전을 전개할 수 있다"고 하니 도와 주는 것이 좋겠다는 의견을 제시하였다. 아울러 공페이청은 이 일을 추진하기 위하여 자신은 곧 둥베이로 떠날 예정인데 함께 도와 줄 황푸군관학교 출신 군관(인원) 몇 명을 자기에게 파견해 줄 것을 요청하였다.[72] 며칠 뒤 장제스는 공페이청의 보고에 대한 결정을 전문電文 형식으로 역행사 서기 덩제에게 보내고 있는데, 거기에서 장제스는 (황푸군교 출신 군관) 3인을 즉시 공페이청에게 보내 그의 지휘를 받아 복무하라는 지시를 내리고 있다.[73] 여기서도 김구에 대한 국민정부 측의 지원이 사실은 동북의용대에 대한 지원을 목표로 거론되고 있었음을 확인할 수 있는 것이다.

이후 천궈푸를 중심으로 한 김구 지원 계획은 1933년 봄, 장제스와 김구의 면담을 통하여 보다 구체적으로 추진되었다. 김구의 회고에 의하면, 윤봉길의거 이후 김구와 함께 자싱으로 피신했던 임시정부 요인 박찬익朴贊翊이 국민당원으로서 국민당 요인들과 밀접한 관계를 가진 덕분에 그를 통하여 국민당 측과 교섭한 결과, 천궈푸의 주선으로 장제

72 「貢沛誠電蔣中正請扶助韓國獨立黨及內蒙騎隊革命抗日行動建議選派人員意見(1932. 7. 6)」, 『蔣中正總統檔案(特交文電, 領袖事功之部, 領導革命外交,對韓菲越關係)(二)』 002-090103-00010-002.

73 「蔣中正電滕傑速派三人至貢沛誠處服務并需要其指揮爲要」, 『蔣中正總統檔案(特交文電, 領袖事功之部, 領導革命外交,對韓菲越關係)(二)』 002-090103-00010-001.

스를 직접 면담할 기회를 얻게 되었다고 한다. 그러나 앞에서 언급한 대로 1932년 7월에 이미 공페이청을 통하여 일차 교섭을 한 적이 있었다는 점을 본다면 이때 이루어진 장제스와 김구의 면담도 국민당 조직부의 주도적 결정으로 이루어졌을 가능성이 없지 않다.

앞에서도 상술한 바이거니와 난징 중앙군관학교 내의 장제스공관에서 열린 이날의 면담에서 김구는 일본, 조선, 만주 세 지역에서의 폭동을 일으키기 위한 재정지원을 장제스에게 요청하였고 이에 대하여 장제스는 반대 입장을 분명히 하면서 보다 '장기적인' 독립운동을 위한 군관 양성 방안을 권하였다. 장기적인 항전의 준비를 강조하는 장제스의 이런 입장에 비추어 볼 때, 비록 1년여의 시간차가 나는 일이기는 하지만, 윤봉길의거에 대한 장제스의 실제적인 입장을 추론해 볼 수 있지 않을까 하는 생각이 든다. 더군다나 장제스가 강조하고 있는 바로 이 '장기항전' 전략을 대일항전의 기본전략으로 세운 시점이 상하이사변 직후였다는 점을 고려한다면, 상하이사변의 최후단계에 발발한 윤봉길의거에 대한 장제스의 입장 또한 '장기항전' 전략과 연결되어 있었다고 보는 데에 무리가 없어 보이는 것이다. 앞에서 인용한 대로 윤봉길의거 직후 『장제스일기』에서 언급하길 "국가적 원한을 산다면 함께 살아갈 수가 없을不共戴天 정도로 그 원한이 깊다"라는 사마천의 말을 인용하여 일본의 침략이 결국 이런 사태를 빚었다고 말하면서 일본의 반성이 있어야 한다는 점을 지적한 정도일 뿐, 윤봉길의거에 대한 적극적인 지지나 찬성 표시는 드러내지 않았다. 그런데 윤봉길의거 후 1년여 뒤에 가서 이루어진 두 사람의 면담에서 나타난, 김구의 특무공작 지원 요청과 그에 대한 장제스의 불찬성을 통하여 본다면, 장제스가 윤봉길의거 발발 직후에도 그러한 일회성 특무공작에 찬성하지 않았을 것이라는 강한 추측을 할 수 있다.

윤봉길의거에 대한 장제스의 평가가 부정적이었음에도 불구하고 장제스가 군관 양성이라는 방향에서 김구에 대한 지원을 결정한 이면에는, 앞의 공페이청의 보고서에서 언급되어 있던 대로 김구 세력을 통한 둥베이 지역 항일운동 지원과 진작이라는 나름의 목표가 있었기 때문이었다고 생각된다. 이를테면 장제스는 상하이사변 발발 이후 일본과의 전면전 발발 우려가 커지고 있던 상황 속에서 "일면교섭, 일면항전"을 기본입장으로 내세우는[74] 한편으로 "장기항전"의 준비라는 관점에서 둥베이와 한국의 항일운동을 함께 고려하기 시작하였고, 그 일환으로 한국독립운동의 중심세력이던 김원봉과 김구에 대한 지원방안을 검토하게 된 것이라고 생각된다.

장제스와 김구의 면담 결과 이루어지게 된 국민당의 김구에 대한 구체적인 지원은, 뤄양에 있는 중앙군관학교 뤄양분교에 한인 군관 양성을 위한 특별반을 설치하는 것으로 낙착되었다. 일련의 지원자 모집을 거쳐 1934년 2월에 시작된 뤄양군교 한인특별반은 1년여의 훈련기간을 거쳐 1935년 4월 초 1기생 62명의 졸업생을 배출하였다. 한인특별반은 김구의 주도하에 운영되었는데 당시 둥베이 지역에서 한국독립군을 이끌고 있던 이청천, 이범석李範錫, 오광선吳光鮮, 조경한趙擎韓, 윤경천尹敬天 등이 교관으로 참여하였고 안중근의 동생인 안공근과 안정근이 특별반의 관리와 운영을 맡았다.[75] 그러나 뤄양군교 한인특별반은 1기생의 졸업과 함께 폐쇄되었다. 일제의 특무가 관련 정보를 입수하게 되면서 난징 주재 일본 영사를 통하여 뤄양분교 한인 훈련에 대하여 국민

74 『蔣介石日記』 1932年 1月 28日.

75 한시준, 「新興武官學校 이후 독립군 군사간부 양성」, 『백산학보』 100(2014. 12), 474~475쪽; 蒲元·李波龍, 「黃埔軍校洛陽分校"韓人班"史考」, 『當代韓國』 2015-1期.

정부에 강력한 항의를 제기하였기 때문이었다.[76] 뤄양분교 한인특별반 폐쇄 이후 김구는 1기 졸업생 중 일부를 난징의 중앙군관학교로 옮겨 훈련을 계속 받도록 했으며, 이어서 개인 자격으로 중앙군관학교를 비롯한 각 분교에 적지 않은 수의 한인 청년들이 입교하여 군관 훈련을 받을 수 있도록 하였다. 뤄양분교 한인특별반 출신의 한인 군관들은 졸업 직후 반만항일공작별동대反滿抗日工作別動隊에 배속되었다. 이는 둥베이僞滿洲國 지역의 항일운동을 지원하는 데에 동원한다는 국민당 측의 당초 계획을 반영한 것으로 보인다.[77]

아울러 1933년부터 1934년에 이르는 시기 동안 김구를 중심으로 하는 독립운동세력의 활동과 관련하여 "이들이 만주(괴뢰 만주국) 지역, 곧 둥베이 지역에 활동을 집중하고 있다"는 국내 언론의 빈번한 보도 기사들[78] 또한 당시 김구 중심의 독립운동 세력이 둥베이 지역 항일운동 지원에 주력하고 있었다는 사실을 간접적으로 보여 주고 있다고 생각된다.[79]

---

76 한인특별반의 운영을 둘러싸고 金九와 李青天, 朴贊翊 사이의 내분이 심하였고 이것도 한인특별반 폐쇄의 한 가지 이유였다. 한상도, 『韓國獨立運動과 中國軍官學校』, 문지사, 1994, 313~316쪽.

77 한인특별반 입교생들의 첫 번째 임무로 규정된 것이 "중국군에 배치되어 중국군 장교가 되어 反滿(反滿洲國)항일운동에 종사한다"는 것이었다. 「南京軍官學校 관계 被疑者 取調概要 및 현황 보고 건(1935. 6. 8)」, 국사편찬위원회 편, 『대한민국임시정부자료집』 9(2006), 147쪽; 한상도, 앞의 『韓國獨立運動과 中國軍官學校』, 326~327쪽.

78 「決死隊員五十名, 滿洲某處潛入」; 「金九一派活動開始,滿洲에 變裝隊潛入」; 「金九梁瑞鳳一派,滿洲潛入某種策謀」; 「金九等各派糾合, 反滿抗日을 開始」; 「義烈團急進테로派, 入滿劃策」, 모두 『東亞日報』 1933. 2. 5., 2쪽; 9. 3., 2쪽; 1934. 3. 1., 2쪽; 1934. 8. 31., 2쪽; 1934. 11. 27,, 2쪽 참조.

79 이 점에 관해서는 추후 보다 자세한 연구가 필요하다.

제2절

중일 전면전쟁 발발 직후 국민정부의 한국독립운동 지원과 그 성격

—조선의용대 창설 · 운영에 대한 군통 · 군사위원회의 "지원"과 대적선전전對敵宣傳戰에의 "동원" —

I. 국민정부의 군사정보기관, 군통의 성립과 역할

1928년 6월, 이른바 "북벌 완성"에 의한 전국 통일 이후 당에 의한 정치, 곧 당치黨治를 기본 통치체제로 내세우고 출범한 (난징)국민정부는, 군정·훈정·헌정軍政·訓政·憲政이라는 쑨원의 삼단계 정치발전론에 의거하여, 신해혁명 이후 실시되어 오던 (혁명정부에 의한) 군정 단계를 넘어서서 이제 국민에 대한 정치 훈련 단계, 이른바 훈정 단계에 들어섰다고 선언하였다.[1] 이는 공화국을 유지하는 기반인 국민의 주권의식이 아직 미숙하기 때문에 당장은 제대로 된 공화, 곧 헌정憲政을 실시할 수 없고 일정 기간 동안 혁명당(국민당)의 지도에 의한 정치훈련이 필요하다는 주장이었다. 그에 따라 혁명을 영도하는 당, 곧 국민당은 국민에

1 「中國國民黨訓政綱領」, 羅家倫 主編, 『革命文獻』 第22輯, 臺北(中國國民黨黨史會), 1963, p. 4356 참조.

대한 정치 훈련의 권한을 가진 주체로 상정되었다. 나아가서 정치 훈련을 위해서는 국민당의 지도적 위치, 곧 국민당의 독자적 권력 행사 및 권력 독점이 불가피하다는 주장이 제기됐다. 이를테면 훈정의 논리는 자연스럽게 혁명적 정당과 그 지도자에 의한 정치권력의 독점, 곧 정치적 독재가 불가피하다는 사실을 인정하는 입장에 서게 되었던 것이다. 여기에다 1931년 이후 본격 전개된 공산당군대에 대한 토벌전쟁, 이른바 초공剿共 전쟁과 함께 1937년 7월 일본의 전면적 침략으로 인하여 국가적 위기 상황인 "국난國難의 시대"에 들어서게 되었고 그에 따라 국난을 이겨내기 위해 필요하다면 민권은 제한될 수 있다고 하는 정치적 주장까지 내세워졌다.[2]

1924년 이후 소련의 지원에 의한 당군黨軍 창설 과정에서부터 당군에 의한 통일 전쟁, 곧 북벌전쟁北伐戰爭을 통하여 전국 규모의 군사 정치적 주도권을 차지하면서 최고 정치지도자의 자리까지 차지하게 된 장제스는[3], 통일정부 곧 난징국민정부 성립 단계에 가게 되면 정치 훈련을 책임지는 훈정의 최고지도자로서뿐만 아니라 국난을 배경으로 군사력에 의한 강압적 독재적 통치 체제를 확립할 수 있는 기반을 가지게 되었다. 몇 차례의 하야下野에도 불구하고[4] 1920년대에서 1940년대에

2 何萍, 「民國二十一年國難會議與訓政憲政之爭」, 『國立臺灣師範大學歷史學報』 20(1992).

3 배경한, 『蔣介石研究-국민혁명 시기의 군사 정치적 대두과정-』, 일조각, 1995.

4 1927년부터 1949년까지 장제스는, 1927년, 1931년, 1949년의 세 차례 하야를 한 적이 있다. 장제스의 세 차례 하야에 대한 연구로는 배경한, 앞의 『蔣介石研究-국민혁명 시기의 군사 정치적 대두과정-』, 194~198쪽; 김영신, 「蔣介石의 제1차 下野와 復職」, 『중국학보』 44(2001); 김영신, 「寧粵 紛爭 시기의 중앙과 지방」, 『한중관계연구』 2-2(2016); 張學繼, 「1927年蔣介石下野的原因」, 『近代史研究』 1991-6; 黃道炫, 「關于蔣介石第一次下野的幾個問題」, 『近代史研究』 1999-4; 金以林, 「蔣介石的第二次下野與再起」, 『歷史研究』 2006-2; 肖如平, 「寧粵對峙與蔣介石的第二次下野」, 『民國檔案』 2009-2; 張小滿, 「蔣介石第三次下野後拒絕出國原因探析」, 『南部學壇(人文社會科學學報)』 29-6(2009) 등이 있다.

이르는 오랜 권력 장악 기간 동안 장제스는 당치와 훈정을 바탕으로 군권을 정권의 위에 두는 강력한 군사독재 체제를 수립, 유지함으로써 아시아 역사상 가장 전형적인 군사 독재정권의 최고지도자가 되었던 것이다.[5]

장제스 중심 국민정부의 훈정체제는 황제체제를 벗어나 근대적 국민국가를 만드는 과정으로 가는 과도기로서의 의미를 부여받기도 하지만,[6] 다른 한편으로는 전통적 황제체제의 근대적 변모 내지는 계승이라는 국민국가의 한계로서의 의미 또한 드러내고 있었다는 평가를 받고 있다.[7] 황제에 버금가는 독재적 권력의 행사라는 면모는 장제스 정권의 구조적, 실제적 장면들 속에서 확인되고 있다. 장제스 정권의 실제 권력 작동 과정에서 권력의 중앙 집중을 가장 잘 보여 준다고 할 수 있는 장치로서 특히 주목받는 것은, 최고의 군사 권력을 행사하는 군사위원회 위원장 휘하 비서실인 '시종실侍從室'과[8] 함께, 군(군사위원회)과 당(국민당)에 설치된 '두 가지 정보 특무기관'을 들 수 있다. 그 두 가지 정보 특무기관은, 군사위원회 산하 정보 특무기구인 군사조사통계국[군통軍統]과 국민당 휘하의 정보 특무기구인 중앙조사통계국[중통中統]이다. 군통은 군사 방면의 정보, 사찰, 특무를, 그리고 중통은 정당 및 정계와 관련한 정보, 사찰, 특무를 주된 업무로 하는 까닭에 이 두 정보기관은 장제스의 개인적 신임을 바탕으로 막강한 권한을 행사하는 최고 사

5 난징국민정부 성립 직후인 1928년 8월에 장제스는 「四化論」이라는 글을 발표하여 군대의 黨化, 당의 군대화, 행정기관의 군대화, 사회의 군대화를 주장하고 나섰다. 「四化論; 蔣介石發表長文」; 「蔣介石四化論原文」, 『大公報』 1928.8.9., p. 2; 8.14., p. 2 참조.

6 呂芳上, 「政治轉型的挑戰: 近代中國"黨國"體制的發展與省思」, 吕芳上 著, 『民國史論』 上册, 臺北(商務印書館), 2013, p. 6.

7 呂芳上, 앞의 같은 논문, p. 5 참조.

8 蔣介石 권력의 핵심으로서 侍從室에 대한 연구로는 臺灣 학자 張瑞德의 대표적인 연구 『無聲的要角: 侍從室與戰時中國』, 臺北(商務印書館), 2017이 있다.

정기관査定機關의 역할을 수행하였다.[9]

물론 중일 간의 전면전쟁 발발 이후 전국적 항일전쟁 수행을 위해 만들어진 국민정부 휘하 정보기구로는 시종실이나 군통, 중통 이외에 국제적 정보의 수집·연구를 위해 만들어진 국제문제연구소와 군대 내부 정보 기구인 군령부軍令部 제2청, 외교 문제 정보기구인 외교부 정보사外交部 情報司, 소련 관련 정보기구인 중소특종정보소中蘇特種情報所, 전신電訊(암호) 정보 전문기구인 기술연구실技術研究室 등이 있었다. 그런데 이들 기관 상호 간에 기능 중복이 불가피하였을뿐 아니라 일부 권력을 둘러싼 대립관계도 나타나고 있었다. 이에 따라 우한武漢 방어전이 한창이던 1938년 6월, 장제스의 지휘하에 전체 정보기구들의 조정기구로서 최고조사위원회最高調查委員會를 조직하면서 장제스 자신이 회장을 맡고 국제문제연구소 소장이던 왕펑셩王芃生한테 판공청 주임을 맡게 함으로써 정보기구의 체계화를 시도한 적이 있다.[10] 그러나 우한이 함락되고 충칭으로 철수한 이후 최고조사위원회는 이름만 둔 채 다시 소집되지 않음으로써 유명무실한 기구가 되었고, 원래대로 군통과 중통 중심의 정보조직 운영체계가 확립되었다. 최고조사위원회의 실종失踪과 군통, 중통 중심의 정보기구 체제 확립은, 다른 한편으로 군통을 주도하고 있던 다이리戴笠 측과 중통을 주도하고 있던 천궈푸, 쉬언쩡徐恩曾 중심의 CC파 사이의 치열한 계파 투쟁의 결과로 보기도 한다.[11]

---

9 蔣介石 권력의 기반으로서의 중통과 군통의 조직, 운영, 성격 등에 관한 연구로는 馬振犢, 『國民黨特務活動史』(上·下), 北京(九洲出版社), 2012; 孫瀟瀟, 『戴笠與軍統』(上·下), 臺北(民國歷史文化學社), 2022; 胡平, 『時間的磨子下: 戴笠, 軍統與抗戰』, 香港(中華書局), 2018 등을 참조.

10 廖文碩, 「情報與外交: 從檔案論王芃生與國際問題研究所(1937-1946)」, 『成大歷史學報』 56(臺灣成功大學歷史系, 2019), p. 97.

11 張景航, 「脆弱的情報: 抗日戰爭時期的國際問題研究所」, 『史學月刊』 2022年 第5期, p. 82; 林能士, 「國民黨派系政治與韓國獨立運動」, 『韓國研究論叢』 第4輯(1998); 양지선,

중통의 기원은, 1928년 2월 첫 번째 하야 이후 복직한 장제스가 측근 천궈푸의 제안을 받아들여 기왕의 국민당 조직부 조사과에 당무 관련 정보 수집 기능을 추가하도록 하면서 정보기구로서의 역할을 담당토록 한 것에 있다. 이어서 1931년 3월 장제스가 국민정부 군사위원회 위원장에 취임한 이후 제1차 상하이사변(1·28淞滬抗戰)의 영향으로 일본과의 전면전에 대비하여, 보다 체계적인 정보조직을 만들게 되면서 군사위원회 정보국이 만들어지게 되었다. 이때 군사위 정보국 휘하에 3개의 처處를 설치했는데 제1처는 당무 방면 정보업무를, 제2처는 군사 방면 정보업무를 관장하도록 하였고, 제3처에서는 정보국의 총무 업무를 담당토록 했다. 1935년 2월, 군사위 정보국을 군사위조사통계국軍事委調査統計局으로 이름을 바꾸면서 마찬가지로 세 개 처를 설치하였으며 제1처 처장에 국민당 조직부 조사과를 담당해오던 쉬언쩡이 임명되었다. 이후 군사위조사통계국 제1처는 다시 당무조사처로 이름을 바꾸었다가 1938년 4월에 군사위 조사통계국 제1처와 국민당 조직부 당무조사처를 합병하는 형식으로 중앙조사통계국으로 개편함으로써 국민당 내의 정보기구인 중앙조사통계국中央調査統計局, 곧 중통이 정식 출범하게 되었던 것이다.[12]

한편 군사 방면 정보기구 군통은, 1932년 3월 장제스의 군대 내 측근 장교 조직으로 만들어졌던 중화부흥사中華復興社와 그 내부조직인 삼민주의역행사三民主義力行社가 그 기원이라고 할 수 있다. 삼민주의역행사는 장제스가 1931년 11월 두 번째 하야에서 복귀한 직후 표면상으로는 "당과 국가를 구한다拯救黨國"는 목표를 내세우고 조직되었지만, 실

「한국독립운동세력과 CC파·역행사의 공동 첩보활동」, 『동양학』 62(2016).

12 劉維開, 앞의 「從中統到調査局」, pp. 45~51.

제로는 자신의 군권을 확고하게 만드는 방안 중 하나로 개인적 충성을 다할 수 있는 황푸군관학교黃埔軍官學校 출신 청년장교들로 만들어진 비밀 정보조직이었다. 이 삼민주의역행사의 중심인물로 휘하 특무처를 맡고 있던 다이리戴笠는 황푸군교 6기생 출신으로 1931년 3월에 만들어진 군사위원회 정보국 제2처장에 임명되었던 인물이다. 이후 1935년 2월, 군사위 정보국을 군사위 조사통계국으로 명칭을 바꾸었고 다이리가 국장을 맡으면서 군사정보를 총괄하는 군통이 만들어지게 되었으며, 1938년 역행사 조직이 해체되면서 군통 조직에 흡수되어 독자적 정보기구로서 자리를 잡게 되었던 것이다.[13]

이상 간단하게 군통의 성립과정을 중통의 성립과정과 아울러 정리해 보았는데, 요컨대 군통과 중통은 1920년대 말부터 1930년대 초에 걸쳐서 장제스 중심의 국민정부에 대한 내부적 도전과 외부적 위기 속에서 국민당과 국민정부 군사조직에 대한 정보 수집과 그것을 통한 통제 체제 수립을 위해 마련된, 원래는 하나의 정보기관이었다. 그러다가 일본과의 전면전 발발 이후 단계인 1938년에 가서 별개의 두 조직으로 나누어지면서 당과 군 두 방면의 정보를 관할하는 조직적 기반을 확실하게 갖추게 되었다. 사실 군통과 중통이라는 두 가지 정보기관의 성립과정은, '훈정'과 '당치'라고 하는 국민당 중심의 일당독점의 통치 체제와 장제스의 독점적 군사 권력 및 개인적 권위를 중심으로 운영되는 군사독재체제의 형성 과정과 그대로 맞물려 있었다고 말할 수 있다.

그런데 뒤에서 자세하게 살펴볼 것처럼, 1932년 무렵부터 본격화된

13 역행사 자체가 기본적으로 정치단체의 성격을 가진 것으로 그 휘하 특무처는 공식적인 기구가 아니었으므로 군사위원회 조사통계국 제2처로 통합되었다. 삼민주의역행사는 1938년 해산되고 삼민주의청년단으로 재탄생했다. 蘇聖雄, 「1939年的軍統局與抗日戰爭」, 『日本侵華史研究』 2014-3, p. 81; 徐遠擧 等, 「軍統局前身特務處成立始末」, 『文史月刊』 2014-3, p. 54 참조.

국민정부의 한국임시정부에 대한 지원은 역행사와 국민당 조직부에서 시작되었다. 다른 말로 그것은 성립 과정에 있던 두 정보기구와 직접적으로 관련되어 있었다고 할 수 있다. 특히 중일 전면전 발발 이후인 1938년 이후에 가서는 보다 확실하게 군통과 중통의 직접 관할하에 있었던 것을 확인할 수 있다. 이런 까닭에 국민정부의 한국독립운동 지원은 중통과 군통이라는 두 기관의 기본적 업무와 밀접하게 연관될 수밖에 없었다. 이를테면 국민정부 측에서 한국독립운동을 바라보는 기본적인 입장이나 임시정부를 비롯한 한국독립운동 측에 기대하고 있던 기본적 역할이, 두 정보기관의 역할이나 목표, 즉 정치 군사 방면의 정보 수집과 그를 통한 통제, 동원(선전)에 맞추어져 있었다는 말이 된다.

아래에서는 이러한 관점에서부터 임시정부에 대한 국민정부 지원의 핵심을 이루는 조선의용대의 성립이나 운영(동원) 과정에서 국민정부는 과연 무엇을 목표로 삼고 있었는지, 그리고 조선의용대에 대한 지원이나 운영 및 관할을 둘러싼 논란에 있어서 왜 군통과 군사위원회가 직접적인 관여를 하고 있었는지, 그리고 실제로 어떠한 역할을 하고 있었는지를 차례로 살펴보고자 한다.

Ⅱ. 조선의용대의 창설과 역행사(군통), 군사위원회 정치부의 "지원"

1. 탕산훈련반(혁명간부학교)과 역행사의 지원

필자는 이전에 발표한 글에서, 1932년 4월 말에 일어난 윤봉길의거 직후인 5월경부터 본격적으로 모색된 국민정부 내의 한국독립운동 지원 문제가, 사실 그 직전인 1월에 발발한 일본군의 첫 번째 상하이 침공(第1次上海事變) 이후 장제스를 중심으로 국민정부 내에서 입안되고 있던 "장기항전長期抗戰" 전략을 추구하는 방안의 하나로 한국독립운동 세력의 "동원" 계획에서 나온 것이었음을 밝힌 적이 있다.[14] 그 글에서 이미 자세하게 밝힌 대로, 장제스는 같은 해 5월 하순부터 전국적 규모의 장기항전을 준비하는 한 가지 방안으로서, 일본 치하에 놓인 둥베이東北 지역 반일 지원군인 동북의용군에 대한 지원과 함께 조선혁명군을 비롯한 한국독립운동 세력에 대한 지원방안을 모색하기 시작하였고, 그 임무를 덩제滕傑를 비롯한 삼민주의역행사 멤버들에게 맡기고 있었다. 이런 상황 속에서 마침 둥베이에서의 활동에 한계를 느낀 김원봉 중심의 조선의열단이 난징으로 옮겨와 국민정부의 지원을 받고자 노력하였고, 그 결과 김원봉과 황푸군관학교 동기로서 역행사 휘하 민족운동위원회의 주도 멤버였던 간궈쉰干國勳의 도움으로 장제스의 지원을 받게 되었다.[15] 김원봉과 조선의열단 멤버들을 주축으로 1932년 10월 난징 근교의 탕산湯山에 조선정치군사간부혁명학교를 설치하고 1935년 10월까지 3기에 걸쳐 140여명의 한인 청년군관을 양성하게 되었던 것이다.[16]

이와 함께 국민정부 측에서는 국민당 조직부 부장 천궈푸陳果夫를 통하여, 윤봉길의거 이후 국민당의 도움으로 저장성 자싱浙江省 嘉興에 은거하고 있던 김구를 지원하기 시작하였다. 1933년 봄 난징에서 장제스와 면담한 김구는, 일본을 상대로 한 무장폭동을 일으키기 위한 자금

14 배경한, 앞의 논문 「윤봉길의거 이후 장제스 국민정부의 한국독립운동 지원과 '장기항전'」; 이 책 제4장 제1절 참조.

15 배경한, 앞의 같은 논문, 396~400쪽.

16 한상도, 『한국독립운동과 중국군관학교』, 문학과 지성사, 1994, 255~296쪽.

지원을 요청했지만 장제스는 일시적인 저항이 아니라 보다 장기적인 저항을 위해 군관 양성 방안을 모색하도록 권했다. 1934년 2월에 시작된 뤄양군관학교洛陽軍官學校 한인특별반을 통한 군관 양성이 그 성과였으니 이후 1년여의 기간 동안 60여 명의 한인 군관을 양성하는 성과를 냈다.[17] 그런데 이러한 사실과 관련하여 여기에서 특별히 주목하고자 하는 것은 김원봉에 대한 지원의 경우는 앞에서 언급한 대로 뒷날 군통의 기원이 되었던 역행사 조직을 통하여 이루어졌다는 점, 그리고 김구에 대한 지원을 주도한 국민당 조직부는 뒷날 중통과 연결된 조직이었다는 점, 바로 이 두 가지이다. 이를테면 1932년 봄부터 가시화된 국민정부의 한국독립운동 세력에 대한 본격 지원은 모두 정보나 특무, 선전을 주임무로 하는, 국민정부 휘하 군사 정보조직과 당무 정보조직에서 다루어지기 시작했다.

이러한 지원부서의 계통은, 다음 단계로서 조선의용대와 한국광복군의 성립과 그에 대한 지원과정에도 그대로 이어졌음을 확인할 수 있다. 국민당 조직부 내지 중통을 중심으로 한 한국광복군 창설과 운영에 대한 지원은 다음 연구로 미루기로 하고 여기서는 우선 조선의용대의 성립과정 가운데 군통 내지 군사 정보선전 조직(군사위원회 정치부)의 역할이 어떠했는지를 집중적으로 살펴보고자 한다. 먼저 조선의용대의 성립과정을 다룬 기왕의 연구들에서 당시 국민정부 휘하에서 활동하던 일본인 반전운동가들의 선도적인 역할이나 국제적 반제(반일)연대 활동과의 관계에 주목했다.[18] 그 연구들에 의하면, 1938년 7월 초 당시 국민

17 배경한, 앞의 같은 논문, 401~403쪽.

18 염인호, 「조선의용대의 창설과 한중연대」, 『한국근현대사연구』 11(1999); 염인호, 「중국 관내지방에서의 조선인 민족해방운동과 靑山和夫」, 『한국독립운동사연구』 17(2001); 최춘봉, 「조선의용대 창설과 활동 補遺」, 『한국독립운동사연구』 25(2005); 한상도, 『한국독립운동과 동아시아 연대』, 역사공간, 2021, 105~149쪽 등 참조.

정부 군사위원회 산하로 국제문제 및 국제 선전을 담당하고 있던 기관인 국제문제연구소에 고문으로 참여하고 있던 일본공산당 당원이며 반전주의자였던 아오야마 가즈오靑山和夫(원명은 黑田善次)의 제안으로 국제의용대 창설이 논의되기에 이르렀다.[19] 아오야마는 국제의용대 창설의 일차적인 방안으로 조선의용대의 창설을 제안하였고, 이 제안이 군사위원회 정치부 비서장 허중한賀衷寒을 통해 군사위원장 장제스의 동의를 얻게 되었다고 한다.[20] 또 널리 알려진 일본인 반전 작가 가지 와타루鹿地亘를 중심으로 한 재중 일본인 반전운동 단체와의 연대에 주목하여 조선의용대의 창설과 국제적 연대활동을 주목한 연구도 있다.[21] 이들 연구들의 공통된 특징은 아오야마나 가지 등 일본 반전운동가들의 회고록을 일차적인 자료로 이용하면서 이들의 회고를 검토하는 선에서 목표로 삼았던 "국제적 반전 반일연대 활동"의 일환으로 조선의용대의 성립이나 활동이 이루어졌음을 서술하고 있다는 점이다.

그러나 일반적으로 개인의 활동이나 성취를 내세우거나 합리화하는 경향을 가진 회고록이 가지는 사료로서의 문제점들과[22] 함께, 아오야마

19 靑山, 「國際義勇隊第一隊組織計劃方案; 義勇軍組織之說明; 解決朝鮮人問題的方法: 國民政府軍事委員會政治部部長陳誠呈蔣介石原案(1938.8.12.)之附件一二三)」, 楊昭全 等編, 『關內地區朝鮮人反日獨立運動資料彙編 1919-1945』 下册, 瀋陽(遼寧人民出版社), 1987, pp. 909~912; 靑山和夫, 「朝鮮義勇隊誕生2周年」, 『(重慶)大公報』 1940.10.9., 『대한민국임시정부자료집40(중국보도기사Ⅱ)』.

20 「國民政府軍事委員會政治部賀祕書長衷寒呈政治部陳部長誠原案(1938.9)」, 앞의 『關內地區朝鮮人反日獨立運動資料彙編 1919-1945』 下册, pp. 912~914.

21 윤소영, 「가지 와타루(鹿地亘)의 반전반제운동과 조선-조선 관련 저작과 조선의용대와의 연대를 중심으로-」, 『한국독립운동사연구』 75(2021).

22 아오야마는 자신의 회고록에서 국제의용대와 그 한 부분으로서 조선의용대의 창설이 논의 단계에서부터 모두 자신의 주도 아래 이루어진 것처럼 쓰고 있다. 靑山和夫, 『謀略熟練工』, 東京(新紀元社), 1957, pp. 89~90. 그러나 아오먀마의 국제의용대 설치에 대한 계획안과 김원봉의 조선의용대 창설 계획안이 거의 동시에 제출되고 있었던 점으로 보아서 국제의용대나 조선의용대 창설에 대한 구상은 아오야마와 김원봉의 논의를 통하

와 가지 두 일본인 활동가 사이에도 상당한 의견 차이 내지 주도권을 둘러싼 알력이 있어서 이들의 회고록 가운데 서로 일치하지 않는 내용이 포함되어 있기도 하다.[23] 이런 점에 비추어 보면, 이들의 회고록을 주된 사료로 해서 조선의용대의 성립이나 활동 그 자체를 이해하는 데에는 다소 문제가 있다고 생각된다. 이뿐만 아니라 뒤에서 상술할 것처럼 아오야마나 가지를 비롯한 일본인 반전운동가들의 활동 자체가 국민정부 군사위원회 및 산하 선전 정보기관인 정치부의 대적선전對敵宣傳 활동의 일환으로 기획된 것이었음을 먼저 감안할 필요가 있다.[24] 이들이 관여한 것으로 알려져 있는 조선의용대의 창립 자체도 어디까지나 중국 측, 곧 군통이나 군사위원회 정치부의 기획과 승인 아래 가능했다는 점 또한 먼저 고려되어야 한다. 조선의용대 창설의 실질적 허가권 내지 주도권을 가졌던 중국 측, 곧 국민정부 군사위원회의 입장이나 의도를 먼저 살펴야 한다는 말이다. 이러한 관점은, 이 시기 한국독립운동에 대

여 이루어진 일로 봐야 하고(염인호, 『조선의용군의 독립운동』, 나남, 2001, 61~62쪽 참조) 아오야마나 가지의 우한에서의 활동이 왕펑성의 주도로 이루어졌다는 점[劉曉鵬, 「敵前養士: '國際關係研究中心'前傳, 1937-1975」. 『中央研究院近代史研究所集刊』 82輯(2013), pp. 150~151; 趙慶華, 「"王牌間諜"王芃生」. 『文史天地』 2012-9(貴州省政協辦公廳), pp. 17~18; 石岩, 「抗戰時期在華日本人反戰組織及其活動」. 『日本研究』 2011-1. pp. 73~74; 萬發貞, 「抗戰時期的王芃生與國際問題연구소」. 『山東理工大學學報』 24-1(2008), pp. 51~52 등 참조]으로 본다면 국제의용대 설치 구상이 아오야마가 독자적으로 제시한 것이라고 보기는 어렵다.

23 아오야마는 자신의 지도 아래 조선의용대 결성이 추진되고 있으며, 수백 명이나 모인 대원들이 이미 무기를 들고 출동할 수 있을 정도로 잘 훈련되어 있다고 가지에게 자랑하였는데 가지는 이것을 불신 비판하고 있었다. 鹿地亘, 『火の如く風の如く』, 東京(講談社), 1958, p. 45 (윤소영, 앞의 「가지 와타루(鹿地亘)의 반전반제운동과 조선-조선 관련 저작과 조선의용대와의 연대를 중심으로-」, 148쪽에서 재인용).

24 후술할 것처럼 군사위원회 정치부 제3청장이 된 郭沫若은, 上海 함락 이후 홍콩에 피신해 있던 鹿地亘을 武漢으로 데려와 국제문제연구소 고문으로 삼도록 추천한 것은 자신이었다고 말하고 있다. 郭沫若, 『洪波曲』(郭沫若自傳 第4卷), 北京(三聯書店), 1978, pp.48~49.

한 중국 측, 곧 국민정부의 기본적 입장이 무엇이었는지를 살피려는 이 글의 목표와 직결되어 있음은 물론이다.

조선의용대 창설은 사실 1932년 10월에 시작된 탕산 조선정치군사간부혁명학교에서 비롯되었다고 봐야 한다. 당시 혁명간부학교의 창설과 운영에 직접 관여했던 역행사의 간부 간궈쉰이나 덩제의 회고에 의하면, 역행사는 성립 직후부터 조직의 전국적 확대를 촉진하기 위해 각 분야 전문간부를 역행사 멤버로 양성하기 위한 특별훈련반을 여러 개 운영하였는데, 그 가운데 하나가 "한국간부"를 양성하기 위한 탕산훈련반이었다는 것이다.[25] 이런 주장은 탕산의 혁명간부학교 설립이 국민정부의 한국독립운동 지원책으로 추진되었다는 측면과 함께 역행사의 조직 확대 방안의 한 가지로 탕산훈련반, 곧 혁명간부학교가 설치 운영되었다는 사실을 보여 준다.

당초 혁명간부학교가 훈련을 진행한 난징 교외 탕산에 있는 선사묘善祠廟는 군사위원회 간부훈련반 통신대의 관리하에 있던 건물이었으며 간부훈련반은 모두 6개 대隊로 편성되었는데 5대까지는 중국인 간부훈련반이었고 제6대가 한인을 대상으로 하는 혁명간부학교였다. 혁명간부학교 제1기생 출신인 이육사李活의 경찰신문조서에 의하면 이육사는 "윤세주石正의 권유로 1932년 10월 난징으로 가서 김원봉 휘하의 국민정부 군사위원회 간부훈련반 제6대에 들어가 6개월간 훈련을 받았다"고 한다.[26] 물론 간부훈련반 제6대는 명목상의 편성이었고 사실상 김원봉에게 혁명간부학교 운영의 전권이 거의 주어졌던 것은 사실이다.[27]

---

25 干國勳, 「中國特別訓練班과 朝鮮義勇隊」, 한국정신문화연구원 편, 『中國人士證言: 韓國獨立運動史資料集』, 박영사, 1983, 18~21쪽.

26 「警察訊問調書: 李活訊問調書(1934.6.17.)」, 국사편찬위원회 편, 『한민족독립운동사자료집』 30집(의열투쟁 3) 한국사데이터베이스 소장자료.

27 한상도, 「1930년대 전반기 김원봉의 항일운동과 기반」, 동씨 저, 『한국독립운동과 중국군

그러나 혁명간부학교는 어디까지나 군사위원회 휘하의 간부훈련반의 전체 편제 안에 들어가 있었던 것 또한 분명한 사실이다. 혁명간부학교의 명칭 안에 "간부"가 들어간 이유로 군사위원회 "간부훈련반"의 하나임을 명시할 필요가 있었기 때문일 것이다.

이와 함께 주목되는 것은, 당시 군사위원회 간부훈련반이 역행사의 주도 멤버 가운데 한 명이던 캉쩌康澤에 의하여 주도되고 있었다는 사실이다. 캉쩌는 앞에서 언급한 것처럼 당초 김원봉의 지원 요청으로 지원을 결정했던 덩제나 간궈쉰과 함께 역행사의 조직 확대를 주도하고 있던 인물이다.[28] 혁명간부학교 제1기 생도學員들의 입학식과 졸업식에 캉쩌가 직접 참가하여 축사를 했고, 졸업식 후에는 김원봉과 함께 전체 졸업생들을 개별 면담하면서 졸업 후 희망을 일일이 물었다.[29] 이런 사실은 군사위원회 간부훈련반의 책임자, 곧 캉쩌가 혁명간부학교에 대해서도 커다란 관심과 함께 세부적인 점검까지 하고 있었음을 보여 준다.

선행 연구들에서 자세하게 밝혀져 있는 대로 혁명간부학교의 졸업생들은 일부 혁명간부학교의 교관으로 남기도 했지만 대부분 국내와 둥베이, 산둥(山東, 大連), 핑진(平津, 베이징과 톈진 지역)으로 파견되어 의열단 조직 확대와 항일 활동에 종사했다.[30] 졸업생들의 이러한 활동은 국민정부 측의 "장기항전" 계획에 완전히 일치하는 것은 아니었다고 하더라도 특히 둥베이에서의 활동은, 국민정부의 "장기항전"을 위한 "동원"

관학교』, 문학과지성사, 1994, 262~277쪽.

28 康澤은 軍統 국장 戴笠과 함께 장제스의 개인적 신임을 받고 있던 최측근 인물이었다. 孟昭庚, 「蔣介石的"寵臣"康澤其人」, 『黨史縱橫』(瀋陽, 中共遼寧省委黨史硏究室) 2010-8, pp. 61~62.

29 朝鮮總督府警務局, 「軍官學校事件ノ眞相」, 한홍구 등 편, 『한국민족해방운동사자료총서』 3, 경원문화사, 1988, pp. 17~175 (한상도, 앞의 같은 책, 265쪽에서 재인용).

30 한상도, 앞의 같은 책, 288~295쪽 참조.

에 부합하는 성과였다고 할 수 있을 것이다.[31]

1933년 9월 중순에 시작된 혁명간부학교 2기생은, 교육장소를 장시성江西省 장닝진江寧鎮으로 옮겼다가 1935년 4월부터 시작된 3기생은 난징 교외 황룽산黃龍山 톈닝스天寧寺로 옮기는 등, 재정 및 시설의 문제로 상당한 어려움과 지체를 겪기도 했다. 3기생이 졸업하던 1935년 10월 초에 혁명간부학교는 일단 마무리되었다. 혁명간부학교의 운영기간 동안 생도들 사이에 독립운동의 방향을 둘러싸고 분파와 대립이 있었고 그 결과로 일부 훈련생들이 졸업 이전에 혁명간부학교를 떠나는 일도 있었다.[32] 그러나 3기생의 경우, 졸업 직전에 출범한 조선민족혁명당에 단체로 입당할 정도로 통일적 면모를 보여 주었고 이들은 김원봉의 개인적 지도력의 기반이 되었다.[33] 다만 3기생 졸업 이후, 즉 1935년 10월 이후 김원봉과 의열단 내지 민혁당의 군관 양성은 일단 중단되기에 이르렀다.

2. 중앙군교 특훈반과 군사위원회의 지원

1937년 7월 7일 발발한 루거우차오사변蘆溝橋事變은 중일 간의 전면전으로 이어졌는데 중일 간의 전면전 발발은 의열단 내지 민혁당 세력이 국민정부 측의 지원을 받을 수 있는 또 다른 계기가 되었다. 김원봉

31 김구가 주도한 뤄양군관학교 한인반 출신들은 김구의 지도에 따라 둥베이에서 지하활동에 앞장섰다. 한상도, 앞의 책, 326쪽 참조. 김원봉과 김구에 의하여 양성된 한인 청년들을 둥베이(만주)에 파견하여 항일전쟁에 참여하도록 하는 일은 둥베이에서 항일전에 참여하고 있던 조선혁명군의 가장 중요한 희망 사항이기도 했다. 이를 위해 조선혁명군 간부 김학규(金學奎)가 1934년 5월, 난징에 파견되어 왔다. 김학규, 「白波自敍傳」, 『한국독립운동사연구』 2(1988), 590쪽.

32 한상도, 『한국독립운동과 국제환경』, 한울, 2000, 184~185쪽.

33 胡麗娟, 『中央軍校里的韓籍學員(1910-1945)』 2021年延安大學碩士論文, p. 30.

중심의 민혁당 측에서는, 중일 전면전쟁 발발 이후 적극적인 항전 참여를 준비하기 위해 민혁당과 조선민족해방동맹, 조선혁명자연맹의 3개 좌파 한인단체들을 조선민족전선연맹으로 통합하였다.[34] 그런 한편으로 관내關內 지역 한인 청년들을 대상으로 항전 참여를 적극 권유하여 1937년 12월 초 난징에 80여 명의 한인 청년들을 모을 수 있었다. 곧이어 이들을 장시성 씽즈현江西省 星子縣(현재는 江西省 廬山市)에 있는 중앙군관학교 특별훈련반에 입교시켰다.[35]

조선의용대의 직접적인 출발점이 되었던 씽즈훈련반은 1933년 7월, 장시성 난창南昌을 중심으로 진행되고 있던 공산당 토벌작전, 이른바 초공(剿共, 혹은 剿匪)전을 준비하기 위해 시작되었다. 특히 장시성 지역 내의 민중을 조직하는 것을 임무로 하는 특별총대特別總隊를 만들기 위해 황푸군교 출신의 군관들을 대상으로 특별교육을 실시하는 것이 씽즈훈련반의 첫 번째 임무였다. 그러다가 전면 항전 이후에 가서는 군사간부 이외에 사회 단체, 학생, 교통(운수, 통신. 우체) 관련 인력까지 다양한 분야의 인사들에 대한 재교육을 통해 이들을 항일전선에 동원하기 위한 재교육 훈련소의 역할을 맡는 것으로 조직이 확대되었다.[36]

앞에서 살펴본 바의 조선혁명간부학교의 창설과 지원을 직접 책임졌던 덩제의 경우, 혁명간부학교가 씽즈훈련반으로 이어졌고 그것이 조

---

34 염인호, 『조선의용군의 독립운동』, 나남, 2003, 43~44쪽.

35 朝鮮總督府 高等法院檢事局 思想部, 『思想彙報』 22號(1940.3.), p. 158. 이 총독부 자료에서는 80여 명이라고 하였는데 單補生의 중앙군교특훈반 同學錄을 소개한 글에서는 朝鮮中隊(第5期 第4中隊)가 100여 명의 조선인만으로 이루어져 있었다고 하고 있다. 單補生, 「我珍藏的抗戰時期中央軍校特別訓練班同學錄」, 『黃埔』 2016年 第3期(北京, 黃埔軍校同學會), p. 85.

36 單補生, 「我珍藏的抗戰時期中央軍校特別訓練班同學錄」, pp. 79~83; 潘茂, 「國民黨中央軍校特訓班歷史回顧」, 『湖北文史』 2006年 第2期.

선의용대로 이어졌다고 말함으로써 그 연결성을 강조한 바 있다.[37] 그러나 윤세주를 비롯한 혁명간부학교 졸업생의 일부가 씽즈훈련반의 교관으로 남은 것 이외에 혁명간부학교와 씽즈훈련반 사이에 특별한 연결성을 찾기는 어렵다. 그렇기는 하지만 역행사 중심의 훈련반 운영이라는 측면에서 본다면 씽즈훈련반은 탕산훈련반의 후속 사업이었다고 말할 수 있다. 특히 두 훈련반 모두 역행사 간부 출신으로 뒤에 군사위원회 정치부의 핵심 인물이 되는 캉쩌의 주도로 이루어지고 있었다는 점은 다시 한번 강조해 둘 필요가 있다.

이렇게 볼 때 중앙군관학교 특훈반에 한인 청년 80여 명이 입교하게 된 배경에는 1932년 조선혁명간부학교 개설 운영에서부터 김원봉 측과 긴밀한 관계를 가지고 있던 캉쩌와 역행사 측의 특별한 배려가 있었을 것은 충분히 짐작된다. 여기서 한 가지 더 주목할 것은, 한인 청년들이 배속된 제4중대에 한인 청년 80여 명 이외에 20여 명의 중국 청년들이 함께 배속되어 있었고, 이들 가운데에는 왕지셴王繼賢과 같이 훗날 조선의용대에 파견되어 행정적 협력이나 감독 역할을 수행하던 인물들이 들어 있었다는 사실이다.[38] 왕지셴은 전술한 대로 1943년 5월 군통 요원의 자격으로, 한국광복군에 대한 점검에 참여했던 인물이며[39] 1944년 6, 7월에는 한국광복군에 대한 통제규정인 구개준승을 철폐하는 문제를 다루는 한중 연석회의에 중국 측 대표 가운데 한 명으로 참석하고 있던 인물이다.[40] 이런 점에서 본다면 씽즈훈련반 안에 한인반을 두게 된

---

37 滕傑, 「三民主義力行社의 韓國獨立運動에 대한 援助」, 한국정신문화연구원 편, 『中國人士證言: 韓國獨立運動史資料集』, 박영사, 1983, 69~70쪽.

38 王繼賢은 1940년 3월 桂林에서 조선의용대의 이름으로 출판된 소책자 『中國戰場上的朝鮮義勇隊』의 편자로서 당시 조선의용대에 배속된 중국 요원이었다. 뒤의 각주 74 참조.

39 앞의 제4장 "들어가는 말"의 각주 10 참조.

40 「光復軍交涉에 관한 第1次-第4次會商 內容略錄(1944.6.22.~7.10.)」, 『대한민국임시정

것은, 향후 만들어질 한인 군사조직(곧 조선의용대)의 준비 작업으로 미리 기획되었을 가능성을 엿보게 한다.

1937년 12월부터 시작된 중앙군교 특훈반 제5기생으로 들어간 한인 청년들은 장시성 씽즈현에 있던 훈련반에서 약 6개월의 교육을 받고 1938년 5월 24일 졸업하였다.[41] 캉쩌는 졸업식 훈사 가운데 "중국과 조선의 오랜 우의를 지닌 형제의 나라임을 강조하면서 조선의 독립운동과 중국의 민족혁명은 성패가 (서로) 나뉘어질 수 없다"고 말했다.[42] 캉쩌는 한인 청년들의 입교와 교육 수행 사실을, 중앙군교특훈반 개설 10주년 기념으로 당시 특훈반이 있던 쓰촨성 허촨현四川省 合川縣(현재의 重慶市 合川區)의 땨오위청釣魚城 절벽에 새겨 만든 비각문碑刻文인 "중앙육군 군관학교 특별훈련반 십주년 기념비기中央陸軍軍官學校特別訓練班十周年紀念碑記"에도 그대로 쓰고 있다. 즉 이 "기념비기"에는 특훈반의 설치 과정과 역사, 허촨으로의 이전 과정 등을 비교적 자세하게 기술하면서 약 2만 명에 달하는 졸업생 가운데 군사요원, 정치요원, 교통요원, 군훈교관軍訓敎官, 당정간부黨政幹部, 단대團隊(민간단체)간부, 특경대원特警隊員, 화교청년華僑靑年 등을 언급하면서 "조선청년"도 들어 있었다고 따로 쓰고 있다.[43]

특훈반에서의 교육 내용에 대해서는 자세하게 알려진 것이 없지만 앞에서 언급한 바 특훈반의 설치 의도에 비추어 볼 때, 그리고 역행사와

부자료집』 10권(한국광복군) 소수 문건 참조.

41 한인 학생 입학 직후 일본군의 南進으로 훈련반은 星子에서 湖北省 江陵縣(현재의 湖北省 荊州市 江陵縣)으로 옮겨져 江陵에서 졸업하였다. 單補生, 위의 글, p. 81.

42 單補生, 위의 「我珍藏的抗戰時期中央軍校特別訓練班同學錄」, p. 85.

43 紀念碑記의 대체적인 내용은 單補生, 위의 「我珍藏的抗戰時期中央軍校特別訓練班同學錄」, pp. 84~85에 인용되어 있고 碑記의 서예적 특성에 대해서는 劉小容, 「民國合川釣魚城隸書摩崖藝術探析-以"中央陸軍軍官學校特別訓練班十周年紀念碑記"爲例」, 『中國拍賣』 2023年 10月號를 참조.

삼민주의청년단이 주도적인 역할을 맡고 있었다는 점으로 볼 때 삼민주의를 중심으로 하는 사상교육과 대민 선전이나 대적 선전과 같은 정보 선전술 등이 중요한 교육 내용이었을 것으로 짐작된다.[44] 또한 특훈반을 졸업한 한인 청년들은 곧바로 전선에 투입되지는 못하고 당시 최대의 방어전이 준비되고 있던 우한으로 갔을 것으로 짐작되는데, 그 도중에 조선의용대로 정식 편성된 것으로 생각된다. 이러한 전후 관계만을 가지고 보더라도 특훈반에서의 교육과 훈련은 아무런 계획 없이 임기응변식으로 이루어진 것이라기보다는 어떤 형태로든, 혹은 어떤 이름으로든 긴급한 항일전에의 투입을 예상하거나 그것을 전제로 하여 이루어졌을 가능성이 크다.[45] 더군다나 전술한 대로 특훈반에는 한국어를 배운다는 명목으로 20여 명의 중국 청년들이 배속되어 있었던 점은 추후 한국독립운동세력을 어떤 식으로든 이용 내지 동원하려는 의도를 사전에 가지고 있었다는 점을 보여 준다. 이를테면 이러한 일련의 준비 과정이 캉쩌와 역행사, 그리고 역행사의 후신으로서의 군통이, 항일전 수행에 한국독립운동을 "동원"하려는 의도에서 추진한 일이라고 봐서 무리가 없을 것이다.

---

44 1920년대 중반부터 국민혁명군 장교로 복무했던 金弘壹은 주로 軍需, 兵工業務를 담당했었는데 南京 함락 직전 漢口로 옮겨간 다음 군사위원회 정치부장 陳誠의 명령으로 江陵에 있던 中央軍校特訓班의 교관으로 가서 주로 일본 유학 경험을 가진 중국인 학생들을 대상으로 특훈 교육을 담당하였다고 한다. 김홍일의 회고에 의하면 당시 주된 교육내용이 방송, 전단 살포를 이용한 對敵宣傳術과 일본군 포로에 대한 訊問 요령, 일본군 문서에 대한 해독 등이었다고 한다. 김홍일, 『대륙의 분노-老兵의 회상기-』, 문조사, 1972, 317쪽.

45 김홍일의 회고에 의하면 특훈반을 졸업한 한인 청년들은 중국 청년들과 마찬가지로 바로 전선에 투입되기를 희망했지만 위험이 덜한 대적선전과 포로신문 등을 맡게 되었다고 한다. 김홍일, 위의『대륙의 분노-老兵의 회상기-』, 318쪽.

3. 조선의용대와 군사위원회 정치부의 지원

1938년 5월 24일 후베이성 장링江陵에서 중앙군교 특훈반을 졸업한 80여 명의 한인 청년들은 6월에 우한으로 이동해 갔다. 우한 이동 직전 장링에서 열린 민혁당 제3차 전당대회에서는 중앙군교 특훈반 출신의 한인 청년들을 어떻게 무장조직으로 만들 것인지에 대한 방안을 제시하였다. 이 제안서에는 "독자적인 무장대오를 편성, 둥베이만주로 진출하여 조선민중을 조직하고 전체 독립운동의 일부로 역할을 감당해야 한다. 그렇지 못할 경우 관내에서 중국군의 항전에 참여하여 조선 군중의 동원, 정보공작에 참여할 수 있다"고 하였다. 이와 아울러 말미에 덧붙이고 있는 "임시제안"에서는 중앙군교 특훈반 주임 "캉쩌의 회답"을 기초로 하여 만들었다고 하면서 다음의 요구조건과 주의사항을 명시하고 있다. 즉 "별동대 조선 모대別動隊 朝鮮 某隊"라는 명칭을 조선민족혁명당군朝鮮民族革命黨軍으로 바꿀 것, 그렇지 못할 경우라도 실질적으로 민혁당의 당군黨軍임을 승인해 줄 것, 둥베이로의 진출을 원칙으로 하되 당장 둥베이 진출이 안 된다면 둥베이 진출에 유리한 곳으로 진주하도록 해 줄 것을 명시하고 있었다.[46] 이 제안서의 내용을 통해 몇 가지 확인할 수 있는 것은, 첫째, 특훈반 출신의 한인 청년들을 조직하여 일정한 군사조직으로 만들 계획이 캉쩌를 중심으로 한 군사위원회 측에서 이미 논의되고 있었으며 둘째, 그 군대 조직의 명칭이 (캉쩌가 대장으로 있던) 별동대 휘하의 조선○○대(某隊)로 이미 제안되고 있었고 셋째, 그러한 캉쩌의 주장에 대하여 민혁당 측에서는 명칭을 민혁당의 당군으

46 朝鮮總督府 高等法院 檢事局 思想部, 「在支朝鮮義勇隊の情勢」, 『思想彙報』 22號 (1940.3), pp. 160~161.

로 해 달라고 주장하고 있었으며 넷째, 민혁당 측에서는 한인 청년들로 만들어질 군사조직의 일차적 목표가 둥베이 만주 지역으로의 진출과 그 지역 한인들을 조직하는 것에 맞추어져야 한다고 주장하고 있었다는 점이다.

민혁당 측과 군사위원회, 곧 캉쩌 사이에 이러한 논의가 오가는 가운데 공식적인 문서 형태로 조선의용대의 창설 문제가 제기된 것은, 앞에서도 언급한 대로 군사위원회 산하 국제문제연구소 고문으로 있던 일본인 반전활동가 아오야마를 통해서였다. 아오야마는 군사위 산하 국제문제연구소 소장 왕펑성과 몇 차례 논의를 거쳐 만든 국제의용군 제1대 조직 방안을 왕펑성을 통해 1938년 7월 3일 장제스에게 제출하여 일차 승인을 받았다. 이후 8월 12일, 장제스의 명령을 받은 군사위원회 정치부 부장 천청陳誠은 아오야마의 계획이 대체로 실행 가능하다고 하면서 국제의용군 제1대로 조선의용대를 조직할 것과 대체적인 예산 계획 등을 만들어 다시 장제스에게 올렸다.[47] 그리고 9월에 가서는 군사위 정치부 비서장이던 허중한이 아오야마의 조선의용군 조직 계획안과 관련한 실제 상황 조사 결과를 천청에게 보고하고 있다. 아오야마의 계획안이 왕펑성을 통해 장제스에게 전달된 직후인 7월 7일, 김원봉은 조선의용대 조직을 위한 구체적인 방안을 군사위 정치부에 제출하였다.[48] 이로써 보자면 조선의용대 창설 계획이 아오야마의 독자적인 제안으로 이루어진 것이 아니라 아오야마와 김원봉 사이에서 먼저 논의되었고 그것을 (아오야마가 소속되어 있던) 국제문제연구소 소장 왕펑성과 협의한 다

47 「國民政府軍事委員會政治部部長陳誠呈蔣介石原案(1938.8.12.)」, 앞의 『關內地區朝鮮人反日獨立運動資料彙編, 1919-1945』 下册, pp. 908~912.

48 「國民政府軍事委員會政治部賀祕書長衷寒呈政治部陳部長誠原案(1938.9.)」, 앞의 『關內地區朝鮮人反日獨立運動資料彙編, 1919-1945』 下册, pp. 912~914.

음, 다시 왕펑셩을 통해 장제스에게 전달, 허가를 받은 뒤 군사위원회 정치부 부장 천청과 정치부 비서장 허중한에 의하여 실시방안이 마련되었다고 정리할 수 있다.

당초 아오야마가 제출한 원안에는 국제의용군 제1대라고 하였는데 그 창설 사유를 설명하는 내용 속에 "조선인 문제를 해결하는 방안"이라는 점을 명기하고 있는 점이 눈에 띈다. 기왕의 연구들에서는 이 구절을 "당시 우한에 모여 있던 조선인을 어떻게 할 것인가"라는 의미 정도로 해석했지만, 여기서는 앞에서 계속 강조해 온 대로 캉쩌를 중심으로 하는 군사위원회 정치부 제2청 및 역행사의 후신 군통에 의하여 계획적으로 양성된, 곧 씽즈훈련반을 통하여 양성된 조선인의 편성 문제를 가르키는 것으로 해석하고자 한다. 이를테면 씽즈훈련반 출신 조선 청년들의 조직 방안으로서 조선의용군 창설 계획안이 만들어졌던 것이다. 실제로 9월의 실시계획을 위한 조사보고서에는 "조선의용군"이라고 표기하고 있고, 편성할 수 있는 대상으로도 "우한에 있는 조선 청년 181명이고 모두 조선민족전선연맹에 소속되어 있다"고 적시하고 있었다. 추후에 조선의용대 대원 명부를 본다면 그 대다수가 씽즈훈련반 출신이라고 적고 있었으니,[49] 이를테면 중일전면전 발발 이후 조선청년들을 항일전쟁에 "동원"하는 목적으로 씽즈훈련반에 조선인 중대가 편성되었으며 그들을 중심으로 국제의용군 내지 조선의용군이라는 이름의 조직이 군사위원회 정치부를 중심으로 만들어졌던 것이다.

그렇다면 조선의용대의 창립 과정을 담당했고 창립 이후 조선의용대

---

49 조선의용대 전체 대원 명단 가운데 졸업학교를 중앙군교 특훈반 혹은 씽즈분교, 장링분교 특훈반으로 표기한 대원 수가 25명 확인되고 있고 여기에 중앙군교 특훈반의 교관들까지 포함하면 전체 85명 가운데 과반수 이상이 될 것으로 보인다.「朝鮮義勇隊全體隊員名單」, 앞의『關內地區朝鮮人反日獨立運動資料彙編, 1919−1945』下册, pp. 865~871.

가 소속되었던 국민정부 군사위원회 정치부의 당시 상황은 어떠했던가? 조선의용대는 창립 단계에서부터 독자적 군대가 아니라 군사위원회의 직접적인 지휘를 받도록 기획되어 있었는데 그것은 군사위 정치부 휘하에 조선의용대지도위원회를 두도록 설정되어 있었다. 그런데 당시 국민정부 군사위원회 정치부는, 말 그대로 국공합작의 현장이었다. 주지하듯이 1936년 12월에 일어난 시안사변西安事變의 결과로 국공 간에 합작第二次國共合作이 성사되었는데, 당시 장제스나 국민정부의 입장에서 국공합작을 수용한 것은, 둥베이군벌 장쉐량張學良의 쿠테타와 구금으로 위기에 빠진 장제스 개인의 안위를 보장받기 위한 고육지책이었다. 그런 한편으로 9·18사변 이후 본격화하고 있던 일본의 침략에 대응하기 위한 거국적 방안(一致抗日)이 시급하다는 국민적 요구를 무시하기도 어려웠기 때문이었다. 시안사변으로부터 약 반년 뒤에 일어난 일본군과의 전면전, 곧 루거우차오사변의 발발은 국공합작의 구체적 실현을 요구하는 상황으로 이어졌다. 중국공산당 소속의 군대를 개편하여 국민당군대의 지휘 체계 아래 두는, 이른바 군사적 합작[50] 이외에 중앙정부 단위의 합작 가운데 가장 주목할 만한 분야는, 국민정부 산하 최고 군사기구인 군사위원회 내부에서의 합작이었다.[51] 특히 군대 내부의 정치교육이나 정치 선전을 담당하고 있던 군사위원회 정치부는 국공 간 합작의 가장 중요한 현장이 될 수밖에 없었다.

군사위원회 정치부는 원래 제1차국공합작 시기인 북벌 시기에 만들어졌던 것인데, 1927년 국공 결렬 이후 군사위원회 정훈처政訓處로 개편

50 國共 간의 군사 합작을 위한 지루한 협상에 대해서는 楊奎松, 『國民黨的聯共與反共』, 北京(社會科學文獻出版社), 2008, pp. 386~423 을 참조할 것.

51 정치부 부장 陳誠은 군사위원회를 중심으로 한 國共合作의 가장 중심적인 추진 인물이었다는 평가를 받고 있다. 于麗·田子渝, 「陳誠與湖北抗戰」, 『抗日戰爭研究』 2000年 第3期, pp. 133~134.

되었다가 1938년 2월 다시 회복된 것이었다. 정치부 부장은 장제스의 최측근 인물 중 한 명인 천청陳誠이 맡았고 국민당 측의 황지상黃琪翔과 공산당 측의 저우언라이周恩來가 부부장副部長을 맡았는데, 당시 저우언라이는 중국공산당의 실질적인 대표로서 우한에서 활동하고 있었다.[52] 정치부 아래 총무 경리 등을 맡은 총무청을 제외하고 3개의 청을 두었는데 제1청은 군대 중의 당무黨務를 담당하고 제2청은 민중 조직과 적후방 첩보활동을, 그리고 제3청은 대적 선전을 담당하였다. 제2청 청장을 맡았던 인물은 앞에서 언급한 바 조선의용대 창설의 전단계라고 할 혁명간부학교와 중앙군교 특훈반에 한인반을 개설 운영하는 데에 핵심적인 역할을 했던 캉쩌였다. 조선의용대는 바로 이 캉쩌 휘하의 제2청 소속이었다.[53]

조선의용대 성립 초기의 조선의용대지도위원회는 정치부 비서장 허중한이 주임을 맡고 중국 측(정치부)에서 저우셴탕周咸堂 등 4명의 위원, 그리고 김원봉陳國斌(김원봉의 중국명) 등 한국 측(조선민족전선연맹) 위원 4명으로 구성되었다.[54] 저우셴탕을 비롯한 4명의 중국 측 위원은 모두 일본 유학생 출신으로 전면전 발발 이후 귀국하여 1937년 9월 난징에 만들어진 중앙정치학교 특별훈련반(뒤에 군사위원회 戰時工作幹部 훈련단 제1단 留日學生訓練團으로 개칭)에 입교, 1938년 5월 우한에서 졸업하고 소위로 임관한 인물들이었다. 이 가운데 저우셴탕과 판원즈潘文治, 차오한즈矯漢治는 군사위 정치부 제1청, 졘보춘簡伯邨은 정치부 제3청,

---

52 中共中央文獻硏究室 編,『周恩來年譜(1898-1949)』, 北京(中央文獻出版社), 1989, p. 402.

53 郭沫若,『洪波曲』(郭沫若自傳 第4卷), 北京(三聯書店), 1978, p.185.

54「朝鮮義勇隊指導委員會委員周成堂等呈報朝鮮義勇隊組織成立之經過原案(1938.10.3.)」. 앞의『關內地區朝鮮人民反日獨立運動資料彙編(1919-1945)』下册, pp. 914~916.

졘줘졘簡卓堅은 정치부 기술연구소(군사 암호 관련기구) 소속이었다.[55] 또 당시 조선의용대가 (기본적으로는) 제2청 소속이었으나 제3청에서도 그 활동과 지휘에 관여할 수 있었다는[56] 주장이 있었던 것을 보면, 조선의용대는 캉쩌가 담당하는 제2청에 소속되어 있기는 했지만 군사위원회 정치부의 다른 부서와도 긴밀하게 연결되어 있었다고 볼 수 있다.

정치부 제3청의 청장을 맡았던 인물은 역사가와 문학가로서 이름을 날리고 있던 궈모뤄郭沫若이었다. 궈모뤄는 1927년 국공결렬 당시 언론을 통하여 장제스를 대대적으로 비판하고 나섰던 인물로서[57] 장제스의 탄압을 피하여 1928년 2월 하순 일본으로 망명해 갔던 대표적인 좌익 계열 문인이었다. 이후 궈모뤄는 1937년 7월 말 귀국하기까지 거의 10년을 일본에서 망명 생활을 했었는데 그를 귀국케 한 것은 당시 대일對日 정보통으로 널리 알려져 있던 왕펑셩이었다. 왕펑셩은 중일 전면전 발발 이후 장제스의 부름으로 군사위원회 산하에 국제문제연구소를 개설하고 대일 군사 정치 정보 수집 활동의 중심에 서 있었는데 그가 대일 선전 공작에 궈모뤄를 추천했다. 왕펑셩은 9·18사변과 7·7사변의 발발을 정확하게 예견함으로써 장제스의 신임을 한 몸에 받게 된 일본통의 외교가 출신 인물로 알려져 있는데,[58] 그는 국공합작의 분위기 속에

---

55 周咸堂을 비롯한 중국 측 지도위원들의 이력에 대해서는 嬌桂瑾(오소진 번역), 「조선의용대 지도위원회의 중국인 요원들」, 『한국독립운동사연구』 56(2016) 참조.

56 郭沫若, 앞의 『洪波曲』(郭沫若自傳 第4卷), p.185.

57 1927년 장제스 측의 공산당 탄압으로 지하활동으로 명맥을 유지해야 했던 공산당 측에서는 장제스의 반공 쿠테타에 대하여 대대적인 비판을 가했는데, 그 가운데에서도 특히 郭沫若은 『請看今日之蔣介石』이라는 글을 武漢에서 발간되던 『中央日報』에 발표하고 이후 南昌에서 단행본으로 출판하여 武漢國民政府의 "反蔣功臣"으로 이름을 날렸다. 吳基民, 「郭沫若歸國抗戰始末」, 『同舟共進』 2018年 第1期, pp. 45~46.

58 王芃生의 이력에 대해서는 萬發眞, 「抗戰時期的王芃生與國際問題研究所」, 『山東理工大學學報(社會科學版)』 24-1(2008), pp. 50~51; 申先惠, 「憶王芃生先生在抗戰時期的國際情報工作」, 『今日中國』 1988-12; 趙慶華, 「"王牌間諜"王芃生」, 『文史天地』 2012-

서[59] 궈모뤄를 비롯한 좌익 문인들을 대적 선전 활동에 동원할 구상을 하고 그것을 장제스에게 건의하여 궈모뤄의 귀국과 군사위 정치부 제3청장 부임을 가능케 하였다.[60] 궈모뤄 부임 이후 군사위 정치부 제3청은 대중동원, 예술선전, 국제선전 공작을 적극 펼치게 되었는데 이 가운데 특히 일본인이나 일본군을 상대로 하는 국제선전의 효과적 추진을 위해 이전부터 왕펑셩, 궈모뤄와 교분이 있던 아오야마와 가지 등 일본 반전 운동가들의 참여가 이루어지게 되었다. 왕펑셩이나 궈모뤄의 경우 모두 장기간 일본에 유학하거나 체류하여 일본어에 능통했지만, 그럼에도 불구하고 일본인 내지 일본군을 상대로 하는 선전문을 만들거나 전단을 작성하고 수정하는 작업에 아오야마나 가지 같은 일본인들의 직접적인 참여가 절실했던 것이다.[61]

앞에서도 언급한 바이지만 조선의용대의 창설 문제를 처음 언급한 것은 아오야마였는데, 당시 아오야마는 국제문제연구소 고문의 자격으로 대일 (반전) 선전에 협력하고 있었다.[62] 따라서 국제의용대의 조직과 그

9(貴州省政協辦公廳); 劉曉鵬, 「敵前養士: "國際問題研究中心"前傳, 1937-1975」, 『中央研究院近代史研究所集刊』 82期(2013), pp. 147~151; 廖文碩, 「情報與外交: 從檔案論王芃生與國際問題研究所(1937-1946)」, 『成大歷史學報』 56號(2019, 成功大學歷史學系) 등 참조.

59 장제스는 1937년 2월 하순 國民黨五屆三中全會 폐막 이후에 가진 기자회견에서 "1924년 이전의 각 당파 소속 인물 가운데 유능한 인물들을 배척하지 않고 정치·경제·교육 각 분야에서 국가건설에 공헌할 수 있도록 하겠다"는 입장을 발표하였고, 그에 이은 "人才集中" 정책의 시행으로 共産系列 인사들의 중앙정부 참여가 가능하게 되었다. 廖久明, 「郭沫若歸國抗戰眞相」, 『郭沫若學刊』 2019年 第2期, pp. 15~16.

60 廖久明, 앞의 「郭沫若歸國抗戰眞相」, pp. 17~18.

61 石岩, 「抗戰時期在華日本人反戰組織及其活動」, 『日本研究』 2011-1. 1938년 6월 18일자로 王芃生, 鹿地亘夫婦, 青山和夫 사이에 맺어진 협의문서(意見書)에 의하면 대일 선전, 선동을 효과적으로 수행하기 위해 青山, 鹿地 등의 번역 수정 참여에 양측이 동의한다고 하면서 그에 대한 蔣介石의 문서상 허가가 있었다고 적고 있다. 沈衛威, 「新發現抗戰初期"對日煽動宣傳之意見書"及鹿地亘手書稿本」, 『魯迅研究月刊』 2021年 第11期 참조.

62 아오야마는 자신의 회고록에서 일본 국내에서의 공산당 활동으로 수감되었다가 전향서를

일환으로서의 조선의용대의 조직을 언급한 아오야마의 제안은, 왕펑셩과 궈모뤄에 의하여 주도되고 있던 국제적 반일 선전 활동의 연장선상에 있다고 보아도 무리가 없을 것이다. 실제로 군사위 정치부의 조선의용대 창설 계획안은 전술한 대로 아오야마의 원래 계획안에 의거하되 국제문제연구소장 왕펑셩의 두 차례에 걸친 수정안(의견서)을 참작하여 만들어졌다.[63] 그런 입장에서 아오야마의 국제의용군 조직 제안서에 조선의용대의 역할로서, 전선이나 적후에서 대적 선전이나 정보 수집 활동 등을 제시하고 있는 것은 당연한 일이다. 특히 캉쩌가 책임지고 있던 정치부 제2청의 "민중 조직 및 적후방 첩보활동" 또한 당연히 반영된 결과였을 것이다. 또한 아오야마의 제안을 중국 측, 곧 왕펑셩이나 궈모뤄, 허중한이 동의한 것이나 최종적으로 장제스의 허가를 얻은 것에는 "대적선전"이라는 목표가 있었다.[64]

중국 측이 구상하고 있었던 "대적선전"이라는 목표는, 아오야마의 국제의용군 창설 계획안 속에 그대로 드러나 있다. 아오야마는 국제의용군 조직 계획에서 국제의용대는 독립적인 단독부대가 아니라 소대나 반班을 단위로 하는 분산적 조직으로 전국 각지의 중국군에 편입되어 활

쓰고 풀려난 뒤 1936년 12월 시안사변이 일어난 것을 듣고 일본의 중국 침략이 목전에 왔다는 판단을 하고 상하이로 망명했다고 한다. 그러나 1937년 10월 상하이가 함락된 다음 베트남을 거쳐 武漢으로 와 군사위원회 정치부와 연결 활동하게 되었다고 하였다. 青山和夫,『謀略熟練工』, 東京(新紀元社), 1957, pp. 65~107.

63 「國民政府軍事委員會政治部賀祕書長衷寒呈政治部陳部長誠原案(1938.9.)」. 앞의『關內地區朝鮮人反日獨立運動資料彙編 1919−1945』下册, p. 913.

64 물론 青山의 제안이 받아들여지게 된 배경에는 南京 함락 이후 국민정부의 군사 행정적 거점으로 전시 임시수도(陪都)의 역할을 하고 있던 武漢이 일본군의 공격 아래 함락 위기를 맞고 있다는 다급한 상황 탓도 있었다. 이를테면 武漢 保衛라는 급선무를 위해 모든 가능한 군사적 역량을 총동원해야 한다는 위기의식 아래 조선의용대의 성립이 이루어지게 되었다는 것이다. 石建國,「朝鮮義勇隊與中國國民黨」,『韓國硏究論叢』20輯(2009), pp. 241~242.

동하는 것으로 그려져 있다.[65] 또 전술한 대로 국제의용군을 조직하면서 그 일원으로 조선의용대를 조직한다면 조선인들의 항전 참여 희망을 해결해 줄 좋은 기회가 될 것이며, 중국군의 지휘 아래 정찰과 구호, 운수, 선전공작에 조선인들을 동원할 수 있을 것이라는 구체적 방안까지 제시하고 있었다.[66] 국제의용군과 조선의용대에 대한 이러한 구상은 그 후 조선의용대의 실제적 활동 속에서 거의 그대로 반영되어 나타나고 있었음은 물론이다.

Ⅲ. 조선의용대의 "대적선전전對敵宣傳戰"에의 동원

조선의용대는 창립 당시 89명 정도의 인원으로 먼저 우한위수사령부武漢衛戍司令部와 캉쩌 휘하 군사위원회 정치부 제2청의 지휘 아래 우한 보위전에 투입되었다. 당시 우한에 대한 방어는 국민정부가 내륙 중국, 특히 화중지방을 통제할 수 있는가 없는가를 가름하는 관건이었기 때문에 이른바 "장기항전" 전략상으로도 사활을 걸 만큼 중요한 일전이 될 수밖에 없었다. 따라서 우한 보위전이라는 화급한 당면 과제로 인하여 조선의용대의 창립이 신속하게 이루어질 수 있었다는 관점은 충분히 일리가 있다.[67] 우한 보위전에서 조선의용대의 활약을 보여 주는 직접적인 자료는 아직 보지 못하였다. 다만 정치부 제3청장 궈모뤄의 회고에 의하면 조선의용대는 우한 보위전에서 일본어로 된 반전 구호를 도시

65 위의 「義勇軍組織之說明」, 『關內地區朝鮮人反日獨立運動資料彙編 1919-1945』 下册, p. 911.

66 위의 「解決朝鮮人問題的方法」, 『關內地區朝鮮人反日獨立運動資料彙編 1919-1945』 下册, pp. 911~912.

67 石建國, 앞의 「朝鮮義勇隊與中國國民黨」, pp. 241~242.

성벽 곳곳에 석청이나 페인트로 써 붙여서 나중에 우한을 점령한 일본군이 그것을 지우는 데에 여러 날이 걸릴 정도였을 만큼, 많은 일본군에게 심리적으로 커다란 타격을 미치는[68] 혁혁한 성과를 냈다고 한다.

우한 함락 이후 광시성 궤이린廣西省 桂林 지역으로 이전해 간 이후 조선의용대의 활동은, 당시 조선의용대가 발행하던 잡지인 『조선의용대통신朝鮮義勇隊通訊』의 여러 기사 가운데 비교적 자세하게 언급되어 있다.[69] 예컨대 조선의용대 정치조 선전주임을 맡았던 한지성이 1940년 10월 발행된 『조선의용대통신』 37호에 발표한 글에서 "조선의용대는 성립 이래로 전선戰線과 적후敵後에서 적을 향해 구호를 외치고 강연을 했으며 전단을 뿌리고 적정敵情을 탐지하며 (중국군 가운데) 대적 공작 간부들을 교육하는 일을 해 왔다"고 말했다.[70] 한지성은 같은 글에서 "무장을 하지 않은 채 선전, 정보 공작을 하는 것이 무장을 하고 선전, 정보 공작을 하는 것만 못하기 때문에 향후 이 점은 개선되어야 한다"고 주장하고 있었다. 또 "창설 이후 2년간 6개 전구戰區, 13개 성省에 나뉘어 대적공작을 벌일 정도로 (일정한 주둔지가 없이) 지나치게 분산 이동 배치되었기 때문에 역량을 집중하기 어려웠다"고 지적하고 있다.[71]

광시성 궤이린에 본부를 두고 있던 약 1년 반 동안 조선의용대에서

---

68 郭沫若은 당시 일본에 유학하여 일본어를 할 수 있는 중국인이 그렇게 많았음에도 불구하고 오직 조선의용대만이 죽음을 무릅쓰고 武漢 宣傳戰에 적극 나섰다고 하면서 조선의용대의 활약에 대하여 높이 평가하였다. 郭沫若, 앞의 『洪波曲』(郭沫若自傳 第4卷), pp. 184~185.

69 김희곤, 「朝鮮義勇隊의 기관지 발간과 그를 통해 본 對敵工作」, 『史學志』 제31집 (단국사학회, 1998) 참조.

70 韓志成, 「二年來的教訓與今後的工作」, 『朝鮮義勇隊通訊』 第37號(1940.10).

71 『朝鮮義勇隊通訊』의 기사를 주로 이용하여 조선의용대의 선전활동을 유형별로 정리한 한 연구에서는 ① 遊說와 講演, ② 구호와 표어, ③ 전단과 소책자, ④ 政論과 時評, ⑤ 문학과 예술 분야의 5가지로 나누어 정리하고 있다. 鄭龍發, 「試論朝鮮義勇隊的抗日宣傳」, 『韓國硏究論叢』 2000年.

발간한 몇 가지 소책자 가운데[72] 중국인 대원 왕지셴王繼賢이 편집했다고 밝힌 『중국전장에서의 조선의용대中國戰場上的朝鮮義勇隊』라는 책이 있다.[73] 이 소책자의 편집자 왕지셴은 앞에서 언급한 대로 중앙군교특훈반 한인반韓人班(제4중대)에 포함된 한어구대韓語區隊 출신의 군사위원회 정치부 소속으로서 조선의용대에 파견되어 있던 인물이었고, 뒤에는 군통 요원으로서 한국광복군과 한국임시정부 주재 전문요원專員으로 파견된 인물이다.[74] 이런 점에서 왕지셴의 이 소책자는 조선의용대의 활동이나 운영과 관련된 중국 측 곧 군사위원회 정치부의 입장을 잘 나타내고 있다는 점에서 주목해야 할 자료이다. 이 소책자 속에서 왕지셴은 1938년 10월 우한에서 조선의용대가 창립된 이후 약 1년 동안의 활동을 일목요연하게 정리하고 있다. 왕지셴은 먼저 궤이린의 총대에서는 일단의 선전 활동과 함께 기관지로서 『조선의용대통신』을 발간하고 외국인 기자들을 포함한 각 언론기관에 조선의용대의 활동상을 알

72 桂林, 重慶 시기의 조선의용대에서 간행한 소책자로는 이 책 이외에 劉金鏞 編, 『火線上的朝鮮義勇隊』, 桂林(1939); 馬義 編著, 『朝鮮義勇隊勝利的四年』, 重慶(?), 出版年度不詳; 劉金鏞 編, 『國際隊伍』, 重慶(1941.4.1.) 등이 확인된다.

73 이 책은 2008년에 한국독립운동사연구소에서 수집 간행한 『中國新聞韓國獨立運動記事集(Ⅰ)』에 부록으로 소개되어 있다.

74 이 책의 저자 王繼賢에 대하여 이 자료집의 해제를 쓴 염인호 교수는, 상당히 광범한 조사를 바탕으로 중앙군교특훈반 韓語區隊 출신이라는 점과 『조선의용대통신』에 여러 편의 글을 쓴 중국인이며, 뒤에 한국광복군 총사령 이청천의 부관까지 지낸 인물이라는 점을 밝혀냈다. (염인호, 「해제」, 한국독립운동사연구소 편, 『中國新聞韓國獨立運動記事集(Ⅰ)』, 2008, 22쪽) 그러나 王繼賢이 뒤에 국민정부 군사위원회 군사조사통계국(군통) 요원으로서 한국임시정부 전문요원으로 파견되었고 [葉秀峯(中統局長), 「派王榮生爲駐韓國臨時政府專員案(1945.7.3.)」 國民黨黨史會所藏檔案(檔案番號: 特16/15.5). 中統局長 葉秀峯은 中秘處長 吳鐵生에게 보낸 공문에서 중통 소속 王榮生을 한국임시정부 주재 요원으로 파견하려 한다는 의견에 대하여 "軍統에서 이미 파견한 王繼賢의 경우"에 따르면 된다고 답하고 있다.] 그 이전 조선의용대와 관련해서는 민혁당 관련 정보 수집 담당자였다는 점(邵毓麟, 『使韓回憶錄』, 이용빈 외역, 『사오위린대사의 한국외교회고록』, 한울, 2017, 105쪽)은 지적하고 있지 않다.

리는 역할을 하였다고 소개하였다. 이어서 후난성 북부湘北와 후베이성 남부鄂南 및 광시성 남부桂南 지역 전선에 배치되었던 제1구대의 경우 능숙한 일본어로 적의 진지를 향해서 선전문구를 외치거나, 전단을 뿌리는 "진지선전전陣地宣傳戰"과 적의 후방에 침투하여 선전 전단을 살포하는 "유격선전전遊擊宣傳戰"을 전개하여 커다란 성과를 냈다고 하였다. 그 결과로 적군의 사기를 현저하게 떨어뜨렸을 뿐만 아니라 심지어는 포탄이 작렬하는 속에서도 선전연설을 감행하여 일부 일본군으로 하여금 전쟁을 혐오하도록 만들거나 투항하도록 만드는 성과도 거둠으로써 "선전이라는 도구를 가지고 실제적 전투를 치르는" 효과를 냈다고 평가하였다. 또 좌담회, 간친회懇親會, 오락회, 일어연습반 등을 개설하여 중국 군민軍民들을 교육하거나 위로하였으며 난민들을 구제하는 역할까지 수행했다고 적었다.[75]

이어서 왕지셴은 후베이성 북부鄂北, (베이징에서 우한에 이르는) 핑한철로平漢鐵路 지역, 따훙산大洪山(후베이성 중부) 지역, 황허 북안黃河 北岸 지역에 파견되었던 제2구대의 활약상을 소개하고 있는데, 일본군 포로를 대상으로 하는 교육, 일본군 방송이나 문건을 청취 번역하는 일, 구두 선전, 벽보나 만화 부착, 각종 언론 투고 등의 활동 등을 자세하게 적고 있다. 일부 후방 침투시 적에 대한 무장 공격도 한 사례가 있었다는 점과 철로와 같은 일본군의 교통로를 파괴하거나 중국 민중을 대상으로 하는 강연 활동, 적정敵情에 대한 정보 수집 활동 등을 비교적 자세하게 적고 있다. 이어서 왕지셴은 전쟁 중 투항한 포로들을 중심으로 새롭게 만들어진 조선의용대 제3구대의 활동 상황을 적고 있는데, 이들

75 王繼賢 編著, 『中國戰場上的朝鮮義勇隊』, 桂林, 1940.3.1., pp. 12~28. 여기에서 인용한 자료는 상하이도서관 소장본이다.

은 장시성 북부贛北를 무대로 하여 각 전선에서 선전전에 나섰다고 하였다.

왕지셴의 글 가운데 가장 눈에 띄는 대목은 조선의용대의 향후 활동 방향을 제시하고 있는 마지막 부분이라고 할 수 있다. 「금후 조선의용대 공작의 방향과 발전 전망朝鮮義勇隊今後的工作方向與發展前途」이라는 소제목이 붙은 마지막 대목에서 두 가지 문제를 제시하고 있다. 그것은 "무장화 문제武裝化問題"와 "유격구 공작문제遊擊區工作問題"의 두 가지이다. 먼저 무장화와 관련한 문제에 대해서는 무장화가 조선의용대의 절박한 요구라고 하면서, 무장화가 되지 못한다면 진정한 의미의 기간부대基幹隊伍가 될 수 없다고 하여 무장화를 찬성하는 입장을 취하고 있다. 다만 이 문제는 이후 중한 양 민족 사이에 협동 방식을 둘러싸고 조정되어야 할 문제라고 하고 있다. 다음으로 적 후방 침투와 이를 위한 유격전 전술은 후방에 있는 한인韓人 민중들, 특히 화베이나 둥베이 지역에 이주해 살고 있는 한인들에게 접근하려는 조선의용대에게 중요한 문제인데 이 문제 또한 중한 간의 긴밀한 협의가 전제되어야 할 문제로서 향후 연구가 필요하다고 보았다. 다만 최종적으로, 향후 수년 내에 조선의용대는 어엿한 전투대오로 성장하게 될 것이라는 희망적인 결론을 내리고 있다.[76]

이상 『조선의용대통신』이나 왕지셴의 소책자를 중심으로 조선의용대의 활약상을 정리해 보았는데, 이를테면 조선의용대는 독자적인 조직을 가진 군대 단위가 아니었을 뿐만 아니라 일정한 주둔지가 따로 있지 않고 여러 중국군 부대의 작전지에 소규모로 분산 파견되어 전선이나 적의 후방에 침투, 전단 살포나 구호를 외치는 등의 대적선전전이나 적

---

76 王繼賢 編著, 『中國戰場上的朝鮮義勇隊』, pp. 28~43.

의 군사정보를 수집하는 등의 공작을 수행한 특수 부대였다고 볼 수 있다.[77] 그간 일부 조선의용대를 다룬 연구들에서 조선의용대가 선전전이나 정보 수집, 포로 신문과 같은 역할뿐만 아니라 경우에 따라서는 실제 전투에 참가하였고 또 상당한 전적도 올린 사실을 강조해 왔다.[78] 이 점은 조선의용대가 항일전쟁에서 중국군대의 보조적 역할만을 수행한 것이 아니라 본격적인 전투부대의 역할도 수행했다는 점을 강조하는 것으로, 이로써 조선의용대의 존재가 갖는 전투부대로서의 성격을 내세우기 위함이었다. 물론 선전전의 수행 과정에서 전선과 적후에 배치되어 역할을 수행하는 경우 기본적인 전투를 치르게 될 가능성도 있고 또 실제로 일부 전투를 수행했음 또한 사실이다. 그러나 그렇다고 해서 조선의용대의 선전부대로서의 기본적 성격 자체를 부정할 수 없다면 직접적 전투 참여는 어디까지나 부차적인 것이었다고 말해도 무방할 것이다.

물론 조선의용대가 대적 선전활동을 주로 하는 조직이었다고 해서 조선의용대가 대일 항전에서 덜 중요한 일을 맡았다거나 희생이 적었다는 이야기는 전혀 아니다. 실제의 전투 수행 과정에서 적전敵前 선전전이나 적후敵後 정보 수집 등의 활동은 가장 위험한 일에 속한 것이었으며, 따라서 많은 희생을 치를 수밖에 없는 일이었다. 실제로 조선의용대의 영웅적 전적戰績과 커다란 희생에 대해서는 당시 중국의 여러 언론매체에서 적지 않은 보도들을 낼 만큼 그 성과는 대단한 것이었다.[79] 이뿐만

77 1939년 3월 초 조선의용대의 활약을 전한 중국 신문의 한 보도기사에는 ① 일본어 표어 제작 게시, ② 선전 구호 외치기, ③ 중국군에 대한 선전 좌담회 개최와 포로 생포 노력, ④ 후방 민중에 대한 선전공작을 행하여 많은 성과를 내고 있다고 하였다. 北鷗, 「在火線上的朝鮮義勇隊」, 『新華日報(重慶)』 1939. 3. 19., 앞의 『關內地區朝鮮人反日獨立運動資料彙編 1919-1949』, pp. 937~939 참조.

78 조선의용대의 전투부대로서의 성격을 강조한 연구로서는 특히 김영범, 「조선의용대의 항일전투(참가) 실적과 화북진출 문제 再論」, 『한국독립운동사연구』 67(2019)가 눈에 뛴다.

79 조선의용대의 戰績과 희생에 대해서는 당시 중국 신문에 여러 차례 보도되었다. 「朝鮮義

아니라 조선의용대의 활동이 타이완의용대臺灣義勇隊나 재중일본인민반전동맹在中日本人民反戰同盟 등과 같은 동아시아 지역 항일 반전 단체들과 국제적 연대를 실천하는 의미를 가졌다는 점 또한 마땅히 강조되어야 할 대목이다.[80]

다만 여기에서 조선의용대의 구체적 역할이 대적 선전과 정보 수집에 집중되어 있었다는 점을 강조하는 것은, 조선의용대의 성립이나 운영에 대한 중국 측의 의도나 기대가 어디에 맞추어져 있었는가를 제대로 밝히기 위해서다. 요컨대 중국 국민정부 측에서는 처음부터 대적선전이나 정보 수집을 위한 공작에 한인들을 "동원"하려는 목표 아래 중앙군교 특훈반 한어구대를 운영하기 시작하였으며 그것을 기반으로 조선의용대를 창설, 운영하도록 군사적 재정적인 "지원" 정책을 펼쳤던 것이다.

勇隊英勇戰績」, 『新華日報』 1942. 2. 19.; 「朝鮮義勇隊迭在華北歼敵」, 『大公報』 1942. 2. 20.; 「朝鮮義勇隊追悼殉難同志」, 『新華日報』 1942. 2. 27.; 「朝鮮志士捐軀華北」, 『新華日報』 1942. 8. 29. 등 참조.

80 한상도, 『한국독립운동과 동아시아연대』, 역사공간, 2021, 86~149쪽; 甘露, 「朝鮮義勇隊與臺灣義勇隊之關係研究」. 『當代韓國』 2011年 春季號.

제3절

중일전쟁 시기 장제스·국민정부의 한국 인식

—한국광복군에 대한 통제와 임시정부 승인 유보—

Ⅰ. 한국광복군의 창설과 장제스·국민정부의 입장

한국광복군의 창설은 임시정부의 서천 이후 한국독립당(한독당)에 의하여 본격적으로 추진되었다. 한국독립당은 중국에서 활동하던 한국독립운동가들의 조직 가운데에서 김구를 중심으로 하는 한국국민당을 구심점으로 하여 조소앙 중심의 (재건)한국독립당, 이청천 중심의 조선혁명당이라는, 이른바 우파 3당의 연합을 통하여 만들어진 정당으로서 통합 이후 임시정부의 실질적인 여당 역할을 하고 있었다. 광복군이 한독당이라는 한 정당의 당군黨軍 형태로 창설이 모색된 것은 임시정부를 둘러싼 각 세력 간의 내분과 갈등이 상존하여 통일된 군사조직을 구성하는 것이 어려웠기 때문이었다. 특히 좌파 측의 군사조직으로서 이미 중국당국의 지원을 받고 있던 조선의용대가 조직되어 활동하고 있었기 때문에[1]

1 조선의용대는 金元鳳(金若山)을 중심으로 하는 좌파 독립운동 세력인 조선민족전선연맹

임시정부의 단일 군사조직을 다시 만드는 것은 그만큼 많은 어려움을 가질 수밖에 없었다. 이런 까닭에 한국광복군은 그 출발단계에서부터 임시정부의 군대, 즉 '국가의 군대(국군)'가 아니라 한국독립당이라는 '정당의 군대(당군)'의 형태를 띠게 되었던 것이다.

당군이든 국군이든 간에 임시정부의 군사조직 구상은 중국 측의 사전 허락을 얻어야 가능한 일이었다. 이를 위해 임시정부 측에서는 1940년 초부터 중국 측과 교섭을 시작하였는데 이때 임시정부가 내세운 광복군 창설 이유는, 일본군에 징집되어 중국 전선에 파견되어 와 있는 한국 출신 일본군 병사韓籍兵士들을 투항시켜 광복군으로 조직한 다음 항일전에 참가하도록 한다면 중국군의 항일전 수행에도 큰 도움이 될 것같다는 것이었다.[2] 국민정부 측으로서도 한적일본사병들의 귀순(反正) 가능성은 큰 관심을 끄는 대목이었으니 실제로 1937년 11월 산시성 타이위엔山西省 太原을 점령한 일본군 20사단은 원래 서울 용산에 주둔하던 부대였고 산시성 점령 이후 조선인의 산시성 이주를 적극 장려한 결과 1만여 명 이상의 조선인이 대거 이주해 왔다. 김구를 비롯한 임시정부 측의 광복군 창설 제안은 바로 산시 지역 일본군 내 한적 병사들과 이주 한인들을 대상으로 삼겠다는 복안이었던 것이다.[3]

임시정부 측의 이러한 제의는 중국 측 교섭당사자였던 국민당 조직

에 의하여 1938년 10월에 만들어졌는데, 선전공작 등 중국군의 항일전을 보조하는 역할을 맡고 군사위원회의 지도와 감독을 받는 것으로 되어 있었다. 조선의용대의 창설과정과 국민정부 군사위원회 및 군통(軍統)의 조선의용대에 대한 통제 동원 정책에 대해서는 이 책의 제4장 제2절 참조.

2 김구는 1940년 2월에 국민당 중앙조사통계국(中統) 부국장 徐恩曾에게 華北으로 오는 朝鮮籍 일본군 병사를 포섭하여 광복군을 창설하겠다고 제안하였다. 「徐恩曾致朱家驊爲金九面稱華北鮮籍士兵可成立光復軍情報網并請呈委座酌予補助函(1940. 2. 25)」, 中央研究院近代史研究所 編, 『國民政府與韓國獨立運動史料』(臺北, 1988), 206~207쪽.

3 염인호, 「중일전쟁기 한국광복군 창설에 관한 일 연구–창설 배경 및 과정을 중심으로–」, 『한국독립운동사연구』 76(2021), 10~18쪽 참조.

부장 주자화朱家驊 등의 적극적인 찬동과 장제스의 원칙적인 인준을 얻었다. 그러나 광복군 창설의 실현은 그렇게 간단한 문제가 아니었다. 1940년 4월 중순 장제스는 이 문제를 군사위원회의 허잉친何應欽 참모총장과 협의하여 처리하도록 지시했지만[4], 군사위원회의 조치는 즉각 이루어지지 못했다. 그 이유는 기본적으로 외국군대인 광복군의 지위와 조직, 지휘계통 등에 대한 처리가 간단하지 않았던 탓도 있지만 이미 군사위원회의 지원을 받고 있던 조선의용대와의 관계 설정도 문제가 되었을 것이다.

이렇게 되자 1940년 5월 초 임시정부 측에서는 「한국광복군편련계획대강韓國光復軍編練計劃大綱」을 장제스에게 제시하고 광복군 창설을 독촉하였는데, 11개 조항으로 된 「한국광복군편련계획대강」의 내용은 둥베이의 옛 광복군[5]과 일본군 점령지역淪陷區의 한국 출신 병사韓籍士兵들, 그리고 중국인 사병을 모집하여 1개 사단을 기준으로 광복군을 편성하고 한독당 소속으로 하되 중국 측 군사최고지도자가 중한연합군 총사령관의 자격으로 지휘 통솔하도록 한다는 것이었다.[6]

이에 대하여 장제스는 '한국광복군이 중국의 항일전에 참가한다'는 것을 전제로 하여 비준하고 군사위원회 군정부軍政部로 하여금 광복군 편성이 조속히 이루어지도록 하라는 지시를 내렸다.[7] 그러나 「한국광복군편련계획대강」에 대한 군정부의 검토결과는, 광복군을 한독당 내지는

---

4 「蔣委員長致朱家驊爲補助光復軍案准照辦希與何總長棱洽辦理電(1940. 4. 11)」, 앞의 『國民政府與韓國獨立運動史料』, 210쪽.

5 1919년 이래로 間島 지역을 중심으로 활동하던 각종 무장 독립운동 세력을 한국광복군 조직하에 재규합하려는 의도로 쓴 용어인 듯하다.

6 「韓國光復軍編練計劃大綱(1940. 5. 1)」, 국사편찬위원회 편, 『대한민국임시정부자료집』 제10책(한국광복군 1), 2006, 8~14쪽.

7 「朱家驊致金九爲補助光復軍案已轉陳總裁並奉准辦理書(1940. 5. 18)」, 앞의 『國民政府與韓國獨立運動史料』, 214쪽.

임시정부에 소속시키는 것에 반대하고 군사위원회에 예속시키기로 한다는 것이었다.[8] 군사위원회의 이러한 결정에 대하여 임시정부는 광복군의 독자성을 완전히 부정하는 것으로 받아들이고 강력하게 반발하였을뿐 아니라 독자적인 창설을 강행하기에 이르렀고, 1940년 9월 17일, 임시정부 측에서는 군사위원회와의 사전 협의 없이 한국광복군총사령부 성립대회를 거행했다.[9]

그러나 임시정부 측의 독자적인 광복군 출범은 장제스 및 군사위원회 측과의 심각한 갈등과 대립을 가져올 수밖에 없었으니 장제스는 1941년 7월 초 한국광복군의 성립을 인가한다고 하면서 "다만 일정한 한도를 정해야 한다"고 하고 허잉친에게 군정부가 직접 방법을 모색하도록 하라고 지시했다.[10] 장제스는 또 1941년 10월 말 허잉친에게 보낸 지시에서는 "한국광복군과 조선의용대를 모두 군사위원회에 예속케 하고 참모총장이 직접 통일, 장악하여 운영하라"는 명령을 내리고 있었으며, 이어서 11월 중순 군사위원회 판공청에서는 「한국광복군행동구개준승韓國光復軍行動九個準繩」이라는 규정을 만들어 직접적인 통제 정책을 구체화하기에 이르렀다.[11]

---

8 「李超英致朱家驊爲光復軍編練計劃已審查完畢並附呈意見函(1940. 6. 21)」, 앞의 『國民政府與韓國獨立運動史料』, 229~230쪽.

9 「韓國光復軍總司令部成立典禮記錄(1940. 9. 17)」, 앞의 『대한민국임시정부자료집』 제10책(한국광복군 1), 27쪽. 물론 이때의 광복군은 총사령부와 상부 지휘부만을 설치하는 것으로서 실제적인 하부 군사조직은 만들어지지 못했지만 일부 뒤이어 만들어진 지역 단위의 군사조직도 군사위원회의 중지 단속(取締) 명령 때문에 활동을 할 수 없는 형편이었다. 한시준, 앞의 『한국광복군연구』, 89~98쪽; 김광재, 『한국광복군』, 한국독립운동사연구소, 2007, 103~110쪽.

10 「蔣委員長致朱家驊爲光復軍案已令何總長交軍政部速辦及金九等四人可約來一談電(1942年 7月 18日」, 앞의 『國民政府與韓國獨立運動史料』, p. 332.

11 「軍委會辦公廳致李青天爲凝光復軍活動準繩九條電(1941. 11. 13)」, 中央研究院近代史研究所 編, 『國民政府與韓國獨立運動史料』, 臺北, 1988, pp. 335~337.

이 「한국광복군행동구개준승」의 주요 내용은, 광복군을 군사위원회에 예속시키고 군사위원회와 그 예하 지휘관들의 지휘를 받으며 광복군의 활동범위를 한적韓籍 병사들을 흡수할 수 있는 일본군 점령지로 한정하고 중국인에 대한 모집이나 선전활동도 독자적으로 할 수 없으며, 필요한 경우 군사위원회에서 인원을 파견해서 맡도록 하고 (이후) 광복군이 한국 국경 내로 진입한 경우에도 계속하여 중국 측의 지원을 받을 수 있도록 한다는 것 등이었다.[12] 「한국광복군행동구개준승」이 누구의 발상에 의하여 만들어진 것인지에 대해서는 분명하게 밝혀진 것은 없지만, 당시 이 문제를 다각도로 조사했던 주중 미국 대사 고스Clalense E. Gauss가 국무부에 보낸 보고서에 따르면 「한국광복군행동구개준승」 같은 경우는 군부의 최고책임자인 허잉친이나 장제스를 포함한 국민정부 최고지도자들의 의중을 그대로 반영한 지시에 의한 것이었을 것으로 추측하고 있다.[13]

「한국광복군행동구개준승」은 한마디로 광복군의 임시정부 소속을 완전히 차단하고, 일반 중국군대의 경우와 마찬가지로 군사위원회의 지휘 아래 예속되게 함으로써 광복군을 일종의 외국인 지원군의 성격을 가지도록 만드는 것이었다. 또 그 후 실제로 진행된 광복군의 편성과 운영과정에서도 광복군에 대한 군사위원회의 예속, 장악 의도는 확실하게 드러나고 있었다. 예컨대 광복군 총사령부의 간부인원의 구성

---

12 國民政府의 光復軍에 대한 이러한 통제 정책의 이면에는 군사위원회의 지원을 받고 있던 조선의용대가 1941년 봄 華北으로 이동한 뒤 中共軍과 합류한 것에 대한 불만도 작용한 것으로 보인다. 張世胤, 「중일전쟁기 대한민국임시정부의 대중국외교-광복군문제를 중심으로」, 『韓國獨立運動史硏究』 제2집(1988), 23~25쪽; 한시준, 앞의 『한국광복군연구』, 61~64쪽.

13 「Gauss가 國務長官에 보낸 보고(1942년 12월 11일자)」, 美國外交文書 LM 79, R 2, 895.01/200 참조.

가운데에서 참모처장을 비롯한 주요 직위를 맡은 45명의 장교 가운데 75% 이상인 33명을 중국인 장교들이 차지하고 있었으며, 각 지대를 포함한 전체 광복군의 장교 117명 가운데에서도 중국인 장교가 65명으로 약 55%를 차지하고 있었던 것이다.[14]

「한국광복군행동구개준승」에 의한 군사위원회의 광복군 장악, 통제 정책에 대한 임시정부 측의 불만과 저항은 계속되었으니, 특히 1942년과 1943년에 걸친 임시의정원의 정기회의에서는 「한국광복군행동구개준승」의 철폐 문제가 최대의 쟁점으로 떠올라 임시정부 주석 김구와 외교부장 조소앙 등은 매번 그 해명에 분주하였다. 당시 김구는 「한국광복군행동구개준승」이 임시정부의 독자적 존재 자체를 근본적으로 부정하는 것으로 받아들일 수 없는 일이지만, 중국 측의 협력이 없이는 그마저도 군사조직을 가질 수 없기 때문에 어쩔 수 없이 받아들이게 되었음을 솔직하게 인정하면서 철폐를 위한 적극적인 노력이 필요하다는 점을 시인하였다. 또 광복군 총사령 이청천은 "남의 땅에서 군사 활동을 하자니 부득이 「구개준승」을 접수하게 되었으나, 확실히 너무 가혹한 조건이기 때문에 의정원에서 이 문제를 제기해 준다면 (오히려) 수정할 수 있는 기회가 될 것이다"라고 답변하였다.[15]

이런 가운데 임시정부 측에서는 1943년 2월, 「한국광복군행동구개준승」의 수정을 위한 소위원회小組會를 만들고 국민정부 외교부와의 교섭을 진행하여 「한국광복군행동구개준승」의 대안으로서 「한중호조군사협정韓中互助軍事協定」 초안을 제기하였다.[16] 이러한 수정 요구에도 불구

14 한시준, 앞의 『한국광복군연구』, 118~119쪽.

15 「臨時議政院第34回會議速記錄(1942년 11월 2일~11월 3일)」, 앞의 『대한민국임시정부자료집』 제3책(임시의정원 2), 47~54쪽.

16 「九個準繩廢止要請公函(1943. 2. 20)」, 앞의 『대한민국임시정부자료집』 제10책(한국광복군 1), 45쪽.

하고 군사위원회의 입장에 변함이 없자 임시정부 측에서는 다시 장제스와 접촉을 시도하여 1943년 7월 말 김구를 비롯한 임시정부의 지도자들이 장제스를 면담했으나, 구개준승의 철폐라는 목표를 달성하지 못했다. 이를테면 이 시기까지도 장제스와 국민정부는 광복군을 임시정부 휘하에 둘 수 없으며, 군사위원회로 하여금 광복군을 통솔하도록 한다는 것이 그들의 기본적인 입장이었음을 확인할 수 있다.

그러나 1944년 중반에 들면서 장제스와 국민정부의 광복군 문제에 대한 태도는 일대 전환을 가져오게 된다. 기본적으로 「한국광복군행동구개준승」의 철폐라는 임시정부 측의 주장을 받아들이는 쪽으로 방향을 선회하게 된 것인데, 이러한 정책적 방향 전환의 배경에는 이 책 제5장 제2절에서 다루고 있듯이, 1944년 6월 말 미국 부통령 월리스Henry A. Wallace의 충칭 방문을 전후하여 전개된 임시정부의 대미 접근 외교가 있었고, 이러한 국제적 환경의 변화에 따라 국민정부 측의 한국임시정부에 대한 통제완화 정책이 나타나기에 이르렀다. 다만 이 시기부터 카이로회담을 비롯하여 연합국들 사이에 전후 한국 문제의 처리가 이미 본격적으로 거론되기 시작하였고, 게다가 종전을 앞두고 한반도를 둘러싼 국제적 환경도 달라지고 있었기 때문에[17] 「한국광복군행동구개준승」과 군사위원회의 광복군 통제에 대한 임시정부 측의 반감과 저항으로 인하여 한중간의 우호적 관계 자체를 크게 훼손할 가능성이 있다고 장제스나 국민정부 측에서 판단하게 된 것이 아닌가 하는 추측을 해 볼 수는 있을 것이다. 이를테면 장제스와 국민정부로서는 임시정부의

17 후술할 것처럼 국민정부 외교부에서는 1942년 2월 이후 미국이 먼저 한국임시정부를 승인함으로써 전후 한반도에서의 주도권을 차지할지 모른다는 우려가 있었고, 1944년에 가서는 시베리아에 2개 사단의 한인 부대가 훈련받고 있다는 정보에 근거해서 전후 소련의 한반도 개입이 우려된다는 입장이었다. 이에 대해서는 뒤의 각주 29~30을 참조할 것.

입지를 어느 정도 세워 주면서 기왕의 우호적 연대를 지속하는 가운데, 종전 후에 있게 될 한국 문제의 해결과정에서 임시정부를 통한 영향력을 확보하려는 전략을 구상했을 것으로 추측된다.

여하튼 국민정부 측에서 「한국광복군행동구개준승」 수정 문제를 긍정적으로 검토하기 시작하자 양측의 교섭은 급물살을 타기 시작하였다. 그 결과 1944년 6월 말부터 7월 초에 걸쳐 여러 차례의 협상이 이루어졌으며[18] 장제스의 허가를 얻은 허잉친은 8월 23일 임시정부 주석 김구에게 공문公函을 보내 「구개준승」의 취소 결정을 알렸고 9월 8일 공식 통보하기에 이르렀다.[19] 이로써 한국광복군은 3년에 걸친 군사위원회의 예속과 통제, 간섭에서 벗어나 명실공히 임시정부의 지휘 아래 들어가게 되었으며 이후부터 광복군에 대한 중국 측의 지원도, 적어도 명분상으로는 평등한 국가 간의 차관이라는 형식을 띠게 되었다. 요컨대 광복군의 창설과 운영을 둘러싼 임시정부 측과 장제스 및 국민정부 측의 대립과 갈등은 임시정부에 대한 중국 측의 통제와 이용 의도를 분명하게 보여 주었다. 비록 광복군의 존립 자체가 외국에서의 군사 활동으로서 국제법상으로 많은 제약을 안고 출발할 수밖에 없다는 점을 인정한다고 하더라도, 광복군에 대한 장제스와 국민정부의 이러한 통제적 입장은 뒤에서 언급하게 될 임시정부 승인 문제나 종전을 대비한 외교부의 한반도 정책 구상과 함께, 전후 한반도에 대한 영향력 확보를 위한

18 「光復軍交涉略錄(1944. 6. 22.~7. 10.」, 앞의 『대한민국임시정부자료집』 제10책(한국광복군 1), 152~161쪽.

19 「光復軍九個行動準繩廢止에 관한 건(1944. 8. 28.)」, 『대한민국임시정부자료집』 제10책(한국광복군 1); 「光復軍의 임정 귀속에 관한 지시(1944. 9. 8,)」, 『대한민국임시정부자료집』 제10책 소수 문건 참조. 「한국광복군행동구개준승」의 취소를 국민정부의 임시정부에 대한 '사실상의 승인'이라고 보는 견해도 있다. 吳景平, 「關于抗戰時期中國國民政府對韓國臨時政府承認問題的態度」, 『東方學志』(延世大學國學研究院) 제92집(1996), 64쪽.

포석이라는 중국 측의 입장을 잘 보여 준다.

Ⅱ. 임시정부 승인 문제와 장제스·국민정부의 태도

한국임시정부는 1919년 성립 당초부터 자신들에 대한 국제적 승인을 얻는 데에 많은 노력을 기울이고 있었다. 특히 1921년에는 워싱턴회의에의 참가를 위한 준비 작업으로서 중국의 혁명정부, 곧 광둥호법정부廣東護法政府의 승인을 얻기 위한 방문단을 광저우廣州에 파견하여 쑨원을 면담하고 '사실상의 승인'을 얻는 성과를 내기도 했다. 당시 광둥호법정부 자체도 워싱턴회의에 공식적인 대표를 파견하지 못하는 등 국제적 발언권을 얻지 못한 상황이었기 때문에 한국임시정부에 대하여 국제법상 효력 있는 외교적 승인을 해 줄 수 있는 상황이 아니었던 점을 고려한다면, 당시의 '사실상의 승인'은 나름대로 적지 않은 의미를 가진다고 할 수 있다.[20]

그 뒤로도 임시정부에 대한 국제 승인 문제는 계속해서 한중 간의 중요한 현안이었지만, 임시정부가 충칭으로 옮겨온 1940년 이후, 특히 태평양전쟁이 발발한 1941년 말 이후 단계에 가서 종전이 예상되는 상황에 이르자, 전후의 한반도에 대한 처리 문제를 고려한 임시정부의 국제적 승인 문제가 국민정부와 임시정부 사이의 가장 중요한 현안으로 다시 떠오르게 되었다. 임시정부 측에서는 태평양전쟁 발발 이전부터 임시정부에 대한 중국 국민정부 측의 승인을 요청한 바 있는데, 이것을 기회로 하여 국민정부 내의 일부 인사들 사이에서도, 한국독립당韓國獨

20 이 책 제3장 제1절 참조.

立黨 중심의 임시정부가 한국독립운동 세력의 구심점이라는 사실을 인정하고 가능한 한 조속히 임시정부를 승인해야 한다는 주장이 제기되고 있던 상황이었다. 예컨대 국민당 조직부장 주자화는 1941년 11월의 한 보고에서 "한국임시정부의 승인 문제는 외교부장 궈타이치郭泰祺 등과 이미 여러 차례 협의한 것으로 멀지 않은 장래에 이루어질 것이다"라고[21] 전망했다.

국민정부 내의 한국임시정부 승인에 대한 주장은 태평양전쟁 발발 직후에도 이어지고 있었으니, 예컨대 국민당 중앙조사통계국中央調査統計局 부국장 쉬언쩡徐恩曾은 태평양전쟁 발발 직전인 1941년 11월 말에 이승만이 미국에서 보낸 임시정부에 대한 정식 승인 요청서에 대하여 "현재 미국 정부가 (승인을) 고려 중이며 소련 원동군遠東軍 쪽에도 현재 3만 내지 4만 명의 한국인 홍군이 있어서 소련과 일본이 개전한다면 곧바로 (한국인) 소비에트를 조직할 가능성도 있다"는 정보와 함께 중국도 하루빨리 임시정부를 정식 승인하는 것이 좋겠다는 의견을 냈었다.[22]

또 궈타이치의 후임으로 외교부장이 된 쑹즈원宋子文과 입법원장 쑨커孫科는 당시 모두, 가능한 조속한 시일 안에 임시정부를 승인할 필요가 있음을 강조하고 있었다. 특히 입법원장 쑨커는 1942년 3월의 한 강연에서 "우리가 현재 한국의 독립운동을 지원하는 데에 있어서 가장 중요한 것은 한국임시정부를 승인하는 것이다…우리가 먼저 (한국임시정부를) 승인한다면 영국과 미국이 뒤따라 승인하게 될 것이며 장차 소련도 그 뒤를 따를 것이다"라고 주장했다.[23]

---

21 「朱家驊復徐恩曾爲報告中以獨立黨最有希望事一切早已照此辦理等函(1941年 11月 23日)」, 앞의 『國民政府與韓國獨立運動史料』, p. 122.

22 「徐恩曾致朱家驊爲韓國臨時政府似應早日承認函(1941. 12. 11.)」, 앞의 『國民政府與韓國獨立運動史料』, pp. 562~563.

23 『大公報』(重慶), 1942년 3월 23일자에 실린 孫科의 연설문 참조.

국민정부 내에서 제기되고 있던 이러한 주장들에 비하여 장제스는 보다 소극적이고 관망적인 입장이었으니, 1942년 12월 중순 국민당 중앙집행위원회 비서처를 통해 쑹즈원에게 보낸 편지에서는 임시정부 승인의 시기를 되도록 늦출 것을 지시하고 있었다.[24] 장제스와 국민정부의 임시정부 승인에 대한 유보적 입장은 미국 측 외교문서에서도 확인되고 있으니 1942년 초 충칭 주재 미국 대사 고스Clalense E. Gauss는 국무성 극동국에 보낸 보고서에서, "중국 측이 한국임시정부 승인을 주저하고 있는데, 그 이면에는 현재의 임시정부가 일부 세력만을 지지기반으로 삼고 있어서 임시정부를 승인할 경우 다른 세력들도 또 다른 정부를 만들 우려를 중국 측이 하고 있는 것 같다"고 말했다.[25] 즉 당시의 임시정부가 한국의 독립운동 세력 전체를 대표할 수 있는가에 대하여 장제스와 국민정부는 심각하게 우려했다는 말이다. 실제로 장제스와 국민정부 측에서 임시정부 측에 독립운동 세력의 통합과 단결을 여러 차례 주문하기도 했었다는 사실을[26] 감안한다면, 이들의 주장도 어느 정도 설득력을 갖는다.

그러나 독립운동 세력의 분열을 이유로 승인 불가를 주장하는 중국 측의 입장은 조금 다르다. 다른 측면에서 보자면 임시정부가 독립운동 세력을 대표할 만한 자격을 가지도록 한 다음, 그 임시정부를 승인하는 것을 통하여 전후의 한반도에 대한 영향력을 행사하겠다는 중국 측

---

24 「國民黨中央執行委員會秘書處致宋子文函(1942. 12. 15)」, 趙中孚·張存武·胡春惠 編, 『近代中韓關係史資料彙編』 第12册, 臺北(國史館), 1990, p. 379.

25 「고스가 국무부에 보낸 보고서(1942. 2. 12; 1942. 3. 28)」; 「미국 국무성 극동국(Division of Far Eastern Affairs)의 1942년 4월 1일자 메모」, LM78, R.1, 895.01/88, 1942.4.1. 참조.

26 「朱家驊呈蔣總裁爲處理韓國問題以光復軍爲最主要問題簽呈(1942. 9. 12)」, 앞의 『國民政府與韓國獨立運動史料』, p. 408.

의 계산된 의중을 보여 주는 대목이라고 볼 수도 있다. 뒤에서도 상술하겠거니와 실제로 일본 패망 직후인 1945년 12월 국민정부 외교부에서 마련한 한반도 정책 속에는 한국독립당(실제로는 충칭임시정부)을 중심으로 하는 친중분자親中分子를 한국 내에 부식扶植하는 방안을 적극 추진해야 한다는 주장이 강력하게 제기되고 있었으니,[27] 이것은 임시정부를 통한 전후 한반도에 대한 영향력 행사라는 국민정부의 의도를 잘 보여 주고 있다.

Ⅲ. 한국임시정부 승인 문제와 중미관계

그런 한편으로 장제스와 국민정부 측에서 임시정부 승인에 대한 유보라는 정책적 입장을 견지하고 있었다는 것과 동시에 내부적으로는 임시정부의 승인 문제에 대해서도 일단의 모색을 하고 있었다는 점에 주목할 필요가 있다. 1942년 4월 중순, 국민정부 외교부는 전후 아시아 질서의 가장 중요한 문제인 한국, 타이, 미얀마 등 식민지 약소국들의 독립 문제와 관련하여 중국이 영토적 야심을 가지고 있다는 (연합국들의) 의혹을 불식하기 위한 한 가지 방편으로 중국 측이 한국임시정부에 대한 승인 의사가 있다는 점을 미국 측에 전달하도록 했다.[28] 외교부의 이러한 조치는 그 직전인 1942년 2월 말 루스벨트 대통령이 한 라디오 연설에서 한국 문제를 언급한 것과 관련해서 미국이 중국에 앞서 한국임

27 「韓國問題之對策(1945年 12月)」, 『韓國問題硏究綱要及資料』『外交部檔案』(臺灣中央硏究院 近代史硏究所檔案館 所藏) 11-EAP-06114, p. 33쪽.(이하 『外交部檔案』으로 약칭함)

28 「Gauss가 국무장관에게 보낸 보고서(1942년 4월 10일)」, LM79, R.1, 895.01/96; 895.01/117 참조.

시정부를 승인할지도 모른다는 우려와 관련된 것으로 보인다.[29] 다른 한편으로 외교부의 이러한 한국임시정부 승인 입장 표명은 태평양전쟁 발발 이후 미국으로부터의 군사적 지원에 대한 의존이라는 상황과 함께 전후의 아시아 질서 구상에서 미국의 역할을 최우선으로 중시해야 한다는 판단에 따른 것이었음은 물론이다.

또 국민당 조직부장으로 한국임시정부에 관한 업무를 주관하고 있던 주자화는 비슷한 시기 장제스에게 보낸 편지에서 소련의 한국 문제 개입을 우려하면서 "소련이 일본에 대하여 개전하게 되면 소련이 양성한 몇 개 사단師團에 이르는 한인 부대를 기반으로 해서 (한국)소비에트 정부를 세울 수 있기 때문에 그 이전에 우리가 먼저 임시정부를 승인하는 것이 필요하다"는 주장을 제기하고 있었다.[30] 이를테면 종전 이후 한반도에 대한 영향력을 확보하기 위해서 다른 열강, 특히 소련에 앞서서 중국이 임시정부를 먼저 승인할 필요가 있다는 주장이다.

그러나 중국 측의 임시정부 승인 의사에 대하여 미국 측은 승인에 영국도 동의해야 한다는 점, 그리고 중국 내의 한국임시정부뿐만 아니라 미국 내의 한국독립운동 세력에 대해서도 평등한 처우를 해야 한다는 점 등의 이유를 들어 임정 승인에 대한 부정적 내지 유보적 입장을 표명

29 워싱턴의 美國駐在 中國大使館 측에서는 한국임시정부 승인 문제에 대한 미국 측의 입장이 아직 정해진 것이 없다고 본국 외교부에 보고하였다.「胡大使致重慶外交部電(1942年 3月 13日)」,『外交部檔案』11-NAA-05033 참조. 미국 측이 먼저 임시정부를 승인할 것이라는 소문(謠傳)이 1942년 3월에 있었다는 점에 대해서는 林定平 著,「韓國革命運動(1944.6)」,『外交部檔案』11-EAP-05348, p. 56을 참조할 것.

30 시베리아에 2개 사단의 한인 부대가 있다는 설은 1944년 6월경에 써진 외교부의 한국 관련 전문 보고서에도 언급되어 있다. 林定平 著,「韓國革命運動(1944.6)」,『外交部檔案』11-EAP-05348, p. 83. 또 1944년 11월에 주미 중국 대사 魏道明이 重慶 외교부에 보낸 전문 속에서는 8만 명의 한인 부대가 시베리아에 존재한다고 언급하였다.「魏道明致外交部電(1944. 11. 17)」,『韓國問題研究綱要及資料』,『外交部檔案』11-EAP-06113, pp. 122~123 참조.

하였다.[31] 미국 측의 임정 불승인 정책의 저변에는 한국인의 독립능력에 대한 극단적인 부정적 견해가 들어 있었는데, 특히 태평양전쟁 발발 직후부터 미국 국무부 내에서 한국 문제와 관련하여 '자유한국'을 대표한다는 어떤 '한인그룹'도 승인해서는 안 된다는 의견이 제시된 바 있었고, 이것이 전후 신탁통치 방안으로까지 연결되기에 이르렀다는 지적이 있다.[32] 동시에 미국의 임정 불승인 정책 속에는, 태평양전쟁의 승리에 중요한 역할을 해 줄 것으로 기대하고 있던 소련의 입장도 고려했을 테니, 미국은 한반도 문제에 대하여 특별한 관심을 가지고 있을 소련과의 사전협상 없이 중국이 임시정부를 승인한다는 것은 또 다른 문제를 낳을 우려가 있다는 생각을 했던 것이다.[33]

그렇다고 해서 미국 측은 한반도 문제에 관한 한 중국이 우선권을 가지고 있다는 점을 부정하지는 않고 있었다.[34] 이러한 미국의 입장은 전후 아시아의 신질서 구축에서 중국의 역할이 일차적으로 중요하며, 이를 인정해야 한다는 미국의 전후 아시아 질서 구상과 관련되어 있었던 것이었다. 이를테면 항일전쟁 수행 과정에서 미국의 군사적 외교적 지원에 크게 의존하고 있던 중국으로서는 전후 한반도에서의 주도권 장악이라는 측면에서도 미국과의 협력을 시도하고 있었으니, 말하자면 1942년 중반 이전까지의 국민정부의 임시정부 승인에 대한 정책에 대

---

31 홍순호, 「해방 직전의 한미관계-미국의 충칭한국임시정부 불승인정책을 중심으로-」, 『社會科學論集』 第12輯(서울, 이화여자대학, 1992) 참조.

32 고정휴, 「太平洋戰爭期 미국의 대한민국임시정부에 대한 인식과 불승인정책」, 『한국근현대사연구』 제25집(2003), 507~514쪽.

33 당시 中國 또한 소련의 개입을 가장 두려운 상황으로 인식하고 있었다. 이에 대해서는 「朱家驊가 蔣介石에게 보낸 편지(1942년 6월 11일)」 참조.

34 당시 미국은 "중국이 가장 현명한 판단을 내리면 미국은 이를 방해하지 않을 것이다"라는 입장을 표명하였다. 「국무장관이 Gauss에게 보낸 지시(1942. 4. 23)」, LM79, R.1, 895.01/99 참조.

해서는 내부적으로는 유보적인 입장을 유지하는 동시에 미국과의 협력을 통한 승인의 가능성도 배제하지 않는, 말 그대로 양면적 태도를 지녔다고 할 수 있을 것이다.

장제스와 국민정부의 이러한 양면적 입장은, 1943년 11월 22일부터 26일까지 카이로에서 개최된 미·영·중 삼국 정상회담에서도 그대로 드러나고 있었다. 이른바 카이로회담으로 알려진 이 회담에서 미국은 중국을 강대국의 일원으로 대우하면서 전후 아시아 질서의 재건에서 중요한 역할을 담당할 기회를 중국에게 부여했고, 이로써 아시아 지역에서의 자신들의 이익을 확보하려는 입장을 취했다. 특히 한반도 문제와 관련해서 미국은 중국과 소련의 한반도에 대한 팽창 기도를 사전에 억제하면서 전후 한반도에서의 발언권을 확보하기 위한 방안으로 연합국 열강에 의한 공동신탁통치 방안을 회담에서 제시하고 있었던 것이다.[35]

그러나 전술한 바대로 미국의 전후 세계 구상의 일환으로 강대국의 지위에 들어가게 된 중국으로서는 미국의 이러한 공동신탁통치 제안을 거부하기란 처음부터 어려웠다. 그러니 중국은 신탁통치라는 주어진 범위 안에서 자신들의 영향력을 확보하는 것 외에는 다른 방법이 없었을 것이다. 따라서 중국은 카이로회담에서, 중일전쟁으로 일본에게 빼앗겼던 동삼성東三省과 타이완臺灣, 펑후군도澎湖群島를 되찾는 것에 주력하고, 그 결과에 만족을 표하는 정도에 머물 뿐 한반도에 관한 자신들의 독자적인 주장을 내세우기 어려웠을 것으로 보인다. 장제스는 카이로회담 중에 쓴 자신의 일기에서 미국대통령 루스벨트의 인품과 중국에 대한 호의에 대하여 여러 차례 경의를 표시하고 있었으며 회담의

35 카이로회담의 공동결의안에 "한국인의 노예상태에 유념하여 적절한 시기에 한국을 자유 독립시키기로 결의한다"고 못 박은 것은 바로 이러한 미국의 信託統治 방안이 그 바탕에 깔려 있었던 것이다. 고정휴, 앞의 논문, 526~527쪽 참조. 또 이 책 제5장 제1절 참조.

성과에 대해서도 "실로 중외고금中外古今에 없었던 외교의 성공이라"고 커다란 만족을 표하고 있었다.[36]

요컨대 카이로회담 이후 한반도 문제에 대한 주도권은 태평양전쟁에서 군사적 주도권을 확보한 미국이 가지게 되었으며, 미국의 한반도 문제에 대한 정책은 앞서 말한 대로 연합국 열강(전승국)들에 의한 일정 기간의 공동신탁통치를 통한 독립이라는 것으로 굳어졌다. 다시 말해 태평양전쟁의 수행과정에서부터 미국에 크게 의존할 수밖에 없었던 중국으로서는 임시정부에 대한 독자적인(혹은 先導的인) 승인을 통한 전후 한반도에 대한 영향력 확보라는 목표를 추진하려는 의도를 가지고는 있었지만, 회담에서 그것을 실현하는 것은 사실상 처음부터 불가능한 것이었던 셈이다.

36 원문은 "實爲中外古今未曾有之外交成功也"이다. 장제스는 한반도 문제에 대한 카이로선언의 의미를 "戰後 조선의 자유 독립을 승인한 것"이라고 말하고 있었다. 『蔣介石日記』 1943年 11月 27, 30日條; 王建郎, 「信任的流失:從蔣介石日記看抗戰後期的中美關係」, 『近代史研究』 2009年 第3期(北京), p. 56 참조.

제4절

1941년의 "꿈"

—미국 참전 직전 한국광복군의 국제정세 인식과 종전에의 전망—

Ⅰ. 한국광복군의 창설과 『한국청년』, 『광복』의 발간

1. 한국광복군의 창설과 국민정부의 통제정책

1919년 4월 상하이에서 만들어진 한국임시정부는 성립 초기부터 군대 양성에 적극 노력하였다. 특히 한국과 접한 둥베이(만주) 지역에서 활동하고 있던 많은 독립단체들의 분산적인 군사 활동을 통합, 임시정부의 통제 아래 두려는 계획은 적지 않은 성과를 내기도 했다. 또 한국노병회韓國勞兵會와 같은 임시정부의 외곽단체 결성을 통하여 재중在中 한인 청년들의 군사조직을 만들려는 시도도 했다.[1] 그러나 임시정부의 이러한 시도들은 자신들이 가지고 있던 현실적 어려움들, 그 가운데서

1 한국노병회에 대해서는 양성숙, 「한국노병회의 조직과 광복활동」, 『민족사상』 3-2(2009), 197~233쪽을 참조할 것.

도 특히 재정적 어려움으로 인하여 제대로 실현되기 어려웠다.

중일전쟁의 개전 이후 임시정부는 군무부軍務部 산하에 군사위원회를 설치하는 등 본격적인 대일對日 항전 준비에 나섰다. 한인들의 본격적인 항일 군사 활동은, 민족혁명당 등 좌익 민족주의 정치단체들의 연합체로 만들어진 조선민족전선연맹의 주도로 1938년 10월 우한武漢에서 만들어진 조선의용대에서부터 시작되었다. 조선의용대는 국민정부 군사위원회와 조선민족전선연맹의 합작으로 만들어진 지도위원회의 지휘를 받는 비무장 대적선전對敵宣傳 부대였고 가장 많을 때도 300여 명에 지나지 않는 소규모 조직이었지만, 각 전선의 중국군에 배치되어 일본군에 대한 선전공작에 펼쳐 반전反戰, 염전厭戰을 고취하고 일본군 내의 한적韓籍 군인들에 대한 탈출 권고 등에서 큰 성과를 내던 군사조직이었다.[2]

그런 한편으로 일부 중국군관학교 출신의 무정부주의 계열 한인들을 중심으로 1939년 10월 충칭에서 만들어진 한국청년전지공작대韓國青年戰地工作隊는, 주로 일본군 점령지구 안에서 대적선전과 첩보수집, 일본군 내의 한적 군인들에 대한 회유 선전 등의 활동을 수행하던, 일종의 첩보군사조직이었다. 한국청년전지공작대의 규모도 30여 명에 그치는 소규모였고 비무장 선전공작대였지만, 1941년 한국광복군에 통합되기 이전까지 100여 명의 한적 일본군을 탈출시키는 등의 혁혁한 성과를 내고 있었다.[3]

---

2 조선의용대의 성립과정과 활동상에 대해서는 염인호, 『조선의용대, 조선의용군』, 한국독립운동사연구소, 2009; 노경채, 「중국관내지구조선인의 민족해방운동과 중국국민당」, 『아주문화』 제13호(1997), 88~89쪽; 이 책 제4장 제2절을 참조할 것.

3 박환, 「중일전쟁 이후 중국지역 한인 무정부주의계열의 향배-한국청년전지공작대를 중심으로-」, 『한국민족운동사연구』 16(1997); 김광재, 『한국광복군』, 한국독립운동사연구소, 2007, 33~38쪽; 王建宏, 「韓國青年戰地工作隊研究」, 『朝鮮·韓國歷史研究』

한국광복군 창설을 위한 본격적인 준비는 임시정부의 서천西遷 이후, 우익 민족주의 정당으로 임시정부의 여당이라고 할 한국독립당(한독당)에 의하여 추진되기 시작하였다.[4] 초기 단계에 광복군이 임시정부 소속의 군대가 아닌 한독당이라는 정당의 당군 형태로 창설을 모색하게 된 것은, 김원봉을 중심으로 하는 좌파 중심의 군사조직으로서 이미 중국 당국의 지원을 받고 있던 조선의용대가 조직 활동하고 있었기 때문에 임시정부를 내세운 단일 군사조직을 만드는 데에 많은 어려움이 있을 수밖에 없었기 때문이다. 이런 까닭에 한국광복군은 그 출발 단계에서부터 임시정부의 군대, 즉 '국가의 군대(국군)'의 형태를 띠지 못하고 한국독립당이라는 '정당의 군대(당군)'의 형태를 띠게 되었다.

게다가 임시정부의 군사조직 실현은 중국 측의 사전 전제로 해서야 가능한 일이었다. 1940년 초부터 임시정부 측에서는 중국 측과 교섭을 시작하였는데, 1940년 2월 하순 임시정부 주석 김구가 국민당 중앙비서처 산하의 정보기구 중앙조사통계국(中統) 부국장을 만나면서 본격화되었다. 이때 김구가 내세운 광복군 창설 이유는 일본군에 징집되어 중국 전선에 파견되어 와 있는 한국 출신 일본군 병사(韓籍兵士)들을 투항시켜 광복군으로 조직한 다음 항일전에 참가하도록 한다면, 중국군의 항일전 수행에도 큰 도움이 될 것이라는 점이었다.[5] 임시정부 측의 이

16(2015) 참조.

4 한국광복군의 창설과정과 조직에 대해서는 그간에 많은 연구가 있어 왔는데 여기서는 그 가운데 대표적인 성과라고 할 한시준, 『한국광복군연구』, 일조각, 1993; 한시준, 「한국광복군의 활동과 역할」, 『동양학』 30(2000); 한시준, 「이청천과 한국광복군」, 『한국근현대사연구』 56(2011); 김광재, 『한국광복군』, 한국독립운동사연구소, 2007; 김주용, 「1940년대 항일무장단체의 실상-조선의용군, 한국광복군, 동북항일연군의 활동을 중심으로-」, 『동국사학』 43(2007); 배경한, 「중일전쟁 시기 장제스 국민정부의 대한정책」, 『역사학보』 208(2010), 274~280쪽 등을 참고하여 서술하였다.

5 「徐恩曾致朱家驊爲金九面稱華北鮮籍士兵可成立光復軍情報網并請呈委座酌予補助函(1940. 2. 25.)」, 中央研究院近代史研究所 編, 『國民政府與韓國獨立運動史料』, 臺北,

러한 제의는 중국 측 교섭당사자였던 국민당 조직부장 주자화 등의 적극적인 찬동과 장제스의 원칙적인 인준을 얻었다. 그러나 광복군 창설의 실현은 그렇게 간단한 문제가 아니었다. 1940년 4월 중순 장제스는 이 문제를 군사위원회의 허잉친 참모총장과 협의하여 처리하도록 지시했지만[6], 군사위원회의 조치는 즉각 이루어지지 못했다. 그 이유는 기본적으로 외국군대인 광복군의 지위와 조직, 지휘계통 등에 대한 처리가 간단하지 않았던 탓도 있지만 이미 군사위원회의 지원을 받고 있던 조선의용대와의 관계 설정도 문제가 되었을 것이다.

이런 가운데 1940년 5월 초 임시정부 측에서는「한국광복군편련계획대강韓國光復軍編練計劃大綱」을 장제스에게 제시하고 광복군 창설을 독촉하였다.[7] 이에 대하여 장제스는 '한국광복군이 (독자적인 항일전쟁이 아닌) 중국의 항일전에 참가한다'는 것을 전제로 비준하고 군사위원회 군정부軍政部로 하여금 광복군 편성이 조속히 이루어지도록 하라는 지시를 내렸다.[8] 그러나 군정부가 내린 결론은 광복군을 한독당 내지는 임시정부에 소속시키지 않고 국민정부 군사위원회에 예속시키기로 한다는 것이었다.[9] 이에 대하여 임시정부는 광복군의 독자성을 완전히 부정

1988, pp. 206~207.

6「蔣委員長致朱家驊爲補助光復軍案准照辦希與何總長棪洽辦理電(1940. 4. 11.)」, 앞의『國民政府與韓國獨立運動史料』, p. 210.

7 11개 조항으로 된「한국광복군편련계획대강」의 내용은 둥베이의 옛 광복군과 일본군 점령지역(淪陷區)의 한인 병사(韓籍士兵)들, 그리고 중국인 사병을 모집하여 1개 사단을 기준으로 광복군을 편성하고 한독당 소속으로 하되 중국 측 군사최고지도자가 중한연합군 총사령관의 자격으로 지휘 통솔하도록 한다는 것이었다.「韓國光復軍編練計劃大綱(1940. 5. 1.)」, 국사편찬위원회 편,『대한민국임시정부자료집』제10책(한국광복군 1), 2006, 8~14쪽.

8「朱家驊致金九爲補助光復軍案已轉陳總裁並奉准辦理書(1940. 5. 18)」, 앞의『國民政府與韓國獨立運動史料』, p. 214.

9「李超英致朱家驊爲光復軍編練計劃已審查完畢並附呈意見函(1940. 6. 21)」, 앞의『國民政府與韓國獨立運動史料』, pp. 229~230.

하는 것으로 받아들이고 강력하게 반발하였을 뿐 아니라 독자적인 창설을 강행하기에 이르렀다. 1940년 9월 17일, 임시정부 측에서는 장제스의 허가나 군사위원회와의 사전 협의 없이 한국광복군총사령부 성립대회를 강행하였다.[10]

잘 알려져 있는 대로, 임시정부 측의 광복군 독자 출범은 장제스 및 군사위원회 측과의 심각한 갈등과 대립을 가져올 수밖에 없었다. 장제스는 1941년 7월 초 한국광복군의 성립을 인가한다고 하면서 "다만 일정한 한도를 정해야 한다"고 하고 허잉친에게 군정부로 하여금 한도를 정하는 방법을 모색하도록 하라고 지시했다.[11] 그 결과로 11월 중순, 군사위원회 판공청에서는 「한국광복군행동구개준승韓國光復軍行動九個準繩」이라는 직접적인 통제 정책을 만들었다.[12]

이 「한국광복군행동구개준승」은 광복군의 임시정부 소속을 완전하게 차단하고 일반 중국군대의 경우와 마찬가지로 군사위원회의 지휘 아래 예속되는 군대로서, 이를테면 광복군을 일종의 외국인 지원군의 성격을 가지도록 만드는 것이었다. 한국광복군에 대한 국민정부의 이러한 통제정책에 대하여 임시정부 측에서는 "군사적 협력을 위한 불가피한 선택"으로 받아들인다는 성명을 발표하기도 했지만,[13] 사실은 강한 불만을 품고 있었음이 확인된다. 임시의정원에서 「한국광복군행동구개준승」의 개정 및 폐지를 둘러싸고 (이를 받아들인) 임시정부와 국민정부에

10 「韓國光復軍總司令部成立典禮記錄(1940. 9. 17)」, 앞의 『대한민국임시정부자료집』 제10책(한국광복군 1), 27쪽; 한시준, 앞의 『한국광복군연구』, 89~98쪽; 김광재, 『한국광복군』(한국독립운동사연구소, 2007), 103~110쪽. 또 이 책 제4장 3절 참조.

11 「蔣委員長致朱家驊爲光復軍案已令何總長交軍政部速辦及金九等四人可約來一談電(1942年 7月 18日」, 앞의 『國民政府與韓國獨立運動史料』, p. 332.

12 「軍委會辦公廳致李青天爲擬光復軍活動準繩九條電(1941. 11. 13)」, 앞의 『國民政府與韓國獨立運動史料』, pp. 335~337.

13 「特載: 中國政府承認光復軍, 韓國臨時政府發表宣言」, 『광복』 2-1(1942. 1. 20), 4쪽.

대한 노골적인 비판이 제기될 정도로 논란이 계속되었던 것이다.[14]

1940년 9월 창설 당시 한국광복군은 총사령부와 휘하 4개의 단위부대(240명) 및 둥베이 지역의 조선혁명군 조직 4,800명으로 총 5,000여 명 규모로 편성되도록 계획되었다.[15] 그러나 앞에서도 언급한 대로 광복군의 성립대회는 국민정부의 인가를 얻지 않은 상태에서 급하게 이루어졌기 때문에 성립 당시 광복군은 총사령부와 상부 지휘부만을 설치했을 뿐, 실제적인 하부 군사조직은 만들 겨를이 없었다. 따라서 창설 이후 광복군의 최대 현안은 사병의 모집과 훈련이었으니 1940년 11월 중순 시안총사령부잠정부서西安總司領部暫定部署를 만들고 주요 활동 지역을 시안으로 이전한 것은, 화베이華北 지역에 거주하고 있던 한인들을 대상으로 한 사병 모집招募을 위해서였다. 그 결과로 1941년에 들어 3개의 지대를 편성하게 되었고, 이어서 이전부터 활동하고 있던 한국청년전지공작대를 1개 지대로 편입하게 되었으며, 1942년 4월에는 국민정부 군사위원회의 결정으로 기존의 조선의용대를 광복군에 편입함으로써 1945년 3월 통계로 총 514명(중국인 군관 43명 포함) 규모의 군사조직을 만들기에 이르렀다.[16]

2. 『한국청년』, 『광복』의 발간과 주요 내용

앞에서 말한 대로 한국광복군의 기본적인 활동은 일본군과 후방에 대한 선전공작이었다. 따라서 한국청년전지공작대의 선전 잡지였던 『한

14 「臨時議政院第34回會議速記錄(1942年 11月 2日-11月 3日」, 국사편찬위원회 편, 『대한민국임시정부자료집』 제3책, 47~54쪽.

15 「韓國光復軍總司領部職員名單」, 앞의 『國民政府與韓國獨立運動史料』, pp. 246~247.

16 광복군의 편제에 대해서는 한시준, 앞의 『한국광복군연구』, 139~231쪽을 참조할 것.

국청년』과 한국광복군의 선전 잡지였던『광복』은 한국광복군의 활동상, 그 가운데서도 특히 선전활동의 구체적 실상을 가장 잘 보여 주고 있다.『한국청년』과『광복』은 1980년대에 발굴되어 그간 여러 차례 공간되었고, 최종적으로는 국사편찬위원회에 의하여 편찬된 51권본 (별책 6권 포함)『대한민국임시정부자료집』(국사편찬위원회, 2006~2011) 제14, 15권에 실려 있다. 그간에 한국광복군의 활동에 관한 많은 연구가 이 자료들을 바탕으로 이루어졌음은 물론이다. 그러나 이 자료들을 이용하여 한국광복군 내지 충칭임시정부의 국제인식 문제를 다룬 연구는 아직 보이지 않는다.

『한국청년』은 한국광복군이 창설되기 두 달 전인 1940년 7월 시안西安에서 중문中文으로 창간되었는데, 1940년 9월 한국광복군이 성립되고 이어서 1941년 1월, 한국청년전지공작대가 한국광복군 제5지대로 편입되자『한국청년』은 한국광복군 제5지대의 기관 잡지가 되었다. 현재 남아 있는『한국청년』은 1940년 7월부터 1941년 9월 사이에 부정기적으로 간행된 1호부터 4호까지가 전부다.[17] 그 내용은 한중간의 연대를 강조하는 것과 전지공작대의 활동을 알리는 글이 가장 많고, 이어서 전시 일본의 상황이나 국제정세에 관한 글이 그다음을 차지하며 기타 항일을 고취하는 산문이나 시가 게재되기도 했다.『한국청년』에 게재된 글의 대부분은 전지공작대 대원들이 썼지만 중국인들이 쓴 것도 적지 않게 보인다.[18]

『광복』은 한국광복군이 창설된 지 5달 정도가 지난 1941년 2월 시안에서 창간되었으며 1942년 1월까지 월간 내지는 격월간의 형식으로 일

17 제1기는 1940년 7월, 제2기는 9월, 제3기는 1941년 6월, 제4기는 9월에 각각 간행되었다.
18 최기영,「『한국청년』해제」,『대한민국임시정부자료집』제15권, 서울, 2006 참조.

곱 차례 발행되었다. 이 가운데 창간호의 경우만 중문본과 한글본의 두 가지로 간행되었고[19] 나머지 호는 모두 중문으로 간행되었다. 『광복』의 내용은 크게 보아서 두 가지인데 하나는 적국 일본의 사정과 유럽의 전황, 전쟁을 둘러싼 국제관계 등 국제정세의 분석과 전망에 관한 것이고 다른 한 가지는 한국독립운동의 진로와 전략에 관한 것으로 독립운동의 역사와 방향, 광복군의 활동과 역할, 한중합작의 필요성 등을 다룬 것들이다. 『한국청년』과 마찬가지로 『광복』에도 일반적인 정치사상이나 문예 작품도 일부 실렸지만, 마찬가지로 내용만은 항일을 고취하는 것에 맞추어져 있었다. 『광복』의 집필진은 대부분이 광복군 소속 한인들, 그 가운데서도 광복군 정훈처 선전국 소속의 한인들이 썼지만 일부 중국인이 쓴 문장도 포함되어 있다.[20]

이렇게 본다면 『한국청년』과 『광복』 모두에서 가장 중심적으로 다루어진 문제 가운데 하나는, 국제정세에 대한 분석과 전망이라고 할 수 있다. 앞에서도 지적한 대로 한국임시정부는 성립 당초부터 독립운동의 기본적인 방향을 무력투쟁과 함께 외교운동으로 삼고 있었는데, 이는 한국의 독립 자체가 이 두 가지의 노력을 동시에 요구하고 있었음을 잘 보여 준다. 『한국청년』과 『광복』 두 잡지 모두 광복군의 군사적 활동과 함께 국제정세에 대한 분석과 전망에 집중적인 관심을 나타내고 있었던 것은 바로 이러한 이유 때문이다. 아래에서는 『한국청년』과 『광복』에 나타나고 있는, 국제정세에 대한 인식이 어떠한 것이었으며 그것이

---

19 창간호의 중문본과 한글본의 내용은 서로 완전히 다르다. 이 점은 서로 다른 독자를 염두에 둔 것으로 한글본의 대부분의 내용은 국내외 동포들에게 대일항전을 고취하고 광복군의 활동을 알리는 것에 집중되어 있었다. 金九, 「中國抗戰 第五年을 當하야 國內外 同胞同志에게 告함」; 黃學秀, 「光復軍의 成立과 韓國革命의 前途」, 『광복』 제1기(한글본, 1941. 2. 1), 각각 2~8쪽 ; 18~25쪽 등 참조.

20 김희곤, 「『광복』해제」, 『대한민국임시정부자료집』 제14권, 서울, 2006 참조.

또 어떠한 의미를 가지고 있었던가를 보다 구체적으로 살펴보겠다.

Ⅱ. 『한국청년』, 『광복』에 나타난 국제정세 인식

1. 일본의 남양南洋 진출과 전쟁 확대에 대한 전망

중일전쟁 폭발 이후 2년이 지난 1939년 9월, 독일이 폴란드를 침공하자 이에 맞서 영국과 프랑스가 대독 선전포고를 발표함으로써 유럽대전, 곧 제2차 세계대전이 시작되었다. 유럽대전의 발발은 영국과 프랑스, 미국 등 연합국 열강들을 유럽전선에 묶어둠으로써 아시아에 대한 관심을 크게 감소시켰고 이에 따라 일본의 중국 침공에 대해서도 적극적인 간섭을 할 여유가 없도록 만들었다. 독일의 승승장구가 이어지던 1940년 9월, 일본은 독일, 이탈리아와 함께 삼국동맹을 맺고 주축국 편에 서면서 영국, 프랑스, 미국과의 대립을 피할 수 없게 되었는데 이는 일본이 추구하던 남양南洋, 곧 동남아시아로의 진출 전략이 이들 연합국 측과의 대립을 가져올 수밖에 없다는 판단에 따른 것이었다.

한국광복군이 창설된 것은 일본이 주축국에 가담하던 바로 그 시점이었다. 따라서 당시 한국임시정부나 광복군의 최대의 관심은 일본이 중국 침략을 넘어 동남아시아 지역으로 전쟁을 확대할 것인가의 문제였다. 『한국청년』이나 『광복』에도 이와 관련된 여러 편의 글이 실렸는데, 주로 "적정연구敵情研究"등의 기획란專欄을 통하여 일본의 상황을 분석하고 그 결과로서 일본의 추후 전략 방향을 가늠하려는 목적에서 쓴 것들이다. 실제로 『한국청년』이나 『광복』에 실린 글들의 일본의 상황에 대한 기본 관점은 대개 중일전쟁 개시 이후 경제적 어려움이 커지고 있고 국제적으로도 곤경이 가중되고 있다는 것에 중점을 두었다.

예컨대 『광복』 창간호에 실린 「최근 3년간 일본 전시경제의 개관」을 비롯한 몇 편의 글들은 중일전쟁 개시 이후 가중되고 있던 일본의 경제적 곤경을 잘 보여 주고 있다. 이들 글에 의하면 군수공업을 위주로 하는 일본의 공업생산은 1939년을 경계로 급속하게 위축되고 있는데, 그 이유는 심각한 자원 결핍에 있고 그 가운데서도 군수공업의 핵심 자원인 동, 철강, 석유의 자급자족이 불가능한 상태이기 때문이라고 보았다.[21] 그럼에도 불구하고 일본의 전비戰費 지출은 계속 확대되어 7·7사변 폭발 직후에는 전체 재정에서 전비가 차지하는 부분이 71%에 달하게 되었다.[22] 일본은 계속 확대되는 전비 확충을 위해서 「임시조세징발법」을 제정하고 '북지사건특별세北支事件特別稅', '지나사건특별세支那事件特別稅' 등의 세금을 신설함으로써 1937년에서 1940년까지 세율이 376%나 증가하기에 이르렀다. 이와 함께 대량의 공채를 발행하여 군사비 지출을 감당해야 했는데 400~500억 엔의 공채를 소화하는 것은 문제가 없다고 하는 대장대신大藏大臣의 주장에도 불구하고 당시 발행된 공채의 소화율은 그에 훨씬 미치지 못했고, 그 가운데서도 민간의 소화율은 17%에 불과한 형편이었다.[23] 요컨대 과도한 증세와 대규모 공채

---

21 笑鵬, 「三年來日本戰時經濟的槪觀」, 『광복』 1-1(1941. 2. 1), 36~37쪽.

22 한국임시정부 主席 金九는 1941년 5월에 발표한 한 선언문에서, 일본이 9·18사변을 일으킨 원인은 제1차 세계대전 기간 동안의 급속한 경제발전의 결과 생긴 과잉생산과 그로 인한 사회 경제적 파탄에 있고 東四省 침략 이후 이러한 모순은 더욱 악화되어 결국 七七事變으로 이어졌으며, 중일전쟁 폭발 이후 1940년 4월까지 3년 9개월간의 전비가 174억 엔에 달하였고 이를 충당하기 위한 공채 발행이 177억 엔에 이르러 결국 경제적으로 대파탄을 맞고 있다고 주장하였다. 金九, 李福榮 譯, 「中國抗戰第午年告國內外同志同胞書」, 『광복』 1-3(1941. 5. 20.), 3~6쪽.

23 歐陽軍 譯, 「1940年日本經濟的前途: 日本讀賣新聞社論, 1940年1月4日 揭載」, 『한국청년』 1(1940. 7. 15), 10~11쪽; 笑鵬, 「三年來日本戰時經濟的槪觀」, 『광복』 1-1(1941. 2. 1), 33~46쪽; 美國經濟雜誌 亞細亞特號, 楊少碧 譯, 「現在日本的財政槪況」, 『광복』

발행에도 불구하고 일본의 국가재정 부족은 근본적으로 해결 불가능한 상황이었다.

이뿐만 아니라 이러한 증세와 공채 발행은 급격한 통화 팽창을 가져왔고 그 결과는 심각한 물가 상승으로 나타났으니, 1936년에 비하여 1939년의 물가는 평균 300% 이상 상승했다. 이러한 물가의 폭등은 곧 바로 일반 국민들의 경제적 어려움으로 이어졌으니[24] 당시 일본, 한국, 타이완 곳곳에서 발생한 쌀 부족사태米荒는 바로 이러한 곤경의 심각성을 잘 보여 준다는 것이다. 특히 식민지 한국에서의 상황은 더욱 심했으니 돈이 있어도 쌀을 살 수 없는 지경이라고 하였다.[25]

『한국청년』이나 『광복』의 필자들은, 일본의 심각한 재정 파탄과 물품 부족 현상은 필연적으로 새로운 자원 공급지를 필요하게 만들 것이고 그 결과가 남양, 곧 동남아시아로의 진출로 나타날 것이라고 보았다.[26] 특히 석유, 고무, 철광 등 전쟁에 필요한 물자의 주요 공급지로서 남양의 중요성이 더욱 커지고 있었을 뿐만 아니라 쌀 공급지로서도 그만 한 데가 없었다. 더구나 1940년에 들어 미국의 대일 수출이 금지되면서 원료공급지로서 남양의 중요성은 날로 커지고 있었으니[27] 이런 점에서 일본의 남양 진출은 불가피한 일이라고 보았다.

다만 이미 중일전쟁에서 많은 대가를 지불하고 있는 일본으로서는 독자적으로 남양 진출을 행하기 어려웠고 독일, 이탈리아가 유럽에서 승전하여 영국, 미국이 아시아에 관심을 돌릴 수 없을 때를 기다려 남진

1-4(1941. 6. 20), 34~43쪽 등 참조.

24 金光, 「倭國人民的生活苦狀」, 『광복』 1-4(1941. 6. 20), 44~47쪽.

25 笑鵬, 「三年來日本戰時經濟的槪觀」, 『광복』 1-1(1941. 2. 1), 45쪽; 「短評: 日寇統制物品之下韓人有錢買不到米」, 『광복』 1-2(1941. 3. 20), 1~2쪽.

26 馬忠良, 「敵情研究: 日本南進蠡測」, 『광복』 1-3(1941. 5. 20), 37~43쪽.

27 劉鳳五, 「日本與南洋」, 『광복』 1-4(1941. 6. 20), 49~50쪽.

을 감행할 것이라고 보았다.[28] 이를테면 남진의 실행은 불변이지만, 그 실행 시점에 관해서는 조심스럽게 추측하고 있었던 것이다. 1941년 4월, 일소중립조약이 체결되고 두 달 뒤인 6월, 독일과 소련 간의 전쟁이 시작되자 일본 내부적으로는 그간에 논란이 되어오던 북진론과 남진론 사이에서 자연스럽게 남진론으로 국론이 정리되던 시점이었다. 따라서 일본의 남진에 대한 전망은 충분히 가능한 상황이었던 것이다. 다만『한국청년』이나『광복』에서 나타나고 있던 일본의 남진 가능성 주장은, 아래에서도 살피겠지만 그 전까지 일본의 중국 침략이나 아시아 지역 장악 기도에 대하여 유화적인 입장을 취하고 있던 영국, 미국, 소련 등 여타 열강들의 참전을 필연적으로 가져올 것이고, 그에 따라 일본의 패전이 가능할 것이라는 '희망' 및 '기대'와 밀접하게 연결되어 있었다는 사실을 지적한다.

2. 미국, 영국, 소련의 대일對日 참전 가능성에의 기대

중일전쟁 발발 직후부터 중국인들은 미국, 영국, 소련 등 연합국의 지원과 참전에 대한 강한 기대를 걸고 있었다. 그러나 앞에서도 언급한 대로 열강들 간의 이해관계는 복잡하게 얽혀 있었고 유럽 전선 우선 정책에 따라 중국에 대한 관심이나 지원은 부차적인 문제로 취급되었다. 특히 중국인들의 커다란 기대를 모았던 미국의 경우, 일본의 남진 정책이 가시화되면서 아시아 지역에서의 미국의 이해와 충돌하기 시작하던 1941년 7월 이전까지 일본에 대한 직접적인 제재에 나서지 않고 있었

28 安勳,「日寇目前就要下手進攻南洋嗎?」,『광복』1-1(1941. 2. 1), 25~26쪽;「短評: 日本怎樣南進?」,『광복』1-2(1941. 3. 20), 2쪽.

다. 이는 기본적으로 일본과의 교역이 중국과의 교역보다 미국에게 훨씬 큰 이익을 가져다 주었기 때문이었다.[29]

이런 상황을 감안할 때『한국청년』과『광복』에서 1940년 9월 단계에서부터 미국의 참전 가능성을 적극적으로 언급하고 있는 것은 주목할 만하다. 물론 동아시아에서 미국이 일본과 충돌하고는 있지만 중국을 비롯한 동아시아 문제로 인하여 미국이 일본과 개전하지는 않을 것이라는 등 신중한 입장을 보이면서도, 장기적으로는 미일 간에 전쟁이 일어날 것이 분명하다는 입장이기도 했다. 또한 전쟁이 발발한다면 단기적으로는 일본이 우위를 점할 수도 있으나, 장기적으로는 미국이 승리하게 될 것이라는 낙관적 전망을 가지고 있었다.[30] 미국이 승리한다는 근거는, 당시 미국이 적극적으로 군비확충에 나서고 있다는 점, 일본의 경우 전쟁 물자의 상당 부분을 미국으로부터 수입에 의존하고 있다는 점, 외교적으로 일본은 독일과 이탈리아 이외에 지지자가 없는 고립상태에 있다는 점, 지난 3년간의 전쟁으로 말미암아 일본의 경제와 정치가 극도로 피폐해져서 이미 붕괴의 길에 접어들었다는 점 등이었다.[31]

이에 비하여 소련의 대일 참전에 대한 전망은 그리 간단하지 않다. 특히 경제 체제에 있어서 대립적 관계에 있던 미국과 소련이 일본의 중국 침략 내지 아시아 침략에 대하여 같은 목소리를 내고 함께 견제에 나서는 것을 기대하기란 그리 쉬운 노릇이 아니었기 때문이다. 특히 소련은 유럽 전쟁 발발 이후인 1939년 8월, 독일과 상호불가침 조약을 맺음으로써[32] 영미와 다른 노선을 택할 수 있음을 분명히 하였기 때문에 소

---

29 김지환,「중일전쟁기 重慶國民政府의 대미외교」,『중국사연구』42(2006) 참조.

30 徐,「美倭會戰爭嗎?」,『한국청년』2(1940. 9), 30~31쪽.

31 徐,「美倭會戰爭嗎?」,『한국청년』2(1940. 9), 35~36쪽.

32 1941년 6월 독소 전쟁 발발 직후에 써진『광복』의 한 글은, "독소불가침조약은 비정상적인 것인 반면 이번에 일어난 독소전쟁은 지극히 정상적인 것이다"라고 썼다. 光,「日本往

련이 영미와 협력관계를 맺게 될 것을 기대하기란 어려운 일이었다. 그럼에도 불구하고 『한국청년』과 『광복』에서 1941년 3월 단계에서 미소 양국의 협력 관계와 대일 참전 가능성을 적극적으로 제기하고 있었다는 점은 주목된다. 미국과 소련이 협력하게 될 이유에 대하여 『광복』에서는, 미국의 경우 중국에 대한 기본적인 정책이 영토의 보존을 기본으로 하는 문호개방 정책이었고 소련의 경우에도 중국에 대한 제국주의적 이권 포기를 선언하는 등, 중국의 독립 유지를 기본적으로 주장해 왔기 때문에 사실상 같은 노선을 취하고 있다는 점을 들고 있다. 특히 9·18 사변 이래 미소 양국의 동북아시아에서의 이해관계가 점점 일치해 갔고, 일본의 침략이 동남아시아로 확대되어 간다면 이러한 이해관계는 더욱 같아질 것이라고 보았다.[33]

미국과 소련의 협력이나 소련의 대일 참전에 대한 이러한 낙관적인 입장은, 1941년 4월 소련이 일본과 중립조약을 맺음으로써 그 허구가 드러날 수밖에 없었다. 독일과의 전면전을 앞둔 소련으로서는 일본과의 전쟁을 미연에 방지함으로써 대독일 전쟁에 집중할 수 있는 기회를 확보하려고 했던 것이고 이에 따라 소련의 참전을 통한 일본에 대한 견제라는 『광복』의 희망은 물거품이 되고 말았던 것이다. 물론 장기적으로 본다면 1941년 12월 테헤란회의 이후 결국에는 소련과 미국과의 협력관계가 만들어졌다. 이보다 더 장기적으로 본다면 1945년 8월 소련의 대일 참전이 이루어져, 결국 한국광복군의 국제정세 인식이 정확했음이 입증되었다. 그러나 1941년 3월 단계의 소련과 미국의 협력이나 소련의 대일 참전에 관한 한국광복군의 예측은 크게 빗나갔음을 인정하

何處去?」, 『광복』 1-5, 6(1941. 8. 20.), 3쪽.

33 衛明, 「美蘇能夠協調嗎?」, 『광복』 1-2(1941. 3. 20.), 23~25쪽.

지 않을 수 없다.

그런 한편으로 영국의 대일 참전 문제에 대해서도, 영국과 미국의 동반자적 관계로 보거나 남양에 대한 영국의 이해관계, 특히 인도와 미얀마에 대한 이해관계로 봤을 때 이는 필연적일 수밖에 없을 것으로 보고 있었다.[34] 물론 영국의 동남아시아 지역에서의 해군력이 일본의 침략을 막아낼 정도로 막강하다는 1941년 6월 단계 『광복』의 평가[35]는, 1941년 12월 일본군의 싱가폴과 인도네시아 점령과 미얀마에 대한 공격에서 보는 것처럼 허구였음이 드러났다. 이러한 문제는 1941년 3월 단계의 소련의 대일 참전 예측이 빗나갔던 것과 마찬가지로 당시 『한국청년』이나 『광복』의 국제정세 인식이 객관적 판단에 의한 것이었다기보다는, 국제관계 변화에 대한 기대와 희망이 실제적인 국제관계보다 더 앞선 것이었다는 사실을 잘 보여 주고 있는 것이다. 이런 점에서 당시 임시정부와 한국광복군의 국제관계 인식은 현실인식이라기보다는 희망적인 "꿈"이었던 측면이 강하다.

3. 한국임시정부에 대한 국제적 승인 요구

1919년 상하이에서 만들어진 한국임시정부는 국내의 기초가 전혀 없었을 뿐만 아니라 국제적 승인도 받지 못한 일개 망명정부에 불과했다. 이런 까닭에 임시정부는 성립 당초부터 국제적 승인을 획득하는 데에 활동의 중점을 두고 있었다. 특히 1921년에는 워싱턴회의에의 참석을 목적으로 광둥호법정부廣東護法政府의 승인을 받기 위해 대표를 광저우

34 「國際政治: 日本與南洋」, 『광복』 1-4(1941. 6. 20.), 50쪽.

35 閔泳玖, 「新嘉坡軍港的解剖」, 『광복』 1-4(1941. 6. 20.), 57~60쪽.

로 파견하고 쑨원과의 회견을 통하여 임시정부에 대한 호법정부의 "사실상의 승인"을 획득하는 성과를 내기도 했다. 그러나 당시 광둥호법정부도 워싱턴회의에 참여할 자격을 얻지 못한 상황이었기 때문에 그들의 승인을 얻어 워싱턴회의에 참여하려던 임시정부의 계획은 처음부터 아무런 성과를 낼 수 없었다.[36]

이후 계속하여 임시정부에 대한 국제 승인 문제는 한중간의 중요한 현안이었지만, 임시정부가 충칭으로 옮겨온 1940년 이후, 특히 1940년 9월 광복군 창설 이후가 되면 종전이 임박했다는 인식과 함께 독립을 준비해야 한다는 현실적 입장에 근간을 둔 임시정부에서는 중국 정부에게 승인 요청을 다시 제기하기에 이른다. 임시정부의 승인 요청에 대하여 국민정부 내의 일부 인사들 사이에서도, 1940년 10월 이후부터 한국독립당 중심의 임시정부가 한국독립운동 세력의 구심점이라는 사실을 인정하고 가능한 한 조속히 임시정부를 승인해야 한다는 주장이 제기되기 시작하였다. 예컨대 1940년 5월에 국민참정회에서 「타이완, 조선혁명臺灣, 朝鮮革命을 책진策進하여 적을 날로 붕괴시키는 방안」을 의결, 국민정부에 제출하였는데 여기에서 참정회 의원들은 "조선이 이전처럼 독립하는 데 부조扶助할 것을 선언해야 한다"고 주장했다.[37] 또 1941년 10월에는 외교부장 궈타이치가 "중국이 체코를 승인한 예를 따라 한국임시정부를 승인할 것이다"는 성명을 발표하기도 했다.[38] 이어서 국민당 조직부장 주자화는 1941년 11월의 한 보고에서 "한국임시정부의 승

36 이에 대해서는 裴京漢, 「孫中山與上海韓國臨時政府」, 同氏 著, 『從韓國看的中華民國史』(北京, 中國社會科學文獻出版社, 2004), pp. 32~53을 참조. 또 이 책 제3장 제1절 참조.

37 崔鳳春, 「大韓民國臨時政府와 中華民國政府의 관계」, 『韓國民族運動史研究』 16(1997), 243쪽.

38 黃學秀, 「光復軍成立後一年間之回顧與前瞻」, 『광복』 2-1(1942. 1. 20.), 13쪽.

인 문제는 외교부장 궈타이치 등과 이미 여러 차례 협의한 것으로 멀지 않은 장래에 이루어질 것이다"라고[39] 전망하였다.

상황이 이러한 가운데 『광복』에서도 임시정부 승인 주장을 제기하고 있었는데, 특히 1942년 1월 이후부터 임시정부 승인 문제를 적극 거론하고 있었음을 확인해 볼 수 있다. 즉 1942년 1월호 『광복』의 "원단헌사元旦獻辭"에서, "왜구倭寇가 태평양전쟁을 일으킴으로써 총체적인 붕괴의 길에 들어선 지금 최단기간 내에 광복군이 교전단체로서의 자격을 얻어야만 전쟁 후에 열릴 세계평화대회에서 발언권을 얻게 될 것이다"고 말하고 있었다. 이어서 "이를 위해 광복군 역량의 집중과 각 당파 간의 단결이 필수적이다"라고 하면서 우방 중국의 인사들에게 전하는 희망사항으로 "중국 정부의 임시정부 승인을 장위원장蔣委員長에게 간곡하게 요청한다"고 하고 있다.[40] 한국임시정부에 대한 승인은 3천만 한국인들의 전도前途를 위해서뿐만 아니라 (대일 항전에 주축이 되고 있는) 중국 자신을 위해, 또 항구적인 동아시아의 평화를 위해 반드시 필요한 일이라는 것이 임시정부를 승인해야 하는 이유라고 이 글은 덧붙이고 있다.

그리고 이 글이 실렸던 『광복』의 같은 호의 또 다른 글을 보면, 태평양전쟁 발발로 일본의 패망은 분명해졌다고 하면서 중국뿐 아니라 반침략 우방 각국에게 한국임시정부에 대한 신속한 정식 승인을 요청하고 있었다. 동시에 이 글에서는 한국광복군을 교전단체로 승인할 것과 함께 삼민주의와 루스벨트-처칠 선언(1941년 8월의 대서양선언)에 따라 일본 패망 후 한국에 대한 독립을 (연합국 열강들이) 보장해 줄 것을 요구했

39 「朱家驊復徐恩曾爲報告中以獨立黨最有希望事一切早已照此辦理等函(1941年 11月 23日)」, 앞의 『國民政府與韓國獨立運動史料』, p. 122.

40 編者, 「元旦獻辭」, 『광복』 2-1(1942. 1. 20.), 1~2쪽.

다.[41] 이를테면 임시정부를 승인하는 근거로서, 약소민족의 독립을 주장하는 쑨원의 민족주의 주장과 강탈된 주권의 회복을 규정한 대서양 선언을 인용하면서 중국을 비롯하여 영국, 미국, 소련 등 연합국 측 열강들의 임시정부 승인을 촉구했던 것이다.[42] 나아가 한국이나 베트남과 같은 약소민족의 독립(혁명)을 돕는 것은 중국, 미국, 소련의 영도책임이며, 그것은 중국의 삼민주의, 미국 윌슨 대통령의 민족자결주의 주장, 그리고 레닌의 약소민족 지원 주장과 일치하는 일이라고 주장하였다.[43] 광복군 사령관 이청천도 『광복』 같은 호에 실은 글에서 "현 단계 우리가 완수해야 할 가장 절박한 임무는 국제적 승인을 얻는 일이다"라고 하면서 "임시정부가 국제적 승인을 얻는 일은 민족혁명의 성패를 결정할 중차대한 문제다"라고 주장하였다.[44]

한국임시정부와 한국광복군의 이러한 주장은 앞에서 살펴본 바, 일본의 전쟁 확대와 영국, 미국, 소련의 참전 가능성, 그리고 그에 따른 종전 임박이라고 하는 국제정세 인식을 바탕으로 해서 나온 것임은 물론이다. 한국광복군의 교전단체로서의 승인과 임시정부에 대한 국제적 승인은 종전終戰 이후 한국 문제 처리 과정에서 임시정부의 지위와 역할을 결정해 줄 가장 중요한 조건이 될 것임에 틀림없었기 때문이다.

---

41 四平, 「短評: 太平洋戰爭與韓國光復」, 『광복』 2-1(1942. 1. 20.), 3쪽.

42 李雄, 「根據中韓關係與三民主義論中國承認韓國臨時政府」, 『광복』 2-1(1942. 1. 20.), 14~16쪽; 安勳, 「我們的自勵和希望於友邦」, 『광복』 2-1(1942. 1. 20.), 21~26쪽.

43 金光, 「戰後世界改造與中國的領導責任」, 『광복』 2-1(1942. 1. 20.), 31~34쪽.

44 李青天, 「論現階段吾人之任務」, 『광복』 2-1(1942. 1. 20.), 8~10쪽.

나오는 말

1931년 7월 초에 일어난 완바오산사건과 그에 이은 한국에서의 대규모 배화폭동排華暴動은 근현대 한중관계의 역사 속에서 가장 비극적인 사건이었다. 완바오산사건과 한국 배화폭동을 경험하면서 중국 국민정부와 한국독립운동 쪽의 양 국민에 대한 적극적인 진정 노력에도 불구하고 중한 양 민족 간의 전통적 우호관계는 커다란 손상을 입을 수밖에 없었다. 또 그 결과로 중국 측의 지원에 크게 의존하고 있었던 중국 내 한국독립운동 또한 커다란 침체를 겪을 수밖에 없었다.

1·28 상하이사변에 관한 정전조약 체결을 앞두고 있던 1932년 4월 29일, 상하이 홍커우공원에서 일어난 한인 청년 윤봉길의 일본군 수뇌부에 대한 폭탄투척사건, 곧 윤봉길의거는 침체 일로에 있던 재중 한국독립운동과 중한연대를 회복하기 위한 상하이 지역 한인 독립운동 세력의 부득이한 선택이었다. 윤봉길의거는 시라카와 요시노리白川義則 대장을 포함한 다수의 일본군 수뇌부와 시게미쓰 마모루重光葵 등 일부 일본 외교관 등을 사상케 함으로써 나름대로 커다란 "성과"를 거두었고, 그

에 대한 중국 민중의 호응 또한 커서 완바오산사건 이래 점증하고 있던 중국인들의 혐한 감정을 누그러뜨리는 데에 상당한 기여를 했다.

그러나 윤봉길의거에 대한 장제스와 국민정부 측의 대응은 흔히 알려져 있듯이 "100만 중국군대와 4억 중국인이 하지 못한 일을 한 사람 조선청년이 해냈다"는 식의 찬양 일변도의 것은 전혀 아니었다. 사건 직후의 『장제스일기蔣介石日記』에서는 "남의 나라를 침략한 행위에 대한 당연한 결과"로서 결국 "일본이 자승자박自繩自縛한 것"이라는 정도로 사건을 이해하면서 "이번 사건을 계기로 침략을 좋아하는 일본의 태도에 조금이라도 반성이 있을까"라는 일본의 침략에 대한 일종의 원론적 비판 입장을 표명하고 있을 뿐이었다.[1]

잘 알려져 있는 대로 9·18사변과 그에 이은 1·28 상하이사변은 일제의 중국에 대한 본격적인 침략의도를 드러낸 것으로, 장제스와 국민정부는 현격한 전력의 차이라는 현실적 상황을 고려한 끝에 '일면교섭 일면항전'과 함께 장기항전의 준비에 나서고 있었었다. 『장제스일기』에 나타난 윤봉길의거에 대한 소극적 평가는 바로 이 '일면교섭 일면항전'이나 '장기항전' 전략과의 입장 차이에서 연유한 것으로 보인다. 이를테면 사건 발발 1년여 뒤인 1933년 5월경에 이루어진 장제스와 김구의 면담에서 김구가 제기한 특무공작(암살 파괴공작)에 대한 재정적 지원 요청에 대하여 장제스가 분명한 반대 입장을 표명하면서, 오히려 장기적인 독립 준비를 위하여 한인 군관 양성 방안을 권했다는 것은 바로 이러한 입장 차이를 분명하게 보여 준다.

---

1 1968년 3월 말, 윤봉길전기 자료 수집 과정에서 기념사업회 측의 요청에 응하여 장제스가 윤봉길 의사의 희생과 공적을 기리는 내용의 題字(別順逆, 辨是非, 明大義, 知生死, 留正氣, 在天地之間, 取義成仁, 永垂不朽)를 써 주었다는 것은 사실이다 (매헌윤봉길기념관 소장). 다만 여기서 논하고 있는 초점은 "1932년 당시", 윤봉길의거에 대한 장제스의 입장이 어떠했는가의 문제이다.

윤봉길의거에 대한 장제스와 국민정부의 소극적 내지 부정적 평가에는 당시 막바지로 치닫고 있던 상하이사변 정전을 위한 협상에 윤봉길의거가 걸림돌이 되어서는 안 된다고 하는 현실적 판단을 고려했음도 유의해야 할 대목이다. 실제로 국민정부 행정원장 왕징웨이와 외교부장 뤄원간羅文干은 일본 공사관 측에 (중국 내에서 이런 사태가 일어난 것에 대하여) 즉각적인 사과를 표명하였고, 정전협상과 관련하여 진행되고 있던 국제연맹 회의의 중국 측 대표에게도 이번 사태(윤봉길의거)가 걸림돌이 되지 않도록 해야 한다는 점을 강조하고 있었다. 이런 중국 측의 입장에서 본다면 윤봉길의거는 매우 우려스러운 돌발변수로 받아들여졌음이 틀림없다.

윤봉길의거에 대한 장제스와 국민정부 외교당국의 이러한 부정적 입장에도 불구하고 윤봉길의거 직후, 즉 1932년 5월 이후 장제스와 국민정부 측에서는 한국독립운동에 대한 지원책 모색에 나섰다. 한국독립운동에 대한 국민정부 측의 지원은 두 가지 방향에서 진행되었는데 하나는 삼민주의역행사 휘하의 민족운동위원회를 통한 김원봉 중심의 조선의열단에 대한 지원이었고, 다른 하나는 국민당 조직부장 천궈푸를 통한 한국독립당의 김구에 대한 지원이었다. 김원봉에 대한 지원은 난징 근방 탕산에 조선혁명간부학교를 설립하고 운영하는 것으로 구체화되었고, 김구에 대한 지원은 중앙군관학교 뤄양분교에 한인특별반을 설치하여 한인 군관을 양성하는 것으로 구체화되었다.

윤봉길의거에 대한 장제스와 국민정부 측의 인식이 부정적인 것이었다면, 장제스와 국민정부는 왜 김원봉, 김구 지원에 나섰던 것일까? 그 이유는 당시 『장제스일기』에서 한국독립운동 지원을 언급하는 과정을 통하여 잘 드러나고 있다. 즉 장제스는 상하이사변에 대한 정전협정 논의가 막 시작되고 있던 1932년 2월 말, 3월 초에 비밀리에 만들어진 우익 군관들을 중심으로 한, 일종의 친위 정보기구인 삼민주의역행사 휘하에 민족운동위원회를 만들고 있었는데 마침 국민정부와의 합작을 염두에 두고 난징으로 활동거점을 옮겨온 김원봉 중심의 조선의열단의 제안을 계기로 5월 하순부터 조선독립운동에 대한 지원을 논의하기 시작한 것으로 보인다. 여기서 주목할 것은 같은 무렵 장제스가 한국독립운동 지원 문제를 동북의용군 지원 문제와 하나로 묶어서 논의하고 있었다는 점이다. 즉 장제스는 자신의 '장기항전' 전략에서 빼놓을 수 없는 부분인 동북의용군에 대한 지원을 위하여 둥베이와 긴밀한 관계에 있던 한국독립운동 세력을 동원하려고 계획했다고 볼 수 있다.

요컨대 윤봉길의거가 완바오산사건 이후 악화 일로에 있던 중국인들의 한인들에 대한 반감을 불식시키고 중국 측의 지원을 얻어내는 계기가 된 것은 사실이다. 그러나 장제스와 국민정부 측에서는 자신들의 "장기항전" 전략에 비추어서, 그리고 거의 마무리 단계에 있던 상하이 정전협정 체결에 걸림돌이 될 수 있다는 현실적 상황 인식에 따라 윤봉길의거에 대하여 소극적 내지 부정적 평가를 내리고 있었음이 확인된다. 그럼에도 불구하고 장제스 국민정부 측에서 이후 김원봉과 김구를 통한 한국독립운동 지원에 나선 것은, '장기항전' 전략에서 봤을 때 중요한 지역인 둥베이에 대한 지원, 곧 동북의용군에 대한 지원을 위하여 한국독립운동 세력을 동원하려고 했기 때문이다. 당연한 일이지만, 장제스와 국민정부 측으로서는 '장기항전'의 실천을 목표로 하는 동북의용대 지원과 활용이 한국독립운동보다는 더 중요한 일차적 목표였던 것이다. 이런 의미에서 항일전쟁 시기 중국과 한국 양측에서 강조해온 '항일(반제)을 위한 동아시아인들의 연대中韓互助'와 '동아시아 약소민족의 독립운동에 대한 중국의 지원'이라는 표현은 어디까지나 부차적인 면모였다는 점과 함께 그것이 가지는 한계성 또한 분명하게 지적할 필요가 있을 것이다. 이상이 첫째 절의 내용이다.

둘째 절에서는 조선의용대의 창설에 얽힌 중국 측의 지원 과정과 그 성격 문제를 다루었다. 1937년 7월 중일 전면전 발발 이후 단 몇 개월 만에 수도 난징이 함락되고 이어서 내륙중국華中地域의 중심지 우한武漢이 함락 위기에 몰린 1938년 10월, 조선의용대가 우한에서 창설되었다. 조선의용대 창설의 초기 계획안은 국민정부 군사위원회 정치부 휘하 국제문제연구소 고문으로 있던 일본인 반전활동가 아오야마 가즈오靑山和夫에 의하여 제기되었다. 그러나 아오야마의 초빙에서부터 조선의용대 설립 계획안을 심의 결정하는 과정에서 결정적인 역할을 했던 국제문제연구소 소장 왕펑성王芃生과 민중조직과 적후 정보 수집을 전담하고 있던 군사위원회 정치부 제2청장 캉쩌, 그리고 국제적 항일 선전을 전담하고 있던 제3청장 궈모뤄郭沫若 등이 조선의용대 창설에 보다 결정적인 역할을 했다고 봐야 한다. 뒤에 조선의용대 대원들이 된 한인 청년들이 조선의용대 창설에 앞서 중앙군관학교 특별훈련반星子訓練班에 입교하여 정보선전전을 중심으로 한 특별훈련을 받았고 그와 함께 훗날 조선의용대에 파견된 중국 측 요원들 또한 같은 중앙군교 특훈반에서 한인 청년들과 함께 한국어특별반 훈련을 받았으며 이러한 훈련 과정 또한 정치부 제2청장 캉쩌의 계획과 주도로 이루어졌다. 이런 사실들로 볼 때 한국독립운동 세력을 장기항전에 동원하기 위한 모종의 기획이 중일 전면전 발발 단계에서부터 국민정부 군사위원회 휘하의 정보기구 군통과 정치부의 주도 아래 순차적으로 이루어졌다고 봐야 한다. 그리고 이들 중국 측 요원들은 뒤에 조선의용대 지도위원회의 중국 측 위원들이 되는데, 이들은 군사위원회 정치부의 행정적 사무를 전담하는 군사위원회 정치부 제1청 소속이 많았지만 제2청과 제3청 등 다른 부서 소속도 있었고 전체적으로는 군사위원회 휘하 정보기관인 군통과 그 상부기관인 시종실의 지휘하에 있었다. 그런 점에서 조선의용대는 기획이나 창립 단계, 그리고 창립 이후 실제 활동 단계 모두에서 군사위원회 정치부 내지 군통의 지휘 관할하에 있었다고 하겠다. 이런 점은 조선의용대의 역할이, 처음부터 이들 군사위원회 소속 정치부나 군통 등이 목표로 삼고 있던 "대적선전전"에 맞추어져 있었고 그런 만큼 조선의용대의 창립이나 활동은 장기항전의 중요 분야인 대적선전전에 한인 청년들을 "동원"하려는 의도를 가진 것이었다고 해야 한다.

조선의용대의 이러한 창립 과정과 군통, 정치부 휘하의 관할 체제는 조선의용대의 실제 활동과정에서도 그대로 드러나고 있었다. 조선의용대의 기관잡지인『조선의용대통신』이나 조선의용대에 파견되어 나와 있던 중국 측 요원 왕지셴王繼賢이 편집한 소책자『중국전장에서의 조선의용대』에 자세하게 나와 있는 대로 후난, 후베이, 장시, 광시湖南, 湖北, 江西, 廣西 등지의 각 전선에서 벌였던 조선의용대의 활동은 거의 대개가 최전선에서 선전 문구를 외치거나 전단을 뿌리는 등의 "대적선전전"이었고 그런 가운데 일부 무장 전투도 있었다. 말 그대로 군사위원회 정치부와 군통이 주도적으로 전개하고 있던 대적선전전에 동원된 결과였던 것이다. 물론 이러한 대적선전전에서의 성과는 혁혁한 것이었고 그에 따라 많은 희생을 치른 것도 사실이다. 그러나 조선의용대의 주된 역할은 그 창립이나 운영을 가능하도록 "지원"했던 중국 측, 곧 군사위원회 정치부나 군통의 계획대로 대적선전전에의 "동원"에 집중되어 있었음이 확인되는 것이다. 이런 점은 이 글에서는 다루지 못한 한국광복군의 창설 운영 과정에서도 그대로 확인할 수 있다는 것이 필자의 주장이다. 이에 대해서는 다른 글에서 따로 다루고자 하지만, 다만 둘째 절에서 강조하고자 한 것은 조선의용대의 창설 운영 과정에서 드러나고 있는 대로 중일 전면전쟁 시기 중국 국민정부의 한국독립운동에 대한 "지원"은, 장기항전을 목표로 한 대적선전전에의 "동원"을 목표로 하고 있었다는. 바로 이 점이다.

셋째 절에서 다룬 내용은 임시정부의 충칭重慶 정착 이후 최대의 현안이었던 독자적 군대, 곧 한국광복군의 창설 문제와 임시정부에 대한 외교적 승인 문제를 둘러싸고 벌어진 국민정부의 정책이 무엇이었으며 그것은 어떤 성격을 가지고 있는가라는 두 가지 문제이다. 한국광복군 창설을 둘러싼 한국임시정부와 중국 국민정부 사이에 벌어진 논의는 1940년 한국임시정부의 충칭 정착 이후부터 본격적으로 추진되었는데, 그것은 한 마디로 임시정부의 독자적 운영권 확보 노력과 중국 측의 이에 대한 견제 및 통제정책을 잘 보여 준다. 중국 측에서는 「한국광복군행동구개준승」의 제정을 통하여 광복군을 군사위원회에 예속시키고 그 실제적 운영도 군사위원회에서 파견한 중국 장교들이 장악하도록 하였다. 중국 측의 이러한 정책은, 중국 내에서 활동하는 외국군을 어떻게 통제할 것인가라는 시각에서 출발하고 있는 것으로 일면 타당성이 없지 않다. 그러나 한국인의 입장에서 본다면 이러한 조치는, 항일을 위한 연대라는 중한호조의 측면이나 한국 망명정부에 대한 인도적 지원이라는 측면보다는 주변 약소민족에 대한 통제와 예속이라는 측면을 더 잘 보여 준다고 할 수 있을 것이다.

한편으로 1940년 이후, 특히 1941년 말 태평양전쟁 발발 이후 한중간에 중요 현안으로 떠오른 임시정부에 대한 승인 문제에서도 장제스와 국민정부 측은 소극적이고 관망적인 태도를 보여 준다. 국민정부의 이러한 신중한 태도의 이면에는 한국독립운동 세력 내부의 분쟁이 워낙 심하여 임시정부가 한국독립운동 세력을 충분하게 대표하지 못하고 있다는 판단과 더불어 다른 열강들, 특히 미국과 소련의 입장을 고려하지 않을 수 없다고 하는 중국 측의 입장이 있었다. 중국 측에서는 임시정부에 대한 승인을 통하여 전후 한반도에서의 영향력을 확보하려는 의도와 함께 임시정부에 대한 견제와 통제, 그리고 미국을 비롯한 열강과의 관계를 고려해야만 하는 복잡한 상황에 처한 까닭에 한국임시정부 승인 문제는 결코 간단한 문제가 아니었다. 특히 1943년 11월의 카이로회담으로 미국의 외교전략에 따라 강대국의 지위를 갖게 된 중국으로서는 신탁통치에 의한 전후 한반도 문제 해결이라는 미국 주도의 방안에 동조하는 것으로 한반도 문제에 대한 입장을 정리하게 되었다. 따라서 카이로회담 이후 단계에 이르면 중국의 독자적인 임시정부 승인은 불가능한 처지에 놓이게 되었던 것이다.

그럼에도 불구하고 중국 측에서는 종전을 앞두고 동맹군의 한국 진공 시에 중국군도 참여하는 방안을 내부적으로 검토하고 있었고, 재정적 원조와 민간투자의 확대 등을 포함한 한국에 대한 지원 확대를 검토하기도 하였다. 아울러 국민정부 측에서는 카이로회담에서 한국의 독립 이전에 거치도록 규정한 '적당시기in due course'에 대한 방안으로 외교와 국방을 중국인 고문이 맡는 고문정치를 검토하는 등, 적극적인 개입 의사를 분명히 하고 있었음이 확인된다. 그리고 중국 측의 이러한 적극적인 한반도 개입 정책은 일본 패망 이후 미국군과 소련군에 의한 한반도의 분할 점령이 이루어진 이후 단계까지 계속되었음도 확인된다.

태평양전쟁 시기 장제스를 중심으로 하는 국민정부의 이러한 대한반도정책對韓半島政策은, 중국 측의 전후 아시아 국제질서에 대한 구상을 엿볼 수 있는 하나의 창이 될 수 있을 것이다. 즉 장제스와 국민정부 측에서는 카이로회담에서 합의된 내용인, 중일전쟁으로 일본에게 빼앗겼던 영토인 만주와 타이완, 펑후澎湖열도를 회복하는 것을 넘어서서 전통시대 중국이 종주권을 행사하던 지역인 변강지역에 대한 적극적인 영향력 확대라는 입장을 관철하려고 했던 것이다. 물론 중국 측의 이러한 전후 아시아 구상은 쉽게 달성될 수 없었는데, 전통시대 중국의 변강지역은 대부분 전승국인 열강들의 이해관계 안에 들어 있었기 때문이다. 예컨대 티베트西藏는 영국의 지배 아래에 있었고, 베트남은 프랑스의 지배 아래, 그리고 신장新疆의 일부와 몽골은 남하하는 소련의 영향력 아래 있었으니 이들 지역에 대한 중국의 영향력 확보는 동맹국 열강들과의 충돌을 가져올 수밖에 없었던 것이다. 류큐군도琉球群島의 경우에도 전후까지 중국 측의 '영토 회복' 노력이 계속되었지만,[2] 미국 측의 군사기지 건설 방안과 충돌하여 협상에 이르지도 못한 채 일본의 영토로 남고 말았다.

동아시아의 발칸이라고 불리던 한반도의 경우 일본의 패망으로 비록 식민지로부터 해방될 수 있는 기회가 주어지기는 했지만 그마저도 미국과 소련이라는 새로운 열강들의 분할점령 아래 놓이게 되었으니, 이러한 상황 아래에서 한반도에 대한 중국의 영향력 확대 시도는 처음부터 실현 불가능한 꿈에 불과했다. 미국의 대아시아 정책으로 말미암아 중국이 사대강국四大强國에 포함되기는 했으나, 장제스의 걱정대로 '강대국 중국'은 아직 그 명실名實이 상부相符하지 못했던 것이다.[3]

넷째 절에서는 1941년 말 미국의 참전이 이루어지기 직전 단계에 임시정부나 한국광복군 측의 국제 정세에 대한 인식은 어떠했는지를 다루어 보았다. 전후前後 8년간의 중일 전면전쟁은 발발 4년째인 1941년을 지나면서 커다란 전환점을 맞고 있었다. 그 당시 일본의 남양南洋(동남아시아) 진출과 그에 따른 전쟁 확대, 또 그에 따른 미·영·소 연합국 열강들의 대일전 참전이 예상되었고, 예상대로 전쟁은 1941년 12월 일본

2 林建民, 「琉球必須歸還中國之理由」, 『琉球問題』, 『外交部檔案』 11-NAA-05508, pp. 40~48.

3 『蔣介石日記』 1942年 1月 3日의 「上星期反省」 참조.

군의 진주만 공격으로 시작된 태평양전쟁으로 이어졌다.

1940년 9월 충칭에서 만들어진 한국광복군은, 비록 규모도 작고 운영권이나 지휘권도 국민정부 군사위원회에 예속된 불완전한 군사조직이었지만, 1910년 한국이 멸망한 이래 면면히 이어져 온 한국인들의 대일 군사항전의 교두보였다. 당시 한국광복군에서 발행하던 두 잡지, 『한국청년』과 『광복』에는 광복군이 처한 상황과 활동상이 잘 나타나 있는데 특히 이 잡지들에서는 청년들의 국제정세 인식 또한 상당히 절실하게 표현되어 있다. 당시 한국광복군 측에서는 중일전쟁 폭발 이후 가중되는 전비 부담으로 일본의 경제는 파탄 위기에 직면했으며, 그로 인한 군수 물자의 부족, 전쟁 수행의 어려움과 국민생활의 피폐상도 극에 달하였다고 보았다. 이로 인하여 새로운 전쟁 물자의 확보를 위한 전쟁 확대, 곧 남양으로의 진출이 불가피하다는 판단을 내리고 있었다. 또 일본군의 남양 진출은 불가피하게 이 지역에서 미·영·소가 누리고 있던 기득권과 충돌하게 될 것이고, 이에 따라 미·영·소는 일본과의 전쟁에 참가하게 될 것이라는 판단에 이르고 있었다.

물론 이러한 국제정세 인식은 당시 중국인들의 국제인식과 대동소이한 것이라고 볼 수 있다. 또 당시 『한국청년』과 『광복』의 소식원이 대부분 중국 측의 관련 자료나 일간지, 잡지 정도였을 것으로 추측되기 때문에[4] 한국광복군 측의 국제정세 인식이 기본적으로 중국인들의 그것과

4 『한국청년』과 『광복』에 실린 글들 가운데 일부 중문이나 일문 책이나 글을 인용 근거로 밝힌 경우가 있지만, 따로 인용 근거를 밝히지 않은 경우에는 대부분이 중문 신문이나 잡지 등을 이용해서 작성된 것으로 보인다. 특히 일본의 정세와 관련한 글들의 경우 국민정부 군사위원회 정치부 산하 文化工作委員會 第3組에서 1941년 8월부터 간행한 『敵情參考資料』를 이용했을 가능성이 적지 않으나 확인하지 못했다. 宋玉武, 「美國國會圖書館藏中日戰爭(1937-1945)文獻」, 『"第二次世界大戰背景下的中日戰爭"研討會發表論文集』(2013年 9月, 重慶), pp. 869~870 참조.

일치한다고 하는 것은 이상한 일이 아니다. 예컨대 일본이 중국 침략을 넘어서 동남아, 태평양 지역으로 전쟁을 확대할 것이고, 그럴 경우 영국 미국 등의 태도가 적극적인 일본 억제로 돌아설 것이라는 관측은 중일 전면전 발발 직후인 1937년 말 단계부터 중국인들 사이에서 꾸준히 거론되고 있었다.[5] 이뿐만 아니라 영국과 미국이 동아시아(遠東)에서 취하는 이익이 일본이 주장하는 '동아신질서'와는 근본적으로 대립하는 것이기 때문에 일본의 태평양 지역(南洋) 진출은 필연적으로 영국, 미국과 충돌을 빚을 것이며 그 결과로 영국, 미국의 대일전 참전도 가져올 것이라는 예측도 광범하게 제기되고 있었다.[6] 장제스도 1939년 9월의 한 강연에서 일본의 남진南進(남양 진출) 가능성을 언급하면서 그럴 경우 해당 지역에 식민지를 가지고 있는 영국, 프랑스, 네덜란드와의 충돌이 불가피할 것이라는 진단을 제기한 바 있다.[7] 심지어 1941년 4월에 충칭에서 발간된 한 잡지의 논평에서는 미국의 참전이 1941년 말 이전에 이루어질 것이라는 대담한, 그러나 장래를 꿰뚫는 예측을 제기하기도 하였다.[8] 당시 중국 지식계 내지 여론계에 회자하던 국제 정세에 대한 이러한 관측으로 보았을 때 한국임시정부와 한국광복군 측의 상술한 국제 정세 인식은 그 아류에 속한다고 할 수도 있을 것이다.

그러나 중국 측 내지 중국인들의 국제정세 인식과 임시정부 내지 한국광복군의 국제정세 인식 사이에 가장 커다란 차이는, 국제 정세 변화

5 賓符,『中國抗戰與國際形勢』, 上海(光明書局), 1937年 12月, pp. 6~28; 陳鍾浩,『國際形勢與抗戰外交』, 武漢(武漢日報社), 1938年 2月, pp. 56~59.

6 張彝鼎,『我國國際關係與抗戰前途』, 長沙(藝文研究會), 1938年 6月, pp. 32~41; 趙菊文,『四年來之中國外交』, 上海(正言報社), 1941年 9月, pp. 52~53 등 참조.

7 「遠東安定世界和平與中國獨立之不可分性(中國國民黨第五屆中央執行委員會第六次全體會議開幕致詞, 1939年 9月 12日)」, 蔣介石 講,『中國外交與遠東大勢』, 重慶(中國國際聯盟同志會), 1939年 11月, pp. 15~20.

8 張忠绂,「未來的國際形勢」,『新政治月刊』6-2(1941年 5月, 重慶), pp. 9~11.

에 대한 정보의 구체성이나 사실성 여부와 상관없이 한국 측의 문장 속에서 표출되는 국제정세 변화에 대한 강렬한 “희망”에 있다고 보인다. 앞에서도 언급한 바대로 한국광복군 측의 가장 중심적인 관심은 “한국의 독립”에 모여 있었기 때문에 한국의 독립에 유리한 국제정세의 판도를 설정하고 그것을 국제정세 인식 가운데 풀어내고 있었던 것으로 보이고, 그런 점에서 당시 충칭에서 활동하던 한인 지사들의 국제정세 인식은 하나의 “꿈”이었던 것이다. 그러한 국제정세의 변화는 당연히 임시정부에 대한 국제적 승인과 한국광복군에 대한 교전단체 인정을 가져올 것이었기에 임시정부와 광복군의 모든 활동은 여기에 초점을 맞추고 있었다.

성립 당초부터 국민정부의 통제 아래 독자적 지위를 갖지 못했던 한국광복군은 「한국광복군행동구개준승韓國光復軍行動九個準繩」의 철폐를 통해 한국임시정부 휘하의 독립적 군사조직으로서의 지위를 갖기 위한 지난至難한 노력을 경주하였다. 그러나 이런 노력은 장제스와 국민정부 군사위원회의 반대로 번번이 무산되고 말았다. 그러던 것이 1943년 11월 카이로회담 이후 종전終戰 가능성이 현실화하자 1944년 들어 국민정부는 임시정부를 무마하려는 의도에서 「한국광복군행동구개준승」의 철폐를 전격적으로 받아들이게 된다.[9] 이로써 비로소 광복군은 임시정부의 지휘 아래 놓이게 되고, 광복군에 대한 국민정부의 지원 역시 적어도 명분상으로는 국가 간의 차관 형식을 띠기에 이른다.

또 한국광복군의 교전단체로서의 지위 확보를 위해서도 많은 노력들이 있었으니, 특히 1943년 8월에 영국군 측의 요청으로 일부 광복군

9 「韓國光復軍行動九個準繩」의 撤廢와 國民政府의 態度에 대해서는 裴京漢, 「中日戰爭時期 蔣介石, 國民政府의 對韓政策」, 『歷史學報』 208輯(2010), 274~280쪽을 참조하라. 또 이 책 제5장 제2절도 참조할 것.

을 인도-미얀마전구에 파견한 것은 광복군에 대한 국제적 인정을 받으려는 노력의 결과였다. 비록 10명의 소수이긴 하지만, 이때 파견된 인도-미얀마전구공작대는 뉴델리로 가서 그곳에서 일정한 교육을 받은 다음 1944년 1월 미얀마緬甸 공로 작전에 투입되었다. 인도-미얀마전구공작대는 영국군에 배치되어 대적 선전, 포로 심문, 적(일본군)문서 번역 등의 역할을 수행하여 상당한 성과를 올렸다.[10] 또 종전이 가까워진 1945년 1월부터는 광복군 제2지대와 미국 전략첩보국Office of Strategic Services, OSS 사이의 교섭이 시작되어 한국광복군 제2지대의 병사들을 첩보요원으로 훈련하여 한반도에 투입하는 작전에 합의하게 되었는데, 이 또한 광복군의 국제적 지위를 인정받으려는 노력의 일환이었다. 5월 하순부터 제1기생 50명을 대상으로 시안 두취西安 杜曲에서 합작훈련을 실시하였고 8월 4일 종료된 제1기생에 대한 훈련 결과 38명의 수료자가 배출되었으며, 이어서 제2기생 50명에 대한 훈련이 실시될 예정이었다. 그러나 제1기생 수료 열흘 뒤 일본이 무조건 항복함으로써 안타깝게도 광복군의 한반도 투입 작전은 실현되지 못하고 말았다.[11]

또 한국임시정부와 한국광복군의 최대 염원이었던 임시정부에 대한 국제적 승인 문제 역시 마찬가지로 달성되기 어려운 문제였다. 임시정부의 거듭된 요청에도 불구하고, 그리고 입법원장 쑨커를 비롯한 일부 국민정부 지도자들의 지지에도 불구하고 장제스와 국민정부 측에서는 적극적인 승인 의지보다는 소극적이고 관망적인 태도를 보여 주고 있었다. 국민정부의 이러한 '신중한' 태도의 이면에는 한국독립운동 세력 내

10 김우전, 「한국광복군과 미국 OSS의 공동작전에 관한 연구」, 『박영석 교수 화갑 기념 논총』, 서울, 1992; 박민영, 「한국광부군 인면전구공작대 연구」, 『한국독립운동사연구』 33(2009) 참조.

11 김광재, 「한국광복군의 한·미합작훈련」, 『한국민족운동사연구』 25(2000).

부의 분쟁이 워낙 심하여 임시정부가 한국독립운동 세력을 충분하게 대표하지 못하고 있다는 판단, 그리고 다른 열강들 특히 미국과 소련의 입장을 고려하지 않을 수 없다고 하는 중국 측의 입장이 있었다. 중국 측에서는 임시정부에 대한 승인을 통하여 전후 한반도에서의 영향력을 확보하려는 의도와 함께 임시정부에 대한 견제와 통제, 그리고 미국을 비롯한 열강과의 관계를 고려해야만 하는 복잡한 상황에 처한 까닭에 한국임시정부 승인 문제는 결코 간단한 문제가 아니었던 것이다. 특히 1943년 11월의 카이로회담을 통하여, 미국의 외교 전략에 따라 강대국의 지위를 갖게 된 중국으로서는 신탁통치에 의한 전후 한반도 문제 해결이라는 미국 주도의 방안에 동조하는 것으로 한반도 문제에 대한 입장을 정리하게 되었다. 따라서 카이로회담 이후 단계에 다다라서는 중국의 독자적인 임시정부 승인이란 불가능한 처지에 놓이게 되었던 것이다.[12] 다시 말해서 새로운 열강 미국의 주도권 아래 동아시아 국제질서는 근본적인 개편이 불가피하였고 그에 따라 중국의 지원, 통제와 동원 체제 아래 때로는 순응하고 때로는 저항하며 국가적 독립을 위해 노력하던 임시정부를 비롯한 한국독립운동 세력은 새로운 방향을 찾아야만 했지만, 그것은 그리 간단한 일이 아니었던 것이다.

한국임시정부 주석 김구는 1942년을 맞는 신년사에서 "태평양전쟁 발발 이후 국제정세의 변화는 한국의 독립에 유리한 상황으로 전개되고 있지만 이러한 객관적 조건에 앞서서 더욱 중요한 것은 주관적 조건으로, 혁명은 반드시 우리 자신의 피와 살로 쟁취해야 하지 그렇지 못한 경우 진정한 자유와 독립은 얻을 수 없을 것이다"라고[13] 언명하였다. 이

12 배경한, 「중일전쟁 시기 蔣介石 국민정부의 대한정책」, 『역사학보』 208(2010), 280~287쪽.
13 金九, 「元旦告海內外同胞書」, 『광복』 2-1(1942. 1. 20), 5~7쪽.

런 인식과 의지에도 불구하고 당시 한국임시정부가 도모하던 주관적 조건인 임시정부의 승인과 한국광복군의 교전단체 승인은 모두 이루어질 수 없었다. 이런 까닭에 1945년 8월, 일본의 무조건 항복으로 중일전쟁은 종결되고 그 결과로 중국은 잃어버린 영토를 회복하고 국가적 독립을 되찾았지만, "한국인들의 중일전쟁"은 끝나지 않았다. 김구가 예견한 대로, 일본 제국주의는 패망했지만 새로운 열강 미국과 소련은 한반도를 분할 점령하고 각각 자신들의 구미에 맞는 괴뢰정권을 만듦으로써 국가는 분단의 위기에 들어가고 완전한 독립은 여전히 요원하기만 했던 것이다.

제5장

태평양전쟁·국공내전 시기 동아시아 국제질서와 한중관계의 변동

(1941~1949)

들어가는 말

2013년은 카이로회담이 열린 지 70주년이 되는 해였다. 70주년을 기념하여 한국 학계와 중국 학계에서 카이로회담을 주제로 한 회의가 몇 차례 개최되었다.[1] 그런데 한국 학계나 중국 학계에서 카이로회담이 새삼 주목받게 된 이유가 모두 일본과의 영토분쟁과 관련해서였다는 사실은 매우 흥미롭다. 오늘날 중일 간의 최대의 분쟁점이 되고 있는 댜오위다오釣魚島(일본에서는 센가쿠열도, 尖閣列島로 부른다)의 영유권 문제나 한일 간의 최대 분쟁점이 되고 있는 독도獨島(일본에서는 다케시마, 竹

1 한국 학계에서는 카이로회담을 주제로 하는 학술대회가 2013년과 2014년에 걸쳐 네 차례 개최되었다. 2013년 7월, 서울에서 동북아역사재단, 세계NGO역사포럼, 경희대학교 공동주최로 『제5회 역사 NGO세계대회: 카이로선언 70주년 기념 학술세미나』가 개최되었고 같은 해 12월에는 동북아역사재단과 미국 조지워싱턴대학 공동주최로 동 대학에서 『카이로선언 70주년 기념 국제학술회의』가 열렸으며 11월에는 카이로에서 이집트 주재 한국대사관 주최로 『카이로선언 70주년 국제학술대회』가 열렸고 2014년 4월에는 독립기념관과 단국대학 공동주최로 『대한민국임시정부와 카이로선언 학술대회』가 개최되었다. 중국 학계에서는 中國史學會와 러시아의 역사학회가 공동주관하는 형식으로 대규모 학술대회가 2013년 11월 北京에서 개최되어 총 31편의 논문이 발표되었다.

島라고 부른다)의 영유권 문제가 모두 카이로회담의 주요 논제였던 일본에 대한 전후 처리 문제, 그 가운데에서도 가장 중요한 부분인 전쟁 기간 중 일본이 강점한 영토의 회복 내지 처리 문제에서 비롯되었다고 보기 때문이다.[2] 특히 중국 학계에서는 댜오위다오 분쟁이 일본의 류큐琉球(현재의 오키나와, 沖繩) 강점과 카이로회담에서의 류큐열도 처리 문제의 연장선상에 있다고 보았고, 자연스럽게 카이로회담은 중요 관심사로 떠올랐다.[3] 이에 비하여 한국 학계에서는 그간, 전후 한국의 독립이 국제적으로 처음 언급된 것만이 아니라 이후 한국의 역사에서 커다란 의미를 가지게 된, (한국독립의 전제로서 붙게 된) "적당시기"의 문제가 처음으로 공식 거론된 것 또한 카이로회담이라는 점에서 이 회의에 대한 연구가 많이 이루어져 왔는데,[4] 최근 독도를 둘러싼 한일 간의 분쟁이

2 和田春樹, 「카이로선언과 일본의 영토문제」, 『영토해양연구』 5(동북아역사재단, 2013); 최영호, 「카이로선언의 국제정치적 의미」, 『영토해양연구』 5(동북아역사재단, 2013).

3 馮全普, 「開羅會議與國民黨政權對前後日本政策的設計」, 『河南師範大學學報(哲學社會科學版)』 33-3 (2006); 王暉, 「冷戰的預兆: 蔣介石與開羅會議中的琉球問題」, 『開放時代』 2009-5; 王建朗, 「大國意識與大國作爲: 抗戰後期的中國國際角色定位與外交努力」, 『歷史研究』 2008-6; 侯中軍, 「困中求變: 1940年代國民政府圍繞琉球問題的論爭與實踐」, 『近代史研究』 2010-6.

4 정동귀, 「제이차 세계대전중에 있어서의 미국의 對韓정책구상」, 『사회과학논총(경희대)』 15(1987); 신복룡, 「한국 신탁통치의 연구」, 『한국정치학회보』 27-2(1994); 이완범, 「미국의 한국 점령안 조기 준비: 분할점령의 기원, 1944-1945」, 『국제정치논총』 36-1(1996); 유병용, 「이차대전 중 한국신탁통치문제에 대한 영국의 외교정책연구」, 『역사학보』 134(1992); 이주천, 「루스벨트 행정부의 신탁통치 구상과 대한정책」, 『미국사연구』 8(1998); 정용욱, 「왜 연합국은 한국을 신탁통치하려 했는가?」, 『내일을 여는 역사』 5(2001); 이재훈, 「해방 전후 소련 극동정책을 통해본 소련의 한국인식과 대한정책」, 『사림』 20(2003); 고정휴, 「태평양전쟁기 미국의 대한민국임시정부에 대한 인식과 불승인정책정책」, 『한국근현대사연구』 25(2003); 구대열, 「'자유주의' 열강과 식민지 한국(1910-1945)」, 『정치사상연구』 10-2(2004); 이재령, 「20세기 중반 한중관계의 이해: 한국독립에 대한 중화의식의 이중성」, 『중국근현대사연구』 29(2006); 안소영, 「태평양전쟁기 미국의 대일 대한정책 및 점령 통치 구상: 이중적 대립축과 그 전환」, 『한국정치외교사논총』 31-2(2010); 신복룡, 『한국 분단사 연구』, 한울, 2011.

격화되면서 전후의 일본 강점 영토 처리 문제와 관련하여 카이로회담에 대한 관심이 더욱 커졌다. 진행 중인 영토 분쟁과 관련해서 말하자면 태평양전쟁은 아직 끝나지 않은 것이 된다.

주지하듯이 카이로회담은 미국에 의하여 제안되었던 것으로, 제2차 세계대전의 종결을 앞두고 유럽과 아시아 지역에서의 연합국들 간의 군사적 협력 체제를 마련하는 것을 일차적인 목표로 하면서 동시에 종전 이후의 새로운 국제질서를 모색하려는 의도를 가진 것이었다. 특히 아시아 지역의 경우 일본 패망 이후 새로운 국제질서가 수립되는 과정에서 중국의 역할을 기대한 미국이 중국을 4대 강국의 하나로 삼으려고 하면서 당시 영국과 미국, 중국의 공동작전으로 진행되고 있던 미얀마 탈환작전을 위한 삼국 간의 군사적 협력 체제 수립과 함께 종전 이후 일본에 대한 처리 문제가 회의의 최대 논제로 떠올랐다.

결국 현재 한국과 중국 학계에서 집중적인 관심을 받고 있는 한국독립 문제나 류큐문제는 모두 전후 중국을 중심으로 하는 새로운 아시아 국제질서 수립이라는 전망 속에서 카이로회담의 주요 논제가 되었다. 따라서 카이로선언에서 구체적으로 언급되고 있는 한국독립 문제나 둥베이 4성, 타이완, 펑후澎湖열도 등은 각각의 영토 처리 문제로 보기보다는 전후 새로운 아시아 국제질서의 수립 문제와 이를 둘러싼 열강들 간의 대립과 갈등이라는, 보다 넓은 관점에서 주목해야 할 것이다.[5] 카

5 최근 한국 학계에서는 카이로회담에서의 한국독립 문제 처리를 둘러싸고 그것이 중국 측, 곧 장제스(蔣介石)에 의하여 제기된 것인지, 아니면 미국 측 곧 루스벨트에 의하여 제기된 것인지, 그리고 장제스와 루스벨트의 제안에 영향을 미친 한국독립운동 세력이 누구인지(김구인지 이승만인지)를 둘러싸고 치열한 논쟁이 일어난 바 있다(정일화, 『대한민국 독립의 문: 카이로선언』, 선한약속, 2003; 한시준, 「카이로선언과 대한민국임시정부」, 『대한민국임시정부와 카이로선언: 대한민국임시정부 수립 제95주년 기념학술회의발표논문집』, 2014; 이상철, 「장제스일기로 본 카이로회담」, 『대한민국임시정부와 카이로선언: 대한민국임시정부 수립 제95주년 기념학술회의발표논문집』, 2014). 그러나 이러한 논란은

이로회담에서의 한국독립 문제나 류큐문제를 다루려고 할 때 중국이나 한국이라는 일국사의 관점이 아니라 동아시아 전체를 하나의 시야에 넣는, 이른바 지구사 내지는 동아시아사의 시각으로부터 접근할 필요가 있는 것은 바로 이 때문이다.[6]

첫째 절에서는 카이로회담에서 처음으로 언급된 "한국독립 문제"를 중심으로 하여 장제스, 국민정부의 전후 동아시아 국제질서에 대한 구상의 단면을 밝혀보고자 한다. 이를 위해 카이로회담의 참여 여부 및 일정 조율과정에 나타나고 있던 장제스와 국민정부의 태도, 장제스와 국민정부의 카이로회담 준비과정에서 나타나고 있던 한국문제에 대한 입장, 카이로회담의 구체적인 진행과정에서 드러나고 있던 장제스 국민정부의 한국문제 처리에 대한 태도, 한국문제 처리를 둘러싼 장제스 국민정부와 미국, 영국 측의 입장 차이, 카이로회담의 선언서 작성과정에서 드러나고 있는 장제스 국민정부의 입장, 이른바 전후 한국에 대한 국제공관 주장의 대두과정과 이에 대한 장제스 국민정부의 대응, 한국과 마찬가지로 국제공관의 대상으로 논의되고 있었던 류큐, 베트남문제와 한국문제의 관련성, 류큐, 베트남 한국에 대한 전후 국제공관 주장에 드러나고 있던 장제스 국민정부의 전후 아시아 구상 등을 차례로 살펴보고자 한다.

주지하듯이 1919년 4월 상하이에서 만들어진 대한민국임시정부는 태평양전쟁 종전 후인 1945년 11월 임시정부 요인들의 귀국으로 그 활동

문제를 일국사의 관점에 한정시킨다는 점에서 바람직하지 않을 뿐만 아니라 대한민국 건국의 공로를 누구에게 돌릴 것인가 하는 공과론에 집착하여 결국에는 정치적 논쟁으로 비화될 수밖에 없는 연구라는 점에서 바람직한 연구 방향은 아니라고 생각한다. 뒤에서 상술하겠거니와 카이로회담에서 한국문제 논의는 중국이건 미국이건 간에 모두 자신의 이해관계에 서서 다룬 것이지, 김구나 이승만의 영향력 아래 움직인 것은 전혀 아니었다.

6 裴京漢, 「東亞視角下的蔣介石研究」, 『奧門理工大學學報(人文社會科學版)』 2014-1.

의 막을 내릴 때까지 거의 전적으로 중국 국민당정부(국민정부)의 지원에 의존하여 유지될 수 있었다. 그런 점에서 임시정부와 중국 간의 관계를 다루는 그간의 많은 연구들에서 국민정부의 "협력과 지원"을 강조해 왔다. 물론 국민정부의 협력과 지원이 없었다면 임시정부의 존립 자체가 어려웠다는 점에서 본다면 "협력과 지원"은 엄연한 사실이며, 20세기 한중관계의 역사 가운데에서 가장 우호적 대목으로 평가받아서 마땅할 것이다.

그러나 장제스를 비롯한 중국국민당 주요 지도자들과 그 휘하 국민정부의 한국임시정부에 대한 인식이나 태도, 정책의 내면을 자세히 들여다보면 "협력과 지원"과는 또 다른 면모, 곧 "협력과 지원"을 통한 "통제와 동원"이라는 면모를 보게 된다. 그것은 중국의 입장에서 한국을 단순히 가까운 이웃나라나 우방으로서 도왔다기보다는 중국의 국익을 먼저 고려할 수밖에 없었다고 하는, 어찌 보면 당연한 입장의 결과였다. 이런 관점에서 그동안 한국 학계에서 중국 측의 "통제와 동원"을 강조하는 연구들이 일부 나왔고[7] 최근 들어 일부 중국 학계에서도 "협력과 지원"뿐만 아니라 "통제와 동원"도 공존했음을 인정하는 연구가 나오고 있는 것은 주목할 만하다.[8]

---

7 한시준, 『한국광복군연구』, 일조각, 1993; 구대열, 「이차대전 중 중국의 한국정책-국민당 정권의 임정 정책을 중심으로-」, 『한국정치학회보』 28-2(한국정치학회, 1995); 배경한, 「중일전쟁 시기 장제스 국민정부의 對韓정책」, 『역사학보』 208(2010); 배경한, 「대한민국임시정부와 중화민국의 외교관계(1911-1945)」, 『중국근현대사연구』 56(2012); 조덕천, 「중일전쟁기 대한민국임시정부에 대한 중화민국 국민정부의 지원」, 『동양학』 63(단국대학교 동양학연구원, 2016); 배경한, 「윤봉길의거 이후 蔣介石 국민정부의 한국독립운동 지원과 '長期抗戰'」, 『역사학보』 236(2017); 염인호, 「중일전쟁기 한국광복군 창설에 관한 일 연구-창설 배경 및 과정을 중심으로-」, 『한국독립운동사연구』 76(2021); 손염홍, 「한국광복군의 자주권 확보와 한중교섭」, 『한국근현대사연구』 95(2020) 등 참조.

8 陳紅民, 「蔣介石對韓國的認知」, "20世紀 韓中關係와 東亞連帶"국제학술회의(2022.9., 부산대학) 발표 논문 참조.

사실 중국 측이 지원과 통제라는 두 가지 상반된 입장을 동시에 가지고 있다는 점을 임시정부 측에서도 잘 알고 있었던 것으로 확인된다. 이 점은 임시정부 내부에서 중국으로부터의 지원을 확보하기 위한 수많은 노력과 동시에 중국 측의 통제 시도에 대한 적극적인 저항 노력이 나타나고 있기 때문이다. 예컨대 중국의 통제 가운데에서도 가장 대표적인 경우에 해당할, 한국광복군에 대한 국민정부의 엄격한 통제와 이로부터 벗어나기 위한 임시정부의 다양한 노력이 치열하게 전개되었다는 사실은[9] 이미 잘 알려져 있다. 그런데 1941년 12월 일본의 진주만 공격으로 전쟁이 중국을 넘어 태평양 전체로 확대되기에 이르자 임시정부는 최대 열강 미국의 참전과 그로 인한 국제 정세의 변화를 전망하면서 새로운 "독립의 꿈"을 모색하기에 이른다.[10] 태평양전쟁 발발 이후 전개된 이러한 국제 환경의 변화는 임시정부로 하여금 중국의 지원을 넘어서는 새로운 전략을 짜지 않을 수 없게 만들었으니, 이를테면 태평양전쟁 발발 이후 임시정부와 중국의 관계는 근본적으로 새로운 국면을 맞을 수밖에 없었던 것이다.

미국의 대일전對日戰 참전 이후 임시정부의 미국을 향한 외교적 노력은, 임시정부 산하 주미외교위원부의 활동뿐만 아니라 워싱턴의 국무성이나 충칭重慶 주재 미국 대사관을 통한 활동 등 다양한 형태로 전개되고 있었다.[11] 임시정부의 대미對美 접근이라고 부를 수 있는 이러한 활

9 한시준, 앞의 『한국광복군연구』; 배경한, 앞의 「중일전쟁시기 蔣介石 국민정부의 對韓政策」; 손염홍, 앞의 「한국광복군의 자주권 확보와 한중교섭」; 김영신, 「重慶時期 대한민국 임시정부의 對中國交涉과 중국의 대응」, 『한중관계연구』 7-1(원광대학교 한중관계연구원, 2021) 등 참조.

10 배경한, 「1941년의 '꿈'-한국광복군의 국제정세 인식-」, 『중국근현대사연구』 59(2013); 이 책 제4장 제4절 참조.

11 한시준, 「충칭시기 대한민국임시정부의 외교활동」, 『한국독립운동사연구』 53(2016); 차현지, 『태평양전쟁기 대한민국임시정부의 대미군사외교: 한국광복군에 대한 지원 청원 외

동들 가운데에서, 둘째 절에서는 한 가지 흥미로운 사건을 통하여 임시정부의 대미 접근의 실상과 그것에 대한 중국의 대응이 어떻게 나타나고 있었는지를 집중적으로 살펴보려고 한다. 그것은 1941년 6월 하순 미국 부통령 월리스Henry A. Wallace의 중국 방문을 둘러싸고 전개된 임시정부의 대미 접근 노력과 그에 대한 국민정부 측의 대응이다. 월리스의 방중訪中에 관해서는 중국 학계에서 중일전쟁 시기 대미외교를 보여주는 중요한 주제의 하나로 관련 연구들이 여러 편 나오고 있지만, 국내 학계에서는 전문적인 연구가 거의 없는 형편이다.[12] 둘째 절에서 중점을 두고 다루려는 것은 월리스 방중 전후 시기에 임시정부의 대미 접근 노력 그 자체와, 임시정부의 대미 접근 노력에 대한 중국 측, 곧 장제스를 중심으로 하는 국민정부 측의 입장과 대응을 자세하게 밝히면서 그것이 갖는 의미를 규명해 보려는 데에 있다. 이를 통하여 태평양전쟁 시기 미국의 주도권 아래 재편되어 가고 있던 동아시아 국제질서 가운데 임시정부의 대응전략으로서의 대미접근 노력이 갖는 의미와 함께 이에 대한 중국 측의 대응이 갖는 성격과 의미에 접근해 보고자 한다.

주지하듯이 1931년 4월 상하이에서 일어난 윤봉길 의사의 일본군 수뇌부에 대한 폭탄 투척사건 이후 일제의 탄압을 피해 상하이를 떠나 전장鎭江, 광저우廣州, 류저우柳州 등지로 옮겨 가야 했던 한국임시정부는 1940년 충칭重慶에 안착한 이후 종전까지 약 5년간을 주재하였다.

교를 중심으로』, 한국학중앙연구원 박사학위논문, 2021.

12 월리스의 중국 방문과 관련한 중국 학계의 연구로는 張北根, 「蔣介石對待華萊士訪華的態度-以〈蔣介石日記〉爲主要資料的分析」, 『社會科學』 2018年 4期; 胡越英, 「華萊士訪華: 延安美軍觀察組的最終成行」, 『社會科學研究』 2009年 4期; 付辛酉, 「再論華萊士訪華與1944年的中美關係」, 『史林』 2013年 4期 등이 있다. 한국 학계의 연구로는 앞의 차현지, 『태평양전쟁기 대한민국임시정부의 대미군사외교: 한국광복군에 대한 지원 청원 외교를 중심으로』가 있는데 임시정부 측의 대미 군사외교라는 맥락에서 월리스 방중 시기를 다루고 있다.

충칭 시기 임시정부의 최대 목표는 임시정부에 대한 국제적 승인을 얻어내는 것과 독자적 군대를 만들고 항일전쟁에 참여하는 것, 이 두 가지였다. 이는 모두 종전 후 열리게 될 국제강화회의에서 임시정부의 독자적 발언권을 확보하기 위한 것이었다.

그러나 이 두 가지 목표는 해외 망명정권으로서 독자적 기반을 가지지 못한 채 중국의 지원 아래 그 명맥을 유지해 가고 있던 한국임시정부로서는 달성하기에 너무나 벅찬 것이었다. 1945년 8월 10일, 시안西安에서 전쟁의 종결 소식을 듣게 된 임시정부 주석 김구가 기쁨에 앞서 탄식에 빠졌던 것은[13] 이 두 가지 목표를 달성하기도 전에 전쟁이 끝나고 말았다는 생각 때문이었으니, 그런 의미에서 본다면 임시정부에게 종전은 너무 빨리 닥쳐온 것이었다.

김구의 예상대로 종전 이후 한국임시정부는 그 입지가 너무나 좁다는 것이 명백해졌으니, 김구를 비롯한 임시정부 요인들의 환국조차 제때 이루어지지 못했을 뿐 아니라 환국 이후 국내 정치의 참여과정에서도 국내외로부터 많은 견제와 저항에 부딪혔다. 태평양전쟁을 통하여 동아시아 지역 국제질서 재편에 결정적 영향력을 갖게 된 미국과 소련의 이해관계에 따라 결국 한반도는 남북으로 분단 점령당하여 남한에는 이승만을 중심으로 하는 친미정권이, 그리고 북한에는 김일성을 중심으로 하는 친소정권이 들어섰으며 여기에서부터 시작된 민족적, 국제적 갈등은 결국 1950년 한국전쟁으로 비화되었다.[14] 이런 과정에서 한국임

---

13 당시 金九는 韓國光復軍과 美國戰略諜報局(OSS)의 협력작전(첩보부대의 한반도 파견을 위한 훈련)을 논의하기 위하여 西安을 방문 중이었는데 8월 10일 저녁 陝西省 주석 祝紹周의 초대를 받은 자리에서 祝紹周로부터 일본의 항복 소식(사실은 일본의 포츠담선언 접수 소식)을 전해 들었다고 한다. 金九 著, 都珍淳注解, 『白凡日誌』, 돌베개, 1997, 749~750쪽.

14 이런 의미에서 한국전쟁은, 동족 간의 대립 갈등에서 나온 내전이라기보다 동아시아 국제

시정부는 사실상 국내 정치의 주도권 싸움에서 배제되고 말았으니, 오늘날까지도 한국사회에서 논란이 되고 있는 건국의 정통성 문제 또한 여기에서 비롯된 것이라고 할 수 있다.[15]

셋째 절에서는 종전 전후 시기, 보다 구체적으로는 1943년 말 카이로 회담 이후부터 (1945년 8월 일본의 무조건 항복으로 종전이 이루어지고 일련의 국제적 협상 끝에) 충칭임시정부가 환국하게 되는 1945년 11월경까지 약 2년간에 걸쳐 전개된 중국 국민정부의 대한반도 정책의 추이와 한국 임시정부에 대한 '지원'이 어떠했는지를 구체적으로 밝히는 것을 일차적 목표로 삼는다. 이를 통하여 종전 전후 시기 곧, 태평양전쟁을 치르면서 동아시아 국제질서의 새로운 주도세력으로 떠오른 미국과 소련이 한반도를 분할 점령하던 시기에 전개되고 있던 중국 정부, 곧 국민정부의 대한반도對韓半島 정책이 어떠했는지, 그리고 그것을 통하여 드러나는 전후 동아시아 국제질서에 대한 국민정부의 기본적 입장이 어떠했는지를 집중적으로 살펴보고자 한다. 이러한 작업은 동시에 1894년 갑오중일전쟁甲午中日戰爭(청일전쟁) 이후 동아시아의 주도권을 차지하게 된 일본이 패망한 이후 동아시아 국제질서가 어떻게 재편되어 갔는지, 그리고 중국은 거기에서 어떤 위치에 있었던가를 살펴보는 것이 될 것이다.

한편 1945년 11월 임시정부 요인들의 귀환 이후 장제스와 국민정부 측에서는 종전 이전부터 추진해 오던 "전후 중국 중심의 아시아 국제질서 회복"을 목표로 한반도에 친중정부親中政府의 수립을 적극 도모하고

질서의 재편과정에서 새로운 주도세력으로 등장한 미소 양대 열강 간의 대립 구도 속에서 배태된 "국제적 전쟁"이었으며 이후 전개되는 아시아 지역 냉전의 출발점으로 이해된다.

15 오늘날 한국의 역사학계에서는 대한민국의 건국이 임시정부 수립일인 1919년 4월 12일인지, 이승만 정권의 수립일인 1945년 8월 15일인지를 두고 일련의 논쟁이 진행되고 있다. 얼마 전 한국 역사학계의 커다란 반발을 불러일으켰던 박근혜 정부의 역사교과서 국정화 추진 문제 또한 이승만 정권 수립일을 건국절로 정하려는 의도와 관련이 있다.

자 하였다.[16] 1932년 제1차 상하이사변第一次淞滬抗戰 이후 "장기항전" 전략의 추진을 위한 포석으로 한국독립운동을 지원하기 시작했던 국민정부 측에서는[17] 항전 기간 동안 자신들의 직접적인 영향력 아래 존립 운영될 수 있었던 한국임시정부를 중심으로 전후 한반도에 친중정부를 만들기 위하여, 김구를 비롯한 귀환 임시정부 요인들을 지원하는 한편으로 한반도에 대한 중국의 영향력 확대를 위한 군사, 외교적 방안들을 추진하였던 것이다.[18]

임시정부는 귀환 직후부터 중국 내 각지에 산재하고 있던 한인들에 대한 보호와 귀국 주선을 비롯한 잔류 업무 처리를 위하여 자신들의 대표기구를 만들었으니, 이른바 주화대표단駐華代表團이 그것이다. 처음 충칭에 만들어졌던 주화대표단은 국민정부의 난징南京 천도와 함께 난징으로 옮긴 이후 국민정부와의 교섭을 통하여 둥베이, 상하이, 산둥山東을 비롯한 각지에 지역사무소辦事處를 만들었으며, 귀국한 임시정부 요인들과의 연락을 통하여 국민정부와 소통하는 외교적 임무까지 맡으면서 임시정부의 실질적인 대표 기구로서의 역할을 담당하기에 이르렀다. 즉 주화대표단과 국민정부의 관계를 살펴보는 일은 전후 한반도에 대한 중국 측 곧 국민정부의 태도나 정책을 이해하는 데에 중요한 한 가지 통로가 될 것이다. 주화대표단에 대한 학계에서의 기존 연구들 또한 대부분 이러한 문제의식에서 출발하고 있어서 본 연구와 비슷한 맥락을 가지고 있다. 대부분 중국 내 한국 교포들에 대한 보호와 귀환 업무, 잔류 임시정부 관계 요인들과 그 가족들의 귀환 관련 업무, 광복군 및 일

16 배경한, 「중일전쟁시기 장개석 국민정부의 對韓정책」, 『역사학보』 208(2010).

17 배경한, 「윤봉길의거 이후 蔣介石 국민정부의 한국독립운동 지원과 '長期抗戰'」, 『역사학보』 236(2017); 이 책 제4장 제1절 참조.

18 배경한, 「終戰 전후 시기 국민정부의 對韓政策」, 『中國近現代史硏究』 제76집(2017).

본군 소속 한인 군인들에 대한 재편 귀환 업무, 김구나 이승만 등 한국 측 정치지도자들과의 연락이나 중국 방문 등과 관련된 외교적 업무에 연구의 초점을 맞추고 있다.[19]

그러나 주화대표단과 국민정부 및 국민당 사이에 오간 공문서檔案들을 보다 자세하게 살펴보면 기왕의 연구들에서 집중적으로 다룬 문제들 이외에 한 가지 중요한 문제가 빠졌다는 점을 발견하게 된다. 그것은 전후, 특히 국공내전이 시작되던 1946년 1월 이후 중국공산당 세력의 거점으로 변하기 시작한 둥베이東北의 중요성이 커지면서 둥베이 한인 및 이들과 연결되어 있는 한반도, 그중에서도 특히 북한의 정치 상황에 대한 국민정부의 관심이 커졌고, 그만큼 국민정부로서는 둥베이 한인과 한반도 정세에 대한 정보 확보가 중요해졌으며 또 그만큼 주화대표단의 둥베이 한인 및 한반도 관련 정보 제공이 적지 않게 이루어지고 있었다는 사실이다. 기왕의 연구 속에서도 이 점을 언급한 연구가 없지는 않지만[20] 부분적 언급에 그치고 있고, 그 전모를 밝히는 데에는 이르지

19 駐華代表團에 관한 한국 및 중국 학계의 대표적인 연구로는 이정복,「대한민국임시정부 주화대표단에 대하여」,『경희사학: 박성봉 교수 회갑 기념 논총』1987; 정병준,「1945~48년 대한민국임시정부의 중국 내 조직과 활동」,『사학연구』55·56합집(1998); 김정인,「임정 주화대표단의 조직과 활동」,『역사와 현실』24(1997); 오대록,『해방 후 대한민국임시정부 연구』단국대학 박사학위논문(2014); 이승억,「임시정부의 귀국과 대미군정 관계(1945.8~1946.2)」,『역사와 현실』24(1997); 장석흥,「해방 직후 上海지역의 한인사회와 귀환」,『한국근현대사연구』28(2004); 조은경,「해방 후 중국 廣東省 廣州지역 한인사회와 귀환」,『한국근현대사연구』66(2013); 양지선,「중국 天津지역 韓僑의 귀환 과정 연구」,『동양학』60(2015); 김승욱.「전후 상하이의 한교 처리와 한인사회」,『중국학보』79(2017); 이가영,「해방 이후 상하이를 통해 한국으로 돌아온 한인-신문보도를 통해 살펴본 귀국 과정과 그들의 생활-」,『중국인문과학』77집(2021); 石源華,『大韓民國臨時政府駐華代表團研究』, 北京(社會科學文獻出版社), 2009; 張玉紅,『中國國民政府與大韓民國臨時政府關係研究』延邊大學博士論文(2010); 馬軍·單冠初,「戰後國民政府遣返韓人政策的演變及在上海地區的實踐」,『史林』2006年 第2期; 石建國,「韓國臨時政府駐華代表團上海分團創立研究」,『韓國研究論叢』16(2007) 등이 있다.

20 주화대표단에 대한 중국 학계의 대표적 연구자인 石源華는 그의 專著,『大韓民國臨時政

못하고 있을 뿐만 아니라 주화대표단의 그러한 역할이 가지는 성격이나 의미에 대해서는 거의 논의하지 않고 있다.

이런 문제의식으로부터 넷째 절에서는 주화대표단의 성립과 거의 동시에 나타나고 있는, 둥베이에서의 국공 간의 대립과 전쟁의 발발 과정을 전반적 배경으로 일별해 본 다음, 주화대표단과 국민정부 사이에 오간 둥베이 한인 및 한반도 관련 정보의 보고 상황과 그 내용을 집중적으로 검토해 보고자 한다. 이를 통하여 종전 전후 시기 및 초기 국공내전 기간 동안 국민정부에게 둥베이 한인 및 한반도에 대한 관심과 정보 확보 노력이 어느 정도였는지, 그리고 그것에 기반한 둥베이 한인과 한반도 문제에 대한 정책이 어떤 방향성을 가지고 있었는지를 검토하는 것이 일차적 목표이다. 다만 이에 더하여 주화대표단의 이러한 활동이 국민정부의 "요구"에 의한 것이었다는 점을 밝힘으로써 국민정부가 국제정보 내지는 전쟁정보를 확보하는 데에 주화대표단을 "동원"하고 있었다는 사실과 함께 이 시기 주화대표단의 활동이나 역할이 가지는 기본적 성격도 따져보고자 한다. 나아가 1933년 이래 본격 전개된 국민정부의 한국독립운동에 대한 "지원"이 주화대표단의 정보 제공 활동에서 드러나는 것과 같이 "지원"만이 아니라 "지원을 통한 통제"와 "동원"에 있었음도 밝혀 보고자 한다.

府駐華代表團研究』 안에서 주화대표단과 국민정부의 관계를 다루는 가운데 "중국 측(官方)에 한반도 관련 정보를 제공함"이라는 절을 따로 만들었다. 그러나 서술 자체도 소략할 뿐 아니라 관점에 있어서도 양측 사이의 우호적 관계를 설명하는 정도의 일반적 해석에 그치고 있다. 앞의 石源華, 『大韓民國臨時政府駐華代表團研究』, pp. 61~64.

제1절
카이로회담에서의 한국문제와 장제스·국민정부의 입장

Ⅰ. 장제스·국민정부의 카이로회담 준비과정과 한국문제

1. 카이로회담 개최 및 일정 합의 과정과 장제스의 입장

잘 알려진 대로 카이로회담은 미국 대통령 루스벨트에 의하여 제안되었다. 루스벨트가 장제스에게 회담 참석을 처음 제안한 것은 1943년 6월 4일 국민정부 외교부장 쑹즈원과의 회담에서였다. 루스벨트는 미얀마작전으로 인한 처칠의 중국에 대한 불만을 거론하면서 (이것을 해소하기 위해서라도) 가까운 시일 안에 사강영수四强領袖를 초청해 회담을 개최할 것을 제안하였고 사강회담에 앞서 장제스와 양자 회담을 가질 것을 쑹즈원에게 제의하였다.[1] 이 보고를 받은 장제스는 6월 7일 쑹즈원

---

1 『蔣中正總統檔案: 事略稿本』 53冊, 臺北(國史館), 2011, p. 567. 이하 이 책은 『事略稿本』으로 약칭함.

에게 보낸 전보에서 루스벨트의 회담 참석 요청에는 감사하지만, 제안을 받아들이기 어렵다는 뜻을 전하도록 했다. 장제스는 (중국이 일본과 전쟁 중인 상황에서 일본과 불가침조약을 맺은 소련의 입장을 고려할 경우) 스탈린과 자신이 함께 4개국 회의에 참석한다면 스탈린이 불편해할 것이니 미·영·소 정상이 먼저 만나 회의를 열고, 그런 다음 그 결과를 가지고 루스벨트 대통령과 자신이 만나는 것이 좋겠다는 입장을 내세워 회담 참가 권유를 받아들이지 않고자 했다.[2]

그러나 소련과의 관계를 내세운 이러한 거절은 표면적인 것에 불과한 것으로 보인다. 회담 제의 거절을 결정하는 단계에서 나타나고 있었던 장제스의 실질적인 판단은 매우 복잡한 것이었으니, 미국·영국·소련 삼국 영수 간의 회담에 자신이 참여한다는 것이 별 소득이 없는 들러리가 되는 것에 불과할 것이라는 걱정이 진짜 속내였다. 회담 참석 거절을 통보하기 직전인 6월 6일의 일기에서 장제스는 자신의 회의 참석이 "잘해야 유명무실한 결과일 것이고 사거두四巨頭의 하나가 된다는 것도 허영에 불과하여 실질적으로 도움 되는 것이 전혀 없을 것"이라고[3] 쓰고 있었고, 심지어 회담 참석 거절이 (좋은) 기회를 잃어버리는 것이 될 것이라는 주위의 비판을 의식해서 "정신적 인격적 자존이라는 수확이 그 어떤 승리보다도 더 큰 것"이라고 말함으로써 회담을 거절한 것을 "자존심을 지킨 일"로 평가하기도 했다.[4]

장제스가 회담 참석에 대하여 부정적인 입장을 가지게 된 가장 큰 원인은, 표면적 이유로 제시했던 소련과의 어려운 관계 문제와 더불어 영국과의 악화된 관계에도 있었다. 먼저 중국과 소련의 관계는, 중일전쟁

---

2 『事略稿本』 53, pp. 580~581.

3 『蔣介石日記』 1943년 6월 6일.

4 「本月反省錄」, 『蔣介石日記』, 1943년 6월 30일.

발발 이후 충실한 지원자 관계에서 1941년 4월 일소중립조약 체결 이후 대립관계로 급속한 변화를 겪어 왔지만, 그럼에도 불구하고 중국은 소련으로부터의 지원이나 소련의 대일전 참전에 대한 기대 자체를 부인할 수만도 없는 어려운 상황에 놓여 있었다. 이뿐만 아니라 신장성新疆省 지역과 몽골에 대한 소련의 "진출"을 둘러싸고 소련과 마찰을 빚고 있었기 때문에 중소 양국은 군사적 재정적 지원에 대한 기대, 영토 문제를 둘러싼 대립, 일본과의 관계를 둘러싼 갈등, 중국공산당에 대한 지원을 둘러싼 갈등 등, 말 그대로 복잡한 관계 속에 놓여 있었다.[5]

다음으로 영국과의 관계 또한 소련과의 관계 이상으로 복잡하게 얽혀 있었으니 홍콩과 티베트를 둘러싼 영토 문제, 1942년 2월 장제스의 인도방문으로 크게 악화된 중영 양국 간의 관계에다가[6] 미얀마 탈환작전을 둘러싼 중영 간의 군사적 분담을 둘러싼 갈등, 거기에다 영국으로부터의 재정적 지원을 둘러싼 협상의 난항 등이 복잡하게 얽혀 있었다. 요컨대 장제스가 사국회담에 참가할 경우 소련과 영국은 중국에 대하여 냉담한, 혹은 경우에 따라 대립적인 입장을 취할 것이라는 것이 장제스

5 陶文釗·楊奎松·王建朗, 『抗日戰爭時期中國對外關係』, 北京(中國社會科學出版社), 2009, pp. 251~256; pp. 508~518.

6 장제스와 영국의 관계는 1942년 2월에 이루어진 장제스의 인도 방문 이후 크게 악화되었다. 간디를 비롯한 인도 독립운동 지도자들을 회유하여 세계대전에 참전하도록 함으로써 영국을 도울 수 있기를 바라는 영국 측의 요청으로 이루어진 장제스의 인도 방문은, 많은 우여곡절 끝에 간디와의 회담이 성사되기는 했으나 참전에 대한 동의를 받아낼 수는 없었고, 오히려 인도의 독립운동을 자극했다는 평가를 영국으로부터 받았으며 장제스로서도 간디 등과의 면담을 영국 측이 방해했다는 이유로 영국에 대한 커다란 불만을 가지기에 이르렀다. 장제스의 인도 방문에 관해서는 陳謙平, 「1942年蔣介石訪印與調停英印關係的失敗」, 同氏 著, 『民國對外關係史論(1927~1949)』, 北京(三聯書店), 2013, pp. 266~279; 伊原澤周, 「論太平洋戰爭中的中印關係-以蔣介石訪問印度爲中心」, 『抗日戰爭研究』 2012-2; 肖如平, 「從日記看1942年蔣介石訪問印度-以蔣甘會晤中心的分析」, 浙江大學蔣介石與近代中國研究中心 編, 『蔣介石與抗日戰爭學術研討會論文集』, 杭州, 2014, pp. 43~56 등 참조.

의 판단이었던 것이다.

그럼에도 불구하고 장제스는 미국의 회담 제의에 대하여 완전히 거부하는 입장은 아니었던 것 같다. 이 점은 장제스가 회담 참석 제의를 거부한 이후에도 당시 미국을 방문 중이던 부인 쑹메이링宋美齡과 처남인 외교부장 쑹즈원을 통하여 사강회담에 대한 루스벨트의 진의를 파악하려는 노력을 계속했던[7] 것만 보아도 짐작할 수 있다. 오히려 자신의 사강회담 참석에 대한 소련과 영국의 냉담한 태도를 우려하는 입장에서 유일하게 의지할 수 있다고 본, 미국의 중국에 대한 적극적인 지지 의사를 먼저 확인하려는 것이 장제스의 진짜 의도였던 것으로 보인다.

쑹메이링이 귀국한 직후인 1943년 6월 30일, 루스벨트는 장제스에게 다시 전보를 보내 양자 간의 회담을 재차 제의하였다. 이 전문에서, 루스벨트는 장제스의 부인 쑹메이링에게 이번 가을에 만날 것을 간절히 바란다는 뜻을 전했다고 하면서 우리 두 사람이 만나는 일은 매우 중요하니 만약 (장제스가) 동의한다면 두 국가 수도의 중간 지점에서 만나면 어떻겠냐는 의견도 제시하였다.[8] 귀국한 쑹메이링으로부터 직접 보고를 들은 장제스는 비로소 루스벨트의 진심을 확인한 듯 7월 8일 회담 참석에 동의한다는 전문을 루스벨트에게 보냈다.[9]

이후에도 회담의 장소와 시간을 둘러싸고 양자 간의 논의가 이어졌다. 7월 8일의 회답에서 장제스는 9월 이후가 적합하다는 의견을 루스벨트에게 제시했고, 7월 21일 쑹즈원에게 보낸 전보에서는 (9월 이후가 아니라) 8월에서 9월 사이에 회담을 해야 할 경우 15일 이전에만 알려

7 6월 25일 쑹메이링이 장제스에게 보낸 전보에서는 그녀가 루스벨트를 만났을 때 루스벨트가 장차 장제스와 만날 때 처칠과 동석해도 좋겠느냐는 질문을 했다고 보고하고 있다(『事略稿本』 53冊, p. 667).

8 'President Roosevelt to Generalissimo Chiang(June 30, 1943)', *FRUS*, p. 13.

9 'Generalissimo to President Roosevelt (undated)', *FRUS*, p. 16.

주면 가능하다는 의견을 루스벨트에게 전하라고 지시했다. 회담 장소에 대해서는 미국 측에서 양국의 중간 지점으로 알래스카를 제시하였는데, 이에 대하여 장제스는 스탈린을 만나지도 않으면서 소련(시베리아)을 거쳐 알래스카로 가는 것은 모양이 좋지 않다는 이유로 찬성하지 않았다. 루스벨트의 특별보좌관 홉킨스Harry L. Hopkins는 8월 18일 쑹즈원에게 장제스가 미국을 방문, 워싱턴으로 와서 루스벨트와 회담을 갖는 방안을 제의했으나[10] 장제스는 쑹즈원에게 완곡하게 거절하도록 회답을 보냈다. 그러면서 장제스는 루스벨트와 이미 아프리카로 회담 장소를 정했으니 그대로 하자고 주장했다.[11] 이런 과정으로 본다면 회담의 장소로 카이로가 거론된 것은 8월 중순 이전인 것으로 보인다.

8월 초 이후 미국 측에서 소련과의 회담 성사를 위하여 힘을 기울이느라 장제스 측과의 일정, 장소 협의는 잠시 소강상태를 나타내고 있었다. 루스벨트가 스탈린에게 사강회담 참석을 요청한 것은 장제스에게 회담 참석을 제의했던 것보다 한 달여 앞선 5월 초부터였는데, 스탈린은 계속 부정적이거나 소극적인 입장을 보였기 때문에 8월 초에 와서야 논의가 본격화될 수 있었던 것이다. 9월 초 다시 루스벨트의 요청을 받은 스탈린은 회담 참석에는 동의하면서도 회담 장소는 이란의 테헤란이어야 한다고 고집하였다. 10월 초 스탈린과 장제스 모두로부터 중소 간의 직접적인 회담이 부담스럽다는, 그래서 사강회의가 불가능하다는 입장을 확인한 루스벨트는 10월 말 처칠과의 협의를 통하여 미·영·중 삼국회담과 연이은 미·영·소 삼국회담의 두 차례 회담으로 나누어 진행

---

10 「外交部長宋子文自華盛頓呈蔣委員長報告霍普金斯告以能否邀請委員長飛華盛頓晤相及宋部長之答語電(1943. 8. 18)」, 秦孝儀 主編, 『中華民國重要史料初編: 對日抗戰時期』 第3編 戰時外交(第3册), 臺北(中國國民黨黨史會), 1981, p. 494.

11 『事略稿本』 54, pp. 349~351.

하는 방안을 확정하기에 이르렀다.[12] 10월 30일 루스벨트는 카이로에서 소련을 제외한 미·영·중 삼국회담을 열자고 장제스에게 제안하였고, 장제스가 이에 동의함으로써 결국 11월 초에 가서야 11월 22일부터 카이로회담이 열리는 것으로 확정되었다.

이상 언급한 장제스의 카이로회담 참가 여부와 회의 일정, 장소를 둘러싼 협의 과정을 자세하게 살펴보자면 당시 미국의 배려에 의하여 사강에 합류하게 된 장제스로서는 사강회담 참석을 통하여 전후 새로운 국제질서 수립에 참여한다는 기대에 부풀어 있었지만, 다른 한편으로는 당시 미국과 영국의 군사적 재정적 지원에 크게 의존하고 있던 중국의 입장에서 새로운 국제질서에 대한 적극적이고 주도적인 입장 표명에는 매우 조심스러울 수밖에 없었다는 점을 분명하게 볼 수 있다. 특히 중국의 입장에서 볼 때 일본과 불가침조약을 맺고 있던 소련과 군사적 협력과 전후 처리 문제를 논의한다는 것은 사실상 불가능한 것으로 받아들여졌고, 영국과도 여러 가지 문제로 불편한 관계였다. 그런 상황에서 미국에 대한 중국의 의존도는 더 클 수밖에 없었던 것이다. 그러나 중국을 사강의 일원으로 초청하겠다는 의도를 가진 미국조차도 중국이 아시아의 중심으로 자처하는 것에는 노골적인 견제 의사를 표하고 있었으니[13] 이런 상황에서 중국의 사강 진입은 장제스의 말대로 들러리로서의 "허영"에 불과한 일일지도 모를 일이었다. 한 마디로 대국의 회복을 노리는 장제스로서는 대국의 지위를 받쳐줄 만한 국력을 갖지 못한 상

12 조덕천, 「카이로회담의 교섭 및 진행에 관한 연구」, 『대한민국임시정부와 카이로선언: 대한민국임시정부 수립 제95주년 기념학술회의발표논문집』(서울, 2014년 4월), 67~69쪽.

13 미국은 중국이 아시아의 領袖로 자처하는 것에 대하여 외교적 경로를 통하여 노골적으로 불만을 제기하기도 하였다(王建朗, 「大國意識與大國作爲-抗戰時期的中國國際角色定位與外交努力」, 『歷史研究』 2008-6; 劉曉原, 「東亞冷戰的序幕-中美戰時外交中的朝鮮問題」, 『史學月刊』 2009-7, pp. 69~71).

황에서 어떤 식이든 대국의 역할을 감당해야 하는 난국에 처할 수밖에 없었던 것이니, 그런 점에서 카이로회담에 임하는 장제스의 태도는 처음부터 매우 조심스러울 수밖에 없었던 것이다.

2. 국민정부의 카이로회담 준비과정에서의 한국문제

장제스와 국민정부의 이러한 신중한 태도는 카이로회담의 의제 준비과정을 통해서도 잘 드러나고 있다. 기존의 연구들에서는 중국 측이 카이로회담에 대비한 본격적인 준비는 일정이 확정된 이후인 1943년 11월 14일 전후부터였던 것으로 주장한다. 물론 카이로회담의 의제 자체를 다루는 좁은 의미에서의 준비과정은 카이로회담의 일정이 확정된 다음부터라고 하겠으나, 후술할 것처럼 전후 처리 문제에 대한 국민정부의 대응방안 마련은 1942년 초부터 시작된 것으로 보이므로, 그에 관한 전체적인 준비는 훨씬 이전부터 진행되었으며 그만큼 신중했다고 봐야 한다.

구체적으로 살펴보자면, 회의 참석 이전 장제스에게 의제에 대한 의견을 제시한 것은 모두 세 기관이었는데 하나는 군사위원회참사실軍事委員會參事室이었고 다른 하나는 국방최고위원회비서청國防最高委員會秘書廳이었으며, 나머지 하나는 중국전구中國戰區 참모장을 맡고 있던 스틸웰Joseph W. Stilwell이 마련한 것이었다. 군사위원회참사실에서 제출한 문건은 '카이로회담에서 중국 측이 제기해야 할 문제에 대한 초안(關於開羅會議中我方應提出之問題草案: 이하 '草案'으로 약칭)이었고 국방최고위원회비서청에서 제출한 문건은 '카이로회담에서 제출할 전시군사합작, 전시정치합작, 전후중미경제합작 등 세 가지 방안(關於準備在開羅會議中提出之戰時軍事合作, 戰時政治合作, 戰後中美經濟合作等三種方案: 이하 '方案'으로 약칭)'이었으며 스틸웰이 제시한 문건은 '이번 회의 중 군사 방면에 관한 건의關於未來會議軍事方面之建議'였다.[14]

이 가운데서 한국문제를 포함한 전후 영토 회복 문제를 다루고 있는 것은 군사위원회참사실의 '초안'과 국방최고위원회비서청의 '방안'이다. 우선 '초안'에서는 군사문제, 정치문제, 전후중요문제의 세 가지로 나누어 광범한 문제를 제기하는 가운데 정치문제의 하나로 조선독립의 승인을 의제 중 하나로써 제기하고 있다. 아울러 '초안'에서는 전후 환수되어야 할 영토로 둥베이東北, 뤼순旅順, 다롄大連, 남만철로南滿鐵路와 중동철로中東鐵路, 타이완臺灣, 펑후澎湖열도, 류큐琉球군도를 열거하고 있었는데, 특히 류큐군도의 경우 국제(공동)관리나 비무장지대로 둘 수 있음을 괄호 안에 표시하는 방식으로 병기한 점이 눈에 띈다.

그런 한편으로 '방안'에서는 전시군사합작, 전시정치합작, 전후중미경제합작의 세 가지 방안 가운데 '전시정치합작방안'의 첫 번째 조항으로 중·미·영·소 4개국이 공동으로, 혹은 개별적으로 즉각 조선독립을 승인하거나 아니면 조선독립을 보증한다는 선언을 발표할 것을 제안하고 있다. '방안'의 이러한 제안은 '초안'의 내용에 비하여 훨씬 적극적인 입장을 보여 준다. 이뿐만 아니라 연이어 조선독립 문제에 대한 자세한 설명까지 덧붙이고 있는데, "소련은 대일관계(일본과의 불가침조약) 때문

14 이 문건들은 陳孝儀 主編, 『中華民國重要史料初編: 對日抗戰時期』 第3册(戰時外交), 臺北(中國國民黨黨史委員會), 1981, pp. 499~506에 실려 있다. 그런데 이 자료집에는 '초안'이 軍事委員會參事室에서 제출한 것으로 되어 있고 '방안'이 國防最高委員會秘書廳에서 제출한 것으로 되어 있는데, 뒤에서 언급할 것처럼 국방최고위원회 휘하의 國際問題討論會 회의록에서 확인되는 보고서 내용이 '초안'의 그것과 일치하고 또 국제문제토론회 주임인 왕충후이(王寵惠)가 카이로회담 직전인 11월 16일 蔣介石에게 제출했다는 문건의 내용(『事略稿本』 55, pp. 400~408)과도 일치하기 때문에 '초안'의 제출자가 軍事委員會參事室이 아니라 國防最高委員會秘書廳인 것 같은데 왜 이 자료집에 두 보고서의 제출자가 바뀌어 있는지를 알 수는 없다. 여기에서는 일단 이 자료집의 내용대로 '초안'의 제출자를 軍事委員會參事室로, '방안'의 제출자를 國防最高委員會秘書廳으로 하여 논의를 진행했다.

에, 그리고 영국은 인도 문제에 영향을 미칠까 걱정하기 때문에 조선독립에 관하여 당장은 동의하지 않을 것이고 미국은 (소련과 영국의 눈치를 보면서) 주저할 것"이라는 각국의 회담에서의 입장을 예상하고 있다. 결국 "중국이 먼저 단독으로 조선독립을 승인하는 경우 (국제관계상) 유리한 점과 불리한 점이 모두 있기 때문에 단독승인과 공동승인 두 방안의 유불리有不利를 계산하여 '적당시기'에 중국이 먼저 승인하는 것이 좋겠다"는 주장을 제시하고 있다. 아울러 '방안'에서는 인도에 관하여 전후 자치권을 가지도록 한 다음 수년 뒤에 독립하도록 해야 한다는 방안을 제시하고 있고, 중국의 영토 회복에 대해서는 "1894년 청일전쟁 이후 일본이 침략한 영토"로 그 범위를 제시하고 있음이 눈에 띈다.

위에서 언급한 '초안'과 '방안'의 문건에 작성날짜가 써 있지 않기 때문에 분명한 작성 날짜를 알 수는 없지만, 대체로 카이로회담 직전인 11월 중에 만들어진 것으로 추측된다. '초안'을 작성한 군사위원회 참사실은 군사위원장 장제스에 대한 국민정부 고위급 인사들의 자문기구였다.[15] 참사실 주임을 맡고 있던 왕스제王世杰가 장제스로부터 사국회의가 열릴 경우 상대방들이 제기할 문제와 중국 측의 대응방안을 제출해 달라는 부탁을 받은 것이 11월 5일이었다. 이에 호응하여 왕스제가 「사국회의 문제에 관한 요약關于四國會議問題節略」이라는 제목의 대응방안을 마련하여 장제스에게 제출한 것이 11월 11일이었다. 또 장제스가 카이로로 출발하기 바로 전날인 11월 17일 왕스제는 다시 장제스의 부름을 받고 루스벨트, 처칠과의 회담에서의 대응태도와 제기할 문제에 관

15 전시외교의 결정과정에서 군사위원회 參事室은 자문기구로서 정책제언의 기능을 가지고 있었지만, 반드시 결정적 역할을 한 것은 아니었다. 楊子震, 「國民政府の'對日戰後處理構想'-カイロ會談への政策決定過程-」, 『東アジア近代史』 第14號(2011), pp. 101~102.

하여 의견을 개진하였다고 한다.[16] 이로써 보건대 '초안'의 작성은 비교적 짧은 시일 안에 만들어졌다고 볼 수 있다.[17]

한편으로 '방안'을 만든 국방최고위원회는 명목상으로는 국민정부의 전시 최고의결기구였으며 당, 정, 군의 의견조정 기구로서의 역할을 담당하고 있었다. 비서청의 최고책임자인 비서장직은 1941년 7월 이후 왕충후이王寵惠가 맡고 있었는데 그는 장제스를 수행하여 카이로회담에 직접 참석한 중국 측 대표단의 핵심인물이었다. 장제스는 일찍이 왕충후이에게 (앞으로 예상되는) 강화회의에 관한 연구와 준비를 하도록 지시했으며, 그 결과로 1941년 7월 왕충후이를 주임으로 하는 '국제문제토론회國際問題討論會'라는 조직을 국방최고위원회 내부에 설치하도록 했다. 국제문제토론회는 1941년 10월 이후 여러 차례 회의를 열면서 대일 전후처리 구상의 기본적 골격을 마련해 나갔다. 특히 1942년 1월 국제문제토론회에 상정된 '중일문제해결의 기본원칙'에서는 영토 회복의 기준을 "청일전쟁 이전 상태로 돌이킨다"는 것으로 정하고 "둥베이, 타이완, 펑후열도의 반환과 조선의 독립"을 기본적 목표로 정하기에 이르렀다. 영토 회복 문제와 관련하여 국제문제토론회에서 특히 열띤 논쟁점이 되었던 것은 류큐琉球 문제였다. 일본의 류큐 지배를 인정할 것인지 아니면 독립을 요구할 것인지, 혹은 중국에의 귀속을 요구할 것인지를 두고 내부적으로 격론이 벌어졌고 최종적으로는 "류큐를 중국에 귀속

---

16 林美莉 編輯校訂, 『王世杰日記』(上), 臺北(中央研究院近代史研究所), 2013, pp. 550~553.

17 王世杰는 카이로회담 직후인 1943년 12월 초로 예정된 중국대표단의 영국방문단 단장으로 참여하느라 카이로회담에 참석할 수 없었다고 말하고 있다. 王世杰는 런던으로 가던 도중인 11월 26일 카이로에 들러 27일 蔣介石를 면담했다. 이때 蔣介石는 "이번 회의의 결과가 만족할 만하다. (걱정했던) 처칠의 태도도 좋았다"고 말했다고 한다. 林美莉 編輯校訂, 『王世杰日記』(上), 臺北(中央研究院近代史研究所), 2013, pp. 556~557.

시키되 국제공동관리 방안과 비무장지대로 만드는 방안을 병기한다"는 것으로 결론을 냈다.[18] 이렇게 본다면 '방안'의 실제적인 준비작업은 카이로회담의 일정이 잡히기 훨씬 전부터 이루어진 것으로 볼 수 있고 그만큼 장제스와 국민정부 측의 준비는 치밀했던 것을 알 수 있다.

어쨌든 카이로회담 직전 세 가지 방면으로부터 대응방안에 대한 보고서를 접한 장제스는 '초안'과 '방안'의 두 가지 보고서를 기초로 하여 회의에 대한 기본적인 입장을 정리하고 있었다. 그 결과로 11월 18일 카이로로 향하던 비행기 안에서 장제스는 7가지의 쟁점을 정리하였는데 그 내용은 ① 국제정치조직의 결성 문제, ② 극동(원동)위원회의 조직 문제, ③ 중·영·미 연합참모단의 조직 문제, ④ 점령지 관리 방안, ⑤ 미얀마 공격 계획, ⑥ 조선독립 문제, ⑦ 둥베이, 타이완의 환수 문제였다.[19] 이렇게 본다면 한국독립 문제는, 1942년 초부터 국방최고위원회 산하의 국제문제토론회에서 계속 거론되어 오던 것으로 장제스는 국제문제토론회의 초안을 바탕으로 한 국방최고위원회 비서청의 보고서와 또 다른 정책 라인인 군사위원회 참사실의 보고서를 참조하여 카이로회담에서 다룰 주요 의제 가운데 하나로 삼게 되었음을 알 수 있다.

---

18 국제문제토론회의 구성과 성격, 회의 내용 등에 대해서는 陽子震, 앞의 논문, pp. 103~108을 참조할 것.

19 『事略稿本』 55, pp. 432~433.

Ⅱ. 카이로회담에서의 한국문제와 장제스의 입장

1. 카이로회담에서의 한국문제 논의와 "선언서" 작성과정

카이로회담은 삼국의 거두가 모두 카이로에 도착한 11월 23일 11시 제1차 정식회의에서부터 시작하여 26일까지 계속되었다. 이 가운데서 한국문제가 집중적으로 논의된 것은 23일 만찬과 함께 진행된 장제스와 루스벨트 두 영수 사이의 3시간여의 회담[20]과, 여기서 만들어진 합의를 기초로 하여 처칠을 포함한 세 영수 간의 최종적인 성명서 작성을 위한 조율과 합의가 이루어진 24일의 회의에서였다. 23일의 만찬 회의에서 논의된 사항들에 관한 미국 측 기록은 없고 중국 측 기록만 남아 있다. 미국 측에서는 만찬을 위한 비공식 회의였기 때문에 공식 기록을 하지 않았다고 한다. 뒤에 미국 측에서는 중국 측 기록의 영역본을 얻어와 자신들의 자료집에 실었는데 이 기록(이하 '23일 회의록'으로 약칭함)에 의하면 이 만찬 회담에서는 모두 10개항의 문제들이 토의되었다. 그 주요 내용은 중국의 국제적 지위 문제, 전후 일본의 국체 문제 곧 천황제 유지 여부, 일본에 대한 군사적 점령과정에 중국군의 참여 문제, 전후의 배상 문제, 영토 회복 문제, 군사적 협력체제 구축 문제, 한국·인도·태국의 전후 처리 문제, 중국에 대한 미국의 경제적 지원 문제, 외몽고와 신장新疆의 처리 문제, 미중 연합군사참모본부의 설치 문제 등이었다. 이 글의 논점인 한국문제와 관련해서는 10개항의 토의 문제 가운데서도 영토 회복 문제와 전후 한국·인도·태국에 대한 처리 문제가 특히 주

20 이 회의에는 宋美齡이 통역을 위해 참석했고 루스벨트의 특별보좌관 홉킨스(Harry L. Hopkins)가 배석했다.

목되는데, 장제스는 전후 회복해야 할 중국의 영토로 동북사성과 타이완, 펑후열도, 뤼순旅順 다롄大連을 포함하는 랴오둥반도를 열거하였고 루스벨트는 여기에 동의했다고 되어 있다. 이어서 장제스는 특히 한국에게 독립이 허용될 필요가 있음을 강조하였으며 인도와 태국이 독립을 달성하는 데에도 양국이 함께 노력할 것을 제의하였고, 루스벨트는 여기에도 동의하였다고 한다.[21]

한편으로 23일 밤의 회의 내용에 대한 『장제스일기』의 기술내용은 '23일 회의록'과 비교하여 다소 차이를 보인다. 즉 '23일 회의록'에는 없고 『장제스일기』에만 언급된 내용이 일부 있는데 이는 주로 장제스가 주장한 것으로, 이를테면 공산주의와 제국주의에 관련된 문제로 장제스가 소련 공산주의를 불신한다는 입장을 표명하여 루스벨트의 주의를 환기시켰다는 대목, 영토 문제 가운데 류큐에 대한 처리방안을 언급하면서 미국을 안심시키기 위하여 국제기구에 위탁하거나 중국과 미국이 공동으로 관리하는 방안을 주장했다는 대목, 베트남安南도 전후 독립할 수 있도록 중국과 미국이 적극 도와야 한다고 주장했다는 대목, 그리고 뤼순 군항을 중국과 미국이 공동으로 사용할 수 있도록 하겠다고 말한 대목 등이다.[22] 『장제스일기』에서는 한국의 독립문제에 대하여 '23일 회의록'과 마찬가지로 일곱 번째 항목으로 기록하고 있는데, 여기에서 장제스는 "특별히 루스벨트가 자신(蔣介石)의 주장을 받아들여 조선인민의 독립 달성을 돕도록 힘 썼다"고 쓰고 있다. 그리고 『장제스일기』에는 회의 말미에 루스벨트가, 배석한 특별보좌관 홉킨스Harry L. Hopkins에게 "오늘의 토론 내용에 근거하여 선언문(會議公報)을 기초하라"고 일렀다

21 'Chinese Summary Record (Translation)', *FRUS*, pp. 323~325.

22 『蔣介石日記』 1943年 11月 23日.

는 대목도 적었다.

이튿날인 11월 24일 오후, 홉킨스는 루스벨트의 당부대로 선언문 초안을 만들어 쑹메이링과 왕충후이에게 내용을 검토해 달라고 한 다음 만약 고칠 의견이 있다면 25일 오전까지 제출해 달라고 부탁했다. 이날 저녁 왕충후이는 홉킨스가 가져온 선언문 초안을 중역中譯하여 장제스에게 전달했다. 장제스는 오가사와라小笠原로 표기된 것은 펑후열도를 잘못 표기한 것이므로 이를 바로 잡는 선에서 동의할 수 있음을 밝혔다.[23] 최종적으로는 26일 오후, 주소련 미국 대사 해리만W. Harriman, 영국 외무차관 캐더건Alexander Cadogan, 영국 외무장관 이던Anthony Eden, 그리고 왕충후이가 참석하여 선언문의 최종 수정작업이 이루어졌다. 중국 측의 기록에 의하면, 선언문 초안에 대한 최종 수정 작업에서 가장 논란이 되었던 부분은 중국이 환수해야 할 영토를 일일이 열거할 것인가 아닌가의 문제와 한국독립을 명기할 것인가, 이 두 가지였다. 두 문제 모두 영국 측이 이의를 제기한 것으로 캐더건은 "만주, 타이완과 같이 일본이 중국으로부터 탈취한 영토는 당연히 중국에 환수되어야 한다(The territory they have so treacherously stolen from the Chinese, such as Manchuria, Formosa, will be returned to the republic of China)"로 되어 있던 초안을 "만주, 타이완, 펑후열도는 당연히 일본으로부터 해방되어야 한다"로 고치자고 주장했다.[24]

---

23 장제스는 같은 날 일기에서 "(선언서 초안의) 모든 내용이 전날 밤 루스벨트에게 제기했던 것 그대로임을 알고 루스벨트의 중국에 대한 誠心誠意의 자세와 정신을 알 수 있었다"라고 기록하고 있다.

24 「國防最高委員會秘書長王寵惠自重慶呈蔣委員長關於開羅會議日誌」, 『中華民國重要史料初編: 對日抗戰時期』, pp. 530~531. 미국 측 자료집에 들어있는 (처칠이 직접 수정한) 영국 측 선언서 초안에는 "all the territories Japan has stolen from the Chinese, such as Manchuria, Formosa, and the Pescadores, shall be restored to the republic of China"이라고 되어 있는데 이것은 선언서 최종본과 거의 같은 내용이다. 홉킨스의 초안을 루스벨

또 캐더건은 한국문제의 경우 영국 내각에서 논의한 적이 없다는 점과 소련의 입장이 확인되지 않았다는 점을 이유로 하여 (홉킨스의 초안을 루스벨트가 수정한) 초안 중 한국독립 관련 문구, 즉 "일본의 조선 인민에 대한 노예 대우를 우리는 잊지 않았으며 일본 패망 이후 적당 시기 안에 조선으로 하여금 자유 독립 국가를 이루도록 결정하였다(We are mindful of the treacherous enslavement of the people of Korea by Japan, and are determined that that country, at the proper moment after the downfall of Japan, shall become a free and independent country)"는 부분을[25] "조선으로 하여금 일본의 통치로부터 벗어나도록 한다"로 고치거나 아니면 한국독립 관련 문구 전부를 삭제하자고 주장했다. 이에 대하여 왕충후이는 강력하게 원안을 주장하였고 해리만도 조선독립 문제와 소련은 관계가 없다는 것이 루스벨트의 생각이라고 주장함으로써 이 두 문제는 원안을 살리는 쪽으로 결정되었다.[26] 결국 최종 선언문에는 한국독립 문제에 대하여, "삼대 맹국은 조선인민이 받아 온 노예 대우를 고려하여 적당 시기 안에 조선으로 하여금 자유 독립케 한다(The aforesaid three great powers, mindful of the enslavement of the people of Korea, are determined that in due course Korea shall become free and independent)"는 것으로 명시되기에 이르렀던 것이다.[27]

트가 고친 것을 갖고 처칠이 수정한 것을 영국 측 초안이라는 이름으로 수록한 듯하다.

25 홉킨스의 초안에는 "일본 패망 이후 가능한 가장 빠른 시기에(at the earliest possible moment after the downfall of Japan)"이라고 되어 있던 부분을 루스벨트가 "일본 패망 이후 적당 시기 안에(at the proper moment after the downfall of Japan)"로 수정했다. 루스벨트가 직접 수정 가필한 흔적이 남아 있는 홉킨스의 초안 원본은 *FRUS*, pp. 399~400에 실려 있다.

26 「國防最高委員會秘書長王寵惠自重慶呈蔣委員長關於開羅會議日誌」, 『中華民國重要史料初編: 對日抗戰時期』, pp. 532~533.

27 'Final Text of the Communique', *FRUS*, pp. 448~449.

영국 측이 중국이 환수해야 할 영토로 둥베이, 타이완, 펑후열도를 명시하는 것에 반대하거나 한국독립 문제와 관련하여 문구의 수정이나 심지어 삭제를 주장하고 나선 이유는 그러한 대목이 영국이 아시아 지역에서 가지고 있던 식민지들, 예컨대 인도나 미얀마, 홍콩, 티베트 등의 전후 처리 문제에 영향을 줄 것을 우려했기 때문이었다.[28] 전술한 대로 1942년 2월 장제스의 인도 방문으로 생긴 중국과 영국 사이의 외교적 대립은 영국에게 중국에 대한 심각한 불신을 초래했다. 이뿐만 아니라 카이로회담 직전인 1943년 8월 모스크바에서 열린 미·영·중·소 4개국 외무장관 회담에서 홍콩과 주룽九龍의 환수 문제가 거론되었을 때 영국 측에서는 강력한 반환 거부의사를 밝혔던 것이고, 이 때문에 중국 측에서는 카이로회담 의제 준비 과정에서 홍콩 주룽 문제는 다루지 않는다는 입장을 정했던 것이다.[29]

당초에 홉킨스가 선언 초안에 "한국독립"과 관련한 문구를 넣었던 것은, 홉킨스 자신의 독자적인 생각이 아니라 23일 밤의 루스벨트, 장제스 간의 면담에서 오간 내용을 그대로 옮긴 것이라고 보아야 한다. 그리고 중국 측의 "23일 회의기록"이나 『장제스일기』에서 언급된 것을 기준으로 한다면 장제스와 루스벨트 사이의 한국독립 문제 관련 논의는 장제스가 먼저 "한국독립"을 주장하고 이것을 루스벨트가 받아들였다고 볼 수 있다. 앞에서 언급한 대로 장제스와 국민정부 측에서 진행해온 회의 준비 과정에서도 "한국독립"이 주요 논제로 들어 있었던 점만 보아도 이날의 양자 회담에서 "한국독립"을 주장한 것은 장제스이었음이 분명하다. 이뿐만 아니라 24일 밤 장제스와 홉킨스가 만들고 루스벨

28 胡春惠, 『韓國獨立運動在中國』, 臺北(中華民國史料研究中心), 1976, p. 328; 王暉, 「冷戰的預兆: 蔣介石與開羅會議中的琉球問題」, 『開放時代』 2009-5, p. 28.

29 『蔣介石日記』, 1943年 11月 15日.

트가 수정한 미국 측의 초안을 검토하면서 "(선언서 초안의) 모든 내용이 전날 밤 루스벨트에게 제기했던 것 그대로임을 알고 루스벨트의 중국에 대한 성심성의誠心誠意의 자세와 정신을 알 수 있었다"라고 만족했다는 점은 초안에 "한국독립" 문구가 들어간 것이 장제스의 제안과 루스벨트의 동의로 이루어졌다는 사실을 뒷받침해 준다고 할 수 있다.

2. 전후戰後 한국에 대한 국제공관 논란과 "적당시기" 문제

카이로선언에 "한국독립" 그 자체가 언급된 것 못지않게 중요한 것으로 주목해야 할 문제는 "한국독립"의 전제조건으로 붙어 있는 "적당시기에in due course"와 관련된 문제인데, 이후 이 단서조건이 한국의 독립과정에 커다란 파문을 불러왔기 때문이다. 한국독립 과정과 관련한 기존의 많은 연구들에서 지적하고 있는 대로 "적당시기에"라는 전제는 미국 측이 일찍부터 가지고 있던 한국에 대한 국제적 공동관리, 곧 신탁통치 실시 정책을 의미하는 것이었다. 당시 루스벨트는 식민지 국가들에 대한 독립 부여 방안으로 일정한 기간 동안의 신탁통치를 실시하는 방안을 적극적으로 고려하고 있었는데, 루스벨트의 이러한 정책은 미국의 필리핀 통치 경험과 "민족자결주의"로 대표되는 윌슨 대통령의 도덕주의 외교의 영향을 강하게 받은 것이었다.[30] 이뿐만 아니라 미국 국무성 안에서도 한국문제와 관련하여 신탁통치 방식의 적용이 1942년 2월경부터 거론되기 시작하였고 이런 주장은 루스벨트에게도 알려져 있었다.[31] 그런 점에서 루스벨트의 한국문제 처리방식은 카이로회담 이전

---

30 劉曉原, 「東亞冷戰的序幕-中美戰時外交中的朝鮮問題」, 『史學月刊』 2009-7, p. 73.

31 國務省 遠東司의 韓國通으로 알려져 있던 랭던(William R. Langdon)이 국무차관을 비롯한 상급자들에게 제출할 보고서로 1942년 2월 20일에 작성한 "한국독립 문제의 몇 가지

단계인 1943년 3월경부터 국제공동관리에 의한 신탁통치 방안으로 정해져 있었다는 것이 기존 연구에서의 지적이다.[32] 말하자면 신탁통치를 의미하는 "적당시기에"가 들어가게 된 것은 루스벨트의 의견이 반영된 결과라는 말이다.

그렇다면 23일 밤의 회담에서 장제스와 루스벨트 사이에 오간 한국독립 문제에 대한 논의는 어떤 내용이었을까? 이 문제와 관련하여 검토해야 할 것은 먼저 앞에서 말한 대로 이 회담에 배석했던 홉킨스가 루스벨트의 명을 받고 선언서 초안을 작성했던 점, 그리고 이 최초의 초안에 한국독립 문제에 관하여 "일본 패망 후 가능한 가장 빠른 시기에at the earliest possible moment after the downfall of Japan 자유 독립 국가가 되어야 한다"고 되어 있는 점을 고려한다면, 23일 밤의 회담에서 장제스와 루스벨트 사이에 논의된 한국문제에 관한 내용은 장제스의 원래 생각대로 "한국의 즉각적인 독립"이었음이 분명하다. 그런데 이 초안을 24일 루스벨트가 검토하는 과정에서 "일본 패망 후 적당한 시기에at the proper moment after the downfall of Japan"로 수정하도록 하였으니,[33] 결국 이러한 수정이 이루어진 것은 장제스와의 합의 없이 루스벨트 자신의 기존 주장인 신탁통치를 통한 독립 부여 방안이 뒤늦게 추가된 것이었음을

측면들(Some Aspects of the Question of Korean Independence)"에서는 "한국민의 정치적 자치능력과 군사적 자위력, 경제적 자립도 등을 고려할 때 적어도 한 세대 이상 연합국 열강의 사심 없는(disinterested) 보호와 지도, 원조를 받아야 한다"고 하였다. 또 랭던의 이런 주장을 루스벨트도 알고 있었음이 확인된다. 고정휴, 「태평양전쟁기 미국의 대한민국임시정부에 대한 인식과 불승인정책정책」, 『한국근현대사연구』 25(2003), 493~497쪽.

32 1943년 3월 미국을 방문한 영국 외상 이든에게 루스벨트는 "전후 한국과 인도차이나를 중국과 미국, 기타 1~2개국이 관할하는 국제신탁통치 아래 두자"고 주장했다(劉曉原, 앞의 논문, p. 73).

33 'American Draft of the Communique with Amendments by President Roosevelt', *FRUS*, pp. 399~400.

알 수 있다.[34]

그러면 "적당 시기에"에 관한 중국 측의 입장은 어떠했을까? 앞에서 언급한 대로 홉킨스가 선언 초안을 왕충후이에게 건넨 것은 24일 오후였고 왕충후이가 이것을 번역하여 장제스에게 검토받은 것이 24일 밤이었다. 이때 장제스가 본 초안은 홉킨스의 초안을 루스벨트가 수정한 것이었으므로 "적당한 시기에at the proper moment"가 전제로 붙은 조선독립 허용의 내용이었을 것이다. 그런데 장제스는 이 조건에 대하여 아무런 이의를 제기하지 않았을 뿐만 아니라 전술한 대로 일기에 만족스럽다는 입장을 쓰기까지 했던 것이다. 또 26일의 최종 검토에 참여한 왕충후이도 "적당 시기에"의 문제에 대하여 아무런 이의를 제기하지 않았고 이어서 세 영수가 최종 검토하는 단계에서도 장제스는 아무런 이의를 제기하지 않았다.

앞에서 살핀 대로 전날의 회담에서 "즉각적인 한국독립"이 거론되고 합의되었다면 성명서 초안 검토 과정에서 장제스나 왕충후이 두 사람 모두 새롭게 첨가된 "적당 시기에"에 대하여 이의를 제기하지 않은 것은 무엇 때문일까? 이 문제를 검토하기 위해서는 우선 미국의 신탁통치 방안이 마련되는 단계에서 중국이 어떤 입장을 취했던가를 살펴볼 필요가 있다.

사실 중국 측에서 한국독립과 관련하여 미국이 신탁통치 방안을 가지고 있다는 사실을 안 것은 카이로회담 훨씬 이전부터였다. 현재 확인되는 바로는 1943년 3월부터 9월 사이에 미국을 방문한 쑹즈원이 루스벨트와 여러 차례의 회담을 가졌는데, 이때 루스벨트는 중국과 소련의 충

---

34 루스벨트가 수정한 "적당한 시기에"의 표현이 "at the proper moment"에서 "in due course"로 바뀐 것은 영국 측의 수정 삭제 요구 끝에 표현을 바꾸면서 생긴 일이다('British Draft of the Communique', *FRUS*, p. 404).

돌이 전후 동아시아 국제질서 수립에 커다란 걸림돌이 될 것이라는 판단 아래 (소련의 이해가 걸려있는) 둥베이東北, 외몽고 지역에서의 소련의 "정당한 이익"을 중국이 보장할 것을 요구하고 한국에 대해서는 국제신탁통치 방안을 제시하였다. 이에 대하여 쑹즈원은 "중국은 조선을 과거 중화제국의 일부로 보거나 중국의 회복해야 할 영토失地로 보고 있지 않다. 중국인의 일반적인 입장은 전후 한국에서 국제신탁통치國際託管를 실시하는 것이다"라고 대답하였다.[35] 또 같은 시기 미국을 방문한 쑹메이링이 루스벨트를 만난 다음 1943년 6월 초 장제스에게 루스벨트와의 회담결과를 보고하면서 "전후 한국의 독립을 보증하기로 했던 중국과 미국 두 나라의 기존결정에 변화의 조짐이 나타나고 있다. 루스벨트 대통령은 전후 일정 기간 동안 한국을 국제공동관리하에 두려고 한다"고 하였던 것이다.[36]

이뿐만 아니라 1942년 4월 이후 미국의 각종 언론매체 속에 전후 한국에 대한 국제공관 구상이 보도되기 시작했고[37] 충칭에서 발행되던 『중앙일보中央日報』를 비롯한 중국 측 매체들도 미국 쪽 언론매체의 보도를 인용하여 전후 한국에 관한 국제공관이 기정사실인 양 보도하기 시작했다.[38] 이런 보도를 접한 한국임시정부 측에서는 적극적인 반대운동을 펼쳤으니, 임시정부 외무장관 조소앙이 1943년 2월 1일 성명서

35 *FRUS, 1943*, *China*, pp. 33~137.

36 邵毓麟, 「使韓回憶錄」, 『大韓民國臨時政府資料集』 25, 2008, 266쪽.

37 이재호, 「대한민국임시정부의 국제공동관리안 반대운동」, 『대한민국임시정부와 카이로선언: 대한민국임시정부 수립 제95주년 기념학술회의발표논문집』(서울, 2014년 4월), 29쪽.

38 예컨대 1943년 4월 29일자 『中央日報』(重慶)는 미국 시카고에서 발행되던 『시카고선(*The Chicago Sun*)』의 보도를 인용하여 "미국을 방문한 영국 외상 이든(Anthony Eden)이 전후 한국의 독립은 연기되고 잠정적으로 國際護衛(International Guardianship)를 실시하기로 합의했다"고 보도하였다(「大韓民國臨時政府公報」 第78號(1943. 8. 4), 『大韓民國臨時政府資料集』 1, 2005, 290쪽).

「전후 한국독립문제: 국제공관을 찬동할 수 없다」를 발표한 것을[39] 시작으로 하여 중국 외교부 방문, 각종 성명서와 간행물 발간 등의 반대 활동을 전개하는 한편으로 중한문화협회中韓文化協會를 비롯한 각종 단체를 통한 반대운동을 전개했다. 특히 장제스와 루스벨트 간의 회의가 있을 것이라는 사실이 알려진 1943년 7월 이후에 가서는 한국임시정부 요인들이 집단으로 장제스에게 면담 요청을 하기에 이르렀으니, 7월 26일 오전 충칭의 군사위원회 접견실에서 이루어진 김구를 비롯한 임시정부 요인들과 장제스 간의 면담은 이러한 노력 끝에 이루어진 것이었다. 이 날의 면담에서 임시정부 요인들은 "영국과 미국에서 한국의 장래에 대하여 국제공동관리 방식을 채용하자고 주장하고 있는데 중국 측에서는 여기에 현혹되지 말고 (즉각적인) 한국독립 주장을 관철해 달라"고 요청하였다. 이에 대하여 장제스는 "영국과 미국이 그러한 주장을 하고 있는 것은 사실이며 향후 많은 논쟁이 있을 것이다"고 하면서 "이럴 때일수록 한국(독립운동세력) 내부의 정성통일精誠統一과 공작표현工作表現을 반드시 보여 줄 필요가 있으며 그래야만 중국도 힘써 싸울力爭 수 있을 것이다"고 대답하였다.[40] 이날 면담의 내용은 같은 날짜의 『장제스일기』에서도 확인할 수 있으니, 일기에서 장제스는 "조선혁명당 영수 김구 등을 만났다. 그들에게 내부단결과 우리 정부의 전후 조선독립 주장에 협조해 달라고 권면했다"고 쓰고 있다.[41]

요컨대 장제스와 국민정부 측에서는 카이로회담 훨씬 이전 단계에서부터 미국과 영국 측의 전후 한국에 대한 국제공관 주장을 분명하게 알

---

39 「戰後韓國獨立問題: 不能贊同國際共管」, 『大公報』(重慶), 1943年 2月 2日.

40 한국임시정부 측에서 기록 보존한 면담기록이다(「總裁接見韓國領袖談話紀要」, 『大韓民國臨時政府資料集』 22, 238~239쪽).

41 원문은 '接見朝鮮革命黨領袖金九等勸勉其團結內部協助我政府對戰後朝鮮獨立之主張'이다(『蔣介石日記』, 1943年 7月 26日).

고 있었을 뿐 아니라 충칭의 한국임시정부 측으로부터도 국제공관에 반대해 줄 것을 강력하게 요청받고 있었지만, 이에 대한 별도의 대응 방안을 마련한다거나 미국 측과 협의하는 등의 조처는 취하지 않았다. 말하자면 중국은 미국 측이 전후 한국에 대한 신탁통치 방안 준비에 방관적인 입장을 취하고 있었던 것이다.

3. 한국에 대한 국제공관 수용과 장제스·국민정부의 의도

앞에서 살펴본 대로 중국 측의 카이로회담 의제 준비과정에서는 전후 한국에 대한 즉각적인 독립 주장만 있을 뿐, 국제공관을 고려한 흔적은 찾아볼 수가 없다. 그렇다고 한다면 장제스는 루스벨트와의 면담에서 자신이 주장한, 한국에 대한 즉각적인 독립 허용 주장을 포기하고 초안 수정과정에서 루스벨트가 첨가한 국제공관 주장을 별 이의 없이 받아들인 셈이 되는데, 그렇다면 장제스의 이러한 입장 변화는 어떻게 설명될 수 있을 것인가? 기왕에 공개된 카이로회담 관련기록들에서도 장제스의 한국독립 문제에 대한 입장 변화를 설명해 줄 만한 내용을 발견할 수 없다. 다만 이 문제에 대한 한 가지 설명의 단서를 제공해 줄 수 있는 것으로, 장제스 스스로 여러 차례 조선문제와 같은 성질의 문제라고 언급했던 류큐문제에 대한 장제스의 입장을 생각해 볼 수 있을 것이다.

카이로회담 준비과정에서 국민정부 내부에서 가장 격렬한 논쟁을 불러 온 문제 가운데 하나는 바로 류큐문제였다. 앞에서 언급한 대로 카이로회담 직전까지 장제스에게 제출되었던 두 가지 대응방안, 즉 군사위원회참사실의 '초안'과 국방최고위원회비서청의 '방안'은 모두 류큐문제를 중요한 의제 가운데 포함시키고 있다. 다만 '초안'의 경우 전후 중국이 환수받아야 할 영토의 하나로 류큐를 명시하되 류큐를 국제공동관리하는 방안도 병기하고 있는 반면에, '방안'의 경우에는 류큐를 명시하지 않고 다만 환수받아야 할 영토의 범위를 1894년 청일전쟁을 기준으로 한다고 밝히고 있었다. 따라서 '방안'의 류큐문제에 관한 입장은, 류큐가 청일전쟁 이전인 1870년대에 일본에 의하여 강제 편입되었기 때문에 사실상 일본의 영토라는 점을 인정한다는 것이다. 이를테면 두 가지 보고서에서 제시하는 류큐문제 해결방안은 중국의 영토로 환수받는 방안을 기본으로 삼고 있기는 하되 국제공동관리 아래 두는 방안, 그리고 일본의 영토로 인정하는 방안이라는 예상 가능한 세 가지 경우 모두를 상정하고 있었다. 그만큼 국민정부 내에서도 류큐문제에 관한 입장이 크게 엇갈리고 있었던 것이다.

카이로회담 참석차 중국을 떠나기 직전 이러한 내용의 보고서를 받은 장제스는 11월 15일자 일기 속에서 류큐문제에 대한 자신의 고민을 드러내고 있었다. 장제스는 "류큐와 타이완은 중국 역사에서 그 지위가 다르다. 류큐는 하나의 왕국으로 그 지위가 조선과 같다. 따라서 이번 회의에서 류큐문제는 언급하지 않기로 결정했다"고[42] 쓰고 있었다. 이어서 장제스는 11월 17일에 회의방안을 다시 한번 정리할 때에도 류큐문제를 의제에서 제외시켰다.[43] 그러나 11월 23일 밤, 루스벨트와의 면담에서 전후 중국이 환수받아야 할 영토 문제를 거론할 때 루스벨트 쪽에서 먼저 류큐문제를 거론함으로써 장제스도 일단의 입장을 밝히지 않을 수 없게 되었다. 장제스와 루스벨트는 전후 중국이 환수받아야 할 영토로 둥베이, 타이완, 펑후열도를 포함하는 데에 합의한 다음 루스벨트가 "중국은 류큐(의 환수)를 원하지 않는가?"라는 질문을 여러 번에 걸

42 원문은 "琉球與臺灣在我國歷史地位不同, 以琉球爲一王國, 其地位與朝鮮相等, 故此次提案對于琉球問題決定不提"이다(『蔣介石日記』 1943年 11月 15日).

43 『蔣介石日記』 1943年 11月 17日.

쳐 제기하였고 이에 대하여 장제스는 "류큐에 대한 미국과 중국의 공동 점령과 국제적 기구의 감독 아래 미국·중국 양국에 의한 신탁통치에 동의한다"고 대답하였던 것이다.[44]

류큐문제를 둘러싼 루스벨트와의 회담에 관하여, 장제스는 같은 날짜의 일기에서 "영토 문제를 거론하였는데 둥베이사성과 타이완, 펑후군도는 중국에게 되돌려줘야 하며 오직 류큐는 국제기구의 위탁을 통한 중미 공관을 실시할 수 있다. 내가 이렇게 말한 이유는 ① 이렇게 함으로써 미국을 안심시킬 수 있고, ② 류큐는 갑오(청일)전쟁 이전에 일본에 귀속되었으며, ③ 이 지역을 미국과 공관하도록 하는 것이 중국에게 귀속시키는 것보다 타당하기 때문이다"고[45] 적고 있다. 이를테면 장제스는 류큐문제에 대하여 중국의 영토로서 환수해야 한다는 적극적인 주장을 하지 않은 채 전후 국제질서 수립에서 주도권을 가진 미국의 눈치를 보면서 소극적인 입장, 곧 국제공관이라는 주장을 제기하고 있었던 것이다.

장제스의 말대로 류큐문제가 조선문제와 같은 문제라고 한다면 당초 장제스는 왜 조선에 대해서는 류큐와 같은 국제공관이 아니라 "즉각적인 독립"을 주장했을까? 이와 관련해서는 추후 보다 세밀한 연구가 필요하겠으나, 현재로서 추론 가능한 것은 카이로회담 직전까지 장제스와 국민정부 측에서 적극적으로 고려했던 충칭 한국임시정부에 대한 국제적 승인 시도와, 이를 통한 전후 한반도에서의 친중정부의 수립 및 그에 대한 중국 측의 영향력 확보라는 정책과[46] 관련이 있을 것이라는

44 'Chinese Summary Record', *FRUS*, p. 324.

45 원문은 "惟琉球可由國際機構委託中美共管, 此由余提議, 一以安美國之心, 二以琉球在甲午以前已屬日本, 三以此區由美國共管比爲我專有爲妥也"이다(『蔣介石日記』 1943年 11月 23日).

46 裴京漢, 「中日戰爭時期蔣介石國民政府的對韓政策」, 黃自進·潘光哲 主編, 『蔣介石與

설명이다. 한국임시정부에 대한 중국 측의 선도적인 승인 시도는 물론 미국의 반대에 부딪혀 실현되지 못했지만, 카이로회담 이후 단계에 가서도 국민정부에 의한 한국에 대한 영향력 확보 노력은 계속하여 추진되었던 점을[47] 고려한다면 이런 설명은 나름대로 설득력이 있다고 생각된다.

現代中國的型塑』第2冊, 臺北(中央研究院近代史研究所), 2013.

47 예컨대 國民政府 外交部에서는 1944년 10월에 吳國楨次長을 중심으로 한국문제에 대한 정책토론회를 개최하였는데 여기에서는 한국의 독립 능력에 대한 검토, 카이로회담에서 논의되었던 "適當時期"에 대한 구체적 검토, 점진적 독립에 대한 한국인들의 입장 검토가 이루어졌으며 終戰時 한국에 대한 중국 군대의 파견계획, 새로 만들어질 한국 정부에 대한 재정지원책, 친중파 인사들에 의한 정부구성 지원방안 등 다양한 계획이 논의되었다(「韓國問題討論會紀錄(1944. 10. 14 ; 10. 31)」, 『韓國問題研究綱要及資料』(外交部檔案 11-EAP-06113).

제2절

종전 직전 중미·한미관계의 변화와 중국의 한국광복군 통제 완화

—1944년 6월 미국 부통령 월리스의 중국 방문 전후 임시정부의 대미접근과 국민정부의 한국광복군 통제 완화—

Ⅰ. 월리스Henry A. Wallace 부통령의 방중과 중미관계

1943년 12월에 열린 카이로회담에서 한국의 즉각적인 독립을 주장했던 장제스와 국민정부는 미국 측의 신탁통치 주장에 밀려 "적당 시기"를 인정하는 선에서 전후 한반도 문제의 해결방안으로 4대 열강에 의한 신탁통치 방안을 받아들였다. 그러나 이후의 전개과정을 보면 장제스와 국민정부 측에서는 신탁통치 실현과정에서도 중국의 역할을 가능한 한 극대화하려는 의도를 가지고 있었고, 이를 위하여 자신들의 영향력 아래 유지되어 온 한국임시정부를 중심으로 하는 전후 한국 정부 수립 방안을 추진하려는 의도를 숨기지 않았다.[1] 그러나 중국 측의 이러한 의도는 미국의 반대에 부딪혔으니 미국은 임시정부에 대한 국제적 승인

1 배경한, 「카이로회담에서의 한국문제와 蔣介石」, 『역사학보』 224(2014); 이 책 제5장 제1절에 수록.

을 거부함으로써 중국의 의도를 제지하고 나섰던 것이다. 미국이 중국의 영향력 아래 있는 임시정부에 대한 외교적 승인을 거부한 가장 큰 이유는 사실 전후 한반도에 대한 중국의 주도적 영향력을 제한하려는 것이었지만,[2] 미국 측에서 내세우고 있던 임시정부 불승인의 표면적인 이유는 임시정부가 전체 한인들을 대표하지 못한다거나 그 조직이나 운영이 통일적이지 못하다는 것에 집중되어 있었다.[3]

카이로회담을 전후하여 중국이 임시정부한테 요구한 가장 중요한 사항이 각 정파 사이의 통합이었다. 이는 중국의 지원을 둘러싸고 복잡하게 진행되고 있던 임시정부 내 각 정파들 간의 치열하고 반복적인 다툼 때문이기도 하지만, 다른 한편으로는 중국이 나서서 미국을 비롯한 열강들로부터 임시정부에 대한 국제적 승인을 받아 내는 데에 통합된 임시정부의 면모가 필요했기 때문이었다.[4] 역설적으로 보자면 그만큼 중국은 임시정부에 대한 국제적 승인을 추진하는 데에서 주도권을 잡기 위해 노력하고 있었던 것이라고 할 수 있는데, 그 이면에는 전후 한국에 임시정부를 중심으로 하는 친중정부를 구성함으로써 한반도에 대한 중국의 전통적 영향력을 회복, 유지하려는 의도 또한 있었던 것이다.

그러나 잘 알려진 대로 임시정부에 대한 지원과 통제를 통한 전후 한반도에 대한 영향력 확보라는 중국의 구상은, 태평양전쟁 발발 이후 미국의 등장으로 크게 위협받기에 이르렀다. 1937년 7월 중일 전면전쟁

2 구대열, 『한국 국제관계사 연구 2』, 역사비평사, 1995, 116~127쪽 ; 박다정, 「태평양전쟁 초기 중국의 팽창주의와 미국의 한반도 신탁통치 결정」, 『역사학보』 256(2022.12), 364~371쪽.

3 重慶 시기 임시정부가 가지고 있던 인적, 물적 토대가 매우 취약했던 것은 사실이다. 고정휴, 「重慶 시기 대한민국임시정부의 승인외교 실패 원인에 대한 검토」, 『한국독립운동사연구』 33(2009), 7~11쪽.

4 김영신, 「重慶時期 대한민국임시정부의 對中國交涉과 중국의 대응」, 『한중관계연구』 7-1(2021), 171~175쪽.

발발 이후 미국의 대중對中 정책은 일본과의 경제적 관계를 고려한 중립정책을 기본으로 하면서 민간 차원에서의 차관이나 상업적 거래를 허용하는 수준이었다.[5] 그러다가 태평양전쟁이 발발하게 되자 일본이라는 공동의 적에 대항하기 위하여 적극적인 대중 지원에 나서게 되었으며, 전쟁이 진전될수록 그 지원 규모가 점차 커지게 되었다. 즉 장제스 국민정부의 대미對美 의존도가 커졌고 동시에 전쟁의 주도권은 미국으로 옮겨 가고 있었던 것이다.[6]

다만 미국의 지원을 둘러싸고 미중 양국 사이에 적지 않은 마찰음도 함께 생겨나고 있었다. 특히 장제스 국민정부가 대일전 이외에 공산당 토벌과 같은 국내 문제에 치중하면서 대일전을 소홀히 하는 상황이 나타나자 이에 대한 미국의 불만과 시정요구가 자주 나타나게 되었다. 1942년 이후 연합군에 의하여 새롭게 설정된 중국-버마-인도 전구의 총사령관에 오르게 된 장제스가 루스벨트 대통령에게 미국 측 중국 전구 최고지휘관(참모장) 파견을 요청하여 충칭에 오게 된 스틸웰과 장제스 사이의 잦은 마찰은 미국의 지원과 군사지휘권을 둘러싼 미중 간의 갈등을 적나라하게 드러내고 있었다.[7] 이에 더하여 1944년 봄 이후 유

5 김지환, 「中日戰爭期 重慶國民政府의 對美外交-미국의 중립정책에 대한 대응을 중심으로-」, 『중국사연구』 42(2006); 김지환, 「중일전쟁기 중국의 전시외교와 국제관계」, 『동양사학연구』 147(2019), 104~107쪽.

6 중일전쟁 시기 미국의 중국에 대한 재정 지원과 중국의 대미 의존에 대해서는 吳景平, 「抗戰時期中美租借關係述評」, 『歷史研究』 1995年 4期; 吳景平, 「蔣介石與戰時美國對華財經援助」, 『史學月刊』 2011年 1期; 陶文釗·楊奎松·王建郎 共著, 『抗日戰爭時期中國對外關係』, 北京(社會科學出版社), 2009, pp. 270~294.

7 항일전쟁 시기 중미관계의 단면을 잘 보여 준다는 점에서 스틸웰과 장제스 사이의 대립 마찰문제(이른바 스틸웰사건)는 중국 학계에서 중요 연구주제로 다루어지고 있다. 黃道炫, 「緬甸戰役蔣介石史迪威的失敗責任」, 『抗日戰爭研究』 2001年 第2期; 付辛西, 「第一次史迪威危機與中美戰略分歧」, 『抗日戰爭研究』 2011年 第1期; 章百家, 「抗戰時期中美合作的歷史經驗-由史迪威在華經歷所想到的」, 『新遠見』 2012年 第1期; 吕迅, 「論蔣介石與史迪威矛盾中的中共因素」, 『社會科學研究』 2016年 第2期; 付辛西, 「第二次史迪威危機

럽 전선에서의 연합국의 우세 확보와는 달리 중국에서는 이른바 '1호 작전'이라고 불리는 일본군의 대공세에 밀려 5월 18일 허난성河南省 뤄양洛陽이 함락되고 6월 18일에는 후난성湖南省 창사長沙가 함락되는 등 전세가 크게 불리해지는 상황이 전개되고 있었다. 그 결과로 미군 주둔지인 후난성 헝양衡陽이 위기에 놓이게 되었을 뿐 아니라 후난 지역으로부터 미군의 집중 주둔지인 윈난성雲南省 쿤밍昆明에 이르는 배후 교통선까지 위협당하는 형세에 이르렀다.[8]

미국 부통령 월리스의 중국 방문은 이러한 배경에서 나온 일이었다. 루스벨트는 중국 전구의 실제 상황을 파악할 필요와 함께 전후 예상되는 국공 간의 내전을 방지하기 위한 국공조정國共調整, 그리고 중국과 소련과의 관계를 비롯한 전후 열강들 간의 관계 설정을 위한 구체적 실상 파악을 위해 월리스의 중국 파견을 구상했던 것이다. 이와 동시에 미국 측에서는 일본군의 군사력을 파악하기 위하여 공산당이 장악하고 있던 화베이華北와 만주滿洲 일대에 대한 현지조사단을 파견할 수 있도록 국민정부에 요청함으로써 사실상 장제스와 국민정부의 군사력과 공산당 토벌 정책에 대한 이의를 제기하고 나섰다.[9]

與1943年中美軍事同盟關係研究」, 『民國檔案』 2018年 第3期 등 참조. 당초 蔣介石의 요청은 미국의 지원을 강화할 수 있는 군사고문을 파견해 달라는 것이었던 데에 반하여 미국 측의 기대는 미국 지원의 효과를 증대시키기 위해 중국군의 개혁을 추진하는 데에 맞추어져 있어서 양측 간의 대립 갈등은 피할 수 없는 것이었다. 이주천, 「미국의 대중국 군사원조(1942-1944)-Joseph W. Stilwell의 활동을 중심으로-」, 『원광대학논문집』 23(원광대학교, 1989).

8 張憲文 主編, 『中國抗日戰爭史(1931-1945)』, 南京(南京大學出版社), 2001, pp. 1045~1119 참조.

9 "President Roosevelt to Generalissimo Chiang Kai-shek", *FRUS*, *1944, China* V.6, p. 329. 공산당 지역에 대한 현지조사단 파견 문제는 중국에 파견되어 있던 미국 군사당국에서 여러 차례 요청하고 있던 일이었다. 「美軍促華萊士取得委員長同意,可以派人訪問延安」, 郭榮趙 編譯, 『蔣委員長與羅斯福總統戰時通訊』, 臺北(幼獅文化事業公司), 1978, pp. 226~227.

미국 측의 이러한 움직임에 대하여 장제스는 크게 반발하였다. 장제스는 루스벨트의 의도가 장제스의 최대 약점인 국내 분열, 곧 국공 간의 대립을 조정하려는 것이라고 의심하였고[10] 특히 미국 현지조사단의 공산당 중심지인 산시성陝西省 옌안延安 방문 요청을 강력하게 반대하였다. 2월 21일 미국 측 지휘관 헌Thomas G. Hearn 장군과의 담화에서 장제스는 미국 현지조사단이 일본군 주둔 상황 파악을 위해 산시陝西와 산시山西 등 화베이華北 지역을 방문하는 것은 환영하지만 옌안에는 갈 수 없다고 언급하였다.[11] 이로써 장제스는 미군과 공산당 측의 직접 교류를 반대한다는 입장을 분명히 하였다. 이 문제를 둘러싸고 중국과 미국 양측 간의 여러 달에 걸친 협상의 결과 6월 20일 부통령 월리스가 충칭에 도착하였다. 월리스가 6월 24일 미군 주둔지인 쿤밍으로 떠나기 전까지 중미 간의 현안을 두고 월리스와 장제스 간에 전후 다섯 차례 회담이 이루어졌다.[12] 월리스는 회담에서 국공 간의 관계 개선과 중소 간의 관계 조정의 필요성을 제기하였다. 그러나 장제스의 반응은 표면상 매우 정중했던 것과는 달리, 사실상 미국 측의 '내정간섭'이라고 보며 불쾌한 반응을 보이는 것을 주저하지 않았다.[13] 그럼에도 불구하고 장제스는 월리스와의 회담에서 공산당과의 문제를 정치적으로 해결하는

10 「魏道明電蔣中正此次華萊士訪華似有意探討中蘇關係及中共問題(1944.5.15.)」, 『蔣中正文物-革命文獻-對美外交: 華萊士訪華』, 臺灣國史館(이하 國史館으로 약칭) 所藏檔案, 檔案番號: 002-020300-00038-004; 「蔣中正電魏道明向美表示華萊士若有調解國共之意則共將更囂張(1944.5.20.)」, 『蔣中正文物-籌筆: 抗戰時期(五十四)』, 國史館 所藏檔案, 檔案番號: 002-010300-00054-005.

11 『蔣介石日記』 1944년 2월 21일; 葉惠芬 編, 『蔣中正總統檔案: 事略稿本』 56冊, 臺北(國史館), 2011, pp. 354~355; 呂芳上 主編, 『蔣中正先生年譜長編』 第7冊, 臺北(國史館), 2015, p. 583.

12 『蔣中正先生年譜長編』 第7冊, pp. 673~677.

13 張北根, 「蔣介石對待華萊士訪華的態度-以〈蔣介石日記〉爲主要資料的分析」, 『社會科學』 2018年 4期.

데에 힘쓸 것과 소련과의 선린우호 관계 유지를 약속하였으며,[14] 이후 미·중 간에 상호 대표 파견을 통하여 군사 정치적 합작을 증진시켜 나가기로 하였다.[15]

월리스는 귀국 도중에 루스벨트에게 전보를 보내 "현재로서는 장제스를 지지하는 것 외에 다른 선택지가 없다"고 보고하였다.[16] 또 워싱턴 도착 후 장제스에게 보낸 건의문에서도 소련과의 외교교섭을 적극 추진함으로써 전후 발생할 수 있는 외교적 문제를 방지할 것, 중미 군사합작이 효율적으로 진행되도록 개선할 것, (공산당과의 관계를 포함한) 중국 국내 항전 정세를 조속히 개선할 것 등을 지적하는 데에 그쳤다.[17] 다만 협상 끝에 미군의 현지조사단은 옌안까지 방문하게 되었으며 마오쩌둥毛澤東을 비롯한 공산당 지도자들과 직접 면담을 가졌다. 이로써 미국의 국민당에 대한 불신과 회의를 확인하는 한편으로 공산당으로 하여금 그 사이를 틈타 미국과 독자적 협상을 전개할 수 있는 여지를 만들었다.[18] 결국 1944년 5월 중순 이후 새로 추진되기에 이른 국공협상의 과

---

14 「與華萊士總統談話要旨: 參事室呈蔣委員長建議(1944年 6月)」, 『蔣中正總統文物-革命文獻-對美外交: 華萊士訪華』, 國史館 所藏檔案, 檔案番號: 002-020300-00038-007. 다섯 차례의 회담 내용은 「蔣委員長與華萊士副總統會談記錄摘要(一)~(五)」, 앞의 『蔣委員長與羅斯福總統戰時通訊』, pp. 227~240에 자세하게 실려 있다.

15 "Wallace to Chiang(June 27, 1944) from Chengtu", 『蔣中正總統文物-革命文獻-對美外交: 華萊士訪華』, 國史館 所藏檔案, 檔案番號: 002-020300-00038-013.

16 "Vice President Wallace to President Roosvelt", *FRUS*, *1944, China* V.6, pp. 243~244.

17 「華萊士向羅斯福報告訪華觀感,提出建議」, 앞의 『蔣委員長與羅斯福總統戰時通訊』, 241~244쪽 ; 『蔣介石日記』 1944년 6월 29일. 루스벨트는 월리스의 보고를 받은 직후 蔣介石에게 전보를 보내 공산당 측과의 협상을 추진하겠다는 蔣介石의 결정을 격려하였다. "Roosevelt to Chiang(July 17, 1944)", 『蔣經國總統文物-蔣中正函電錄底(一)』, 國史館 所藏檔案, 檔案番號: 005-010100-00001-022.

18 胡越英, 「華萊士訪華: 延安美軍觀察組的最終成行」, 『社會科學研究』 2009年 4期; 付辛酉, 「再論華萊士訪華與1944年的中美關係」, 『史林』 2013年 4期; 侯中軍, 「美軍延安觀察組與中共對美外交的轉變」, 『中共黨史研究』 2011年 第2期; 楊冬權, 「關于1944年美軍觀察組考察延安的幾個問題-基于中央檔案館藏相關檔案的研究」, 『黨的文獻』 2015年 第5

정 속에서 미국은 국민정부로 하여금 보다 적극적으로 공산당을 포용할 것을 요구하고 있었으니, 장제스와 국민정부로서는 미국의 군사 재정적 지원의 대가로 미국의 국공 조정 권유와 개입을 받아들이지 않을 수 없었다.[19]

요컨대 1944년 6월 말, 월리스 부통령의 중국 방문과 장제스와의 회담은 전쟁 수행 과정에서의 미국의 주도권을 확실하게 보여 줄 뿐만 아니라 국공관계라고 하는 이후 중국사의 전개과정에서 최대 관건이 된 문제를 둘러싸고서도 미국의 적극적인 개선요구와 관여 의도가 직접적으로 드러났다. 그만큼 미국의 중국에 대한 영향력 확대 양상을 분명하게 보여 주었던 것이다.

Ⅱ. 임시정부의 월리스 면담 시도와 비망록 전달

전술한 바대로 충칭 임시정부는 태평양전쟁 발발 이후 미국과의 직접적인 교섭을 적극적으로 모색하고 있었다.[20] 일본의 진주만 공습 직후인 1941년 12월 10일, 임시정부 주석 김구와 외교부장 조소앙의 명의로 발표된 대일선전포고를 루스벨트에게 보낸 것을 시작으로 1942년 3월 초에는 임시정부 명의로 워싱턴에 보낸 서신 형식의 보고서에서는 한국인들이 전쟁에서 모종의 역할을 수행할 수 있을 것이라는 제안을 함

期; 胡越英,「美軍觀察組赴延安動機揭秘」,『炎皇春秋』2017年 第1期 등 참조.

19 정형아,「國共兩黨의 갈등과 화해에 대한 미국의 태도변화(1941-1944)」,『중앙사론』31(2010).

20 이하 태평양전쟁 발발 이후 전개된 임시정부의 대미 접근에 대해서는 차현지, 앞의『태평양전쟁기 대한민국임시정부의 대미군사외교: 한국광복군에 대한 지원 청원 외교를 중심으로』, 114~118쪽에 자세히 실려 있다.

으로써[21] 임시정부의 참전 가능성을 타진하기도 하였다. 같은 해 10월, 조소앙은 국무장관에게 보낸 편지에서 말하길, 연합국의 군사 작전에 참여하고자 하는 임시정부는 그것을 통해서 국제적 승인을 얻고자 하는 것만이 아니라 연합국의 승리를 돕고자 하는 열정이 있음을 강조하고 있었다. 임시정부가 미국에 접근하기 위해 노력하는 이유 가운데 임시정부에 대한 중국의 지나친 통제에 대한 불만도 표현되고 있었음은 특별히 주목할 만하다. 예컨대 1942년 12월 조소앙은 충칭 주재 미국 대사인 고스Clarence E. Gauss와의 면담에서 중국 정부가 임시정부를 승인했느냐는 질문에 답하면서 "(중국이 임시정부를 승인하지 않은 것은) 일본 패망 후 한국을 중국의 (전통적) 종주권 아래 두려는 의도 때문"이라는 언급을 했던 것이다.[22] 조소앙의 이 말을 통해서 확인할 수 있는 것은, 당시 임시정부 측에서는 임시정부에 대한 국민정부의 통제에 대해 불만이 있었고 그것을 미국에게 직접 호소하고 있다는 점이다. 즉 이제까지 중국에게만 의존하던 임시정부가 이제는 대일전쟁 수행에서 새롭게 주도권을 가지게 된 미국의 지지와 지원을 구하면서 적극적인 태도를 보여 주고 있었던 것이다.

이러한 연장선상에서 1944년 5월 이후 전개되고 있던, 미국 부통령 윌리스의 충칭 방문과 미국 현지 조사단의 화베이 파견 문제를 둘러싼 미중 간의 협상은 임시정부에게 중요한 기회로 받아들여졌음이 분명하다. 임시정부 측 기록이나 중국 외교부 및 국민당 중앙집행위원회, 그리고 미국 외교문서 가운데에서 윌리스의 방중과 관련하여 임시정부와 중국 및 미국 측 사이의 왕래나 교섭을 보여 주는 자료들을 적지 않게

21 "Letter from Chungking(3th March 1942)", 『백범김구전집』 5권, 133쪽.

22 "The Ambassador in China to the Secretary of State(12th December 1942)", *FRUS*, pp. 860~861.

찾아 볼 수 있다는 점만으로도 임시정부에게 있어서 월리스의 방중이 어떤 의미를 가지고 있었는지를 짐작할 수 있다. 예컨대 1944년 6월 30일에 작성된 임시정부 외무부의 "6월분 업무工作보고"에서 첫 번째 사항으로 "미국 부통령 월리스와의 회견을 위한 운동"을 들고 있는데,[23] 이 사실은 당시 임시정부가 월리스 면담을 얼마나 중요한 일로 받아들이고 있었는지를 단적으로 보여 준다.

당시 임시정부에 대한 지원업무를 맡고 있던 중국국민당 조직부 산하 정보기구인 중앙조사통계국中統[24]의 정보를 바탕으로 중앙비서처中秘處에서 만들었을 임시정부 관련 정보보고서에 따르면, 임시정부 외교부에서는 월리스가 소련을 경유하여 중국을 방문할 예정이라는 소식을 접하자마자 월리스와 회견하기 위해 중국 외교부와 교섭하면서 환영대표로 참여할 수 있도록 요청하였으나 중국 측의 허가를 받지 못하였다고 한다.[25] 다만 도착 이후에 회견을 주선하겠다는 중국 측의 제안에 따라 부주석 김규식, 외무부장 조소앙, 선전부 차장 안훈趙擎韓의 3인 면담자 명단을 제출하였다.[26] 이와 동시에 임시정부 외무부에서는 차장 민필호閔弼鎬를 미국 대사관에 파견하여 월리스 면회를 직접 요청하는 한편으로 영문으로 된 성명서와 비망록을 준비하여 공문公函과 함께 미국 대사 고스에게 전달하면서 월리스에게 전달할 것을 요청했다. 그러나

23 「1944년 6월분 外務部工作報告書」, 『대한민국임시정부자료집』 16권(한국사데이터베이스). 이하 『대한민국임시정부자료집』 소장 자료는 모두 한국사데이터베이스에서 인용한 것이다.

24 국민정부의 양대 정보기구인 국민당 중앙조사통계국(中統)과 군사위원회 조사통계국(軍統)의 임시정부 지원 관련 역할과 활동에 대해서는 이 책 제4장 제2절 참조.

25 「韓國臨時政府備忘錄之研究(1944年 6月 30日, 溫叔萱處長作成)」, 中國國民黨黨史會所藏檔案, 檔案番號: 特16/3.4. 임시정부에서는 국민정부 외교부뿐 아니라 外交部長 宋子文과 行政院長 孫科에게도 따로 월리스 부통령 면담을 도와주도록 요청하였다.

26 앞의 「1944년 6월분 外務部工作報告書」.

면담 요청을 받은 국민정부 외교부와 미국 대사관 측에서는 월리스가 미리 짜인 일정을 소화하는 데에도 힘들 정도로 시간이 나지 않아 면담 요청을 받아들일 수 없다고 함으로써[27] 임시정부 측과 월리스의 면담은 끝내 성사되지 못하였다.[28]

임시정부 측에서 월리스에게 전달했다고 하는 성명서는 1944년 6월 10일 외무부장 조소앙이 발표한 것으로 그 내용은 1944년 4월 24일, 임시의정원 명의로 임시정부 개조改組와 관련해 발표한, 즉 약헌約憲 개정과 새로운 국무위원 선출을 통한 통합 체제 구성 이후 발표한 성명서[29]를 영문으로 만든 것이다. 그리고 이 비망록은 월리스의 방중을 맞아 임시정부 측에서 급하게 작성한 다음, 월리스뿐만 아니라 충칭 주재 각국 대사관을 통해 각국 정부에게 전달하였다. 먼저 조소앙 명의의 성명서의 내용은, "1943년 10월 개최된 제35차 임시의정원 회의에 상정되었던 임시약헌 개정과 국무위원 개선은 각 당파 간의 이견으로 통과되지 못했었다. 그러나 1944년 4월 20일에 열린 제36차 회의에서 다시 논의한 결과 원만하게 합의에 이르게 되어 약헌을 개정하고 국무위원 개선이 이루어져 4개 정당이 모두 지지하는 통합 임시정부가 출범하게

27 미국 대사관 측에서는 월리스 도착 이후 임시정부에 편지를 보내 월리스 부통령이 "6월 17일자의 두 가지 문건과 6월 21일자의 편지를 잘 받았다"는 통지를 貴方에 보내라는 부탁을 했다면서 "방문 일정이 짧아서 미리 배정된 일정 외에 시간 여유가 없다"고 해명해 왔다. 같은「1944년 6월분 外務部工作報告書」.

28 임시정부 선전부장 겸 주석판공실 주임비서(비서실장)이던 엄항섭은 1944년 8월, 한국독립당의 기관잡지『독립평론』에 실은 글을 통하여 월리스 부통령을 전 인류의 평화주의자로 칭송하면서 "임시정부의 요청에도 불구하고 이번에 만남이 성사되지 못했지만 삼천만 한인이 일치하여 그의 정의와 이상을 적극 지지한다"고 씀으로써 월리스에 대한 기대를 표현하였다. 波(一波, 嚴恒燮),「와레스 副大統領의 韓人에게 주는 影響」,『獨立評論』第4期(1944. 8. 12.),『대한민국임시정부자료집』34(한국독립당Ⅱ).

29「1944년 4월 24일 대한민국임시의정원이 발표한 성명서」,『대한민국임시정부자료집』12권(한국광복군 Ⅲ). 이 성명서는 미국 대사관 서기관 스프라우스(Philip D. Sprouse)가 임시정부 외무부 선전위원회 소속의 安原生을 면담한 보고서 뒤에 첨부한 것이다.

되었으니, 이제 중·미·영·소 4개국을 비롯한 연합국과 함께 반일전선에 적극 나서자"는 것이었다.[30] 즉 충칭 임시정부의 최대 목표인 임시정부에 대한 국제적 승인을 얻는 데에 가장 큰 걸림돌로 지적받아 왔던 임시정부의 분열 문제를 해결하고 통합 체제를 구축했으니, 이제 각국의 승인을 얻는 데에 아무런 장애가 없다고 하면서 각국의 승인을 촉구한다는 것이 이 성명서의 요지이다.[31]

다음으로 비망록은 "반추축국反樞軸國 전쟁에서 한국의 역할Korea's Role in the Anti-Axis War"이라는 제목의 다섯 페이지에 달하는 장문의 영문 비망록Memorandum으로, 앞에 인용한 중국국민당 측 정보보고에 의하면 임시정부 부주석 김규식과 외무부장 조소앙이 기초를 하고 소조小組를 만들어 검토한 다음 국무회의를 통과한 임시정부의 공식적 외교문서였다.[32] 실제로 1944년 5월 6일에 열린 국무회의 의결 내용 가운데에는 "승인 운동에 대하여 중국을 향해서는 십이중전회十二中全會(12차 중앙집행위원회 전체회의)를 기회로 하여 정면과 측면으로 적극 운동하기로 하고 기타국을 향해서도 우리 정부의 승인을 요구하기로 하였다. 특히 미국 부통령 월리스華萊斯 씨가 중국에 오는 것을 기회로 하여 각서를 작성하여 그를 통해 미국 정부에 전달하고, 아울러 그 각서를 등사

30 "Statement by Y. Tjosowang, Minister of Foreign Affairs", 『國民政府外交部檔案: 韓國獨立運動(二)』, 國史館 所藏檔案, 檔案番號: 020-990600-2000-0097. 이 성명서는 6월 21일자로 조소앙이 국민정부 외교부장 쑹즈원에게 보낸 편지에 첨부한 것이다.

31 같은 날짜에 각 정당 및 단체들의 통합 임시정부 지지성명이 발표되었는데 "한국독립당, 조선민족혁명당, 조선민족해방동맹, 조선무정부주의자연맹은 새로 개정된 臨時約憲을 인정 준수하고 김구를 비롯하여 새로 선출된 국무위원들을 최고지도자로 인정하며 통합 임시정부의 깃발 아래 연합국과 함께 최후의 일전을 전개할 결심이며 가장 빠른 시일 안에 국제적 승인과 원조를 받도록 매진한다"는 내용이다. 「1944년 4월 24일 여러 한국단체들이 발표한 성명서」, 『대한민국임시정부자료집』 12권(한국광복군Ⅲ).

32 앞의 「韓國臨時政府備忘錄之研究(1944年 6月 30日, 溫叔萱處長作成)」 참고.

하여 중·영·소 등 각국에 송부하도록 하였음"이라고 적시되어 있다.[33]

앞의 성명서와 마찬가지로 6월 10일자로 조소앙의 이름으로 발표된 이 비망록의 내용은, 우선 서론에서 청일전쟁에서부터 태평양전쟁에 이르는 기간 동안 아시아의 파시스트 국가인 일본의 대외 침략과 그 악행을 열거하면서 그 가운데 가장 큰 피해를 입은 한국이 독립을 되찾는 일이야말로 반파시스트 전쟁의 핵심 목표 중의 하나가 되어야 한다고 주장하고 있다. 이어서 본론으로 두 가지 주장, 곧 ① (반추축국 전쟁에서 발휘할 수 있는) 한국인들의 역량이 얼마나 큰지와 ② 각국이 임시정부를 승인해야 하는 이유에 대하여 자세하게 설명하고 있다. 먼저 한국인들의 역량에 대해서는 화베이·화중 일대에 수천 명의 한인군대(광복군)가 군사연락 등을 담당하고 있고 관내關內에 수천 명, 둥베이삼성東北三省에 300만 명의 한인이 살고 있어서 군대 동원이 충분히 가능하며, 창바이산長白山 일대에는 수천 명의 한인들이 중국유격대에 협력하고 있고 시베리아를 비롯한 소련에도 30만이 살고 있어서 만약 제대로 된 한인 군대를 조직한다면 연합군 측에 큰 도움이 될 것이라고 주장하고 있다. 이어서 임시정부를 승인해야 하는 이유로는 모두 12가지 이유를 들고 있다. 그 주요 내용은, 임시정부가 (연합군과 협력하고 있는) 한인 군대를 지도하고 있는 유일한 기구이고 26년의 역사를 가진 독립운동의 중심 기구이며, 기회만 주어진다면 국외 한인뿐 아니라 국내에서도 커다

33 「經費籌劃及承認運動案」, 『國務會議決議案綴(1944.5-1945.4)』, 『대한민국임시정부자료집』 8권(政府首班). 여기서 말하는 國民黨十二中全會는 1944년 5월 20일부터 26일까지 重慶에서 열린 國民黨 中央執行委員會 全體會議를 말한다. 榮孟源 主編, 『中國國民黨歷次代表大會及中央全會資料』 下册, 北京(光明日報出版社), 1985, pp. 863~869 참조. 실제로 당시 韓國革命志士의 명의로 十二中全會에 備忘錄을 제출하였는데 그 핵심 내용은 임시정부에 대한 승인과 원조 요청이다. 「韓國革命志士致中國國民黨十二中全會的備忘錄」, 『白凡金九全集』 제5권, 481쪽.

란 역량을 발휘할 수 있고 임시정부 승인을 통하여 한인들의 전쟁 참여를 공식화하고 확대할 수 있을 뿐만 아니라, 일본의 괴뢰 한인조직 시도를 막을 수도 있으며 종전 후 1년 안에 정식 정부를 만드는 데에도 승인된 임시정부가 역할을 할 수 있고, 한인들에 대한 연합국의 무기 제공 등 실질적 협력을 가능하게 하는 데에도 임시정부에 대한 승인이 반드시 필요할 것이라는 점 등이다.[34] 요컨대 비망록의 내용은 연합국의 반파시스트 전쟁에 참여하여 도움을 줄 수 있도록 임시정부를 조속하게 승인해 달라는 데에 그 초점이 있다. 임시정부의 이러한 의도는 월리스 방중 일정이 마무리된 직후인, 7월 3일자로 김구 주석이 장제스에게 편지를 보내 임시정부에 대한 조속한 승인과 구개준승九個準繩의 철폐를 다시 한번 주장한 것과도 완전히 같은 맥락이다.[35]

임시정부 측에서 월리스 부통령을 면담하려고 적극 시도한 것이나 위와 같은 내용의 성명서와 비망록을 월리스를 통하여 미국 정부에 전달하려고 시도한 것, 그렇게 만들어진 비망록을 중국 국민정부 및 각국 대사관에 전달한 것, 그리고 바로 이어서 김구 주석 명의의 임시정부 승인요청 및 구개준승 철폐 요청 공함公函을 장제스에게 보낸 것은, 한마디로 1944년 4월 임시정부의 개조 직후 임시정부 승인과 광복군 운영의 자주권 회복을 통해 참전을 적극 모색하려는 충칭 임시정부의 당면 목표와 그것을 위한 적극적인 활동을 잘 보여 준다. 물론 그 배경에는 앞 장에서도 언급한 바, 중국의 통제에 대한 실망과 불만, 그리고 새로

34 "Memorandum: Korea's Role in the Anti-Axis War", 『國民政府外交部檔案: 韓國獨立運動(二)』, 國史館 所藏檔案, 檔案番號: 020-990600-2000-0098~0102. 이 비망록 또한 6월 21일자로 조소앙이 국민정부 외교부장 쑹즈원에게 보낸 편지에 첨부되어 있던 것이다.

35 「金九主席致蔣主席七月三日函」, 『蔣中正總統文物-革命文獻-蔣總統訪韓』, 國史館 所藏檔案, 檔案番號: 002-020400-00034-074. 구개준승 철폐 문제는 다음 소절에서 상술한다.

운 국제 질서 가운데 중심 세력으로 떠오른 미국에 대한 기대와 접근 시도가 있었다.[36]

Ⅲ. 국민정부의 대응: 구개준승의 철폐와 임시정부에 대한 "통제완화"

임시정부가 미국 대사관 측에 전달한 성명서와 비망록은 전술한 대로, 1944년 5월 6일의 임시정부 국무회의에서 "각서를 작성하여 월리스를 통하여 미국 정부에 전달하고 등사하여 중·영·소 등 각국에 전달하기로" 한 결의에 의거하여 충칭 주재 미국 대사관을 통해 미국 국무부에 전달되었고,[37] 중국 국민정부 측과 충칭 주재 각국 대사관에도 전달되었다. 앞에서도 인용한 국민당 중비처中秘處에서 만든 관련 정보보고에 따르면 임시정부 측에서는 「반추축국전쟁에서의 조선의 역할(反軸

36 변화하는 국제정세에 대한 임시정부 내부의 이러한 인식 변화와 대응책 모색은, 광복군에 대한 국민정부의 통제 정책의 핵심인 구개준승이 철폐된 이후 시점인 1945년 3월 초, 광복군 政訓處 선전과장 조시원(趙時元)이 새로 重慶에 도착한 韓籍 대원들을 상대로 한 강연에서 가장 전형적으로 드러나고 있다. 이 강연에서 조시원은 "중국은 한국 혁명을 돕는다고 하지만 무성의할 뿐이고 결국 (한국을 침략하고 지배하고 있는) 일본의 제국주의 사상과 같다"고 말하면서 "장래 한국의 독립은 영국과 미국, 소련과의 협력에 의지해야 한다."며 국민정부를 정면으로 비판하였다. 한편으로 국민정부 측에서는 이런 사태(곧 임시정부, 혹은 한인들의 중국에 대한 불만과 중국으로부터의 이탈 시도)를 예의주시하면서 특별한 주의가 필요하다는 점을 지적하는 데에까지 이르렀다. 「軍委會致中秘處代電(1945.3.14.)」, 國民黨黨史會 所藏檔案, 檔案番號: 特16/11.12.

37 重慶 주재 미국 대사관 측에서는 1944년 6월 21일자로 워싱턴 국무장관에게 보낸 보고 서신에 임시정부의 성명서와 비망록을 동봉하여 보냈다. "C. F. Gauss to the Secretary of State(June 21, 1944)", 『美國務省 한국관계문서(Internal Affairs of Korea)』 V.4 (원주문화사, 1998), 286~287쪽. 동봉된 성명서는 같은 책 290쪽에, 비망록은 291~295쪽에 실렸다.

心戰中朝鮮之作用)」이라는 제목의 비망록을 40부 인쇄하여 충칭 소재 각국 영사관에 전달하였다고 되어 있다.[38] 그리고 같은 정보보고서의 후반부에는 이 비망록에 대하여 중국 측이 취해야 할 입장을 3가지로 요약하고 있는데 첫째는 "임시정부에 대한 정식 승인은 중국 정부의 확정적 방침이며 총재(장제스)의 지시로 이미 나와 있다. 반드시 다른 나라에 비하여 앞서 승인할 것이다"라는 것이고, 둘째는 "이러한 답변과 함께 외교부에 명하여 미국과 영국의 의견을 탐문하도록 할 것"이며, 셋째는 "한국광복군 문제로 한인들이 국민정부를 불신하는 가장 중요한 일로 구개준승의 폐지를 주장해 오고 있다는 것이었다. 심지어는 3개월 안에 철폐하지 않는다면 무효화할 것이라는 이야기까지 나왔고, 특히 김원봉과 조소앙이 이 일로 말미암아 불쾌해했다. 특히 구개준승 철폐 문제는 한인들의 중국에 대한 신임과 직결된 문제이므로 총재께서 허 부장[何部長, 즉 허잉친何應欽 국방부장]과 긴밀하게 상의해 주실 것"을 구체적인 대응방안으로 건의하였다.[39] 요컨대 국민당 중비처에서는, 임시정부에서 윌리스에게 전달한 비망록이 미칠 파장을 고려하여 한인들의 주장인 임시정부 승인 문제와 구개준승 철폐 문제를 보다 적극적으로 해결해야 한다는 주장을 장제스에게 적극 제시하고 있었던 것이다.

주지하듯이 임시정부 승인 문제는 임시정부의 충칭 도착 이후 최대 목표였으니 이들은 국민정부의 선도적 승인과 함께 미국·영국·소련 등 열강의 승인을 이끌어내는 데에 총력을 기울이고 있었다. 그러나 태평양전쟁 발발 이후 전쟁 수행에서의 주도권과 함께 국제적 주도권을 확

38 앞의 「韓國臨時政府備忘錄之硏究(1944年 6月 30日, 溫叔萱處長作成)」에 실린 "備忘錄之發出經過" 참조.

39 앞의 「韓國臨時政府備忘錄之硏究(1944年 6月 30日, 溫叔萱處長作成)」에 실린 "吾人對於此項備忘錄之意見" 참조.

대하고 있던 미국은 중국의 영향력 아래 있는 임시정부에 대한 국제적 승인에 원칙적인 반대 입장을 내세우고 있었다. 이러한 상황에서 중국이 직접 선도적 승인을 하는 것 자체도 어려웠을 뿐 아니라 다른 열강 국가들에게 승인을 요구할 수 있는 입장도 아니었다. 그럼에도 불구하고 임시정부의 의도대로 충칭 주재 각국 대사관을 통한 외교적 선전의 효과는 분명하게 확인할 수 있다. 즉 월리스 방중을 계기로 한 임시정부의 외교활동에 대한 각국의 반응과 관련하여 외무부의 「8월분 외무부 공작보고」에서는 "임시정부 승인 획득 운동에 대하여 중서中西 각국 인사로부터 이야기들(傳說)이 분분紛紛하다. 비교적 믿을 만한 중국 인사로부터의 소식에 의하면 (국민정부 측에서는) 본 외무부에서 보낸 성명서와 비망록을 상당히 중시하고 일차 당정 방면 인사들이 모여 논의한 결과, 원칙상으로 승인은 문제가 되지 않으나 이것은 외교부에서 절차(手續)만 문제가 되고 있다. 외교부에서는, 이 문제는 중국이 단독으로 진행치 못하고 반드시 동맹국 측의 동의가 있어야 할 것인데 현재 형편으로는 영국과 인도, 소련과 일본 간의 관계 때문에 시기를 좀 더 기다릴 수밖에 없다고 한다. 아마 중국 측이 우리 승인문제에 (다른 국가들과의 협력 관계를) 구실로 삼는 것 같다… 또 8월 15일, 본부장(조소앙)이 왕충후이王寵惠 박사(전임 국민정부 외교부장)를 방문하여 상의한 바… 정부 승인에 관해서는 카이로회담 이후 삼국이 한국문제 취급에 공동보조를 취하기로 결정된 바 단독으로 제기하기는 어렵지만(불편하지만) 반드시 좋은 결과가 있을 것이라고 말하는 것을 들었다"고 하며, 조소앙이 직접 왕충후이를 만난 결과까지를 보고하였다. 이런 상황은 달리 말하자면 월리스 방중을 계기로, 그리고 그 이후에 가서도 임시정부의 계속된 승인 요구와 국제적 선전활동이 국민정부로 하여금 상당한 압박을 느끼게 만들고 있었음을 보여 준다.

임정 승인 요구와 함께 임시정부 측에서 요구하고 있던 구개준승의 철폐 문제는, 광복군 창설 직후부터 임시정부 내부에서 많은 논란을 낳았고 직접 그 개정이나 철폐를 위해 다양한 노력을 쏟고 있던 일이었다. 구개준승의 내용은 한마디로 광복군의 소속, 운영, 인사, 지휘 등 모든 방면에서 임시정부의 주도권을 완전히 부정하고 광복군을 국민정부 군사위원회 소속의 외인부대로 규정하는 것이었다.[40] 광복군의 실제 운영에서도 광복군에 대한 군사위원회의 장악 의도가 분명하게 드러나고 있었으니, 예컨대 광복군 총사령부의 간부인원 가운데 참모처장을 비롯한 주요 직위를 맡은 45명의 장교 가운데 33명을 중국인 장교들이 차지하였고, 각 지대를 포함한 전체 장교 117명 가운데 중국인 장교가 65명을 차지하고 있었던 것이다.[41]

그럼에도 불구하고 임시정부 측에서 구개준승을 받아들인 것은 대일항전에서 교전단체로 자격을 인정받으면 그것을 통해 임시정부의 국제적 지위를 인정받을 수 있고, 나아가 그 과정에서 구개준승도 개정할 수 있을 것이라는 기대 때문이었다.[42] 그러나 곧이어 발발한 태평양전쟁과 미국의 참전은 종전에 대한 전망을 앞당기면서 중국 측이나 임시정부 측 모두에게 구개준승 문제를 다시 중요한 현안으로 만들어 주었다. 특히 임시정부 측에서는 충칭 주재 미국 대사관을 비롯하여 미국, 소련 등 열강들을 상대로 하는 외교활동 가운데 중국의 비협조적인 태도와 전후 한국에 대한 종주권 행사 우려 등을 제기하고 나섰다.[43] 이런

---

40 「光復軍이 軍事委員會의 직접 통할을 받는 관련규정 9項을 통보하는 代電(1941.11.14.)」, 『대한민국임시정부자료집』 10권(한국광복군 I).

41 한시준, 『한국광복군연구』, 일조각, 1993, 118~119쪽.

42 「군사행동에 관한 군무부 군사보고」, 『대한민국임시정부자료집』 9권(군무부).

43 차현지, 앞의 『태평양전쟁기 대한민국임시정부의 대미군사외교: 한국광복군에 대한 지원 청원 외교를 중심으로』, 116~119쪽.

상황 아래 국민정부 측에서도 1942년 7월 이후에 종전 후 한국 재건에 대한 방안을 마련하는 관계기관 협의회의를 개최하는 한편으로 임시정부에 대한 중국의 선도적 승인과 광복군의 자주권 인정에 대한 검토를 개시함으로써 임시정부 측의 불만을 해소하려는 노력을 시작하였다.[44]

임시정부 내에서 구개준승의 철폐를 둘러싼 요구가 본격화하기 시작한 것은 광복군 창설 단계에서부터 한국국민당 중심의 광복군 창설에 대하여 중국 측에 비판적 입장을 내세우고 있던 김원봉 중심 좌파세력의 정치적 공세와도 관련이 있었다. 김원봉, 손두환, 유자명 등 좌파 인사들이 임시의정원 의원으로 의정원에 들어온 직후인 1942년 10월 말 제34차 임시의정원 회의에서 중국 측의 국민참정회와 구개준승의 개정을 위한 교섭을 하도록 의결하였다. 또 11월 3일의 의정원 회의에서는 구개준승 취소안을 의결하였으며,[45] 1943년 1월 말에 개최된 국무회의에서 한·중 간의 평등 호혜의 새로운 군사협정(韓中互助軍事協定)을 마련하기로 의결, 2월 1일 초안을 통과시킴으로써 국민정부에 대한 협상을 압박하고 나섰다.[46] 임시정부 외무부장 조소앙은 이런 입장을 정리하여 2월 20일 국민정부 외교부장 쑹즈원宋子文에게 구개준승의 폐지와 한중호조군사협정의 제정을 정식 제의하였다.[47] 이때 조소앙이 첨부한 한중호조군사협정 초안에는 광복군을 임시정부 아래 소속시켜서 인

44 구대열, 「2차대전 중 중국의 한국정책-국민당 정권의 임정 정책을 중심으로-」, 『한국정치학회보』 28-2(1995), 763쪽.

45 「臨時議政院第34回會議速記錄(1942년 11월 2~3일)」, 『대한민국임시정부자료집』 제3책(임시의정원Ⅱ).

46 「九個準繩廢止要請公函(1943.2.20.)」, 『대한민국임시정부자료집』 제10책(한국광복군Ⅰ); 손염홍, 「한국광복군의 자주권 확보와 한중교섭」, 『한국근현대사연구』 95(한국근현대사학회, 2020), 101~104쪽.

47 「임시정부의 '韓國光復軍九個行動準繩' 폐지 제의서(1943.2.20.)」, 『대한민국임시정부자료집』 10.

사권과 훈련 등에 관하여 자주권을 인정하되, 항전 기간 동안의 지휘권은 태평양전구 중국구中國區 최고지휘관에게 예속되도록 하며 광복군에 대한 재정 지원도 신용차관의 형식을 갖추도록 정하고 있었다.[48]

그러나 구개준승 수정 내지 철폐를 둘러싼 국민정부와의 협상은, 군사위원회 주도의 광복군에 대한 점검 실시, 인도 버어마 전선에 한인 대원 파견 문제, 한독당과 민혁당 사이의 대립과 갈등 등을 둘러싸고 1943년 11월 카이로회담 이전까지 지지부진한 상황을 되풀이하였다. 다만 1943년 5월 초부터 시작된 광복군에 대한 점검은 군사위원회 판공청, 군사위원회 조사통계국軍統, 국민당 중앙 조사통계국中統, 광복군 총사령부의 4개 부서에서 2개 점검조點檢組를 조직 파견하는 형태로 진행되었는데 대원들의 사상, 체격 등에 대한 조사와 함께 "철저한 점검을 통하여 광복군에 대한 한인들의 지나치게 높은 기대를 꺾기 위한 것"을 목적으로 내세우고 있을 정도로[49] 국민정부의 기본 입장은 여전히 광복군 "통제"에 있었다.

그러다가 카이로회담으로 종전과 전후 한국의 독립이 어느 정도 가시권에 들어오자 광복군의 자주권 회복과 참전의 필요성이 더욱 절실한 문제로 받아들여지기 시작하였다. 이런 분위기 속에서 12월 초 임시의정원에서는 국무위원들이 구개준승의 철폐를 책임지고 협상을 진행하되, 3개월 내로 해결하지 못하면 일방적으로 구개준승을 폐지한다는 강경론을 의결하기에 이르렀다.[50] 앞에서 인용한 1944년 6월 30일자의 중국국민당 중비처의 임시정부에 대한 정보보고서 안에 "한인들의 우리

---

48 「韓中互助軍事協定草案(1943.2.20.)」, 『대한민국임시정부자료집』 10.

49 「軍事委點檢韓國光復軍(1943.5.4.)」, 國民黨黨史會 所藏 檔案資料, 檔案番號: 特16/3.12 참조.

50 「光復軍九個行動準繩에 대한 임시의정원의 결의안(1943.12.8.)」, 『대한민국임시정부자료집』 10.

(중국) 정부에 대한 불신이 크고, 특히 구개준승의 폐지를 주장하고 있는데 3개월 내로 철폐하지 않으면 무효로 한다는 의견이 나온 데다가 특히 김원봉과 조소앙의 불만이 크다. 이번 일은 우리나라(중국)에 대한 한인들의 신임과 관계가 크기 때문에 총재(장제스)와 허 부장(허잉친 군정부장)이 긴밀하게 상의하여 조속한 대책을 마련해야 한다"고 한 것은 바로 1943년 12월 초 이루어진 임시의정원의 결의안을 말한 것이다. 이를테면 1943년 12월 초 카이로회담을 계기로 임시정부 측에서 구개준승의 폐지 문제를 보다 적극적으로 제기한 것에 대한 국민정부의 검토가 월리스 방중 전후 시기에 이루어졌다는 이야기가 된다. 1944년 6월 6일자로 서명된 국민당 중앙비서처장 겸 조직부장 우톄청吳鐵城이 군정부장 허잉친에게 보낸 광복군 관련 문서公函에는 그 전 해, 곧 1943년 12월, 임시의정원의 구개준승 폐지 결의안을 언급하면서 임시정부 내부의 분규를 해결하기 위하여, 그리고 구개준승 안에 한국독립당 등 불필요한 문구가 있다는 점 등을 이유로 구개준승의 개정 내지 폐지가 필요하다는 입장을 전하고 있다.[51] 또 6월 13일자로 중비처 비서 원슈쉔溫叔萱이 작성한 문서(수신자 불명의 공함)에서도 6월 6일자 우톄청의 편지를 그대로 옮기고 있다.[52]

이런 협의를 거쳐 우톄청의 요청으로 군사위원회에서는 6월 22일부터 7월 10일까지 4차례에 걸쳐 조소앙, 이청천, 박찬익, 민석린, 김원봉 등 임시정부 측 인사들을 초청하여 광복군의 지위에 대한 협상 회의를 개최하였다.[53] 이 회의에 군사위원회 측에서는 허우청侯成 군사처

51 「光復軍行動準繩 개정에 관한 건(1944.6.6.)」, 『대한민국임시정부자료집』 10.

52 「韓國光復軍行動準繩九項의 심사에 관한 函(1944.6.13.)」, 『대한민국임시정부자료집』 10.

53 「광복군 교섭에 관한 第一次會商 內容略錄(1944.6.22.)」; 「광복군 교섭에 관한 第二次會商 內容略錄(1944.6.30.)」; 「광복군 교섭에 관한 第三次會商 內容略錄(1944.7.9.)」; 「광복군 교섭에 관한 第四次會商 內容略錄(1944.7.10.)」, 모두 『대한민국임시정부자료집』 10.

장, 조덕수趙德樹 광복군 참모장, 왕지셴王繼賢 군통 요원 등이 참석하였는데 중국 측 대표로 참석한 허우청은, "구개준승이 만들어진 후 3개월간은 아무런 문제 제기도 없었는데 임시의정원의 33차 회의 이후 구개준승 철폐 문제가 김구 주석을 공격하는 의제로 제출되면서 한·중 사이에 문제가 되기 시작했으니, 이 문제의 본질은 임시정부 내의 정치적 분쟁 문제라고 해야 한다. 따라서 군사위원회는 이러한 정치적 분쟁에 개입할 의사가 없으며 책임 또한 우리 중국 측에 있지 않다. 더군다나 구개준승을 폐지하고 군사협정을 요청하는 것은 임시정부가 승인받지 못한 단계에서는 근본적으로 불가능한 일이다"라고[54] 주장함으로써 구개준승이 아무런 문제가 없을 뿐 아니라 이 문제를 둘러싼 잡음의 책임도 임시정부 측에 있다고 주장하였다. 이어서 30일에 속개된 2차 협상 회의에서도 허우청은 "임시정부가 승인을 얻지 못하는 것은 임시정부가 3천만 한인 전체를 대표하지 못하고 영토와 주권을 가지고 있지도 못하기 때문이다. 그리고 승인문제는 외교부의 문제이므로 (여기서 논의할 수 없고) 구개준승 개정에 대해서는 향후 군사위원회에서 한두 명의 대표를 파견하여 상의를 시작할 수는 있다"고 발언하였다.[55] 임시정부 불승인의 책임이 임시정부 자체에 있다고 하면서, 그나마 구개준승의 개정 문제에 대한 협의 가능성만을 열어 두는 데에 그친 것이다. 또 "중국 측이 한국 측을 일방적으로 원조하는 경우이기 때문에 호조互助라는 단어를 쓸 수 없다"거나 "(광복군에 대한) 점검 결과 제2지대의 경우 3명의 공산분자가 적발되는 상황이기 때문에 엄격한 통제가 불가피하다"

---

54 앞의 「광복군 교섭에 관한 第1次會商 內容略錄(1944.6.22.)」. 임시의정원 회의에서 구개준승 문제를 다루면서 김구에 대한 비판이 제기된 것은, 허우청이 말한 33차 회의에서가 아니라 1942년 10월 말에서 11월 초에 걸쳐 진행된 34차 회의에서였다. 앞의 각주 45 참조.

55 앞의 「광복군 교섭에 관한 第2次會商 內容略錄(1944.6.30.)」.

는 등의 부정적 의견을 노골적으로 제시하였다. 그럼에도 불구하고 양측에서는 원칙적으로 구개준승의 폐지와 함께 광복군의 임시정부 소속 등 관련규정을 담을 새로운 한중군사협정초안을 심의해 나갔다. 그리하여 1944년 7월 3일 김구의 공식 요청 편지에 이어 7월 10일, 군정부장 허잉친의 검토와 7월 15일의 외교부장 쑹즈원의 검토를 거쳐[56] 9월 초, 장제스의 최종 결정으로 한국광복군에 대한 통제정책의 핵심인 구개준승의 철폐 방침이 임시정부에 공식 통보되기에 이르렀다.[57]

국민정부의 이러한 대응은 한마디로 구개준승으로 상징되는 그간의 임시정부에 대한 "통제" 정책의 기조를 "통제완화" 쪽으로 변경하는 것이었다. 이러한 "통제완화" 정책으로의 변경 배경에는 1942년 말 이래 계속되어 온 임시정부의 끈질긴 구개준승 폐지 내지 수정 요구가 있었고, 태평양전쟁 발발과 미국의 참전 이후 가시화된 종전에 대한 전망과 전후 한반도 문제에 대한 국민정부의 현실적 대처 필요 또한 있었다.[58] 거기에다 이 글에서 집중적으로 다루고 있는 윌리스 방한과 임시정부의 대미 접근, 그리고 국민정부에 대한 임정의 불만 표출 또한 그것을 본격화 내지 가속화시키는 매우 중요한 계기였다는 점을 지적해 둘 필요가 있다.

물론 구개준승 철폐의 원칙이 정해지는 과정이나 이후 실행 단계에 가서도 중국 측의 고압적이고 비협력적 태도, 그리고 그것으로 표현되

56 앞의「金九主席致蔣主席七月三日函」,『蔣中正總統文物-革命文憲-蔣總統訪韓』의 뒤에 붙어 있는「何應欽七月十日簽呈」및「宋子文七月十五日簽呈」참조.

57 「"光復軍九個行動準繩"廢止에 관한 건(何應欽→吳鐵城, 1944.8.28.)」,『대한민국임시정부자료집』10권(한국광복군 I);「光復軍의 臨政 歸屬에 관한 指示(蔣介石→吳鐵城, 1944.9.8.)」,『대한민국임시정부자료집』10(한국광복군 I).

58 배경한,「중일전쟁 시기 蔣介石 國民政府의 對韓政策」,『역사학보』208(2010), 279~280쪽. 이 책 제4장 제3절에 수록.

는 "통제"적 모습이 여전히 남아 있다는 점 또한 강조할 필요가 있다. 예컨대 전술한 바대로 1944년 6월 22일 이후 4차례에 걸쳐 개최된 임시정부 측과 국민정부 측 사이의 광복군 문제 해결을 위한 교섭회의에서 국민정부 측 대표로 참석한 군사위원회 판공청 군사처장 허우청의 발언은 임시정부 측 참가자들을 실망시키기에 충분했다. 허우청의 이러한 부정적 발언에 대하여 광복군 정훈처장을 맡고 있던 중국군 소장 황샤오메이黃紹美는 국민당 중앙집행위원회 비서처에 제출한 보고서에서 "광복군의 인사를 거의 모두 군사위원회 판공청 군사처 허우청 처장이 전담하다시피 했는데 그 조치가 적절치 못하여(미흡하여) 한인들의 많은 불만을 샀다"고[59] 비판할 정도였다. 그런데 허우청의 발언으로 대표되는 이러한 입장은 사실 많은 중국 측 인사들, 특히 그 가운데에서도 군부 지도자들에게서 동일하게 나타나고 있었다. 국민정부의 외교적 결정에도 불구하고 구개준승 철폐 문제의 실무적 책임자라고 할 군정부장 허잉친은 비협조적인 태도를 보이기 일쑤였다.[60] 구개준승 철폐 결정 이후 실시과정에서도 중국 국적 군인들의 철수가 이루어지는 데에 상당한 시간이 지체되었으며, 그마저도 광복군 소속 중국 군인들이 항의형식으로 일괄 사직하는 불미스러운 사태까지 일어났던 것이다.[61] 이뿐만 아니라 앞에서 인용한 광복군 정훈처장을 맡고 있던 중국군 장교 황샤오메이 또한 "1944년 9월 16일부터 광복군을 임시정부 소속으로 전환

59 「韓國光復軍過去之經驗及今後發展之方針(光復軍政訓處長 少將黃紹美→中央祕書處, 1945年 1月 15日)」, 國民黨黨史會 所藏檔案, 檔案番號: 特16/5.30.

60 1944년 7월 17일의 국민당 연회에서 김구 주석이 何應欽에게 만날 期約을 달라고 하여 다음 주 중에 연락하겠다는 대답을 들었지만, 7월 말이 다 가도록 회답이 없었다. 「外務部 七月份 工作報告(1944.7.31.)」, 『대한민국임시정부자료집』 제16권(외무부).

61 國民黨의 정보기관 中央統計局(中統) 葉秀峯 局長이 吳鐵城 국민당 비서장에게 보낸 보고서에서 지적한 내용이다. 「韓國臨時政府內部問題報告(1945年 4月 26日)」, 國民黨黨史會 所藏檔案, 檔案番號: 特16/3.34.

했지만 군사상으로는 중국군의 지휘 체계 아래 있게 해야 하고, 인사제도도 적당하게 조정하여 불만이 나오지 않는 선에서 (중국 측에서) 시행해야 하며 광복군에 필요한 경비도 임시정부에 발급할 것이 아니라 국민정부에서 직접 집행해야 한다. (광복군의) 작전의 우선순위도 중국 국내 작전이 먼저이고 그 후에 둥베이로 진출케 하며, 그런 다음 한국 국내 진입의 순서로 해야 한다"고 주장하였다.[62] 이를테면 월리스 방중을 둘러싸고 진행된 임시정부의 적극적인 외교, 선전, 홍보 정책과 국제적 환경의 변화에 따라 어쩔 수 없이 한국광복군에 대한 통제 수단인 구개준승을 철폐하여 임시정부의 요구를 들어주며 달래기는 하되 어디까지나 중국 군부의 주도권 아래 두려는 의도를 노골적으로 드러내고 있었다. 이를테면 "내키지 않는 통제완화"가 국민정부 대응의 실상이었던 것이다.

여기에 덧붙여 한 가지 언급해 두고자 하는 것은 앞에서 인용한 국민당 내부 정보보고서의 내용 가운데 특별히 주목할 또 한 가지 대목으로, 임시정부 측에서 월리스와의 면담을 추진하고 있던 6월 7일에 중국공산당의 파견을 받아 충칭에 와있던 린보취林伯渠(즉 린쭈한林祖涵)이 임시정부 관련 인물들을 초청하여 월리스에게 관련 문서들을 전달할 방안을 협의하였다는 사실이다.[63] 원래 국민정부 측에서는 항일전쟁의 기본 출발점이 되었던 국공합작을 복원 유지하려는 의도로 공산당 측에 대표자 린보취, 저우언라이周恩來, 주더朱德의 충칭 주재를 요구했는데 답변이 없다가 월리스의 방중을 기회로 삼고자 하는 공산당의 새 전략

62 위의 「韓國光復軍過去之經驗及今後發展之方針(光復軍政訓處長 少將黃紹美→中央祕書處, 1945年 1月 15日)」 참조.

63 앞의 「韓國臨時政府備忘錄之硏究(1944年 6月 30日, 溫叔萱處長作成)」에 실린 "備忘錄之發出經過" 참조.

에 따라 갑자기 둥비우董必武와 린보취를 충칭에 파견했다.[64] 린보취는 충칭에 온 다음 월리스와의 면담을 강력하게 희망하여 6월 22일 아침에 만났으나 별다른 소득은 없었다고 한다.[65] 그러나 앞에서 말한 대로 월리스의 방중 목적 가운데 국공 간의 관계 조정 문제가 있었고 중국공산당 측에서는 미국을 상대로 장제스 휘하 국민당 군대가 공산당을 억압, 공격하는 것에 대하여 대대적인 반대 선전을 진행하고 있었다.[66] 또 이에 호응하듯 미국 측에서도 공산당 군대 지배 아래 있던 화베이 및 둥베이 지역에 대한 현지 조사를 추진했으며 그 결과로 미군의 현지조사단이 공산당의 중심지역 옌안을 방문하여 마오쩌둥을 비롯한 주요 지도자들과 면담을 가지기도 하였다. 그리고 미국 측의 이런 움직임에 대하여 장제스와 국민정부 측에서는 불만이 컸으며, 따라서 미국의 국공조정 시도를 철저하게 배제하고 있었던 것이다.[67] 이런 상황을 고려할 때 린보취의 임시정부 인사들과의 접촉은, 아마도 김원봉이나 그 측근들과 같은 좌익인사들을 대상으로 한 것이 아닐까 짐작은 되지만, 임시정부로서는 국민당에 대한 누적된 불만을 표현할 수 있는 또 다른 방편이었

---

64 「朱家驊徐恩曾呈蔣委員長五月二十四日情報」, 『革命文憲-中共爲謀與移動(二): 蔣中正總統文物』, 國史館 所藏檔案, 檔案番號: 002-020300-00050-085.

65 「徐恩曾呈蔣委員長六月二十四日情報: 林伯渠希圖與華萊士晤面」, 『蔣中正總統文物-革命文憲-國共協商與共軍叛亂』, 檔案番號: 002-020400-00003-011.

66 시기적으로 약간 뒤의 이야기이지만, 重慶에 온 공산당 대표(린쭈한, 林祖涵)는 10월 초 국민당 측 교섭상대인 張治中과 王世杰에게 보낸, 자신들의 요구사항을 담은 편지를 傳單으로 만들어 시중에 살포하기도 했다. 이 전단의 내용은 중공에 대한 평화적 담판 진행과 공동항일의 추진, 미국대표단의 延安 방문, 毛澤東, 周恩來의 충칭 방문과 국공 간의 회담 추진 주장 등이다. 「徐恩曾呈蔣中正渝市中共散發林祖涵致張治中王世杰函之傳單(1944.10.9.)」, 『蔣中正總統文物-革命文獻-國共協商與共軍叛亂』 國史館所藏檔案 檔案番號: 002-020400-00003-016.

67 앞의 侯中軍, 「美軍延安觀察組與中共對美外交的轉變」, 『中共黨史研究』 2011年 第2期; 楊冬權, 「關于1944年美軍觀察組考察延安的幾個問題-基于中央檔案館藏相關檔案的研究」, 『黨的文獻』 2015年 第5期 참조.

다는 점에서 흥미로운 대목이라고 여겨진다. 즉 임시정부 측에서는 장제스와 국민정부에 대한 불만을 미국이나 공산당 측과의 접근을 통하여 우회적으로 표현하고 있었던 셈인데, 이에 맞서 국민정부로서는 가능한 한 현상 유지를 하되 임시정부와 광복군을 중국의 주도권 아래 묶어 두려는 의도로부터 "통제 완화"로 나아가게 되었던 것이다.

제3절

종전 전후 시기 중미관계와 국민정부의 대한對韓정책

—종전 직전 전후戰後 한국문제 처리 구상과
종전 직후 임시정부 환국 과정—

Ⅰ. 종전 직전 국민정부의 한국문제 처리 구상

앞에서 자세하게 살핀 대로 전후 한국의 독립 문제가 국제 사회에서 처음 논의된 것은 1943년 11월 카이로회담에서였다. 미국 대통령 루스벨트의 제안으로 열린 이 회의에 중국은 처음으로 4대 강국의 일원으로 참가하게 되었으나, 당시 장제스가 언급한 대로 중국은 4대강국이라는 이름에 맞는 실력을 갖추지 못한 상황이었다. 카이로회담에서 장제스는 전후 한국의 즉각적인 독립을 주장하였으나 1942년 이래 미국의 대한반도 정책으로 굳어지고 있던 국제공관(신탁통치) 정책에 밀려 결국 '적당시기in due course'라는 전제가 달린 채 전후 한국의 독립을 언급하는 것에 머물러야 했는데, 이런 사실 자체가 4대강국으로서의 중국이 가지고 있던 현실적 한계를 잘 보여 주었다.

카이로회담을 통하여, '적당한 시기in due course'라는 단서가 있기는 하지만 전후 한국의 독립에 대한 기본방침이 정해지게 되자 국민정부 측에서는 전후 한반도 문제 처리에 대한 보다 적극적인 대책 마련에 나서게 되었다. 특히 종전이 예견되는 1944년 9월, 충칭 주재 미국 대사와 영국 대사의 공동 요청으로 미·영·중 삼국이 함께 한국문제를 연구 토론하며 정보를 교환하기로 협정하고 연구 토론의 범위를 정하기 위하여 『한국문제연구강요초안韓國問題研究綱要草案』을 작성하였는데 국민정부 외교부에서도 여기에 적극적으로 대응하고 있었다.[1]

『한국문제연구강요초안』에서는 전후 한국문제 처리를 위한 기본적인 문제들을 정치, 군사, 경제 문제로 나누어 자세하게 제시하고 있는데, 우선 정치적 문제로는 ① 한국의 독립능력 문제(식자층의 숫자, 행정 관리의 숫자, 해외지도자의 상황 등), ② 카이로회담에서 정한 '적당시기'에 대한 문제(결정방법, 결정시기, 국제 감독기구의 필요 여부, 독립 후의 외국인 고문제도의 설치 문제), ③ 충칭임시정부에 대한 태도 문제, ④ 독립에 대한 국제적 보증 여부, ⑤ 군사점령 기간 후 즉각 독립하지 못하는 경우에 대한 대비책, ⑥ 점진적 독립 방안에 대한 한국 국민들의 양해 여부 등을 조사, 연구의 대상으로 제시하고 있다. 다음으로 군사방면의 문제로는 ① 연합국의 한국 내 군사기지 사용 문제, ② 한국 군대의 창설에 대한 원조 문제, ③ 감호監護(신탁통치) 기간 동안 외국군대의 한국 내 주둔 문제 등을 들고 있고, 경제방면의 문제로는 ① 한국 거주 일본인 기술자의 계속 거주 문제, ② 일본인 재산의 몰수 문제, ③ 한국 내 일본의 공산公産 처리 문제, ④ 한국에 대한 재정원조방식 문제(개인투자 방식, 공채발행, 기타방식), ⑤ 한국의 각종 생산품에 대한 시장 확보 지원 방안이 조사 연구 대상으로 제기되고 있다.[2]

1 「口述(1944. 9. 22?)」; 「美國大使館來件譯文(1944. 9. 26)」, 『韓國問題研究綱要及資料』 外交部檔案 11-EAP-06113, pp. 15~17.

2 「韓國問題研究綱要草案」, 앞의 『韓國問題研究綱要及資料』, pp. 4~6.

한국문제 정보 교환을 위한 미·영·중 삼국 간의 협상이 이루어지자 국민정부 외교부에서는 즉각 중국의 대응방안을 다각도로 모색하는 광범한 대책을 마련하기 시작하였다. 이를 위해 외교부에서는 1944년 10월 중순부터 말까지 우궈쩐吳國楨 차장을 중심으로 두 차례의 정책토론회를 열고, 한국문제에 관한 정보 수집 방안과 미국 영국 측에서 제기한『한국문제연구강요초안』에 대한 답변 마련 방안을 집중 토론하였다. 이 토론회에서는『한국문제연구강요초안』에서 제기한 문제들을 하나하나 검토하면서 발생 가능한 상황별로 중국 측의 대응방안 마련을 위한 소조를 구성하는 등의 방안을 제시하고 있었다. 그런 한편으로 토론회에서는 군사위원회 휘하 군령부를 비롯하여 행정원의 경제부, 재정부, 농림부, 교통부, 양식부 등 관련 부처와 각국 주재 중국 대사관 등으로부터 관련정보와 의견을 수렴하기로 결정하였다.[3]

당시 외교부에서 각 부처의 의견 수렴을 위해 보낸 협조요청 공문의 내용은 매우 구체적인 질문 형식이었다. 예컨대 군령부에 대해서는 동맹군이 한국에 진공할 때 ① 중국 군대를 파견할 가능성, ② 동맹군이 한국을 점령할 때 중국, 영국, 미국군의 점령 구역 구분 문제, ③ 각국 주둔군의 숫자와 병종, ④ 한국 육해공군을 조직 훈련할 경우 중국, 영국, 미국 삼국의 책임 분담 문제, ⑤ 주둔군의 군비 부담을 누가 할 것인가의 문제를 차례로 질문하고 있다. 재정부에 보낸 협조요청공문에서는 ① 한국의 장래 경제부흥, 건설에 중국이 줄 수 있는 재정 혹은 기타 원조, ② 재정원조를 한다면 어떤 방식으로 할 것인가의 문제, ③ 재정지원의 정도, ④ 재정지원의 개시 시기 문제를 내용으로 담고 있었

---

3 「韓國問題討論會紀錄(1944. 10. 14.; 10. 31.」, 앞의『韓國問題硏究綱要及資料』, pp. 36~38; pp. 143~145.

다. 또 양식부의 경우에는 ① 현재 일본에 수출하고 있는 한국산 미곡으로 중국이 (현재) 베트남이나 태국에서 수입하고 있는 미곡을 대체할 수 있을지의 문제, ② 한국산 미곡이 중국 인민의 기호에 맞는지의 여부, ③ 전후 중국이 한국으로부터 수입할 수 있는 미곡의 수량 문제 등을 차례로 질문하고 있었다.[4]

이런 질문들에 대하여 당시 군령부에서는, 종전과 함께 진행될 연합국 측의 한반도에 대한 군대 파견시 중국군도 함께 원정군을 파견하되 미국군과 영국군이 동시에 진공하는 경우 한강 이남은 영국군과 미국군이, 한강 이북에는 중국군이 진주하고 군대의 숫자에서도 중국군과 영, 미군이 각각 4:1의 비율로 하되 중국군을 중심으로 하여 이루어져야 한다고 주장하였다. 또 새로 창설될 한국군도, 중국의 지원 아래 중국에서 만들어져 활동하던 한국광복군을 중심으로 조직과 훈련이 이루어져야 한다는 점을 강조하고 있다. 이러한 중국군 중심의 한반도 진공작전은 소련의 대일 참전이 이루어지는 경우에도 마찬가지로 추진되어야 한다는 점을 군령부에서는 분명히 하고 있었다.[5] 이를테면 중국 군부에서는 일본이 패망할 경우 중국군 중심의 한반도 진공이 이루어져야 하고, 중국의 영향력 아래 있는 광복군 중심의 한국군 창설을 통하여 전후 한반도에서의 중국의 군사적 영향력을 확고하게 하려는 입장을 분명하게 제시하고 있었던 것이다.

한편 국민정부 재정부 측에서는 장차 한국독립 이후의 경제건설을 겨냥하여 중국 측이 재정상의 원조를 늘릴 필요가 있음을 강조하고 정부 차원의 원조와 민간투자의 증대, 한중무역의 확대책, 관세상의 우

---

4 「致軍令部, 財政部, 食糧部函」, 앞의 『韓國問題研究綱要及資料』, pp. 67~69 참조.

5 「有關韓國軍事部門各問題意見」, 앞의 『韓國問題研究綱要及資料』, p. 88.

대 방안 모색, 한국 신화폐제도 창설을 위한 협조, 재정 전문가의 파견 등을 적극 주문하고 있었다.[6] 아울러 경제부에서는 한국의 공업, 광업의 상황을 비교적 자세하게 보고하면서 상대적으로 저렴한 금이나 철과 같은 일부 광산품의 수입에 관심을 가질 필요가 있다는 보고를 내고 있었고, 교통부에서는 철로와 전신 분야 종사자의 숫자와 함께 그 대체적인 정황을 보고하고 있었으며 농림부에서는 한국의 농업, 임업, 어업, 목축업 등의 대체적인 상황을, 그리고 양식부에서는 한국의 식량문제와 한국산 미곡의 중국 수입 가능성에 대하여 자세한 보고를 제출하고 있었다.[7]

이와 아울러 주목되는 것은, 당시 영국 주재 중국 대사였던 구웨이쥔顧維鈞과 미국 주재 중국 대사 웨이다오밍魏道明이 외교부에 보낸 건의 내용인데, 우선 구웨이쥔은 북양정부 시기부터 미국, 영국 공사, 외교총장 등을 역임한 중국 외교계의 중심인물이었고, 국민정부에 들어와서도 외교부장, 주영 대사, 주미 대사 등을 역임한 중국을 대표할 만한 원로외교관이었다는 점에서[8] 볼 때 한반도 문제에 대한 그의 건의는 단순한 개인적 견해라고 보기 어렵다는 점에서 특히 주목된다. 전후 한국문제와 관련하여 외교부의 의견 제출 요구에 대하여 구웨이쥔은, 일본군의 항복 후 동맹군이 진공하여 한인단체, 영도자를 중심으로 한 임시정부를 구성하되 이 임시정부의 외교, 국방, 경찰 부문에는 3년 기한으로 중국인 고문을 두고 재정 교통 부문에는 미국인 고문, 그리고 위생 부문에는 소련 고문을 둔다는 방안을 제시하고 있었다.[9] 구웨이쥔은

6 「有關韓國財政部門各問題意見(1945. 1.)」, 앞의 『韓國問題研究綱要及資料』, p. 82.

7 이상 各部의 報告公文(公函)은 앞의 『韓國問題研究綱要及資料』, pp. 72~78에 실려 있다.

8 顧維鈞의 간단한 이력과 중국 외교상의 역할에 대해서는 中國社會科學院近代史研究所 譯, 『顧維鈞回憶錄』 第1冊, 北京(中華書局), 1983, pp. 1~2 참조.

9 「顧維鈞致外交部電(1944. 12. 1.)」, 앞의 『韓國問題研究綱要及資料』, pp. 124~127.

"따라서 한국의 임시정부 시기에는 외교, 국방을 우리(중국)가 주도主持해야 한다"고 주장했던 것이니, 이를테면 카이로회담에서 정한 '적당시기'를 중국이 주도하는 고문정치의 시대로 만들어야 한다는 것이 그의 주장이었던 것이다.

한편으로 주미 대사 웨이다오밍은 1944년 11월 중순에 보낸 의견서에서 카이로회담에서 언급한 '적당 시기'는 일종의 과도기를 거친다는 뜻이라고 해석하고 이 과도기를 관장하기 위한 국제기구는 중국과 미국이 핵심이 되어야 한다는 견해를 내세웠다. 그는 또 현재 한인들이 단결성이 없고, 또 시베리아에 있는 한인 세력이 위협이 되기는 하지만 충칭에 있는 한국독립당이 역량을 집중할 수 있도록 우리 중국이 돕는다면 (이들을 구심점으로 해서) 해방 후 통일정권을 수립할 수 있을 것이라는 의견도 제시하였다. 경제 문제와 관련해서 웨이다오밍은 일본인 소유의 한국 내 기업들은 마땅히 한인들이 접수토록 해야 하고, 국제기구를 통해서 감독과 더불어 지원을 할 것이고 현재 둥베이에 거주하고 있는 100만 명의 한국 교포들은 (이 기회에) 환국 조치를 고려할 필요가 있을 것이라는 의견도 제시하고 있다.[10] 구웨이쥔에 비하여 웨이다오밍의 의견이 구체성을 결여되었다고 보이지만 기본적으로 전후 한반도에 대한 중국의 영향력 확보를 적극적으로 꾀해야 한다는 주장에는 차이가 없다.

외교부를 중심으로 진행된 국민정부 측의 이러한 전후 한반도 정책 구상은 그러나 실현의 기회를 얻지 못하고 말았다. 주지하듯이 일본 패망 이후 한반도에 대한 군사진공은 미국과 소련의 합의에 의하여 북위 38도를 경계로 분할 점령하는 것으로 결정되었고, 이 과정에서 중국이

10 「魏道明致外交部電(1944. 11. 17)」, 앞의 『韓國問題研究綱要及資料』, pp. 122~123 참조.

개입할 여지는 처음부터 주어지지 않았다. 그럼에도 불구하고 중국 측에서는 한반도 문제 개입을 위한 준비를 내부적으로 계속 추진하고 있었다. 미국과 소련에 의한 분할 점령이 이루어진 다음 시기인 1945년 12월에 국민정부 외교부에서 마련한 「한국문제지대책韓國問題之對策」이라는 보고서에서는, 한반도 내에서의 미국과 소련 세력 간의 조화와 남한과 북한 간의 대립 완화에 중국의 역할이 반드시 필요하다는 주장과 함께 한국독립당을 중심으로 하는 친중국적 인물들親中分子을 권력 중심에 심는扶植 것을 통하여 한반도에서의 중국의 영향력을 확대할 것을 거듭 주장하고 있었다.

또 같은 보고서에서는 카이로회담에서 결정된 '적당시기'에 대한 해석 문제와 관련하여, 연합국회의에 상정하여 미국군과 소련군의 조속한 철수를 실현하며 (그런 다음) 한국에 김구가 중심이 된 정식정부를 구성하고 미국 영국과 협의하여 조속한 국제적 승인을 얻도록 돕는 방안을 제시하고 있었다. 또 중국에 있는 한국광복군을 조기 귀국시켜 새로 만들어질 한국군의 기반이 되도록 하며, 매년 우수한 한국 청년들을 뽑아 중앙대학中央大學을 비롯한 중국의 각 대학에 유학하도록 주선함으로써 한국의 군사, 정치, 사회 각 분야의 간부로 육성할 것 등을 주장하고 있었다.[11] 말 그대로 한반도를 중국의 영향력 아래 두기 위한 구체적인 지원 방안들이 미국과 소련에 의한 한반도 분할 점령 이후까지 지속적으로 모색되고 있었던 것이다.

국민정부의 이러한 대안 모색이 태평양전쟁 수행과정에서 결정적 주도권을 행사하고 있던 미국과의 협의를 필요로 하는 것은 당연한 일이

11 「韓國問題之對策(1945年 12月)」, 『韓國問題研究綱要及資料』 外交部檔案 11-EAP-06114, p. 33.

었다. 국민정부가 미국 측과 전후 한반도 문제를 둘러싼 실무적 협상을 벌인 것은 1945년 1월과 2월 사이로 확인된다. 1월 23일부터 2월 17일까지 2~3일에 한 차례씩 총 11회에 걸쳐 워싱턴 미국국무원에서 열린 이 회의에는 그때마다 참석자들이 바뀌긴 했지만 중국 측에서 주로 양윈주楊雲竹 외교부 아동사亞東司 사장司長과 배석 참사 한두 명, 미국 측에서 원동사遠東司, The Office of Far Eastern 사장司長 발렌타인Joseph Ballentine, 巴倫台과 일본 과장Japanese Division Chief 디코버Erle Dickover, 狄可夫 및 몇몇 실무진이 참여하였다. 이 회의는 기본적으로 앞에서 언급한 1944년 9월 이후 전개된 중국·미국·영국 삼국 간의 한반도 문제에 대한 공동연구와 자료 교환 협의의 연장선상에서 이루어졌던 것으로 보인다. 전후 한반도 문제에 대한 중국 측의 기본 입장에 대해서는 이미 앞에서 자세하게 언급한 바이지만, 이 회의에서 나타난 미국 측의 입장은 몇 가지 점에서 중국 측의 입장과 상당한 거리가 있었음을 보여 준다. 우선 미국 측은 전후 한국이 즉각적인 독립을 이룰 만큼 (행정적) 능력이 없다고 주장하면서 일정 기간에 걸친 국제공동관리가 불가피하다는 입장을 밝히고 있고, 중국에 있는 한국임시정부에 대해서도 이 단체가 전체 한국인민을 대표한다고 보기 어렵다고 하면서 임시정부에 대한 외교적 승인은 불가하다는 입장을 고수하고 있었다.[12] 또 전후 한국의 경제활동 유지를 위해 일본인 (공업)기술자의 잔류와 이용을 검토해야 한다는 입장을 언급하면서, 기본적으로 일본 영토에 대한 점령 처리의 한 가지 문제를 전제로 한반도 문제를 다루고 있다는 인상을 준다.

중미 간의 이 회담에 중국 측 대표로 참석한 양윈주 아동사 사장이 본

12 「高麗問題中美會談紀錄: 第四次會議紀錄(1945. 1. 30)」, 外交部檔案 11-EAP-05862, pp. 91~92.

국 외교부에 보낸 지시 요청 전문電文에 대한 외교부 측의 답변 전문에는 동맹군이 한국 영토에 진입할 때 한국광복군이 동시에 한국에 들어가 협동작전을 펼치는 것에 미국이 동의한다면, 차관법안租借法案에 따라 한국임시정부를 원조해 줄 수 있는지와 함께 소련이 참전할 경우 중·미·영·소의 4개국이 (동맹국이) 유럽의 해방지역 문제에 적용했던 원칙들을 원동지역 해방구역에도 적용할 수 있을지를 미국 측에 문의하도록 지시했다.[13] 말하자면 중국 측의 최대관심은 미국이 허용하는 범위 안에서 전후 한반도에 충칭임시정부와 한국광복군을 중심으로 한 친중정부親中政府 구성을 계획하고 있었음을 확인할 수 있다.

한반도에 대한 중국의 이러한 인식과 정책의 연장선상에서 우리는 전후 중국의 아시아 구상을 어느 정도 엿볼 수 있다. 물론 중국의 전후 아시아, 혹은 동아시아 구상 전체를 재구성하기 위해서는 동아시아 전 지역에 대한 중국(국민정부) 측의 외교적 정책이 어떠했는지를 자세하게 살필 필요가 있을 것이다. 그러나 여기서는 그럴 만한 여유가 없는 관계로 한국보다 먼저 열강 프랑스의 식민지로 전락하여 치열한 독립운동을 전개해야만 했던 베트남의 경우를 살펴보는 것을 통하여 중국의 전후 아시아 구상을 어느 정도 재구성해 볼 수 있을 것으로 기대한다.

주지하듯이 베트남의 경우에도 망국 이후 많은 독립지사들이 이웃나라 중국으로 망명하여 독립운동을 전개하였는데, 중국 국민정부의 이들에 대한 지원은 한국에 대한 지원정책과 기본적으로 궤를 같이하였다. 한국의 경우와 마찬가지로 베트남의 재중 독립운동 세력 또한 많은 파벌을 가지고 있었기 때문에 중국의 입장에서는 이들에 대한 통합적

13 「簽呈(1945. 2. 21)」, 外交部檔案 11-EAP-05862, p. 33.

지원이 쉽지 않았다고 하는데[14], 사실 그보다는 전후 베트남에 대한 영향력을 확보하기 위하여 베트남 독립운동의 각 세력들을 효과적으로 통합, 관리하는 데에 어려움이 있었다고 보는 것이 옳을 것이다.

특히 1943년 11월에 열린 카이로회담에서 나타난 장제스와 중국국민정부의 전후 베트남 문제에 대한 입장은, 루스벨트의 전후 식민지 전반에 대한 신탁통치 주장의 연장선상에서 베트남에 대한 전후 신탁통치 주장에 동의하는 것이었다. 다만 회담과정에서 프랑스의 입장을 두둔하고 있던 영국 측의 항의에 직면하여 전후 재론하는 것으로 결론이 나기는 했으나, 장제스와 국민정부의 기본적 입장이 전후 신탁통치의 대상으로 삼는다는 데에는 한국과 베트남이 동일한 대상이 되고 있었음을 확인할 수 있다.[15] 카이로회담에서 비록 독립을 국제적으로 보장받았던 한국의 경우에도 그 후 열강들 간의 이해관계 대립과 신탁통치의 실시를 둘러싸고 독립을 달성하는 데에 많은 어려움이 있었지만, 베트남의 경우에는 더욱 복잡하고 어려운 과정을 거칠 수밖에 없었다. 일본의 점령 이전에 베트남을 식민지로 가지고 있던 프랑스가 영국의 지원 아래 전승국의 지위를 차지하면서 베트남에 대한 지배권을 되찾고자 하였고 결국에 가서 미국조차 프랑스의 복귀에 동의하게 되자, 미국의 강력한 영향력 아래 있던 중국도 프랑스의 복귀를 승인하는 조치에 동의하고 만다. 일본의 패망 직후 프랑스의 요구에 호응하여 북부 베트남에 군대를 파견했던 중국은 또 하나의 점령군으로 수많은 약탈을 저지르기에 이르렀으니 베트남의 독립에 대한 중국의 지지는 사실상 중국 스스로의 이해관계에 따라 얼마든지 철회될 수도 있는 구두선에 불과하다는 것이

14 羅敏, 「抗戰時期的中國國民黨與越南獨立運動」, 『抗日戰爭硏究』 2000-4 참조.

15 유인선, 『새로 쓴 베트남의 역사』, 이산, 2002, 36쪽.

분명해졌던 것이다.

이를테면 중일전쟁 기간 동안 중국 국민정부가 강조해 온 베트남 독립에 대한 지원이라는 것이 프랑스의 복귀를 둘러싼 일련의 국제적 관계 속에서 중국 자신의 이해관계를 지키는 선에서는 얼마든지 유보되거나 변경될 수 있는 것이었음이 분명했다. 베트남의 독립에 대한 중국 국민정부의 이러한 입장은 앞에서 자세하게 살펴본 한국에 대한 중국의 인식이나 정책과 기본적으로 같은 맥락에 있다고 할 것이다. 더 나아가 한국과 베트남에 대한 중국의 인식과 정책은 전후 아시아에 대한 중국의 구상이, 서구열강과 일본의 침략 속에서 식민지 혹은 반식민지로서의 경험을 공유했던 약소민족과의 연대나 약소민족의 독립 지지에 있었던 것이 아니라 사실상 이 지역에서의 중국의 전통적 영향력 회복과 자국의 국제적 이익 추구에 있었음을 잘 보여 주고 있다.

Ⅱ. 종전 직후 임시정부의 환국 문제와 국민정부의 입장

앞에서 언급한 대로, 한국임시정부에게 종전은 너무 빨리 왔다. 임시정부의 충칭 정착 이후 최고의 목표로 추진하고 있던 임시정부에 대한 국제적 승인을 얻는 일과 독자적 군대, 곧 한국광복군의 대일전 참전이 이루어지지 못한 채 일본의 무조건 항복이 이루어졌던 것이다. 국제적 승인도 얻지 못하고 대일전 참전국으로서의 지위도 얻지 못한 상황 속에서 임시정부의 입지는 처음부터 좁을 수밖에 없었던 것이니, 그것은 우선 임시정부 요인들의 환국에서부터 나타났다.

일본의 무조건 항복이 공식적으로 발표된 1945년 8월 15일 이후 한국임시정부는 곧바로 환국 준비에 착수하였다. 시안에 가 있던 김구가 불참한 가운데 16일에 열린 국무위원회에서는 “임시정부가 대행해 온 정권을 국민에게 봉환하기 위하여 즉각 귀국한다”는 결정을 내렸다. 그러나 17일에 열린 임시의정원 회의에서는, 귀국에 앞서 국무위원의 총사퇴와 함께 임시정부 개조가 이루어져야 한다는 조선민족혁명당 등 야당의 주장이 제기되어 ‘즉각 환국’에 대한 결정이 미루어졌다.[16] 하지만 18일 시안에서 돌아온 김구는 국무위원회에서 “현재 상태대로의 즉각적인 환국”을 결정하였다.

즉각 환국을 결정한 직후인 8월 22일, 김구 주석은 중국국민당 중앙당부를 방문하고 중앙비서처中央祕書處 비서장祕書長 우톄청吳鐵城과 면담을 가졌다. 이 면담에서 우톄청은 김구에게 미군과 중국군이 남한 지역에, 그리고 소련군이 북한 지역에 진주할 것이라는 점과 이들 점령국에 의한 신탁통치나 군정이 실시된 다음 독립정부가 만들어질 수 있을 것이라고 말하였다.[17] 이에 대하여 김구는 소련군이 진주하는 경우 공산당 세력이 커질 것이 우려된다면서 중국 정부의 임시정부에 대한 적극적인 지원과 임시정부에 대한 외교적 승인을 요청하고, 만약 즉각적인 외교적 승인이 어렵다면 임시정부가 환국하고 정식정부를 수립한 이후 중국이 솔선하여 한국 정부를 승인해 줄 것을 요청하였다.[18] 이날

16 당시 임시정부의 내각 구성은 국무위원 14명 가운데 한국독립당 소속이 8명, 조선민족혁명당 소속이 4명, 조선민족해방동맹 소속이 1명, 조선혁명자총동맹 소속이 1명으로 짜여 있었다. 김희곤, 「충칭시기 대한민국임시정부의 지도체제」, 동씨 저, 『임시정부 시기의 대한민국』, 지식산업사, 2015, 199~200쪽. 朝鮮民族革命黨 등의 임시정부 개조 요구에 대해서는 「韓國臨時政府醞釀改組之近況(1945. 8. 29)」, 白凡金九先生全集編纂委員會 編, 『白凡金九全集』 제5권, 大韓每日申報社, 1999, 654~655쪽을 참조할 것.

17 뒤에서 상술할 것처럼 전후 한반도에 대한 미군과 소련군의 남북 분할 점령이 정해진 것이 8월 11일 직후였던 점을 고려한다면 吳鐵城이 이날 발언에서 중국군과 미군이 함께 남한 지역에 진주할 것이라는 말한 것은 현실과는 다른 중국 측의 기대를 반영한 것으로 보인다.

18 「吳祕書長接見韓國臨時政府金九主席談話要點」, 『白凡金九全集』 제5권, 652~654쪽.

우테청과의 면담을 통하여 임시정부 측에서는 비로소 미군과 소련군이 한국에 진주한다는 사실과 점령군의 주도 아래 군정이나 신탁통치가 이루어질 것이라는 사실을 알게 되었다.

우테청과의 면담 이틀 후인 8월 24일[19] 임시정부에서는 환국을 위한 보다 구체적인 요청을 담은 비망록을 중국 측에 제출하였는데, 그 내용은 중국 정부가 나서서 동맹국들에게 임시정부에 대한 외교적 승인을 제안해 줄 것, 미군당국과 임시정부의 귀국을 협상해 줄 것, 중국 각지에 있는 한국 교포들을 돕기 위한 기구를 만들고 그들의 귀국을 도와줄 것, 일본군에 편성되어 있는 한적韓籍 병사들을 우대해 주고 이들을 한국광복군에 편성할 수 있게 해 줄 것, 그리고 환국에 필요한 경비조로 3억 위엔元(중국 화폐)의 차관을 임시정부에게 제공해 줄 것 등이었다.[20] 이로써 보자면 당시 임시정부 측에서는 중국 측의 지원을 받아 임시정부의 빠른 환국을 추진함과 함께 1940년 이래 임시정부의 최대 목표였던 임시정부에 대한 국제적 승인 획득과 광복군의 확충과 참전(혹은 조속한 귀국)을 여전히 당면 목표로 추진하고 있었음을 알 수 있다.

이와 아울러 임시정부는 환국 이후 독립국가 건설의 구체적 방안 마련에 나섰으니 일본의 항복이 공식 서명된 이튿날인 9월 3일, 임시정부는 즉각적인 환국 이후의 국가 건설 구상을 내외에 밝히는 선언을 발표하였다. 「국내외 동포에게 고함」이라는 제목의 이 선언에서 김구는 "임

19 같은 날인 8월 24일, 평양에 소련군 선발대가 처음 들어왔다. 소련군은 평양 도착 연설에서 '정복자로서가 아니라 해방자로서' 한국에 왔으며, 자신들의 질서를 강요하지 않을 것과 한국 국민이 이 나라의 주인임을 강조하였다. 그러나 8월 26일. 약 3~4,000명의 소련군이 평양에 진주하였고, 소련군 제25군사령관 치스챠코프 대장은 평양에 군사령부를 설치하고 북한 전역에 걸친 군정체계를 수립하는 한편, 군정실시 기관으로 민정관리총국을 설치하였다. 이에 비하여 미군의 한반도 진주는 9월 3일, 오키나와를 출발한 하지 장군의 제24군단이 9월 8일 인천항에 도착하면서 이루어졌으니 소련보다 열흘 이상 뒤진 것이었다.

20 「비망록」, 『白凡金九全集』 제5권, 655~658쪽.

시정부는 즉각 귀국할 것, 귀국 즉시 국내외 민족영수들을 소집하여 과도정권을 수립할 것, 과도정권 수립 직후 임시정부의 모든 권한을 과도정권에 넘길 것, 과도정권 수립 이전까지 모든 국내행정과 대외관계를 임시정부가 맡아 처리할 것, 과도정부의 주도 아래 전국적인 보통선거를 치러 정식정부를 구성할 것"이라는 독립국가 건설의 일정과 계획을 제시하였다.[21] 임시정부 주도하의 과도정권 수립과 과도정권 주도하의 정식 정부 수립이라는 단계별 정부 수립 구상을 구체적으로 제시한 것이다.

그러나 임시정부의 이러한 구상과 주장은, 종전을 전후하여 한반도에서 전개되고 있던 실제 상황에 비추어 볼 때 실현 가능성이 거의 없는 것이었다. 소련의 대일對日 선전포고(8월 8일)가 이루어진 직후인 8월 11일 북위 38도 선을 경계로 한반도를 분할 점령한다는 계획이 미국 군부 안에서 정해졌고, 그 직후 미국의 제안을 소련이 전격 수용하면서 미소 양대국에 의한 분할점령이 한반도 정책으로 굳어지게 되었다.[22] 태평양전쟁의 종결 과정에서 결정권을 행사하고 있던 미국과 소련이 전후 한반도 문제를 처리하는 과정에서 중국은 거의 배제된 채 아무런 발

---

21 김구, 「國內外同胞에게 告함(1945. 9. 3)」, 『白凡金九全集』 제5권, 656~657쪽.

22 태평양전쟁 발발 직후부터 소련의 對日參戰을 강력하게 희망해 왔던 미국은, 포츠담회담이 열리기 하루 전인 1945년 7월 16일, 원자폭탄의 실험 성공이 확인된 이후부터 戰後 한국을 미국의 직접적인 영향 아래 두기 위해 소련을 배제하는 전략으로 궤도를 수정하였다. 그러나 히로시마에 대한 원폭 투하(8월 6일) 직후 급작스럽게 이루어진 소련의 참전으로 한반도에 대한 독점 계획이 불가능해지자 미국 국방성을 중심으로 곧바로 미국과 소련이 한국을 분할 점령하는 계획을 추진하기 시작했다. 8월 11일 미국 국방부 戰略政策團은 1945년 2월경부터 고려해 오던 한국 점령 구상을 바탕으로 북위 38선을 미소 간의 군사적 점령 구획선으로 정하게 되었으며, 東北亞에서의 영향력 확보를 위해 급작스럽게 참전한 소련이 이 구획선을 받아들임으로써 전후 한국의 '분단'은 결정되었다. 이완범, 「소련의 對日戰 참전과 38선 수락, 1942-1945」, 『한국정치외교사논총』 14(1996); 이완범, 「미국의 38선 획정과정과 그 정치적 의도(1945년 8월 10일~15일)」, 『한국정치학회보』 29-1(1995) 참조.

언권도 갖지 못하고 있었으니 이런 점에서 본다면 8월 22일, 김구를 면담한 자리에서 우톄청이 남한에 미군과 함께 중국군이 진주할 것이라고 말한 것은 그야말로 현실과는 일정한 거리가 있는, 중국 측의 일방적인 '희망사항'이었다고 봐야 할 것이다. 이런 입장에서 본다면 임시정부에 대한 외교적 승인을 비롯하여 한국문제 해결에 중국의 영향력 또한 매우 제한적일 수밖에 없었으니, 김구를 비롯한 임시정부 요인들의 국내 귀환과 귀환 이후의 활동에 대하여 중국의 지원에 매달릴 수밖에 없었던 임시정부의 입지는 당초부터 매우 좁은 것일 수밖에 없었다.

그럼에도 불구하고 국민정부는 임시정부의 지원 요청에 적극 응하는 한편으로 나름대로 한반도 문제에 대한 구체적인 방안 마련에 나서고 있었다. 8월 24일자 비망록에 관한 보고를 받은 장제스는 8월 29일, 특별 지원금으로 1억 위엔을 지급하라는 결정을 내렸고[23] 9월 26일에는 임시정부 측의 요청을 받아들여 김구를 직접 면담하였다. 중국 측 우톄청 비서장과 한국 측 통역으로 임시정부 법무부장 박찬익朴贊翊이 배석한 이 날의 면담에서 김구는 중국 정부가 미국과 교섭하여 임시정부 요인들이 속히 귀국할 수 있는 교통편을 마련해 줄 것, 임시정부 요인들이 임시정부의 명의로 귀국하지 못하더라도[24] 중국 정부에서 미국과 협상하여 충칭 임시정부가 주도하는 한국 내 임시정부를 수립하고, 그 임시정부 주도하에 전국적인 보통선거를 실시하여 정식정부를 만들 수 있도록 해 줄

23 「簽呈: 金九以臨時政府返韓及派幹部赴各地收編韓青年轉請借款」, 『白凡金九全集』 제5권, 685쪽.

24 김구의 이 발언으로 본다면 임시정부 측에서는 이 시기에 이미 임시정부의 명의로 귀국하기 어려울지 모른다고 염려했음을 확인할 수 있는데 뒤에 상술할 것처럼 10월 8일, 극동지역 최고사령관 맥아더는 한국 주둔군 사령관 하지의 건의를 받아들여 임시정부 요인들의 귀국을 허용하면서 임시정부라는 공식적인 명칭을 쓰지 않는 것을 조건으로, 즉 개인 자격으로 환국하는 것을 허용한다고 결정하였다.

것, 긴급한 수요를 충당하기 위한 차관을 제공해 줄 것, 중국 내 한교韓僑에 관한 합리적인 처리를 해 줄 것 등을 요구하였다. 이에 대하여 장제스는 교통편 마련은 이미 미국과 협의 중이고 차관 제공은 고려하겠으며, 한교에 대한 처리는 요청대로 할 것이되 귀국 후 임시정부의 지위나 역할에 대해서는 향후 미국과 교섭해야 할 내용이라고 답변하였다.[25]

한편으로 9월 중순경부터 국민정부 내에서는 군사위원회를 중심으로 전후 한국문제에 대한 대책회의가 가동되기 시작하였는데 이 대책회의는 여러 유관기관들이 함께 참여하는 것으로 계획되어 있었다. 군사위원회가 소집한 이날 대책회의는 한국 임시정부와 한국광복군의 귀국을 앞둔 상황 속에서 향후 한국 내에 친중국적인 정권이 들어서도록 하기 위하여 어떤 지원을 할 것인지, 그리고 한국광복군이 (새로 만들어질) 한국국방군의 모태가 되려면 어떤 지원을 해야 할지를 구체적인 목표로 제시하면서 모두 7개 항의 '기본대책大綱'을 제시하였다. 7개 항 '기본대책大綱'의 주된 내용은 현재의 광복군을 기본으로 삼고, 여기에 일본군에 편성되었다가 투항한 한적 병사 위주의 한국 군대를 만들도록 지원하되 이들이 신속하게 한국 국내로 진입하도록 협조할 것, 군사, 정치,

25 「摠裁接見韓國臨時政府主席金九紀錄(1943. 9. 26)」, 『白凡金九全集』 제5권, 672~674쪽. 한편 같은 날짜의 김구가 蔣介石에게 보낸 편지에는, 해방 후 남북 분단을 포함한 혼란한 국내 정치를 해결하기 위하여 국내외 한인들이 임시정부의 조속한 환국과 정치적 통일을 갈망하고 있다고 하면서 임시정부가 비록 국제적 승인을 받지는 못했으나 사실상의 정부로서 대우해 줄 것과 중국 정부가 미국 정부와 협상하여 비정식 혁명과도정부로 묵인하는 형식으로 입국을 허용하며 정식정부 성립 이전까지 임시정부를 확대 개편하여 과도정부로 인정해 줄 것, 300만에 달하는 東北 韓人들에 대한 처리를 위한 韓中特別委員會의 구성, 중국국민당과 한국독립당 사이의 연락을 위한 대표 파견, 일본군 내의 韓籍士兵을 한국광복군에 편성하도록 해 줄 것, 重慶에 살고 있는 수백명의 韓人들의 환국을 위해 교통편을 마련해 줄 것, 중국화폐 3억 위엔의 차관을 제공해 줄 것을 요청한다고 되어 있다. 아마도 김구는 이러한 내용의 편지를 장제스와의 면담에서 직접 전달했던 것 같다. 이 편지의 원문은 『蔣中正總統檔案: 事略稿本』 第62册, pp. 691~694에 실려 있다.

경제 방면의 전문가를 포함한 군사대표단을 한국에 파견하고 서울에 군사위원회 특파원의 공작거점을 확보할 것, (借款 供與를 위한) 관련법안 租借法案을 마련할 것, 중국의 각급 군, 정, 교육기관에 한국 유학생을 입학시켜 한국의 군, 정 간부를 육성하도록 도울 것, 한국 건군에 필요한 간부 육성을 위해 중국이나 한국에 군관학교를 설립하도록 지원할 것, 기타 임시정부나 한국광복군의 요구 사항에 대한 방안 마련으로 되어 있었다.[26] 이를테면 한국광복군을 중심으로 하여 한국 군대가 만들어지도록 하고 이들을 통하여 한국에 친중정부가 만들어지도록 해야 한다는 것이 군사위원회의 방안이었던 셈이다.

앞서 말한 대로 미국이 한반도에 대한 분할 점령 계획을 확정한 것은 8월 10일이었고 이어서 소련과 미국 군대의 한반도 진입이 이루어졌다. 미군의 한반도 진주는 소련의 경우보다 상당히 뒤처져 태평양지구 미육군사령관 맥아더가 휘하의 24군단을 한국에 점령군으로 파견키로 하고 통지한 것이 8월 15일 전후였고, 하지John R. Hodge 중장이 이끄는 24군단이 수송선을 타고 인천에 도착한 것이 9월 8일이었다.[27] 이어서 해방과 혁명의 열기로 달아올라 있던 한국에서 군정을 실시하게 된 하지는 한국 진군 직전 맥아더로부터 받았던 기본 전략인 "미·영·중·소 4대국에 의한 행정기구의 수립과 그에 이은 국제신탁통치로의 이행"을 수행하기 위해 노력했다. 그러나 미군정이 당면한 한국의 현실은 매우 복잡한 것이었으니, 무엇보다 국내에서 가장 강력한 정치적 영향력을 확보하면서 정부의 형태를 가지기에 이르렀던 '조선인민공화국朝鮮人民共和國'과 해외의 대표적 독립운동 세력인 충칭임시정부를 어떻게 대우할

26 「韓國問題計劃大綱」, 國史編纂委員會 編, 『大韓民國臨時政府資料集』 25, 2008, 359쪽.
27 鄭容郁, 『해방 전후 미국의 對韓政策』, 서울대학교출판부, 2003, 129~132쪽.

것인가가 최대의 문제가 되었다. 하지는 진주한 지 일주일 만인 9월 15일, 맥아더에게 전문을 보내 "임시정부의 자격으로 충칭 망명정부를 환국시켜 (軍政의) 간판으로 활용할 수 있게 해 달라"고 건의했으며 9월 하순 도쿄東京의 맥아더 사령부는 국무부와 이 문제를 상의하였다. 국무부의 답변은, 앞에서 살핀 바 1945년 1~2월 중국과의 협의에서와 마찬가지 입장으로 임시정부를 외교적으로 승인하거나 단체로서 송환하도록 허용해서는 안 된다는 입장을 고수하였다.[28]

국무부의 이러한 입장 정리는 9월 26일 국무장관 대리 애치슨이 주미 중국대사 웨이다오밍魏道明에게 '개인자격이라는 전제 아래 충칭 한인들의 환국을 위한 교통편을 모색하고 있다'는 통지를 보낸 것으로도 확인된다. 미국 정부 국무부의 이 통보는 9월 15일, 장제스가 웨이다오밍으로 하여금 한국임시정부와 관련한 문제를 국무부와 상의하도록 전문電文을 보낸 것과 관련이 있는 것 같다. 장제스는 9월 15일자 전문에서 트루먼 대통령의 한국문제에 대한 입장을 확인해 달라고 하면서 원래 루스벨트 대통령과 합의하기를 4개국 공동으로 한국인들이 훈정정부訓政政府를 조직토록 한 다음 완전독립을 부여하자고 하였는데, 그럴 경우 현재 충칭에 있는 임시정부를 기초로 삼고 그것을 확충하는 방안보다 더 좋은 방안은 없으니 이 점을 미국 정부와 상의해 달라고[29] 지시하였다. 미국 측에서는 임시정부의 '정부'로서의 환국에는 반대한다는 입장을 분명히 하였는데, 그런 입장의 이면에는 기본적으로 임시정부를 기반으로 한 정식 정부 구성에 반대한다는 입장 또한 분명히 있었다고 하겠다. 미국 국무부의 이러한 입장은 10월 17일, 국무부, 육군성,

---

28 鄭容郁, 앞의『해방 전후 미국의 對韓政策』, 135~136쪽.

29『蔣中正總統檔案: 事略稿本』第62册, 2011, pp. 575~576.

해군성으로 구성된 삼성조정위원회三省調停委員會, SWNCC에서 최종 확인된 다음, "임시정부를 활용하더라도 공식적으로 인정해서는 안 되며, 필요한 경우 언질을 주지 않은 채 개인적으로 활용할 수 있다"는 내용으로 맥아더에게 전달되었다.[30]

개인 자격 환국의 입장은 이후 중국 외교부에 전달되었던 것으로 보이고[31] 한국의 군정장관 하지는 자신의 비서인 로건Logan 대령을 상하이로 파견하여 한국광복군 사령관 이청천李靑天을 만나 이러한 사실을 전하기도 했다.[32] 이후 임시정부 요인들의 개인 자격 환국이 실행에 옮겨져 10월 24일 중국국민당이 주최한 대규모 환송연이 열렸으며, 중한문화협회中韓文化協會를 비롯한 민간단체들의 환송연도 이어졌다. 10월 29일에는 김구가 장제스를 방문하고 그동안 한국독립운동을 지원해 준 것에 감사를 표하고, 특별히 환국을 위한 경비 지원으로 중국화폐 1억 위엔元과 미화 20만 달러를 지원해 준 것에 대한 감사를 표하였다.[33] 11월 4일에는 장제스가 임시정부 요인들을 위한 다회茶會를 열고 조속한 독립을 위해 하나님께 기도하겠다는 말로 석별의 정을 전했으며, 특별히 상하이시장 첸다쥔錢大鈞에게 전보를 쳐서 김구 일행을 극진히 대접

30 鄭秉峻, 「南韓 進駐를 전후한 駐韓美軍의 對韓情報와 초기 占領政策의 수립」, 『史學研究』 51(1996), 172쪽.

31 장제스가 임시정부 요인들의 개인자격 還國에 대하여 처음 언급한 것은 10월 18일 '韓國事項에 관한 指示'에서 보인다. 「總裁在山洞林園指示有關韓國事項(1945. 10. 17)」, 『白凡金九全集』 제5권, 685쪽.

32 당시 로건 대령을 수행하여 上海를 방문했던 오광선(吳光鮮)은 김구를 만나려고 시도하였지만 여의치 못해 현지에 와 있던 李靑天을 만났다고 회고하였다. 金斗燦, 「吳光鮮將軍」, 『新東亞』 1971년 2월호, 257~258쪽.

33 『蔣中正總統檔案: 事略稿本』 第63册, pp. 319~320; 334. 장제스는 11월 4일에 적은 '上星期反省錄'에서 한국혁명당 김구 주석에게 法幣(중국 화폐) 1억5천만 위엔과 미국 달러(美金) 20만 불을 주었다고 하면서 비록 중국이 궁핍하지만 한국에 대해서는 후하게 주지 않을 수 없다고 하였다. 『蔣介石日記』 1945年 11月 4日.

하라고 일렀다.[34]

11월 5일, 임시정부 요인 29명은 2개의 비행기에 나누어 타고 충칭의 산후바珊瑚覇공항을 출발하여 5시간 만에 상하이에 도착하였으니, 임시정부로서는 13년 만에 상하이로 귀환한 셈이었다. 상하이에서도 한국행 비행편 마련과 개인자격 환국의 서명 문제를 둘러싸고 상당한 시간을 허비한 끝에 11월 19일 이들의 개인자격 귀국에 대한 서명서가 미군 당국에 제출되었고, 23일 김구 주석과 김규식 부주석, 이시영, 엄항섭, 유동열 등 15명의 제1진이 상하이를 떠나 3시간의 비행 끝에 오후 4시경 여의도비행장에 도착하였다. 미군정 당국에서는 이들의 환국 소식을 일체 알리지 못하게 했다. 이날의 쓸쓸한 분위기는 이들의 험난한 앞날을 예고해 주는 것이었다.

임시정부 요인들의 환국 이후 단계에 가서도 국민정부의 한국문제에 대한 관심은 계속되었다. 당시 국민정부의 관심이 어떤 것이었던가를 보여 주는 좋은 예로, 국민정부 외교부에서 1945년 12월에 마련한 「한국문제지대책韓國問題之對策」이라는 보고서가 있다. 작성 시점으로 보아서 한반도에서 미국과 소련의 군정이 어느 정도 정착되어 가던 시기에 외교부에서 만든 이 보고서에는 한반도 내에서의 미국과 소련 세력 간의 조화와 남한과 북한 간의 대립 완화에 중국의 역할이 필요하다는 주장과 함께 한국독립당을 중심으로 하는 친중분자를 심어 두는扶植 것을 통하여 중국의 영향력을 확대할 것을 주장하고 있었다. 또 이 보고서에서는 카이로회담에서 결정된 '적당시기'에 대한 해석 문제를 연합국회의에 상정하여 미국군과 소련군의 조속한 철수를 실현해서 한국에 김구가 중심이 된 정식정부가 구성된다면, 미국 영국과 협의하여 조속

34 『蔣中正總統檔案: 事略稿本』 第63册, pp. 406~407.

한 국제적 승인을 얻도록 돕는 방안을 제시하고 있다. 또 중국에 있는 한국광복군을 조기 귀국시켜 새로 만들어질 한국군의 기반이 되도록 하며, 매년 우수한 한국 청년들을 뽑아 중앙대학中央大學을 비롯한 중국의 각 대학에 유학시킴으로써 한국의 군정, 사회 각 분야의 간부로 육성할 것 등도 주장하고 있었다.[35] 이를테면 1945년 12월 말, 중국의 영향력이 거의 차단된 채 진행되고 있던 한반도에서의 미소 군정 체제 수립 이후에도 임시정부와 한국광복군 중심의 친중정부 수립과 친중 군부의 육성을 위한 다양한 방안들이 계속하여 모색되고 있었던 것이다.

35 〈韓國問題之對策(1945年 12月)〉, 『韓國問題研究綱要及資料』 外交部檔案 11-EAP-06114, p. 33.

제4절

국공내전 시기(1946~1949) 국민정부의 대한對韓정책

—국민정부의 둥베이 한인·한반도 관련 정보 수집 노력과 주화대표단駐華代表團—

Ⅰ. 둥베이東北에서의 국공내전과 주화대표단

1. 둥베이 지역 국공내전의 발발, 진전과 둥베이 한인·한반도의 역할

주지하듯이 중일 전면전쟁 발발 후 두 번째 국공합작을 합의 추진하고 있던 국민당과 공산당 양측은, 환남사변皖南事變으로 대표되는 국공 간의 군사적 충돌을 비롯하여 여러 국면에서 주도권 확보를 둘러싼 대립의 양상을 드러내고 있었다. 그러다가 종전이 이루어지자, 내전 방지와 평화적 해결 요구라는 국내외 여론에 밀려 충칭에서 국공 양당 간의 정치적 담판을 벌였다. 그 결과 10월 10일 다른 정당의 존재에 대한 인정과 군대의 국가화, 국민당 중심의 평화적 건국 등을 중심 내용으로 하는 평화협정인 「쌍십협정雙十協定」을 체결함으로써 표면적으로는 내전 발발을 막으려는 노력을 보여 주고 있었다. 그러나 충칭에서 국공 간의 협상이 진행되고 있는 동안에도 둥베이를 비롯한 현지의 실상은

오히려 서로의 갈등과 대립이 격화되는 상황으로 치닫고 있었다.[1]

대외적으로는 종전 직전인 1945년 8월 14일, 국민정부 측에서는 소련의 대일전 참전을 희망하고 있던 미국의 권고를 받아들여 소련의 대일전 참여와 소련과의 대일 공동항전, 중국의 외몽골 독립 승인, 창춘철로長春鐵路, 뤼순旅順과 다롄항大連港에 대한 소련과의 공동 관리를 향후 30년간 인정하는 등을 주요 내용으로 하는 중소우호조약을 체결하였다.[2] 중소우호조약은 그로부터 6개월 전쯤인 1945년 2월에 열린, 미·영·소 영수들 간의 얄타회담Yalta Conference에서 제기되었던, 소련의 대일 참전과 그것을 전제로 한 소련의 중국 관련 요구사항들을 국민정부가 받아들이는 과정이기도 했다.[3] 이 조약에서 소련군의 둥베이 점령 문제와 관련해서 소련은 대일전 참전 후, 자신들이 접수하게 될 둥베이에서 3개월 내로 철수하고 그 후 국민정부의 둥베이 접수를 지원하기로 되어 있었다.[4] 그러나 소련군이 직접 중공군에게 점령지를 넘기는 것을 막기 위해 국민정부 측이 소련군의 철군을 늦출 것을 두 차례 요청하면서 국민당 군대와 행정당국의 둥베이 진입이 늦어졌다. 다른 한편으로 소련 측은 둥베이 주둔 일본군이 가지고 있던 대량의 군사시설과 무기를 소련으로 반출하려는 의도와 함께 옌안延安 지역에 있던 중국공산당 군대의 둥베이 진출을 묵인 방조하고자 하려는 의도를 가지고 있었기 때문에 국민당 측의 둥베이 접수에 협력하겠다는 당초의 약속을 사실상

---

1 雙十協定의 체결 과정과 의미에 대해서는, 王海蛟,「重慶談判的歷史意義」,『北京黨史』 2012年 第3期; 王令金,「重慶談判綜論」,『東方論壇(青島大學學報, 社會科學版)』 2020年 第2期; 于化民,「中國共産黨在戰後國共和談中的“讓”與“不讓”-兼及中國共産黨談判策略的階段性轉換」,『近代史研究』 2021年 第4期 등 참조.

2 任曉偉,「中蘇友好同盟條約與重慶談判的緣起」,『西南大學學報』 34-5(2008).

3 侯中軍,「1945年中蘇談判前國民政府圍繞雅爾塔密約的外交交涉」,『學術月刊』 53(2021).

4 牛軍,「一九四五年至一九四九年的美蘇國共關係」,『歷史研究』 2002年 第2期.

어기고 있었다.[5]

여기에다 소련군의 둥베이 장악 당초부터 소련군 소속으로 함께 둥베이로 들어온 둥베이항일연군東北抗日聯軍 세력은 소련군과 중국공산당 측을 중재하는 역할을 통하여 중공 측의 둥베이 장악을 적극 지원하였으니, 둥베이항일연군 세력의 협력은 공산당 군대가 둥베이를 장악하는 데에 결정적인 요인 가운데 하나였다.[6] 그 결과로 1946년 1월, 공산당 측에서는 둥베이를 장악하고 있던 소련군의 암묵적 지원 아래 공산당군의 둥베이 진출을 적극적으로 추진하게 되었으니 1946년 5월 소련군의 철수 이전까지 창춘長春, 하얼빈哈爾濱 등 둥베이의 주요 도시들을 공산당군이 먼저 장악하는 상황에까지 이르게 되었던 것이다.[7] 이런 가운데 국민정부는 둥베이 각지의 일본군에 대한 무장해제와 접수 작업을 수행하는 데에 상당한 어려움을 겪을 수밖에 없었다. 국민정부는 일부 일본군 점령 지역에 대한 조속한 회복과 접수를 위해서 일본군 및 왕징웨이 정권汪精衛政權과의 협력도 불사하는 임기응변적卽時因應 대응까지 하지 않을 수 없었으며, 그것이 오히려 공산당과의 경쟁에서 불리한 상황에 몰리는 이유가 되기도 했다.[8]

그러다가 소련군 철수 직후인 1946년 6월, 장제스의 명령으로 본격 시작된 국공 간의 둥베이 내전에서 국민당 군대는 초반 선전하며 공산당군의 점령 아래 있던 창춘, 하얼빈 등 둥베이 주요 도시들을 탈환하

---

5 당시 국민정부 측에서 둥베이 접수를 위해 파견한 둥베이보안사령관 杜聿明의 휘하에서 활동한 김홍일에 의하면 소련 측의 철수 연기는 日本關東軍의 군수물자와 각급 공장 기계들을 약탈하기 위해서라고 하였다. 김홍일, 『老兵의 回想記: 大陸의 憤怒』, 문조사, 1972, 410~412쪽.

6 정형아, 「전후 중공의 동북 지역 선점과 '동북항일군'의 역할」, 『역사와 실학』 37(2008).

7 汪朝光, 『1945~1949; 國共政爭與中國命運』, 北京(社會科學文獻出版社), 2010, pp. 141~144.

8 汪朝光, 앞의 『1945~1949; 國共政爭與中國命運』, pp. 7~10.

였고, 한때 중공군의 거점 지역인 산시성陝西省 옌안延安을 점령하기까지 하였다. 그러나 내전 중지를 내세운 공산당의 중재 요청을 미국이 받아들이고 국민정부에 대한 미국의 외교적 압력이 가해진 결과, 국민당 군대의 공산당 군대에 대한 전면 공격이 중단됨으로써 공산당 군대는 회생의 기회를 얻을 수 있었다.[9] 그 결과로 국공 간 다시 정전협상이 진행되어 1946년 10월까지 일시 휴전 상황이 전개되었다.[10]

그러나 1946년 10월에 들어 다시 국민당군의 총공세가 개시되어 국민당 군대가 10월 말 퉁화通化, 환런桓仁, 안둥安東 등을 점령하였다. 열세에 몰린 공산당군은 쑹화강松花江을 남북으로 3차례 오르내리는 이동전술運動戰을 성공적으로 수행함으로써 환런, 류허柳河를 다시 점령하게 되었고 1947년 4월, 린장臨江을 국민당의 총공세로부터 지켜냄으로써 둥베이에서 국공 간의 전세가 역전되는 결정적 계기를 만드는 데에 성공하였다. 그리고 마침내 1947년 5월 초에 가서는 공산당군이 다시 쑹화강을 넘고 총공세를 펼쳐 둥베이의 최대중심 도시인 선양瀋陽이 공산당의 집중적 공세 아래 놓이는 사태로까지 이르게 되었던 것이다.[11] 이러한 상황 전개는 1947년을 중국현대사의 최대 전환점으로 보는 관점과 일치하는 것이었으니,[12] 이를테면 1947년 5월 전후 둥베이에서의 대역전은 이후 국공내전의 앞날을 가늠하게 만드는 결정적 순간이 되었다. 결국 1947년 중반 이후 국민당군은 둥베이의 주요 거점을 모두 잃고 겨울에 가서는 공산당군의 대공세에 밀리게 되었고, 1948년 5월에

9 미국 특사 마샬(George Catlett Marshall)의 국공 간의 조정 경과에 대해서는 牛軍, 「馬歇爾調處與東北內戰」, 『中共黨史研究』 1989年 第1期 소수 논문을 참조할 것.

10 국공 간의 停戰 談判과 그 성격에 대해서는 汪朝光, 앞의 『1945-1949: 國共政爭與中國命運』, pp. 139~156을 참조.

11 張玉法, 『中華民國史稿』, 臺北(聯經出版), 2001, p. 461.

12 金沖及, 『轉折年代-中國的1947年』, 北京(三聯書店), 2002.

는 선양, 창춘, 진저우錦州 등 몇몇 대도시에 고립당하는 결정적 위기에 몰리게 되었던 것이다.[13]

이러한 둥베이 지역 국공내전의 진전 과정에서 둥베이 한인들과 한국, 특히 북한은 중요한 변수로 작용했다. 우선 1942년 6월 이후 화베이華北 지역으로 옮겨간 일부 조선의용대 세력, 곧 조선의용대화북지대朝鮮義勇隊華北支隊가 화북조선청년연합회華北朝鮮青年聯合會 세력을 규합한 다음 중국공산당 및 팔로군八路軍과 연합하여 활동을 전개하면서 조선의용군으로 이름을 바꿨다. 조선의용군은 종전 직전 옌안 지역으로 옮겨갔는데,[14] 종전이 되자 이들은 중국공산당 군대와 함께 둥베이로 옮겨와 한인사회를 중심으로 조직을 확대하면서 주도권을 확보하기 위한 작업에 먼저 착수했다.[15] 옌안에 머물고 있던 시기의 조선의용군은 몇백 명에 불과하였지만 1945년 11월 중순, 선양으로 옮겨 온 이후 제1, 3, 5, 7지대의 4개 지대로 확편되었고, 특히 제1지대 같은 경우 1946년 1월 초 통화에 도착한 시기에 가서는 한인 청년들을 포섭 공작한 결과, 그 숫자가 크게 불어나 1만 2,000명에 달하였다.[16] 거기에다 소련군과 함께 남하해 온 둥베이항일연군 세력과 소련군, 그리고 중

13 劉統, 『中國的1948年: 兩種命運的決戰』, 北京(三聯書店), 2006, pp. 285~286.

14 楊昭全, 『朝鮮義勇軍抗日戰史』, 고구려, 1995, 197~214쪽; 王建宏 王波, 「從重慶到延安: 抗戰時期朝鮮義勇隊的困境與選擇」, 『當代韓國』 2023-1.

15 八路軍 총사령관 저우더(朱德)는 종전이 확정된 1945년 8월 11일, 팔로군의 진로에 대한 7개 항의 명령을 내렸는데 그 가운데에서 무정(武亭)을 사령으로 하는 조선의용군으로 하여금 "팔로군 및 舊東北軍과 함께 둥베이로 출병하여 敵僞部隊를 소멸시키고 둥베이 지역 조선인민을 조직하여 조선의 해방에 나서라"는 명령이 포함되어 있었다. 孫春日, 「광복 후 중국 동북 지역에서 朝鮮義勇軍의 개편과 변천과정」, 『정신문화연구』 28-4(2005), 360~361쪽; 石源華, 「論中國共產黨與朝鮮義勇軍的關係」, 『軍事歷史研究』 2000年 第3期, pp. 57~58.

16 김선호, 「1945-1947년 북중관계의 형성과 북중혈맹의 근원」, 『동북아역사논총』 57집(2017), 363~364쪽.

국공산당의 지원 아래 무장도 상당한 정도로 갖추게 되었으니 한인사회 뿐만 아니라 둥베이 전체 상황을 놓고 보더라도 조선의용군의 영향력은 결코 무시할 수 없는 정도가 되었다.[17]

여기에 덧붙여 중국공산당 군대가 둥베이에서 활동하면서 우세를 점해가는 동안 북한의 역할 또한 매우 중요한 요소가 되었다. 1946년 6월 이후 국민당 군대에 의한 창춘, 선양 등 둥베이 주요 도시의 점령으로 남만南滿, 북만北滿, 동만東滿 지역으로 분산되어 상호 간에 교통로가 끊어지게 된 중국공산당 군대로서는 북한의 협력으로 국경을 넘어가면서 이동을 위한 교통로를 확보할 수 있었다.[18] 나아가 북한으로부터 많은 군수품을 비롯한 군사적 지원을 받게 된 것과 물물교환 방식의 교역 확대는 중국공산당 군대의 생존에 결정적 기반을 제공해 주었다. 이를 위해 중국공산당 측에서는 북한 내 여러 곳에 연락사무소를 개설하는 등 적극적인 행보에 나섰는데, 이를 통해 이른바 "북중혈맹"의 기초가 이 시기에 만들어질 수 있었다.[19]

요컨대 둥베이 지역 국공내전의 진전 속에서 중국공산당 군대가 초반 국민당군의 우세 속에서도 세력을 유지해가는 것뿐만 아니라 1947년 중반 이후 우세적 위치를 확보해 가는 데에 조선의용대와 둥베이항일연군으로 대표되는 한인 군대의 참여는 결정적인 요인이 되었다. 또 북한을 통한 교통로의 확보와 북한으로부터의 군수품 지원, 북한과의 경제적 교역 확대 또한 중국공산당 군대의 우세 확보에 결정적 역할을 했다. 이러한 상황은, 둥베이에서의 국공내전을 비롯하여 전국적 국공내

17 정형아, 앞의 「戰後 중공의 동북 지역 선점과 '東北抗日軍'의 역할」.

18 이종석, 「국공내전 시기 북한 중국 관계」, 『전략연구』 5-2(한국전략문제연구소, 1998), 247～248쪽.

19 김상원, 「국공내전 시기 북중 경제협력 및 배경」, 『역사학보』 229(2016), 246～254쪽.

전의 진전과 관련하여 국민정부로 하여금 둥베이 한인과 북한의 중요성에 주목할 수밖에 없도록 만드는 이유가 되었던 것이다.[20]

2. 둥베이 한인·한반도 정세와 주화대표단, 국민정부의 곤경

1945년 8월 15일 태평양전쟁의 종전 직후, 대한민국임시정부 요인들은 가능한 조속히 귀국할 것을 희망했지만 그것은 그리 간단한 일이 아니었다. 8월 10일, 시안西安에서 전쟁 종결 소식을 처음 접한 임시정부 주석 김구는 8월 18일 충칭으로 귀환하여 주재한 국무회의에서 임시정부의 즉각적인 환국을 결정하였다. 그러나 22일, 국민당 중앙당부를 방문하여 우톄청 중앙비서처장中央祕書處長과의 면담을 통하여 미군과 소련군이 한반도를 분할 점령할 것이라는 소식을 처음 알게 되었을 만큼, 한반도를 둘러싼 급박한 국제정세에 대해서는 제대로 된 정보조차 확보하지 못하고 있었다. 김구는 이어서 24일, 환국 요청을 담은 외교문서(비망록)를 국민정부에 제출하는 한편으로 국민정부 측에서 미국과의 협의를 통하여 임정 요인들의 조속한 귀국과 미군정에서의 일정한 역할을 고려할 것을 요청하였다.[21]

그런 한편으로 임시정부 측에서는 충칭 주재 미국 대사관을 통하여, 미군의 한반도 진주와 일본군에 대한 무장해제, 군정 실시과정에 적극적인 협력을 하겠다고 다짐하면서 임시정부 요인들의 조속한 귀국을 위한 미국 측의 협력을 요청하였다.[22] 이뿐만 아니라 임시정부 측에서는

---

20 김선호, 앞의「1945-1947년 북중관계의 형성과 북중혈맹의 근원」, 376~378쪽.

21 김구,「備忘錄(1945.8.24.)」,『백범김구전집』제5권, 655~659쪽; 石源華,「金九與韓國臨時政府駐華代表團」,『韓國研究論叢』15輯(2007), pp. 158~159.

22 이승억,「임시정부의 귀국과 대미군정의 관계(1945.8-1946.2)」,『역사와 현실』24(1997), 96~97쪽.

미국에 있는 이승만을 통해서도 자신들의 뜻을 미국 국무부에 전달하도록 하였다.[23]

이와는 별개로 9월 초 한반도에 진주하여 군정 실시에 들어간 미군 제24군단장 하지John Reed Hodge는 9월 중순 도쿄의 연합군 최고사령관 맥아더Douglas MacArthur에게 전문을 보내 충칭의 망명정부(대한민국임시정부)를 귀국시켜 군정의 간판으로 활용하자는 의견을 전달하였다. 그러나 맥아더의 요청을 받은 국무부의 입장은 단호했다. 처음부터 임시정부를 외교적으로 승인하거나 임시정부 명의의 단체 입국은 불허한다는 것이었다.[24] 미국 국무부의 임정 불승인 및 단체입국 불허 방침은 10월 17일, 국무부, 육군성, 해군성으로 구성된 삼성三省조정위원회에서 최종 확정되었고, 이후 임시정부 중심의 전후 한반도 정권 구상을 기대하며 미국 측의 입장을 탐색하고 있던 중국 외교부에도 공식 전달됨으로써 결국 "개인 자격의 귀국"만이 임정이 받아들일 수 있는 유일한 방안으로 남게 되었다. 지루한 타협 끝에 임시정부 측에서는 어쩔 수 없이 이 조건을 수용했고, 11월 5일 김구 주석을 비롯한 임시정부 요인 제1진 15명은 충칭을 떠난 뒤 상하이에서 머물다가 11월 19일에야 미군이 제공한 비행 편으로 여의도 비행장에 도착, 귀국하였다.[25]

한편으로 임시정부 주석 김구는 임시정부 요인들의 귀국을 위한 협조 요청차 9월 22일, 그리고 국민당 중비처장 우톄청을 만난 이틀 뒤인 9월 24일에 임시정부의 "끝맺지 못한 제반 업무와 교포의 귀국 업무 등을 처리하기 위해 연락대표 1명과 약간의 보조원을 충칭에 주재시켜 줄

23 정병준, 『우남 이승만 연구』, 역사비평사, 2006, 434쪽.
24 정용욱, 『해방 전후 미국의 대한정책』, 서울대학교출판부, 2003, 135~136쪽.
25 배경한, 「종전 전후 시기 국민정부의 對韓政策」, 『중국근현대사연구』 76(2016), 109~112쪽.

것"을 국민정부 측에 요청하였다.[26] 10월에 들어서는 연락대표 주재 문제가 임시정부를 대표하는 외교적 사무와 함께 중국 각지에 거주하고 있던 한인들의 보호와 귀환 업무를 진행하기 위한 대표단을 만드는 것으로 논의가 확대되기에 이르렀다. 그 결과로 10월 19일, 박찬익을 단장으로, 그리고 민필호(호는 石麟)를 부단장으로 하는 주화대표단 조직이 발표되었고 10월 29일 김구와 장제스 사이의 회담에서 주화대표단 조직에 대한 국민정부 측의 공식 승인을 받기에 이르렀다.[27] 이어서 국민정부 측에서는 주화대표단의 운영비 조로 매월 500만 위엔元의 자금 지원과 함께 각급 지방정부에 공문을 보내 주화대표단의 출범 사실과 그에 대한 협조를 당부함으로써 주화대표단의 조직과 운영이 공식화되기에 이르렀다.[28]

주화대표단의 활동 가운데 가장 중요한 것은 기왕의 연구들에서 자세하게 다루어진 대로, 한적韓籍 일군日軍 병사들을 대상으로 하는 광복군의 확대편성擴編을 추진하는 것과 함께 중국 각지에 거주하고 있던 한인 교포韓僑들의 신분적 경제적 안전과 희망자들에 대한 환국을 돕는 것, 이 두 가지 일이었다. 주화대표단의 기대에도 불구하고 종전 이후 한적 일군의 광복군으로의 편성은 일부 지역에서 잠편지대暫編支隊 편성이 이루어지는 성과를 내기도 했으나, 국민정부의 광복군 확편 불허 방침과 함께 광복군 내부의 내분과 알력까지 겹치면서 처음부터 몹시 어려운 일이 되었다. 결국 기존의 광복군마저 국민정부와 미군 당국의 방침에 따라 해산, "개인 자격 귀환"의 대상이 될 수밖에 없었던 것이다.[29]

---

26 「臨時政府致中國國民黨中央祕書處函(1945.9.24.)」, 국사편찬위원회 편, 『한국독립운동사자료』 30권, 1994, 9쪽.

27 「總裁接見韓國臨時政府主席金九談話(1945.10.29.)」, 『백범김구전집』 5권, 709~712쪽.

28 김정인, 앞의 「임정 주화대표단의 조직과 활동」, 125~126쪽.

29 정병준, 「1945~48년 대한민국임시정부의 중국 내 조직과 활동」, 『사학연구』 55·56합집

중국 내 한교 처리 문제와 관련해서는 정확한 숫자는 알 수 없지만 종전 전후 시기에 적어도 300만 명 정도의 한교가 중국 각지에 거주하고 있었으며, 그 가운데에서도 지린吉林과 랴오닝遼寧, 헤이룽장黑龍江 삼성三省으로 이루어져 있는 둥베이에는 200만 명 이상의 한교韓僑가 집중 거주하고 있었던 것으로 알려졌다.[30] 종전 직후인 1945년 9월 8일, 임시정부 측에서는 둥베이 한교의 중요성을 인정하고 선양에 임시정부 둥베이대표부를 설치하기로 하면서 한국독립당 중국총지부 훈련부장이던 최태산崔泰山을[31] 대표로 파견하였다. 이후 둥베이대표부는 창춘으로 이동하였는데 11월 중순에 주화대표단이 출범하자 주화대표단의 휘하 조직인 '주화대표단 둥베이판사처'라는 이름을 걸게 되었다.[32] 그러나 1946년 5월 이전까지는 둥베이가 소련군의 점령하에 있었기 때문에 주화대표단 둥베이판사처는 거의 기능을 할 수가 없었다.[33] 그러다가

(1998), 877~882쪽.

30 1945년 6월의 한 보고서에는 만주(東北三省) 지역에 216만여 명의 한인이 거주하고 있다고 되어 있다. 朝鮮通信社 編, 『朝鮮年鑑』 1948, 350쪽. 1945년 9월 말에 김구가 蔣介石에게 보낸 편지에서는 전 중국에 400만, 둥베이에 300만 명 정도의 한교가 있다고 하였다. 「金九致蔣介石函(1945. 9. 26)」, 국사편찬위원회 편, 『한국독립운동사자료』 27권(임정편 7, 한국사데이터베이스 소재 문건).

31 「한국독립당 組織系統表(1946. 3. 31.)」, 『대한민국임시정부자료집』 34(한국독립당 Ⅱ) 소수 문건.

32 崔泰山, 「東北地區韓僑問題(1946.1.30.)」, 앞의 『한국독립운동사자료』 27.

33 「大韓民國臨時政府特派中國華南宣撫團上海分團呈報(1945.12.18.)」, 『한국독립운동사자료』 30권, 18~20쪽. 둥베이 지역 진출이 막힌 까닭에 종전 직후 한교 문제와 관련하여 주화대표단의 일차적인 활동 대상 지역은 上海, 南京을 중심으로 하는 長江 하류 일대와 北京, 天津, 山東을 중심으로 하는 북부 중국(華北) 지역으로 한정되었다. 이들 지역에서의 주화대표단의 한교 보호, 귀환 지원 활동 또한 국민정부의 협력이 혼선을 빚으며 지체되는 것과 함께 지역 당국의 비협조, 그리고 親日附逆 한교에 대한 처리 문제 등으로 인하여 상당한 어려움을 겪을 수밖에 없었다. 종전 이후 재중 한교의 귀환에 관해서는 오대록, 『해방 후 대한민국임시정부 연구』 단국대학 박사학위논문(2014); 양지선, 「중국 天津 지역 한교의 귀환과정 연구」, 『동양학』 60(2015); 이가영, 앞의 「해방 이후 上海를 통해 한국으로 돌아온 한인-신문보도를 통해 살펴본 귀국과정과 그들의 생활-」 등을 참조.

소련군 철수 이후 단계에 가서야 둥베이판사처에서는 광복군 확편과 한교에 대한 보호, 귀환 업무를 모색하기에 이르렀다. 1946년 6월 주화대표단에서는 둥베이총판사처를 선양에 설치함으로써 둥베이 지역을 대상으로 한 광복군 확편과 둥베이 지역 한인들에 대한 경제적 안정과 귀환 업무를 본격화하고자 했던 것이다.[34] 그러나 가장 많은 숫자의 한인이 거주하고 있던 만큼 한교의 구성 또한 복잡했으니, 일제의 이주정책과 함께 둥베이로 이주해 온 한인들 가운데에는 일제에 적극 협력하는 친일부역분자 또한 많았음이 사실이다. 1931년 9·18사변으로 일제가 둥베이를 침략한 다음 일제의 괴뢰국으로 만들어졌던 만주국의 군인, 공무원, 부역자 가운데 상당수 한인들이 있었다. 그런 때문에 종전 직후부터 현지 중국인들로부터 이들에 대한 단죄 요구와 배척 움직임이 거세게 일어났고, 그런 만큼 둥베이 한교의 처리 문제는 더욱 복잡하게 얽혀 갔다.[35] 부역 한인들에 대한 판별과 법률적 처분 문제가 전체 한교의 신분 처리를 어렵게 만드는 일차적인 요인이 되었던 것이다.

이뿐만 아니라 종전 이후 국민정부의 한교에 대한 기본방침은 주화대표단의 기대와는 달리 상당히 미온적인 것이었다. 각처의 한교에 대한 주화대표단의 보호 요청은 명목상으로 받아들여졌을 뿐, 실제 각 지방 행정기관과 국민당 군대에서는 주화대표단에서 각 지역에 파견한 한교선무단韓僑宣撫團의 활동 자체를 불허하였다.[36] 국민당 측에서는 1946년 2월 둥베이보안사령장관 사령부에 한교사무처를 설립하고 김홍일을

34 「韓國駐華代表團이 東北行轅에 보낸 공문」, 국사편찬위원회 편, 『한국독립운동사자료』 30(임정편 15), 1995.

35 정병준, 앞의 「1945~48년 대한민국임시정부의 중국 내 조직과 활동」, 883~890쪽.

36 上海 지역 한교선무단의 활동과 그에 대한 중국 당국의 비협조 상황에 대해서는 「大韓民國臨時政府特派中國河南宣撫團上海分團呈報(1945.12.18.)」, 국사편찬위원회 편, 『한국독립운동사자료』 30, 1994, 18~19쪽을 참조.

처장으로 임명하였으며 한교 처리에 관한 기준이라고 할 「한교처리판법韓僑處理辦法」을 제정 발표하였다. 한교처리판법은 전체 한교의 자유행동과 재산처리를 엄격히 제한하며 전범이나 민족반역자(한간, 漢奸)에 해당하는 한인들은 체포 구금하고 부랑아, 공산당원 등에 대해서는 강제 귀국 조치하는 등, 엄격한 통제로 일관하는 내용이 주를 이루고 있었다.[37]

그러다가 1946년 가을 주화대표단 단장 박찬익이 둥베이를 방문하고 이광李光을 둥베이총판사처 처장으로 임명하면서 주화대표단의 둥베이 한교 관련 업무가 본격화되기 시작하였다. 우선 박찬익과 이광은 이미 둥베이 지역 한교 보호 활동을 전개하고 있던 둥베이보안사령부 휘하의 한교사무처와 그 책임자 김홍일의 역할을 비판하면서[38], 특히 김홍일이 공산당 측과 내통하고 있다고 보고 국민정부 중앙, 곧 장제스에게 김홍일을 둥베이에서 다른 곳으로 소환할 것을 요청하였다. 그와 동시에 한교 관련 업무를 한교사무처로부터 주화대표단 둥베이판사처로 옮겨줄 것을 강력하게 요청하여 관철시켰다.[39] 장제스가 둥베이보안사령부에 속해 있던 한교 업무를 외교부 주둥베이특파원공서駐東北特派員公署에서 맡게 함으로써 주화대표단이 둥베이 한교 업무를 총괄할 수 있는 기

37 「東北保安司令長官司令部處理韓僑臨時判法(1946.4.2.)」, 앞의 『한국독립운동사자료』 27(임정편 12), 79쪽.

38 「大韓民國臨時政府駐華代表團函: 報告王逸曙(金弘壹)等成立之韓國僑民總會, 企圖抵制該團東北辦事處(1946)」, 臺北 國史館 所藏檔案, 檔案番號: 16-001-001-000.

39 김홍일의 주장에 의하면 營口에 주둔하고 있던 국민정부 중앙군이 瀋陽(奉天)을 접수하는 과정에서, 한때 같은 광복군 휘하에서 활동했던 조선의용군의 희생을 염려하여 비밀요원 파견을 통하여 국공내전에 희생되지 말고 귀국할 것을 종용함으로써 피차의 희생을 막은 것이 공산당 측과의 내통으로 무고를 당하는 이유였다고 하며 오히려 임시정부 주화대표단이 둥베이에서 활동하기 전에 자신의 희생적 활동에 의하여 많은 한교의 재산과 생명이 보호받을 수 있었다고 주장한다. 김홍일, 앞의 『老兵의 回想記: 大陸의 憤怒』, 432~436쪽.

반이 비로소 만들어졌다.[40] 이와 동시에 김학규를 중심으로 하는 한국독립당 둥베이특별당부를 조직, 운영함으로써 공산당과의 대처에 적극 나서게 되었던 것이다.[41] 이후 둥베이판사처에서는 둥베이 한인들, 특히 농민들의 경제적 어려움을 해결하는 데에 적극 나서 농업자금 대출農貸을 성사시키는 등 일부 실질적 성과를 내기도 하였다.[42]

국민정부와 주화대표단의 이러한 한교 관련 정책과 대비하면 중국공산당 측의 한교 정책은 훨씬 성공적이었던 것으로 알려져 있다. 중국공산당 측에서는 원래 중일전쟁 발발 전후 시기에 정립되기 시작한 "중화민족" 주장에 근거하여 그 이전의 장정長征 단계까지 주장해 오던 소수민족 독립 주장을 포기하고 "민족구역자치" 주장을 내세우고 있었다.[43] 그러다가 둥베이에서의 국공 간의 내전이 본격화되는 단계에 가서는 근거지 건설이 공산당의 실제적인 전략으로 채택되었고 그에 따라 적산처리敵産處理, 토비숙청, 민족반역자反奸 청산, 국유지公地 분배 등을 시행함으로써 둥베이 지역 민중들의 지지를 얻기 위해 노력하였다.

이런 상황에서 둥베이 한인, 특히 둥베이 지역 한인 농민들 또한 공산

---

40 「駐東北特派員公署電, 東北保安司令部下前韓僑事務處長王逸曙現在下處任何職仰查照電復」(1947. 2. 19.), 外交部檔案(韓僑處理案), 檔案番號: 0672.50/4422.7; 「東北韓僑事務處請改隸東北行轅(王世杰→蔣中正, 1947.2.21.)」, 秋憲樹 編, 『資料韓國獨立運動』1, 延世大學校出版部, 1971, 503~504쪽.

41 한독당 동북특별당부의 조직과 활동에 대해서는 「韓國獨立黨 組織系統表(1946.3.31.)」, 『대한민국임시정부자료집』 34권; 염인호, 「解放後 한국독립당의 중국 東北地方 진출과 在中韓國獨立黨의 정책(1945.8.~47.2.」, 『역사교육』 60집(1996) 등 참조.

42 주화대표단 측에서는 1946년 12월부터 둥베이 한인 농민들에 대한 농자금 대여를 국민정부 측에 요청하였으나 이루어지지 않았고, 그러다가 蔣介石과 陳果夫에게 거듭 독촉하여 1947년 3월 중순에 가서야 실현되었다. 「東北韓僑農貸問題(閔石麟이 蔣主席에게, 1947.3.7.)」, 『한국독립운동사자료』 27권(임정편 12); 石源華, 「戰後中韓東北地區韓僑問題交涉述考」, 『韓國歷史論叢』 18輯(2008), pp. 279~281.

43 이원준, 「중화인민공화국 건국 전후 중국공산당의 소수민족정책-'美帝國主義'의 위협과 民族團結論을 중심으로-」, 『동아문화』 46(2008), 26쪽.

당의 민중적 지지 기반으로서 인식되면서 그 중요성이 부각되기에 이르렀다.[44] 1946년 봄 한인들의 집단 이주지였던 예볜延邊 지역에서 진행된 공지公地 분배는 비록 본격적인 토지개혁이라고 할 수는 없는 것이었지만, 농촌 지역 근거지 건립의 중요한 선례가 되었다. 그리고 그 연장선상에서 1946년 6월 초 중국공산당 중앙에서 둥베이국東北局에 전달한 지시대로 "중소도시와 농촌 지역 근거지 투쟁과 함께 토지개혁을 실시"하는 방침을 확정하였다. 흔히 "칠칠결의七七決議"라고 불리는 공산당의 새로운 전략은 이러한 과정을 거쳐 확정될 수 있었던 것인데, 그것은 "인민을 위한 정권을 수립하기 위하여 인민, 곧 다수 농민들이 토지, 주택, 양곡을 차지하도록 한다"는 주장을 내세우고 있었다. 그리하여 군중 동원의 방식으로 광범위한 토지개혁이 추진되었으니, 그것은 토지 분배뿐만 아니라 군중 동원을 통하여 공산당군에 대한 민중적 지지 기반을 확고하게 하는 역할로서 상당한 의미를 가지게 되었다.[45] 여기에 옌안에서 시행되어 많은 성과를 낸 것으로 알려진 공산당 간부들에 대한 정풍운동整風運動까지 더해져 둥베이에서의 국공내전 가운데 진행된 군중 동원은 공산당이 주도권을 확립하는 데에 상당한 역할을 했다는 평가를 받기에 이르렀다.[46]

이를테면 둥베이 지역 내전의 진전과 상당한 연결성을 가지고 있던 둥베이 한인에 대한 보호 및 안정화 정책과 관련하여 국민당과 주화대표단의 입지는 적지 않은 곤경에 처해 있었던 데에 비하여, 토지개혁의 실시를 비롯한 중국공산당 측의 정책은 상대적으로 상당한 호응을 얻고

44 「延邊人民代表大會告中韓同胞書(1945.11.20.)」, 국민대학 한국학연구소 편, 『韓人歸還과 政策』 제3권(中國東北地域), 역사공간, 2011, 7~8쪽.

45 「關於分地問題的一些決定(1947.2.20.)」, 앞의 『韓人歸還과 政策』 제3권, 63~70쪽.

46 임찬혁, 『1945~1952년 중국국민당, 공산당의 둥베이 지역 한인정책 추이』, 서울대학 박사학위논문(2019), 166~168쪽.

있었던 것이다. 그런 만큼 둥베이 한인들의 정세나 이와 연결되어 있던 북한의 동향은 곤경에 처해 있던 주화대표단과 국민정부에게 초미의 관심사로 떠올랐다.

Ⅱ. 국민정부의 둥베이 한인·한반도 관련 정보 수집과 주화대표단

1. 종전 전후 시기 임시정부 관련 정보 수집 노력과 "한정근보韓情近報"

한국임시정부를 포함한 한국문제에 대한 국민정부의 정보 확보 노력은 한국독립운동에 대한 "지원"을 본격화하기 시작한 1933년 무렵부터 나타나고 있었다. 이 점은 한국독립운동에 대한 국민정부의 "지원"이 결정되고 시행되던 두 가지 통로, 곧 국민당 쪽과 군사위원회 쪽의 정책 결정 과정이나 시행과정을 통하여 잘 드러났다. 즉 국민당 쪽 정보기구인 중앙조사통계국中統이나 군사위원회 쪽 정보기구인 군사조사통계국軍統의 주도 아래 임시정부, 조선의용대 및 한국광복군을 비롯한 한국독립운동 세력에 대한 비교적 체계적인 "지원"과 "통제"가 이루어지고 있었음을 확인할 수 있는 것이다.[47]

이러한 양상은 종전이 예상되던 시점인 1943년 말 카이로회담을 전후한 시기부터 임시정부에 대한 정보 수집 활동이 본격화되었으며,[48] 종전 직전인 1945년 3월경부터는 보다 체계적인 모습을 띤 것으로 보인다.

---

47 軍統을 비롯한 국민정부 군사정보기관들의 한국임시정부, 조선의용대에 대한 관리 통제 및 그 성격에 대해서는 이 책 제4장 제2절을 참고할 것.

48 배경한, 「카이로회담에서의 한국문제와 蔣介石」, 『역사학보』 214(2014).

현재 타이베이臺北의 중국국민당당사회中國國民黨黨史會에 소장되어 있는 당안자료檔案資料 가운데 「최근 한국 정세 보고韓情近報」라는 제목이 붙은 정보 보고 자료들이 여러 편 보이는데 이는 그 이전 시기에 만들어졌던 한국 관련 정보 보고에 비하여 정기적으로, 그리고 체계적으로 만들어진 자료임이 확인되기 때문이다. 현재 확인되는 "한정근보"라는 이름이 붙은 정보 보고는 1945년 3월 7일자로부터 시작해서 같은 해 9월 25일자까지 모두 13편에 이른다.[49] 처음에는 매월 1건 정도 만들어지던 것이 뒤로 가면서는 매주 1건 정도로 더 빈번해지는 양상을 보이지만, 대체로 봐서 정기적 정보 보고의 형태를 띠고 있다고 볼 수 있다.[50]

"한정근보"는 모두 국민정부 군사위원회 판공청장 샤궈광夏國光과 국민당 중앙비서처장 우톄청 사이에 주고받은 것으로 되어 있다. 그런데 군사위원회 판공청은 휘하에 군사 관련 정보기관인 군사조사통계국, 즉 군통을 두고 있고 국민당 중비처 휘하에는 정당과 정파 관련 정보기구인 중앙조사통계국, 즉 중통을 두고 있었다. 이뿐만 아니라 군통과 중통은 한국임시정부, 조선의용대, 한국광복군을 비롯한 한국 관련 단체들을 일관되게 관리해 온 정보기구였다. 따라서 "한정근보"는 군통과 중통 사이에 한국 관련 정보를 교환하거나 상호 보고, 전달한 결과였다.[51]

"한정근보"의 주요 내용은, ① 충칭에 있는 한국임시정부 및 임시의

---

49 날짜별로 일별해 보면 1945년 3월 7일, 4월 7일, 4월 23일, 5월 9일, 5월 22일, 6월 8일, 6월 13일, 6월 19일, 6월 21일, 7월 25일, 8월 18일, 9월 11일, 9월 25일 등이고 각각의 檔案番號는 特16/8.1~特16/8.8; 特16/19.5~特16/19.11 등이다.

50 물론 같은 시기에 "韓情近報"라는 이름이 붙어 있지 않지만 내용상 임시정부 내지 한국 관련 정보 보고라고 볼 수 있는 자료들이 여러 편 있기는 하다.

51 물론 中統 쪽에서도 軍統 쪽에 한국 관련 정보를 보고, 교환했을 터인데 국민당 관련 檔案資料를 중심으로 삼고 있는 黨史會 檔案 속에서는 중통 쪽에서 군통 쪽에 보낸 당안자료들이 확인되지 않는다.

정원의 상황, ② 한국독립당, 조선민주해방동맹 등 좌익계열 정당을 비롯한 중국 각지 한인들의 정당, 정파 관련 정보, ③ 김구, 김원봉, 김규식, 조소앙, 이청천, 이범석 등 임시정부나 한국광복군 요인들의 동정, ④ 임시정부와 미·영·소 등 열강들 사이의 교섭이나 관계에 대한 정보, ⑤ 한국광복군의 인도·버마(미얀마) 파견과 미국전략사무국OSS과의 교섭 및 훈련 문제 등이다. 이들 정보의 내용은 상당히 자세한 것이어서 임시정부와 광복군의 거의 모든 사정을 국민정부 정보당국이 파악하고 있었음을 알 수 있다. 그만큼 국민정부 정보당국이 전체적인 상황을 장악하고 있었다고 해도 과언이 아니다.

예컨대 1945년 5월 9일자로 군사위원회 판공청에서 국민당 중앙비서처장(우톄청)에게 보낸 "한정근보"에는, 한국광복군의 OSS 훈련과 관련하여 미군 측 지휘관[중국전구中國戰區 참모장] 웨드마이어Albert C. Wedemeyer, 魏德邁와의 접촉 사실을 자세하게 다루고 있다.[52] 이 정보 보고에 의하면 "5월 1일, 임시정부 주석 김구와 외무부장 조소앙이 미군총사령부를 방문하고 웨드마이어를 면담하고자 하였다. 웨드마이어는 자신의 참모를 파견하여 두 사람을 접대하였으며 김구는 임시정부 측의 영문메모照會를 웨드마이어의 참모를 통해 전달하였는데, 그 메모에서 (미군 측이) 한국 측과 협의를 요하는 경우 한국광복군 총사령부를 통해서 전달해 달라고 하며, 중국 군사위원회를 통할 필요는 없다" 고 했음을 자세하게 보고하고 있다. 또 "(좌파인) 김원봉이 그 전에 웨

52 웨드마이어는 中國戰區 총사령 장제스와 많은 갈등과 대립을 빚었던 스틸웰(Joseph Warren Stilwell)의 후임으로 1944년 11월 重慶에 부임하였다. 웨드마이어의 중국 내 활동에 대해서는 劉大禹, 「論魏德邁使華與戰後國民政府改革」, 『民國檔案』 2019-4; 王涵, 「國民政府中央軍事機構改組中的美國因素(1944~1946)」, 『民國檔案』 2022-3; 麻玲, 「從史迪衛, 魏德邁和赫爾利在華活動看太平洋戰爭後的中美關係」, 『社會科學戰線』 2005-5 등 참조.

드마이어에게 보낸 조회에서는 미국 측이 임시정부와 협의할 경우, (자신이 부장으로 있는) 임시정부 군무부를 통해서 전달해 달라고 했던 것과 차이가 있다"는 사실도 적시함으로써 김구 측과 김원봉 측이 미국과의 협력 문제를 둘러싸고 갈등 대립을 겪고 있다는 점도 분명하게 적시하였다.[53]

군사위원회 판공청에서 임시정부나 한국광복군의 내부적 상황을 이렇게 자세하게 파악할 수 있었던 것은, 임시정부와 한국광복군을 실제로 통할하고 있었던 군통과 중통의 요원들이 임시정부와 광복군에 파견되어 있었기 때문이었다. 1944년 9월 초, 한국광복군에 대한 군사위원회의 통제를 규정하고 있던 한국광복군행동구개준승韓國光復軍行動九個準繩을 공식 폐지하고[54] 한국광복군의 소속을 임시정부로 돌린 이후, 군사위원회의 연락참모 형식으로 광복군에 군통 요원 왕지셴王繼賢을 광복군에 파견하였고 이어서 같은 형식으로 중통 요원 왕룽성王榮生을 임시정부에 파견했다.[55] 물론 이들의 파견은 임시정부 측과 사전 협의를 거친 것이지만,[56] 이들의 파견과 이들을 통한 정보 수집과 보고는 구개

---

53 「韓情近報(軍事委辦公廳→中秘處, 1945.5.9.)」, 國民黨黨史會 檔案資料, 檔案番號: 特16/8.7. "韓情近報"라는 제목이 붙은 것은 아니지만 5월 12일자로 군사위원회 侍從室에서 만든 정보보고서에서는 "5월 5일에 열린 임시정부 회의에서 김원봉이 조소앙에게, 臨政에서 웨드마이어에게 보낸 영문각서의 내용이 바뀐 것에 대하여 엄중 항의하였는데 조소앙은 아직 답변이 없다"는 보고를 하고 있다. 「侍從室情報: 韓國臨時政府軍務部長金若山與外務部長趙素昂之紛糾」, 國民黨黨史會 檔案資料, 檔案番號: 特16/9.16.

54 九個準繩의 철폐 배경에 임시정부의 대미(對美) 접근 시도가 있었다는 점에 대해서는 배경한, 「태평양전쟁 시기 중국국민정부와 대한민국임시정부-1944년 미국 부통령 訪中 前後 임시정부의 對美 접근 시도와 국민정부의 대응-」, 『역사학보』 258(2023); 이 책의 제5장 제2절에 수록.

55 「派王榮生爲駐韓國臨時政府專員案(1945.5.~7.」, 國民黨黨史會 檔案資料, 檔案番號: 特16/15.5.

56 中秘處長 吳鐵城은 中統局長 葉秀峯에게 보낸 편지에서 王榮生을 임시정부 駐在專員으로 파송하는 일을 김구에게 알려 허가를 받았다고 한다. 「吳鐵城致葉秀峯函(1945.6.23.)」,

준승 철폐로 한국광복군에 대한 통제가 없어진 것이 아니라 그 방식이 달라지긴 했어도 사실상 그대로 유지되었음을 보여 준다. 이들 군통과 중통 요원들은 군사위원회나 국민당 조직부와 임시정부 및 한국광복군과의 연락 임무를 수행했을 뿐만 아니라 임시정부나 광복군의 자세한 정보를 군통이나 중통에 보고하고 있었던 것이다.

2. 주화대표단의 둥베이 한인·한반도 관련 정보 보고

전술한 대로 조선의용군 및 북한의 동정과 이들의 영향을 강하게 받고 있던 둥베이 한인 사회에 대한 정확한 정보는, 주화대표단의 둥베이 한인 사회에 대한 주도권 확보를 위해서라도 가장 관건이 되는 문제였다. 이런 까닭에 주화대표단은 성립 당초부터 국공내전과 둥베이 상황, 그리고 남북한을 포함한 국내 상황에 대한 정보에 관심을 집중시키고 있었다. 특히 1946년 가을 주화대표단이 둥베이에서 본격 활동하게 된 이후부터는 현지의 주화대표단 둥베이판사처와 함께 한독당 둥베이 특별당부의 원활한 활동을 위해서라도 둥베이, 남북한 상황에 대한 정보는 더욱 중요해질 수밖에 없었다.[57]

그런 한편으로 둥베이나 한반도에 대한 자세한 정보 확보 문제는 장제스 휘하의 국민정부 및 국민당 군대에게도 핵심적인 문제가 될 수밖에 없었다. 둥베이 한인사회나 북한을 포함한 한국 정세에 대한 자세한 정보 확보는 국공내전의 수행에 반드시 필요한 것이었을 뿐만 아니라, 전후 동아시아 국제질서의 재편 문제나 그와 관련한 한반도에 대한

國民黨黨史會 檔案資料, 檔案番號: 特16/15.5.의 부속 문건.

57 염인호, 앞의「解放後 한국독립당의 중국 東北地方 진출과 在中韓國獨立黨의 정책(1945.8.~47.2.)」참조.

외교 정책의 수립과 관련해서도 매우 중요한 일이었던 것이다. 특히 중국의 기대와는 달리 종전 직전 미국과 소련 간에 한반도 분할점령 협상이 이루어지고 그 협상을 기반으로 북위 38도를 경계로 미군과 소련군의 진주가 이루어졌으며, 이후 남북한에 미국과 소련에 의한 군정부가 만들어지면서 한반도에 대한 중국의 직접적 개입이 불가능한 상황에 이르게 되었다.[58] 이러한 한반도의 정세 변화는 전후 동아시아 국제질서의 재편 방향과 관련해서 중국의 대한對韓 정책 수립에 결정적인 변수가 되었으니 이런 연유로 한반도 관련 정보의 확보는 국민정부에게 결코 소홀히 할 수 없는 문제가 되었던 것이다.

전술한 대로 주화대표단이 공식 출범한 것은 1945년 11월 이후의 일이고 김구의 요청에 의하여 박찬익과 민석린을 주화대표단의 단장과 부단장으로 임명하면서부터였다. 현재 타이베이 국민당당사회에 소장되어 있는 공문서檔案 자료 가운데 주화대표단의 이름으로 국민정부, 또는 국민당 쪽에 보낸 정보보고서는 1946년 1월 중순 이후의 것들이다.[59] 그러나 군통에서 만들어 중통에 보고한 "한정근보"가 주로 임시정부 관련 정보 보고로 이루어지는 것과 동시에 종전 직후부터 임시정부와 남북한 현황을 포함한 한국문제에 대한 국민정부 측의 정보 수집은 군사 정보기구의 하나였던 국민정부 참군처參軍處 군무국軍務局을 통해 지속적으로 이루어지고 있었음을 알 수 있다.

예컨대 1945년 10월 4일자로 참군처에서 국민당 중앙비서처로 보내진 정보 보고에는 조소앙의 민주전선연맹 조직을 언급하면서 임시정부

---

58 국민정부는 종전 이후 한반도에 군사적 개입(군대 파견)을 계획했었고 카이로회담에서 결정된 신탁통치의 실시와 관련해서도 중국이 중심적인 역할을 수행하려고 계획했었다. 배경한, 「終戰 前後 시기 蔣介石 국민정부의 對韓政策」, 『중국근현대사연구』 76집(2017), 97~99쪽.

59 「韓國政情漸露曙光(1946.1.)」, 中國國民黨黨史會 所藏檔案, 檔案番號: 特16/7.13.

내에서 한독당 측과 대립할 가능성이 있다는 점을 보고하였고,[60] 10월 19일과 26일에는 상하이 지역 한인들의 동향과 관련하여 종전 이후 조직된 상하이조선청년연합회上海朝鮮青年聯合會를 비롯한 한인 단체들의 현황과 함께 청년연합회의 경우 공산당이 1/3가량을 차지할 만큼 공산당의 영향력이 크다는 점을 보고하였다.[61] 또 10월 25일자와 11월 5일자, 11월 6일자, 11월 10일자, 1946년 1월 17일자 등의 보고에서는 남한과 북한의 정치적 상황을 보고하면서 남한의 정당 난립 상황, 남한 한국민주당의 정강, 조선공산당, 사회당을 비롯한 남한 지역 좌익 세력의 활동 상황, 미국 군정부하 친미 정당들의 출현 상황 등을 비교적 자세하게 언급하고 있었다.[62] 이러한 참군처의 정보 보고 이외에 1945년 9월과 11월, 국민정부 기관지 『중앙일보中央日報』에 보내온 임시정부 주석 판공실장 민석린의 편지를 근거로 한 정보, 『중앙일보』 서울漢城 특파원의 남한 정치 상황 관련 전보를 근거로 한 보고, 군사위원회 판공청의 공문代電 형식 정보 보고[63] 등을 통해서도 한반도 관련 정보 수집이 이루어지고 있었음이 확인된다.

그러나 국민정부의 한국 관련 정보 수집은 주화대표단 명의의 정보 보고에 가서 보다 적극적이고 체계적으로 이루어진 것으로 보인다.

---

60 「韓政府內部團結尙有問題(1945.10.4.)」, 中國國民黨黨史會 所藏檔案, 檔案番號: 特16/9.5.

61 「上海朝鮮青年聯合會之活動及背景(1945.10.19.)」; 「上海朝鮮各社團最近情況(1945.10.26.)」, 中國國民黨黨史會 所藏檔案, 檔案番號: 特16/24.4; 特16/13/3.

62 「參軍處軍務局情報(1945.10.25.)」; 「參軍處情報(1945.11.5.)」; 「參軍處情報(1945.11.6.)」; 「北韓新民主黨活動情形(1945.11.10.)」; 「朝鮮政黨概況(1946.1.17.)」, 中國國民黨黨史會 所藏檔案, 檔案番號: 特16/10.27; 特16/11.1; 特16/24.9; 特16/11.2; 特16/10.3.

63 「韓國臨時政府最近動向(1945.9.15.)」; 「朝鮮共和政府(中央日報特派員漢城9日電, 1945.9.12.)」; 「軍事委辦公廳快郵代電(1945.11.4.)」, 中國國民黨黨史會 所藏檔案, 檔案番號: 特16/9.19; 特16/9.24; 特16/24.12.

1946년 1월 이후 주화대표단 명의의 한국 관련 정보 보고는 대개가 서울에서 송출된 단파 라디오 방송을 근거로 만들어졌다. 예컨대 1946년 1월, 주화대표단에서 국민당 중비처 앞으로 보낸 정보 보고는 1월 18일자 국내 방송을 근거로 들면서 "미군정부 성립이 선포되었고 30인 규모의 입법위원회가 조직되었으며, 고문단도 만들어졌고 내년(1947년) 3월에 한국자치정부의 조직이 결정되었다"고 하면서 한국의 정치적 상황에 서광이 비치고 있다고 보고하였다.[64] 1946년 1월의 또 다른 보고는 1월 15일과 18일자 "경성방송京城放送"을 인용하면서 김구의 비상국민회의 참석 활동과 제1차 미소공동위원회 회의 소식과 시민들의 반탁운동을 전하고 있었다.[65] 그 밖에 1946년 2월 2일자, 2월 14일자, 3월 1일자, 3월 하순 등의 보고도 서울라디오漢城廣播를 요약 정리한 것들로서 김구, 이승만 등 남한 내 정치 지도자들의 동향과 과도정부 수립을 위한 노력 등을 주요 내용으로 삼았다.[66] 단파 라디오 방송 이외에 톈진 지역에서 발행되던 한인 신문인 『단민보壇民報』, 『한교민보韓僑民報』 등의 기사들을 인용하기도 하였으며,[67] 선양의 주화대표단 둥베이판사처나 한독당 둥베이판사처의 보고를 인용하는 경우도 있었다.[68] 특히 주

64 「韓國政情漸露曙光(1946.1.)」, 中國國民黨黨史會 所藏檔案, 檔案番號: 特16/7.13.

65 「韓國國內消息(1946.1.15.-30.)」, 中國國民黨黨史會 所藏檔案, 檔案番號: 特16/7.7.

66 「韓國漢城廣播節錄(1946.2.2.)」; 「京城消息(1946.2.14.)」; 「韓國國內消息(1946.2.14.~2.20.)」, 中國國民黨黨史會 所藏檔案, 檔案番號: 特16/7.8; 特16/6.7; 特16/7.6. 1947년 4월 말에 작성된 주화대표단의 공문에서는 "북한 방송은 단파라 청취에 어려움이 없지만 남한은 파장이 길어져 청취가 어려우니 고성능 수신기를 대여해 달라"고 하고 있다. 「韓國駐華代表團借短波收音機案(1947.4.28., 閔石麟→吳鐵城)」, 中國國民黨黨史會 所藏檔案, 檔案番號: 特16/4.111.

67 「韓國國內消息(1946.1.15.-30.)」, 中國國民黨黨史會 所藏檔案, 檔案番號: 特16/7.7; 「韓國國內消息(1946.2.14.-20.)」, 中國國民黨黨史會 所藏檔案, 檔案番號: 特16/7.6.

68 「韓代表團致國府參軍處軍務局代電(1946.11.15.)」; 「北韓西南地區近況情報(1947.1.2.)」, 中國國民黨黨史會 所藏檔案, 檔案番號: 特16/9.2 ; 特16/4.132.

화대표단 둥베이판사처나 한독당 둥베이판사처의 경우에는 둥베이 지역 한교들의 동태나 북한 지역을 직접 다녀온 한독당 공작원들의 보고를 근거로 한 북한 내 소련군의 동태, 북한의 정치 상황 등을 직접 보고하고 있다는 점에서 주목할 만하다.

3. 민석린의 둥베이 한인·한반도 관련 정보 보고와 "지원" 요청

앞에서 거론한 주화대표단 명의로 된 정보 보고들은 주화대표단의 실무, 그 가운데에서도 국민정부 측과의 교섭에 있어서 주도적인 역할을 맡고 있었던 부단장 민석린에 의하여 작성되었을 가능성이 크다. 물론 민석린의 경우, 주화대표단 성립 전인 1945년 9월에도 한반도 관련 정보를 국민당 측에 보내고 있음이 확인된다.[69] 당시 민석린이 임시정부 주석 김구 휘하에서 판공실장과 함께 조소앙 외무부장 아래에서 외무차장을 맡고 있었던 점으로 본다면, 그리고 민석린이 임시정부와 국민정부, 혹은 국민당 사이에 각종 협상을 거의 전적으로 책임지고 있었다는 사실로 본다면,[70] 민석린의 1945년 9월 단계의 정보 보고 또한 임시정부를 대표한 활동이었다고 해서 무리가 없을 것이다. 따라서 주화대표단의 성립 전후에 상관없이 민석린의 국민당 측에 대한 정보 보고는 계속되었던 것인데, 다만 1946년 1월 이후 이루어진 주화대표단 명의의 정보 보고들은 이전에 비하여 보다 체계적, 내지 정기적으로 이루어졌던 것으로 볼 수 있다.

민석린이 국민당 혹은 국민정부 측에 한국 관련 정보 보고를 주도하

69 「閔石麟致溫叔萱函(1945.9.13.)」, 中國國民黨黨史會 所藏檔案, 檔案番號: 特16/9.28.

70 중국국민당 측 소통 상대는 국민당 중앙위원회 中秘處 처장 吳鐵城과 그의 비서 溫叔萱이었다. 민석린, 「임시정부와 나」, 김준엽 편, 『石麟閔弼鎬傳』, 나남(1995), 111~112쪽.

고 있었던 배경에는 그가 일찍부터 군사 정보를 다루는 데에 능숙했다는 점과 함께 정보 보고라는 공작을 통하여 국민정부 측과 소통하는 데에도 주도적인 역할을 해 오고 있었다는 사실이 있었다. 민석린은 1911년 겨울에 상하이로 망명해 가 신규식이 주도하고 있던 동제사에 가입하였고 한인 청년들을 대상으로 운영하던 박달학원에서 영어와 중국어 등을 익혔다. 이후 상하이에 있는 남양학당南洋學堂과 교통부 소속 전신학교電信學校에서 공부한 다음 상하이전신국에 취직하였다.[71] 이어서 1921년 10월에는 신규식의 광저우호법정부廣州護法政府 방문을 수행하였으며, 1932년 제1차 상하이사변淞滬抗戰 때에는 중국 측의 요청으로 일본군의 군사정보를 중국군(19路軍)에 제공하는 역할을 한 적도 있었다.[72] 특히 1930년대 중반 이후 국민당 군사위원회 시종실 휘하의 군사 암호 전문 연구기관인 밀전검역연구소密電檢譯研究所에서 상당 기간 일하면서 군사 암호 해독과 정보공작의 중요성을 제대로 이해하게 되는 경험을 하였다.[73] 이처럼 민석린은 망명 한인들 가운데 누구보다도 군사 정보를 다루는 데에 익숙했을 뿐 아니라, 국민당 측의 정보 관련 업무나 계통에도 익숙했던 인물이었던 것이다.

따라서 주화대표단 이외에 민석린 개인의 이름을 달고 있는, 임시정부 내지 한국 관련 정보 보고가 적지 않다는 점은 충분히 있을 법한 일이다. 민석린 명의의 정보 보고는 종전 이전에도 보이지만[74] 종전 이후

71 앞의 김준엽 편, 『石麟閔弼鎬傳』, 72~74쪽.

72 앞의 김준엽 편, 『石麟閔弼鎬傳』, 87쪽.

73 민필호 본인의 말에 의하면, 당시 자신은 王良誠으로 개명하고 上校(대령급) 계급으로 密電研究所(뒤에 군사위원회 技術研究室로 개편)에 다년간 근무하였는데 일본군의 진주만 공격에 대한 암호를 풀어서 蔣介石에게 보고한 적도 있었다고 한다. 앞의 김준엽 편, 『石麟閔弼鎬傳』, 93~94쪽.

74 「韓國各黨派概略(1944.3.15., 獨立黨閔石麟送來)」, 中國國民黨黨史會 所藏檔案, 檔案番號: 特16/10.7 등.

만을 한정해서 살펴본다면 종전 직후인 1945년 9월 중순 국민당 중비처(처장 우톄청) 비서인 원슈쉔溫叔萱에게 보낸 한국 국내 상황에 대한 보고 편지가 있고,[75] 1946년 12월 이승만의 미국 방문을 지지 후원하는 내용의 정보 보고와 1947년 1월과 3월의 한국문제 전체를 자세하게 다룬 보고서 등을 들 수 있다. 이 가운데 먼저 1946년 12월 이승만 방미 후원 보고서는 1946년 12월 8일 미국에 도착한 이승만 박사의 주장을 지지하면서 6장으로 구성된 장문이었다. 그 대체적인 내용은, "역사 문화적으로 한국인들은 자주독립의 자격을 분명하게 가지고 있음에도 불구하고 현재 미국과 소련이 남한과 북한을 분리 점령함으로써 카이로회담에서 분명히 했던 독립 허용이 아무런 의미가 없는 지경에 이르렀으며 침략국 일본보다 못한 대우를 받고 있다. 한국인들은 미소 양군의 철수와 민의에 기초한 민주정부의 수립, 연합국 회원 가입을 희망하고 있다"는 것이다.[76] 다음으로 1947년 1월에 쓴 한국 상황에 대한 보고에서는 "최근 한국의 정치적 불안정을 극복하기 위하여 중한 친선정책을 확고히 해야 한다. 건의할 것은 임시정부 지원을 전담할 기구를 국민정부 안에 따로 설치할 것과 그것을 최고영수(장제스)에게 직속시킬 것, 한국 원조기금을 따로 조성할 것, (민혁당을 비롯한 기타 정당과 함께 지원하는 형태가 아닌) 한독당만을 전폭적으로 지원해 줄 것" 등을 요구하는 한편으로 "중국이 미국 측과 한국문제에 있어서 공동정책을 수립할 것, 정치 군사 인재들을 양성하여 장래의 (한국) 건군의 기초로 삼을 것, 주화대표단을 통해서만 한교를 통제할 것, 둥베이 한농韓農에 대한 농자금 대출을 시행하여 민심을 안정시키고 공산당에게 이용당하지 않게 할 것, 중

75 「閔石麟致溫叔萱函(1945.9.13.)」, 中國國民黨黨史會 所藏檔案, 檔案番號: 特16/9.28.

76 「聲援李承晚赴美呼籲韓國獨立(1946.12.20.)」, 中國國民黨黨史會 所藏檔案, 檔案番號: 特16/4.121.

한무역공사를 설치하여 소금 무역을 할 수 있게 하고 그 이윤을 가지고 한국 내 공작비용(지원비용)에 쓸 것" 등을 주장하고 있었다.[77]

이어서 1947년 3월의 정보 보고 또한 모두 6장으로 되어 있는 장문의 보고서인데, 제1장 북한, 제2장 남한, 제3장 충칭에서 귀국한 임시정부, 제4장 둥베이 현황, 제5장 주화대표단, 제6장 결론으로 구성되어 있다. 제1장 북한의 상황에 대해서는 25만의 소련군 진주, 귀국한 둥베이의용군 중심으로 징모된 10만의 북한군, 김일성 중심의 중앙인민위원회와 소련군의 실제 권력 장악, 토지 국유화를 비롯한 공산주의 정책과 선전 정책, 일반인들의 소련군과 공산당에 대한 불만과 원망 등을 지적하고 제2장 남한의 상황에 대해서는 5만의 미군, 2만 정도의 국방경비대, 한독당 당원 약 30만, 김성수 등 친일 자산계급 정당 세력 20만, 여운형 등 좌익정당에 7만, 박헌영 중심 공산당 2만 정도라고 보고하였다. 제3장 귀환한 임시정부 중심으로 정부가 구성될 가능성이 큰 상황에서 신탁통치 문제가 발생하였는데, 이는 중국에서 김구 세력을 무장시켜 주지 않은 것이 문제이며, 김구에 대한 일반인들과 미군정의 호감과 이승만, 김규식, 여운형이 있지만 그 인망이 김구에 미치지 못한다는 점 등을 보고하고 있었다. 제4장 둥베이 한교 상황에 대해서는 "중공과 한공韓共이 협력 체제를 만들어 거의 공산당 중심 체제가 굳어지고 있으며 형편이 어려운 한농들이 공산당에게 이용당하는 경우가 많다. 주화대표단이 각지에서 애쓰고 있지만 여러 가지로 힘들다"고 보고하고 있다. 결론적으로, 이러한 둥베이 한교와 남북한의 상황은 "한국

77 「韓國現狀報告(1947년 1월, 閔石麟)」, 中國國民黨黨史會 所藏檔案, 檔案番號: 特16/26.13. 중국산 소금 한국 수출 건에 대해서는 뒤에 국민정부의 허가를 받아 중한무역공사가 설립되었고 주화대표단의 비용을 마련하는 데에 큰 역할을 하였다. 「爲會商研究閔石麟建議中韓親善意見簽請鑒核示遵(1947.4.1. 中秘處 祕書 張壽賢 作成)」, 中國國民黨黨史會 所藏檔案, 檔案番號: 特16/4.99.

문제가 한국만이 문제가 아니라 동아평화와 중국의 흥쇠興衰와 직결된 문제라는 점과 중국의 한국 정책이 시급하다"는 점을 잘 보여 주고 있다. 민석린은 그런 한편으로 "미국은 천시天時를 점하고 소련은 지리地理를 점하였지만 오래가지 못할 것이며, 중국이 인화人和 정책을 점한다면 모두 극복할 수 있다"라고 하여 중국을 두둔하며 중국에게 기대하는 입장을 보이고 있다.[78]

4. 국민정부의 주화대표단 "동원"

이상에서 인용 요약한 주화대표단과 민석린 명의의 정보 보고 이외에도 확인할 수 있는 둥베이 한인, 한반도 정세 관련 정보 보고는 적지 않다.[79] 전체적인 내용을 확인하는 선에서 인용해 본 위의 정보 보고들은 단파 방송 청취나 신문 보도자료를 기반으로 한 것과 같이, 그야말로 정보 자체를 작성 전달하고 있는 경우도 있지만, 정보 보고에 보고하는 사람 자신의 관심과 주장을 함께 담는, 건의서의 성격을 지닌 보고서들 또한 적지 않다. 예컨대 둥베이 한교의 상황 보고 속에서 중국공산당이나 조선공산당 세력에 의한 선동과 기만책이 만연하고 있다는 점을 지나치게 강조한다거나, 한교의 경제적 어려움을 보고하면서 한인 농민들에 대한 금융 융자가 화급하다고 하는 주장 등을 함께 제기하는 점 등

78 「韓國現勢概述(1947.3, 閔石麟)」, 中國國民黨黨史會 所藏檔案, 檔案番號: 特16/4.99.

79 여기에 직접 인용하지 못한 주요 정보 보고들로는 「朝鮮民族革命黨中執會致中國國民黨中秘處函(1945.9.17.)」; 「韓國臨政駐華代表團辦事處報告(1946.2.14.)」; 「金奎植退出朝鮮民族革命黨(1946.3.1.)」; 「韓獨黨中國總支部致中秘處函(1946.3.1.)」; 「韓國臨時政府駐華代表團團長朴純致中秘處函(1946.3.31.)」; 「韓代表團致國府參軍處軍務局代電(1946.11.15.)」; 「北韓西南地區近況情報(1947.1.2.)」; 「韓國獨立黨組織系統表(1947.1.11.)」, 각각 中國國民黨黨史會 所藏檔案, 檔案番號: 特16/14.18; 特16/6.7; 特16/10.10; 特16/21.30; 特16/4.10; 特16/9.2; 特16/4.132; 特16/4.133 등이 있다.

은 상황 자체를 보고하는 한편으로 반공적 시각을 강조하면서 국민당 내지 국민정부의 지원을 이끌어 내려는 의도를 잘 보여 주고 있다. 또 한국 내 정치 상황과 관련해서도 공산당이나 다른 정당들의 활동을 비판적으로 기술하면서 김구의 역할을 긍정적 내지 성공적으로 쓰고 있다는 점 등은, 보고자인 주화대표단이나 민석린의 김구 중심 임시정부 세력의 옹호 주장이 강하게 포함되어 있음을 잘 보여 주고 있다.

그렇다면 이러한 정보 보고가 작성자 곧 주화대표단이나 민석린의 주장을 담기 위한 목적으로 쓴 것이라고만 볼 수 있을까? 바꾸어 말하자면 이들 정보 보고들이 주화대표단이나 민석린의 자발적 의도, 곧 "자원"이나 "자의"에 의해서만 이루어진 것일까? 앞에서 말한 대로 상당수 보고 가운데 주화대표단이나 민석린 자신의 주장이 담겨 있다는 점에서 본다면 자신들의 주장, 곧 주화대표단이나 민석린이 국민정부 측의 지원을 이끌어 내기 위한 목적으로, "자원"해서 이러한 보고를 제공했을 가능성은 분명히 존재한다.

그러나 단파 방송 청취나 일간지, 정보원들의 상황 보고를 전하는 보고들과 같이 정보 자체만을 전달하는 정보 보고들이 적지 않다는 점과 이들 정보 보고들이 상당히 조직적으로, 그리고 정기적으로 이루어지고 있었다는 점, 특히 민석린 명의의 보고 같은 경우 상당히 격식을 갖춘 보고서 체제를 갖추고 있다는 점 등으로 본다면 국민당 내지 국민정부의 정보 제공 요청에 의하여 수동적, 내지 강압적으로 만들어졌을 가능성이 더 크다는 점이 눈에 띈다.[80] 특히 단파 방송 청취 보고 같은 경우 성능이 좋은 수신기를 마련해 주도록 주화대표단 측에서 중국 측에

80 다만 국민당 내지 국민정부 측에서 정기적인 정보 보고를 하도록 주화대표단이나 민석린에게 요청했다는 자료는 아직 보지 못했다.

요청한 적이 있었다는 사실로[81] 미루어 보더라도, 방송 청취를 통한 정기적 정보 보고를 국민당 내지 국민정부 측에서 주화대표단 측에 요청하였다는 점을 짐작하는 것은 그리 어렵지 않을 것이다.

이런 점에서 본다면 종전 이후 국민당, 국민정부의 주화대표단에 대한 둥베이한교 및 한반도 관련 정보 제공 요청은 1933년 이래 진행되어 온 국민당, 국민정부 측의 한국독립운동 "지원"이 사실상 "지원"을 통한 "통제"와 중국 항일전쟁 수행에의 "동원"이었다는 기존 연구에서의 지적과 같은 맥락이라는 결론에 이르게 된다.[82] 이를테면 전후 주화대표단에서 이루어진 둥베이, 한반도 관련 정보 제공은 국민정부 측의 국공내전 수행에 주화대표단과 같은 한국독립운동 세력을 이용하기 위한 "동원"이라는 측면을 잘 보여 주는 것이다.

81 「韓國駐華代表團借短波收音機案(1947.4.28., 閔石麟→吳鐵城)」, 中國國民黨黨史會所藏檔案, 檔案番號: 特16/4.111.

82 배경한, 앞의 「윤봉길의거 이후 蔣介石 국민정부의 한국독립운동 지원과 '長期抗戰'」 참조. 이 책 제4장 제1절에 수록.

나오는 말

미국 대통령 루스벨트의 제안으로 1943년 11월에 열리게 된 카이로회담은 전후 새롭게 수립될 국제질서 모색 과정에 중국이 사대강국四大强國의 하나로 참여할 수 있는 절호의 기회가 되었다. 그러나 장제스는 루스벨트의 회의 참여 제안과 일정 조율을 둘러싼 논의 과정에서 몇 차례 "겸양"을 표함으로써 미·영·소 삼국의 주도권에 대한 배려와 함께 중국의 신중한 입장을 표명하였다. 그럼에도 불구하고 국방최고위원회 산하의 국제문제토론회의 활동에서 보이는 것처럼, 한편으로는 전후 국제질서 수립에 대한 중국 측의 대응방안을 마련하는 데에 적극적인 자세를 보이기도 했다.

카이로회담의 의제와 관련한 국민정부의 구체적인 준비는 군사위원회참사실과 국방최고위원회비서청의 두 기관을 통하여 이루어졌다. 한국독립 문제는 이 두 가지 기관의 모든 보고서에서 다루어지고 있었는데, 그 가운데서도 국방최고위원회비서청의 보고서에서 가장 중요하게 다루어지고 있었다. 즉 국제문제토론회의 여러 차례의 토론을 기초로 삼았던 국방최고위원회비서청의 보고서에서는「전시정치합작방안」의 첫 번째 조항으로 중·미·영·소 4개국이 공동으로, 혹은 개별적으로 즉각 조선독립을 승인하거나, 아니면 조선독립을 보증한다는 선언을 발표할 것을 제안하고 있었다. 장제스는 이들 보고서를 참고하면서 카이로로 출발하기 직전, 회의에서 제기할 의제들을 최종 정리하였는데 한국독립은 이때 중요 의제의 하나로 들어 있었던 것이다.

1943년 11월 23일 밤, 카이로에서 열린 장제스와 루스벨트 사이의 단독 회담은, 회의 참여나 진행과정에서 주로 미국에 의존할 수밖에 없었던 장제스의 입장에서는 그나마 자신의 주장을 전달할 수 있는 가장 중요한 회의였다. 한국문제는 여기에서도 중요 의제 가운데 하나로 다루어졌는데, 중국 측에서 만든 이날의 회의기록과 『장제스일기』의 같은 날짜 기록을 종합해 보면, 장제스가 전후 한국의 독립 문제를 먼저 제기하고 루스벨트가 동의함으로써 24일부터 작성되기 시작한 선언문 Communique에 한국문제가 들어가게 되었다. 다만 이후의 역사에서 심각한 문제가 된 "적당시기에"라는 전제가 "한국독립"의 앞에 붙게 된 것은, 루스벨트의 특별보좌관으로 선언서 초안을 작성했던 홉킨스의 초안을 루스벨트가 직접 수정하면서 첨가했기 때문이었다. 홉킨스가 작성한 초안이 23일 밤 회담 내용을 충실하게 반영한 것이라고 볼 때 23일 밤의 양자회담에서 논의된 한국독립 문제는 장제스의 원래 주장대로 "즉각적인 한국독립"이었음이 분명하다.

그럼에도 불구하고 초안의 검토 과정에서 장제스나 중국 측 실무총책임자였던 왕충후이 모두 "적당시기에"라는 전제조건에 대하여 전혀 아무런 이의를 제기하지 않은 이유는, 이전부터 알고 있던 미국 측의 한국문제 처리 방침인 국제공관(신탁통치) 주장을 중국 측이 묵인하는 형태로 그대로 받아들인 결과였다. 중국 측이 루스벨트의 국제공관 주장을 받아들인 속내는 장제스가 자주 언급한 대로 "한국문제와 동등한 문제인 류큐"에 대하여 장제스와 국민정부 측이 취한 것과 같은 입장이었다고 보인다. 널리 알려진 대로 카이로회담 의제 준비과정에 국민정부 안에서 류큐문제를 둘러싼 격렬한 논의가 진행되었고 그것이 보고서로 만들어져 장제스에게 제출되었는데, 장제스는 회의 직전 "류큐는 하나의 독립왕국으로 역사적 지위가 조선과 같기 때문에, 또 영토 반환 요구의 기준이 될 1894년 청일전쟁 이전에 일본의 영토로 편입되었기 때문에, 카이로회담에서 반환되어야 할 영토로 제기하지 않는다"는 것으로 입장을 정했다. 그러나 루스벨트와의 회의에서 루스벨트가 류큐문제를 수차례 거론하자 "중국과 미국에 의한 국제공관"을 류큐에 대한 처리 방안으로 제기했던 것이다. 류큐문제에 대한 장제스의 이러한 입장을, 그 자신이 류큐와 같은 지위에 있다고 말한 조선문제에도 똑같이 적용할 수 있다면 장제스 역시 한국에 대해서도 국제공관이라는 미국의 주장을 받아들이기는 그리 어렵지 않았을 것이다. 더군다나 당시 류큐문제나 한국문제에 대한 실질적인 영향력을 확보하지 못한 채 미국의 양해 아래 사강회의에 참석하게 된 장제스로서는, 전후 미국 주도의 동아시아 국제질서 수립에 있어서 미국의 주도권에[1] 도전하기는 불가능했을 것이다. 강대국의 지위를 막 회복하기 시작한 중국이 대국의식에 걸맞는 대국으로서의 입지를 구축하는 것은 상당한 시간을 요하는 일일 수밖에 없었기 때문이다.

이러한 사실들을 기반으로 해서 볼 때 카이로회담에서 한국문제를 의

1 루스벨트와 함께 카이로회담에 참석했던 스틸웰의 일기 기록에 따르면 회담 중과 회담 직후 미국 측 참모들과의 회의에서 루스벨트는, 한국, 베트남에 대한 25년 정도의 국제공관을 주장하였고 홍콩, 다롄(大連)을 자유항으로 만들려는 구상을 가지고 있었음이 확인된다(駱伯鴻 編譯,『史迪威抗戰日記』, 長沙(湖南人民出版社), 2013, p. 103 및 111).

제로 제안하거나 다루는 중국의 입장은 어디까지나 자국의 이익을 확보하는 데에 주안점을 두었을 뿐, 한국의 독립을 돕기 위한 의도에서 나온 것은 아니었다. 마찬가지로 김구를 비롯한 한국임시정부의 노력에도 불구하고 카이로회담에서의 한국문제 처리과정에서 장제스나 국민정부가 한국의 입장을 대변하거나 편들 가능성은 처음부터 희박했다. 이 점은 이승만의 한국독립 지지 요청을 받은 미국 정부의 경우에도 기본적으로 마찬가지였을 것이다.[2]

카이로회담에서의 한국문제에 대한 장제스와 국민정부의 이러한 인식과 정책은 다른 아시아 지역에도 적용 가능하다고 생각된다. 예컨대 한국과 마찬가지로 전통적 조공국이었던 베트남의 경우에도 대동소이한 것으로 볼 수 있다. 카이로회담에서 중국의 베트남에 대한 입장은 미국의 전후 처리 방침에 맞추어 신탁통치 실시를 받아들인다는 것이었지만, 다만 한국의 경우와 달리 영국의 적극적인 반대에 부딪혀 독립 보장에 관한 아무런 언급 없이 전후 재론하는 것으로 미루어졌던 것이다. 이뿐만 아니라 전후 프랑스의 식민지 지배 복귀가 이루어지는 단계에 가서도 중국은 미국의 프랑스 지지 입장에 협조하지 않을 수 없었으니, 중국은 미국의 동아시아에 대한 주도권에 협력하는 선에서 프랑스의 복귀를 승인하게 되었던 것이었으며, 그런 점에서 베트남 독립에 대한 중국의 지지라는 것이 사실은 중국의 외교적 이해관계 아래 얼마나 실속 없는 것이었는지를 잘 보여 주고 있다. 이를테면 종전 전후 시기 중국의 동아시아에 대한 인식이나 정책은 철저하게 자신의 이해관계 위에 놓여 있었으니 가능한 범위 안에서 전통적 종주권의 회복을 목표

2 미국 측의 카이로회담 의제 준비과정이나 한국문제에 대한 기본적 입장 문제는 향후 보다 구체적인 연구가 필요할 것이다.

로 하되 경우에 따라서는 미국의 주도권 아래 자신의 이익 추구를 목표로 하여 신탁통치 방안을 받아들이거나 다른 열강의 지배 아래 넘겨 주는 입장을 취하려 하였다. 요컨대 중국의 전후 아시아 구상은, 일차적으로는 전통적 중화체제의 회복을 목표로 하면서 미국이나 소련, 영국, 프랑스 등 서구열강들의 새로운 주도권과 충돌하지 않는 선에서 적절한 타협과 조율을 하되 그 속에서 아시아 지역에 대한 자신들의 영향력을 유지 확대하려고 애쓰는 것으로 나타났다. 이상이 첫째 절의 내용이다.

둘째 절에서는 1941년 말 미국의 참전 이후 미국 주도의 전쟁 수행 과정에서 미국에의 접근을 적극 모색하고 있던 충칭 임시정부에 대한 중국 국민정부의 입장을 살피기 위해 1944년 6월 하순의 미국 부통령 월리스의 중국 방문을 둘러싼 중미관계, 한미관계의 변화양상을 추적해 보았다. 월리스의 중국 방문은, 태평양전쟁 발발 이후 본격화된 미국의 중국에 대한 군사적 지원을 보다 효율화해야 한다는 미국 정부의 실제적 필요를 내세운 것이었으나, 소련의 대일 참전과 전후 중국의 정치적 안정을 염두에 두고 중소관계와 국공관계의 안정적 관리를 중국 측에 요구하기 위한 미국의 외교적 포석 아래 나온 것이었다. 그러나 장제스를 중심으로 하는 국민정부 측에서는, 특히 국공 관계 개선 요구가 미국의 과도한 내정 간섭일 뿐 아니라 결과적으로 공산당의 입지를 강화해 줌으로써 중국의 정치적 상황을 오히려 혼란으로 몰아넣을 수 있다고 주장하는 등 강하게 반발하면서 월리스의 방문에 촉각을 곤두세웠다.

1937년 중일 전면전쟁 발발 이후 국민정부의 지원 아래, 그리고 국민정부의 서천西遷을 따라 1940년 충칭에 정착하게 된 한국임시정부에게 있어서도, 1941년 12월 태평양전쟁 발발 이후 미국이 주도하는 새로운 전쟁 상황과 국제적 질서의 등장은 새로운 과제와 함께 새로운 기회로 다가왔다. 1919년 성립 당초부터 중국의 지원 아래 그 명맥을 유지해 오던 임시정부는 따라서 거의 전적으로 중국의 통제와 동원 아래 놓일 수밖에 없었는데, 이런 임시정부로서는 이제 새로운 국제 질서의 주도권자로 떠오른 미국에게 접근하여 미국으로부터의 군사적 외교적 지원을 따내기 위해 노력하게 된 것은 당연한 일이었다. 이를 통하여 충칭 임시정부 성립 이래로 최대의 목표로 삼고 있던 임시정부에 대한 국제적 승인 획득과 광복군의 자주적 운영을 통한 항일전쟁에의 참전, 그리고 전후 강화회의에서의 발언권 획득이 다시 한번 임시정부의 당면목표로 부상하였다. 여기에다 임시정부가 1944년 4월 제36차 임시의정회 회의에서 약헌約憲을 개정하고 국무위원을 개선하면서 한국독립당과 조선민족혁명당을 비롯한 주요 정당 단체들이 모두 참여하는 통합된 모습을 갖추게 되었으니, 이 또한 두 가지 당면목표를 추진하는 새로운 출발점이 되었던 것이다.

국무회의의 의결과 외무부의 주도 아래 임시정부 측에서는 국민정부 외교부와 충칭 주재 미국 대사관 등 여러 경로를 통하여 월리스 부통령과의 면담을 추진하였으나 미리 짜인 일정을 이유로 면담이 성사되지는 못했다. 그러자 임시정부 측에서는 영문으로 된 성명서와 비망록을 만들어 미국 대사관 측에 전달하였고 관련 문서를 잘 받았다는 월리스의 회답도 받았다. 임시정부 측에서는 이와 동시에 성명서와 비망록을 40부 정도 등사한 다음, 국민정부 외교부와 충칭 주재 각국 대사관을 통하여 각국 정부에 전달하도록 함으로써 임시정부 승인과 광복군 참전 요구를 국제적 운동으로 확대시키고자 노력하였다. 프랑스와 체코, 폴란드 망명정부 측에서 보낸, 성명서와 비망록에 대한 접수 확인 회답을 받은 것 이외에 이 운동의 외교적 성과를 확인할 자료는 아직 없지만, 임시정부 외무부의 보고로는 당시 충칭 외교가에서 상당한 호응이 있었다고 한다.

둘째 절의 핵심 주제인, 월리스의 방중을 계기로 한 임시정부의 이러한 외교적 노력에 대한 중국 측의 대응은 여러 자료에 의하여 비교적 자세하게 밝힐 수 있다. 특히 월리스의 충칭 방문이 끝난 직후에 국민당 내부에서 만들어진 관련 정보보고서는, 임시정부와 광복군에 파견되어 있거나 중국공산당을 전담하던 군사위원회 조사통계국軍統 및 국민당중앙집행위원회 조사통계국中統 소속의 전문 정보원들로부터 수집된 정보를 종합해서 만들어진 것으로 보이는데, 월리스 방중에 대한 임시정부의 동향 및 그에 대한 중국 측의 대응방안을 비교적 자세하게 다루고 있어서 임시정부의 외교 운동에 대한 장제스와 국민정부 측의 대응을 구체적으로 확인할 수 있게 해 준다. 이 보고서는 임시정부의 중국 측에 대한 불만과 비판이 심각한 수준이라는 점을 인정하면서 중국 측의 보다 적극적인 해결 의지가 필요하다는 점을 지적하고 있다. 임시정부에 대한 승인문제에 대해서는 다른 어느 국가보다 중국이 앞서서 임시정부를 승인한다는 것이 장제스의 결정사항이며, 카이로회담 이후 한국문제에 대하여 영국·미국과 함께 보조를 맞출 수밖에 없어서 현재로서는 영국·미국과의 협력을 보다 강화하는 수밖에 다른 방도가 없다는 점을 임시정부 측에 다시 한번 알려 주어야 한다는 제안을 하고 있다. 또 광복군의 자주성 회복 문제와 관련해서는 광복군의 인사에 대한 한인들의 불만이 극심하다는 점을 들면서 구개준승의 조속한 철폐를 구체적으로 검토해야 한다는 건의를 했다.

다시 말해 월리스 방중을 전후하여 진행되고 있던 임시정부 측의 구개준승 철폐 요구와 이에 대한 국민정부 내의 검토들은 구개준승으로 상징되는 임시정부에 대한 국민정부의 "통제" 정책이, 결국 구개준승의 철폐를 받아들이는 "통제완화" 정책으로 변화하고 있음을 잘 보여 준다. 월리스 방중이 마무리된 직후인 7월 3일자로 김구가 다시 장제스에게 임시정부 승인과 구개준승의 철폐를 요구하는 공함을 보냈고, 바로 이어서 김구의 공함에 대한 군정부장 허잉친과 외교부장 쑹즈원의 검토가 이루어졌으며, 그 결과로 8월 중순 구개준승의 철폐원칙이 정해지고 9월 초 임시정부에 공식 통보되기에 이르렀다. 이런 연결선상에서 볼 때 구개준승의 철폐는 월리스 방중을 전후한 임시정부 측의 외교적 '대공세'의 결과였다고 보아도 무리가 없다. 물론 보다 장기적인 안목으로 볼 때 장제스와 국민정부의 이러한 변화는 전쟁의 진전과정에서 분명해진 미국의 주도권과 전후 미국 중심의 새로운 국제질서에 대한 전망이 배후에 있었다고 봐야 하겠지만, 단기적 관점에서는 월리스 방중 전후 임시정부의 외교운동이 가져온 결과였다는 점 또한 주목해야 할 것이다.[3]

그러나 구개준승 철폐의 실제 실시 과정이나 이후 광복군의 자주권 회복 과정에서도 중국 측, 특히 군부 측의 미온적이거나 비판적인 태도가 자주 문제를 일으켰음을 본다면 구개준승의 철폐라는 "통제 완화" 정책이 그야말로 중국 측의 마지못한 선택이었다는 점 또한 확인하게 된다. 이런 사실들은 전쟁 수행에 있어서나 국제적 외교에 있어서 미국으로의 주도권 이전이라는 대세 속에서 전후 미국 주도의 한반도 내지 동아시아 국제질서 성립 이후, 국민정부가 겪게 될 한반도 상황에 대한 무기력과 함께 상황에 따라서는 한반도를 둘러싼 미중 대립의 불가피성

3 이런 점에서 본다면 월리스의 重慶 방문 뒤 보름 정도가 지난 7월 17일, 國民黨 中央黨部 주최로 열린 한국임시정부 요인들을 위한 연회는, 中央黨部 祕書長 吳鐵城이 致詞에서 말한 대로 "임시정부의 改組 성공"을 축하하기 위한 자리였지만, 그보다는 월리스 訪中 이후 고조된 임시정부의 외교 "대공세"를 무마하기 위한 성격이 강한 모임이었다고 하겠다. 「吳祕書長鐵城致詞(1944.7.17.)」; 「中國國民黨中央黨部歡宴韓國臨時政府首長金主席白凡答詞(1944.7.17.)」, 國民黨黨史會 所藏檔案, 檔案番號: 特16/25.9. 이날 김구의 答詞 가운데 눈에 띄는 대목은, "아주 일부 사람이라도 불평등한 부분이 있다면 혁명은 멈출 수 없다"는 월리스 부통령의 말을 인용하면서 카이로회담에서 中·英·美 삼국이 합의한 사항 가운데 戰後 한국의 독립이 "適當時期를 거쳐" 이루어질 것이라고 했지만 장차 한국의 노력과 중국의 도움으로 이 조항(適當時期)이 삭제될 것을 기대한다고 말한 점이다.

을 예견케 하는 대목으로도 주목된다.

셋째 절에서는 전후 한국의 독립 문제를 처음 다룬 카이로회담에서 미국의 국제공관(신탁통치) 주장에 밀려 '즉각적인 독립' 주장을 꺾어야 했던 중국 측에서 전후 한반도 문제에 대하여 어떠한 방안을 마련하고 있었던가를 집중적으로 다루었다. 카이로회담 이후 국민정부 측에서는 국제공관을 의미하는 '적당시기에in due course'라는 전제조건을 받아들이는 선에서 전후 한반도에 대한 영향력을 확보하기 위한 다양한 방안들을 마련하고 있었음을 볼 수 있다. 특히 전쟁의 종말이 예견되던 시기인 1944년 9월경부터 시작된 주중 미국 대사관, 주중 영국 대사관과 국민정부 외교부 사이의 한국문제에 대한 공동 연구 프로젝트가 시작되는 것을 기점으로 외교부를 중심으로 군사위원회 군령부, 행정원 산하 각부, 주미중국대사관과 주영중국대사관 등 해외공관들의 견해를 광범하게 수집하였는데, 그 내용은 대체로 한반도에 대한 중국군대의 파견과 함께 충칭임시정부와 한국광복군에 대한 지원을 통한 친중정부의 수립에 초점을 맞추고 있었다.

그러나 이러한 중국의 전후 한반도 구상은 태평양전쟁을 거치면서 동아시아의 주도권을 차지하게 된 미국의 구상과는 상당히 거리가 있었으니, 미국은 기본적으로 전후 한국의 독립 능력에 대하여 부정적인 편이었고 이런 견해를 바탕으로 전후 한국에 대한 일정 기간의 국제공관(신탁통치)을 구상하고 있었다. 또 미국 측은 충칭임시정부가 전체 한국인을 대표하지 못한다는 점을 들어 임시정부의 지위를 일체 인정하지 않는다는 입장을 견지하고 있었다. 이런 상황 속에서 중국 측은 충칭 주재 미국 대사관 및 워싱턴 국무부와의 협의를 통하여 중국 측의 입장을 관철하려고 노력하였으나 이런 상황에서 소기의 성과를 내기란 매우 어려웠다.

1945년 8월 15일의 급작스러운 종전은 한국임시정부는 물론이고 중국 측에게도 전후 한국문제 처리과정에 부분적으로라도 개입할 수 있는 가능성을 없애고 말았다. 특히 1945년 11월 중순까지 이어진, 임시정부 요인들의 환국 문제를 둘러싼 임시정부, 중국, 미국 측 사이의 지루한 협상 과정에서 임시정부나 중국 측은 거의 아무런 발언권을 얻지 못하고 있었음을 확인하기란 어렵지 않다. 조속한 환국이라는 임시정부와 중국 측의 목표는 미국의 견제 아래 이루어지기 어려운 것이 되어버렸고, 임시정부는 공식적인 정부로서의 자격도 인정받지 못한 채 결국 개인자격으로 환국하는 것으로 낙착되고 말았다.

넷째 절에서 다룬 내용은 임시정부의 환국 이후 그 후신으로 만들어진 주화대표단과 국민정부의 관계 문제이다. 주화대표단의 여러 임무 가운데 가장 많은 수의 한교가 살고 있던 둥베이 지역에서의 활동이 가장 중요한 것 중의 하나였는데 당시 둥베이의 상황은 소련군의 진주, 중공군과 조선의용군, 둥베이항일연군 등의 활동과 그들의 득세에 따라, 그리고 내전의 격화로 인하여 상당히 어려운 상황 속에 놓여 있었다. 이뿐만 아니라 둥베이에서의 이러한 상황은 국공내전의 당사자였던 국민정부 측에도 상당한 곤경을 안겨주고 있었으니 그런 점에서 둥베이 상황, 그 가운데에서도 둥베이 한인들의 동향과 이와 연동된 남북한, 특히 북한의 군사 정치적 상황은 주화대표단과 함께 국민정부에도 초미의 관심사가 되었다. 그런 만큼 주화대표단과 국민정부에게 둥베이 상황, 둥베이 한인 동향 및 한반도 관련 정보들은 매우 중요한 문제가 되었던 것이다.

종전 전후 시기 국민당 내지 국민정부 측에 전달된 임시정부를 포함한 한국문제에 대한 정보 보고들은 주로 국민정부 참군처參軍處 군무국 정보원들의 보고로 이루어졌던 것으로 보인다. 아울러 군사위원회 조사통계국軍統에서 만든 한국임시정부 및 한반도 관련 정보가 국민당 중앙조사통계국中統에 "한정근보韓情近報"라는 이름으로 정기적으로 전달되고 있었음도 확인된다. 이어서 1946년 1월경부터는, 주화대표단 명의로 국민당 측 내지 국민정부 측에 보내진 둥베이 한인, 한국 정세에 대한 정보 보고가 본격적으로 나타나고 있었는데 주화대표단 부단장으로서 특별히 국민정부 측과 정보 작성, 교환에 익숙했던 인물인 민석린(민필호)의 개인 명의로 보내진 것을 포함한다면 종전 이전인 1944년 3월경부터 지속적이고 체계적인 보고가 이루어지고 있었다고 말할 수 있다.

주화대표단 측에서 국민당 내지 국민정부 측에 보낸 정보 보고들은 대부분 한국 국내에서 송출되던 단파 방송이나 중국 내 각 지역의 한교韓僑 신문, 일부 한독당 당원들의 제보 등을 근거로 만들어졌다. 이들 정보 보고는 둥베이 한교들의 상황, 북한과 남한의 군사 정치 동향, 김구를 비롯한 임시정부 지도자들의 활동, 소련군이나 미군의 입장과 역할 등을 주요 내용으로 하고 있었다. 그 가운데에는 단순한 사실 정보 이외에 작성자인 주화대표단이나 민필호, 혹은 한독당의 입장, 곧 임시정부와 주화대표단을 중국 측 지원의 중심으로 삼아야 한다든가 하는 것 외에도 둥베이나 한국 국내에서 공산당의 세력이 확장되어 공산화의 위험이 커지고 있어서 특별한 주의가 필요하다거나, 따라서 중국의 보다 적극적인 관여나 지원이 필요하다는 등의 내용(건의)이 들어가 있기도 했다.

이런 점에서 볼 때 주화대표단이나 민필호에 의해 만들어진 정보 보고들은, 작성자 자신들의 입장을 내세우기 위해 자발적으로 만들어지고 보고되었을 가능성도 없지 않다. 그러나 민필호 작성의 보고서와 같이 체계적으로 구성된 정보 보고가 이루어지고 있었다는 점이나 한국 내 방송을 요약한 정보 보고처럼 상당히 정기적인 형태의 보고가 만들어지고 있었다는 점 등으로 볼 때, 이러한 보고들은 중국 측의 정기적이고 체계적인 정보 제출 요청에 응한 것이었을 가능성이 크다. 그런 까닭에 주화대표단과 민필호에 의한 정보 보고는 "요청" 혹은 "동원"의 결과였다고 말할 수 있다. 주화대표단의 정보제공자로서의 이러한 역할은 1933년 이래 본격화된 국민당 및 국민정부 측의 한국독립운동 지원이, 중국의 항일전쟁에 한국독립운동 세력을 "동원"하기 위한 것이었다는 사실의 연장선상에 있는 것으로 비록 형태는 다르지만 종전 이후에도 여전히 "동원"이 이루어지고 있었음을 잘 보여 주고 있다.

종장

20세기 전반기 한중관계와 21세기 한중관계와의 연속성

Ⅰ. 이 책의 내용 요약

1. 한국독립운동의 시발점으로서의 신해혁명

1911년 10월, 중국 우한에서 일어난 공화혁명, 곧 신해혁명은 중국 일국의 혁명이 아니었다. 전제군주를 몰아내고 주권재민의 공화국을 건설하려는 혁명은 18세기 말 프랑스혁명을 시발점으로 하여 세계사적 추세로 진행되고 있었고 그것이 동아시아에 대한 직접적인 영향으로 나타난 것이 아시아 최초의 공화혁명, 곧 신해혁명이었으니 그런 만큼 신해혁명은 전지구사 속의 동아시아 지역 역사였다. 이뿐만 아니라 한국을 비롯한 중국 주변 국가들에게 커다란 영향을 미쳤으니 그런 의미에서도 신해혁명은 중국 일국의 역사가 아니라 지구사의 일부로서의 동아시아 역사의 현장이었던 것이다.

이 신해혁명이 한국에게 미친 영향은, 우선 1910년 8월 망국으로 더 이상 국내에서 독립운동을 할 수 없게 된 한인 지사들이 중국혁명에서 그 출로를 모색하고자 하는 동기에서 중국으로의 망명을 본격화하도록 만들었다. 1911년 12월경부터 이어진 한인 지사들의 중국 관내지구로의 망명은 우창기의의 성공소식에서 자극된 것이었으며, 이들 초기 한인망명자들은 중국혁명에서 한국독립의 방향을 찾고자 하였고 중국, 내지는 중국인들을 한국독립의 후원자로 인식하고 있었다. 이런 입장에서 적지 않은 한인 지사들이 중국혁명에 지지를 표시하거나 참여하고자 하였으니, 특히 1908년 상하이를 거쳐 광둥으로 망명한 한인 지사 김규흥은 혁명의 본거지 광둥 지역 혁명운동에 적극 가담하여 혁명군 사이의 통신을 돕는다든가 하는 일을 함으로써 혁명파 지도자들의 인정을 받았다. 김규흥은 혁명 성공 뒤 수립된 광둥군정부 휘하 수정처의 고문을 맡는 등 고위직에 취임하기도 했다. 또 비슷한 시기 허난으로 망명한 김병만은 허난 혁명파 지도자들과 광범한 교유를 갖고 혁명운동에 지지, 참여를 표했다. 김규흥이나 김병만의 경우를 통하여 당시 한인 지사들의 중국혁명 운동에 대한 지지 입장이 어떠했으며 한국독립을 위해 중국혁명에서 어떤 것을 배우려고 하였는지를 비교적 구체적으로 이해할 수 있게 된다. 이를테면 신해혁명은 이후 해외에서의 한국독립운동의 거점이 된 중국에서의 한국독립운동이 본격화될 수 있는 직접적인 계기였으며, 동아시아 반제운동으로서의 한중연대가 시작되는 출발점이었음을 확인할 수 있는 것이다.

2. 1910년대 한중연대 모색의 본격적 출발점, 대한민국임시정부의 성립

1914년부터 1918년까지 이어진 제1차 세계대전의 종결을 위해 1919년 1월, 파리에서 개최된 강화회의, 곧 파리강화회의는 한국이나 중국과 같은 식민지 혹은 반식민지半植民地 국가들에게는 "민족의 자결"이 가능해지는 희망으로 받아들여졌다. 이는 미국 대통령 윌슨의 민족자결주의 주장이 본래는 전쟁의 씨앗이 된 유럽 내 소수민족들의 독립문제를 겨냥한 것이었으나 많은 식민지가 존재했던 아시아 지역에서는 자신들의 독립문제까지를 포함하는 "복음"으로 이해되었기 때문이었다. 1919년 3월에 일어난 한국의 3·1운동과 곧이어 중국에서 일어난 5·4운동은, 비록 파리강화회의에 대한 기대 혹은 기대에 대한 좌절이라는 구체적 동기는 다르지만 모두 파리강화회의를 계기로 하여 일어난 동아시아 지역의 반제(반일)운동이었다. 그런 만큼 3·1운동과 5·4운동은 모두 지구사 내지 세계사의 구체적 현장이었으니, 제1차 세계대전이 유럽 중심 세계사에서 현대사의 기점으로 받아들여지고 있는 만큼 한국사와 중국사에서도 현대사의 기점으로 받아들여지고 있다.

3·1운동의 결과로 중국 상하이에 만들어진 대한민국임시정부 또한 지구지역사로서의 의미를 가졌다. 상하이는 서구 열강과 일본의 제국주의적 침략 아래 수탈을 감내하면서 동시에 근대화를 통한 독립을 모색하고 있던 반식민지의 상황에 놓여 있었지만, 그런 한편으로 열강의 침략과 지배의 상징인 조계租界는 혁명의 온상이었다. 임시정부가 상하이 프랑스 조계 안에서 태동하게 된 것은 바로 이러한 상하이의 지구지역사 안에서의 양면성을 기반으로 한 것이었다. 그런 한편으로 3·1운동과 5·4운동을 경과하면서 중국인들이 취하게 된 한국 내지 한국독립운동에 대한 동정적 입장, 혹은 지지 입장은 해외 한국독립운동이 중국에 자리 잡는 데에 필수적인 배경이 되었다. 그런 점에서 신규식의 파리강화회의 대표 파견 지원을 위한 중국 내 청원운동에서 잘 드러나고 있는 대로, 신해혁명 이후 1910년대를 거쳐 꾸준하게 모색되어 온 한중 사이의 반제를 위한 연대가 본격화될 수 있는 출발점이 바로 한국임시정부의 성립이라고 말할 수 있게 된다. 이뿐만 아니라 한국임시정부는 그 임시헌법에서 국체를 "민주공화국"이라고 못 박으면서 이후 전개되는 동아시아 지역 반제 독립운동의 목표로서 민주공화가 설정되는 데에 새로운 출발점이 되었다.

3. 1920년대 임시정부 중심의 반제연대 활동

1920년대는 임시정부를 중심으로 다양한 형태의 한중연대가 모색 추진되었던 시기였다. 1921년 임시정부 대표 신규식의 광저우 호법정부 방문과 호법정부 대표(대원수) 쑨원과의 회담은 호법정부가 비록 전

중국을 대표하는 정부는 아니었고 일부 지방(광둥)에 국한되어 있던 혁명정부이기는 하지만, 정부 차원의 한중관계를 모색하는 중차대한 의미를 가지고 있다. 당시 임시정부는 파리강화회의 이후 새로운 국제질서를 모색하는 열강들 간의 회의, 곧 워싱턴회의에 한국대표를 파견하는 문제와 그에 호법정부의 외교적 지원을 목표로 하여 대표를 파견하였지만, 중국 측 곧 호법정부 자체가 국제적 인정을 받지 못한 혁명정권에 지나지 않았기 때문에 처음부터 지원이 이루어지기는 어려웠다. 그럼에도 불구하고 신규식과 쑨원 사이의 회담을 통해서 임시정부에 대한 호법정부의 실제적 승인이 이루어졌다는 점이나, 호법정부가 일정한 정치적 지위를 얻게 될 경우 한국독립을 지원하기 위한 실제 방안들을 논의했다는 점에서 이 회담은 한중연대의 실현을 목표로 하는 노력의 일환으로써 상당한 의미를 갖고 있다. 이어서 1920년에서 1923년경까지 상하이를 비롯하여 후난, 후베이, 광둥, 구이저우, 쓰촨 등 중국 내 각 지역에서 만들어진 중한호조사 조직은 임시정부에서 파견한 대표들과 중국 각 지역 진보 인사들 사이의 연대활동을 위한 한중연대 조직이었다. 이들 중한호조사 조직은 중국 내 한국 유학생을 비롯하여 한인들과 독립운동을 돕기 위한 다양한 활동들을 벌였으니, 이는 신해혁명 이후 모색되어 온 민간주도 한중연대의 한 가지 실천이었던 것이다.

1920년 4월, 푸젠성 장저우에서 열린 장저우회의는 1920년 초 이후 상하이에 온 코민테른 측 인사들과 임시정부를 비롯한 한인 지사들 사이의 연대활동을 모색하기 위해 시작되었는데, 이는 정확히 당시 중국 측 사회주의 운동의 구심점 중 하나였던 천중밍陳炯明과의 협력 연대 모색이 더해진, 한·중·러 삼국 사회주의자들 간의 연대 모색 회의였다. 한국 측 참가자인 여운형과 김규흥은 사회주의자로서의 면모에는 얼마

간의 제한점을 가지고 있었지만, 무엇보다 한국의 독립에 대한 중국과 러시아의 지원을 얻겠다는 의도에서 이 회의에 적극 참여하였다. 다만 당시 임시정부 대표로서 모스크바에 단독 파견되었던 한형권을 통하여 코민테른 측의 실제적 지원이 실현되면서 장저우회의의 의미가 상당히 축소되고 말았다. 그러나 코민테른 측 대표 포타포프와 천종밍 간의 연대 합의는 이후 전개될 제1차 국공합작의 방향과 일치하는 것으로, 그 지향점을 분명하게 보여 준다는 점에서 주목할 만한 대목이다. 한편으로 1926년 1월 광저우廣州에서 열린 중국국민당 제2차 전국대표대회(이전대회)에 초청인사로 참여하여 특별 연설을 했던 여운형은 "반제연대"의 중요성을 강조함으로써 중국의 국민혁명이 중국 일국의 혁명이 아니라 동아시아 약소민족들과의 연대를 포함하는 동아시아의 반제 반봉건 혁명운동임을 강조하였다. 당시 함께 이전대회에 참석했던 베트남 대표 호찌민과 인도 대표의 연설 또한 마찬가지로 반제연대를 주장하는 공통점을 가지고 있었으니, 그런 점에서 중국의 국민혁명은 중국 일국의 혁명이 아니라 동아시아의 반제반봉건 혁명으로 받아들여졌음을 알 수 있다.

4. 1930년대 중국의 한국독립운동에 대한 "지원"과 "동원"

9·18사변(만주사변) 이후 전개된 일본의 중국 침략 시도는 1932년 1월 제1차 상하이사변으로 이어졌는데, 1932년 4월 말 상하이 훙커우공원에서 일어난 윤봉길의사의 일본군 지휘관들과 외교관들에 대한 폭탄 공격은 흔히 장제스를 비롯한 중국인들의 찬양의 대상이 되었고, 그 결과 국민정부의 한국독립운동에 대한 지원이 본격화될 수 있었다고 알려져 왔다. 그러나 이 책에서 자세하게 밝혔듯이, 당시 장제스를 비롯한 국

민정부 측은 상하이사변의 외교적 해결에 진력하고 있었고 거의 합의에 이르고 있던 그 시점에 윤봉길의거가 일어나자 오히려 곤혹스러운 입장에 빠지게 되었다. 그럼에도 불구하고 1932년 중반 이후 김원봉의 조선의열단 측에 대한 국민정부의 지원이 이루어져서 조선청년간부학교가 개설되고 한인 군관양성이 이루어지게 되었으며, 이듬해 봄 이후 국민당 조직부를 통해 김구에 대한 지원이 이루어져 뤄양군관학교에 한인특별반이 생겼다. 김원봉과 김구 측에 대한 국민정부의 지원은 상하이사변 이후 적극 모색된 국민정부의 "장기항전" 계획에 따라 둥베이 지역 항일의용군을 지원하려는 계획 아래 그 중요 구성세력인 둥베이 지역 한인 독립운동 세력을 지원, 동원하려는 의도에서 나온 것이었다고 봐야 한다. 실제로 김원봉이나 김구 휘하에서 양성된 한인 군관들의 상당수가 둥베이로 파견되었다는 점에서도 국민정부의 이러한 목표는 잘 드러나고 있었다. 1937년 7월 중일 전면전이 발발한 이후, 특히 12월 국민정부의 수도 난징이 함락된 이후 국민정부 군사위원회 정치부와 군사조사통계국(군통)의 주도 아래 김원봉 휘하의 한인 청년들이 중앙군관학교 특별훈련반에 편성되어 선전전을 중심으로 하는 특수전 훈련을 받은 것과 이어서 1938년 10월, 우한武漢 보위전이 한창이던 시기에 조선의용대로 조직된 다음 중국군 각 부대에 분산 파견되어 대적선전전對敵宣傳戰에 참가했던 것 또한 군사위원회와 군통의 한국독립운동 세력 "동원"의 실제적인 사례에 해당할 것이다.

1940년 충칭重慶에서 창설된 한국광복군의 경우 조선의용대의 북상과 팔로군 등 중국공산당 군대와의 연대활동, 그리고 환남사변으로 대표되는 국민당과 공산당 사이의 대립 갈등의 증폭 등으로 국민정부 내에 반공적 분위기가 조성되자 김구 중심의 민족주의 세력에 대한 지원의 결과로 창설되었다. 그러나 기본적인 동기는 김구를 중심으로 한 민족주의 세력에서 적극 주장한 화베이 일대 전선에서의 한국 출신 일본 사병들에 대한 선전 회유 공작을 통한 귀순, 반정反正을 목표로 한 한인 청년들의 동원에 있었던 것으로 보인다. 그리고 충칭임시정부의 최대 과제 중 하나였던 임시정부에 대한 외교적 승인을 둘러싼 중국과 미국, 영국 등 열강들 간의 협의를 보면 국민정부의 한국임시정부 승인에 대한 태도는 적극적이라기보다는 소극적이고 유보적인 것이었던 것으로 보아도 크게 무리가 없다. 그만큼 국민정부의 임시정부에 대한 입장은 미국 등 전쟁 수행과정에서 주도권을 가진 열강들의 불승인 정책 아래 선택지가 크게 제한되어 있었다. 그런 한편으로 한국광복군이 펴낸 몇몇 잡지들에서 나타나 있듯이, 1941년을 전후한 시기 한국독립군 측의 국제정세 인식은 일본의 남진南進을 전망하는 동시에 그 결과로서 미국의 참전이 불가피할 것이라는 기대를 걸고 있었음을 보여 준다. 그런 만큼 종전을 바라보는 국민정부와 임시정부, 곧 중국과 한국 사이의 인식 사이에는 중국에 대한 의존과 미국에 대한 기대라는 측면에서 조금씩 차이가 드러나기 시작했다.

5. 미국 참전 이후 한중관계의 변동

1943년 11월 이집트 수도 카이로에서 열린 미국, 영국, 중국 사이의 카이로회담은 종전을 앞당기기 위한 군사협력 방안 마련이 회의의 중심 의제였으나 종전 이후 국제질서 마련을 위한 탐색 또한 중요한 의제 가운데 하나였다. 전후 한반도 처리 문제 또한 카이로회담의 한 가지 의제였는데 먼저 미국 루스벨트 대통령과 중국의 장제스 총통 사이에 논의된 다음, 영국 처칠 수상의 수정 제안으로 처리되었다. 전후 한국 문제 처리의 기본 계획은 이전부터 미국 외교 부서 안에서 논의되어 왔던 이른바 국제공동관리, 즉 신탁통치 방안이었다. 중국 측, 곧 장제스는 전후 한국의 즉각적인 독립을 주장했으나 결국 루스벨트의 신탁통치 방안을 받아들이는 선에서 합의가 이루어졌고, 처칠의 문구 수정에 따라 그 유명한 "적당시기in due course"를 조건으로 내건 전후 한국의 독립이 선언서에 명시되기에 이르렀다. 이후 중국의 대한對韓 정책은 일정 기간의 신탁통치를 거쳐 독립을 부여한다는 미국 측의 주장을 수용하는 범위 안에서 전후 한국 내 친중정부 수립을 위해 노력하는 것에 그칠 수밖에 없었다. 그리고 1944년 6월, 미국 부통령 월리스의 충칭 방문은 확대 조짐을 보이고 있던 국민당과 공산당 간의 대립을 무마하고 소련과의 외교 협의를 통해 소련의 대일 참전을 촉진하려는 루스벨트의 복안에 따른 것이었으나, 장제스를 비롯한 국민정부 측의 불만을 불러일으키면서 미중 간의 대립 양상을 나타내는 상황으로 이어졌다. 이런 상황 속에서 충칭임시정부 측에서는 전쟁에서 주도권을 확실하게 가지고 있던 미국 측에 접근함으로써 임시정부에 대한 외교적 승인과 군사적 참전을 이루기 위해 노력하였다. 물론 임시정부 측의 이러한 노력은 중국 측의 우려와 견제를 낳았으나, 결과적으로 당시 한중 사이에 가장 큰 현안이던 한국광복군에 대한 통제책인 「한국광복군행동구개준승」의 철폐 요구를 중국 측이 받아들임으로써 임시정부 측의 불만을 무마 내지는 완화시켰고, 종전 이후 중국은 한반도 내 친중정부 수립을 위한 임시정부와의 협력 관계를 강화하고자 노력하게 되었다.

미국이라는 새로운 변수의 등장에 의한 한중관계의 변화 양상은, 카이로회담 이후 다양하게 모색되고 있던 국민정부 내에서의 전후 대한對韓정책 논의 속에서도 잘 드러나고 있었다. 특히 1945년 1월 중국 외교부 아시아국장亞洲司長 양윈주楊雲竹를 워싱턴에 파견하여 미국 국무부 아시아 담당자들과 벌인 한국문제에 대한 일련의 협의는, 미국의 입장을 탐색하면서 중국의 입장을 간접적으로 전하는 식으로 전개되었음을 보여 주었다. 이런 양상은 전후 한국 문제의 처리가 결국 미국 주도의, 그리고 미국 중심의 방식으로 진행될 것과 더불어 중국의 주도권 상실과 외교적 곤혹을 예견케 하기에 충분하였다. 이러한 상황은 종전 직후 중국과 미국 사이에 진행된 임시정부의 환국을 둘러싼 협상 과정에서 그대로 드러났으니, 미국 국무부는 남한에 만들어진 미군정부의 요청에도 불구하고 임시정부 요인들의 집단적 환국을 불허하였으며 개인적으로, 그것도 "조용한 환국"만을 허용했을 뿐이었다. 이 과정에서, 재정지원을 포함한 임시정부 요인들의 환국 후 활동을 위한 중국 측의 지원은 처음부터 완전하게 차단되고 말았던 것이다.

1945년 11월 임시정부 요인들의 환국 이후 중국 내 한국 교민들에 대한 보호와 귀국 처리, 남아 있던 임시정부 요인이나 가족들의 환국문제, 한국 내 임시정부 요인들과의 연락 업무 등 잔여업무를 처리하기 위하여 만들어진 주화대표단과 국민정부 사이의 관계는 종전 이후 한중관계의 면모를 밝혀 주는 또 다른 사례로 들 수 있다. 1946년부터 본격화된 국공 간의 대립은 결국 둥베이東北에서부터 내전으로 이어졌는데, 이 과정에서 국민정부와 주화대표단의 둥베이 진입은 지체되었고 그 반대로 중국공산당 군대나 이들과 협력한 한국공산당 세력의 둥베이 한인에 대한 영향력은 확대되어 갔다. 이뿐만 아니라 소련의 지원 아래 공산주의 정권의 수립에 나선 북한은 국공내전 과정에서 초반 열세에 빠진 중국공산당 측의 회생을 돕는 역할을 수행하였으니, 이런 점에서 둥베이 한인들과 북한을 비롯한 전후 한국 관련 정보는 국민정부에게 매우 중요한 의미를 갖기에 이르렀다. 게다가 국민정부 측에서는 둥베이 한인 및 한반도 관련 정보 수집을 위해 주화대표단의 관련 정보 수집과 보고를 요구했던 것으로 보인다. 이를테면 이 시기 주화대표단 내지는 주화대표단 대표 민필호 이름의 관련 정보 보고는, 1938~40년에 있었던 조선의용대에 대한 동원과 마찬가지로 국민정부의 한국독립운동 세력에 대한 "동원"의 양상을 드러내면서 다른 한편으로는 김구 중심의 임시정부 내지 주화대표단의 국민정부에 대한 계속적인 지원 요청 내용을 담고 있었다.

Ⅱ. 20세기 전반기 한중관계와 21세기 한중관계와의 연속성 문제

1. 중화주의의 극복

전통 시대 한중관계를 상징하는 단어 "중화주의"는 중국인들의 혈통적, 그리고 문화적 우월주의를 뜻한다. 중화주의는 동아시아에서 2000년 이상 문화적 중심의 자리를 차지했던 중국이 가지게 된 역사적 관념임과 동시에 문화적 의식이다. 그런 점에서 이해받을 수 있는 부분도 있지만, 많은 경우 중국 이외 지역 국가에 대한 차별과 배척을 가져온다는 점에서 극복되어야 할 잘못된 관념으로 평가받는다.

이 책이 다루는 시기는 근대 내지 현대이므로, 당연히 전통적 가치질서인 중화주의는 점차 극복되어 가는 과도기에 있었다고 해야 할 것이다. 그러나 이 책의 여러 군데에서 확인할 수 있었듯이 20세기 전반기 중국에는 중화주의가 상당 부분 잔존해 있었다는 것이 사실이다. 예컨대 신해혁명의 지도자인 쑨원의 경우 중국의 우월성과 함께 전통시대 중국의 번속藩屬이었던 주변 지역을 중국이 잃어버린 영토, 곧 중국이 회복해야 할 영토로 보는 "중화주의적 영토 의식"을 가지고 있었음이 확인된다. 또 1940년대에 국민정부 외교부 내부에서 모색, 논의되고 있던 전후 동아시아 국제질서에 대한 중국의 구상을 살펴보자면 주변 지역, 국가에 대한 중국의 영향력 확보를 전통시대 중국의 지위 회복이라고 보는, 일종의 중화주의가 잔존했음을 확인할 수 있다.

한편으로 이들 중국인들과 교류하며 이들의 도움을 받고자 노력했던 한인 지사들의 경우에 반대로 중국 의존적인 태도, 곧 사대주의적 태도를 가지고 있었음도 지적받아야 한다. 물론 중국 안에서 독립운동을 전개한다는 것 자체가 중국의 지지와 도움이 없이는 불가능한 것이기 때문에 중국 측의 도움을 구했던, 혹은 받았던 한인 지사들의 입장을 모두 사대주의로 매도할 수는 없을 것이다. 그럼에도 불구하고 비록 당시에는 열강들의 침략 아래 아식민지적亞植民地的 약소국을 자칭하고 있던 중국이었지만, 그 중국의 도움에 지나치게 의존하는 한인 지사들의 태도는 조선시대 사대부들의 모화사상慕華思想과 맥락을 같이하는 대국의존주의, 곧 사대주의의 잔존이라고 해도 무리가 없을 것이다.

물론 강대국의 도움을 찾고 의지하고자 하는 태도는 비단 중국만을 대상으로 한 것은 아니었다. 이 책에서 중점적으로 다루고 있는 대로, 1940년대 이후 임시정부를 비롯한 한인 지사들의 미국에 대한 의존적 태도 또한 마찬가지로 사대주의라고 부를 수 있을 만한 것이다. 어쨌든 지정학적으로 4대 열강에 둘러싸여 있는 한국으로서는, 개항 이래 반복적으로 나타나고 있던 강대국에 대한 의존적 태도에서부터 벗어나는 일은 이 책에서 다룬 시기의 중국 내 독립운동에서조차 그 중요성을 뚜렷하게 보이며, 나아가 오늘날까지도 여전히 중차대한 문제로 남아 있다. 이런 입장에서 "(조국의 독립을 위해서) 당장은 중국의 도움을 모색해야만 하겠지만, 언젠가 그 중국이 강대국이 된다면 그때 가서는 중국으로부터 벗어날 준비도 미리 해야 한다"고 했던 1910년대 박은식의 말은 한

세기를 지난 오늘날까지도 여전히 유효한 교훈이 아닐 수 없다.

2. 민간 주도 한중연대의 힘

이 책에서는 1903년 이후부터 1949년까지, 곧 20세기 전반기에 다양한 형태로 추구되어 온 "한중연대" 내지는 "한중호조"의 관계나 조직, 활동들을 자세하게 추적해 보았다. 그것들은 크게 중국인들과 한국인들 사이의 민간 차원의 상호연대, 상호원조라는 형태의 것과 임시정부와 호법정부 혹은 국민정부 사이의 정부 차원의 외교적 관계나 활동이라는 형태의 것, 이 두 가지로 나누어 볼 수 있을 것이다. 보다 규모가 크고 상당한 성과를 냈던 호조나 연대활동은 정부 차원의 연대 협력 활동에서 더 잘 드러나고 있었던 것이 사실이다. 이를테면 정부 차원의, 혹은 관官 주도의 교류, 협력, 연대가 보다 중요한 영역임은 분명하다.

그러나 한중연대, 한중호조의 실제적인 출발점이나 추구 내용, 상호인식, 태도의 면 등에서 보다 바람직한 것은, 정부 간 혹은 관 주도의 것이 아니라 민간 주도의 것이었음을 확인하게 된다. 예컨대 1920년대 초에 중국 각지에서 조직되어 활동했던 중한호조사中韓互助社의 조직과 그 활동들은 호법정부 및 국민정부와 임시정부 사이의 공식적인 혹은 정부 차원의 교류, 협력, 연대활동들에 비하여 훨씬 더 "호조互助"의 정신에 어울리는 순수한 형태의 것들이었음을 보여 준다. 이뿐만 아니라 비록 규모나 눈에 드러나는 성과 자체는 상대적으로 미약한 것이었지만, 양국 국민 사이의 근본적 인식 변화나 태도의 변화를 가져오는데 상당한 성과를 가져왔을 것이라는 평가도 받을 수 있다. 예컨대 상하이에 있던 중한호조총사中韓互助總社가 조직 운영하던 평민한어교습소平民漢語教習所라든가 매년 한 차례 야유회의 형태로 열렸던 연회年會

의 모습들은 한중 사이의 보다 바람직한 의미의 협력과 호조를 잘 드러내고 있었으며, 당시 이에 대한 대중적 반응 또한 컸다는 사실을 강조하고 싶다. 이런 점은 오늘날, 보다 바람직한 한중관계를 모색하기 위해서는 정부 베이스의 교류 협력 못지않게, 혹은 그 이상으로 시민 베이스의 혹은 민간 주도형의 교류 협력 모색이 중요하다는 사실을 새삼 일깨워 주는 것이다.

3. 지원과 동원

이 책의 여러 군데에서 중국 측, 특히 국민정부의 한국독립운동 내지 한국임시정부에 대한 지원 사실을 밝혔다. 앞에서도 언급한 바이지만 중국 내에 존재하던 임시정부를 비롯한 한국독립운동 자체가 중국 측, 특히 국민정부의 지지와 지원을 바탕으로 해서 존재할 수 있었다는 점에서 이들의 지원은 그만큼 결정적 역할을 한다고 하겠다. 이런 점에서 그동안 한국학계나 중국 학계 모두에서 한국독립운동에 대한 중국 측의 "지원" 사실을 강조해 왔다.

그러나 이 책에서 자세하게 밝힌 대로 중국 측의 지원은 분명한 목적을 가진 지원이었고 흔히 말하는 식의 "약소국에 대한 도덕적 지원"이나 "오랜 양국 간의 우의에서 나온 도움의 손길"만은 아니었다. 예컨대 1932년 중반부터 본격화된 김원봉과 김구 중심의 독립운동 세력에 대한 지원만 보더라도, 1932년 1월에 발발한 제1차 상하이사변第一次上海事變 이후 본격적으로 모색되기 시작한 중국의 대일對日 "장기항전" 전략에 기반하였으며, 이미 일본군의 점령 아래에 들어간 둥베이東北(만주) 지역 항일의용군을 지원하여 장기항전에 동원하려는 계획의 일환으로 그 중요 구성원인 둥베이 지역 한국 독립운동군을 지원, 동원하려는 것이었음을 확인할 수 있다. 마찬가지로 1937년 12월 난징南京 함락 직후 김원봉 휘하의 한인 청년들을 중앙육군군관학교 특별훈련반에 편성, 훈련하고 우한武漢 보위전이 한창이던 1938년 10월에 조선의용대로 조직 지원한 것 또한 국민정부 군사위원회 정치부와 군사조사통계국(군통)의 현안이었던 "대적선전전對敵宣傳戰"에 일본어가 가능했던 한인 병사들을 동원하려는 계획 아래 나온 것이었음도 밝혔다. 이를테면 조선의용대나 한국광복군, 임시정부에 대한 중국 측의 지원은 중국 측의 실제적 필요에 호응하기 위해 한국독립운동 세력을 "동원"하려는 것이었고, 그런 점에서 "호의적" 내지 "우의적" 차원의 지원만은 아니었다는 점을 분명히 지적해야만 한다는 것이다.

이런 사실은 한국독립운동과 중국과의 관계를 설명할 때 현재까지의 관점을 수정해야 한다는 점을 알게 해 주거니와, 동시에 오늘날 한중관계를 바라보는 관점 또한 다시 생각하게 만든다. 오늘날 바람직한 한중관계를 모색하고자 할 때 우의나 호조라는 관념적 접근이 흔히 강조되고, 또 그럴 필요도 있겠지만, 그에 앞서서 양국의 국익을 솔직하게 상호 인정하고 만약 그 가운데 대립, 모순되는 대목이 있다고 한다면 서로의 국익을 존중하면서 효율적으로 조정해 가려는 노력이 반드시 필요하다는 생각에 이르게 된다.

4. 미·중 사이의 한국

이 책의 후반부, 특히 1940년대 이후 부분에서 제2차 세계대전을 통하여 명실상부하게 세계 최대 열강의 자리에 오른 미국이 한중관계 속에서 가지는 중요성과 그 의미를 논하였다. 특히 충칭 한국임시정부의 최대 현안이었던 임시정부에 대한 국제적 승인 문제와 관련하여 미국의 불승인 입장을 고려하여 주도적 승인으로 나가지 못했던 국민정부의 곤혹스러운 상황이나, 1943년 카이로회담에서도 전후 한국에 대한 미국 측(루스벨트 대통령)의 국제공관國際共管(곧 신탁통치) 정책에 밀려 결국 그것에 동의할 수밖에 없었던 중국 측의 현실적 한계 등은 모두 미국 주도의 중미관계에서 중국이 안고 갈 수밖에 없었던 어려움을 잘 보여 준다. 나아가 1944년 6월 미국 부통령 월리스의 충칭 방문 당시 임시정부가 보여준 대미對美접근 노력은, 국민정부로 하여금 한국광복군에 대한 직접적 통제책인 「한국광복군행동구개준승韓國光復軍行動九個準繩」의 철폐를 사실상 앞당기도록 만드는 직접적 계기가 되기도 했던 것으로, 중국으로서는 임시정부에 대한 통제책을 일부 완화하는 것을 통하여 임시정부를 자신들의 영향력 아래 계속 묶어 두려고 했던 것이다. 그만큼 미국의 대일전 참여 이후 나타나게 된 미국 주도의 중미관계는 중국 의존 일변도에 머물러 있던 임시정부로 하여금 새로운 출로를 찾도록 만들 만큼 기왕의 한중관계의 틀을 바꾸는 지렛대가 되었다.

1940년대 중미관계의 변화와 그에 연동된 한중관계의 변화는, 오늘날 한중관계를 생각할 때 여러 가지 생각이 들게 한다. 다시 말해 오늘날에도 한중관계 설정에 최대의 변수가 되고 있는 중미관계 및 한미관계를 어떻게 설정해야 할 것인가라는 문제를 계속 생각나게 만드는 것이다. 흔히 중미 사이에 한국이 놓여 있다고 하는 점에서 한국이 취해야 할 외교 노선으로 이른바 "균형외교"의 시각이 강조되기도 하지만, 사실 양대국 사이에 낀 소국이 주도적으로 균형을 시도하기란 결코 쉬운 노릇이 아니다. 다만 여기에서 분명히 짚어야 할 것은, 양 대국 사이에 끼어 있는 한국으로서는 어느 한쪽으로만의 편향은 많은 어려움을 야기할 것이라는 점과 함께 중미관계에 대한 정확한 이해와 양국의 주도권 아래 진행되고 있는 지구사 내지 동아시아사의 흐름에 대한 폭넓은 이해가 반드시 필요하다는 점이다. 역사는 똑같이 반복되지 않는 것은 분명한 사실이지만 역사 속에 많은 비슷한 경우와 교훈이 있다는 것 또한 엄연한 사실이다.

참고문헌목록

1) 신문·잡지

『開闢』(서울, 1925).
『建設』(上海, 1919).
『廣東公報』(廣州, 1912~1913).
『光明』 創刊號(廣州, 1921. 12. 1.).
『光復』(重慶, 1941~1942).
『教育月報』(서울, 1908).
『國民公報』(北京, 1919).
『國民報』(하와이, 1951).
『獨立新聞』(上海, 1919~1923).
『東亞日報』(서울, 1920~1934).
『大公報』(長沙, 1921).
『大公報』(重慶, 1942~1944).
『大公報』(天津, 1919, 1932).
『大共和日報』(上海, 1912).
『大東學會月報』(서울, 1908).
『大韓自强會月報』(서울, 1906).
『大韓協會會報』(서울, 1909).
『道路月刊』(上海, 1925).
『萬歲報』(서울, 1906~1907).

『民國日報』(廣州, 1926).
『民國日報』(上海, 1924~1926).
『民立報』(上海, 1912).
『民誼』(廣州, 1912~1913).
『四民報』(上海, 1921).
『思想彙報』(朝鮮總督府 高等法院 檢事局 思想部, 1940).
『社會與教育』 3-24期(上海, 1932).
『上海日報』(上海, 1932).
『時事新報』(上海, 1932).
『新聞報』(上海, 1921).
『申報』(上海, 1918, 1931~1932).
『新政治月刊』(重慶, 1941).
『新潮』(北京, 1919~1922).
『新韓民報』(샌프란시스코, 1921).
『新韓青年』(上海, 1919)
『新華日報』(重慶, 1939~1942).
『益世報』(北京, 1919).
『朝鮮義勇隊通訊』(桂林, 1940).
『朝鮮日報』(서울, 1921).
『中央黨務月刊』(南京, 1928~1936).
『中央日報』(南京, 1932).
『中央日報』(重慶, 1945).
『中韓語學講習所遊藝大會特刊』(1923. 3. 2).
『中華新報』(上海, 1921).
『震旦週報』(上海, 1920).
『太極學報』(서울, 1907).
『韓國青年』(重慶, 1941~1942).
『韓民』(重慶, 1940).
『香江雜誌』 創刊號(香港, 1913. 12. 1).
『皇城新聞』(서울, 1905~1906).

『大正日日報』(大阪, 1920).

The China Press(Shanghai, 1932).
The North China Herald(Shanghai, 1919).

2) 당안檔案자료

"Memorandum: Korea's Role in the Anti-Axis War", 『國民政府外交部檔案: 韓國獨立運動(二)』, 國史館 所藏檔案, 檔案番號: 020-990600-2000-0098~0102.

"Roosevelt to Chiang(July 17, 1944)", 『蔣經國總統文物-蔣中正函電錄底(一)』, 國史館 所藏檔案, 檔案番號: 005-010100-00001-022.

"Statement by Y. Tjosowang, Minister of Foreign Affairs", 『國民政府外交部檔案: 韓國獨立運動(二)』, 國史館 所藏檔案, 檔案番號: 020-990600-2000-0097.

"Wallace to Chiang(June 27, 1944) from Chengtu", 『蔣中正總統文物-革命文獻-對美外交: 華萊士訪華』, 國史館 所藏檔案, 檔案番號: 002-020300-00038-013.

「京城消息(1946. 2. 14.)」, 中國國民黨黨史會 所藏檔案, 檔案番號: 特16/6.7.

「高麗問題中美會談紀錄: 第四次會議紀錄(1945. 1. 30)」, 外交部檔案 11-EAP-05862.

「貢沛誠電蔣中正請扶助韓國獨立黨及內蒙騎隊革命抗日行動與建議選派人員意見(1932. 7. 6)」, 『蔣中正總統檔案(特交文電, 領袖事功之部, 領導革命外交, 對韓菲越關係(二)』 國史館 所藏檔案 002-090103-00010-002.

「口述(1944. 9. 22?)」; 「美國大使館來件譯文(1944. 9. 26)」, 『韓國問題研究綱要及資料』 外交部檔案 11-EAP-06113.

「軍事委點檢韓國光復軍(1943. 5. 4.)」, 國民黨黨史會 所藏檔案, 檔案番號: 特16/3.12.

「軍事委辦公廳快郵代電(1945. 11. 4.)」, 國民黨黨史會 所藏檔案, 檔案番號: 特16/24.12.

「軍委會致中秘處代電(1945. 3. 14.)」, 國民黨黨史會 所藏檔案, 檔案番號: 特16/11.12.

「金九主席致蔣主席七月三日函」, 『蔣中正總統文物-革命文獻-蔣總統訪韓』, 國史館 所藏檔案, 檔案番號: 002-020400-00034-074.

「金奎植退出朝鮮民族革命黨(1946. 3. 1.)」, 國民黨黨史會 所藏檔案, 檔案番號: 特16/10.10.

「大韓民國臨時政府駐華代表團函: 報告王逸曙(金弘壹)等成立之韓國僑民總會, 企圖抵制該團東北辦事處(1946)」, 臺北 國史館 所藏檔案, 檔案番號: 16-001-001-000.

「閔石麟致溫叔萱函(1945. 9. 13.)」, 國民黨黨史會 所藏檔案, 檔案番號: 特16/9.28.

「北韓西南地區近況情報(1947. 1. 2.)」, 國民黨黨史會 所藏檔案, 檔案番號: 特16/4.132.

「北韓新民主黨活動情形(1945. 11. 10.)」, 國民黨黨史會 所藏檔案, 檔案番號: 特16/11.2.

「上海朝鮮各社團最近情況(1945. 10. 26.)」, 國民黨黨史會 所藏檔案, 檔案番號: 特16/13/3.

「上海朝鮮青年聯合會之活動及背景(1945. 10. 19.)」, 國民黨黨史會 所藏檔案, 檔案番號: 特16/24.4.

「徐恩曾呈蔣委員長六月二十四日情報: 林伯渠希圖與華萊士晤面」, 『蔣中正總統文物-革命文憲-國共協商與共軍叛亂』, 國史館 所藏檔案, 檔案番號: 002-020400-00003-011.

「徐恩曾呈蔣中正渝市中共散發林祖涵致張治中王世杰函之傳單(1944. 10. 9.)」, 『蔣中正總統文物-革命文獻-國共協商與共軍叛亂』 國史館 所藏檔案 檔案番號: 002-020400-00003-016.

「聲援李承晩赴美呼籲韓國獨立(1946. 12. 20.)」, 國民黨黨史會 所藏檔案, 檔案番號: 特16/4.121.

「侍從室情報: 韓國臨時政府軍務部長金若山與外務部長趙素昂之紛糾」, 國民黨黨史會 檔案資料, 檔案番號: 特16/9.16.

「與華萊士總統談話要旨: 參事室呈蔣委員長建議(1944年 6月)」, 『蔣中正總統文物-革命文獻-對美外交: 華萊士訪華』, 國史館 所藏檔案, 檔案番號: 002-020300-00038-007.

「吳祕書長鐵城致詞(1944. 7. 17.)」; 「中國國民黨中央黨部歡宴韓國臨時政府首長金主席白凡答詞(1944. 7. 17.)」, 國民黨黨史會 所藏檔案, 檔案番號: 特16/25.9.

「吳鐵城致葉秀峯函(1945. 6. 23.)」, 國民黨黨史會 檔案資料, 檔案番號: 特16/15.5.

「魏道明電蔣中正此次華萊士訪華似有意探討中蘇關係及中共問題(1944. 5. 15.)」, 『蔣中正文物-革命文獻-對美外交: 華萊士訪華』, 國史館 所藏檔案, 檔案番號: 002-020300-00038-004.

「魏道明致外交部電(1944. 11. 17)」, 『韓國問題研究綱要及資料』, 外交部檔案 11-EAP-06113.

「爲會商研究閔石麟建議中韓親善意見簽請鑒核示遵(1947. 4. 1. 中秘處 祕書 張壽賢作成)」, 國民黨黨史會 所藏檔案, 檔案番號: 特16/4.99.

「蔣中正電滕傑速派三人至貢沛誠處服務并需要其指揮爲要」, 『蔣中正總統檔案(特交文電, 領袖事功之部, 領導革命外交, 對韓菲越關係(二)』 國史館 所藏檔案, 002-090103-00010-001.

「蔣中正電魏道明向美表示華萊士若有調解國共之意則共將更囂張(1944. 5. 20.)」, 『蔣中正文物-籌筆: 抗戰時期(五十四)』, 國史館 所藏檔案, 檔案番號: 002-010300-00054-005.

「朝鮮共和政府(中央日報特派員漢城9日電, 1945. 9. 12.)」, 國民黨黨史會 所藏檔案, 檔案番號: 特16/9.24.

「朝鮮民族革命黨中執會致中國國民黨中秘處函(1945. 9. 17.)」, 國民黨黨史會 所藏檔案, 檔案番號: 特16/14.18.

「朝鮮政黨概況(1946. 1. 17.)」, 國民黨黨史會 所藏檔案, 檔案番號: 特16/10.3.

「朱家驊徐恩曾呈蔣委員長五月二十四日情報」, 『革命文憲-中共爲謀與移動(二): 蔣中正總統文物』, 國史館 所藏檔案, 檔案番號: 002-020300-00050-085.

「駐東北特派員公署電, 東北保安司令部下前韓僑事務處長王逸曙現在下處任何職仰查照電復」(1947. 2. 19.), 外交部檔案(韓僑處理案), 檔案番號: 0672.50/4422.7.
「中韓國民互助社致上海執行部函(1923. 8. 30.)」, 『環龍路檔案』 國民黨黨史會 所藏檔案, 檔案番號: 環09953.
「參軍處軍務局情報(1945. 10. 25.)」, 國民黨黨史會 所藏檔案, 檔案番號: 特16/10.27.
「參軍處情報(1945. 11. 5.)」, 國民黨黨史會 所藏檔案, 檔案番號: 特16/11.1.
「參軍處情報(1945. 11. 6.)」, 國民黨黨史會 所藏檔案, 檔案番號: 特16/24.9.
「簽呈(1945. 2. 21)」, 外交部檔案 11-EAP-05862.
「派王榮生爲駐韓國臨時政府專員案(1945. 5.~7.」, 國民黨黨史會 檔案資料, 檔案番號: 特16/15.5.
「韓國各黨派概略(1944. 3. 15., 獨立黨閔石麟送來)」, 國民黨黨史會 所藏檔案, 檔案番號: 特16/10.7.
「韓國光復軍過去之經驗及今後發展之方針(光復軍政訓處長 少將黃紹美→中央祕書處, 1945年 1月 15日)」, 國民黨黨史會 所藏檔案, 檔案番號: 特16/5.30.
「韓國國內消息(1946. 1. 15. ~ 30.)」, 國民黨黨史會 所藏檔案, 檔案番號: 特16/7.7.
「韓國國內消息(1946. 2. 14. ~ 20.)」, 國民黨黨史會 所藏檔案, 檔案番號: 特16/7.6.
「韓國獨立黨組織系統表(1947. 1. 11.)」, 國民黨黨史會 所藏檔案, 檔案番號: 特16/4.133.
「韓國問題之對策(1945年 12月)」, 『韓國問題研究綱要及資料』 外交部檔案(臺灣中央研究院 近代史研究所檔案館 所藏) 11-EAP-06114.
「韓國問題討論會紀錄(1944. 10. 14; 10. 31)」, 『韓國問題研究綱要及資料』 外交部檔案 11-EAP-06113.
「韓國臨時政府內部問題報告(1945年 4月 26日)」, 國民黨黨史會 所藏檔案, 檔案番號: 特16/3.34.
「韓國臨時政府備忘錄之研究(1944年 6月 30日, 溫叔萱處長 作成)」, 國民黨黨史會 所藏檔案, 檔案番號: 特16/3.4.
「韓國臨時政府駐華代表團團長朴純致中秘處函(1946. 3. 31.)」, 國民黨黨史會 所藏檔案, 檔案番號: 特16/4.10.
「韓國臨時政府最近動向(1945. 9. 15.)」, 國民黨黨史會 所藏檔案, 檔案番號: 特16/9.19.
「韓國臨政駐華代表團辦事處報告(1946. 2. 14.)」, 國民黨黨史會 所藏檔案, 檔案番號: 特16/6.7.
「韓國政情漸露曙光(1946. 1.)」, 國民黨黨史會 所藏檔案, 檔案番號: 特16/7.13.
「韓國駐華代表團借短波收音機案(1947. 4. 28., 閔石麟→吳鐵城)」, 國民黨黨史會 所藏檔案, 檔案番號: 特16/4.111.
「韓國漢城廣播節錄(1946. 2. 2.)」, 國民黨黨史會 所藏檔案, 檔案番號: 特16/7.8.

「韓國現狀報告(1947年 1月, 閔石麟)」, 國民黨黨史會 所藏檔案, 檔案番號: 特16/26.13.
「韓國現勢概述(1947年 3月, 閔石麟)」, 國民黨黨史會 所藏檔案, 檔案番號: 特16/4.99.
「韓代表團致國府參軍處軍務局代電(1946. 11. 15.)」, 國民黨黨史會 所藏檔案, 檔案番號: 特16/9.2.
「韓獨黨中國總支部致中秘處函(1946. 3. 1.)」, 國民黨黨史會 所藏檔案, 檔案番號: 特16/21.30.
「韓情近報(1945年 3月 7日, 4月 7日, 4月 23日, 5月 9日, 5月 22日, 6月 8日, 6月 13日, 6月 19日, 6月 21日, 7月 25日, 8月 18日, 9月 11日, 9月 25日)」, 國民黨黨史會 所藏檔案, 檔案番號: 特16/8.1~特16/8.8; 特16/19.5~特16/19.11.
「韓政府內部團結尙有問題(1945. 10. 4.)」, 國民黨黨史會 所藏檔案, 檔案番號: 特16/9.5.
「胡大使致重慶外交部電(1942年 3月 13日)」, 『外交部檔案』 11-NAA-05033.
葉秀夆(中統局長), 「派王榮生爲駐韓國臨時政府專員案(1945. 7. 3.)」 國民黨黨史會 所藏檔案(檔案番號: 特16/15.5).
林建民, 「琉球必須歸還中國之理由」, 『琉球問題』, 『外交部檔案』 11-NAA-05508.
林定平 著, 「韓國革命運動(1944. 6)」, 『外交部檔案』 11-EAP-05348.
派王榮生爲駐韓國臨時政府專員案(1945. 5. 7.)」 國民黨黨史會 所藏檔案, 檔案番號: 特16/15.5.

「上海秘密事件嫌疑者金奎衍ニ關スル件(1909年 5月 26日)」, 『통감부문서 1권』(국사편찬위원회 한국사데이터베이스).
「在支那朝鮮人陰謀事件に關する件 1(조선총독부정무총감 → 외무차관, 1916년 9월 11일)」, 『國外抗日運動資料(日本外務省資料)』(국사편찬위원회 한국사데이터베이스).
「在支那特命全權公使 → 外務大臣(1916年 12月 18日)」, 『日本外務省資料』(국사편찬위원회 한국사데이터베이스).
「在支那特命全權公使 → 外務大臣(1919年 3月 5日)」, 『日本外務省資料』(국사편찬위원회 한국사데이터베이스).
朝鮮總督府警務局長, 「河南省ニ在ル鮮人武官ニ關スル件(1925年 10月 5日)」, 『日本外務省資料』(국사편찬위원회 한국사데이터베이스).

Shanghai Municipal Council, Shanghai Municipal Report for the Year 1919 and Budget for the Year 1920, Shanghai, 1920(上海檔案館 所藏 公共租界檔案資料).

3) 문집 연보 자료집

『江陵金氏大同譜』 제2권(강릉, 2005).
矯桂瑾(오소진 번역), 「조선의용대 지도위원회의 중국인 요원들」, 『한국독립운동사연구』 56(2016).
국민대학 한국학연구소 편, 『韓人歸還과 政策』 제3권(中國東北地域), 역사공간, 2011.
국사편찬위원회 편, 『대한민국임시정부자료집』 1~45집, 국사편찬위원회, 2005~2011.
국사편찬위원회 편저, 「朝鮮民族運動年鑑」, 『대한민국임시정부자료집』 별책 2, 과천(국사편찬위원회), 2009.
김구 저, 도진순 탈초교감, 『(定本)白凡逸志』, 돌베개, 2016.
金斗燦, 「吳光鮮將軍」, 『新東亞』 1971년 2월호.
金秉萬 譯, 『民權自治制』, 京城(敎育月報社), 隆熙 3년(1909년) 9월.
김영신 편역, 『蔣中正總統檔案 중 한국관련자료 輯譯』, 선인, 2011.
김준엽, 『長征: 나의 광복군시절』, 나남, 1988.
김준엽 편, 『石麟 閔弼鎬傳』, 나남, 1995.
김학규, 「白波自敍傳」, 『한국독립운동사연구』 2(1988).
金漢永 편저, 『凡齋와 독립운동』, 서울정판사, 2002.
김형종 등역, 『국역청계중일한관계사료』 1~5, 동북아역사재단, 2012.
도산안창호선생전집편찬위원회 편, 『島山安昌浩全集』 제4권(日記篇), 서울, 2000.
도산학회 편, 『미주국민회자료집』 제18권(하와이, 시베리아, 만주지방총회), 도산안창호선생기념사업회, 2005.
독립기념관 한국독립운동사연구소 편, 『島山安昌浩資料集』 제2권, 천안, 1990.
독립운동사편찬위원회 편, 『독립운동사자료집 제9집(임시정부자료집)』, 서울(독립유공자사업기금운영위원회), 1970.
몽양여운형선생전집발간위원회 편, 『몽양여운형전집』 제1~3권, 한울, 1991.
문일평, 『湖岩全集』 제3권, 조광사, 1978.
미국사연구회 엮음, 『사료로 읽는 미국사』, 궁리, 2006.
閔石麟 編著, 『中韓外交史話』, 重慶(東方出版公司), 1942.
민석린 편저, 『한국의 얼』, 공보실, 1955.
백암박은식선생전집편찬위원회 편, 『白巖朴殷植全集』 제5권, 동방미디어, 2002.
백범김구선생전집편찬위원회 편, 『白凡金九全集』 제5권, 大韓每日申報社, 1999.
邵毓麟, 『使韓回憶錄』, 이용빈 등 역, 『사오위린대사의 한국외교회고록』, 한울, 2017.
金昌淑 著, 心山思想硏究會 編, 『金昌淑文存』, 成均館大學校大東文化硏究院, 1986.
李恩淑, 『西間島始終記—우당 이회영의 아내 이은숙 회고록』, 일조각, 2017.
예관신규식전집편찬위원회 편, 『예관신규식전집』 1, 2권, 예관신규식전집편찬위원회, 2019.

李光洙, 『李光洙全集』 14, 三中堂, 1962.
정원택 저, 홍순옥 편, 『志山外遊日誌』, 탐구당, 1983.
주요한 편, 『안도산전서』, 삼중당, 1963.
최종건 편, 『(大韓民國)臨時政府文書集覽』, 知人社, 1976.
秋憲樹 編, 『資料韓國獨立運動』 1, 延世大學校出版部, 1971.
한국독립운동사연구소 편, 『島山安昌浩資料集(2)-在中國關內·滿洲·유럽同胞와의 書信類-』, 독립기념관 한국독립운동사연구소, 1991.
한국독립운동사연구소 편, 『中國新聞韓國獨立運動記事集(Ⅰ)』, 독립기념관 한국독립운동사연구소, 2008.
『한국독립운동사자료집』 30(의열투쟁) 한국사데이터베이스.
한국정신문화연구원 편, 『韓國獨立運動史資料集[中國人士證言]』, 박영사, 1983.

郭沫若, 『洪波曲』(郭沫若自傳 第4卷), 北京(三聯書店), 1978.
郭榮趙 編譯, 『蔣委員長與羅斯福總統戰時通訊』, 臺北(幼獅文化事業公司), 1978.
廣東省社會科學院歷史研究室 等編, 『孫中山全集』, 第1~11卷, 北京(中華書局), 1981.
廣東革命歷史博物館 編, 『胡志明與粵港』, 北京(世界知識出版社), 2010.
廣東革命歷史博物館 編, 『黃埔軍校史料』, 廣州(廣東人民出版社), 1982.
國民黨黨史會 編, 『陳英士先生文集』, 臺北(中央文物供應社), 1976.
羅家倫 主編, 『革命文獻』 第1~66輯, 臺北(中央文物供應社), 1974.
單補生, 「我珍藏的抗戰時期中央軍校特別訓練班同學錄」, 『黃埔』(北京, 黃埔軍校同學會) 2016年 第3期.
段雲章·沈曉敏 編著, 『孫文與陳炯明史事編年』, 廣州(廣東人民出版社), 2003.
段雲章·倪俊明 編, 『陳炯明集』(上·下), 廣州(中山大學出版社), 1998.
駱伯鴻 編譯, 『史迪威抗戰日記』, 長沙(湖南人民出版社), 2013.
呂芳上 主編, 『蔣中正年譜長編』 第1~12册, 臺北(國史館), 2014.
莫紀彭 著, 『莫紀彭先生訪問紀錄』, 臺北(中央研究院近代史研究所), 1997.
劉金鏞 編, 『國際隊伍』, 重慶(1941. 4. 1.).
劉金鏞 編, 『火線上的朝鮮義勇隊』, 桂林(1939).
林忠勝 記錄, 『齊世英口述自傳』, 北京(中國大百科全書出版社), 2011.
馬義 編著, 『朝鮮義勇隊勝利的四年』, 重慶(?), 出版年度 不詳.
毛注靑 編著, 『黃興年譜長編』, 北京(中華書局), 1991.
朴殷植, 『韓國獨立運動之血史』, 上海(維新社), 1920.
潘茂, 「國民黨中央軍校特訓班歷史回顧」, 『湖北文史』 2006年 第2期.
賓符, 『中國抗戰與國際形勢』, 上海(光明書局), 1937年 12月.
查建瑜 編, 『國民黨改組派資料選編』, 長沙(湖南人民出版社), 1986.
汕尾市人物研究史料編纂委員會 編, 『汕尾市人物研究史料(陳炯明與粵軍研究史料)』

第3册, 汕尾(汕尾市人物研究史料編纂委員會), 1993.
尙明軒 主編, 『宋慶齡年譜長編』, 北京(北京出版社), 2002.
桑兵 主編, 『各方致孫中山函電匯編』 第4卷, 北京(社會科學文獻出版社), 2012.
徐詠平, 『民國陳英士先生其美年譜』, 臺北(商務印書館), 1989.
徐友春 主編, 『民國人物大辭典』, 石家莊(河北人民出版社), 1991.
徐天復 等著, 『宋漁父』, 上海, 1924 (『中國學術叢書』 第3編, 84卷).
楊昭全 等編, 『關內地區朝鮮人反日獨立運動資料彙編 1919-1945』 下册, 瀋陽(遼寧人民出版社), 1987.
榮孟源 主編, 『中國國民黨歷次代表大會及中央全會資料』 下册, 北京(光明日報出版社), 1985.
榮孟源 主編, 『中國近代史資料選輯』, 香港(三聯書店), 1979.
王耿雄, 『孫中山史事詳錄(1911-1913)』, 天津, 1986,
王繼賢 編著, 『中國戰場上的朝鮮義勇隊』, 桂林(1940. 3. 1.).
林美莉 編輯校訂, 『王世杰日記』(上·下), 臺北(中央研究院近代史研究所), 2013.
『飮氷室全集』 21卷, 臺北(文化圖書公司), 1976.
『李烈鈞先生文集』, 臺北(中國國民黨黨史會), 1981.
蔣介石 講, 『中國外交與遠東大勢』, 重慶(中國國際聯盟同志會), 1939年 11月.
『蔣介石日記』(1917~1949), 스탠포드대학 후버연구소 소장본.
『蔣中正總統檔案: 事略稿本』 52~69册, 臺北(國史館), 2011.
張國燾, 『我的回憶』 第1册, 香港(明報出版社), 1971.
張鈁, 「河南辛亥革命的回憶」, 中國人民政治協商會議全國委員會 文史資料委員會 編, 『辛亥革命親歷記』, 北京(中國文史出版社), 2001.
張允侯 等編, 『五四時期的社團』(一), 北京(三聯書店), 1979.
張彜鼎, 『我國國際關係與抗戰前途』, 長沙(藝文研究會), 1938年 6月.
趙菊文, 『四年來之中國外交』, 上海(正言報社), 1941年 9月.
趙中孚·張存武·胡春惠 編, 『近代中韓關係史資料彙編』 第12册, 臺北(國史館), 1990.
中共中央馬克斯、恩格斯、列寧、斯大林著作編譯局研究室 編, 『五四時期期刊介紹』 第3集(上册), 北京(三聯書店), 1979.
中共中央黨史研究室第一研究部 譯, 『聯共(布), 共産國際與中國國民革命運動(1920-1925)』 第1册, 北京(北京圖書館出版社), 1997.
中共中央文獻研究室 編, 『周恩來年譜(1898-1949)』, 北京(中央文獻出版社), 1989.
中國國民黨黨史會 編, 『先總統蔣公思想言論總集』 第11卷, 臺北(國民黨黨史會), 1984.
中國社會科學院近代史研究所 譯, 『顧維鈞回憶錄』 第1册, 北京(中華書局), 1983.
中國李大釗研究會 編注, 『李大釗文集』 2卷, 北京(人民出版社), 1999.
中國人民政治協商會議全國委員會 文史資料委員會 編, 『辛亥革命在各地』, 北京(中國文史出版社), 1991.

中國政協全國委員會 文史資料研究委員會 編,『從九一八到七七事變(原國民黨將領抗日戰爭親歷記)』, 北京(中國文史出版社), 1987.
中國第二歷史檔案館 編,『中華民國史檔案資料滙編』第2輯, 南京(江蘇人民出版社), 1981.
中國第二歷史檔案館 編,『中國國民黨第一·二次全國代表大會會議史料』(上), 南京(江蘇古籍出版社), 1986.
中國第二歷史檔案館 編,『中華民國史檔案資料滙編: 第5輯 第1編 軍事(5)』, 南京(江蘇古籍出版社), 1994.
中央研究院近代史研究所 編,『國民政府與韓國獨立運動史料』, 臺北(中央研究院近代史研究所), 1988.
陳覺 著,『九一八後國難通史資料』第4卷, 北平(東北問題研究會), 1932.
『陳果夫先生政治思想遺著選輯』, 臺北(陳果夫先生獎學基金管理委員會), 1972.
陳其尤,「一九一九年蘇聯派第一個代表到漳州」,『文史資料』第24輯, 北京(中國文史出版社), 1986.
『陳獨秀著作選』第1卷, 上海(上海人民出版社), 1993.
陳錫祺 主編,『孫中山年譜長編』(上·下), 北京(中華書局), 1991.
陳鍾浩,『國際形勢與抗戰外交』, 武漢(武漢日報社), 1938年 2月.
陳孝儀 主編,『中華民國重要史料初編-對日抗戰時期』第2編 第1冊, 臺北(中國國民黨黨史會), 1981.
陳孝儀 主編,『中華民國重要史料初編-對日抗戰時期』第3編 戰時外交, 臺北(中國國民黨黨史會), 1981.
鄒魯,『回顧錄』(一), 臺北(三民書局), 1974.
黃志良 整理,「三十七年遊戲夢-黃介民回憶錄」,『近代史資料』122(2010).

金正明,『朝鮮獨立運動』Ⅰ·Ⅱ, 東京(原書房), 1967.
青山和夫,『謀略熟練工』, 東京(新紀元社), 1957.

Dalai Lama XIV, My Land and My People, NY: Potala Corp., 1977, 김현도 역,『나의 조국 티베트』, 예지각, 1987.
My Autobiography by the reverend Soon Hyun 1878-1968: with Historical Documents, Photographs and Analysis, Institute for Modern Korean Studies, Yonsei University Press, 2003.
United States Dept. of States, *Records of the U.S. Department of State relating to the internal affairs of China, 1940-1944*, Washington: National Archives and Records Service, General Services Administration, 1973.
United States Dept. of States, *Records of the U.S. Department of State relating to the*

internal affairs of Korea, 1940-1944, Washington: National Archives and Records Service, General Services Administration, 1973.

The Writings of Henry Cu Kim (Edited and Translated with an Introduction by Dae-Sook Suh), University of Hawaii Pr., 1987.

4) 전기傳記, 사전, 기타 자료

강덕상 저, 김광열 역, 『여운형 평전 1: 중국 일본에서 펼친 독립운동』, 역사비평사, 2007.

국가보훈처 편, 『독립유공자공훈록』 제5, 14권, 국가보훈처, 1988~1997.

남파(南坡) 박찬익전기간행위원회 편, 『남파박찬익전기』, 을유문화사, 1989.

반병률, 『성재이동휘일대기』, 범우사, 1998.

신창현, 『海公 申翼熙』, 海公申翼熙先生紀念會, 1992.

여운홍, 『몽양여운형』, 청하각, 1967.

이정식, 『여운형: 시대와 사상을 초월한 융화주의자』, 서울대학교출판부, 2008.

정윤재, 『안재홍평전』, 민음사, 2018.

H. Z. Shiffrin 저, 閔斗基 역, 『손문평전』, 지식산업사, 1990.

廣東省中山圖書館 等編, 『廣東近現代人物詞典』, 廣州(廣東科技出版社), 1992.

孫中山故居紀念館 編, 『中國民主革命的偉大先驅孫中山』, 北京(中國大百科全書出版社), 2001.

王檜林·朱漢國 主編, 『中國報刊辭典(1815-1949)』, 北京(書海出版社), 1992.

李玉貞, 『馬林傳』, 北京(中央編譯出版社), 2002.

章開沅 主編, 『辛亥革命辭典』, 武漢(武漢出版社), 1991.

洪喜美, 『李烈鈞評傳』, 臺北(國史館), 1994.

「新棨劉氏兄弟劉積學, 劉積勛」, http://www.huaxia.com/ytsc/zywh/hzhn/2011/09/2583620.html (2021년 7월 25일 검색).

「楊勉齊」, http://big5.huaxia.com/ytsc/zywh/hzhn/2011/09/2604464.html (2021년 7월 27일 검색).

『偃師縣志人物志』; 『陽勉齊紀念碑』, https://baike.baidu.com/item/%E5%8D%87%E4%BB%99%E5%A4%AA%E5%AD%90%E7%A2%91/4286399?fr=aladdin (2021년 7월 20일 검색)

內海三八郎, 『潘佩珠傳』, 東京(芙蓉書房), 1999.

Jean Lacouture, *Ho Chi Minh: A Political Biography*, New York, 1968.

5) 연구서

강만길·심지연 저, 『우사 김규식의 생애와 사상 1: 항일독립투쟁과 좌우합작』, 한울, 2000.
구대열, 『한국 국제관계사 연구 2』, 역사비평사, 1995.
구인규, 『몽양 여운형연구-중국에서의 독립운동을 중심으로-』 성신여대 석사학위논문, 2001.
권혁수, 『근대 한중관계사의 재조명』, 혜안, 2007.
김광재, 『한국광복군』, 한국독립운동사연구소, 2007.
김병기·반병률, 『국외의 3·1운동』, 한국독립운동사연구소, 2009.
김영범, 『혁명과 의열-한국독립운동의 내면-』, 경인문화사, 2010.
김한규, 『한중관계사』 I·II, 아르케, 1999.
김한규, 『티베트와 중국』, 소나무출판사, 2000.
김현철 편, 『3·1운동과 대한민국임시정부의 재조명 2-공화주의의 세계사적 의미와 동아시아 독립운동의 전개』, 동북아역사재단, 2020.
김형종, 『청말 新政의 연구-江蘇省의 新政과 紳士層-』, 서울대학교출판부, 2002.
김희곤, 『中國關內韓國獨立運動團體研究』, 지식산업사, 1995.
김희곤, 『대한민국임시정부 연구』, 지식산업사, 2004.
김희곤, 『임시정부 시기의 대한민국 연구』, 지식산업사, 2015.
동북아역사재단 북방연구소 편, 『조선시대 한중관계사』, 동북아역사재단, 2018.
동북아역사재단 편, 『한중일 학계의 한중관계사 연구와 쟁점』, 동북아역사재단, 2008.
민두기, 『중국의 공화혁명』, 지식산업사, 1999.
박영석, 『만보산사건연구』, 아세아문화사, 1985.
박정현 등 저, 『중국 근대 공문서에 나타난 한중관계-「淸季駐韓史館檔案」해제』, 한국학술정보, 2013.
박찬승, 『한국근대정치사상사연구』, 역사비평사, 1993.
배경한, 『장개석연구-국민혁명시기의 군사적 정치적 대두과정-』, 일조각, 1995.
배경한, 『쑨원과 한국-중화주의와 사대주의의 교차-』, 한울, 2007.
배경한 엮음, 『동아시아 역사 속의 신해혁명』, 한울, 2013.
백영서, 『중국현대사를 만든 세 가지 사건』, 창비, 2021.
백영서, 『동아시아담론의 계보와 미래』, 나남, 2022.
徐萬民 저, 전홍석 등 역, 『중한관계사(근대편)』, 일조각, 2009.
서중석, 『신흥무관학교와 망명자들』, 역사비평사, 1988.

石源華·김준엽 공편, 『申圭植·閔弼鎬와 韓中關係』, 나남, 2003.
성황용, 『근대동양외교사』, 명지사, 1992.
孫科志, 『上海韓人社會史(1910-1945)』, 한울, 2001.
신복룡, 『한국 분단사 연구』, 한울, 2011.
신용하, 『독립협회연구』, 일조각, 1981.
신용하, 『한국 근대의 민족운동과 사회운동』, 문학과지성사, 2001.
宋成有 저, 전홍석 역, 『중한관계사(현대편)』, 일조각, 2012.
야마무로 신이치(山室信一)·윤대석 역, 『키메라-만주국의 초상』, 소명출판, 2009.
楊昭全, 『朝鮮義勇軍抗日戰史』, 고구려, 1995.
楊昭全, 『中國에 있어서의 韓國獨立運動史』, 한국정신문화연구원, 1996.
염인호, 『김원봉연구』, 창비, 1993.
염인호, 『조선의용군의 독립운동』, 나남, 2003.
염인호, 『조선의용대, 조선의용군』, 한국독립운동사연구소, 2009.
俞辛淳 저, 신승하 외역, 『만주사변기의 중일외교사』, 고려원, 1994.
유용태, 『환호 속의 경종: 동아시아 역사 인식과 역사교육의 성찰』, 휴머니스트, 2006.
유인선, 『새로 쓴 베트남의 역사』, 이산, 2002.
윤병석, 『1910년대 국외항일운동 I -만주, 러시아』(한국독립운동의 역사 제16권), 천안(독립기념관 한국독립운동사연구소), 2009.
이명화, 『김규식의 생애와 민족운동』, 독립기념관, 1992.
이승휘, 『손문의 혁명』, 한울, 2018.
이익주 등 저, 『동아시아 국제질서 속의 한중관계사: 제언과 모색』, 동북아역사재단, 2010.
이재령, 『현대한중관계사연구-일제 침략기 한중언론의 상호인식-』, 단국대학교출판부, 2020.
이현희, 『대한민국임시정부사』, 한국학술정보, 2002.
이화자, 『한중국경사연구』, 혜안, 2011.
임경석, 『한국 사회주의의 기원』, 역사비평사, 2003.
임찬혁, 『1945~1952년 중국국민당, 공산당의 둥베이 지역 한인정책 추이』, 서울대학 박사학위논문, 2019.
장기붕, 『국제법학』, 대왕사, 1981.
蔣非非 저, 김승일 역, 『한중관계사』, 범우사, 2005.
정문길 등 편, 『주변에서 본 동아시아』, 문학과지성사, 2004.
정병준, 『우남 이승만 연구』, 역사비평사, 2006.
정용욱, 『해방 전후 미국의 대한정책』, 서울대학교출판부, 2003.
조덕천, 『중한호조사와 한중연대』, 역사공간, 2021.
차현지, 『태평양전쟁기 대한민국임시정부의 대미군사외교: 한국광복군에 대한 지원 청원 외교를 중심으로』, 한국학중앙연구원 박사학위논문, 2021.
최기영, 『애국계몽운동 Ⅱ-문화운동』(한국독립운동의 역사 제13권), 독립기념관 한국독립운동사연구소, 2009.
한상도, 『한국독립운동과 중국군관학교』, 문학과지성사, 1994.
한상도, 『한국독립운동과 국제환경』, 한울, 2000.
한상도, 『한국독립운동과 동아시아 연대』, 역사공간, 2021.
胡春惠 저, 신승하 역, 『중국 안의 한국독립운동』, 단국대학교출판부, 1978.
황묘희, 『충칭대한민국임시정부사』, 경인문화사, 2002.

耿雲志 等著, 『西方民主在中國』, 北京(中國青年出版社), 2003.
高博彦, 『蒙古與中國』, 臺北(金蘭文化出版社), 1977.
顧祖成, 『明清治藏史要』, 拉薩(西藏人民出版社), 1999.
金以林, 『國民黨高層的派系政治』, 北京(社會科學文獻出版社), 2009.
金冲及, 『轉折年代-中國的1947年』, 北京(三聯書店), 2002.
陶文釗·楊奎松·王建朗, 『抗日戰爭時期中國對外關係』, 北京(中國社會科學出版社), 2009.
來新夏 等著, 『北洋軍閥史』 下册, 天津(南開大學出版社), 2000.
吕芳上, 『民國史論』 上册, 臺北(商務印書館), 2013.
賴彦儒, 『徐恩曾與中統局興衰之研究(1926-1945)』, 臺灣國立中央大學碩士論文, 2017.
劉統, 『中國的1948年: 兩種命運的決戰』, 北京(三聯書店), 2006.
李丹, 『論施洋革命精神』, 華中師大碩士論文, 2005.
林家有 主編, 『孫中山與世界』, 長春(吉林人民出版社), 2004.
馬長林 主編, 『租界里的上海』, 上海(上海社會科學院出版社), 2003.
馬振犢, 『國民黨特務活動史』(上·下), 北京(九州出版社), 2012.
沐濤·孫科志, 『大韓民國臨時政府在中國』, 上海(上海人民出版社), 1992.
方漢奇, 『中國近代報刊史』(上·下), 太原(山西人民出版社), 1995.
裴京漢, 『從韓國看的中華民國史』, 北京(社會科學文獻出版社), 2004.
白基龍, 『中國五四運動與韓國三一運動的比較』, 湖南師範大學 碩士學位論文, 2007.
桑兵, 『晚清學堂: 學生與社會變遷』, 上海(學林出版社), 1995.
徐萬民, 『中韓關係史』(近代卷), 北京((社會科學文獻出版社), 1996.
石源華, 『中華民國外交史』, 上海(上海人民出版社), 1994.
石源華, 『韓國獨立運動與中國』, 上海(上海人民出版社), 1996.
石源華, 『韓國獨立運動血史新論』, 上海(上海人民出版社), 1996.
石源華, 『韓國反日獨立運動史論』, 北京(中國社會科學出版社), 1998.
石源華, 『大韓民國臨時政府駐華代表團研究』, 北京(社會科學文獻出版社), 2009.
孫瀟瀟, 『戴笠與軍統』(上·下), 臺北(民國歷史文化學社), 2022.

楊奎松,『國民黨的聯共與反共』, 北京(社會科學文獻出版社), 2008.
王家偉·尼馬堅贊,『中國西藏的歷史地位』, 北京(五洲傳播出版社), 2000.
王貴 等著,『西藏歷史地位辨』, 北京(民族出版社), 1995.
王利娟,『王正廷主要社會公益活動探析』. 寧波大學碩士學位論文, 2011.
王林,『萬寶山事件』, 長春(吉林人民出版社), 1991.
王明飛,『虹口事件與中韓關係』, 延邊大學碩士論文, 2010.
汪朝光,『1945~1949: 國共政爭與中國命運』, 北京(社會科學文獻出版社), 2010.
李守孔,『民初之國會』, 臺北(正中書局), 1964.
李玉貞,『國民黨與共産國際』, 北京(人民出版社), 2012.
張啓雄,『外蒙主權歸屬交涉(1911-1916)』, 臺北(中央研究院近代史研究所), 1995.
張國福,『民國憲法史』, 北京(華文出版社), 1991.
張瑞德,『無聲的要角: 侍從室與戰時中國』, 臺北(商務印書館), 2017.
張小梅,『朝鮮三一運動與中國五四運動之比較』, 延邊大學碩士學位論文, 2007.
張玉法,『中華民國史稿』, 臺北(聯經出版), 2001.
張玉紅,『中國國民政府與大韓民國臨時政府關係研究』, 延邊大學博士論文, 2010.
張秋實,『解密檔案中的鮑羅廷』, 北京(人民出版社), 2014.
張忠紱 編著,『中華民國外交史』, 北京(華文出版社), 2011.
張憲文 主編,『中國抗日戰爭史(1931-1945)』, 南京(南京大學出版社), 2001.
趙志忠,『清王朝與西藏』, 北京(華文出版社), 2007.
左松濤,『近代中國的私塾與學堂之爭』, 北京(三聯書店), 2017.
中華書局編輯部 編,『辛亥革命與近代中國: 紀念辛亥革命八十周年國際學術討論會文集』(上·下), 北京(中華書局), 1994.
陳謙平,『民國對外關係史論(1927~1949)』, 北京(三聯書店), 2013.
陳崇祖,『外蒙近世史』第1篇, 臺北(文海出版社), 1965.
札奇斯欽,『外蒙古的'獨立''自治'和'撤治'』, 吳相湘 主編,『中國現代史叢刊』第4册, 臺北(正中書局), 1962.
肖如平,『南京國民政府與"一·二八"淞滬抗戰研究』, 杭州(浙江大學出版社), 2016.
崔喜蘭,『萬寶山事件之研究』, 延邊大學碩士學位論文, 2006.
湯建康,『中華全國道路建設協會研究』, 華中師範大學碩士學位論文, 2014.
馮天瑜·賀覺非,『辛亥武昌首義史』, 武漢大學出版社, 2006.
許玉芳·卞杏英 編著,『上海工人三次武裝起義研究』, 上海(知識出版社), 1987.
胡麗娟,『中央軍校里的韓籍學員(1910-1945)』, 延安大學碩士學位論文, 2021.
胡繩武·金冲及,『辛亥革命史稿』全4册, 上海(上海人民出版社), 1991
胡春惠,『韓國獨立運動在中國』, 臺北(中華民國史料研究中心), 1976.
胡平,『時間的磨子下: 戴笠, 軍統與抗戰』, 香港(中華書局), 2018.

姜德相,『呂運亨評傳 2-上海臨時政府-』, 東京(新幹社), 2005.
鹿島守之助,『日本外交史』13(ワシントン會議及移民問題), 東京(鹿島研究所出版會), 1971.
石川禎浩,『中國共産黨成立史』, 東京(岩波書店), 2001.

C. martin Wilbur, *Sun Yat-sen: Frustrated Patriot*, New York(Columbia University Press), 1976.
Melvyn C. Goldstein, *A History of Modern Tibet, 1913-1951*, Berkeley(Univ. of California Press), 1991.
Michael Vincent Metallo, *The United States and Sun Yat-sen, 1911-1925* (New York University) Ph. D. Thesis, 1974.
Roy W. Curry, *Woodrow Wilson and Far Eastern Policy 1918-1921*, New York (Bookman Associates), 1957.
Warren W. Smith, Jr., *Tibetan Nation: A History of Tibetan Nationalism and Sino-Tibetan Relations*, Boulder, Colorado(Westview Press), 1996.

6) 연구논문

강광수,「일본 지방제도의 형성과정에 관한 연구-중앙 지방 간 융합관계를 중심으로-」,『한국지방자치연구』16-4 (대한지방자치학회, 2015).
강영심,「신규식의 생애와 독립운동」,『한국독립운동사연구』1(1989).
강진아,「만주사변 전후 在韓華僑問題의 양상」,『동양사학연구』120(2012).
강진아,「이주와 유통으로 본 근현대 동아시아경제사」,『역사비평』79호(2007).
강진아,「조선총독부의 화교노동자 입국관리와 중국언론」,『중국근현대사연구』59(2013).
고정휴,「태평양전쟁기 미국의 대한민국임시정부에 대한 인식과 불승인정책정책」,『한국근현대사연구』25(2003).
곽정,「애국계몽운동가들의 지방자치론과 그 운동」,『숭실사학』11(숭실대학교사학회, 1998).
구대열,「2차대전 중 중국의 한국정책-국민당 정권의 임정 정책을 중심으로-」,『한국정치학회보』28-2(1995).
구대열,「'자유주의' 열강과 식민지 한국(1910-1945)」,『정치사상연구』10-2(2004).
김경석,「3·1운동 이후 중국의 조선 인식-傅斯年의 〈朝鮮獨立運動中之新教訓〉을 중심으로」,『中國人文科學』42(2009).
김광재,「한국광복군의 한·미합작훈련」,『한국민족운동사연구』25(2000).

김광재, 「日帝時期 上海 仁成學校의 설립과 운영」, 『東國史學』 50집(2001).
김광재, 「윤봉길의 上海義擧와 중국 측 역할」, 『한국민족운동사연구』 33(2002).
김광재, 「일제시기 상하이 인성학교의 설립과 운영」, 『동국사학』 50(2011).
김명섭, 「대한민국 임시정부는 왜 上海 프랑스 조계에 수립되었나?」, 『국제정치논총』 58-4(2018).
김상기, 「윤봉길의 上海의거에 대한 일본 언론의 보도」, 『한국독립운동사연구』 32(2009).
김상원, 「국공내전 시기 북중 경제협력 및 배경」, 『역사학보』 229(2016).
김선호, 「1945-1947년 북중관계의 형성과 북중혈맹의 근원」, 『동북아역사논총』 57집(2017).
김수영, 「보이틴스키와 초기 동아시아 공산주의운동」, 『중국근현대사연구』 36집(2007).
김승곤, 「조선의열단의 창립과 투쟁」, 『군사』 5(1982).
김승욱, 「전후 상하이의 한교 처리와 한인사회」, 『중국학보』 79(2017).
김영신, 「蔣介石의 제1차 下野와 復職」, 『중국학보』 44(2001).
김영신, 「寧粵 紛爭 시기의 중앙과 지방」, 『한중관계연구』 2-2(2016).
김영신, 「重慶時期 대한민국임시정부의 對中國交涉과 중국의 대응」, 『한중관계연구』 7-1(원광대학교 한중관계연구원, 2021).
김용달, 「태평양회의와 홍진」, 『동양학』 87(2022).
김우전, 「한국광복군과 미국 OSS의 공동작전에 관한 연구」, 『박영석 교수 화갑 기념 한국사학논총』, 탐구당, 1992.
김원수, 「청일전쟁 및 삼국간섭과 러시아의 조선정책」, 『한국정치외교사논총』 36-2(2015).
金月星, 「滄江 金澤榮의 사회관과 작품세계의 一端」, 『어문연구』 제38권 제2호(한국어문교육연구회, 2010).
김정인, 「임정 주화대표단의 조직과 활동」, 『역사와 현실』 24(1997).
김정현, 「제1·2차국공합작기의 한중연대활동-黃埔軍官學校 인맥을 중심으로-」, 『역사학연구』 제46집(2010).
김주용, 「1940년대 항일무장단체의 실상-조선의용군, 한국광복군, 동북항일연군의 활동을 중심으로-」, 『동국사학』 43(2007).
김주용, 「중국언론에 비친 3·1운동의 전개와 영향-長沙 大公報의 記事를 중심으로-」, 『사학연구』 97(2010).
김지환, 「중일전쟁기 중국의 전시외교와 국제관계」, 『동양사학연구』 147(2019).
김지환, 「中日戰爭期 重慶國民政府의 對美外交-미국의 중립정책에 대한 대응을 중심으로-」, 『중국사연구』 42(2006).
김태웅, 「근대 중국 일본의 지방자치론과 한말의 지방자치 문제」, 『역사교육』 64(역사교육연구회, 1997).

김형목, 「한말 충북지방의 사립학교설립운동」, 『한국근현대사연구』 23집(2002).
김형종, 「辛亥革命에서의 反帝問題의 인식과 실천-革命瓜分論과 혁명파의 대응」, 『동양사학연구』 제30집(1989).
김형종, 「신해혁명 100주년을 기념하여」, 『지식의 지평』 10(2011).
김형종, 「19세기 근대 韓中關係의 變容-자주와 독립의 사이-」, 『동양사학연구』 140(2017).
김희곤, 「朝鮮義勇隊의 기관지 발간과 그를 통해 본 對敵工作」, 『史學志』 제31집 (단국사학회, 1998).
김희곤, 「동아시아 독립운동 주도 조직의 성격과 대한민국임시정부」, 『한국독립운동사연구』 26(2006).
김희곤, 「3·1운동과 대한민국임시정부의 세계사적 의의」, 동북아역사재단 편, 『3·1운동과 1919년의 세계사적 의의』, 동북아역사재단, 2010.
김희곤, 「한국 독립운동사에서 上海가 가지는 역사적 의미」, 『한국근현대사연구』 75(2015).
김희곤, 「태평양회의와 신규식」, 『동양학』 87(2022).
노경채, 「中國關內地區 조선인의 민족해방운동과 中國國民黨」, 『아시아문화』 제13호(1997).
노영순, 「러일전쟁과 베트남 민족주의자들의 유신운동-동유운동과 동경의숙을 중심으로-」, 『역사교육』 90(2004).
민두기, 「5·4운동의 역사적 성격」, 『동양사학연구』 4(1970).
민두기, 「徐謙(1871~1940): 政客과 革命家의 사이」, 『동양사학연구』 33(1990).
민두기, 「만보산사건과 한국언론의 대응」, 『동양사학연구』 65(1999).
박걸순, 「이상설의 민족운동과 後人論纂」, 『중원문화연구』 10(2006).
박구철, 「四川保路運動과 동맹회원」, 『명청사연구』 22 (2004).
박다정, 「태평양전쟁 초기 중국의 팽창주의와 미국의 한반도 신탁통치 결정」, 『역사학보』 256(2022.12).
박민영, 「한국광복군 인면전구공작대 연구」, 『한국독립운동사연구』 33(2009).
박장배, 「19세기 말-20세기 초 티베트 군주론의 변용」, 『동북아문화연구』 제19집(2009).
박종현, 「대한독립선언서 연구」, 『교회사학』 15-1(2020).
박찬승, 「1910년대 말-1920년대의 여운형의 민족해방운동론」, 『역사와 현실』 6(1991).
박찬승, 「안재홍-민족운동과 신민족주의의 이론가-」, 한영우 선생 정년 기념 논총 간행위원회 엮음, 『한국사인물열전』 3, 돌베개, 2003.
박찬승, 「한국의 근대국가 건설운동과 공화제」, 『역사학보』 200(2008).
박철하, 「1920년대 전반기 사회주의 청년운동과 고려공산청년회」, 『역사와 현실』 9(1993).

박현모, 「일제시대 공화주의와 복벽주의의 대립-3·1운동 전후의 왕정복고 운동을 중심으로-」, 『정신문화연구』 30-1(2007).
박환, 「중일전쟁 이후 중국지역 한인 무정부주의계열의 향배-한국청년전지공작대를 중심으로-」, 『한국민족운동사연구』 16(1997).
반병률, 「러시아(소련)의 대한민국임시정부 인식」, 『역사문화연구』 35집(2010).
반병률, 「여운형의 활동을 통해 본 上海地域 초기 한인 공산주의 조직의 형성과 변천에 대한 재해석, 1919-1921」, 『한국독립운동사연구』 제45집(2013).
반병률, 「서한을 통해 본 이태준의 독립운동」, 『연세의사학』 22-2(2019).
배경한, 「越南의 초기 共産主義運動에 대하여-胡志明의 활동을 중심으로-」, 『서울대학동양사학과논집』 제4집(1979).
배경한, 「중국현대사연구에 있어서 신문자료의 효용과 한계」, 『서울대동양사학과논집』 제15집(1991. 12).
배경한, 「孫文과 上海韓國臨時政府-申圭植의 廣州訪問(1921년 9~10월)과 廣東護法政府의 한국임시정부 승인문제를 중심으로-」, 『동양사학연구』 56(1996).
배경한, 「上海·南京 지역의 초기(1911~1913) 한인 망명자들과 신해혁명」, 『동양사학연구』 67(1999).
배경한, 「중국망명시기(1910~1925) 朴殷植의 언론활동과 중국인식-『香江雜誌』, 『國是報』, 『四民報』의 분석-」, 『동방학지』 121(2003).
배경한, 「근현대 중국의 공화정치와 국민국가의 모색」, 『역사학보』 200(2008).
배경한, 「중일전쟁 시기 장제스 국민정부의 對韓정책」, 『역사학보』 208(2010).
배경한, 「신해혁명과 한국-金奎興의 廣東에서의 활동을 중심으로-」, 『역사학보』 212(2011).
배경한, 「대한민국임시정부와 중화민국의 외교관계(1911-1945)」, 『중국근현대사연구』 56(2012).
배경한, 「신해혁명의 현재적 의미-100주년 기념 회의(武漢, 南京, 北京, 서울, 東京, 비엔나, 臺北) 참가기」, 『중국근현대사연구』 56(2012. 12).
배경한, 「여운형과 국민혁명-國民黨 二全大會 참석과 반제연대 활동-」, 『중국근현대사연구』 64(2014).
배경한, 「한국독립운동과 신해혁명」, 『한국근현대사연구』 75(2015).
배경한, 「중국근현대사연구 50년의 성과와 과제」, 『동양사학연구』 133(2015. 12).
배경한, 「윤봉길의거 이후 蔣介石 국민정부의 한국독립운동 지원과 '長期抗戰'」, 『역사학보』 236(2017).
배경한, 「終戰 전후 시기 국민정부의 對韓政策」, 『中國近現代史研究』 제76집(2017).
배경한, 「3·1운동과 5·4운동-동아시아 반제연대의 출발점-」, "기미독립선언서와 조선광문회" 학술대회(서울, 2019년 2월 22일) 발표논문.
배경한, 「대한민국임시정부의 성립과 중국」, "대한민국임시정부 수립 100주년 기념 국제학술회의"(上海, 2019. 4) 발표논문.
배경한, 「대한민국임시정부의 성립과 중국-동아시아에서의 반제연대와 민주공화의 본격적 출발점-」, 『한국독립운동사연구』 68(2019).
배경한, 「독립운동과 친일의 경계-재중 독립운동가 金奎興의 宇都宮太郎 조선군사령관에의 접근 문제-」, 『역사학보』 244(2019).
배경한, 「동아시아 역사 속의 5·4운동-반제운동으로서의 5·4운동 연구의 검토와 제언-」, 『중국근현대사연구』 83(2019).
배경한, 「신해혁명과 한국-한인지사 김병만의 河南에서의 활동을 중심으로-」, 『역사학보』 252집(2021).
배경한, 「태평양전쟁 시기 중국국민정부와 대한민국임시정부-1944년 미국 부통령 訪中前後 임시정부의 對美 접근 시도와 국민정부의 대응-」, 『역사학보』 258(2023).
배경한, 「종전 전후시기(1945. 3.~1947. 4.) 국민정부의 동북한인·한반도 관련 정보수집 노력과 駐華代表團」, 『중국근현대사연구』 100(2023).
배경한, 「중일 전면전쟁 발발 직후 국민정부의 한국독립운동 지원과 그 성격-조선의용대 창설·운영에 대한 군통·군사위원회의 "지원"과 대적선전전(對敵宣傳戰)에의 "동원"-」, 『역사학보』 262(2024).
배양수, 「판 보이 쩌우와 동유운동의 역사적 의미」, 『외대논총』 제24집(2002. 2).
백영서, 「"建設"誌와 朱執信의 역할」, 『동양사학연구』 19집(1984).
백영서, 「역동하는 동아시아의 1919-혁명의 기점으로서의 3·1운동과 5·4운동-」, 『개념과 소통』 23(2019).
백영서, 「동아시아담론과 동아시아사의 해후-비판적 지구지역사의 길-」, 『동양사학연구』 164집(2023).
변승웅, 「한말 사립학교의 설립동향과 애국계몽운동」, 『국사관논총』 18집(1990).
서희경, 「대한민국 건국헌법의 역사적 기원(1898-1919)-만민공동회, 3·1운동, 대한민국임시정부헌법의 '민주공화' 정체 인식을 중심으로-」, 『한국정치학회보』 5(2006).
성주현, 「대한협회의 민권 인식과 근대 민권운동」, 『한국민족운동사연구』 90(한국민족운동사학회, 2017).
손승회, 「만보산사건과 중국공산당」, 『동양사학연구』 83(2003).
손승회, 「지역 너머의 만보산사건-사건을 둘러싼 실체적 외교행위 규명을 중심으로」, 『인문연구』 53(영남대학교 인문과학연구소, 2007).
손승회, 「1931년 식민지 조선의 排華暴動과 화교」, 『중국근현대사연구』 41(2009).
손염홍, 「한국광복군의 자주권 확보와 한중교섭」, 『한국근현대사연구』 95(2020).
孫春日, 「광복 후 중국 동북 지역에서 朝鮮義勇軍의 개편과 변천과정」, 『정신문화연구』 28-4(2005).
宋圭振, 「근대시기 한중관계의 변화과정」, 『역사와 담론』 68(2013).
신복룡, 「한국 신탁통치의 연구」, 『한국정치학회보』 27-2(1994).

신승하, 「예관 신규식과 중국혁명당인과의 관계-망명 초기를 중심으로-」, 『김준엽 교수 화갑 기념 중국학논총』, 1983.

신승하, 「민국 초 군벌과 한국독립운동」, 국사편찬위원회 편, 『한민족독립운동사』 6권(열강과 한국독립운동), 국사편찬위원회, 1989.

신용하, 「신한청년당의 독립운동」, 『한국학보』 44(1986).

신용하, 「조소앙의 사회사상과 삼균주의」, 『한국학보』 104(2001).

신용하, 「上海 대한민국임시정부의 성립과정」, "상하이임시정부와 윤보선" 학술대회(서울, 2018.11.23.) 발표원고.

신운용, 「'대한독립선언서'의 발표시기와 서명자에 대한 분석」, 『국학연구』 22집, 2018.

안소영, 「태평양전쟁기 미국의 대일 대한정책 및 점령 통치 구상: 이중적 대립축과 그 전환」, 『한국정치외교사논총』 31-2(2010).

양성숙, 「한국노병회의 조직과 광복활동」, 『민족사상』 3-2 (한국민족사상학회, 2009).

양영석, 「大韓民國 臨時議政院 硏究(1919-1925)」, 『한국독립운동사연구』 1(1987).

양지선, 「중국 天津 지역 한교의 귀환과정 연구」, 『동양학』 60(2015).

양지선, 「한국독립운동세력과 CC파·역행사의 공동 첩보활동」, 『동양학』 62(2016).

양태석, 「晴簑 曺成煥(1875-1948)의 항일독립운동」, 『한국근현대사연구』 53(2010).

염인호, 「解放後 한국독립당의 중국 東北地方 진출과 在中韓國獨立黨의 정책(1945.8.~47.2.」, 『역사교육』 60집(1996).

염인호, 「조선의용대의 창설과 한중연대」, 『한국근현대사연구』 11(1999).

염인호, 「중국 관내지방에서의 조선인 민족해방운동과 靑山和夫」, 『한국독립운동사연구』 17(2001).

염인호, 「중일전쟁기 한국광복군 창설에 관한 일 연구-창설 배경 및 과정을 중심으로-」, 『한국독립운동사연구』 76(2021).

오대록, 『해방 후 대한민국임시정부 연구』 단국대학 박사학위논문(2014).

오영섭, 「이승만의 상해 체류 활동」, 『한국민족운동사연구』 91(2017).

王元周, 「1910년대 전반기 韓溪 李承熙의 중화사상과 민족인식-辛亥革命에 대한 중국인 李文治와의 논쟁을 중심으로-」, 『역사교육』 103(2007).

유병용, 「이차대전 중 한국 신탁통치 문제에 대한 영국의 외교정책연구」, 『역사학보』 134(1992).

유순선, 「1910년 '청도회의'와 독립운동가들의 靑島 활동 장소에 대한 연구」, 『한국독립운동사연구』 77집(2022).

유인선, 「판 보이 쩌우(1867~1940)」, 『역사교육』 제90집(2004).

유인선, 「胡志明과 베트남 공산주의, 1925-1945-공산주의의 초기 수용과정」, 『아시아문화』 제7호(1991).

윤상원, 「1920년대 초반 러시아의 한인 사회주의자들과 코민테른-김만겸의 활동을 중심으로-」, 『역사연구』 16호(2006).

윤상원, 「한국역사학계의 만보산사건 연구동향과 과제」, 『한국문학연구』 51(2016).
윤소영, 「가지 와타루(鹿地亘)의 반전반제운동과 조선-조선 관련 저작과 조선의용대와의 연대를 중심으로-」, 『한국독립운동사연구』 75(2021).
윤혜영, 「袁世凱 帝制運動의 역사적 성격」, 『역사학보』 15(1980).
윤휘탁, 「만보산사건 전후 동북아의 민족관계와 민족모순-중국인의 사건 인식을 중심으로-」, 『역사학보』 210(2011).
이가영, 「해방 이후 상하이를 통해 한국으로 돌아온 한인-신문보도를 통해 살펴본 귀국과정과 그들의 생활-」, 『중국인문과학』 77집(2021).
이광린, 「한국에 있어서 民主主義 수용」, 『東亞硏究』 12(1987).
이상철, 「장제스일기로 본 카이로회담」, 『대한민국임시정부와 카이로선언: 대한민국임시정부 수립 제95주년 기념학술회의발표논문집』, 2014.
이성근, 「중국의 근대 내셔널리즘 형성에 미친 한국의 역할 1, 2」, 『명대논문집』 7, 8집(1974, 1975).
이숙화, 「대한독립 선언, 쟁점의 재론과 대종교와의 관련성」, 『단군학연구』 41(2019).
이숙화, 「예관 신규식 연구 동향과 과제」, 『역사문화연구』 84, 2022.
이승억, 「임시정부의 귀국과 대미군정의 관계(1945. 8-1946. 2)」, 『역사와 현실』 24(1997).
이애숙, 「상하이임시정부 참여세력의 對蘇 교섭-이동휘 국무총리 시기(1919. 11~1920. 1)를 중심으로」, 『역사와 현실』 32집(1999).
이영록, 「한국에서의 '민주공화국'의 개념사-특히 '공화' 개념을 중심으로-」, 『법사학연구』 42 (2010).
이완범, 「미국의 38선 획정과정과 그 정치적 의도(1945년 8월10일-15일)」, 『한국정치학회보』 29-1(1995).
이완범, 「미국의 한국 점령안 조기 준비: 분할점령의 기원, 1944-1945」, 『국제정치논총』 36-1(1996).
이완범, 「소련의 對日戰 참전과 38선 수락, 1942-1945」, 『한국정치외교사논총』 14(1996).
이원준, 「중화인민공화국 건국 전후 중국공산당의 소수민족정책- '美帝國主義'의 위협과 民族團結論을 중심으로-」, 『동아문화』 46(2008).
이장규, 「프랑스 국립해외문서보관소 소장 '호치민과 한국독립운동 자료'」, 『한국독립운동사연구』 66집(2019).
이재령, 「난징국민정부 시기 중국의 한국인식-만보산사건에 관한 여론 동향을 중심으로-」, 『중국사연구』 31(2004).
이재령, 「20세기 중반 한중관계의 이해: 한국독립에 대한 중화의식의 이중성」, 『중국근현대사연구』 29(2006).
이재령, 「1·28上海事變과 윤봉길의거의 韓中共同抗戰」, 『軍史』 98(국방부 군사편찬연구소, 2016. 3).
이재호, 「대한민국임시정부의 국제공동관리안 반대운동」, 『대한민국임시정부와 카이로선언: 대한민국임시정부 수립 제95주년 기념학술회의발표논문집』(서울, 2014년 4월).
이재훈, 「해방 전후 소련 극동정책을 통해본 소련의 한국인식과 대한정책」, 『사림』 20(2003).
이정복, 「대한민국임시정부 주화대표단에 대하여」, 『경희사학: 박성봉 교수 회갑 기념논총』 1987.
이종석, 「국공내전 시기 북한 중국 관계」, 『전략연구』 5-2(한국전략문제연구소, 1998).
이주천, 「미국의 대중국 군사원조(1942-1944)-Joseph W. Stilwell의 활동을 중심으로-」, 『원광대학논문집』 23(원광대학교, 1989).
이주천, 「루스벨트 행정부의 신탁통치 구상과 대한정책」, 『미국사연구』 8(1998).
이평래, 「20세기 초 Ar(북) 몽골 王公들의 政局認識과 獨立構想」, 『한국민족학연구』 제3집(1995).
이현희, 「1920年代 韓中聯合抗日運動」, 『국사관논총』 1 (1989).
임경석, 「극동민족대회와 조선대표단」, 『역사와 현실』 32(1999).
임형택, 「1919년 동아시아, 3·1운동과 5·4운동」, 『대동문화연구』 66(2009).
장석흥, 「해방 직후 上海지역의 한인사회와 귀환」, 『한국근현대사연구』 28(2004).
장석흥, 「해공 신익희의 망명과 중국에서의 독립운동」, 『한국학논총』 37(국민대학교 한국학연구소, 2012).
장세윤, 「중일전쟁기 대한민국임시정부의 대중국외교-광복군문제를 중심으로」, 『한국독립운동사연구』 제2집(1988).
장세윤, 「3·1운동이 중국의 5·4운동에 미친 영향」, 『순국』 1998-3.
장세윤, 「만보산사건 전후 시기 인천시민과 화교의 동향」, 『인천학연구』 2-1(2003).
장세윤, 「중국공산당의 廣州蜂起와 한인 청년들의 활동」, 『사림』 24 (2005).
장세윤, 「20세기 初半 주요 중국 언론의 한국 독립운동 인식-홍콩 華字日報, 天津 大公報, 上海時報, 申報를 중심으로-」, 『한국민족운동사연구』 75(2014).
장인성, 「한국의 동아시아론과 동아시아 정체성」, 『세계정치』 26-2(2005).
전상숙, 「제1차 세계대전 이후 국제질서의 재편과 민족지도자들의 대외인식」, 『한국정치외교사논총』 26-1(2004).
전상숙, 「파리강화회의와 약소민족의 독립문제」, 『한국근현대사연구』 50집(2009).
전용만, 「張謇의 공화주의 경향과 신해혁명」, 『중국근현대사연구』 12(2001. 12).
정동귀, 「제이차 세계대전중에 있어서의 미국의 對韓정책구상」, 『사회과학논총(경희대)』 15(1987).
정병준, 「南韓 進駐를 전후한 駐韓美軍의 對韓情報와 초기 占領政策의 수립」, 『史學研究』 51(1996).

정병준, 「1945~48년 대한민국임시정부의 중국 내 조직과 활동」, 『사학연구』 55·56합집(1998).
정병준, 「3.1운동의 기폭제-여운형이 크레인에게 보낸 편지 및 청원서」, 『역사비평』 119(역사비평사, 2017).
정병준, 「1919년, 파리로 가는 김규식」, 『한국독립운동사연구』 60집(한국독립운동사연구소, 2017).
정병준, 「중국 관내 신한청년당과 3·1운동」, 『한국독립운동사연구』 65집(2019).
정세현, 「학생운동으로 본 3·1운동과 5·4운동」, 『3·1운동 50주년 기념 논문집』, 1969.
정용욱, 「왜 연합국은 한국을 신탁통치하려 했는가?」, 『내일을 여는 역사』 5(2001).
정형아, 「전후 중공의 동북 지역 선점과 '동북항일군'의 역할」, 『역사와 실학』 37(2008).
정형아, 「國共兩黨의 갈등과 화해에 대한 미국의 태도변화(1941-1944)」, 『중앙사론』 31(2010).
조덕천, 「카이로회담의 교섭 및 진행에 관한 연구」, 『대한민국임시정부와 카이로선언: 대한민국임시정부 수립 제95주년 기념학술회의발표논문집』(서울, 2014년 4월).
조덕천, 「중일전쟁기 대한민국 임시정부에 대한 중화민국 국민정부의 지원」, 『동양학』 63(단국대학교 동양학연구원, 2016).
조덕천, 「재중 시기 여운형의 중국관련 활동과 그 자료 탐색」, 『사학지』 63(2023).
조명철, 「청일전쟁기 열강과 일본의 중국 침탈」, 『일본연구』 13(2010).
조은경, 「해방 후 중국 廣東省 廣州지역 한인사회와 귀환」, 『한국근현대사연구』 66(2013).
조철행, 「국민대표회 개최과정과 참가대표」, 『한국민족운동사연구』 61(2009).
차태근, 「5·4운동 시기 문명전환론과 사회주의」, 『중국현대문학』 53(2010).
최기영, 「구한말 교육월보에 관한 일고찰」, 『서지학보』 제3호(한국서지학회, 1990).
최봉춘, 「大韓民國臨時政府와 中華民國政府의 관계」, 『한국민족운동사연구』 제16집(1997).
최봉춘, 「조선의용대 창설과 활동 補遺」, 『한국독립운동사연구』 25(2005).
최영호, 「카이로선언의 국제정치적 의미」, 『영토해양연구』 5(동북아역사재단, 2013).
최혜주, 「한국에서의 김택영연구 현황」, 『사학연구』 제55,56합집(1998).
하세봉, 「동아시아 역사상, 그 구축의 방식과 윤곽」, 『21세기 역사학의 쟁점과 전망』 학술대회(역사학회, 2008년 11월) 발표논문.
한상도, 「조선의용대의 국제연대의식과 대만의용대」, 『한국근현대사연구』 11(1999).
한상도, 「孫斗煥의 항일민족주의 탐색과 민족운동관」, 『한국민족운동사연구』 36집(2003).
한상도, 「국제적 반제국주의 연대투쟁으로서의 한국독립운동-중일전쟁 전후 중국지역을 중심으로-」, 『한국독립운동사연구』 26(2006).
한상도, 「일제 침략기 한국인의 베트남 인식과 연대의식」, 『역사학보』 201(2009).

한시준, 「한국광복군의 활동과 역할」, 『동양학』 30(2000).
한시준, 「海公 申翼熙와 대한민국임시정부」, 『한국근현대사연구』 41(2007).
한시준, 「이청천과 한국광복군」, 『한국근현대사연구』 56(2011).
한시준, 「카이로선언과 대한민국임시정부」, 『대한민국임시정부와 카이로선언: 대한민국임시정부 수립 제95주년 기념학술회의발표논문집』, 2014.
한시준, 「新興武官學校 이후 독립군 군사간부 양성」, 『백산학보』 100(2014. 12).
한시준, 「대한민국임시정부와 프랑스」, 『한국근현대사연구』 77(2016).
한시준, 「충칭시기 대한민국임시정부의 외교활동」, 『한국독립운동사연구』 53(2016).
한인호, 「대한민국은 민주공화제로 함-대한민국 임시헌장(1919. 4. 11) 제정의 역사적 의의」, 『서울대학교 법학』 50-3(2009. 9).
한정숙, 「세계사 속의 러시아혁명」, 『한중관계연구』 4-1(원광대학교 한중관계연구원, 2018).
한철호, 「1930년대 전반기 한중연대와 항일운동」, 『한국근현대사연구』 22(2002).
홍순호, 「해방 직전의 한미관계-미국의 충칭한국임시정부 불승인정책을 중심으로-」, 『사회과학논집』 제12집(이화여자대학, 1992).
和田春樹, 「카이로선언과 일본의 영토문제」, 『영토해양연구』 5(동북아역사재단, 2013).
황묘희, 「윤봉길의 상하이의거와 대한민국임시정부」, 『민족사상』 2-1(2008).
황묘희, 「북간도 천도교청년회의 만세운동과 일제의 중국재류금지조치」, 『동학학보』 25(2012).

甘露, 「朝鮮義勇隊與臺灣義勇隊之關係研究」, 『當代韓國』 2011年 春季號.
姜秀玉, 「近代中國人對朝鮮三一運動的認識與五四運動」, 『朝鮮韓國歷史研究』 17(2016).
高華, 「力行社的成立時間及組織層構考釋」, 『民國檔案』 1991-4期.
公孫訇, 「李石曾與留法勤工儉學運動」, 『近代史研究』 1992-4.
管書合, 「袁世凱對日外交述論」, 『史學集刊』 2007-1期.
邱捷, 「"路博將軍"及其同孫中山陳炯明的會見」, 同氏 著, 『孫中山領導的革命運動與清末民初的廣東』, 廣東人民出版社, 1996.
金以林, 「蔣介石的第二次下野與再起」, 『歷史研究』 2006-2.
金再及, 「南京國民政府對"一·二八"事變的方針」, 『歷史研究』 1992-第3期.
金春善·李興旺, 「中國東北地區朝鮮人反日鬪爭綜述」, 『延邊大學學報(社會科學版)』 50-1期(2017).
唐啓華, 「巴黎和會與中國外交」, 『騰迅文化』 2014. 8. 6.
唐啓華, 「陸征祥的美國行」, 第4屆近代中外關係國際研討會(2018年 10月, 武漢) 發表論文.
羅敏, 「抗戰時期的中國國民黨與越南獨立運動」, 『抗日戰爭研究』 2000-4.
吕迅, 「論蔣介石與史迪威矛盾中的中共因素」, 『社會科學研究』 2016年 第2期.

劉大可·劉曉煥·杜慶余,「辛亥革命在山東的歷程」,『春秋』 2011年 1期(濟南, 山東省政協文史資料委員會, 2011).

劉大禹,「論魏德邁使華與戰後國民政府改革」,『民國檔案』 2019-4.

劉明輝,「施洋開展平民教育運動的歷史價值與時代啓示」,『安康學院學報』 35-3(2023).

劉小容,「民國合川釣魚城隸書摩崖藝術探析-以“中央陸軍軍官學校特別訓練班十周年紀念碑記”爲例」,『中國拍賣』 2023年 10月號.

劉永輝,「辛亥革命前後青島革命黨人的革命活動和擧義」,『春秋』 2011-4(濟南, 山東省政協文史資料委員會, 2011).

劉維開,「從‘中統’到調查局」,『展望與探索』 19-10(2021).

劉漪·文明曉,「辛亥革命中的劉冠三先生」,『春秋』 2001-6(濟南, 山東省政協文史資料委員會, 2001).

劉曉鵬,「敵前養士: ‘國際關係研究中心’前傳, 1937-1975」,『中央研究院近代史研究所集刊』 82輯(2013).

馬庚存,「山東辛亥革命大事記(1905-1913)」,『春秋』 2011-5(濟南, 山東省政協文史資料委員會, 2011).

馬軍·單冠初,「戰後國民政府遣返韓人政策的演變及在上海地區的實踐」,『史林』 2006年 第2期.

麻玲,「從史迪衛, 魏德邁和赫爾利在華活動看太平洋戰爭後的中美關係」,『社會科學戰線』 2005-5.

馬振犢,「蔣介石與軍統, 中統之濫觴(上·下)」,『檔案春秋』 2010-12, 2011-1.

萬發眞,「抗戰時期的王芃生與國際問題研究所」,『山東理工大學學報(社會科學版)』 24-1(2008).

孟慶梓,「“一·二八”事變停戰原因淺析」,『邢臺學院學報』 18-3(2003).

孟昭庚,「蔣介石的“寵臣”康澤其人」,『黨史縱橫』(瀋陽, 中共遼寧省委黨史研究室) 2010-8.

方秋梅,「中華全國道路建設協會的市政參與及其對近代中國城市化的影響」,『江漢大學學報(社會科學版)』 31-6(2014).

裴京漢,「韓人參與辛亥革命的史實」,『近代中國』(臺北, 近代中國雜誌社) 第145期(2001. 11).

裴京漢,「中日戰爭時期蔣介石國民政府的對韓政策」, 黃自進·潘光哲 主編,『蔣介石與現代中國的型塑』 第2冊, 臺北(中央研究院近代史研究所), 2013.

裴京漢,「東亞視角下的蔣介石研究」,『奧門理工大學學報(人文社會科學版)』 2014-1.

付辛酉,「第一次史迪威危機與中美戰略分歧」,『抗日戰爭研究』 2011年 第1期.

付辛酉,「再論華萊士訪華與1944年的中美關係」,『史林』 2013年 4期.

付辛酉,「第二次史迪威危機與1943年中美軍事同盟關係研究」,『民國檔案』 2018年 第3期.

謝曉鵬,「“一面抵抗, 一面交涉”-析論汪精衛的對日方針(1932-1937)」,『史學月刊』2003-7期.
尙小明,「二十一條交涉的另一條管道-總統府相關活動透視」,『安徽史學』2017年 2期.
徐遠擧 等,「軍統局前身特務處成立始末」,『文史月刊』2014-3.
徐義君,「中國共産黨對廣州武漢時期國民政府反帝外交的影響與幇助」,『北方論叢』1994-6.
徐輝琪,「論第一屆國會選擧」,『近代史硏究』1988-2(1988).
石建國,「韓國臨時政府駐華代表團上海分團創立硏究」,『韓國硏究論叢』16(2007).
石建國,「朝鮮義勇隊與中國國民黨」,『韓國硏究論叢』20輯(2009).
石建國,「汪榮寶與國民政府“攘外必先安內”國策的出籠-1931年朝鮮排華事件爲中心」,『當代韓國』2012-1期.
石東,「辛亥革命時期河南的武裝鬪爭」,『協商論壇』2011-9(鄭州, 政協河南省委, 2011).
石岩,「抗戰時期在華日本人反戰組織及其活動」,『日本硏究』2011-1.
石源華,「論中國共産黨與朝鮮義勇軍的關係」,『軍事歷史硏究』2000年 第3期.
石源華,「金九與韓國臨時政府駐華代表團」,『韓國硏究論叢』15輯(2007).
石源華,「戰後中韓東北地區韓僑問題交涉述考」,『韓國歷史論叢』18輯(2008).
薛衡天,「十月革命與蘇俄對華人民外交」,『俄羅斯學刊』2018-3期.
蘇聖雄,「1939年的軍統局與抗日戰爭」,『日本侵華史硏究』2014-3.
邵雍,「1932年虹口公園爆炸案與中國各方的關係初探」,『上海師範大學學報』32-4(2003).
孫科志,「近代中國人對三一運動的認識」,『東北亞文化硏究』13(韓國 東北亞文化學會, 2007).
宋玉武,「美國國會圖書館藏中日戰爭(1937-1945)文獻」,『“第二次世界大戰背景下的中日戰爭”硏討會發表論文集』(重慶, 2013年 9月).
申先惠,「憶王芃生先生在抗戰時期的國際情報工作」,『今日中國』1988-12.
辛虎雄·林能士,「略論韓國三一運動對中國五四運動的影響」,『歷史敎學問題』1999-2期.
沈衛威,「新發現抗戰初期“對日煽動宣傳之意見書”及鹿地亘手書稿本」,『魯迅硏究月刊』2021年 第11期.
楊冬權,「關于1944年美軍觀察組考察延安的幾個問題-基于中央檔案館藏相關檔案的硏究」,『黨的文獻』2015年 第5期.
梁碧瑩,「孫中山與華盛頓會議」,『中山大學學報論叢』1992-5.
楊衛敏,「國民政府與一·二八淞滬抗戰」,『近代史硏究』1990-4期.
楊天石,「蔣介石與韓國獨立運動」,『抗日戰爭硏究』2000-4期.
楊曉軍,「豫籍留日學生群體與河南辛亥革命芻議」,『河南理工大學學報』12-3(鄭州, 河南理工大學, 2011).

葉雋,「李石曾留法教育活動的文化政治意義」,『法國研究』 2010-1.
吳景平,「抗戰時期中美租借關係述評」,『歷史研究』 1995年 4期.
吳景平,「關于抗戰時期中國國民政府對韓國臨時政府承認問題的態度」,『東方學志』(延世大學國學研究院) 제92집(1996).
吳景平,「蔣介石與戰時美國對華財經援助」,『史學月刊』 2011年 1期.
吳基民,「郭沫若歸國抗戰始末」,『同舟共進』 2018年 第1期.
吳淑鳳,「軍統局對美國戰略局的認識與合作開展」,『國史館館刊』 33(2012).
王建宏,「韓國青年戰地工作隊研究」,『朝鮮·韓國歷史研究』 16(2015).
王建宏·王波,「從重慶到延安: 抗戰時期朝鮮義勇隊的困境與選擇」,『當代韓國』 2023-1.
王建朗,「大國意識與大國作爲: 抗戰後期的中國國際角色定位與外交努力」,『歷史研究』 2008-6.
王建郎,「信任的流失: 從蔣介石日記看抗戰後期的中美關係」,『近代史研究』 2009年第3期.
王建偉,「20世紀20年代國民黨'反帝'口號評析」,『安徽史學』 2010-2.
王耿雄,「王耿雄復裴京漢函」,『近代中國』 제3집(1993. 5).
王良卿,「情報領袖與派系政治-從國史館新進史料觀察戴笠和CC系勢力的競爭」,『國史館館刊』 33(2012).
王令金,「重慶談判綜論」,『東方論壇(青島大學學報社會科學版)』 2020年 第2期.
王武,「辛亥革命中的豫籍革命黨」,『蘭台世界』 2013-8(瀋陽, 遼寧省檔案館, 2013).
王元周,「李文治·李侊與韓國獨立運動-私吞捐款事件探析」,『當代韓國』(中國社會科學院 韓國研究中心) 2017年 第3期.
王踐,「王正廷與巴黎和會」,『檔案與史學』 1997-2期.
王涵,「國民政府中央軍事機構改組中的美國因素(1944~1946)」,『民國檔案』 2022-3.
王海蛟,「重慶談判的歷史意義」,『北京黨史』 2012年 第3期.
王惠宇,「九一八前以張學良爲首的東北當局的對日方針-以萬寶山事件與中村事件爲例」,『東北大學學報(社會科學版)』 2011-5期.
王惠宇,「南京國民政府與東北抗日義勇軍」,『理論界』 2015-9期.
王華斌·黃家盛,「軍統在抗戰中的"雙重性"」,『黨史研究與教學』 2013-5.
王暉,「冷戰的預兆: 蔣介石與開羅會議中的琉球問題」,『開放時代』 2009-5.
廖久明,「郭沫若歸國抗戰眞相」,『郭沫若學刊』 2019年 第2期.
廖文碩,「情報與外交: 從檔案論王芃生與國際問題研究所(1937-1946)」,『成大歷史學報』 56(臺灣成功大學歷史系, 2019).
牛軍,「馬歇爾調處與東北內戰」,『中共黨史研究』 1989年 第1期.
牛軍,「一九四五年至一九四九年的美蘇國共關係」,『歷史研究』 2002年 第2期.
于麗·田子渝,「陳誠與湖北抗戰」,『抗日戰爭研究』 2000年 第3期.
于化民,「中國共產黨在戰後國共和談中的"讓"與"不讓"-兼及中國共產黨談判策略的階段性轉換」,『近代史研究』2021年 第4期.
阮文俊,「胡志明在廣州的革命活動及其對越南革命的意義」,『華中師範大學研究生學報』19-1(2012).
袁素蓮,「試論南京國民政府抗戰準備的作用及局限性」,『北方論叢』1997年 5期.
俞辛焞,「巴黎和會與五四運動」,『歷史研究』1979年 5期.
俞辛焞,「孫中山對日態度再認識」,『歷史研究』1990-3.
劉曉原,「東亞冷戰的序幕-中美戰時外交中的朝鮮問題」,『史學月刊』2009-7.
李丹陽,「朝鮮人"巴克京春"來華組黨述論」,『近代史研究』1992-4.
李丹陽·劉建一,「早期來華的蘇俄重要密使稿」,『中共黨史研究』1998-5.
李丹陽·劉建一,「英國檔案所見蘇俄與孫中山及國民黨的連繫」,『近代中國史研究通訊』31輯(臺北, 2001).
李丹陽,「AB合作在中國個案研究-眞(理)社秉及其他」,『近代史研究』2002-1.
李丹陽,「紅色俄僑李澤洛維奇與中國初期共産主義運動」,『中山大學學報』2002-6.
李丹陽·劉建一,「上海俄文生活報與布爾什維克早期在華活動」,『近代史研究』2003-2.
李丹陽·劉建一,「"兵丁貧民共產團"及其首領張墨池」,『中共創建史研究』2019-1.
李永春,「長沙中韓互助社成立時間和社址考」,『近代史研究』2005年 第3期.
李永春,「長沙中韓互助社述論」,『湖南師範大學社會科學學報』2007-6.
李雲峰·曹敏,「抗日時期的國民政府與西北開發」,『抗日戰爭研究』2003年 第3期.
伊原澤周,「論太平洋戰爭中的中印關係-以蔣介石訪問印度爲中心」,『抗日戰爭研究』2012-2.
李偉,「中統"調查網"與假欽差」,『民國春秋』1997-2.
李懷順,「西方列强與"上海停戰協定"」,『西北大學學報(社會科學版)』2003-3期.
林能士,「國民黨派系政治與韓國獨立運動」,『韓國研究論叢』第4輯(1998).
林偉,「奢望與失望: 巴黎和會前後留美中國學生的期待與抗議」,『理論月刊』2017年 第5期.
任曉偉,「中蘇友好同盟條約與重慶談判的緣起」,『西南大學學報』34-5(2008).
張景航,「脆弱的情報: 抗日戰爭時期的國際問題研究所」,『史學月刊』2022年 第5期.
張德旺,「五四運動的國際背景研究兩題」,『求是學刊』1992年 5期.
章百家,「抗戰時期中美合作的歷史經驗-由史迪威在華經歷所想到的」,『新遠見』2012年 第1期.
張北根,「蔣介石對待華萊士訪華的態度-以〈蔣介石日記〉爲主要資料的分析」,『社會科學』2018年 4期.
張小滿,「蔣介石第三次下野後拒絕出國原因探析」,『南部學壇(人文社會科學學報)』29-6 (2009).
臧運祜,「20世紀前期中國與東亞國際關係」,『南開學報(哲社版)』2010年 6期.
張學繼,「1927年蔣介石下野的原因」,『近代史研究』1991-6.

張華騰,「辛亥革命前後的張鈁」,『洛陽師範學院學報』39-3(洛陽, 洛陽師範學院, 2020).
張欣,「虹口公園爆炸案對大韓民國臨時政府的影響」,『石油大學學報』2003-4.
鄭龍發,「試論朝鮮義勇隊的抗日宣傳」,『韓國研究論叢』2000年.
趙慶華,「“王牌間諜”王芃生」,『文史天地』(貴州省政協辦公廳) 2012-9.
趙軍,「孫中山和大亞洲主義」,『社會科學戰線』1988-4.
曹文奇,「青年毛澤東與朝鮮革命」,『黨史縱橫』1991年 第1期.
趙文亮,「加拉罕的對華外交活動」,『史學月刊』1998-5期.
操申斌·黃延敏,「論“華北事變”前南京國民政府的抗戰準備」,『安徽大學學報(哲學社會科學版)』29-6 (2005).
趙榮霞·崔英杰,「辛亥革命在駐馬店」,『協商論壇』2010-12(駐馬店, 駐馬店市政協, 2010).
曹辰波,「生爲共和, 死爲共和-河南辛亥革命領袖張鍾瑞與“河南”雜誌革命思想述略」,『商丘職業技術學院學報』18-4(河南商丘, 商丘職業技術學院, 2019).
鍾春翔,「簡析清末同盟會在山東的教育活動」,『山東教育學院學報』78(濟南, 山東教育學院, 2000).
左雙文·郭秀文·奕成,「“九·一八”事變後學生的請願示威與南京國民政府的應對」,『學術研究』2006年 第7期.
周建超,「顧維鈞與巴黎和會」,『民國檔案』1997-1期.
周渝,「力行社? 藍衣社? 還是復興社?」,『國家人文歷史』2017-1.
周興樑,「論辛亥革命時期的廣東軍政府」, 華中師範大學中國近代史研究所 編,『辛亥革命與20世紀中國』(武漢, 湖北人民出版社, 2001).
曾景忠,「有關東北抗日義勇軍研究的若干問題(上)」,『東北史地』2015-1期.
曾業英,「中國人民對三一運動的支持和聲援」,『當代韓國』1998年 夏季號.
陳三井,「孫中山與近代法國」,『近代史研究』1997-2.
陳英,「復國運動的重要場所, 抗戰鬪爭的特別貢獻-韓國獨立運動在安慶」,『滁州學院學報』7-2(2005).
陳廷湘,「政局動蕩與學潮起落- “九·一八”事變後學生運動的樣態及成因」,『歷史研究』2011年 第1期.
陳紅民,「蔣介石對韓國的認知」, “20世紀韓中關係와 東亞連帶”國際學術會議(2022.9., 釜山大學) 發表論文.
肖如平·陳紅民,「朱培德與抗戰準備(1931-1937)」,『抗日戰爭研究』2007年 第3期.
肖如平,「寧粵對峙與蔣介石的第二次下野」,『民國檔案』2009-2.
肖如平,「從日記看1942年蔣介石訪問印度-以蔣甘會晤中心的分析」, 浙江大學蔣介石與近代中國研究中心 編,『蔣介石與抗日戰爭學術研討會論文集』, 杭州, 2014.
崔志鷹,「朝鮮三一運動和我國五四運動的比較研究」,『史林』1995-4期.
蒲元·李波龍,「黃埔軍校洛陽分校“韓人班”史考」,『當代韓國』2015-1期.

馮全普,「開羅會議與國民黨政權對前後日本政策的設計」,『河南師範大學學報(哲學社會科學版)』33-3 (2006).

何洛,「辛亥革命前後的洛陽」,『協商論壇』2011-10(鄭州, 政協河南省委, 2011).

何萍,「民國二十一年國難會議與訓政憲政之爭」,『國立臺灣師範大學歷史學報』20(1992).

韓明華,「"一面抵抗 一面交涉"方針和淞滬抗戰的失敗」,『上海大學學報(社會科學版)』5-2(1998).

胡越英,「美軍觀察組赴延安動機揭秘」,『炎皇春秋』2017年 第1期.

胡越英,「華萊士訪華: 延安美軍觀察組的最終成行」,『社會科學研究』2009年 4期.

華永正,「中韓義士巧計炸日首」,『志苑』, 安徽省地方志編纂委員會, 1993.

黃道炫,「關于蔣介石第一次下野的幾個問題」,『近代史研究』1999-4.

黃道炫,「緬甸戰役蔣介石史迪威的失敗責任」,『抗日戰爭研究』2001年 第2期.

侯中軍,「困中求變: 1940年代國民政府圍繞琉球問題的論爭與實踐」,『近代史研究』2010-6.

侯中軍,「美軍延安觀察組與中共對美外交的轉變」,『中共黨史研究』2011年 第2期.

侯中軍,「1945年中蘇談判前國民政府圍繞雅爾塔密約的外交交涉」,『學術月刊』53(2021).

藤井昇三,「孫文の民族主義」, 藤井昇三·橫山宏章 編,『孫文と毛澤東の遺産』, 東京, 1992.

藤井昇三,「孫文の反帝國主義—不平等條約廢棄論と日本お中心に」, 孫文研究會 編,『孫中山研究日中國際學術討論會報告集』, 京都, 1986.

森悦子,「中國護法政府の大韓民國臨時政府正式承認問題について」,『史林』76-4(1993).

孫安石,「1920年代上海の中朝連帶組織」,『現代中國』(東京), 70號(1996. 7).

水野直樹,「呂運亨と中國國民革命-中國國民黨二全大會における演說をめぐって-」,『朝鮮民族運動史研究』18(1992).

楊子震,「國民政府の'對日戰後處理構想'-カイロ會談への政策決定過程-」,『東アジア近代史』第14號(2011).

狹間直樹,「孫文と韓國獨立運動」,『季刊青丘』4(1990. 5).

橫山英,「辛亥ブルジョア革命說の系譜」,『史學研究』(廣島) 111-2(1971).

〈中文目录及提要〉

20世纪中韩关系史研究

—20世纪前半期东亚国际秩序的变化和中韩关系—

裴京汉

〈目录〉

〈中文提要〉

第一章 作为东亚共和革命的辛亥革命与韩国(1903~1913)

1911年10月，在中国武汉发生的共和革命，即辛亥革命，并不是中国一国的革命。试图驱逐专制君主、建设主权在民的共和国的革命以18世纪末的法国革命为开端，正在以世界史上一贯的趋势进行。这种趋势直接影响到东亚的结果便是亚洲最初的共和革命，即辛亥革命。因此，辛亥革命是地球地方史角度上看，就是东亚地区共和革命的历史。

不仅如此，辛亥革命对包括韩国在内的中国周边国家及民族也产生了巨大的影响。辛亥革命对韩国的影响，首先是成为了1910年8月亡国后无法再在国内进行独立运动的韩人志士大举流亡中国的契机。韩人志士想在中国革命中寻找祖国独立和建设新国家的方向。从1911年12月开始，韩人志士陆续逃往中国关内地区内，这是被武昌起义的成功消息所刺激的。这些早期的韩人流亡者要么对中国革命表示积极支持，要么直接参与。特别是1908年经由上海流亡广东的韩人志士金奎兴积极参与了革命根据地广东地区的革命运动。他的活动得到了革命派领导人的认可，革命成功后金奎兴还担任了广东军政府下属绥靖处的顾问等高层职务。同一时期逃亡到河南的金秉万与河南革命派领导人进行了广泛的交流，对革命运动表示了支持并参与。应山东的革命领导人的邀请，金秉万还参加了帮助革命军训练的工作。通过金奎兴和金秉万的情况，可以比较具体地理解当时韩人志士参与中国革命运动的情况和支持立场，为了韩国独立，想从中国革命中学习什么。通过他们的活动，我们可以确认当时辛亥革命成为了韩国人在中国大举开展独立运动的直接契机，也是作为东亚反帝运动的中韩连带开始的出发点。

第二章 1910年代东亚的反帝民族运动和中韩连带的探索 (1914~1919)

为结束1914年至1918年的第一次世界大战，1919年1月在巴黎举行的讲和会议，即巴黎和会，这被韩国、中国等殖民地或半殖民地国家视为实现"民族自决"的希望。这是因为美国总统威尔逊的民族自决主义主张原本是针对成为战争诱因的欧洲少数民族的独立问题，但在存在很多殖民地的亚洲地区，被理解为包括自己独立问题在内的"福音"。1919年3月发生的韩国三一运动和随后在中国发生的五四运动，虽然对巴黎和会的期待或期待受挫的具体动机不同，但都是以巴黎和会为契机发生的东亚地区的反帝运动。因此，三一运动和五四运动都是地球史乃至世界史的具体现场，与第一次世界大战在以欧洲为中心的世界史中被认为是现代史的起点一样，三一运动和五四运动被认为是韩国史和中国史的现代起点。

作为三一运动的结果，在中国上海建立的大韩民国临时政府也具有地球地方史的意义。上海虽然处于在西方列强和日本帝国主义侵略下忍受掠夺，同时通过近代化谋求独立的半殖民地状态，但另一方面，列强侵略和统治的象征—租界是革命的温床。临时政府之所以诞生在上海法租界，就是以上海在地球地方史上的两面性为基础。另一方面，经过三一运动和五四运动后，中国人对韩国乃至韩国独立运动的同情或支持立场成为了海外韩国独立运动在中国扎根的必需的背景。从这一点看，正如申圭植为支援派遣巴黎和会韩国代表而在中国国内进行的请愿运动所体现的那样，可以说辛亥革命后，经过1910年代不断探索的中韩之间为反帝而正式展开连带的出发点就是韩国临时政府的成立。不仅如此，韩国临时政府在临时宪法中明确规定国体是“民主共和国”，这成为了以后展开的东亚地区反帝独立运动的目标，成为设定民主共和的新出发点。

第三章 1920年代东亚反帝连带和中韩连带的高潮(1920~1930)

1920年代是以韩国临时政府为中心，探索推进多种形态的中韩连带的时期。1921年临时政府代表申圭植访问广州护法政府，并与护法政府大元帅孙中山的会谈。这虽然不是代表全中国的政府，而是局限于部分地方(广东)的革命政府，但具有在政府层面探索中韩关系的重大意义。当时的临时政府是在巴黎和会之后，为谋求参加新的国际秩序的列强之间的会议，即向华盛顿会议派遣韩国代表，以获得护法政府的外交支援为目标，向广东派遣了代表。但是护法政府本身也不过是没有得到国际认可的革命政权，因此从一开始就很难得到支援。尽管如此，通过申圭植和孙中山之间的会谈，护法政府得到了临时政府的实际承认，并讨论了护法政府获得一定政治地位时支援韩国独立的实际方案。从这一点看，申孙之间的会谈作为实现中韩连带的目标的努力，可以说具有相当大的意义。

从1920年到1923年期间，在上海、湖南、湖北、广东、贵州、四川等中国各地成立的中韩互助社是临时政府派遣的代表和中国各地区进步人士进行连带活动的中韩连带组织。这些中韩互助社组织为了帮助中国国内的韩国留学生等韩国人和独立运动，展开了多种活动，这表明辛亥革命后企划的中韩连带正在得到具体实践。

1920年4月在福建省漳州举行的漳州会议开始探索1920年初以后来到上海的共産国际方面人士和包括临时政府在内的韩人志士之间的连带活动。另外，与当时中方社会主义运动的核心之一陈炯明寻求合作连带，深索了韩、中、俄三国社会主义者之间的连带的方案。韩方参加者吕运亨和金奎兴作为社会主义者的面貌多少有些限制，但最重要的是，为了得到中国和俄罗斯对韩国独立的支援，积极参与了此次会议。当时作为临时政府代表，通过单独派遣到莫斯科的韩馨权，得到了共産国际方面的财政支援。这让漳州会议的意义大大缩小。但值得关注的是，共産国际的代表波塔波夫和陈炯明之间的联合协议与以后展开的第一次国共合作方向一致，明确体现了其指向。1926年1月，吕运亨受邀参加在广州举行的中国国民党第二次全国代表大会并发表特别演讲。他强调了“反帝连带”的重要性，以及中国的国民革命不是中国一国的革命，而是包括同东亚弱小民族连带在内的东亚反帝反封建革命运动。当时一同参加二全大会的越南代表胡志明和印度代表的演讲同样具有主张反帝连带的共同点，从这一点可以看出，中国的国民革命也不是中国一国的革命，而是东亚的反帝反封建革命。

第四章 中日战争时期的东亚国际秩序及中韩关系(1931~1940)

以前的研究经常强调，九一八事变(满洲事变)以后，日本侵略中国的企图延续到1932年1月第一次上海事变，1932年4月末在上海虹口公园发生的尹奉吉义士对日军指挥官和外交官的炸弹攻击，这经常成为蒋介石等中国人赞扬的对象，结果国民政府对韩国独立运动的支援得以全面展开。但是，正如这本书中详细阐述的那样，当时以蒋介石为首的国民政府方面致力于通过外交协议解决上海事变，在几乎达成协议的时候，发生尹奉吉的起义，反而陷入了困惑的立场。尽管如此，1932年中期以后，国民政府对金元凤的朝鲜义烈团方面进行了支援，开设了朝鲜青年干部学校，培养了韩人军官，第二年春天以后通过国民党组织部对金九进行了支援，洛阳军官学校内设立了韩人特别班。国民政府对金元凤和金九方面的支援是根据上海事变后积极探索的国民政府的"长期抗战"计划，在支援东北地区抗日义勇军的计划下，动员其重要组成势力—东北地区韩人独立运动势力。实际上，在金元凤或金九麾下培养的韩人军官中，相当部分被派遣到东北，这一点也充分体现了国民政府的这些意图。1937年7月中日全面战争爆发后，特别是12月国民政府首都南京沦陷后，在国民政府军事委员会政治部和军事调查统计局的主导下，金元凤麾下的韩人青年被编成中央军官学校特别训练班，接受以宣传战为中心的特殊战训练，接着1938年10月武汉保卫战高潮时期组建朝鲜义勇队，分散派遣到中国军队各部队，参加对敌宣传战。这可以视为军事委员会政治部和军事调查统计局"动员"韩国军队独立势力的实际事例。

以1940年在重庆创设的韩国光复军为例，由于朝鲜义勇队北上与八路军等中国共产党军队的连带活动，以及以皖南事变为代表的国民党和共产党之间的对立矛盾激化等，在国民政府内部形成反共氛围后，开始支援以金九为中心的民族主义势力，从而创设了韩国光复军。但其最基本的动机是以金九为中心的民族主义势力积极主张的华北一带战线，通过笼络韩国出身的日本士兵，动员以归顺、反正的韩人青年为目标。

而且，就重庆临时政府的最大课题之一，即临时政府的外交承认问题，中国和美国、英国等列强之间的协商结果显示，国民政府对韩国临时政府的承认态度与其说是积极，不如说是消极和保留性的。因此，国民政府对临时政府的立场在美国等战争执行过程中掌握主导权的列强的不承认政策下，选择余地受到了很大限制。另一方面，正如韩国光复军出版的几本杂志所显示，1941年前后韩国独立军方面的国际局势认识在预测日本南进的同时，也期待美国参战不可避免。因此，国民政府和临时政府，即中国和韩国之间的认识在对中国的依赖和对美国的期待方面开始逐渐出现差异。

第五章 美国参加对日战争后东亚国际秩序及中韩关系的变动 (1941~1949)

1943年11月在埃及首都开罗举行的美国、英国、中国之间的开罗会议为提前结束战争而制定军事合作方案是中心议题，但战后为建立国际秩序而进行的探索也是重要议题之一。战后处理韩半岛问题也是开罗会议的一个议题，首先在美国总统罗斯福和蒋介石之间进行讨论，然后由英国首相丘吉尔提出修改提案。战后处理韩国问题的基本计划，是以前在美国外交部门内部讨论的所谓国际共管，即托管方案。虽然蒋介石在战后主张韩国立即独立，但最终还是以接受罗斯福的托管方案为前提达成了协议，随着丘吉尔的文句修改，以著名的"适当时期(in due course)"为条件的战后韩国独立在会议宣言书被明示。此后，中国的对韩政策只能停留在接受美方"经过一定时间的信托统治后赋予独立"的主张的前提下，在可能的范围内为建立战后韩国国内亲中政府而努力的程度。

1944年6月，美国副总统华莱士访问重庆，是为了平息国民党和共产党之间的对立，通过与苏联的外交协商促进苏联对日参战。但是，此举引起了包括蒋介石在内的国民政府方面的不满，从而引发了美中之间的对立局面。在这种情况下，重庆临时政府方面努力接近在战争中牢牢掌握主导权的美方，以实现对临时政府的外交承认和军事参战。当然，临时政府方面的这种努力引起了中国的担忧和牵制，但最终还是接受了中方提出的废除当时韩中之间最大的争议——废除韩国光复军控制政策“韩国光复军行动九个准绳”的要求。国民政府方面安抚甚至缓和了临时政府方面的不满，终战后中国为了建立韩半岛内的亲中政府，努力加强与临时政府的合作关系。

随着美国这一新变因的出现，中韩关系的变化在开罗会议以后正在探索的国民政府内部的战后对韩政策讨论中得到了很好的体现。特别是1945年1月中国外交部亚洲司司长杨云竹访问华盛顿，与美国国务院亚洲负责人就韩国问题展开的一系列协商表明，中国是在打探美国立场的同时间接转达中国的立场。这种局面足以预见战后韩国问题的处理最终将以美国主导、以美国为中心的方式进行，同时中国失去主导权和外交上的困惑。这种情况在终战之后中美两国就临时政府回国问题进行协商的过程中如实地暴露了出来。美国国务院不顾南韩成立的美国军政府的要求，不允许临时政府要员集体回国，只允许个人回国和“安静回国”。在此过程中，包括财政支援在内的临时政府要员回国后活动的中方支援从一开始就完全被切断。

1945年11月临时政府要员回国后，为了保护中国国内的韩侨，处理回国问题、剩下的临时政府要员或家属的回国问题、与韩国国内临时政府要员的联络业务等剩余业务而建立的驻华代表团和国民政府之间的关系，这成为揭示终战后中韩关系面貌的另一个事例。从1946年开始正式展开的国共对立最终从东北演变成内战，在此过程中国民政府和驻华代表团进入东北的时间被推迟，相反，中国共产党军队和与他们合作的韩国共产党势力对东北韩人的影响力逐渐扩大。不仅如此，在苏联的支援下开始建立共产主义政权的"北韩"，在国共内战过程中，帮助初期处于劣势的中国共产党复苏，从这一点看，东北韩人和"北韩"等韩国相关信息对国民政府具有非常重要的意义。而且国民政府方面为了收集东北韩人及韩半岛相关情报，要求驻华代表团收集相关情报并进行报告。例如，这一时期驻华代表团乃至驻华代表团长闵弼镐名字的相关情报报告，与1938~43年对朝鲜义勇队或韩国光复军的动员一样，也显露出诸多国民政府对韩国独立运动势力的"动员"的面貌。

각 절의 출처

본서 집필의 토대가 된 논문들의 국내 학술지 발표는 다음과 같다. 대부분의 논문들은 학술지 발표 이전에 국내외 학술대회에서 구두 발표되었다.

각 논문들은 수정·편집하여 해당 장·절에 배치하였으며, 특히 2000년 이전에 발표한 논문들은 2023년 12월에 전면 수정·보완하였다.

장-절	논문명	게재지	연월
1장 1절	「동아시아 역사 속의 신해혁명」	『동양사학연구』 117	2011. 12
1장 2절	「上海·南京지역의 초기(1911~13) 한인 망명자들과 辛亥革命」	『동양사학연구』 67	1999. 7
1장 3절	「신해혁명과 한국-김규흥의 광동에서의 활동을 중심으로-」	『역사학보』 212	2011. 12
1장 4절	「신해혁명과 한국-한인지사 金秉萬의 河南에서의 활동을 중심으로-」	『역사학보』 252	2021. 12
2장 1절	「신규식 동제사 그룹과 파리강화회의-중국 내 청원운동을 중심으로-」	『역사학보』 256	2022. 12
2장 2절	「동아시아 역사 속의 5.4운동」	『중국근현대사연구』 83	2019. 9

2장 3절	「대한민국임시정부의 성립과 중국-동아시아에서의 반제연대와 민주공화의 본격적 출발점-」	『한국독립운동사연구』 68	2019. 10
3장 1절	「孫文과 上海韓國臨時政府-申圭植의 廣州訪問(1921년 9~10월)과 廣東護法政府의 한국임시정부 승인문제를 중심으로-」	『동양사학연구』 56	1996. 10
3장 2절	「박은식과 '中韓互助'-道路月刊 게재 논설 6편의 내용과 의미」	『진단학보』 130	2018. 6
3장 3절	「장저우회의(1920년 4~5월)와 여운형」	『역사학보』 220	2013. 12
3장 4절	「여운형과 국민혁명」	『중국근현대사연구』 64	2014. 12
4장 1절	「윤봉길의거 이후 蔣介石 국민정부의 한국독립운동 지원과 '長期抗戰'」	『역사학보』 236	2017. 12
4장 2절	「중일 전면전쟁 발발 직후 국민정부의 한국독립운동 지원과 그 성격-조선의용대 창설·운영에 대한 군통·군사위원회의 "지원"과 對敵宣傳戰에의 "동원"-」	『역사학보』 262	2024. 6
4장 3절	「종전 전후 시기 국민정부의 對韓政策」	『중국근현대사연구』 76	2017. 12
4장 4절	「1941년의 '꿈'-한국광복군의 국제정세 인식-」	『중국근현대사연구』 59	2013. 9
5장 1절	「카이로회담에서의 한국문제와 蔣介石」	『역사학보』 224	2014. 12
5장 2절	「태평양전쟁 시기 중국국민정부와 대한민국임시정부-1944년 미국 부통령 방중 전후 임시정부의 대미 접근 시도와 국민정부의 대응-」	『역사학보』 258	2023. 6
5장 3절	「종전 전후 시기 국민정부의 對韓政策」	『중국근현대사연구』 76	2017. 12
5장 4절	「종전 전후시기(1945.3.~1947.4.) 국민정부의 동북한인·한반도 관련 정보 수집 노력과 駐華代表團」	『중국근현대사연구』 100	2023. 12

사항 찾아보기

ㄱ

ㅅ

ㅇ

ㅈ

인명 찾아보기

ㄱ

ㄴ

ㄷ

ㄹ

ㅁ

ㅂ

ㅅ

ㅇ

ㅈ

ㅊ

ㅋ

ㅌ

ㅍ

20세기 한중관계사 연구

20世紀韓中關係史硏究

20세기 전반기
동아시아
국제질서의 변화와
한중관계

1판 1쇄 펴낸날 2024년 9월 30일

지은이 | 배경한
펴낸이 | 김시연

편집 | 한정은
디자인 | 본문 이미애, 표지 최정희

펴낸곳 | (주)일조각
등록 | 1953년 9월 3일 제300-1953-1호(구 : 제1-298호)
주소 | 03176 서울시 종로구 경희궁길 39
전화 | 02-734-3545 / 02-733-8811(편집부)
02-733-5430 / 02-733-5431(영업부)
팩스 | 02-735-9994(편집부) / 02-738-5857(영업부)
이메일 | ilchokak@hanmail.net
홈페이지 | www.ilchokak.co.kr

ISBN 978-89-337-0842-2 93910
값 55,000원